车辆结构强度及可靠性基础

吴圣川　宋冬利　吴兴文　韩晓辉　奥　妮　编著

科 学 出 版 社

北 京

内 容 简 介

针对新时期交通运输学科人才培养的新形势和新需求，本教材以铁路车辆基础理论为指导，介绍了结构强度及可靠性的基本概念、理论方法，指出了若干发展新方向和新动态，并以典型车辆结构（车体、转向架、车轴、制动盘、车轮、车钩等）为对象，开展现代车辆结构设计和运用评估，以达到读者理解相关基础理论的同时，又容易掌握该领域最新设计技术和评估方法的目的。在介绍典型应用时，不局限于高铁车辆结构，以体现本教材相关基本理论和最新评估技术的通用性。

本教材可供高等院校车辆专业使用，也可作为轨道交通研究所、工程局、职校等学生和工程技术人员学习的参考书。

图书在版编目（CIP）数据

车辆结构强度及可靠性基础/吴圣川等编著. —北京：科学出版社，2022.12

ISBN 978-7-03-074784-6

Ⅰ. ①车…　Ⅱ. ①吴…　Ⅲ. ①高速动车－车体结构－强度理论　Ⅳ. ①U266

中国国家版本馆 CIP 数据核字（2023）第 019608 号

责任编辑：华宗琪 / 责任校对：彭　映
责任印制：罗　科 / 封面设计：义和文创

科学出版社出版
北京东黄城根北街 16 号
邮政编码：100717
http://www.sciencep.com
四川煤田地质制图印务有限责任公司印刷
科学出版社发行　各地新华书店经销
*
2022 年 12 月第　一　版　开本：787×1092　1/16
2022 年 12 月第一次印刷　印张：25
字数：593 000

定价：139.00 元

前　言

截至2022年底，中国高铁运营里程突破4.2万km，保持着350km/h的世界最高速度。国家“十四五”规划的“CR450科技创新工程”全面展开，中国高铁“走出去”和“一带一路”倡议协同推进并取得重要进展。短短20年时间，中国高铁不仅实现了零的突破，而且伴随着国家发展之路实践了新时代中国铁路的颠覆性技术创新。与此同时，诞生的两大原创思想（沈理论和翟模型），不仅有力支撑了中国高铁的可持续发展，而且为中国高铁在国际舞台上技术输出与同台竞争提供了中国方案和底气。

关键结构强度充分与运行状态良好是轨道车辆服役的基本要求。尽管德国工程师Wöhler在150多年前就提出了铁路结构强度评价方法，并据此形成了工程装备抗疲劳设计的基本理论和相关标准，但随着运营速度的不断提高和服役环境的日趋复杂，车辆关键部件（如车轴、车轮、车钩、构架等）因疲劳损伤诱发的失效事故呈现上升趋势。同时，中国运营的庞大高铁网络需要高质量、高效率和高安全性维护，尤其对于服役受损的关键部件的安全可靠性评价及无损探伤周期里程决策已十分迫切。如何在成熟的结构强度及可靠性设计工作中吸纳新型设计和评估思想，推进车辆工程知识融合创新，培养新时期车辆结构强度及可靠性专业技能人才，成为重要任务。

车辆工程是二级学科重点建设内容，隶属交通运输工程一级学科，在历年评估中，西南交通大学均在第一阵列。目前，全国轨道交通行业院校、研究所的本科生、研究生及路局的相关技术人员尚无一本车辆结构强度及可靠性的最新教材，授课中多以PPT文件补充中国高铁最新进展，导致知识结构系统性与更新不足。这不仅对我国交通运输学科发展不利，而且影响了高层次、跨学科人才的培养。《车辆工程》（严隽耄，1992年）、《铁道机车车辆结构强度》（米彩盈，2007年）、《机械可靠性设计》（刘惟信，1996年）、《滚动轴承设计原理》（邓四二等，2014年），都是当前相关院校本科生和研究生上课的主要参考书，曾在我国轨道交通人才培养和学科建设中发挥了重要作用。

作者真诚感谢国家973计划项目（2015CB654801）、国家重点研发计划项目（2019YFB1405401）、国家自然科学基金重大项目（12192212）、高铁联合基金重点项目（U1234208）/面上项目（11572267和U2032121）、中国国家铁路集团有限公司系统性重大项目（P2018J003和2015J007-J）、国家高速列车青岛技术创新中心项目（CXKY-02-07-2019）、四川省国际科技创新/港澳台科技创新合作项目（2022YFH0015）、中国科协青年人才托举工程项目（2019QNRC001）以及西南交通大学牵引动力国家重点实验室自主探索课题和开放课题支持；感谢中车青岛四方机车车辆股份有限公司（马利军、丁叁叁、周平宇、张振先、韩晓辉、李忠文、王玉光、王燕等）、中车唐山机车车辆有限公司（张晓军、陈彦宏、李毅磊等）、中车长春轨道客车股份有限公司（滕万秀、李秋泽、李春来等）、中车戚墅堰机车车辆工艺研究所有限公司（钱坤才、金文伟等）及株洲时代新材料科技股份有限公司（卜继玲），以及西南交通大学教材建设专项的大力支持。在本教材撰写过程中，课题组研究生罗艳、徐忠伟、段浩、秦庆斌、李存海、赵鑫、张金元、周希孺、刘宇轩、秦天宇、徐会会、吕昭、习文顺、李刚、苑永祥、蹇波、唐松铨、高希、何文涛、胡粤、江亚男、胡泽耀、郑则君、马超、于长江、陈佳玉、陈睿等提供了相关资料。在组稿和出版中，还得到了西南交通大学牵引动力国家重点实验室王开云主任和庞烈鑫书记的鼓励与支持，在此一并表示感谢。

本教材共 7 章，以现代铁路车辆的主要结构形式和特点、材料及结构的强度和可靠性基础理论、车轴结构服役损伤评估的最新研究进展以及典型车辆结构服役评估案例为主线进行阐述；为了便于读者更好地理解现代车辆装备关键结构的新型时域阶梯疲劳评估方法，还简单介绍了车辆系统动力学的基本理论和主要研究方法。限于作者水平，书中难免存在疏漏或不足之处，恳请广大读者批评指正。

吴圣川

2022 年 8 月 15 日

目　录

第1章 绪　　论

1978年，国家领导人在乘坐日本新干线列车时说道："就感觉到快，有催人跑的意思，我们现在正合适坐这样的车"。随后，由中华人民共和国铁道部（后文简称为铁道部）牵头和组织国内主机厂、行业院校及专家等共同开展了中国建设高速铁路的可行性论证，完成了《京沪高速铁路线路方案构想报告》。1998年起，经过一场持续了近10年的轮轨式高速铁路与磁悬浮列车优劣的大辩论，轮轨式高速铁路建设正式纳入了国家规划，并最终以2008年开通的京津高速铁路和同期开工的京沪高速铁路为这场争论暂时画上了句号。截至2022年底，中国高速铁路运营总里程已超过4.2万km，占世界2/3以上，最高运营速度350km/h。在短短20多年时间，中国高速铁路就从无到有、从全面落后到系统性领先，实现了在用规模和运营速度双世界第一的华丽转身，取得了这场世界铁路颠覆性技术革命的阶段性胜利，形成了具有自主知识产权的先进高速铁路技术体系。逆袭的中国高速铁路不仅实现了中国的高铁梦和强国梦，而且铺就了中国发展和壮大之路。为了继续引领世界高速铁路技术，2021年，中国国家铁路集团有限公司（简称"国铁集团"）印发《"十四五"铁路科技创新规划》，正式启动"CR450科技创新工程"，研发更安全、更环保、更节能、更智能的持续速度400km/h复兴号新产品，为适应未来5G环境运营做准备。预计到2035年，我国高速铁路运营总里程达到7万km，50万人口以上城市高速铁路通达，建成世界规模最大、最发达的高速铁路网。

铁路运输车辆，尤其是高速列车系统装备，是现代化高质量综合立体交通体系的骨干和主要方式之一，其设计、建造和运用过程反映了一个国家整体科技的发展水平，成为衡量一个国家科技、文化、经济等综合实力的重要组成部分。按照用途来分，运输车辆有铁路客车、铁路机车和货运列车，无论哪一种车辆，都必须在专门铺设的轨道上运行。按照轨距的不同，运输车辆可分为标准（等于1435mm）车辆、宽轨（大于1435mm）车辆和窄轨（小于1435mm，常见的为1067mm和762mm）车辆。近年来，随着"一带一路"的提出与推进，又出现了一种变轨距车辆，将会极大地提高跨国联运的效率，大幅降低运输成本。除了主要轨道铺设在地面的交通运输车辆以外，还出现了一些新制式的"空中列车"，即高架线路形式的空轨车辆。例如，2016年由西南交通大学翟婉明院士领衔研制的新能源"空铁"试验车（图1.1）和2022年由江西省兴国县筹建的"红轨"磁悬浮空轨试验车。但是，轮轨式高速铁路和磁悬浮式列车均难以克服因速度提高带来的巨大能耗。为此，中国、欧洲和美国相继提出了速度1000km/h左右的"真空管道列车"的概念。这种向空中和地下延伸来分流地面交通的理念，恰恰体现了立体交通布局的设想，是国家综合交通网建造的最新发展方向。

由此可见，中国轨道交通在规模和速度上取得了世界领先的巨大成就，世界范围内新制式列车也推陈出新。2021年底，中国动车组的保有量近4200列标准组，货车拥有量近100万辆。

图 1.1　基于熊猫形象的“空铁”试验车

动车组运营总里程近 100 亿 km，每组年平均走行里程达到 60 万 km。面对日趋庞大的高速铁路网与迅速增长的运行里程，超长寿命、极低成本、安全高效必然成为未来轨道交通车辆的重要发展方向与核心评估指标。其中，关键结构的强度及可靠性设计水平直接关系着高速车辆的运行性能与乘坐品质，是摆在当前中国高速铁路可持续发展面前的迫切课题。材料及结构的强度表示了其服役中能够抵抗外力或者变形的极限承载能力。在世界铁路发展史上，德国、日本、美国、澳大利亚等国家发生了多起车辆部件因为强度问题而引发的重特大人员伤亡事故。例如，1842 年法国凡尔赛铁路车轴的断裂事故酿成近 200 人死亡的全球首例铁路大灾难；1998 年，德国高铁 ICE 车轮的金属疲劳问题导致 100 余人死亡，是世界高铁史上最严重安全事故；2008 年，以速度 300km/h 运行的德国高铁 ICE3 在科隆站附近因为车轴表面疲劳裂纹扩展导致列车脱轨，幸无人员伤亡；2011 年，我国在役 CRH380BL 列车车轴由于内部缺陷超标导致动车组部分召回的事件；2017 年，日本新干线列车运行中发生了转向架构架开裂和齿轮箱附近漏油的重大隐患事故，而仅仅 5 年后，新干线 283 系转向架又一次发现疲劳裂纹（深度达 7mm）。这些由于车辆关键部件的疲劳损伤所引发的巨大安全隐患令人触目惊心，它们也是高铁系统安全的重要控制环节。图 1.2 为高速列车关键部件的疲劳断裂实例。

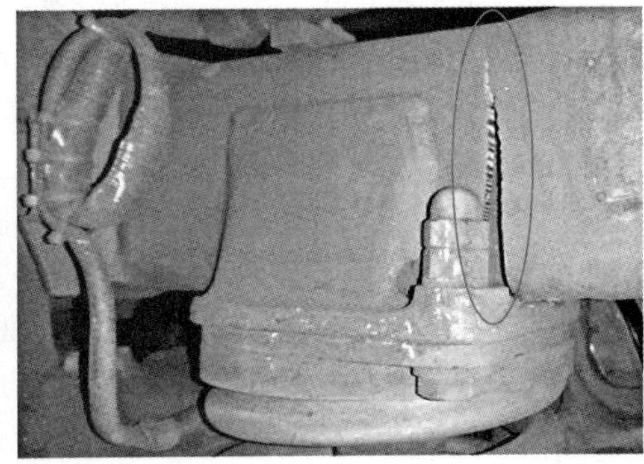

图 1.2　高速列车关键部件的疲劳断裂实例

2018年，中国启动了川藏铁路规划，将修建世界上技术难度最大的“高原动车”，始于四川成都终于西藏拉萨，设计运行速度为200km/h，运行时间12h以内。作为“十四五”期间的重大战略工程，川藏铁路依次经过四川盆地、川西高山峡谷区、川西高山原区、藏东南横断山区、藏南谷地等地貌地区。这些复杂环境和地质条件是世界铁路史上未曾触及和极具挑战性的技术难题。轨道车辆在短时间内跨越漫长高山峡谷及超长隧道和桥梁，经历极寒、高温和腐蚀等极端复杂环境区间，运行中经历的最高温度和最低温度分别达到60℃以上和−40℃以下。确保关键结构在极端环境中状态良好及服役性能和寿命可控是川藏铁路车辆安全可靠运营的首要课题，也是“后高铁时代”轨道交通发展中亟待解决的至关重要的共性技术问题之一。加之运营在各种环境下的高速动车组列车，如极寒条件下的哈大高铁、高温条件下的环岛高铁、大风戈壁中的兰新高铁等，中国高速铁路在不断挺进艰难山区和生命禁区。这些极端复杂环境对车辆部件强度及可靠性提出了更高的系统性要求，也对车辆结构完整性构成了巨大挑战。

为了提高铁路车辆的运营安全，降低和预防事故风险，早在1850～1860年，德国机车工程师Wöhler就提出了应力-寿命和疲劳极限的概念，最终形成疲劳*S-N*曲线（也称为Wöhler曲线），成为当前工程结构抗疲劳设计的重要理论基础之一。随后，两次世界大战、英国“彗星号”客机及美国民兵导弹等发生的系列重大事故，使得工程师和科学家开始重视含缺陷金属结构的疲劳与断裂力学问题。因此，从另一个角度来讲，正是对铁路车辆结构强度及可靠性的系统研究才共同推进了断裂力学这一固体力学分支学科的发展。尽管如此，铁路车辆结构及可靠性评估中，主要的理论依据仍然是基于名义应力法的无限寿命设计，为了确保车辆服役安全，实际服役中引入周期性无损探伤技术。这便是现代铁路车辆抗疲劳评估中著名的“双保险”制度。

如前所述，面对在用规模庞大且仍在增加的铁路客车组网，车辆结构服役可靠性与运维保障已成为中心任务。按照动车组维护费用原计划，1列8辆编组的高速动车组每年维护费用高于1500万元，为其采购成本的10%左右，按此计算每年全路维护费用约为630亿元以上。长此以往，仅现役动车组维修一项耗费就严重阻碍了我国高速列车的健康发展，必然成为中国高铁发展的不可承受之重。从结构完整性角度来说，车辆更容易受到外部环境影响而发生服役损伤累积诱发的疲劳裂纹萌生和扩展现象，导致关键结构的基本功能、安全性及可靠性被严重削弱。从这一角度来看，结构失效可视为其完整性受到了破坏，并使得其固有设计功能无法得到发挥。为了降低铁路客车的运维成本，大力提高车辆使用效率，国铁集团2015年启动了修程修制改革，其核心是改革优化车辆的检修周期、标准和范围，避免过度修，防止失修，实现压缩调试停时，降低检修成本，提高检修运用效率。为了探明修程修制技术的理论规律，国铁集团还部署了一系列重大研究课题，明确提出在确保安全的前提下，以可靠性为中心，以经济性优化为目标，特别是针对制约整车修程修制优化的轴承、车轮、车轴等关键部件开展可靠性寿命、振动疲劳特性等方面的研究，建立一套科学的动车组及部件修程修制优化理论方法体系，陆续将动车组车轴、构架、齿轮箱等检修周期由定期探伤更换为状态检测与维修，已取得初步的经济社会效益。为此同时，我国铁路货车转向架和轮对等也探索开展了状态修项目，有效避免了仅依靠固定时间维修带来的“过度修”和“欠维修”，对于消除车辆安全隐患、降低车辆维修成本、提高车辆运用可靠性发挥了重要作用，是铁路货车检修方式的发展方向，也是实现铁路货车检修信息化、现代化的重要手段。

必须指出的是，无论是铁路客车的修程修制，还是货运列车的状态修，其核心任务是确定出一个合适、经济、统一的无损探伤周期。这里的统一是指某些关键结构的探伤周期最好能与车辆系统的探伤周期一致。举例来说，作为高速动车组的临界安全部件，感应淬火 S38C 车轴的磁粉探伤周期是 60 万 km，但整车 CRH2A/2B/2C1 高级修里程是 120 万 km，这种运用修制度不一致同样会导致“过度修”和“欠维修”问题。在铁路客车的修程修制和货运列车的状态修中，一个最新的进展是，以传统的名义应力法（无限寿命设计）和先进的断裂力学法（损伤容限设计）为共同的理论基础，然后综合试样级的疲劳试验、全尺寸的台架试验以及有限元分析结果，重视从系统动力学响应角度考察其对关键结构的振动疲劳应力传递规律，再充分考虑车辆制造水平和企业运用能力，以确保车辆运用安全和品质。

另外，开展现代车辆结构强度及可靠性评定或者结构完整性评定离不开数值仿真技术的参与。其中，有限元法和电子计算机的出现与结合使许多复杂的科学理论在技术上得以实现，极大地推动了铁路车辆服役性、安全可靠性研究的广度与深度，甚至已成为车辆工程专业学生的一门基础和必修课程。例如，当前几本与车辆结构强度分析有关的教材和专著中主要分析方法甚至是题目中都体现了“有限元”这一概念，包括 1998 年上海铁道学院（现同济大学铁道学院）成建民教授主编的《有限单元法及其在车辆强度计算中的应用》、2007 年西南交通大学米彩盈教授编著的《铁道机车车辆结构强度》、2015 年北京交通大学王文静教授主编的《轨道车辆强度基础》及 2021 年北京建筑大学杨建伟教授等撰写的《城市轨道交通车辆关键系统结构强度分析与计算》。可以毫不夸张地说，如果没有仿真技术的快速发展，车辆系统动力学与结构强度学就难以实现真正意义上的高效联合求解，车辆-轨道耦合动力学与高速列车大系统动力学等原创理论及其在中国高铁上的融合恐有一定推迟。为此，本书在典型结构评估中简单介绍有限元法的基本原理，提示读者在开展结构完整性评估中，要深刻理解模型边界条件和网格敏感性两个技术问题。

此外，本书还介绍了领域内一些最新的评估理论与技术进展。众所周知，传统工程结构的设计思想以材料及结构中不存在任何缺陷（包括宏观尺度、细观尺度和微观尺度）为基本前提，通过安全系数来控制结构的极限承载强度和安全可靠裕度。这种广受认可的名义应力设计与评估思想的研究对象是一个假想的“完整”结构。然而，包括铁路车辆在内的所有工程结构从制造、运输、安装、运用到维护，在任何一个环节都可能产生缺陷或者裂纹，目前也无可靠的技术手段完全避免和消除此类缺陷。相比而言，结构完整性是对含缺陷结构开展剩余强度及安全可靠性评定，其理论基础包括线弹性断裂力学、弹塑性断裂力学、概率断裂力学、计算断裂力学，同时跨越了材料学、冶金学、固体力学、系统工程、可靠性工程等多个学科。由此可见，结构完整性（structural integrity）显然是具有实际工程意义的设计与评估思想上的一次重大进步，在有些领域中，也称为损伤容限（damage tolerance）方法。从这一角度来看，铁路车辆的修程修制改革和状态修实施中均一定程度上贯彻了“结构完整性”思想。为了加深对这一概念的理解，本书应用该思想对车辆转向架和车轴的强度及可靠性进行讲解。

具体地，第 2 章简单阐述现代铁路车辆的分类和用途、主要技术参数、关键结构部件及车辆结构的动力学性能；第 3 章和第 4 章作为本书的基本理论部分，对车辆结构强度及可靠性评估中的基本概念、方法及流程进行概述；第 5 章从系统角度介绍车辆结构动力学强度分析与评价中的基本方法和指标；第 6 章介绍当前铁路车辆结构服役评估中的一些新概念、新技术和新方法；为了加深读者对车辆结构强度及可靠性评价方法和流程的认识与理解，第 7 章介绍铝合金车体、焊接构架、车轴、制动盘、车轮和车钩等关键部件强度及可靠性评估的基本过程。

第 2 章　铁路车辆及结构发展概述

欧洲是近代工业革命的起源地，原材料和工业产品在不同制造单元和区域间的大载重、高效率运输，对于提高生产效率和增强社会活力具有不可替代的重要作用。时至今日，中国高速铁路网的总里程已位居世界第一，占世界高速铁路通车总里程的四分之三，是世界上运营里程最长、在建规模最大、运营场景最丰富、商业运行速度最高的高速铁路网；与此同时，高速、重载货运列车也成为我国铁路发展的重要方向。现代铁路车辆不仅要求结构强度高和安全性优，而且服役寿命也延长至 30 年甚至更长，对于高速动车组，还要求动力学性能优异，乘坐安全、舒适。本章简单介绍现代铁路车辆的主要类别、典型结构和技术参数。

2.1　车辆分类及其用途

铁路车辆历史悠久，自 1814 年英国乔治·斯蒂芬森发明了第一台货运蒸汽机车以来，人类正式迈入了“火车时代”，铁路车辆也成为旅客运送及货物装运最为重要的长途运输工具，对各国军事及经济发展起到极大的推动作用，被称为国民经济大动脉。铁路车辆主要分为机车、客车和货车，铁路机车分为客运机车、货运机车、客货通用机车、调车机车、工矿机车，产品类型有蒸汽机车、柴油机车、内燃机车及电力机车；铁路客车包括高速动车组、城际动车组、干线铁路客车、城轨地铁及有轨电车等；铁路货车分为通用货车和专用货车，主要类型有棚车、罐车、敞车、平板车等。铁路车辆材料以碳钢、不锈钢及铝合金为主，近几十年以来世界铁路科技发展迅猛、轨道交通装备迭代迅速，各种新材料、新技术及新工艺大量应用于新型铁路装备的研制中，使得铁路车辆朝着高速、安全、高效、舒适、绿色及智能的方向快速推进，产品种类呈谱系化、多元化发展。

2.1.1　机车车辆

世界上最早出现的机车是蒸汽机车，以后又出现了柴油机车、燃气轮机车及电力机车。机车作为铁路客车和货车的牵引，发展历史悠久，按照用途又分为客运机车、货运机车、客货通用机车、调车机车、工矿机车等，是铁路运输的“火车头”。图 2.1（a）为“八一号”蒸汽机车，是新中国自行设计制造的第一台蒸汽机车，于 1952 年 7 月 26 日试制成功，代号“JF”，掀开了中国铁路工业崭新的一页，结束了中国人不能自行制造机车的历史，引起了巨大轰动，成为新中国机车工业变修为造的重大里程碑事件。图 2.1（b）为英国国家铁路 91 型电力机车，是 1988～1991 年在位于英格兰西北部柴郡克鲁镇的克鲁工厂制造的一种交流电力机车，质量为 81.5t，最高设计速度为 225km/h。图 2.1（c）为 1996 年中国研制的东风 4D 型柴油机车，为客、货运用交-直流电传动内燃机车，其后又研制了不同用途的改进版本，包括提速型、准高速型、货运型、调车型等，形成东风 4D 型内燃机车系列。图 2.1（d）为美国 Union Pacific 8500HP 燃气轮机车，在 1950～1960 年，联合太平洋铁路装备了世界上最大的燃气轮铰链内燃机车车队，取代“大男孩”级蒸汽机车投入干线货运，鼎盛时期燃气轮内燃机车车队承担了全路 10%的运量。

(a) 中国“八一号”蒸汽机车

(b) 英国91型电力机车

(c) 中国东风4D型柴油机车

(d) 美国Union Pacific 8500HP燃气轮机车

图 2.1　各国典型的机车车辆

几十年来，中国一直是世界铁路大国，也是世界铁路机车大国，是世界铁路发展的后起之秀，机车保有量达 2.1 万台。近年来，中国铁路机车总保有量有所降低。在铁路机车总保有量中，电力机车所占比例提高到 61%左右，内燃机车所占比例降到 39%左右。虽然机车产量和总保有量均有所降低，但机车的质量和性能在不断提高。通过改革开放、技术引进、创新发展，中国电力机车运行的可靠性、耐久性、经济性和能源利用效率都有相当大的提高。

2.1.2　动车组车辆

动车组（multiple unit，MU）是由若干带动力的车辆（动车）和不带动力的车辆（拖车）组成由固定编组运行的列车。按牵引动力配置区分，动车组车辆可分为动车（motor）和拖车（trailer）。动车以 M 表示，其本身带有动力装置（如牵引电机或内燃机），其具有牵引功能或牵引和载客双重功能，电力动车又可分为带受电弓和不带受电弓的动车。而拖车以 T 表示，其本身并没有动力牵引装置，需要通过其他动车的牵引拖带来实现运行，因此仅有载客功能，可设置司机室，也可带受电弓。图 2.2 为 CRH 型“和谐号”动车组基本构成示意图。

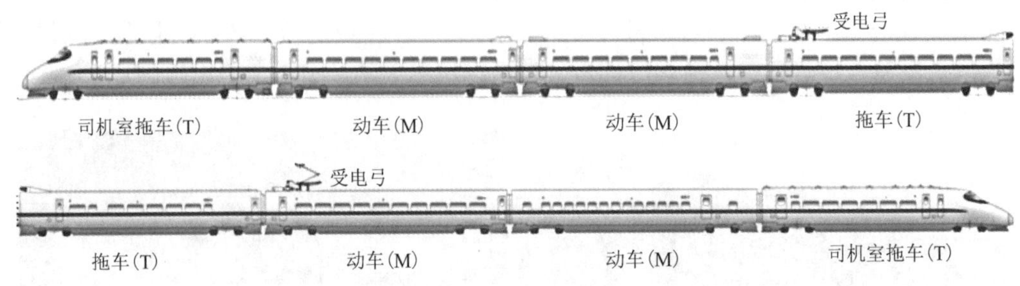

图 2.2　CRH 型“和谐号”动车组基本构成示意图

动车组是铁路系统中实现长距离、大密度的高效运输工具，相比于大多数传统列车，动车组具有牵引力大、加速度快、速度等级高等优点，同时具有方便、快捷、安全及舒适等特点，备受世界各国铁路运行和城市轨道交通的青睐，广泛运用于城际捷运以及城市轨道交通列车中，也成为中国客运装备的主流列车。世界著名动车组列车有日本新干线、德国 ICE、法国 TGV 以及中国“复兴号”等，如图 2.3 所示。

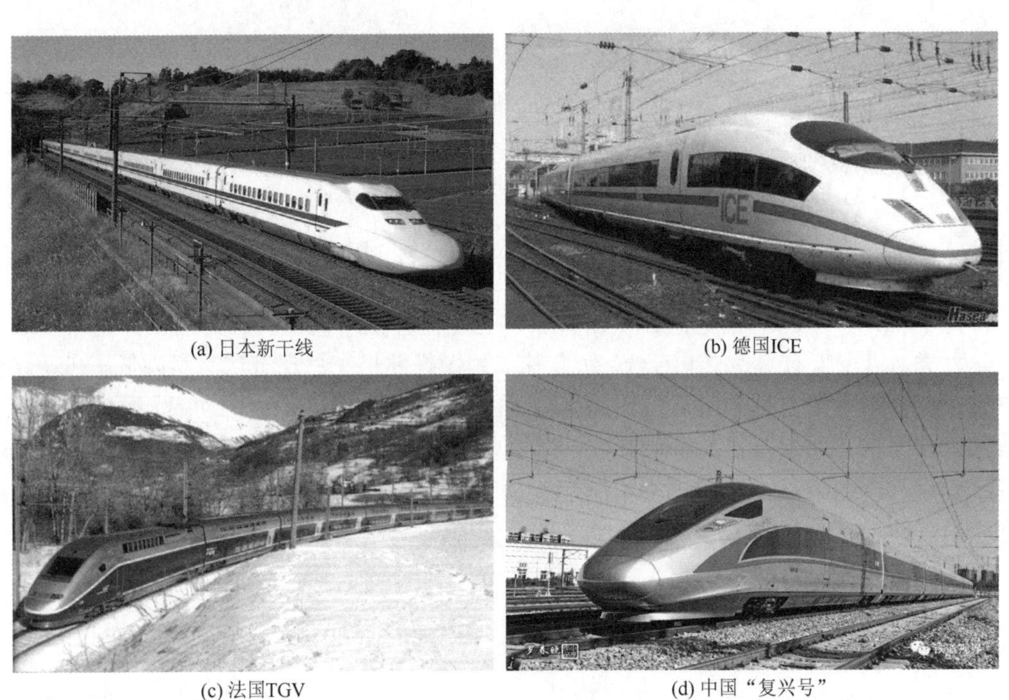

(a) 日本新干线　(b) 德国ICE

(c) 法国TGV　(d) 中国“复兴号”

图 2.3　世界著名的动车组列车

动车组分类有多种，此处按动力类型和使用目的两大类进行介绍。

1. 按动力类型分类

按照动力形式动车组可分为动力集中动车组和动力分散动车组；按照传动类型，动车组可分为内燃动车组（diesel multiple unit，DMU）、电力动车组（electric multiple unit，EMU）及内燃-电力双动力动车组。动车组动力类型分类如图 2.4 所示。

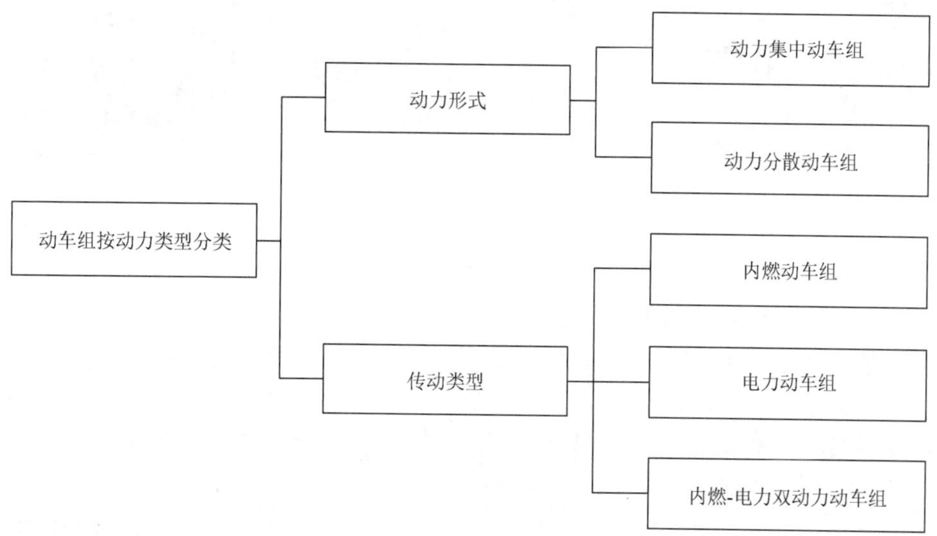

图 2.4　动车组动力类型分类

动力形式和传动类型单独，或将两类属性相结合，可以形成以下动车组类型。

1）动力集中型内燃动车组

在部分或全部车厢安装驱动动车组行走的柴油发动机，发动机通常设于车底，由司机室控制整列车组运行，形成动力集中型内燃动车组。动力集中型内燃动车组编组形式如图 2.5 所示。

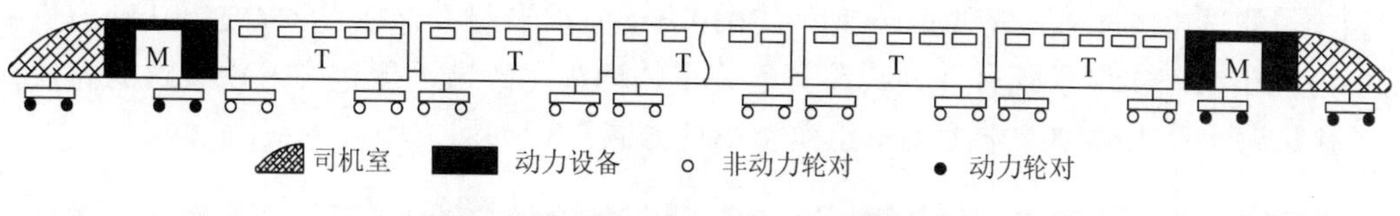

图 2.5　动力集中型内燃动车组编组形式

动力集中型内燃动车组具有电气化要求低、维修成本低、无须专门牵引电机等特点，动车可单独运行，也可实现多辆动、拖车混合编组。在支线铁路、城际铁路，以及电化和非电化混合线路运行广泛。图 2.6（a）为“和谐长城号”内燃动车组，是铁道部为满足 2008 年北京奥运会北京—八达岭铁路线的运力要求牵头研制的 NDJ3 型内燃动车组，动力配置为二动七拖（9 编组），最大运行速度为 160km/h。图 2.6（b）为 2019 年 7 月下线的斯里兰卡 S14 型内燃动车组，该列车根据当地气候线路条件和运用需求“量身定制”，列车最高运行速度 120km/h，动力配置两动八拖（10 编组），运营于有着“最美铁路线”之称的斯里兰卡高山线。

(a) 中国NDJ3型内燃动车组

(b) 斯里兰卡S14型内燃动车组

图 2.6　动力集中型内燃动车组典型车型

2）动力集中型电力动车组

动力集中型电力动车组由司机室车头搭载动力装置通过受电弓供电提供动力，牵引多个无动力拖车车辆编组。拖车一般位于列车中部，其编组数量可以根据运营线路需求配置，编组灵活，便于维修。动力集中型电力动车组编组形式如图 2.7 所示。

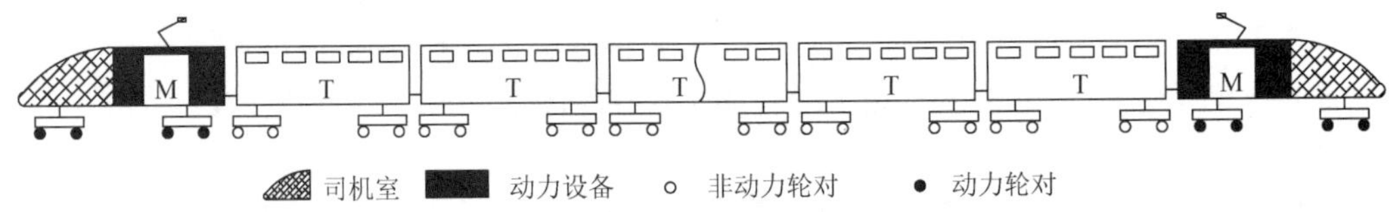

图 2.7　动力集中型电力动车组编组形式

动力集中型电力动车组中最典型的代表为 1981 年法国国营铁路公司（Société Nationale des Chemins de Fer Français，SNCF）研制的 TGV 系列高速列车，该动车组采用铰链式转向架，将高速铁路发展推向新阶段。2007 年，法国 TGV V150 高速列车在巴黎—斯特拉斯堡一带测试出 574.8km/h 的试验速度。2019 年，中国专门设计研发了 CR200J 动力集中型电力动车组，实现了既有普铁线路营运列车的动车化改造，促进了普铁线路的高效、便捷化运营。动力集中型电力动车组典型车型如图 2.8 所示。

(a) 法国TGV 动力集中型电力动车组

(b) 中国CR200J动力集中型电力动车组

(c) 阿根廷动力集中型电力动车组　(d) 智利动力集中型电力动车组

图 2.8　动力集中型电力动车组典型车型

3）动力分散型电力动车组

动力分散型电力动车组动力装置分布在列车不同的位置上，能够实现较大的牵引力，编组灵活。由于采用动力制动的轮对多，其制动效率高、调速性能好、制动减速快，适用于限速区段较多的线路。动力分散型电力动车组编组形式如图 2.9 所示。

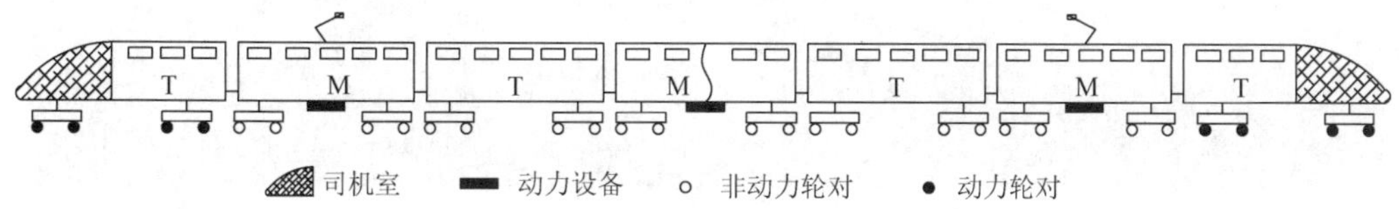

图 2.9　动力分散型电力动车组编组形式

世界高速列车车型主要采用动力分散型电力动车组，相关的铁路装备技术发展显著。1964 年，日本推出了 100 系动车组，用于连接东京至大阪的东海道新干线，开启了世界铁路发展的新时代，列车最高速度达到 210km/h，如图 2.10（a）所示。1994 年，在英国、法国、比利时之间正式运营了“欧洲之星”（Eurostar）动车组，列车最高速度达到 300km/h，促进了铁路沿线欧洲国家的经济交流与发展，如图 2.10（b）所示。2005 年以后，中国开启了高速铁路快速发展的新时代，经过引进、消化、吸收、再创新到走出去的发展阶段，在短短十年间陆续推出了 CRH 和 CR 系列动车组，中国高铁技术跃升为世界第一梯队。2007 年，中国推出了 CRH“和谐号”系列动车组，主要型号有 CRH1/2/3/5 型，运营速度为 200km/h。2010 年，中国研制了设计速度为 380km/h 的 CRH380A/B 新一代高速动车组，运营速度 350km/h，并在京沪线上创下了 486.1km/h 的最高试验速度纪录，也使得北京与上海两个特大城市间实现“朝发夕至”的双城通勤成为可能，如图 2.10（c）所示。2015 年以后，中国推出了自主研发、具有完全知识产权的“复兴号”CR400AF/BF 中国标准动车组，在牵引、制动、网络、转向架、轮轴等关键技术实现重要突破，运营速度达到 350km/h。2022 年 6 月，以标准动车组为基础打造了 CR400AF-Z“复兴号”智能动车组“瑞龙智行”在京武线（北京—武汉）运营，作为“智能版动车组”，融合了云计算、大数据、人工智能、5G 等新技术，在智能服务、智能运维等方面实现全面升级，进一步提升了智能化水平和旅客出行体验，列车外形更靓丽、车辆更智能、运行更低碳、乘坐更舒适，如图 2.10（d）所示。高速动车组列车成为中国高端制造的亮丽名片，同时也开启了印度尼西亚、泰国、马来西亚及俄罗斯等出口项目的新篇章。

(a) 日本新干线100系高速列车

(b) “欧洲之星” (Eurostar)高速列车

(c) 中国CRH380A型高速列车

(d) 中国CR400AF-Z “复兴号” 智能动车组

图 2.10　分散型电力动车组典型车型

4）内燃-电力双动力动车组

内燃-电力双动力动车组的内燃电传动动力包由柴油机及其辅助系统、永磁发电机、冷却系统、电控系统、安装框架和减振系统等组成，整体悬挂于车体地板下部，提供牵引和辅助动力源。内燃-电力双动力动车组编组形式如图 2.11 所示。

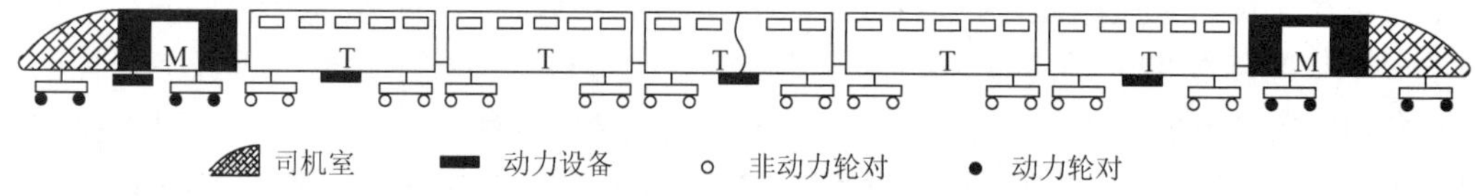

图 2.11　内燃-电力双动力动车组编组形式

内燃-电力双动力动车组因其既能运用于电气化线路，又能运用于非电气化线路，在世界各国得到了较为广泛的应用。图 2.12（a）为 2014 年由 SNCF 推出的“Régiolis”内燃-电力双动力动车组，车体采用了碳钢框架与铝合金型材地板激光焊接的轻量化复合结构设计，车辆间采用球铰连接，主要用于法国阿基坦大区、中比利牛斯大区、阿尔萨斯大区等城郊区域非电气化区段的旅客运输。图 2.12（b）是 2020 年由中国研制的智利“阿拉米达（Alameda）—奇廉（Chillan）”铁路列车，采用了内燃-电力双动力驱动模式，能够满足在电气化区段与非电气化区段间穿行混跑的需求，且在内燃模式下的续航能力不低于 1000km，是中国赢得的首个双动力动车组出口订单。

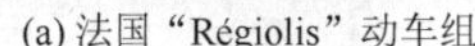
(a) 法国“Régiolis”动车组

(b)智利“阿拉米达—奇廉”动车组

图 2.12　内燃-电力双动力动车组典型车辆

2. 按使用目的分类

按照使用用途，可将动车组分为客运动车组、货运动车组及综合检测动车组，绝大多数动车组被用于客运领域。按照国家铁路配属范围，动车组可分为市域动车组（S）、城际动车组（C）、普通动车组（D）和高速动车组（G）四类。基于使用目的的动车组分类如图 2.13 所示。

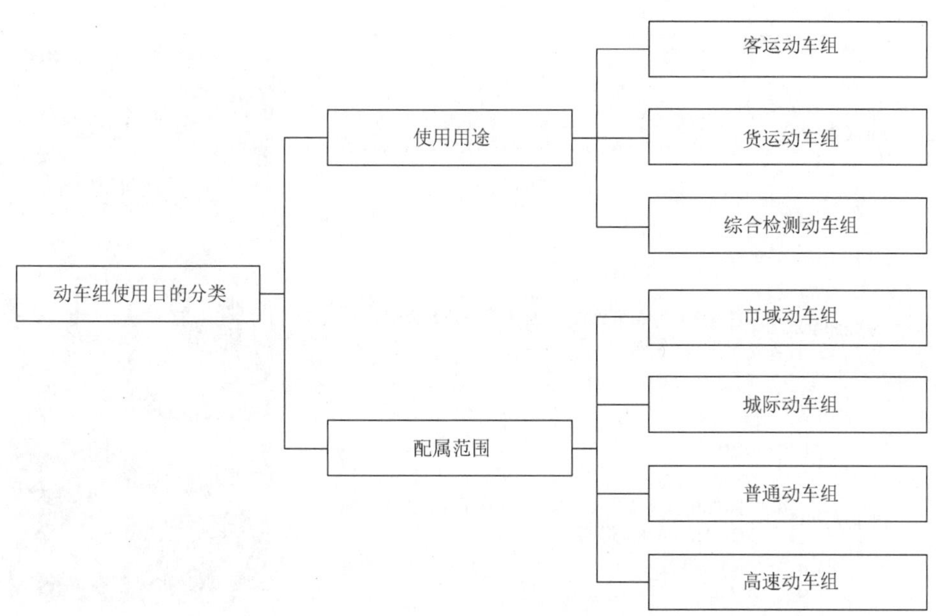

图 2.13　基于使用目的的动车组分类

表 2.1 为按使用用途分类及典型动车组车型说明，表 2.2 为按照配属范围的列车分类及典型动车组车型说明。

表 2.1　按使用用途分类的铁路车辆及典型车型

序号	类别	说明	典型动车组车型
1	客运动车组	大多数型号和数量的动车组被用于客运领域，如CRH 系列动车组及 CR 系列动车组等	
2	货运动车组	货运动车组车厢是全开启式，车厢一侧可大幅面打开以装卸货物，并可采用新型标准集装箱进行集装化装卸、周转、运输及固定	
3	综合检测动车组	为动车组研制进行新技术验证及车辆性能检测的专用动车组，如 CR400BF-J-0510、CR400AF-C-2214 等世界领先的高速综合检测车	

表 2.2　按照配属范围分类的铁路车辆及典型车型

序号	类别	说明	典型车型
1	市域动车组	只在城市市域范围内运营，通常距离在 100km 以内，速度在 160km/h 以内，如 CRH6F、CRH6S 等	
2	城际动车组	往返于城市群间路线，速度大多不超过 200km/h，如 CRH6A 等	
3	普通动车组	通常跨省区域运行，速度在 250km/h 之内，如 CRH3A、CRH5G 等	
4	高速动车组	运输距离长短不一，速度不低于 300km/h，如 CRH380A、CR400AF 等	

2.1.3　城轨车辆

城市轨道交通车辆（简称“城轨车辆”）是指城市公共客运交通系统中具有中等以上运量的轨道交通系统，主要为城市内提供公共客运服务，是一种在城市公共客运交通中起骨干作用的现代化立体交通系统。其车辆型式与动车组类似，分为动车和拖车。动车分为带司机室动车（Mc）和无司机室动车（M），拖车分为带司机室拖车（Tc）和无司机室拖车（T）。列车编组可以有多种形式，通常采用动车和拖车混合编组，或者采用全动车编组。根据动力分配与车下吊装设备总量均衡的原则确定动、拖车比例及配置，从而形成固定编组的电动列车组。图 2.14 为地铁车辆基本构成示意图。

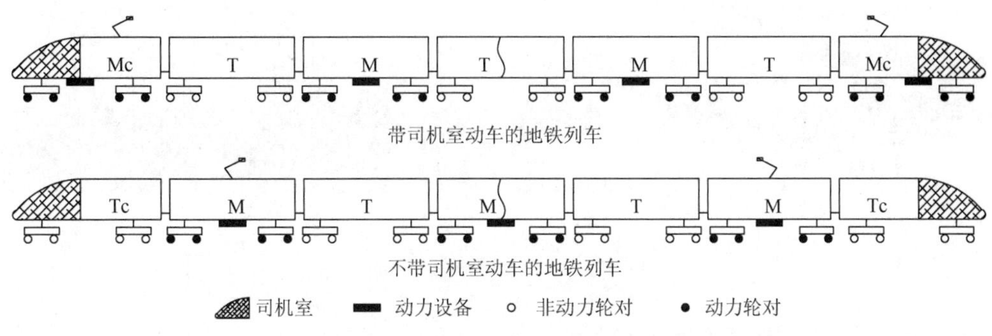

图 2.14　地铁车辆基本构成示意图

1. 按车辆类型分类

世界各地城轨车辆没有统一的标准，往往是取决于各地客流量与建设习惯，依据标准定制，主要分为地铁（subway、metro 或 underground）、轻轨（light rail transit）及单轨（monorail）三种形式。

1）地铁

地铁的特点为大部分线路设施在地下、不占用地表及地上空间，运营干扰小、输送能力大，特别适合于城市内市区及老城区建设。图 2.15 为世界各地典型地铁车辆。

2）轻轨

轻轨是一般用于市区与市郊之间的交通，并与道路交通具有一定程度隔离的城市轨道交通系统，其具有速度高、加速快、噪声小、振动低、对周围环境影响小等特点。图 2.16 为典型轻轨车辆。

3）单轨

单轨是指车辆在单根轨道上运行的交通系统，按支撑方式的不同可划分为跨座式和悬挂式两种，具有占地空间小，运行速度快，容易在陡坡、小半径曲线上行驶等特点。跨座式单轨铁路主要应用在城市人口密集的地方，用来运载乘客，因此可以建在城市中央商务区等交通拥堵严重的地方以缓解城市交通压力。悬挂式单轨铁路能有效利用道路中央隔离带和城市低空，适于建筑物密度大的狭窄街区。图 2.17 典型单轨车辆。

(a) 中国香港地铁

(b) 新加坡地铁

(c) 美国芝加哥地铁

(d) 巴西圣保罗地铁

图 2.15　世界各地典型地铁车辆

(a) 以色列耶路撒冷轻轨

(b) 中国上海5号线轻轨

图 2.16　典型轻轨车辆

(a) 中国跨座式单轨列车

(b) 日本悬挂式单轨列车

图 2.17　典型单轨车辆

2. 按驱动方式分类

世界各地城轨车辆无统一标准，通常按照所在地的地理环境、文化习惯及运营需求等因素进行定制。车辆类型根据客流量、行车密度、线路条件、供电制式、运营成本和维修能力等因素综合分析确定；按驱动方式可分为黏着牵引和非黏着牵引两类，可细分为 A、B、C、D、L 型以及单轨车六种主要车型。驱动方式与车型的关系如图 2.18 所示。

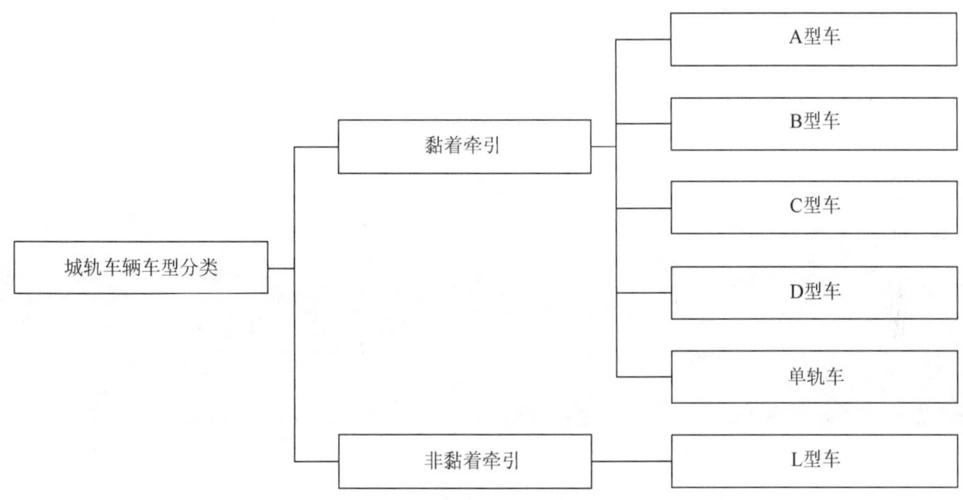

图 2.18　城轨车辆车型分类

1）A 型车

标准 A 型车车宽 3m，车高 3.8m，车体有效长度 22m，一般为 8 节或 6 节编组，轴重 16t，单向运能为 4.5 万～7 万人次/h，是地铁列车型号中载客量最大的车型，适用于人口密度高、客流量大的特大型城市。图 2.19（a）为北京地铁 14 号线列车，是中国首次采用激光焊接技术的轻量化无涂装不锈钢车辆，最高运营速度为 120km/h。图 2.19（b）为成都地铁 17 号线列车，采用高强轻质铝合金车体，列车采用 8 节编组，全长 187m，是中国国内首创速度为 140km/h 的 A 型车。

(a) 北京地铁14号线A型不锈钢车

(b) 成都地铁17号线A型铝合金车

图 2.19　A 型车典型车辆

2）B 型车

标准 B 型车车宽 2.8m，车体有效长度 19.8m，多采用 6 节编组形式，轴重 14t，单向运能为 2.5 万～5 万人次/h。B 型车是中国目前应用最广的地铁车型，多数地铁城市和线路采用该车型列车。B 型车按照受流方式不同还可细分为 B1 型车和 B2 型车，其中 B1 型车为第三轨（接触轨）供电，B2 型车为接触网供电。图 2.20（a）为 2018 年开通运营的青岛地铁 11 号线地铁列车，车辆采用大鼓型断面的不锈钢，每列车辆为 4 节编组三动一拖，最高运营速度为 120km/h；图 2.20（b）为 2019 年研制的中国下一代地铁列车，该车采用先进的碳纤维技术，首次实现碳纤维复合材料在列车主结构上的全面应用，整车减重 13%，能在 2～12 节范围内任意搭配车厢，最高运营速度为 140km/h。

(a) 青岛地铁11号线地铁列车

(b) 中国下一代地铁列车

图 2.20　B 型车典型车辆

3）C 型车及 D 型车

C 型车及 D 型车又称轻轨，标准车宽 2.6m，车长 19m，轴重 11t，编组一般为 2～4 节，单向运能为 1 万～2 万人次/h。C 型车为低地板车型，车辆内地板面高度小于等于 350mm，采用铰链式转向架，主要分为 70%低地板有轨电车和 100%低地板有轨电车两类车型，其中 70%低地板有轨电车车门处距离地面只有 350mm 左右，车厢两端有高地板区域，图 2.21（a）为长春轻轨 70%低地板有轨电车；100%低地板有轨电车全车内部距离地面均为 350mm 左右，是目前新一代城市轻轨交通车辆，图 2.21（b）为斯柯达 15T 系 100%低地板轻轨列车。D 型车为高地板车型，车内地板面高度为 900mm 左右，车体下部有足够的布置空间，因此车辆采用常规转向架和设备，如图 2.21（c）所示香港屯门高地板有轨电车。

(a) 长春轻轨 70%低地板有轨电车

(b) 斯柯达15T系100%低地板轻轨列车

(c) 香港屯门高地板有轨电车

图 2.21　C 型车及 D 型车典型车辆

4）L 型车

L 型车即直线电机列车。直线电机运载系统是一个专用系统，不能与传统的城市地铁交通系统通用，列车宽度、长度、编组皆不定，典型车辆有广州地铁 4 号线和 5 号线列车，如图 2.22（a）和（b）所示，每节列车一侧有 3 个门。广州地铁 4 号线车辆采用 4 节编组，列车长约 71m、宽 2.8m，车体结构采用大断面挤压铝型材全焊接结构；广州地铁 5 号线列车全长约为 107m，车体最大宽度为 2.9m，它和 4 号线列车一样，也是属于采用直线电机驱动的地铁列车，两者最大的不同就是 4 号线列车是 4 节编组，5 号线列车是 6 节编组，最高运行速度均为 90km/h。

(a) 广州地铁4号线列车

(b) 广州地铁5号线列车

图 2.22　L 型车典型车辆

5）单轨车

标准车宽约 3m，车高 5.5m，车体有效长度接近 15m，编组一般为 2～8 节，特点是使用的轨道只有一条，主要应用在城市人口密集的地方用来运载乘客，也有在游乐场内建筑的单轨铁路专门运载游人。单轨车按照走行模式和结构形式，主要分成悬挂式单轨列车和跨座式单轨列车两类。悬挂式单轨列车也称为空中轨道列车或空铁列车，车辆在轨道下方，轨道由钢铁或水泥立柱支撑在空中，典型车型如武汉光谷悬挂式单轨列车，如图 2.23（a）所示，其设计速度为 80km/h，最高运行速度为 70km/h，是国内速度最快的悬挂式单轨列车。跨座式单轨列车代表车型为重庆胶轮跨座式单轨列车，如图 2.23（b）所示，其路轨以混凝土制造，列车跨坐在路轨之上，列车通过胶轮包裹整个单轨运行，该线路是中国西部地区第一条城市轨道交通线路，也是中国第一条跨座式单轨线路。2016 年中国首列永磁跨座式单轨列车正式下线，如图 2.23（c）所示，与采用异步电机的单轨车辆相比，该车可节能 10%以上。

(a) 武汉光谷悬挂式单轨列车

(b) 重庆胶轮跨座式单轨列车

(c) 永磁跨座式单轨列车

图 2.23　单轨车典型车辆

2.1.4　磁悬浮列车

磁悬浮列车（maglev train）采用磁力悬浮原理，通过车用电磁力将列车浮起，采用长定子同步直流电机将电供至地面线圈驱动列车高速行驶，实现了列车与地面无接触式陆上运行。图 2.24（a）是中国长沙磁悬浮快线中低速磁悬浮列车，图 2.24（b）为德国 TR08 型磁悬浮列车，图 2.24（c）为中国 600km/h 高速磁悬浮列车，图 2.24（d）为日本 L0 系 600km/h 高速磁悬浮列车。

(a) 中国160km/h的磁悬浮列车

(b) 德国450km/h的TR08型磁悬浮列车

(c) 中国600km/h的高速磁悬浮列车

(d) 日本600km/h的高速磁悬浮列车

图 2.24　各国主要磁悬浮列车

磁悬浮列车主要从悬浮原理及速度等级两个方面进行分类。

1. 按悬浮原理分类

按悬浮原理，磁悬浮列车分为常导电磁悬浮（electromagnetic suspension，EMS）型、超导电动悬浮（electrodynamics suspension，EDS）型、超导钉扎悬浮（又称高温超导悬浮（high-temperature superconductor，HTS））型和永磁电动悬浮（又称磁阵列磁悬浮（magnetic array suspension，MAS））型，前两种类型技术较为成熟，已实现工程化应用，后两种类型是磁悬浮列车的新技术，尚处于研发阶段。图 2.25 为基于悬浮原理磁悬浮列车的分类。

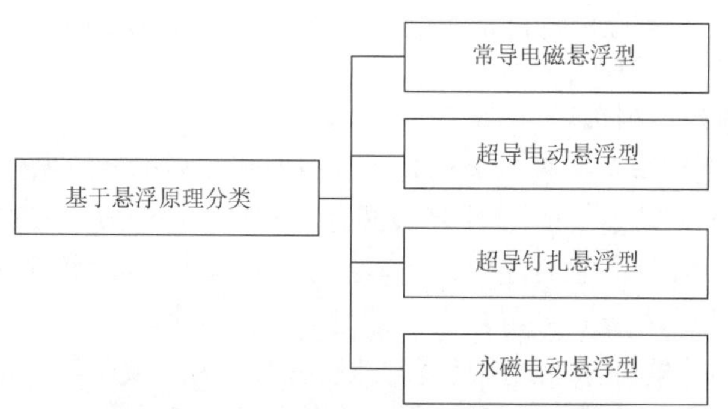

图 2.25　基于悬浮原理磁悬浮列车的分类

1）常导电磁悬浮型列车

常导电磁悬浮型列车是一种吸力悬浮系统，通过集成于车辆上的常导电磁铁与轨道上的铁磁体相互作用产生悬浮力，使得列车稳定悬浮于空中，悬浮高度为 8～12mm。该系统采用直线电机实现列车牵引，并通过控制悬浮电磁铁的励磁电流调节悬浮间隙，以保持悬浮系统稳定性。图 2.26 为常导电磁悬浮型列车悬浮原理。

20 世纪 30 年代，德国赫尔曼·肯佩尔（Hermann Hemper）获得了“通过磁场达到悬浮并沿铁路行驶的由没有车轮的车辆组成的高能快速悬浮列车”的专利，是磁悬浮列车具有里程碑意义的技术，也是磁悬浮列车发展的基础。中国常导电磁悬浮技术在高速领域的应用处于国际领先水平，自德国磁悬浮技术在中国上海首次商业运营后，国内列车制造商通过长期的技术积累，经过“十三五”期间联合攻关，研制了速度 600km/h 高速磁悬浮交通系统，标志着中国磁悬浮技术在高速领域的应用处于国际领先地位。图 2.27 为速度 600km/h 高速磁悬浮交通系统示意图。

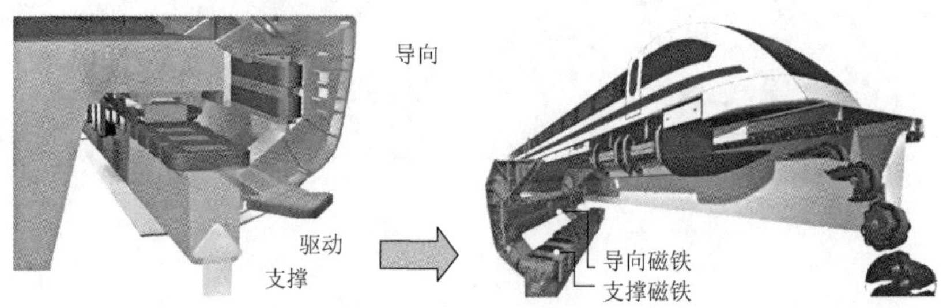

图 2.26　常导电磁悬浮型列车悬浮原理

图 2.27　速度 600km/h 高速磁悬浮交通系统示意图

2）超导电动悬浮型列车

超导电动悬浮型列车是指列车运动时，利用安装在列车上的电磁铁（由超导线缆绕制而成）与布置在两侧轨道上的 8 字形线圈之间相对运行形成感应磁场，依靠感应磁场和车上磁体同性相斥原理产生悬浮力将列车悬浮于轨道上面，悬浮高度为 100～150mm。与常导电磁悬浮型列车相比，超导电动悬浮型列车在静止时不能悬浮，必须达到一定速度（约 150km/h）后才能悬浮，悬浮高度与速度有关，因此须在车上安装支撑轮装置，供列车在启动、低速运行或停车时使用。图 2.28 为超导电动悬浮型列车悬浮原理。

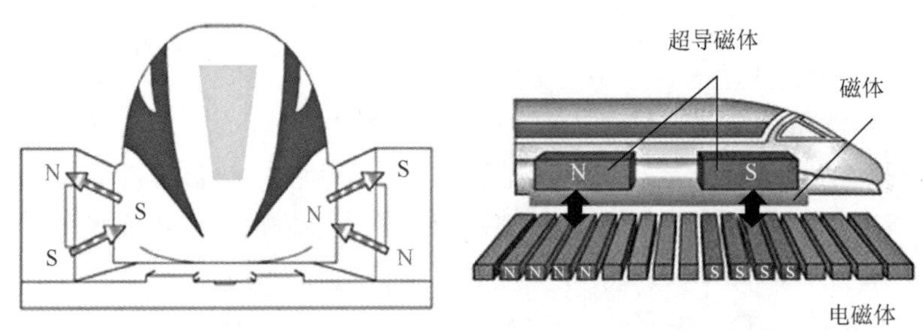

图 2.28　超导电动悬浮型列车悬浮原理

自 1962 年，日本致力于超导电动技术的研究，以低温超导磁悬浮技术基础，先后经历了逆 T 型中间牵引底部悬浮、U 型两侧牵引底部悬浮、U 型两侧牵引悬浮导向三个技术阶段，分别实现了 ML 和 MLU 单车基本原理验证、MLX01 系列编组和 L0 系工程化，经过数十年持续改进，该技术已趋于成熟稳定。图 2.29（a）是第一代 ML-500 型低温超导磁悬浮列车，图 2.29（b）为第二代 MLU001 型低温超导磁悬浮列车，图 2.29（c）为第三代 MLX01 型低温超导磁悬浮列车，图 2.29（d）为 L0 系列低温超导磁悬浮列车，其中 L0 系磁悬浮列车在 2011 年实现了 603km/h 的试验速度纪录。

(a) 第一代ML-500型低温超导磁悬浮列车

(b) 第二代MLU001型低温超导磁悬浮列车

(c) 第三代MLX01型低温超导磁悬浮列车

(d) L0系列低温超导磁悬浮列车

图 2.29　超导电动悬浮型列车典型车辆

3）超导钉扎悬浮型列车

超导钉扎悬浮型列车又称高温超导型磁悬浮列车，是指利用车载高温超导体材料与磁性轨道上的永磁体相互作用，形成电磁力（磁通钉扎）实现车体悬浮，如图 2.30 所示。该系统不需要主动控制便可实现悬浮导向系统自稳定，当车体被压向导轨时两者间以排斥力的作用为主，保证了车体有一定的高度；当车体偏离导轨时两者间以吸引力为主，将车体约束在永磁轨道上，悬浮高度在 10～30mm，形成一个稳定的悬浮状态，可实现静止悬浮。

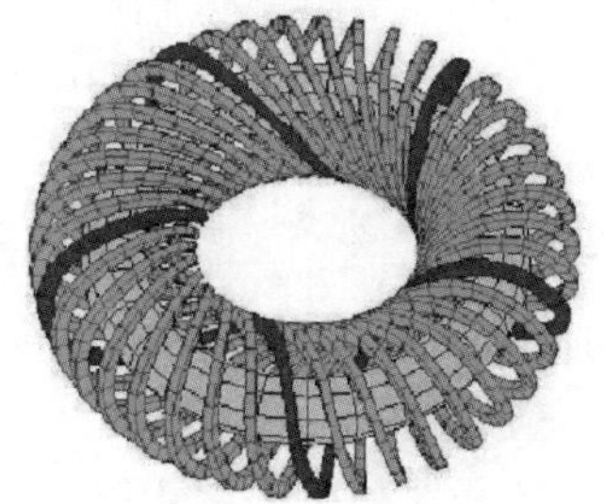

图 2.30　超导钉扎悬浮原理

图 2.31　高温超导高速磁悬浮工程化样车

自 1980 年首次发现高温超导体 YBCO 块材上永磁体的悬浮现象，中国、美国、德国、巴西等国均对超导钉扎悬浮技术进行了研究。2014 年巴西里约热内卢联邦大学史蒂夫教授团队修建了 200m 的“磁悬浮眼镜蛇”（Maglev Cobra）高温超导磁悬浮试验线，试验车共 4 节车厢，悬浮间隙在 5～25mm，空载下平均悬浮高度为 15mm。2000 年 12 月西南交通大学研制出世界第一辆超导钉扎悬浮列车“世纪号”，可承载 5 人，悬浮高度大于 20mm；2022 年西南交通大学推出了世界首套高温超导高速磁悬浮工程化样车，样车采用全碳纤维轻量化车体、低阻力头型、大载重高温超导磁悬浮技术等新技术和新工艺（图 2.31），设计速度 620km/h，远期速度有望超过 1000km/h。

4）永磁电动悬浮型列车

永磁电动悬浮型列车又称磁阵列磁悬浮列车，利用安装在磁悬浮列车上的永磁体阵列与运动磁场上的导体产生感应场，依靠感应磁场和车上永磁体同性相斥原理产生悬浮力将列车悬浮于轨道一定高度。永磁电动悬浮型列车不需要主动调节气隙，采用永磁体代替超导体，成本低于超导电动悬浮型技术。目前仅开展了悬浮、推进及管道低真空原理测试，还没有系统的工程化应用研究和试验。图 2.32 为永磁海尔贝克（Halbach）阵列电动悬浮原理，该原理由美国劳伦斯伯克利国家实验室的克劳斯 • 海尔贝克（Klaus Halbach）教授提出，为将径向（垂直）与切向（水平）阵列结合在一起的新型磁性结构，由于切向磁场与径向磁场的相互叠加与抵消，永磁体一侧（可视为车体下部）的磁场大幅增加，而另一侧的磁场明显削弱。

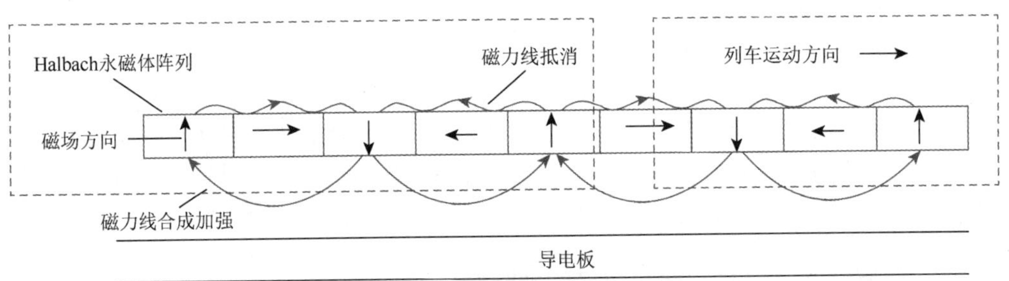

图 2.32　永磁 Halbach 阵列电动悬浮原理

2. 按速度等级分类

按照速度等级，磁悬浮列车分为中低速磁悬浮列车和高速磁悬浮列车两类。

1）中低速磁悬浮列车

中低速磁悬浮列车的运营速度一般低于 200km/h，具有环保安全性高、爬坡能力强、转弯半径小、建设成本低等优点，逐渐得到了社会认可，适用于城市市区、近距离城市间和旅游景区的交通连接，可替代轻轨和地铁。目前中低速磁悬浮列车已取得了突破性进展，掌握了悬浮导向控制、悬浮传感器、定位测速、悬浮架、车轨耦合共振以及系统总体设计与集成等一系列关键技术。图 2.33（a）是 2016 年 5 月开通运营的长沙中低速磁悬浮快线，是中国首条拥有完全自主知识产权的中低速磁悬浮铁路，列车采用 3 编组形式，设计速度达到 100km/h。图 2.33（b）是 2017 年 12 月开通运营的北京中低速磁悬浮交通示范线（S1），全程高架站，设计速度为 120km/h。

(a) 长沙中低速磁悬浮快线

(b) 北京中低速磁悬浮交通示范线(S1)

图 2.33　中低速磁悬浮列车典型车辆

2）高速磁悬浮列车

高速磁悬浮列车是用电磁力使车体悬浮在轨道的导轨面上，由直线电动机驱动的车辆。具有速度快、启动加速度快、爬坡能力强等优点，既可以在长大干线交通中发挥速度优势，也适用于中短途快启、快停的应用需求，大幅提升城市通勤效率，促进城市群、市域间的一体化发展。图 2.34（a）为 2006 年开通运营的上海高速磁悬浮示范线列车，基于德国 TR08 原型车技术，针对中国的运营环境，中德双方进行了大量车辆、线路等方面的适应性设计优化，实现了磁悬浮列车发展史上的重大突破。图 2.34（b）是速度为 600km/h 的高速磁悬浮列车，基于该磁悬浮系统建立了中国首个高速磁悬浮专业试制中心和关键系统及部件的研发平台，初步搭建了全系统产业链。

(a) 上海高速磁悬浮示范线列车

(b) 速度为600km/h的高速磁悬浮列车

图 2.34　高速磁悬浮列车典型车辆

2.1.5　管道列车

真空管道高速列车，即建造一条与外部空气隔绝的管道，将管内抽为真空或近似真空（气压低于 5%大气压），采用高温超导磁悬浮导向技术，列车运行阻力趋近为零，在真空条件下理论时速可达上万千米，能耗不到民航的 1/10，是通过磁悬浮列车实现超高速运行的未来交通工具，图 2.35 为真空管道列车示意图。

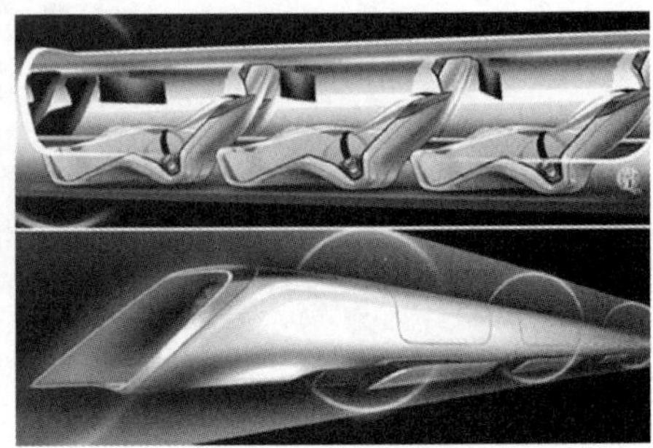

图 2.35　真空管道列车示意图

该技术源于美国埃隆 • 马斯克（Elon Musk）在 2013 年推出的超级高铁（Hyperloop）计划，随后提出真空管道列车概念，美国、中国、加拿大、荷兰等多国均开展了相关研究。2014 年中国西南交通大学建成了直径为 6.5m 的环形真空管道轨道，采用高温超导侧挂磁极，侧面铺设两条永磁轨道，通过感应直线电机驱动，试验车辆速度可达到 150km/h，如图 2.36（a）所示。2017 年 5 月美国超级高铁技术公司“超级高铁一号”（Hyperloop One）首次在真空环境中对其超级高铁技术进行全面测试，速度达到 387km/h，如图 2.36（b）所示。同年，中国航天科工集团有限公司宣布利用超导磁悬浮技术和真空管道技术，准备研制速度超过 1000km/h 的新一代交通工具。

(a) 中国高温超导环形管道试验线

(b) 美国Hyperloop One管道车厢

图 2.36　管道列车

2.1.6 铁路货车

铁路货车以货物为主要运输对象，按用途可分为通用货车和专用货车，载重量和运行速度是衡量货车性能的重要指标。通用货车是指适用于运输多种货物的车辆，如敞车、棚车、平车等。专用货车是指运输某一种货物的车辆，如煤车、集装箱车、散装水泥车等。重载铁路运量大、效率高、运输成本低，一直是货物运输的重要手段，受到世界各国的广泛重视。图 2.37（a）为 C80 型货运敞车，是中国专门为大秦线（大同—秦皇岛）而设计制造的运煤专用敞车。图 2.37（b）为 P70 型通用棚车，用于运输需避免日晒、雨雪侵袭的包装、袋装及各种箱装货物，能适应叉车等机械化设备装卸作业。图 2.37（c）为 X4K 型集装箱平车，该车能满足同时装运 3 个 20ft（1ft = 0.3048m）国际标准集装箱，或 1 个 40ft 和 1 个 20ft 国际标准集装箱。图 2.37（d）为 GQ70 型轻油罐车，该车主要用于装运汽油、煤油、柴油等化工介质，是中国目前运用的主要轻油罐车型。

(a) C80型货运敞车

(b) P70型通用棚车

(c) X4K型集装箱平车

(d) GQ70型轻油罐车

图 2.37　中国典型的铁路货车

中国货运机车单机牵引可达 5000t 或双机牵引可达 10000t 以上，运营速度达 120km/h，载重 80t 运煤敞车已批量应用，轴重 40t、载重 120t 的矿石车也已批量出口。中国重载货运装备在载重增大、车体轻量化、新材料运用、低动力作用转向架以及车辆牵引、制动性能提升方面持续发展，车辆通用性正在弱化，专用性逐步加强。国铁既有线上运行的通用货车装备轴重达到 25t、载重达到 80t、牵引吨位达到 10000t，已基本达到线路最大运行极限，新建专用重载线路将推动重载货运装备的快速发展，国际能源大国的大宗矿石运输成为中国自主研发制造重载货运装备的新兴市场，目前中国货运列车已进入高速、重载的快速发展阶段。

2.2 车辆的技术参数

2.2.1 车辆性能参数

铁路车辆性能参数主要包括编组质量、牵引功率、动轴数、启动加速度、制动减速度、转向架轴重、最高速度、最小曲率半径以及定员人数等，表 2.3 为车辆主要性能参数含义。

表 2.3 车辆主要性能参数含义

序号	车辆性能参数	含义
1	编组质量/t	列车编组完成后所有车辆质量的总和
2	牵引功率/kW	列车车辆能提供牵引动力的能力
3	动轴数/根	车辆所配转向架的动力轴配置数量
4	启动加速度/(m/s^2)	列车行驶中增加行驶速度的加速能力
5	制动减速度/(m/s^2)	列车行驶中降低行驶速度的减速能力
6	转向架轴重/t	列车车轴在允许速度范围内允许负担的最大总质量
7	最高速度/(km/h)	列车按安全及结构强度等条件所允许的最高行驶速度
8	最小曲率半径/m	列车车辆可以安全通过不产生侧翻的最小转弯半径
9	定员人数	列车允许运载的最大人数

车辆的性能参数根据车辆类型、用途、线路及速度等级不同差异较大，典型机车车辆性能参数对比如表 2.4 所示，CRH 型动车组车辆性能参数对比如表 2.5 所示，城轨车辆各车型主要参数性能对比如表 2.6 所示，铁路货车主要参数性能如表 2.7 所示。

表 2.4 典型机车车辆性能参数对比

性能参数	HD1B 型	HD2B 型	HXD3C 型	HXD3D 型
编组质量/t	150	150	138	126
电制动功率/kW	9600	9600	7200	7200
恒定功率速度范围/(km/h)	76～120	76～120	70～120	80～160
额定输出功率/kW	2×400	2×400	2×400	2×400
额定输出电压/V	600	600	600	600
启动牵引力/kN	570	584	570	420
持续牵引力/kN	422	455	370	324
持续速度/(km/h)	76	76	70	80
最高速度/(km/h)	132	120	120	126
转向架轴重/t	25	25	23	21
最小曲率半径/m	125	125	125	125

表 2.5　我国 CRH 型动车组车辆性能参数对比

性能参数	CRH1 型	CRH2 型	CRH3 型	CRH5 型
动力配置	8 辆（5M3T）	8 辆（4M4T）	8 辆（4M4T）	8 辆（5M3T）
编组质量/t	421	359.7	425.08	451.3
车体材质	不锈钢	铝合金	铝合金	铝合金
总牵引功率/kW	5500	4800	8800	5500
单电机功率/kW	275	300	550	550
动轴数/根	20	16	16	10
启动加速度/(m/s^2)	≥0.6	≥0.406	≥0.5	≥0.5
制动减速度/(m/s^2)	≥0.8	≥0.747	≥0.9	≥0.79
最高速度/(km/h)	200	250	250	250
转向架轴重/t	≤16	≤14	≤15.69	≤17
定员人数	668	610	600	622
最小曲率半径/m	250km/h 列车 *R*4000，300km/h 列车 *R*4500，350km/h 列车 *R*7000			

表 2.6　城轨车辆各车型主要性能参数对比

性能参数	A 型车	B 型车	C 型车	D 型车	L 型车	单轨车
车辆驱动特征	钢轮/钢轨					胶轮-跨座单轨
	旋转电机				直线电机	
车轴数	四轴	四轴	4.6.8 轴铰链车		四轴	四轴
车辆轴重/t	≤16	≤16	≤11	≤11	≤13	≤11
单司机室车厢定员人数	310（432）	230（327）	—	双司机室 238	217	151（211）
无司机室车厢定员人数	310（432）	250（352）	—	—	242	156（230）
车辆最高速度/(km/h)	80～100	80～100	80	80	90	80
启动平均加速度/(m/s^2)	0.83～1.0	0.83～1.0	0.85	0.85	0.95～1.0	≥0.83
常用制动减速度/(m/s^2)	1.0	1.0	1.1	1.1	≥1.0	≥1.1
紧急制动减速度/(m/s^2)	1.2	1.2	1.5	1.5	≥1.3	≥1.25
最小曲率半径/m	一般路段/困难路段				150	100
	350/300	300/250	100/50	100/50		

注：括号中数据表示超员最大数量。

表 2.7　铁路货车主要性能参数对比

性能参数	C16 型	C62BK 型	C76 型	C80 型	C80B 型
车体材质	普通碳钢	耐候钢	高强钢	铝合金	不锈钢
车辆自重/t	19.7	22.7	24	20	20.2
车辆载重/t	60	60	76	80	80
容积/m^3	50	71.6	81.75	87	84.8
最高速度/(km/h)	100	120	100	100	100
最小曲率半径/m	145	145	145	145	145

2.2.2　车辆主要尺寸

铁路车辆的主要尺寸包括头车长度、中间车长度、车辆宽度、车辆高度、列车总长度、地板面高度、车钩高度、转向架中心距、固定轴距、转向架轮径等，表 2.8 为车辆主要尺寸参数含义介绍。

表 2.8　车辆主要尺寸参数含义

序号	车辆尺寸参数	含义
1	头车长度/m	列车司机室车辆的长度
2	中间车长度/m	列车中间车车辆的长度
3	车辆宽度/m	列车车辆最宽部位的尺寸
4	车辆高度/m	列车车辆顶部最高点与轨道水平面之间的距离
5	列车总长度/m	列车车辆编组后总长度，包含车辆间连接装置的尺寸
6	地板面高度/m	列车车辆空车地板面与轨道水平面之间的距离
7	车钩高度/mm	列车车钩外侧面中心与轨道水平面之间的距离
8	转向架中心距/m	列车车辆两个转向架中轴线之间的距离
9	固定轴距/m	列车车辆单个转向架最前位轮轴与最后位轮轴的中心距离
10	转向架轮径/mm	列车车辆转向架轮对的直径

铁路车辆的尺寸参数根据车辆类型不同差异较大，图 2.38 为机车车辆主要结构尺寸示意图，表 2.9 为机车车辆主要结构尺寸对比。

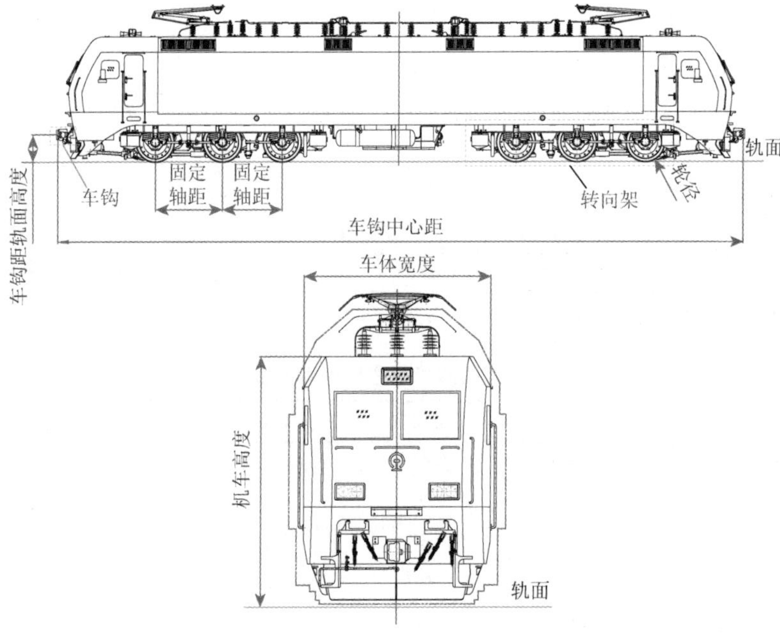

图 2.38　机车车辆主要结构尺寸示意图

表 2.9　机车车辆主要结构尺寸对比

车辆尺寸参数	HD1B 型	HD2B 型	HXD3C 型	HXD3D 型
车钩中心距/m	22.67	22.96	20.85	22.99
固定轴距/m	2.25 + 2.2	2.25 + 2	2.25 + 2	2.35 + 2
车辆宽度/m	2.85	2.85	2.80	2.95
车辆高度/m	4.04	4.02	3.92	4.22
车钩高度/mm	880	880	880	880
转向架轮径/mm	1250	1250	1250	1250

图 2.39 为动车组车辆主要结构尺寸示意图，表 2.10 为我国 CRH 型动车组车辆主要结构尺寸对比。

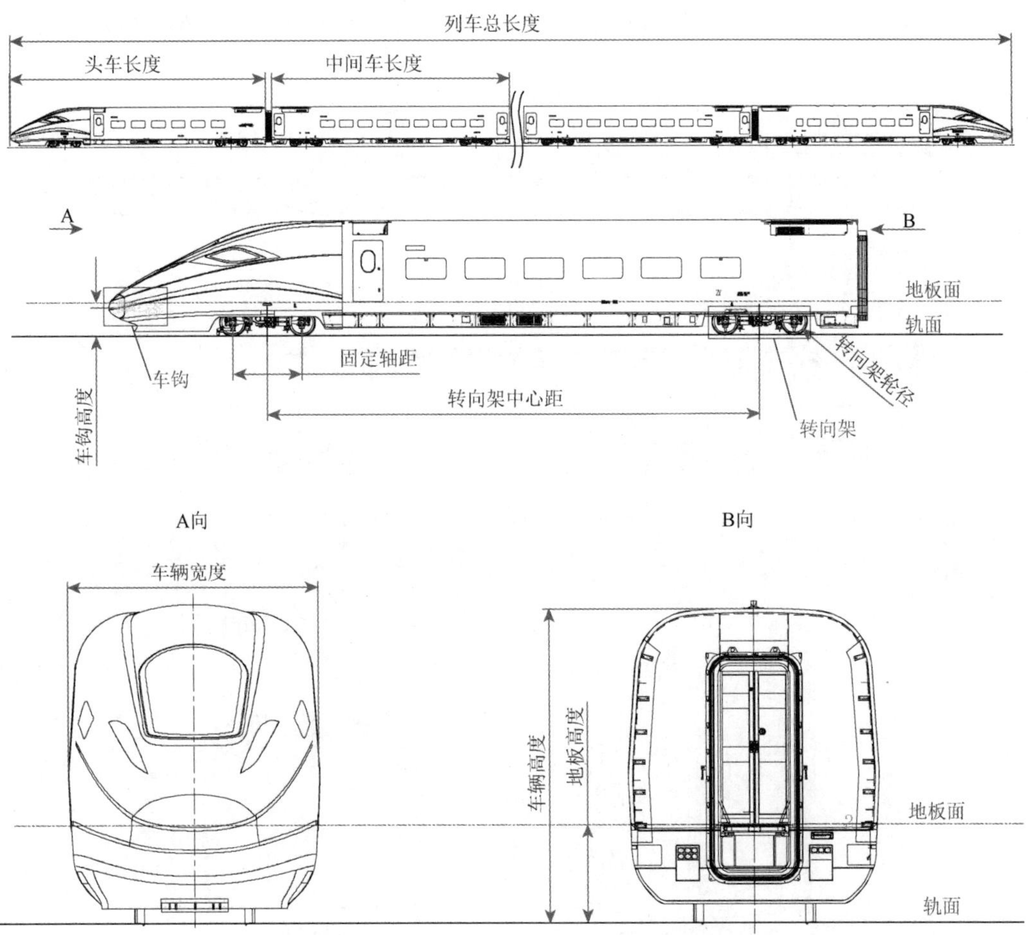

图 2.39　动车组车辆主要结构尺寸示意图

表 2.10　我国 CRH 型动车组车辆主要结构尺寸对比

车辆尺寸参数	CRH1 型	CRH2 型	CRH3 型	CRH5 型
头车长度/m	26.95	25.7	25.86	27.6
中间车长度/m	26.6	25.0	24.825	25.0
车辆宽度/m	3.328	3.38	3.265	3.2
车辆高度/m	4.04	3.7	3.89	4.27
列车总长度/m	213.5	201.4	200	211.5
地板面高度/m	1.25	1.300	1.25	1.27
车钩高度/mm	880	1000	1000	1050
转向架中心距/m	19	17.5	17.375	19
固定轴距/m	2.7	2.5	2.5	2.7
转向架轮径/mm	915～835	860～790	920～860	890～810

图 2.40 为城轨车辆主要结构尺寸示意图，表 2.11 为城轨车辆各车型结构尺寸对比。

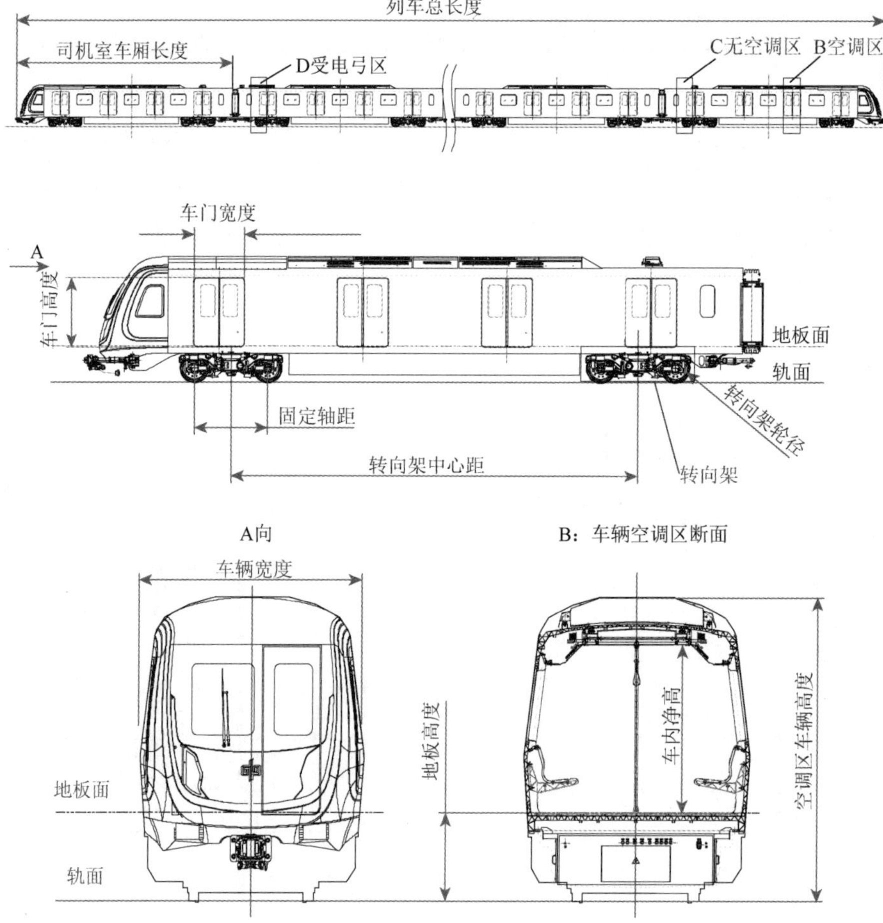

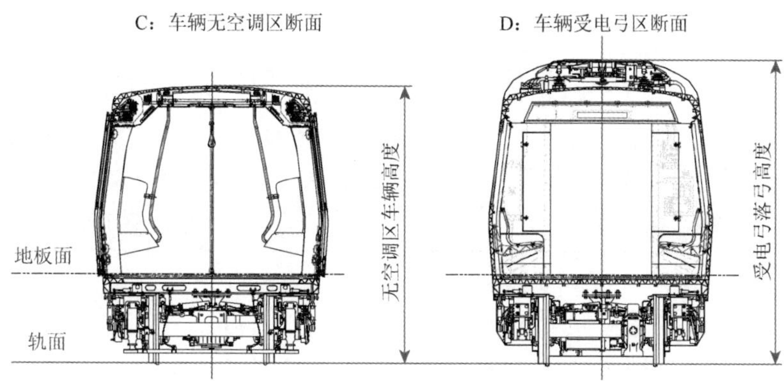

图 2.40　城轨车辆主要结构尺寸示意图

表 2.11　城轨车辆各车型结构尺寸对比

<table>
<tr><th colspan="3">车辆尺寸参数</th><th>A 型车</th><th>B 型车</th><th>C 型车</th><th>D 型车</th><th>L 型车</th><th colspan="2">单轨车</th></tr>
<tr><td rowspan="2">车厢基本长度/m</td><td colspan="2">单司机室车厢</td><td>23.6
(24.4)</td><td>19
(19.55)</td><td>—</td><td>—</td><td>17.2</td><td colspan="2">14.6
(5.5)</td></tr>
<tr><td colspan="2">无司机室车厢</td><td>22
(22.8)</td><td>19
(19.55)</td><td>—</td><td>—</td><td>16.84</td><td colspan="2">13.9
(14.6)</td></tr>
<tr><td colspan="3">车辆基本宽度/m</td><td>3.0</td><td>2.8</td><td>2.6</td><td>2.6</td><td>2.8</td><td colspan="2">2.9 车门踏板处 2.98</td></tr>
<tr><td rowspan="4">车辆高度/m</td><td rowspan="2">受流器车</td><td>有空调</td><td>3.8</td><td>3.8</td><td>3.7</td><td>3.7</td><td>≤3.625</td><td colspan="2" rowspan="4">车辆总高≤5.53
轨面以上高 3.84</td></tr>
<tr><td>无空调</td><td>3.6</td><td>3.6</td><td>—</td><td>—</td><td>—</td></tr>
<tr><td colspan="2">受电弓落弓高度</td><td>3.81</td><td>3.81</td><td>3.7</td><td>3.7</td><td>3.560</td></tr>
<tr><td colspan="2">受电弓工作高度</td><td colspan="4">3.9～5.6</td><td>—</td></tr>
<tr><td colspan="3">车内净高/m</td><td colspan="2">2.10～2.15</td><td>≥2.1</td><td>≥2.1</td><td>≥2.1</td><td colspan="2">2.2</td></tr>
<tr><td colspan="3">地板面高/m</td><td>1.13</td><td>1.10</td><td>0.95</td><td>0.35</td><td>0.93</td><td colspan="2">1.13</td></tr>
<tr><td colspan="3">转向架中心距/m</td><td>15.7</td><td>12.6</td><td>11.0</td><td>10.70</td><td>11.14</td><td colspan="2">9.6</td></tr>
<tr><td colspan="3">固定轴距/m</td><td>2.2～2.5</td><td>2.2～2.3</td><td>1.8～1.9</td><td>1.7～1.8</td><td>1.9～2.0</td><td>走行轮 1.5</td><td>导向轮 2.5</td></tr>
<tr><td colspan="3">车轮轮径/mm</td><td colspan="2">ϕ840</td><td>ϕ760
或ϕ660</td><td>ϕ660</td><td>ϕ660
或ϕ730</td><td>走行轮
ϕ1006</td><td>导向轮稳
定轮ϕ730</td></tr>
<tr><td colspan="3">车门数量（每侧）/个</td><td>5</td><td>4</td><td>—</td><td>4</td><td>3</td><td colspan="2">2</td></tr>
<tr><td colspan="3">车门宽度/m</td><td colspan="2">1.3～1.4</td><td colspan="2">1.3～1.4</td><td>1.4</td><td colspan="2">1.3</td></tr>
<tr><td colspan="3">车门高度/m</td><td colspan="4">≥1.8</td><td>1.86</td><td colspan="2">1.82</td></tr>
</table>

注：括号内数据为带车钩的尺寸。

图 2.41 为铁路货车敞车车辆主要结构尺寸示意图，表 2.12 为铁路货车敞车车辆主要结构尺寸对比。

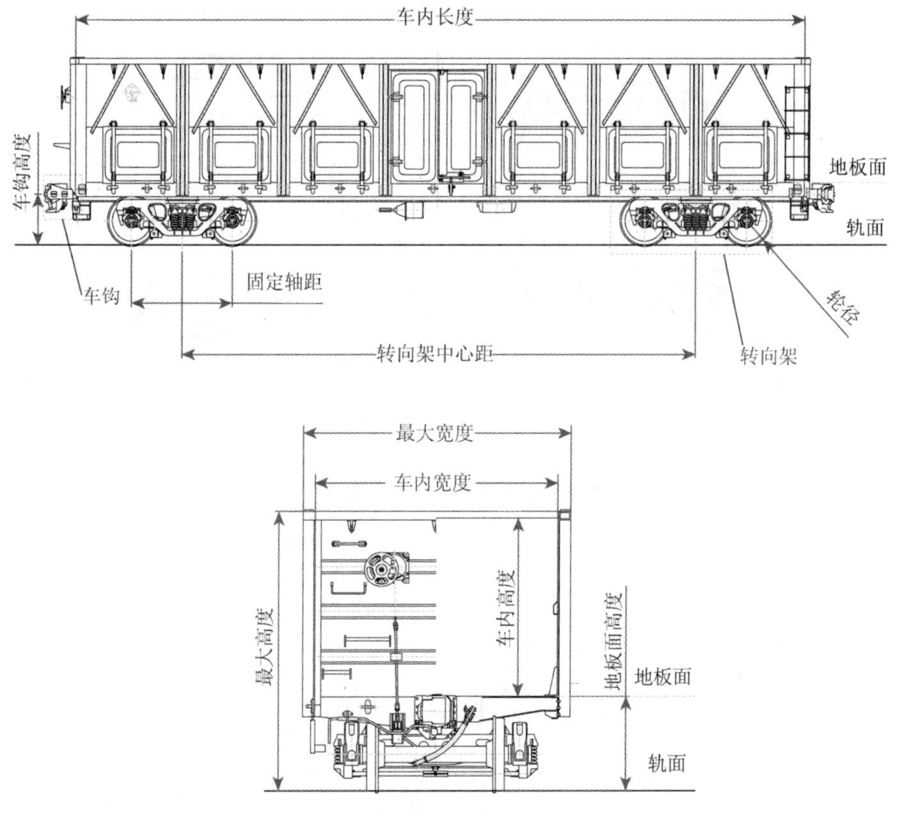

图 2.41　铁路货车敞车车辆主要结构尺寸示意图

表 2.12　铁路货车敞车车辆主要结构尺寸对比

参数项目	C16 型	C62BK 型	C76 型	C80 型	C80B 型
车内长度/m	12.5	12.5	10.5	10.7	10.6
车内宽度/m	2.9	2.9	3	3	2.9
车内高度/m	1.4	2	2	2.7	2.7
最大宽度/m	3.2	3.2	3.2	3.2	3.2
最大高度/m	2.5	3.1	3.6	3.8	3.8
地板面高度/m	1.1	1.1	1.2	1.2	1.2
车钩高/mm	880	880	880	880	880
转向架中心距/m	10.5	10.5	9.2	9.2	9.2
固定轴距/m	1.83	1.83	1.83	1.83	1.83
转向架轮径/mm	850～960	850～960	850～960	850～960	850～960

2.3　铁路车辆的基本组成

铁路车辆发展至今，根据其不同的目的、用途和运营条件，形成了多种多样的类型与结构。例如，根据用途，客车可细分为硬座车、软座车、硬卧车、软卧车、行李车、邮政车、餐车等；根据运营条件，又可分为动车组、城轨地铁及干线客车。对于货车，常见的货车包括敞车、棚车、平车、保温车和罐车等。虽然各种类型车辆的功能用途和结构形式不同，但基本可概括为六个基本组成，如图 2.42 所示。

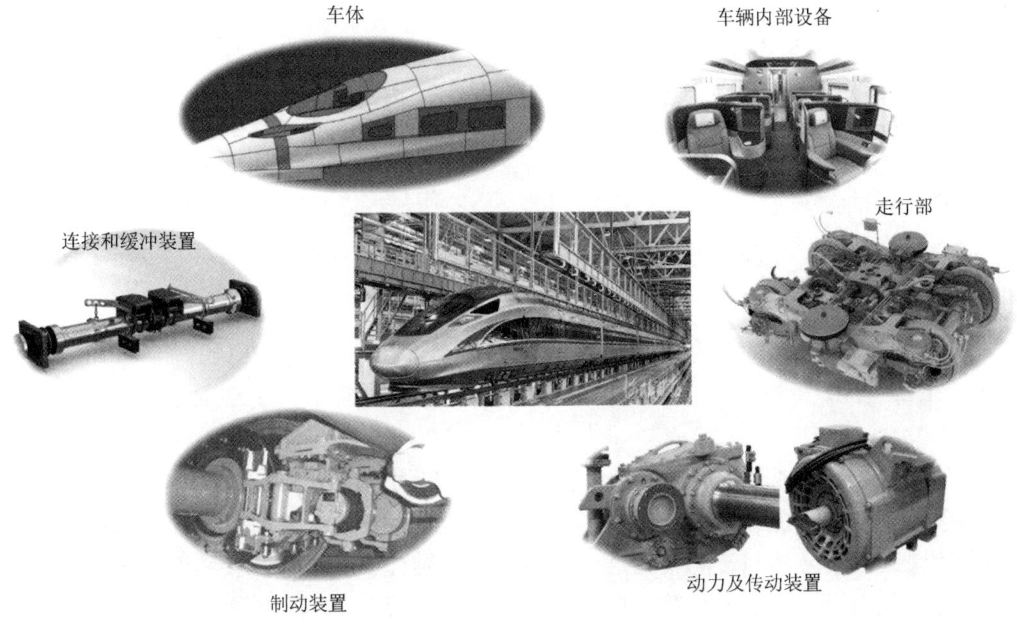

图 2.42　铁路车辆基本组成

1. 车体

车体的主要功能是容纳运输对象（旅客、货物），又是安装与连接其他部分的基础。

2. 走行部

走行部的位置介于车体与轨道之间，引导车辆沿钢轨行驶，承受来自车体及线路的各种载荷并缓和动作用力，是保证车辆运行品质的关键部件，一般称为转向架。

3. 动力及传动装置

动力及传动装置是为列车提供牵引并将动力传递给轮对驱动列车向前行驶的装置，主要包括驱动电机和齿轮箱等装置。

4. 制动装置

制动装置是保证列车准确停车及安全运行所必不可少的装置。由于整个列车的惯性很大，不仅要在机车上设制动装置，还须在每辆车上设制动装置，这样才能使高速运行的车辆根据需要减速或在规定的距离内停车。

5. 连接和缓冲装置

车辆要成列运行，必须借助于连接和缓冲装置，主要包括车钩、缓冲器、风挡等，起到联挂车辆及缓和列车冲击力的功能。

6. 车辆内部设备

车辆内部设备是指一些为运输对象服务而设于车内的固定附属装置，如客车上的电气、给水、供暖、通风、空调、座席、信息屏、行李架等装置。

7. 受电弓

受电弓是从接触网取得电能的电气设备，获取并传递电流，一般安装在机车或动车车顶上。

2.3.1 车体结构

车辆供装载货物或乘坐旅客的部分称为车体。车体的主要组成部分包括底架、侧墙、端墙和车顶等，其一般结构形式如图 2.43 所示。车体由若干纵向梁和横向梁（柱）组成，车体底架通过二系悬挂与转向架相连。在实际服役过程中，车体主要承受自重、载重、整备重量以及由于轮轨冲击和簧上振动导致的垂向载荷，车辆间钩缓装置导致的纵向载荷，气动作用和散粒货物导致的侧向载荷，以及车辆通过缓和曲线段时线路扭曲导致的扭转载荷。

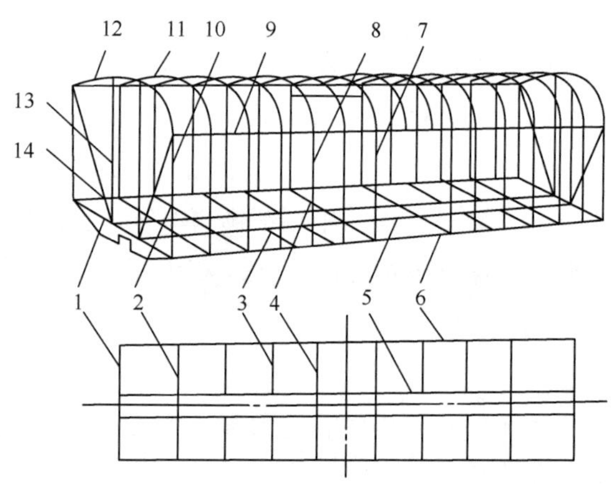

图 2.43　车体的一般结构形式

1-缓冲梁；2-枕梁；3-小横梁；4-大横梁；5-中梁；6-侧梁；7-门柱；8-中间立柱；9-上侧梁；10-角柱；11-车顶弯梁；12-顶端弯梁；13-端柱；14-端斜撑

车体按其承载方式可以分为底架承载结构、侧墙和底架共同承载结构、整体承载结构三大类。

1. 底架承载结构

图 2.44　平车车体结构

全部载荷均由底架来承担的车体结构称为底架承载结构或自由承载底架结构，这种结构常在货车中使用，如平车及长大货物车等。图 2.44 为平车车体结构。由于构造上只要求有装货的地板面，而不需要车体的其他部分，因此作用在地板面上的载荷全部由底架的各梁来承担。为了保证足够的强度，中梁和侧梁一般设计较强。根据等强度设计方法，中梁和侧梁都设计成中央断面比两端大的鱼腹形。另有一部分车体，虽然设计有侧墙和车顶，但不分担载荷，因此也属于底架承载的车辆，如外墙为木板的敞车、棚车以及活动侧墙棚车等。

2. 侧墙和底架共同承载结构

侧墙和底架共同承载结构的车体，其载荷由侧墙、端墙和底架共同承载。由于侧墙和端墙参与承载，提高了车体的承载能力，减轻了底架的负载，因此底架中梁和侧梁断面可进一步减小。侧墙承载结构又可分为桁架结构和板梁结构，常用于敞车，如图 2.45 所示。

图 2.45　敞车车体结构

3. 整体承载结构

在侧墙和底架共同承载结构的基础上，增加由金属板和梁组焊而成的车顶，使得车体的底架、侧墙、端墙、车顶牢固地组成一体，成为开口或闭口箱形结构，则此时车体各部分均能承受载荷，因此称为整体承载结构。整体承载结构又分为开口箱形结构和闭口箱形结构。图 2.46（a）为无金属地板的底架结构形式，仅由各梁和镀锌铁皮组成的开口箱形结构；图 2.46（b）为底架地板横梁上或下面设有金属地板组成闭口箱形结构，也称为筒形结构。

整体承载结构的车体骨架由很多轻便的纵向及横向杆件组成一个封闭环，与金属包板组焊在一起，具有很大的强度和刚度，因此较底架承载结构、底架和侧墙共同承载结构更为轻巧，甚至可将底架中部的一段笨重的中梁取消，形成无中梁的底架结构。图 2.46（c）为我国一种客车车体的无中梁底架结构简图，在底架结构中取消了两枕梁之间的中梁。为了保证载荷的传递，适当地加强了侧梁，而且在底架两枕梁之间铺设波纹地板。对于某些结构形式的车辆，如罐车，其罐体本身具有很强的强度和刚度，能承受各种载荷，此时甚至连底架也可以取消，如图 2.46（d）所示，仅在罐体的两端设置牵引梁和枕梁，供安装车钩缓冲装置和传递载荷。

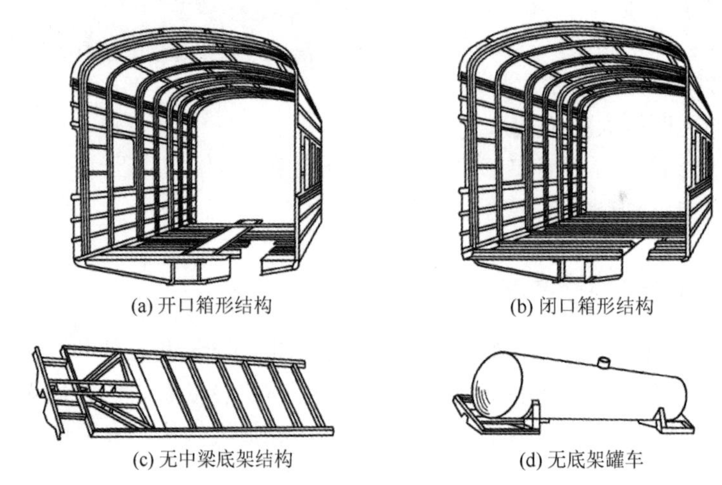
(a) 开口箱形结构　(b) 闭口箱形结构

(c) 无中梁底架结构　(d) 无底架罐车

图 2.46　整体承载结构

2.3.2　转向架

转向架是铁道车辆重要的走行部。在铁路运输的初期，主要采用两轴车辆，即将轮对直接安装在车体下面，如图 2.47（a）所示。这种两轴车一般比较短，为了便于通过曲线，前后两轮对中心线之间的距离一般不大于 10m。因此，两轴车的载重受到容许轴重的限制，一般不大于 20t。随着铁路装备技术的发展，两轴车的载重、长度和容积等多方面不能满足运输要求，于是出现了与两轴车类似的多轴车辆。这种车辆虽然能够增加载重，但为了能顺利通过小曲率半径线路，前后两轴之间的距离仍受限制，不能太大，从而限制了车辆长度和容积的进一步增加。另外，车辆通过小曲率半径线路时，中间轮对相对车体要有较大的横向游动量，如图 2.47（b）所示，使得车辆结构复杂，且中间轮对承担轮轨横向力的能力较差。

为了进一步提升车辆性能，多轴车辆采用将两个或多个轮对用专门的构架组成的一个小车，称为转向架，如图 2.47（c）所示。车体支承在前后两个转向架上。为了便于通过曲线，车体与转向架之间可以相对转动。这样，相当于将一个车体坐落在两个两轴小车上，使得车辆的载重量、长度和容积都可以增加，从而进一步改善车辆运行品质。目前绝大多数车辆都采用转向架的结构形式。

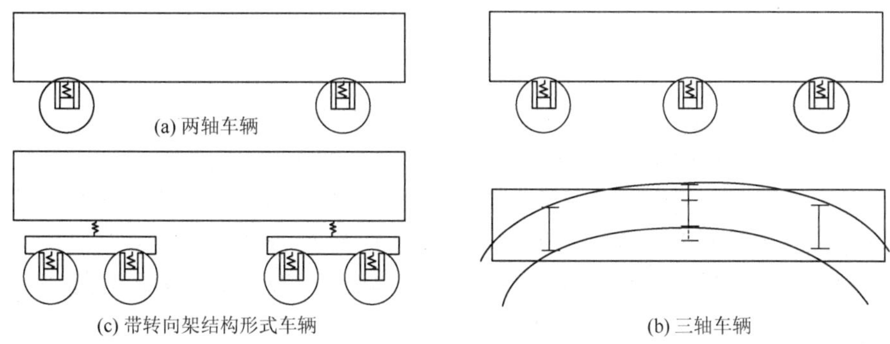

图 2.47　铁道车辆转向架配置结构形式

转向架的基本作用及要求如下：

（1）增加车辆载重、长度与容积，提高运行速度，满足铁路运输发展需要。

（2）保证在正常运行条件下，车体都能可靠地坐落在转向架上，通过轴承装置使车轮沿钢轨的滚动转变为车体沿线路运行的平动。

（3）支承车体，承受并传递从车体至轮对之间或从轮轨至车体之间的各种载荷及作用力并使轴重均匀分配。

（4）保证车辆安全运行，能灵活地沿直线线路运行及顺利地通过曲线。

（5）转向架的结构要便于弹簧减振装置的安装，使之具有良好的减振特性，以缓和车辆和线路之间的相互作用，减小振动和冲击，减小动应力，提高车辆运行平稳性、安全性和可靠性。

（6）充分利用轮轨之间的黏着，传递牵引力和制动力，放大制动缸所产生的制动力，使车辆具有良好的制动效果，以保证在规定的距离之内停车。

（7）转向架是车辆的一个独立部件。在转向架与车体之间尽可能减少连接件，并要求结构简单，装卸方便，以便于转向架可单独制造和检修。

虽然由于车辆用途和运用条件的差异，铁道车辆转向架结构形式繁多，各有不同，但其均具有共同的特点，基本作用和组成部分也大同小异。图 2.48 是两种典型的客车和货车转向架，一般可将转向架分为如下几个部分。

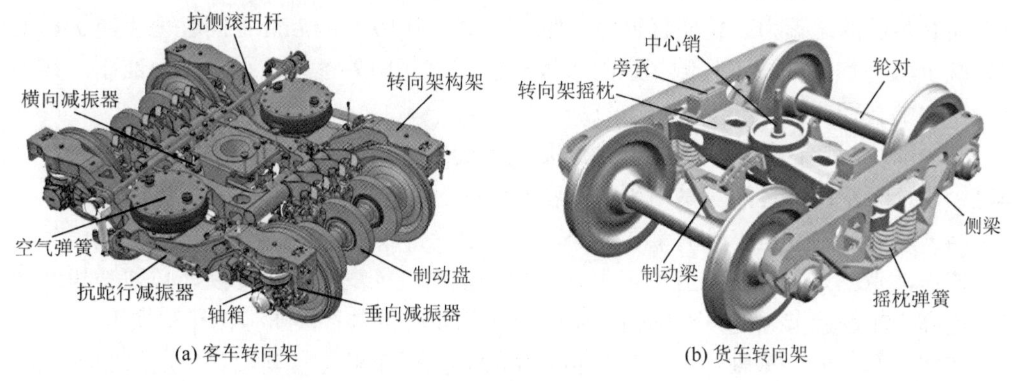

图 2.48　典型转向架

1. 轮对轴箱装置

轮对沿着钢轨滚动，除传递车辆重量外，还传递轮轨之间的各种作用力，其中包括牵引力和制动力等。传统轮对由一根车轴和两个车轮组成，如图 2.49 所示。车轮和车轴通过轮轴接合部位的过盈配合牢固地结合在一起，为保证安全，绝不允许有任何松动现象发生。轮对承担车辆全部重量，且在轨道上高速运行，同时还承受着来自车体、钢轨两方面传递来的各种静、动作用力，受力工况极其复杂。因而对车辆轮对提出了较高的要求：

（1）应有足够的强度，以保证在容许的最高速度和最大载荷下安全运行。

（2）应在强度足够和保证一定使用寿命的前提下，使其重量最小，并具有一定的弹性，以减小轮轨之间的相互作用力。

（3）应具备阻力小和耐磨性好的优点，这样可以只需要较少的牵引力，并且能够提高使用寿命。

（4）应能适应车辆直线运行，同时又能顺利通过曲线，还应具备必要的抵抗脱轨的安全性。

图 2.49　轮对组成

车轴是转向架轮对中重要的部件之一，直接影响列车运行的安全性。由于车轴各部位受力状态及装配需求的不同，其直径也不一样。车轴各部位名称及主要作用如下：

（1）轴颈。轴颈用以安装滑动轴承的轴瓦或滚动轴承，负担着车辆重量，并传递各方向的静、动载荷。

（2）轮座。轮座是车轴与车轮配合的部位，也是车轴受力最大的部位。为了保证轮轴之间有足够的压紧力，轮座直径比车轮孔径要大 0.10～0.35mm；同时为了便于轮轴压装，减少应力集中，轮座外侧（靠防尘板座侧）直径向外逐渐减小，成为锥体，其小端直径比大端直径要小 1mm，锥体长 12～16mm。

（3）防尘板座。防尘板座为车轴与防尘板配合的部位，其直径比轴颈直径大，比轮座直径小，介于两者之间，是轴颈和轮座的中间过渡部分，以减小应力集中。

（4）轴身。轴身是车轴的重要部分，该部位受力较小。

值得注意的是，为减小应力集中，各相邻截面直径变化时，交接处必须缓和过渡。为了提高车轴的疲劳强度，对轴颈、防尘板座和轮座需进行滚压强化和精加工。

在普速车辆中，车轴绝大多数为实心车轴。由于车轴是转向架簧下质量的主要组成部分，特别是对于高速车辆和重载车辆，减小车辆簧下质量对改善车辆运行平稳性和减小轮轨间动力作用具有重要影响。虽然簧下结构的轻量化内容很多，如车轮、轴箱、轴承、传动装置等的轻量化，但相对来说车轴的轻量化潜力最大。采用空心车轴比实心车轴能减轻 20%～40%质量，一般可以减 60～100kg，甚至更多。

车轮绝大多数是整体辗钢轮，主要包括踏面、轮缘、轮辋、辐板和轮毂等部分，如图 2.50 所示。车轮与钢轨的接触面称为踏面。突出的圆弧部分称为轮缘，是保持车辆沿钢轨运行，防止脱轨的重要部分。轮辋是车轮上踏面下最外的一圈。轮毂是轮与轴相互配合的部分，辐板是连接轮辋与轮毂的部分。

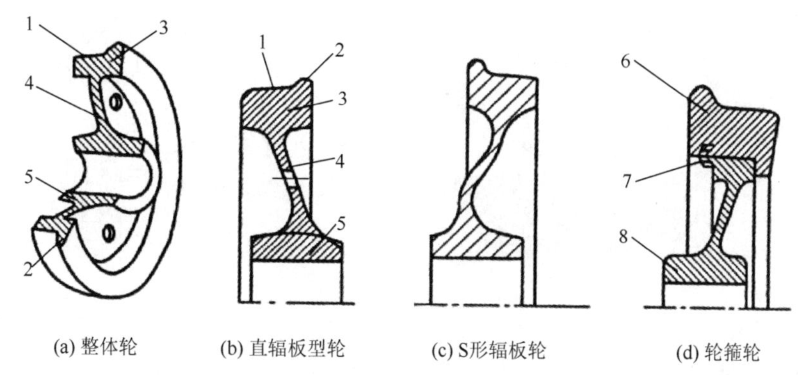

图 2.50　车轮

1-踏面；2-轮缘；3-轮辋；4-辐板；5-轮毂；6-轮箍；7-扣环；8-轮心

车轮踏面需做成一定的斜度，其作用如下：

（1）便于通过曲线。车辆在曲线上运行，由于离心力的作用，轮对偏向外轨，于是在外轨上滚动的车轮与钢轨接触的部分直径较大，而沿内轨滚动的车轮与钢轨接触部分直径较小，使得滚动轮对中的大直径车轮沿外轨行走的路程长，小直径车轮沿内轨行走的路程短。这正好和曲线区间线路的外轨长内轨短的情况相适应，这样可使轮对顺利地通过曲线，减小车轮在钢轨上的滑动量。

（2）可自动调中。在直线线路上运行时，若车辆中心线与轨道中心线不一致，则轮对在滚动中能自动纠正偏离位置。踏面磨耗沿宽度方向比较均匀。

由此可见，车轮踏面必须有斜度。然而由于它的存在，轮对和整车会发生自激蛇行运动。车轮踏面可分为锥形踏面和磨耗型踏面。磨耗型踏面是在研究和改进锥形踏面的基础上发展起来的。经验表明，锥形踏面车轮的初始形状，在运行中将很快磨耗；但当踏面磨耗成一定形状后（与钢轨断面相互匹配），车轮与钢轨的磨耗均变得缓慢，其磨耗后的形状将相对稳定。因此，将车轮踏面一开始就做成类似磨耗后的稳定形状，即磨耗型踏面，可明显减少轮与轨的磨耗和轮轨接触应力，既能保证车辆直线运行的横向稳定性，又有利于曲线通过。目前普速客车、货车和城轨车辆主要使用 LM 磨耗型踏面，我国高速动车组主要采用 LMA、S1002CN、LMB10 等。车轮踏面形状的选取与车辆种类、转向架结构及参数、转向架悬挂参数、运行速度、轴重、线路结构及参数、钢轨截面形状尺寸以及经济效益等诸多因素相关，需要综合考量，不能孤立地只从轮对自身来考虑与分析。

轴箱与轴承装置是联系构架和轮对的活动关节，能够使轮对的滚动运动转化为构架和车体沿钢轨的平动运动。轴箱装置需要承受车辆的重量，传递各方向的作用力；保证良好的润滑性能，减少磨耗，减低运行阻力；需要具有良好的密封性，防止尘土、雨水等外物侵入及甩油，从而避免破坏油脂的润滑，甚至发生燃轴等事故。轴箱装置主要包括轴箱体、双列轴承、密封件（前盖、后盖及橡胶盖等），如图 2.51 所示。

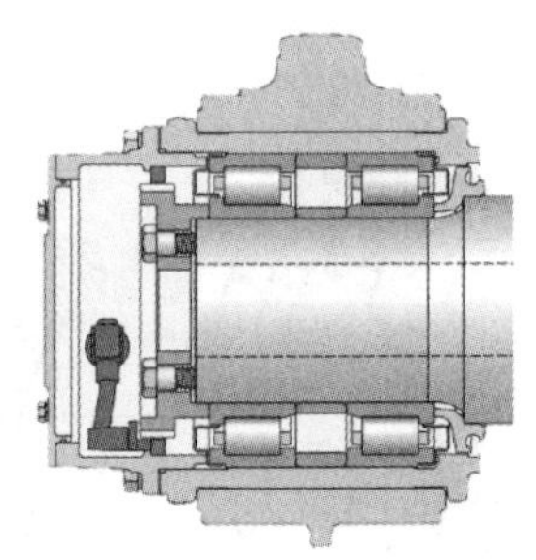

图 2.51　轴箱体结构

2. 弹性悬挂装置

为了减少线路不平顺对车辆的动态影响（如垂向振动和横向振动），转向架在轮对与构架之间或构架与车体之间，设有弹性悬挂装置。前者称为轴箱悬挂装置（又称一系悬挂系统），后者称为中央悬挂装置（又称二系悬挂系统），如图 2.52 所示。目前，大多数货车转向架只设有摇枕悬挂装置或轴箱悬挂装置，而客车转向架既设有中央（摇枕）悬挂装置，又设有轴箱悬挂装置。弹性悬挂装置使车辆的弹簧以上部分和弹簧以下部分分成既有联系又有区别的两部分，可缓和轮轨之间的相互作用，也可以提高车辆运行的舒适性和平稳性，保证旅客舒适、安全及货物完整无损，延长车辆零部件及钢轨的使用寿命。

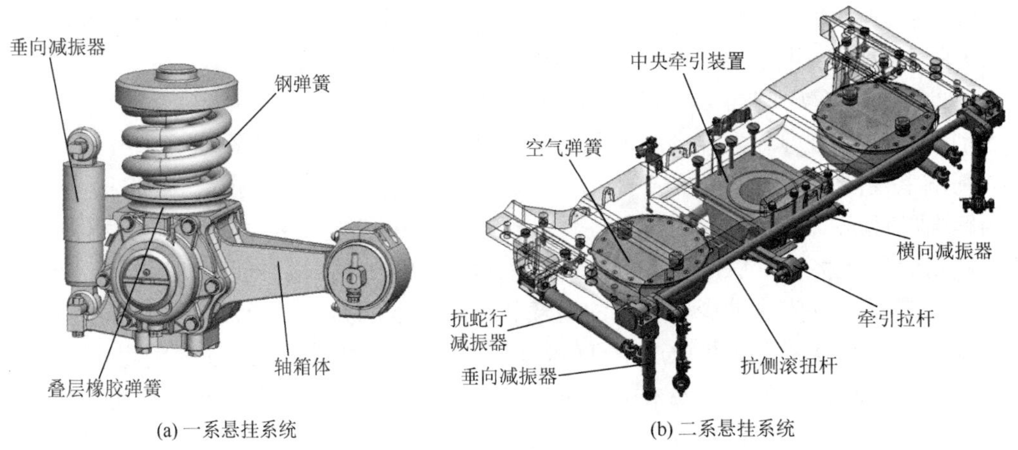

(a) 一系悬挂系统　　(b) 二系悬挂系统

图 2.52　铁道车辆弹性悬挂装置

弹性悬挂装置的作用如下：

（1）使车辆的质量及载荷比较均衡地传递给轮轴，并使车辆在静载状态下（包括空、重车），两端的车钩距轨面高度满足规定的要求，以保证车辆的整车连挂。

（2）缓和因线路的不平顺、轨缝、道岔、钢轨磨耗和不均匀下沉，以及因车轮擦伤、车轮不圆、轴颈偏心等原因引起的振动和冲击。

（3）车辆上的弹性悬挂装置按照主要的用途不同，大体可以分为起缓和冲动的弹簧装置（如中央及轴箱的螺旋圆弹簧）、起衰减（消耗能量）振动的减振装置（如垂向、横向减振器和抗蛇行减振器）和起定位（弹性约束）作用的定位装置（如轴箱轮对纵、横方向的弹性定位装置、横向止挡、纵向牵引拉杆）。

3. 螺旋圆弹簧

铁道车辆中常用的螺旋圆弹簧的簧条截面为圆形，故又称圆簧，如图 2.53 所示。

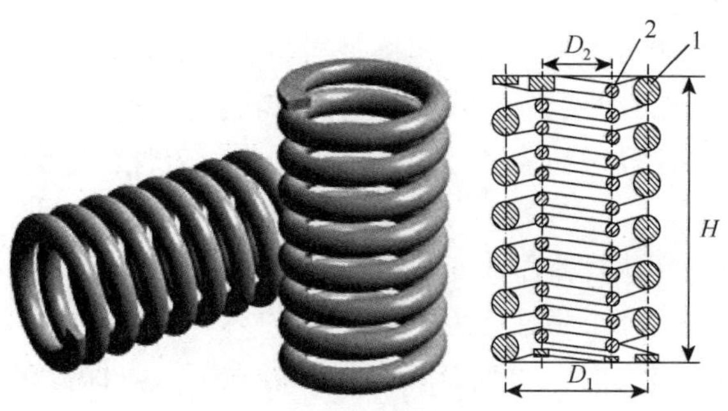

图 2.53　螺旋圆弹簧

1-外层簧；2-内层簧

常用的弹簧材料主要采用硅锰钢，这种硅锰钢热处理时有较高的淬透性，加热时氧化皮较少，能获得较好的表面质量与较高的疲劳强度，而且与其他合金弹簧钢相比价格低廉。此外，车辆上也有某些弹簧采用碳钢或铬锰钢。

制造弹簧时分为冷卷与热卷，车辆转向架上采用的簧条直径一般都较粗，故多为热卷。另外，制造时还要将簧条每端约 3/4 圈的长度制成斜面，使弹簧卷成后，两端成平面，以保证弹簧平稳站立，并尽量减少偏载。螺旋弹簧的主要参数有簧条直径 d、弹簧平均直径 D、有效圈数 n、总圈数 N、弹簧全压缩高度 $H_{\min}$、弹簧自由高度 H_0、弹簧指数 $m = D/d$、垂向静扰度 f_v 和垂向刚度 K_v 等。

4. 空气弹簧

空气弹簧系统的基本组成为空气弹簧本体、高度控制阀、差压阀、附加气室及滤尘器等，如图 2.54 所示。空气弹簧所需要的压力空气由列车制动主管 1 经 T 型支管 2、截断塞门 3、滤尘止回阀 4 进入空气弹簧储风缸 5，再经纵贯车底的空气弹簧主管向两端转向架上的空气弹簧供气。转向架上的空气弹簧管路与其主管用连接软管 6 接通，压力空气再经高度控制阀 7 进入附加气室 10 和空气弹簧 8。

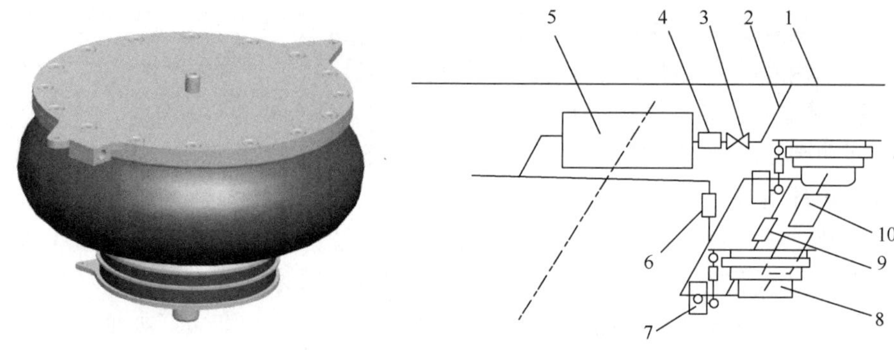

图 2.54　空气弹簧系统

1-列车制动主管；2-T 型支管；3-截断塞门；4-滤尘止回阀；5-储风缸；6-连接软管；7-高度控制阀；8-空气弹簧；9-差压阀；10-附加气室

空气弹簧的主要优点如下：

（1）空气弹簧的刚度可选择低值，以降低车辆的自振频率。

（2）空气弹簧具有非线性特性，可以根据车辆振动性能的需要，设计成比较理想的弹性特性曲线。在平衡位置振动幅度较小时刚度较低，若位移过大，则刚度将显著增加，以限制车体的振幅。

（3）空气弹簧的刚度随载荷而改变，从而保持空、重车时车体的自振频率几乎相等，使空、重车不同状态的运行平稳性接近。

（4）和高度控制阀并用时，可使车体在不同静载荷下，保持车辆地板面距轨面的高度不变。

（5）空气弹簧可以同时承受三向的载荷，并且有较大的径向变形能力。利用空气弹簧较柔软的横向弹性特性可以代替传统转向架的摇动台；利用空气弹簧较大的径向变形能力可以代替传统转向架的摇枕，从而实现“三无”结构（无摇枕、无摇动台、无磨耗），可简化转向架的结构，减轻自重。

（6）空气弹簧本体和附加空气室之间装设有适宜的节流孔，可以代替垂向液压减振器。

（7）空气弹簧具有良好的吸收高频振动和隔音性能。

由于空气弹簧的显著优点，它在城轨车辆、高速客车和动车组上得到了广泛应用。空气弹簧大体上可以分为囊式和膜式两大类。

囊式空气弹簧又可以分为单曲、双曲和多曲等形式。图 2.55（a）为双曲囊式空气弹簧的结构示意图，这类空气弹簧使用寿命长，制造过程简单；但刚度大，振动频率高，所以在铁道车辆上已不再使用。

膜式空气弹簧可以分为约束膜式、自由膜式等形式。约束膜式空气弹簧的结构如图 2.55（b）所示，它由内筒、外筒和将两者连接在一起的橡胶囊等组成。这种形式的空气弹簧刚度小，振动频率低，其弹性特性曲线容易通过约束裙（内、外筒）的形状来控制，但橡胶囊工作状态复杂，耐久性差。自由膜式空气弹簧的结构如图 2.55（c）所示，由于它没有约束橡胶囊变形的内筒和外筒，可以减轻橡胶囊的磨耗，提高使用寿命。它本身的安装高度比较低，可以明显降低车辆地板面距轨面高度；重量轻，并且其弹性特性可通过改变上盖板边缘的包角加以适当调整，使得弹簧具有良好的负载特性，所以空气弹簧在无摇动台装置的转向架上应用较多。

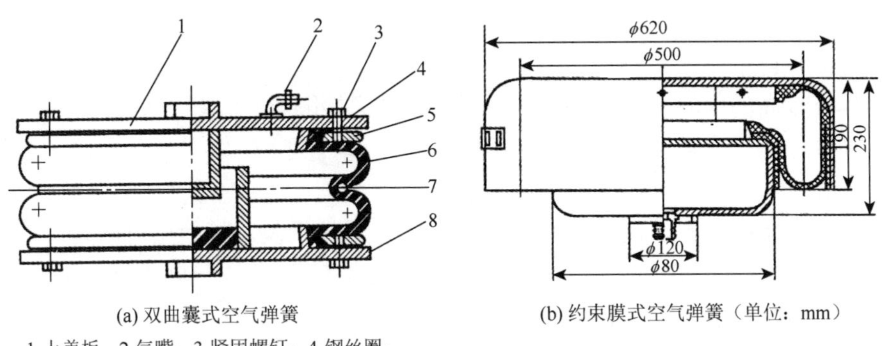

(a) 双曲囊式空气弹簧

1-上盖板；2-气嘴；3-紧固螺钉；4-钢丝圈；5-法兰盘；6-橡胶囊；7-中腰环钢丝圈；8-下盖板

(b) 约束膜式空气弹簧（单位：mm）

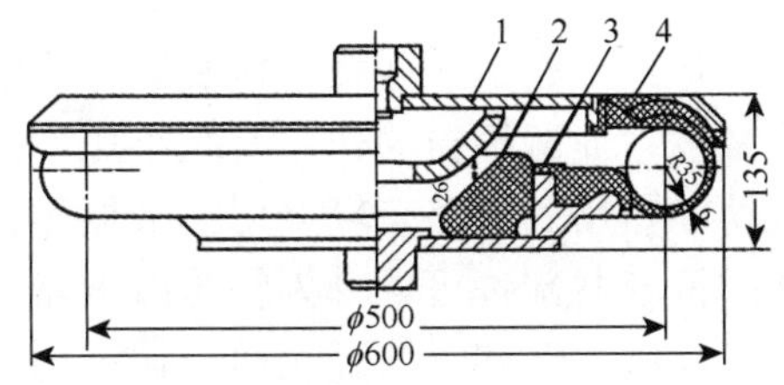

(c) 自由膜式空气弹簧（单位：mm）

1-上盖板；2-橡胶垫；3-下盖板；4-橡胶囊

图 2.55　空气弹簧分类

5. 弹性橡胶元件

铁道车辆上的橡胶元件主要应用于弹簧装置与定位装置，如转臂定位节点和钢弹簧叠层橡胶。此外，车体与摇枕、摇枕与构架、轴箱与构架、弹簧支承面等金属部件直接接触部位之间，经常采用橡胶衬垫、衬套、止挡等橡胶元件。图 2.56 为铁路车辆常用的弹性橡胶元件。

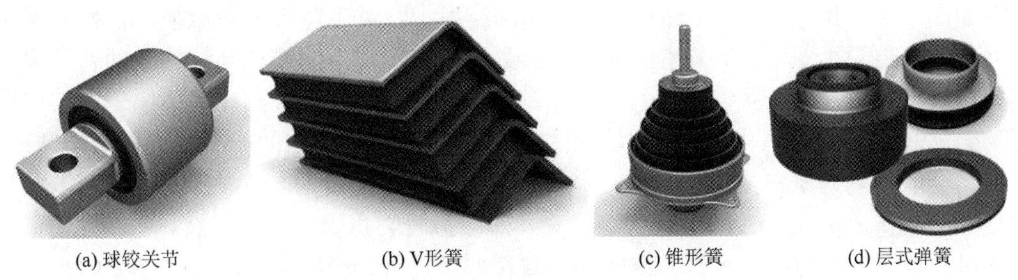

(a) 球铰关节　(b) V形簧　(c) 锥形簧　(d) 层式弹簧

图 2.56　铁道车辆常用的弹性橡胶元件

弹性橡胶元件具有如下优点：

（1）可以自由确定形状，使各个方向的刚度根据设计要求确定。利用橡胶的三维特性可以同时承载多向载荷，以便简化结构。

（2）可避免金属件之间的磨耗，安装、拆卸简便，并无须润滑，故有利于维修，降低成本。

（3）可减轻自重。

（4）具有较高的内阻，对高频振动的减振以及弹性隔音有良好的效果。

（5）弹性模量比金属小得多，可以得到较大的弹性变形，容易实现预想的非线性等特性。

但它的缺点是耐高温、耐低温和耐油性能比金属弹簧差，随使用时间延长易发生老化，而且性能离散度大，同批产品性能差别可以达到10%以上。但随着橡胶工业的发展，正在研究改进橡胶性能，以弥补这些不足。

6. 减振元件

车辆上采用的减振器与弹簧一起组成弹簧减振装置。弹簧主要起缓冲作用，缓和来自轨道的冲击和振动的激励，而减振器的作用是减小振动。它的作用力总是与运动的方向相反，起着阻止振动的作用。铁路车辆采用的减振器按阻尼力特性可以分为常阻力和变阻力两种减振器；按安装部位可以分为轴箱减振器和中央减振器；按减振方向可以分为垂向减振器、横向减振器和纵向减振器；按结构特点又可分为摩擦减振器和油压减振器。

1）摩擦减振器

摩擦减振器结构简单，成本低，制造维护比较方便，故广泛应用在货车转向架上。但它的缺点是摩擦力随摩擦面状态的改变而变化，并且由于摩擦力与振动速度基本无关，有可能出现以下情况：当振幅小时，摩擦阻力可能过大而形成对车体的硬性冲击；当振幅大时，摩擦阻力又显得不足而不能使得振动迅速衰减。

图 2.57 为转 8A 转向架的摩擦减振器，它具有变摩擦力的特点，摩擦楔块的一边为45°角，该斜边嵌入摇枕端部的楔形槽，另一边与铅垂线的夹角为2°30′，压紧在侧架立柱的磨耗板上。每台转向架摇枕的两端各有左右两个摩擦楔块，每个楔块又坐落在一个双卷螺旋弹簧上，摇枕两端各坐落在 5 个双卷螺旋弹簧上。所以，摇枕每端的减振装置由摇枕、两个楔块、两块磨耗板和 7 组双卷螺旋弹簧组成。楔块式变摩擦减振器的作用原理如图 2.57（b）所示。车体重量通过摇枕作用于弹簧上，使弹簧压缩。摇枕和楔块之间为45°的斜面，因此在车体作用力和弹簧反力的作用下，楔块与摇枕之间、楔块与侧架立柱磨耗板之间产生一定的压力。在车辆振动过程中，摇枕和楔块由原来的实线位置移到虚线位置。这样，楔块与摇枕、楔块与侧架立柱磨耗板之间产生相对移动和摩擦，使振动动能转变为摩擦热能，实现减小车辆振动和冲击的目的。各摩擦面上的摩擦力与摇枕上的载荷 P 有关，载荷大摩擦力也大，即减振阻力也大，反之亦然。所以，空车和重车时，减振阻力不同，故称为变摩擦力减振器。楔块式摩擦减振器在水平方向也有减振作用。

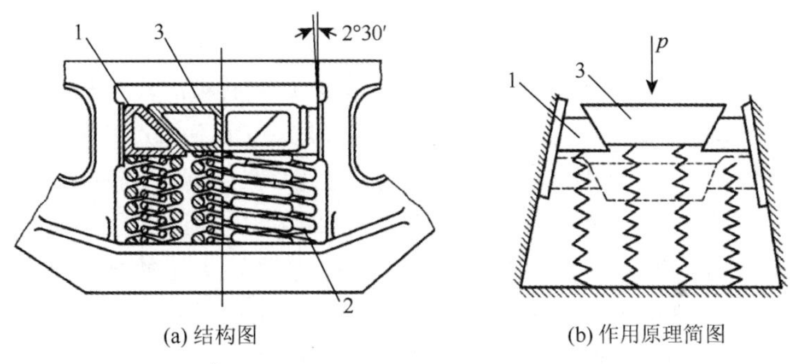

图 2.57　转 8A 转向架的摩擦减振器

1-楔块；2-螺旋弹簧；3-摇枕

2）油压减振器

在铁道车辆中常用的液压减振器有轴箱垂向减振器、中央悬挂垂/横向减振器、抗蛇行减振器。因轴箱减振器直接承受来自轨道的冲击，轴箱减振器压缩方向的阻力应该小于拉伸方向的阻力，或者只有拉伸方向的作用，这样既可减少冲击的传递，还可以提高减振器本身的耐久性。在中央弹簧悬挂装置中安装横向减振器，它通常水平安装在车体和构架之间，用以衰减车体和转向架的横向振动，提高车体横向平稳性。抗蛇行减振器同样安装在车体与构架之间（沿纵向），用以衰减、抑制车体和转向架之间的蛇行运动，如图 2.58 所示。

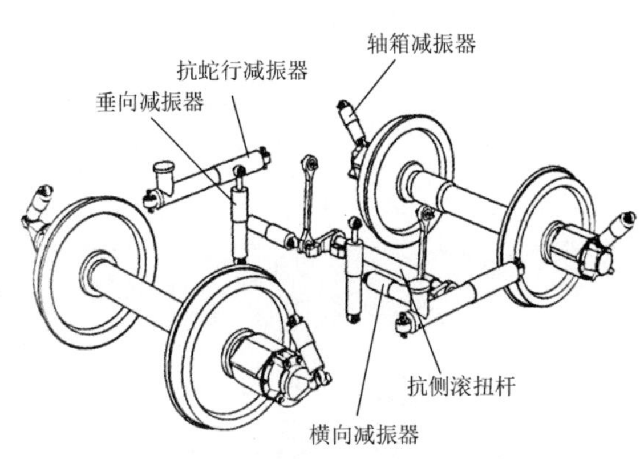

图 2.58　铁道车辆液压减振器

铁道车辆用减振器大多数为双筒式减振器，一般由橡胶关节、底阀单元、储油腔、活塞单元、压力腔、导向盖、活塞杆、防尘罩等部分组成，其中底阀单元主要由底阀回油阀、底阀常通孔、底阀阻尼阀等三部分组成，活塞单元主要由拉伸常通孔、拉伸阻尼阀、压缩常通孔、压缩阻尼阀等四部分组成，铁道车辆用油压减振器的具体结构示意图如图 2.59 所示。

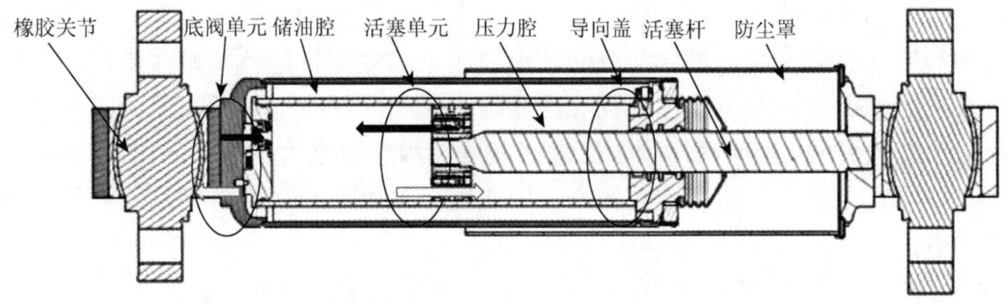

图 2.59　铁道车辆用油压减振器的结构示意图

铁道车辆用油压减振器拉伸行程油液流动方向如图 2.59 的黑色粗箭头所示，压缩行程油液流动方向如图 2.59 的白色粗箭头所示，某铁道车辆用油压减振器的力速特性曲线如图 2.60 所示。当减振器处于拉伸行程且其激振速度小于 0.02m/s 时，拉伸腔内部的油液经活塞上的拉伸常通孔流向压缩腔，活塞的向上移动导致压缩腔的压力降低，另有一部分油液由储油腔经底阀上的回油阀流向压缩腔来弥补压缩腔的压力降低，此时油压减振器内部仅拉伸常通孔参与节流产生阻尼力；当减振器处于拉伸行程且其激振速度大于 0.02m/s 时，拉伸腔内部的油液一部分经活塞上的拉伸常通孔流向压缩腔，拉伸腔内部的油液另一部分经活塞上的拉伸阻尼阀流向压缩腔，同样由于活塞的向上移动导致压缩腔的压力降低，另有一部分油液由储油腔经底阀上的回油阀流向压缩腔来弥补压缩腔的压力降低，此时油压减振器内部拉伸常通孔与拉伸阻尼阀共同参与节流产生拉伸阻尼力；当减振器处于拉伸行程且其激振速度大于 0.06m/s 时，拉伸阻尼阀完全打开，油压减振器产生的拉伸阻尼力不再增加，起到拉伸行程保护减振器的作用。

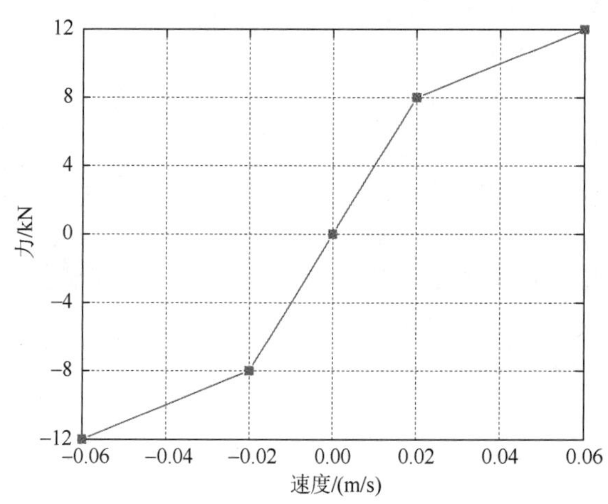

图 2.60　某铁道车辆用油压减振器的力速特性曲线

当减振器处于压缩行程且其激振速度小于 0.02m/s 时，压缩腔内油液一部分经活塞上的压缩常通孔流向拉伸腔，另一部分油液经底阀上的底阀常通孔流向储油腔，则油液油压减振器内部仅压缩常通孔与底阀常通孔参与节流产生阻尼力；当减振器处于压缩行程且其激振速度大于 0.02m/s 时，压缩腔内部的油液一部分经活塞上的压缩常通孔流向拉伸腔，压缩腔内部的油液另一部分经活塞上的压缩阻尼阀流向拉伸腔，同样由于活塞的截面积大于活塞杆的截面积，另一部分油液经底阀上的底阀常通孔与底阀阻尼阀流向储油腔，此时油压减振器内部压缩常通孔、压缩阻尼阀、底阀常通孔、底阀阻尼阀共同参与节流产生压缩阻尼力；当减振器处于压缩行程且其激振速度大于 0.06m/s 时，压缩阻尼阀与底阀阻尼阀完全打开，油压减振器产生的压缩阻尼力不再增加，起到压缩行程保护减振器的作用。

为保证油压减振器装置良好的减振性能，应充分注意以下几点：

（1）油压减振器良好的减振性能主要是依靠活塞杆装置上的节流装置、进油阀装置和选择适宜的油液而确定的，所以设计、制造、运用及检修都必须充分重视上述部分。

（2）当减振器工作时，内部油压较高（可高达 2.5MPa），所以必须具有良好的密封性，以确保减振特性和使用寿命。为了保证密封部分的性能，必须特别注意零件的各种加工精度，如同心度、垂直度和表面光洁度等，以减少零件之间的磨耗和变异。另外，对活塞杆装置应设有导向装置（如导向套），使活塞杆中心线和油缸中心线保持一致。

（3）对于减振器两端连接部的连接方式，要考虑减振器与被相连部件结构之间的运动性，在各个方向具有适宜的弹性，满足相互之间力、位移等传递，其弹性变形又可减少活塞与油缸、活塞杆与导向套之间的偏心，使活动顺滑，减少偏磨。为此，不同形式和作用特性的油压减振器的两端连接方式，需要用不同形式的弹性橡胶节点。

（4）为保证油压减振器正常工作，应合理地选择在转向架上的安装空间位置，并兼顾方便装拆与检修。

7. 抗侧滚扭杆装置

为了改善车辆的垂向性能，需要刚度较小的垂向悬挂装置，如空气弹簧或者小刚度的钢弹簧。小的垂向刚度会导致车体侧滚角刚度变小，使得运行中的车辆车体侧滚角位移增大，从而影响旅客乘坐舒适性，甚至侵占限界。故需要设计出既能够保证车辆具有良好的垂向振动性能，又能够提高车辆抗侧滚能力的装置。

抗侧滚扭杆装置的结构及原理如图 2.61 所示。当左右弹簧发生相互反向的垂向位移（车体侧滚）时，水平放置的两个扭臂对扭杆（扭臂与扭杆之间近似为刚性节点）分别有一个相互反向的力与力矩的作用，使弹性扭杆承受扭矩而产生扭转弹性变形，起着扭杆弹簧的作用。扭杆弹簧的反扭矩总是与车体产生侧滚角位移的方向相反，以约束车体的侧滚运动。但是，当左右弹簧为同向垂向位移时，因扭杆两端为转轴及轴承支承，故左右两个扭臂只是使扭杆产生同向的转动，而不发生扭杆弹簧作用，故对车体不产生抗侧滚作用。由此可见，抗侧滚扭杆装置实现了增强中央悬挂装置的抗侧滚性能，又不影响中央悬挂系统的垂向性能。

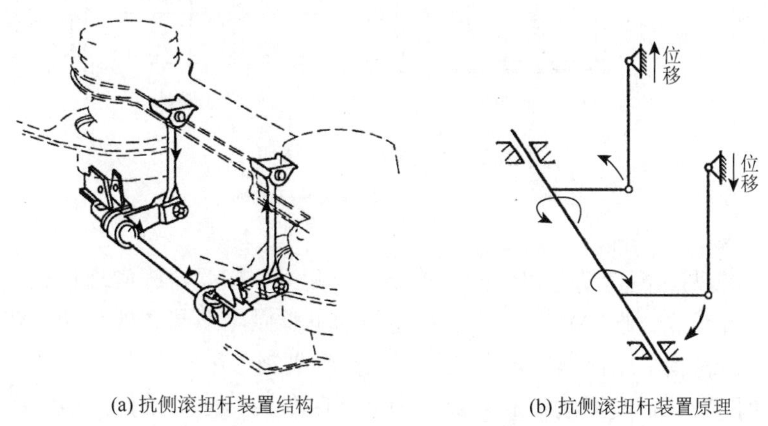

(a) 抗侧滚扭杆装置结构　　(b) 抗侧滚扭杆装置原理

图 2.61　抗侧滚扭杆装置的结构及原理

8. 构架或侧梁

构架（侧梁）是转向架的基础，它把转向架各部件组成一个整体。所以它不仅仅承受、传递各种作用力及载荷，而且它的结构、形状、尺寸大小都应满足各零部件的结构、形状及组装的要求，如制动装置、牵引装置、弹簧减振装置、轴箱定位装置等安装的要求。

构架的设计原则如下：

（1）构架是转向架的重要部分，是转向架其他零部件的安装基础。因此，设计时必须全面考虑构架与各个零部件的相互位置关系。

（2）构架各梁应尽可能设计成等强度梁，以保证能获得最大强度和最小自重，从而实现构架的轻量化。

（3）构架各梁的布置应尽可能对称，以简化设计和施工。各梁本身制造以及由各梁组成构架时，必须注意减小应力集中。因此，各梁相交处的过渡要平缓、圆滑，切口处要相应补强。

（4）除了保证强度，构架还要有足够的刚度。刚度不足时会造成载荷分布不均匀或各梁本身产生自振等问题。

（5）采用焊接结构时必须注意施工方便，具有足够的焊缝尺寸；焊缝应布置在应力较小处，并满足焊接结构的要求；同时还应便于检查和修理。

（6）在构架上需考虑设有车辆出轨后使车辆复位的支承部位。

转向架构架的结构形式取决于车轮直径、轴箱定位方式、车体支承形式、弹簧悬挂装置形式、相邻的车架部件及车体部件的布置（图 2.62）。构架一般由左右侧梁、一根或几根横梁以及前后端梁组焊而成，其上焊有纵、横向辅助梁和轴箱定位座、减振器座、弹簧座、制动吊座、抗侧滚扭杆座、牵引拉杆座等。有的转向架构架没有设置端梁，称为开口或 H 形构架；有端梁的构架称为封闭式构架。

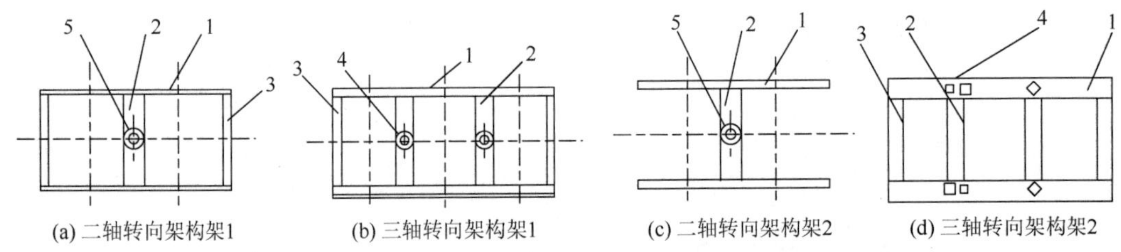

图 2.62　转向架构架的一般形式

1-侧梁；2-横梁；3-端梁；4-支承座；5-心盘

图 2.63 为典型的高速动车组转向架构架，由侧梁、横梁、纵向连接梁、空气弹簧支承梁及其他附件组成。拖车转向架构架结构与动车类似，不同之处是动车转向架构架设有电机吊座和齿轮箱吊座，拖车转向架构架设有轴盘制动吊座。

近年来，随着轨道交通的不断发展，为了适应车辆的应用条件，碳纤维等新型材料被运用于转向架构架的设计。图 2.64（a）为川崎重工研发的世界首个 CFRP（增强碳纤维）构架和悬挂功能的转向架 efWING。在研发 efWING 时，川崎重工利用 CFRP 代替钢材来作为构架的主体结构，且构架在不使用传统的螺旋弹簧的条件下具有悬挂元件的功能，从而成功地开发了将弹簧功能集成化的结构简单和轻量化的转向架。图 2.64（b）为英国哈德斯菲尔德大学研发的全碳纤维转向架构架。

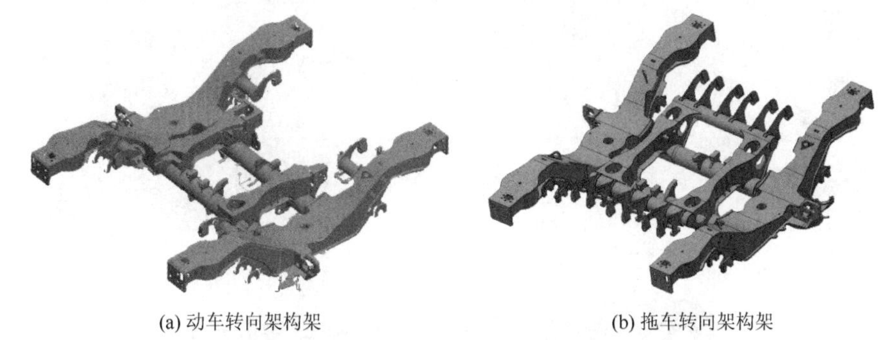

(a) 动车转向架构架　(b) 拖车转向架构架

图 2.63　典型高速动车组转向架构架

(a) 川崎重工efWING　(b) 英国哈德斯菲尔德大学全碳纤维转向架构架

图 2.64　碳纤维转向架构架

2.3.3　制动装置

为使运行中的车辆能在规定的距离范围停车，必须安装制动装置；其作用是传递和放大制动缸的制动力，使闸瓦与轮对之间或闸片与制动盘之间产生的内摩擦力转换为轮轨之间的外摩擦力（即制动力），从而使车辆产生制动效果。列车速度越高对制动的要求也就越高。因此，制动技术是高速列车的关键技术之一。由于高速列车的速度高，动能大，要在规定的时间和距离内将动能消耗或者吸收，常用的单一闸瓦制动方式无法达到。因此，高速列车的制动必须采用复合制动方式，即多种制动协调使用。

按照动能消耗方式的不同，列车制动方式可以分为两类：摩擦制动和动力制动。

1. 摩擦制动

通过机械摩擦方式来消耗列车的动能，将动能转化为热能而散发到大气的制动方式，称为摩擦制动。这种方式的优点是：制动力与列车速度无关，无论在高速和低速时都有制动能量，特别是在低速时能对列车施行制动至停车。其缺点是制动能力有限，这是受热能散发的限制而直接影响制动功率增大的缘故。摩擦制动主要包括闸瓦制动（踏面制动）、盘形制动和涡流制动等，如图 2.65 所示。

(a) 踏面制动

(b) 盘形制动

(c) 涡流制动

图 2.65　铁道车辆摩擦制动

2. 动力制动

利用能量转换装置的可逆性（如电机的可逆性），把牵引电动机变为发电机，将列车的惰性动能变换成电能，这时牵引电动机轴上作用着与电枢旋转方向相反的力矩，此力矩在机车动轮上产生制动力，使列车减速或停车，这种制动称为动力制动或电气制动。这种制动方式的特点是制动力与列车速度有很大关系，列车速度越高，制动力越大，从而保证高速列车在运行中有可靠的制动效能，同时又可确保列车在长大下坡道上能以允许的最高速度运行，实现良好的制动力调节。

动力制动一般有电阻制动和再生制动。电阻制动是基于牵引电动机可逆转为发电机运行，在制动时利用动力车轮的转动，带动牵引电机使之转为发电机工况运行，将列车的动能转变为电能，并将其消耗在制动电阻上转变为热能散发，从而产生制动效果。再生制动则是将产生的电能反馈到供电系统，从而产生制动效果。目前再生制动方式被广泛运用到铁道车辆。

2.3.4　驱动装置

驱动装置的作用是将能源转换为输出功率传给轮对，即实现能量转换产生驱动力。对于液力传动的动车，其驱动装置包括牵引万向轴和减速齿轮箱；对于电传动的动车，其驱动装置包括牵引电动机、齿轮传动装置和电机悬挂装置，其特点是用于高转速、小扭矩的牵引电机驱动低转速、大阻力的动轴。减速齿轮箱由大齿轮、小齿轮和齿轮箱三部分组成。齿轮传动装置按其转矩传递方式可分为单边传动装置和双边传动装置；按其齿轮形状可以分为斜齿圆柱齿轮传动装置和直齿圆柱齿轮传动装置。单侧齿轮传动一般用直齿轮，双侧齿轮传动一般用斜齿轮，用双侧齿轮的齿斜方向要相反。

根据牵引电机在车辆上安装方式的不同，电机悬挂方式大致可以分为轴悬式、架悬式、体悬式三类。轴悬式的牵引电机一端采用抱轴轴承支在车轴上，另一端弹性地吊在转向架构架上，由于大约一半的牵引电机质量由车轴承担，另一半由构架承担，故又称为半悬挂式，适用于中、低速车辆或动车；架悬式的牵引电机全部悬挂在转向架构架上；体悬式的牵引电机全部或大部分悬挂在车体上。架悬式及体悬式牵引电机的质量均处于一系弹簧装置之上，故又称为全悬挂式，适用于高速车辆或动车。图 2.66 为典型的电机和齿轮箱结构。

图 2.66　典型的电机和齿轮箱结构

2.3.5　受电弓

受电弓是获取并传递电流的电气装置，通过绝缘子安装在动车组的车顶上，主要功能是从接触网上获取电流，向整个列车电气系统供电，同时还通过列车再生制动系统将列车的动能转换为电能回馈给接触网，供给其他在线列车的使用，起到双向传递的枢纽作用。通过优异的设计，在整个车辆速度范围内，受电弓有优良的动力学性能，能够保证在各种轨道和速度下与接触网具有良好的接触状态和接触稳定性。受电弓可分为单滑板受电弓和双滑板受电弓。单滑板受电弓与双滑板受电弓的主要参数如表 2.13 和表 2.14 所示。

表 2.13　单滑板受电弓主要参数

参数	取值
额定电压	25kV
额定电流	1000A
静止时最大电流	120A
最大运行速度	380km/h
最大试验速度	420km/h
额定静态压力	80±10N（不带阻尼器）
最高工作高度	2500mm（从落弓位置起）
最低工作高度	470mm（从落弓位置起）
最大升弓高度	≥2600mm（从落弓位置起）
弓头总长度	1950±12mm
弓头宽度	53.5～55mm
落弓位保持力	≥120N
滑板长度	1050±1mm

表 2.14　双滑板受电弓主要参数

参数	取值
设计速度	380km/h
额定电压/电流	25kV/1000A
车辆静止时最大电流	80A
驱动设备	气囊装置
静态接触压力	80N（70～120N，可在阀板上调整）
标称压力	380～520kPa（3.8～5.2bar）（可调）
接触压力 80N 时压缩空气气压	330～390kPa（3.3～3.9bar）
受电弓弓头的垂向位移量	60mm
最小滑板长度	约 1060mm
两根滑板中心线距离	约 580mm
弓头高度	约 360mm
质量	最大 130kg（绝缘子除外）

单滑板受电弓主体结构采用单滑板、单臂（上臂）设计，无飞翼，如图 2.67 所示。双滑板受电弓（图 2.68）启动升弓装置安装在底架上，通过钢丝绳作用于下臂。上臂和弓头部分使用轻型铝合金和钛合金材料。两条滑板和两个弓头支架组成框架，这个框架用安装在弓头支架内的四个拉簧垂悬。针对不同的车辆，通过弓头翼片和导流板来调节空气抬升力。

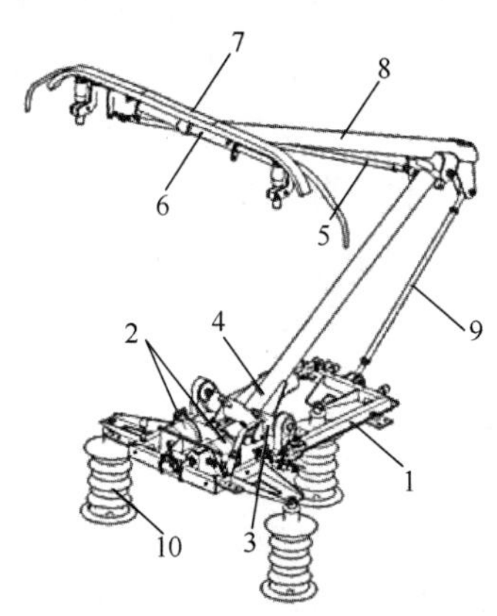

图 2.67　单滑板受电弓组成

1-底架组装；2-气囊；3-阻尼器；4-下臂组装；5-上平衡杆；6-弓头；7-碳滑板；8-上臂组装；9-下拉杆；10-绝缘子

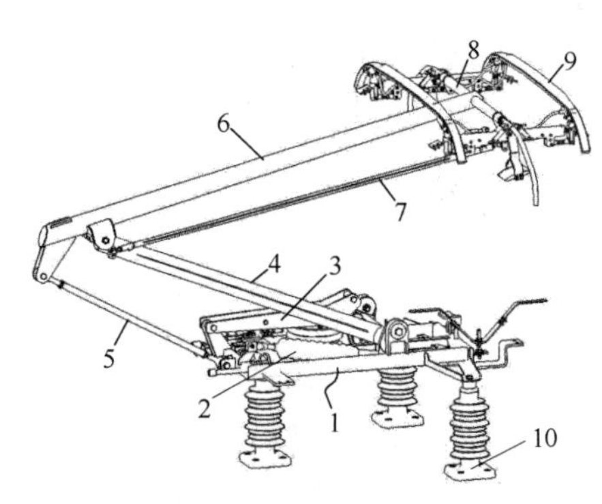

图 2.68　双滑板受电弓组成

1-底架组装；2-阻尼器；3-升弓装置；4-下臂组装；5-下导杆；6-上臂组装；7-上导杆；8-弓头；9-下碳滑板；10-绝缘子

2.3.6　车端连接装置

车端连接装置是指相互连挂的两车辆或两列车之间的所有机械、空气和电气装置。高速动车组的车端连接装置除了具有上述机械连接功能和便于旅客在车辆间通行之外，还必须具有车厢间的密封功能，以及传递压缩空气、电气信号和控制信号等功能，即主要作用是传力缓冲、气电互通、便于通行。

车端连接装置包括车钩缓冲装置、空气管路连接器和电气连接器、内/外风挡等部件，如图 2.69 所示。

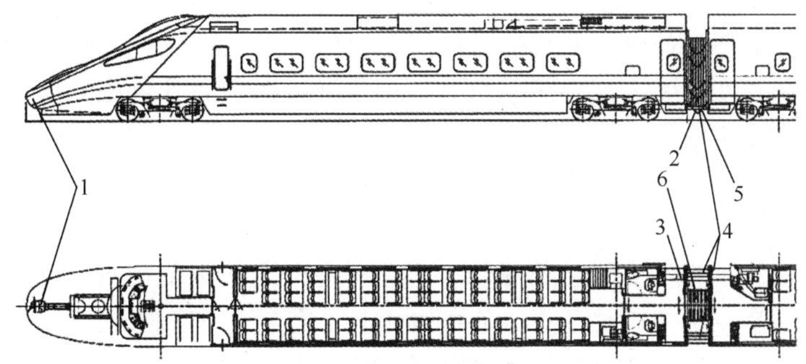

图 2.69　车端连接装置布置

1-自动车钩缓冲装置；2-半永久车钩缓冲装置；3-过渡车钩（备用）；4-电气连接装置；5-压缩空气装置；6-风挡装置

1. 车钩缓冲装置

车钩缓冲装置又称牵引连挂缓冲装置，该装置安装于车辆底架上，用来保证动车和车辆彼此连接，传递列车运行过程中的牵引力及制动力，缓和列车纵向冲动，并且使车辆彼此保持一定的距离。车钩缓冲装置由车钩、缓冲器及车钩复原装置三部分组成。普通客车常用的车钩缓冲装置如图 2.70 所示，其主要包括 15 号车钩、钩尾销、钩尾框、前从板、1 号缓冲器和后从板。15 号车钩的优点是制造简便、成本低；但是两车钩连挂后连接面的纵向间隙大，在列车运行中将产生很高的加速度和冲击力，对高速客车的平稳运行不利。另外，这种车钩缓冲装置所用的 1 号缓冲器是一种摩擦式缓冲器，由于它使用刚度较小的螺旋弹簧，容量小，在受到较小冲击力时才能起到缓冲作用，所以只能适用于普通客车。

高速列车的车钩缓冲装置通常采用机械气路、电路均能同时实现自动连接的密接式车钩，如图 2.71 所示。这种车钩属于刚性自动车钩，它要求在两车钩连接后，其间没有上下和左右的移动，而且纵向间隙也在 1～2mm 以内，对提高列车运行平稳性、降低车钩零部件磨耗和噪声具有重要意义。

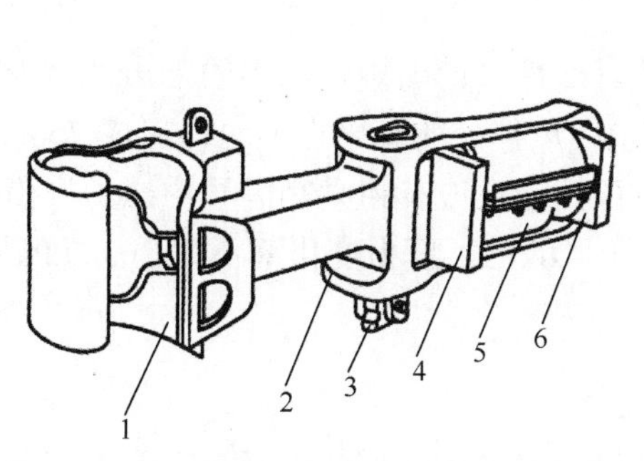

图 2.70　传统的车钩缓冲装置结构

1-钩舌；2-钩身；3-钩尾；4-钩尾销；5-钩尾框；6-前从板

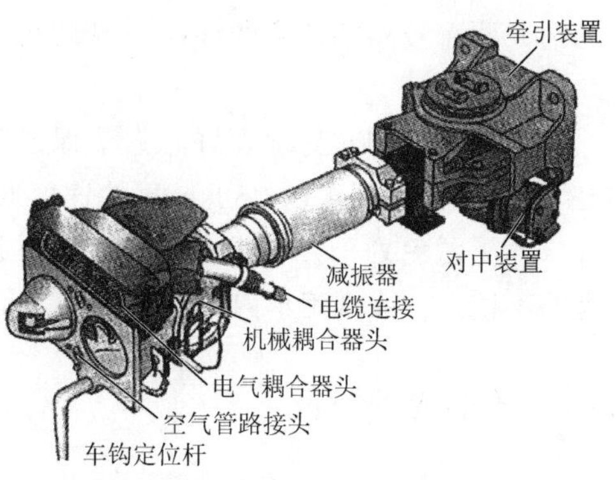

图 2.71　动车组密接式车钩缓冲装置

2. 空气管路连接器和电气连接器

电气管路连接器和电气连接器通常与车钩组合成复合部件，构成了整个动车组中低压电气系统的通路及全车空气系统的通路。空气管路连接器传递制动管路压力和主风缸压力的压缩空气，以及车钩解钩压缩空气；电气连接器传递各种中低压电流、各种控制信号和网络通信信号等。

3. 内/外风挡

内风挡是客车之间的柔性运动部件，可在车与车之间实现相对运动并给旅客提供安全舒适的通道，保证整个列车具有良好的伸缩性、气密性和水密性。外风挡设置于车辆外端墙外侧，由柔性材料及渡板组成密闭通道供乘客及乘务人员通行。外风挡是为了降低和隔离车外的噪声而设置的防护装置，同时具有在停车时防止乘客掉下站台和运行时抑制车体振动的功能（图 2.72）。

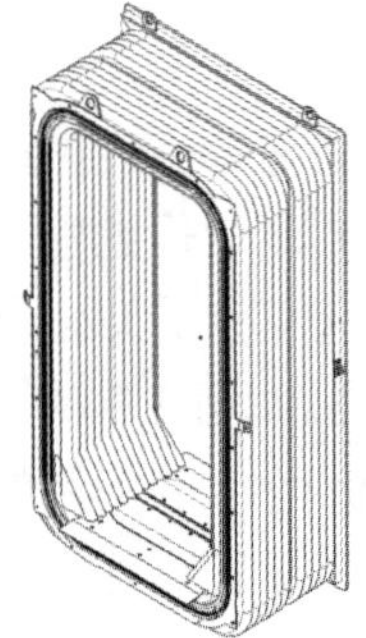

图 2.72 高速动车组风挡

对于动车组风挡，还需要考虑如下要求：

（1）空气阻力尽量小。车辆连接处平整光滑，以尽量减小列车运行的空气阻力。

（2）要有足够的强度。为了适应车外气压波的急剧变化，风挡要满足气动载荷下的强度要求。德国规定的气动载荷为 3.9～5.5kPa，日本规定为 7.5kPa。

（3）要有较高的抗弯曲性能。风挡所用材料阻燃性要好，在紧急情况下风挡还应能自动分解开。

（4）隔声性和密封性要好。为了保证车内的舒适性，德国规定风挡的隔声性至少在 40dB 以上，即使列车以 250km/h 的速度通过隧道，风挡处的噪声也不允许超过 75dB；另外，为了避免列车会车或通过隧道时引起的气压波动造成车内乘客因耳内压力失衡而引起的不适，一般规定车内压力变化最大值不大于 1.0kPa，压力变化率不大于 0.2kPa/s。

2.3.7 车辆内部设备

车辆内部设备主要包括用于驱动列车运行的牵引设备和保证牵引设备正常运行及为旅客提供舒适乘坐环境的辅助设备。

1. 牵引设备

列车牵引传动原理是利用柴油机或外界电源与变压器，通过传动装置驱动车辆，从而驱动列车前行。常用的牵引传动类型如下：

（1）直-直。通过直流电网供电，驱动直流电动机，多用于城市轨道交通车轮，网压通常为 DC 750V 或 DC 1500V。

（2）交-直。通过交流电网供电，由整流器整流为直流，从而驱动直流电动机。

（3）交-直-交。通过交流电网供电，由整流器整流为直流，再逆变为交流，从而驱动交流电动机，多用于干线车辆，供电模式为 AC 25kV、50Hz 单相工频交流电。

交-直-交型牵引传动设备（图 2.73）主要包括受电弓、主断路器、牵引变压器、牵引变流器（整流、滤波、逆变）、交流牵引电动机、齿轮箱和动轮。

（1）受电弓：从接触网上接受电流。

（2）主断路器：车上高压电路的总开关。

（3）牵引变压器：将网压 25kV 转换成整流器侧 1500V 电压。

（4）牵引变流器：将单相交流电转换成脉动直流电，经滤波后再逆变成交流，并进行调压调频控制。

（5）交流牵引电机：牵引工况时，将电能转换为机械能；制动时，将列车动能转换为电能。

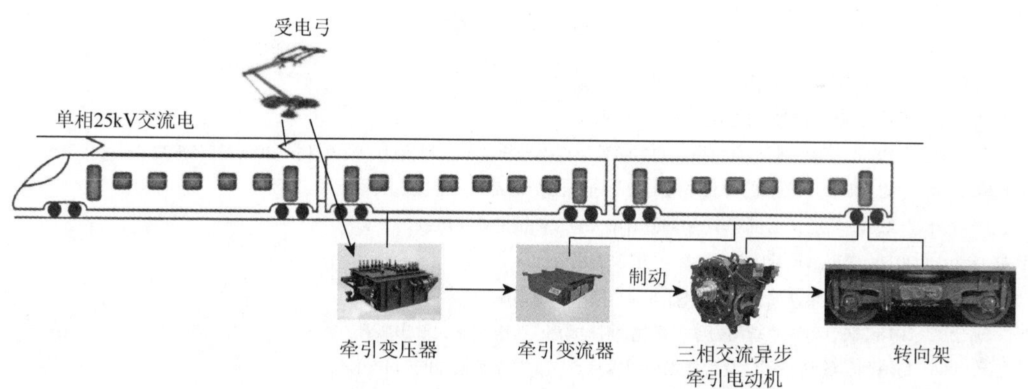

图 2.73　交-直-交型牵引传动设备组成

2. 辅助设备

辅助设备是保证动力设备、变压器、传动装置、走行部、制动装置与电气控制设备等正常运转，乘务人员正常工作和旅客舒适生活的各项设备，主要由以下部分组成：

（1）通风冷却系统，专为冷却牵引电机和电器而设置。

（2）空气管路系统，专为车上的风动装置提供压缩空气而设置。

（3）辅助供电系统，为牵引电机以外的用电设备供电的系统。

（4）旅客服务设施，空调、座椅、餐饮、卫生等设施。

2.4 本章小结

本章对铁路车辆的发展进行概述，首先介绍了铁路车辆的分类及其用途，详细阐述了机车车辆、动车组车辆、城轨车辆、磁悬浮列车、管道列车和铁路货车的发展概况；其次介绍了车辆的主要性能参数和尺寸参数；最后总体介绍了铁道车辆的基本构成，并阐述了各组成部分的基本结构和技术特点。本章主要目的是使得读者对现代铁路车辆类型及其主要结构有一个基本认识。

思考题

1. 车体的一般结构形式包括哪些构件？
2. 简述车体承载方式的划分及其特点。
3. 简述转向架的发展历程及其基本作用。
4. 为什么车轮踏面需要做成一定斜度？比起锥形踏面，磨耗型踏面的优点是什么？
5. 弹性悬挂装置包括哪些构件？选择两种进行介绍。
6. 简述车体内部设备的组成。
7. 请比较传统的车钩缓冲装置结构与动车组密接式车钩缓冲装置的区别。
8. 请列举常用的牵引传动类型并阐述它们的区别。

参考文献

鲍维千. 2010. 机车总体及转向架[M]. 北京：中国铁道出版社.
翟婉明. 2007. 车辆-轨道耦合动力学[M]. 北京：科学出版社.
付秀通，詹斐生. 1998. 轮/轨-弓/网系统耦合动力学数值模拟分析与试验研究[J]. 铁道学报, 20（3）: 25-32.
江亚男. 2014. 考虑接触线不平顺的弓网系统动力学研究[D]. 成都：西南交通大学.
李宁洲，卫晓娟. 2016. 轨道交通机车车辆概论[M]. 北京：机械工业出版社.
李强，金新灿. 2011. 动车组设计[M]. 北京：中国铁道出版社.
刘志明，王文静. 2021. 高速铁路动车组[M]. 北京：中国铁道出版社.
罗仁，石怀龙. 2018. 铁道车辆系统动力学及应用[M]. 成都：西南交通大学出版社.
沈志云. 2006. 高速列车的动态环境及其技术的根本特点[J]. 铁道学报, 28（4）: 1-5.
孙帮成. 2014. CRH380BL 型动车组[M]. 北京：中国铁道出版社.
王伯铭. 2013. 城市轨道交通车辆总体及转向架[M]. 北京：科学出版社.
严隽耄，傅茂海. 2007. 车辆工程[M]. 北京：中国铁道出版社.
于万聚，王晓保. 1991. 高速接触网-受电弓系统动态受流特性的仿真研究[J]. 铁道学报, (S1): 9-18.
张卫华. 2013. 高速列车耦合大系统动力学理论与实践[M]. 北京：科学出版社.

第 3 章　车辆结构强度设计基础

材料强度学是一门基于试验技术的固体力学分支学科，它以材料的微观结构特征为出发点，从宏观统计学角度来考察真实材料服役时的强度指标及破坏条件，其理论价值是用连续介质力学中的若干经典假设来表征现实材料的力学行为（如强度特性、变形特性、破坏机理等）。众所周知，实际工程结构形式千差万别，运用场景难以预料，不同受载和环境条件下的破坏行为极其复杂。材料强度学就是要通过对微观变形机理的规律性认识与理解，试图建立一个具有普遍意义的破坏准则和评价方法，不仅可以用于指导实际工程结构的强度及可靠性设计，而且为结构完整性评估提供基本的材料力学性能指标。需要说明的是，现代材料强度学既不是单纯的材料科学方面，更不是为了理解材料的力学行为或只是材料力学加一点力学行为的简单说明，而是要从固体力学的角度，通过对材料微观结构变化的考察来探明形成材料之所以呈现其特定力学行为的内在机理。基于此，本章主要阐述工程材料的一般损伤特点、强度测试、表征及评估方法，并给出影响结构强度及可靠性的相关因素。

3.1　疲劳概念及评估方法

疲劳（fatigue）是指工程材料或者构件在循环加载一段时间后因局部应力集中引起裂纹萌生并导致其失效破坏的现象，其正常工作的总循环周次，称为疲劳寿命。国际标准化组织（International Organization for Standardization ，ISO）在《金属疲劳试验的一般原理》中给出的描述性定义为：金属材料在应力或者应变的反复作用下所发生的性能变化称为疲劳。当然这一描述也适用于非金属材料。美国材料与试验协会（American Society for Testing and Materials，ASTM）在《疲劳试验机数据统计分析中相关术语的标准定义》中给出的定义最具代表性：疲劳是材料的某点或者某些点承受扰动应力，在足够多的循环扰动作用之后形成裂纹或者完全断裂，由此所发生的局部永久性结构变化的发展过程。仔细分析发现，疲劳概念应具有四个方面的特点：只有承受循环载荷才会发生疲劳；疲劳裂纹萌生于高应力或者高应变的局部材料区域；疲劳破坏需要在足够多的循环加载后才会发生；疲劳是一种与过程紧密相关的物理现象。可见，要进行系统深入的疲劳机制及试验和评价研究，必须要覆盖上述四个方面的内容。

3.1.1　疲劳机理与特点

疲劳裂纹萌生及扩展是工程结构服役评价与失效分析中一个极其重要的方面，也是材料能够安全可靠工作的主要寿命区间。在图 3.1 的疲劳 *S-N* 曲线或 Wöhler 曲线上存在着四个区域。为便于说明，在图中特意标出了疲劳极限 σ_D 位置。其中，上部区域 I 或失效域和下部区域 IV 或安全域分别对应于发生断裂破坏的疲劳试样和没有断裂破坏的疲劳试样。用曲线 A 将两个区域隔开，可将曲线 A 和疲劳极限之间进一步分为两个子区 B 和 C：下部区域 III 与裂纹萌生区相对应，上部区域 II 与长裂纹扩展区相对应（如循环周次为 N_p）。由图 3.1 可知，导致材料疲劳失效的循环周次 N_f 越大，裂纹萌生 N_i 占据总疲劳寿命的比例就越大。其根本原因可以解释为：随着循环周次的提高，疲劳裂纹源逐渐由表面转移至亚表面，甚至内部。

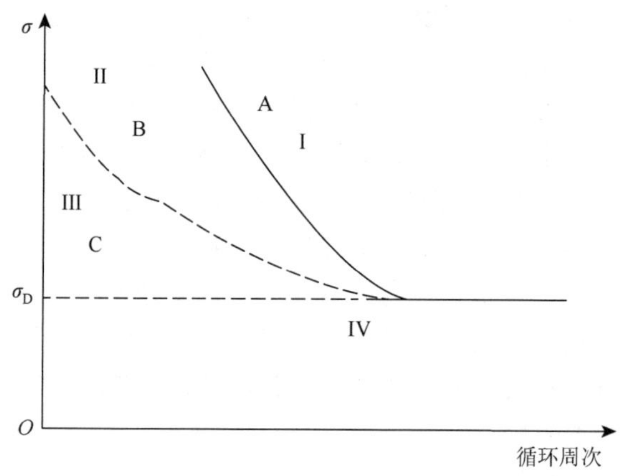

图 3.1　疲劳 *S-N* 曲线（A）和裂纹萌生寿命曲线（B）

除了裂纹萌生和扩展特性以外，研究人员还对电阻率等用于标定疲劳损伤的指数进行了系统研究。例如，近年来红外温度计和摄像仪的发展提供了确定疲劳损伤指数的极佳手段，并获得了长足进步，然而此类方法获得的疲劳损伤结果的可靠性以及是否能够快速获得疲劳极限图尚待进一步研究。另外，这些方法获得的疲劳损伤演化结果局限于试样表面，且是疲劳损伤的最后发展阶段。

1. 疲劳裂纹萌生机理

1905 年，Ewing 和 Humphrey 利用光学显微镜首次观察到裂纹的萌生现象。在此后的 70 年里，各国学者对不同材料裂纹萌生机制进行了深入研究。其重要性在于，裂纹萌生寿命可能会占到总寿命的 90%左右。一般认为，疲劳裂纹优先在材料中的夹杂物、缺陷及其他组织缺陷处萌生。从力学角度来看，主要是形成了局部应力集中；对于均质金属材料，疲劳裂纹通常萌生于自由表面。

裂纹萌生的机理比较复杂，除了表面缺口引起的应力集中和载荷分布外，一个极其重要的解释是表面上的晶粒组织所受到的约束要比内部小。而早在 1951 年，Forsyth 就发现疲劳损伤主要与自由表面有关。例如，在光滑试样的自由表面上，可以观察到局部变形留下的痕迹，通常称为驻留滑移带（persistent slip band，PSB）。驻留滑移带形成于最大剪应力面上，而这正是疲劳微裂纹的形核位置。由图 3.2 可见，光滑试样表面形貌的变化清楚揭示了滑移带侵入和挤出的过程。

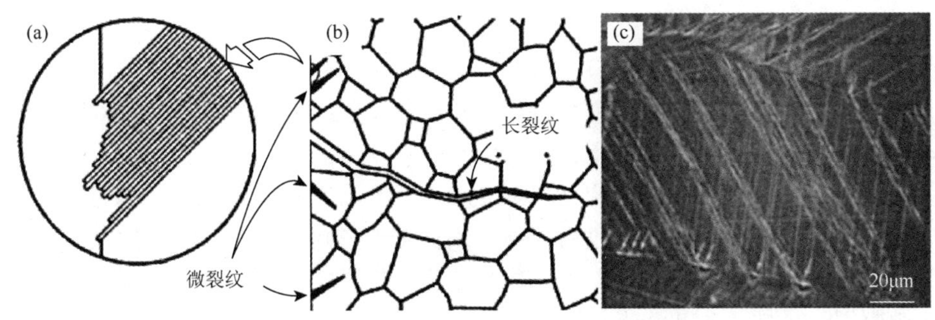

图 3.2　疲劳裂纹萌生机理

（a）表面上滑移面相交及滑移带侵入和挤出导致的微裂纹；（b）微裂纹发展为宏观裂纹；（c）铜材料疲劳 I 阶段试样表面滑移带的侵入和挤出形貌

鉴于所选尺度与材料的不同，当前裂纹萌生的定义尚不统一。一般把微裂纹分叉至 II 阶段稳定扩展之前总的加载周次 N_i 视为裂纹萌生阶段，此时扩展尺寸与晶粒特征尺度相当。对于这一阶段的短裂纹，有些文献称其为微观组织短裂纹（microstructural short crack）。它对应于试样开始失效或者最大拉伸强度降低一定量（如 5%）时的总循环周次，这也是业界普遍认可的一种定义，但其准确性仍有争议。另外，也可以把微观组织短裂纹不可扩展的临界应力或最大应力称为疲劳耐久极限。工程中，一般把裂纹萌生区域称为裂纹扩展 I 区。Pearson 认为，在相同的 ΔK 条件下，短裂纹的扩展速率要明显快于长裂纹。普遍认为，微观组织短裂纹主要与晶粒三维形貌以及裂纹闭合效应有关。此外，当微裂纹扩展尺寸大于 10 个左右晶粒尺寸时，有时也称为力学或机械短裂纹（mechanical short crack），认为其已经脱离了微观组织束缚。

多晶材料在单轴加载时，驻留滑移带形成于少数晶粒中，整体上与加载轴呈 45°，有利于促进 I 阶段微裂纹的萌生。另外，还应注意驻留滑移带与微裂纹的取向，在单轴疲劳加载（拉伸或扭转）中如此，在损伤方向性敏感的多轴疲劳中尤其如此。由于循环塑性变形是由位错运动引起的，研究裂纹萌生机理首先要讨论在循环加载过程中材料内部位错结构的变化和滑移带的形成。一般认为，材料表面存在三种类型的形核位置，即滑移带、晶界和夹杂（或者时效相颗粒）。

2. *疲劳裂纹扩展行为*

前述指出，光滑试样表面的疲劳裂纹往往起源于高应力处的驻留滑移带，此时裂纹扩展方向与最大切应力一致，并且与微观组织、平均应力和外部环境有较大关系。然而随着加载的进行，微裂纹逐渐长大为数十微米长度，脱离了微观组织的束缚作用，逐步汇集为一条主裂纹（或者长裂纹），裂纹扩展转向为垂直于外场最大拉应力的方向（图 3.2（c）），并且主要受到外加载荷的影响。从疲劳断口上观察，裂纹源区呈现典型的剪切唇现象，这是短裂纹扩展的基本物理特征；在脱离微观组织的束缚后，断口形貌较为平坦，这是长裂纹扩展的典型特征。自从 1963 年 Paris 和 Erdogan 的开创性工作以来，疲劳裂纹扩展 II 阶段是研究最多的一个区域。当这些微裂纹（或者短裂纹）足够长时，其扩展速率就可以用著名的帕里斯（Paris）公式来描述：

$$\frac{\mathrm{d}a}{\mathrm{d}N}=C(\Delta K)^m \tag{3.1}$$

式中，a 为裂纹长度；ΔK 为应力强度因子幅；C 和 m 为材料待定常数。实际上，应力比 R 和环境条件对疲劳裂纹扩展均有影响。

必须指出的是，Paris 公式仍然是一种纯唯象或现象学的数学关系，未包含一些物理变量。为此，国内外学者试图通过引入材料属性来改进这一关系，并据此发展出了一种疲劳裂纹扩展分析的局部法。该方法的基本原理是在裂纹尖端应力-应变场的基础上引入一个失效判据。例如，McClintock 于 1963 年首次提出了此类模型，他假设裂纹在低周疲劳加载下连续性扩展，沿用 Paris 公式中的材料常数 $m=4$，同时引入裂纹扩展门槛值 ΔK_{th}。第二种模型也是由 McClintock 在总结了 Pelloux 和 McMillian 研究结果的基础上提出的，认为疲劳断口上分布着一些反映裂纹扩展速率的条带（striation），条带间距对应于一个周期的扩展量，与裂纹尖端钝化有关。

而对于铁路装备制造中广泛应用的焊接结构，裂纹多起源于各种焊接缺陷，如裂纹、气孔、夹渣等。即使焊接缺陷的作用不突出，焊接接头本身的应力集中也可能导致局部塑性滑移，从而产生微裂纹。而在宏观尺度上，疲劳裂纹的形成一般包括以下三个阶段：微裂纹的形成、微裂纹的长大以及微裂纹连接成为宏观疲劳裂纹。宏观疲劳裂纹的持续稳定扩展一旦突破该材料的抗断性能，就导致材料及结构的断裂。从断裂前材料的断裂应变来看，断裂又可分为脆性断裂和韧性（或延性）断裂，并以材料的光滑试样断面收缩率 5%为限界，小于该值的为脆性断裂；而焊接结构多属于韧性断裂，即在最终断裂前发生了明显的宏观塑性变形。

需要指出的是，疲劳断裂没有明显的宏观塑性变形，而且破坏时的应力一般远低于静载下材料的强度极限（有时远低于屈服极限），甚至低于弹性极限，这是与脆性断裂的本质区别，也是与单轴拉伸断口形貌的不同之处。由于疲劳断裂破坏前无先兆，易于造成灾难性的后果，引起巨大的人员和财产损失，因此疲劳断裂一直是各国科学家和工程师研究的重点，也是疲劳断裂物理领域的热点问题。焊接结构延性断裂安全评定的主要流程和内容为：含裂纹部位的应力状态（应力集中、残余应力等）；含裂纹部位的结构形状及尺寸；无损探伤的裂纹大小、位置和方向以及含裂纹部位的断裂力学指标。

3.1.2 断口形貌及其识别

人类对失效断口的认识可以追溯到“铜器时代”，第一例有文字记载的断口形貌研究发表于 1540 年，但主要集中于组织特征的描述。直到 1944 年，Zapffe 才提出了断口形貌学（fractography）这一概念。随着断裂力学、损伤力学、材料科学、断裂物理学等学科的快速发展，光学显微镜和电子显微镜等技术手段的广泛运用，以及数学、统计学和计算机等方法的引入，在经历了工业革命和两次世界大战后，断口形貌学研究在 20 世纪后半叶进入了一个全新的发展阶段。

以车轴断裂为例，仅在 1993 年，俄罗斯在运行中的 220 万～250 万根车轴中，因疲劳裂纹而报废的就达 6800 根。日本新干线从 1973 年以来，车轴轮座上发生的微动疲劳裂纹是造成车轴更换的主要原因，这种裂纹往往是通过磁粉探伤检查出来的。德国联合工作组（Joint Sector Group，JSG）对Viareggio事故的调查指出，1996以来发生的29次断轴事故中，其中2次发生在轴肩，6次发生在U型缺口，7次发生在T型缺口，14次发生在轴身，尚未发现在轮座处破坏。近年来，通过对英国和德国铁路车轴一系列典型的断裂事故分析表明，由于腐蚀坑（雨水、盐雾环境下引起的腐蚀等）引发疲劳裂纹的萌生和扩展，最终会导致车轴的断裂，如图3.3所示典型的疲劳断口形貌。

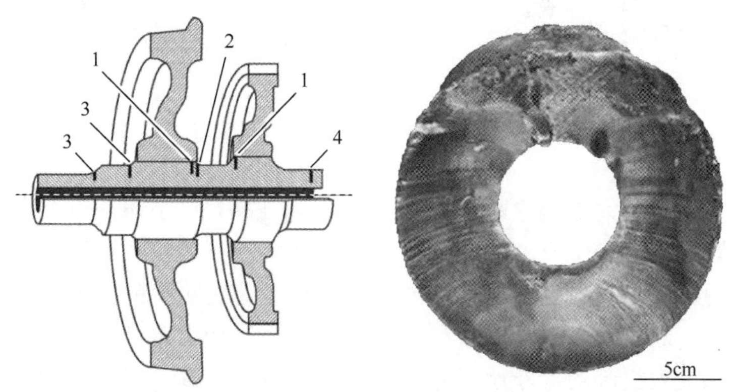

图3.3 德国高铁轮轴的临界安全位置及ICE-T空心车轴的疲劳断口形貌

起裂于轮座区或卸荷槽，该车轴实际运行了1.3亿循环周次，1～4分别代表刚性接触部位、卸荷槽、轴肩过渡区和轴身部

统计表明，工业发达国家每年由于工程装备结构失效所造成的经济损失占到其国内生产总值的5%～10%，其中疲劳断裂是最主要和危害最大的失效源。众所周知，工程部件的失效机制极为复杂，而断口形貌保存了部件实际服役中的绝大部分信息，详细记录了裂纹萌生、扩展直到断裂的全过程，是失效分析与评估的重要物证之一，甚至是唯一物证，它对于重建结构服役过程、探明失效机理及改进制造工艺等具有不可替代的作用。一般地，可从宏观断口和微观断口分析两个方面考察部件失效的具体原因，但不外乎是设计、材质、制造和使用等四个原因。

本节以疲劳失效模式为例，简要阐述断口分析的基本技巧。一般地，宏观断口的诊断依据主要有：断口的平直情况及主要特征形貌；断口颜色（氧化色、腐蚀产物颜色、夹杂物颜色、光亮情况等）；断口受力情况（主正应力或切应力）；断口与成形方向（轧制方向、流线方向）的关系等。根据宏观断口形貌还不能完全确认裂纹源，为此需要进一步应用光学显微镜、扫描电子显微镜、X射线衍射及能谱分析等技术手段对疑似裂纹源部位开展高倍微观分析，探明疲劳裂纹源。

相比之下，图3.4的微观断口分析主要针对以下方面进行：断口周围的塑性变形大小或有无；断口的边缘锐利情况；断口与零件形状或应力集中的情况；断口各特征形貌面积的比例；断口与晶面、晶向、晶界之间的关系；断口与微观组织的关系（是否沿相界面或弱相断裂）；断裂源区的情况（是否有材质缺陷或几何缺陷等）；断口的化学成分或者杂质元素的分布；断口上二次裂纹的有无或多少、分布情况。微观断口分析的主要目的是进一步探明裂纹萌生和扩展的微观机理。

(a) 疲劳裂纹

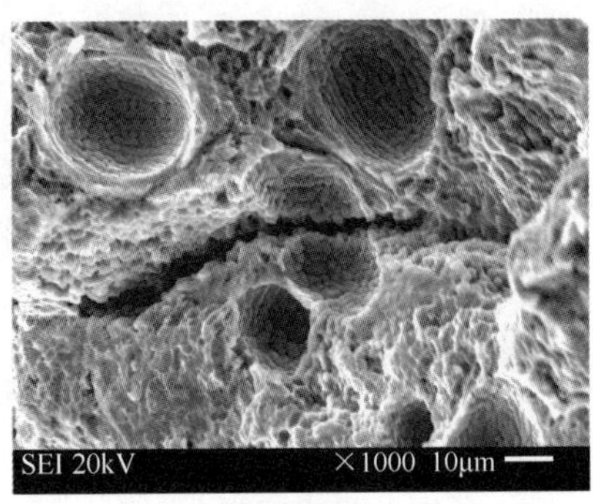

(b) 断口

图 3.4　高速动车组铝合金齿轮箱疲劳裂纹及断口

从力学观点来分析，断裂原因主要用于确认材料抗力过小还是载荷动力过大。不同的断裂模式，其断裂原因中材料抗力指标不同，塑性断裂的抗力指标一般指抗拉强度，脆性断裂的抗力指标是材料的冲击韧性或断裂韧度，疲劳断裂的抗力指标则是疲劳强度或条件疲劳应力。断裂原因的诊断就是要分清在哪个过程中造成的断裂应力过大或材料抗力过低。而在失效机制的诊断中，除了要对断口进行认真、仔细、微观的分析之外，还要从材料本身的性能、受力情况和大小、环境因素及其后果等方面进行全面、系统和深入的分析、比较、综合及判断。

裂纹源是裂纹形核或萌生的特定部位或区域，是断裂失效分析中的首要任务，它一般位于试验件或零部件的表面、亚表面、应力集中处（缺口、凹槽、油孔、尖角、焊缝等）或材料内部缺陷处。在断裂失效中通过观察宏观形貌特征，如同心的纤维状特征、放射状特征、海滩特征以及反映裂纹走向（扩展反方向即裂纹源）的人字纹特征、裂纹分叉、河流花样等来确定裂纹源的位置。

3.1.3　疲劳损伤评估方法

Miner 准则认为疲劳损伤是随着循环周次线性叠加的。然而，大量的文献已经说明，在变幅加载条件下，如果存在明显过载的行为，该准则不再适用。因为在这种情况下，还需要考虑加载历史（载荷顺序效应）的影响。

尽管如此，在预测结构在服役载荷下的寿命时，Miner 准则是最为常用的一种。由于该准则有其自身的缺陷，工程师在使用 Miner 准则时往往需要谨慎地修正该损伤累积准则，主要在如下两个方面：一方面，材料的疲劳 S-N 曲线常被用来确定每个应力水平下的疲劳寿命 N_i。为考虑低于疲劳极限下的应力幅值对小循环周次损伤的影响，工程师通常使用经典 Miner 准则、修正 Miner 准则以及改正 Miner 准则来校正疲劳 S-N 曲线。另一方面，损伤临界值代表失效的临界损伤，一般认为等于 1 个单位，而大量疲劳试验显示该临界值是分散的且通常小于 1，也有大于 1 的情况。

大部分情况下，作用在结构上的真实载荷都不是标准化的单调循环，而且一般也不存在稳定的幅值与平均值，只有多变或随机的幅值。因此，研究一种材料在疲劳条件下的寿命或结构在循环加载下的寿命时，均无法真正描述在真实环境下的耐久性能。变幅疲劳加载疲劳试验可以分为两类情况：累计或顺序加载和随机加载。有一些变幅疲劳加载疲劳载荷谱不是由时域决定而是由频域功率谱密度来决定的。这类疲劳加载方式通常被用于航空航天和铁路交通领域，如常见的振动疲劳。

必须指出的是，载荷历程对疲劳裂纹扩展速率有着明显影响：拉伸过载后裂纹发生迟滞，而压缩过载后裂纹则加速扩展。因此，若忽略载荷序列影响，在拉伸加载中会给出较为保守的结果，与此相反，在压缩加载中会产生偏危险的预测值。载荷序列的影响本质上为塑性致裂纹闭合效应的反应。例如，各国科学家研究了载荷序列对车轴疲劳寿命的影响，但结论并不一致，在实际应用中一般忽略载荷历程效应，采用雨流计数法来处理，并假设在每个载荷块中车轴受最大载荷作用而不是平均应力。有关雨流计数法的基本原理和过程也将在 4.3.1 节和 5.3.2 节中进行介绍。

变幅加载（图 3.5）下的疲劳损伤理论，最先由 Palmgren 于 1924 年提出，并由 Miner 于 1945 年继承并发展，所以又称 Miner 损伤累积理论。该理论认为由各级应力幅值加载所造成的损伤是线性叠加的，因此假设 w_i 为每个加载周期内材料的损伤，则加载 n_i 次循环的总损伤 d_i 通过以下公式来计算：

$$d_i = \frac{n_i w_i}{N_i w_i} \Leftrightarrow d_i = \frac{n_i}{N_i} \tag{3.2}$$

式中，N_i 为疲劳 S-N 曲线中应力幅值所对应的疲劳寿命值。

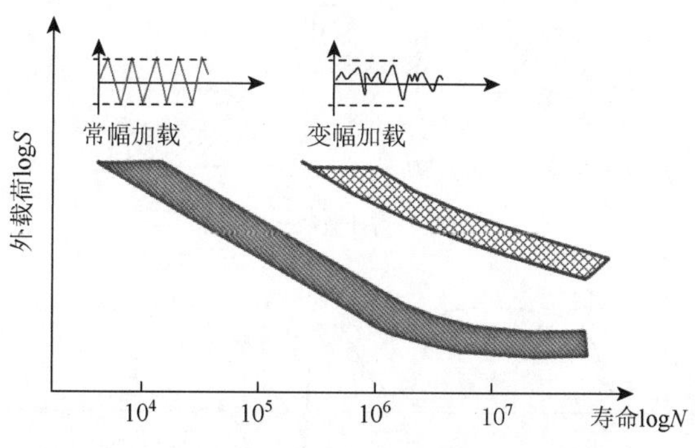

图 3.5　加载模式与疲劳寿命的关系示意图

与其他疲劳损伤累积准则一样，Miner 准则也运用了“单循环损伤”这一概念。在随机加载中，需要正确识别每一个循环，这正是循环计数的意义。疲劳失效总损伤的显著变化，使得疲劳载荷作用下的模拟试验显得非常有必要。德国弗劳恩霍夫应用技术与可靠性研究所首次开展了变幅疲劳试验，当时的试验设备只能对试样或零部件以正弦波加载。为了更接近于真实载荷，后续试验采用不同的载荷幅值进行系列正弦加载模块试验。尽管如此，直到 10 年前，零部件或结构疲劳寿命的评估方法依然是基于单循环损伤概念，这就是采用不同方法准确识别或提取随机信号中循环周次的原因。循环计数方法常用于提取（或识别）随机变化应力或应变循环的总次数。这种方法只适用于单变量，如单一载荷的初始变化（拉伸、弯曲、扭转）。本节介绍六种主要的循环计数方法，如图 3.6 所示。

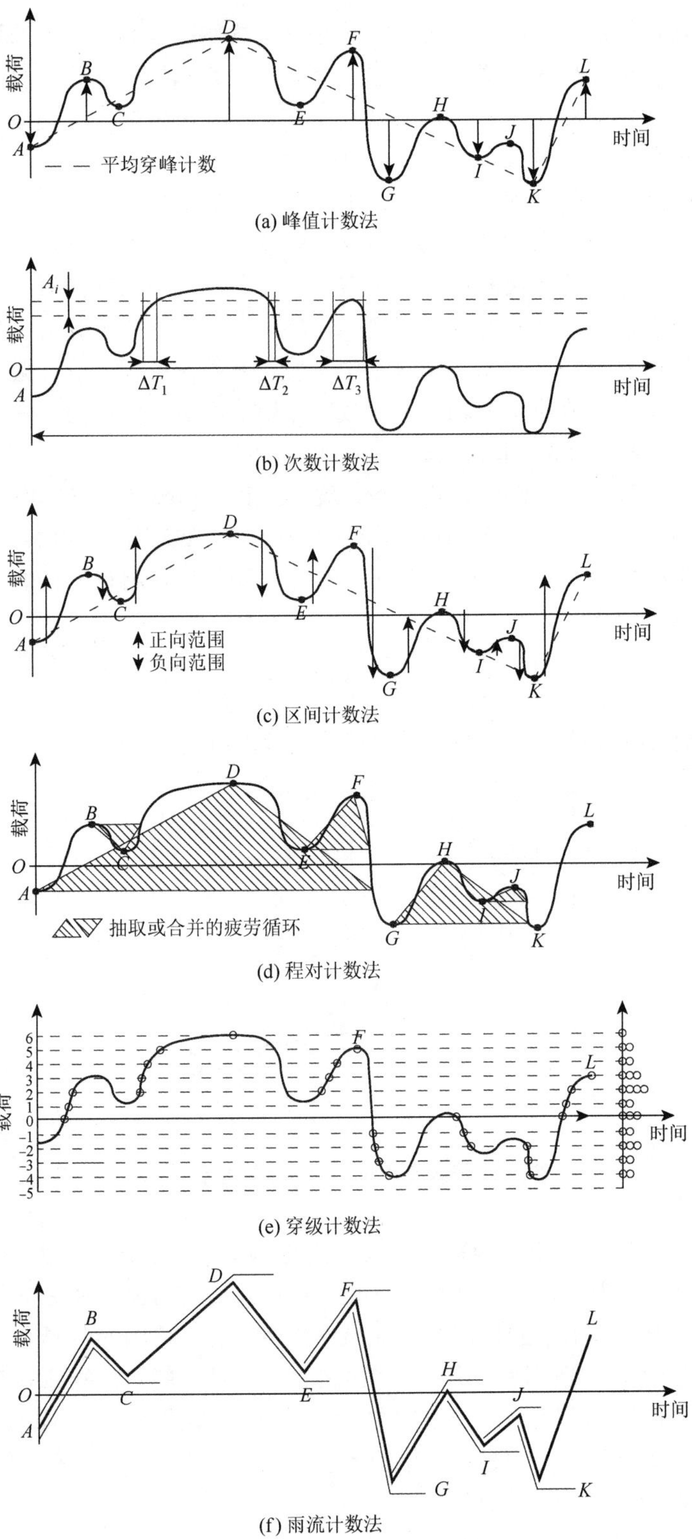

(a) 峰值计数法

(b) 次数计数法

(c) 区间计数法

(d) 程对计数法

(e) 穿级计数法

(f) 雨流计数法

图 3.6　六种主要的循环计数方法

第一种是峰值计数法（peak count method）：该方法主要关注信号中的峰值与谷值两个变量。我们知道，循环载荷由一系列的峰和谷所构成。因此，循环周期中的最宽变程由最高峰和最低谷构成（与在原始信号中出现的时间无关）。整个循环计数都是根据降序的峰个数与升序的谷个数排列而成的。

第二种是次数计数法（time count method）：这种计数没有用到循环的概念，只是一种基于预测信号概率密度的方法。它主要用于统计同一信号出现的总次数，一旦初始信号是峰和谷的组合形式，该方法将不再适用。对于一个序列时间 T，载荷水平 A_i 的概率密度公式可表示为

$$P(A_i)=\lim_{A_i\to\infty}\left(\frac{\sum_j \Delta t_j}{A_i T}\right) \tag{3.3}$$

第三种是区间计数法（range count method）：该计数方法的数值是信号中两种极端情况所包围面积的差值。一般有两种情况：当极限情况为谷时，区间面积为正；反之当极限情况为峰时，区间面积为负。根据计数的需要，可以仅记录负区间或者正区间，也可以两者兼之。若把一个正区间（或负区间）作为计数，则每一个区间即视为一个循环；若正负区间同时计数，则每个区间视为半个循环。

第四种是程对计数法（range-pair count method）：这种计数方法仅考虑信号的峰值和谷值。一个循环是由一对面积相同方向相反的变化区间组成的（峰接谷或者相反）。若区间面积 e_{i+1} 大于或等于区间面积 e_i，则计数开始。同时，构成区间面积 e_i 的数据点将被移除，计数重新开始。

第五种是穿级计数法（level-crossing count method）：该方法来自于次数计数法。现在一般有两种类型的穿级计数法。根据美国 ASTM 标准，每当载荷信号以正斜率穿过预定水平值时则计一个循环。当载荷信号低于某一预定水平值时，每次载荷信号以负斜率穿过一个振幅级值时则计一个循环。但是这一方法并不适合载荷均值变化较大的载荷信号（如起重机械、突然变向的汽车驱动部件、突然减速等）。

第六种是雨流计数法：也是目前应用最广泛的一种基于区间计数法的方法，在其他章节中也有相应介绍。该方法通过类比应力-应变滞回曲线来考虑循环计数。根据雨流计数法的计数结果，可推导出其他计数方法的结果。虽然雨流计数法还没有被标准化，但是已经应用在多轴疲劳和变幅试验研究中。

循环计数法的唯一目的就是将随机载荷离散化成显著的统计学事件。为了在模拟试验（或疲劳寿命预测方法）中运用计数法的结果，需要从每次计数中提取出有效的应力循环。由于各种计数法所用的统计方法及应力循环定义不同，统计得到的循环周次也不一样。相比而言，在比例加载条件下，雨流计数法应力循环定义通常更接近于工程实际，因而在工业界中得到了广泛认可和使用。此外，部分学者还提出了基于雨流计数法的计数算法，算法之间的区别在于考虑剩余部分的方式不一样（要点最终仍是计数算法的直接应用）。由于雨流计数法的计算结果包含了载荷谱的绝大部分信息，在最大损伤循环中时，其间的差异会对理论计算或模拟试验中的寿命预测值产生显著影响。若加载顺序是从峰值或谷值开始或结束的，并没有差异部分，则所有的雨流计数法结果都一样。此外，

除次数计数法以外，目前还没有一种计数方法能够考虑载荷谱形状（如正弦波加载、三角波加载）的影响，而载荷谱通常为一系列峰值和谷值的连续。例如，针对拉伸加载情况，Mielke 对几种钢材料进行了拉压疲劳试验，证明了载荷谱形状对疲劳极限没有明显的影响。然而，也有部分材料的试验数据表明在极限疲劳强度条件下，载荷谱形状差异对疲劳寿命有少量的影响。

3.1.4 抗疲劳评估标准

轨道车辆焊接结构疲劳评估方法，主要是依据国际上较为通用的钢结构疲劳评估标准。当前有关焊接结构疲劳评估的标准体系较多，已在轨道交通车辆上得到广泛应用的主要有以下五种，分别是：美国铁路协会（Association of American Railroads，AAR）标准、国际铁路联盟（International Union of Railways，UIC）标准、英国标准（British Standard，BS）、国际焊接学会（International Institute of Welding，IIW）标准以及美国机械工程师协会（American Society of Mechanical Engineers，ASME）标准，下面简要介绍上述五个标准。

（1）AAR 标准：是专门为铁路货车车辆制定的标准体系，其中第 7 章应用名义应力法原理用于货车疲劳寿命评估。该标准在美国、加拿大等北美国家有广泛应用，近年来在中国铁路货车焊接结构疲劳分析中也得到了一定应用。

（2）UIC 标准：UIC 成立于 1922 年，是世界铁路最大的国际性标准化机构。我国把 UIC 标准定为国际标准，这些标准完全涉及铁路行业。具体地，UIC 标准采用古德曼（Goodman）图进行焊接结构疲劳评估，本质是采用无限寿命设计准则，它要求零部件的设计应力低于其疲劳极限。此标准在焊接转向架（包括重载货车和高速动车组）结构设计与疲劳分析中得到了广泛应用。

（3）BS：是英国钢结构疲劳设计与评估使用的标准，最初用于土木工程中钢结构的疲劳评定，后来被应用于汽车等领域。BS 对焊接结构的疲劳评估规定详细，一些知名的疲劳分析有限元软件如 FE-Fatigue、FE-Safe 等都支持该标准。

（4）IIW 标准：是国际焊接学会关于焊接接头与部件的疲劳设计标准。IIW 标准在第 13 届和第 15 届委员会倡导下完成，目的是为焊接部件的疲劳损伤评估提供通用的方法和数据。尤其是，该标准适用于屈服点低于 700MPa 的碳钢、碳锰钢和细晶粒调质钢材的焊接结构疲劳评估，在国际上具有较好的通用性。

（5）ASME 标准：在 2007 年的美国机械工程师协会标准中，新增加了美国新奥尔良大学 Ping-Sha Dong 教授发明的结构应力疲劳寿命计算方法。基于该方法在用有限元法计算焊缝焊趾处的等效结构应力时，不具有网格敏感性，该发明被业界称为焊接技术的一次技术革命。近几年来，美国汽车、船舶等制造厂应用了 ASME 标准的新技术，取得了较好的经济效益。我国轨道车辆焊接结构疲劳评估在这一方法应用上也取得了一定进展，还开发了基于 ASME 标准的专用软件系统，在重载货车与动车组车体抗疲劳设计方面得到了较好的应用。然而，过程复杂又阻碍了该方法的推广。

1. AAR 标准

AAR 标准是美国铁路协会机务部门的推荐标准，是由美国铁路协会总委员会的主管机构出版发行的，该标准在许多铁路货车设计部门得到了广泛应用。AAR 机务标准第 7 章《新造货车的疲劳设计》中，提供了典型焊接接头疲劳 *S-N* 曲线试验数据，还提供了多种货车车型实测载荷谱，如车钩载荷谱、心盘载荷谱、摇枕载荷谱、旁承载荷谱等。这些载荷谱都是在线路上实测获得的，车型涉及铁路货车的敞车、棚车、漏斗车等。该疲劳评估方法采用 Miner 线性损伤累积理论，对货车车体结构的疲劳寿命进行预测，AAR 标准还给出了一条完整的技术路线。

AAR 标准假设损伤累积不受加载次序的影响，焊缝处的名义应力要低于材料的屈服极限，并且规定钢材的疲劳极限对应的循环周次为 200 万次，铝合金的疲劳强度对应的循环周次为 1000 万次。AAR 标准采用修正的 Goodman 曲线对疲劳极限进行计算，且修正的 Goodman 曲线的斜率恒定，同时应力比 $R = S_{\min}/S_{\max}$ 的取值范围在$-1.0 \leqslant R \leqslant 1.0$。另外，AAR 标准认为所分析的零件没有原始损伤，当肉眼看到裂纹时，认为已出现了疲劳破坏，且未考虑轻微腐蚀和环境温度高于 150℃时对疲劳损伤的影响。

AAR 标准采用 Miner 线性损伤累积理论进行疲劳估算，并规定所承受的应力大于当前应力比下疲劳极限的量级时，会引起一定量的损伤，当损伤累积之和等于 1 时，即认为出现了疲劳破坏，如下：

$$\sum n_i / N_i = 1 \tag{3.4}$$

式中，n_i 为第 i 级应力水平下经过的应力循环周次；N_i 为第 i 级应力水平下达到破坏时的应力循环周次。

设载荷谱下出现损伤的循环周次为 N_{T}，则它可表示为

$$N_{\mathrm{T}} = 1 \Bigg/ \left(\sum \frac{\alpha_i}{N_i} \right) \tag{3.5}$$

式中，α_i 为 i 应力级占总循环的百分比，其值与载荷谱事件百分比对应。

实际计算时，AAR 标准规定低于疲劳极限 S_{e} 的应力水平不产生疲劳损伤，因此低于疲劳极限 S_{e} 的应力损伤忽略不计。

根据修正的 Goodman 疲劳极限图，可以计算应力比为 R 时的疲劳极限 S_{e}，再由疲劳 *S-N* 曲线方程，就可以计算在某一应力作用下的疲劳损坏循环周次 N_i。根据理想材料的疲劳 *S-N* 曲线（图 3.7），可以求出在应力 S_i 作用下的疲劳破坏循环周次 N_i。设 K 为疲劳 *S-N* 曲线的斜率，并且用 $S_{\max}$ 代替 S_i，则有

$$K = \frac{\log S_i - \log S_{\mathrm{e}}}{\log N_{\mathrm{e}} - \log N_i}, \quad N_i = \frac{N_{\mathrm{e}}}{\sqrt[K]{S_{\max} / S_{\mathrm{e}}}} \tag{3.6}$$

众所周知，材料的疲劳极限 S_{e} 随应力比 R 变化而变化，而 S_{e} 可由图 3.8 所示的修正 Goodman 图求出。

设修正的 Goodman 图的斜率为 m，截距为 b，由图 3.8 可得 $S_{\max} = mS_{\min} + b$ 或者 $S_{\max} = b/(1-mR)$，则令 $S_{\max} = S_{\mathrm{e}}$，有

$$S_{\mathrm{e}} = b / (1 - mR) \tag{3.7}$$

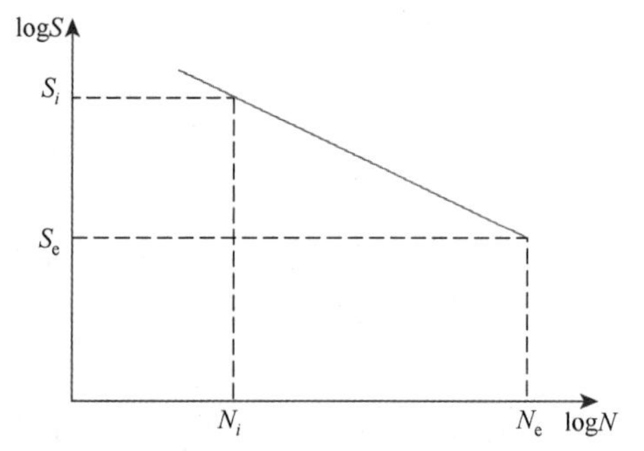

图 3.7　理想的疲劳 S-N 曲线形式

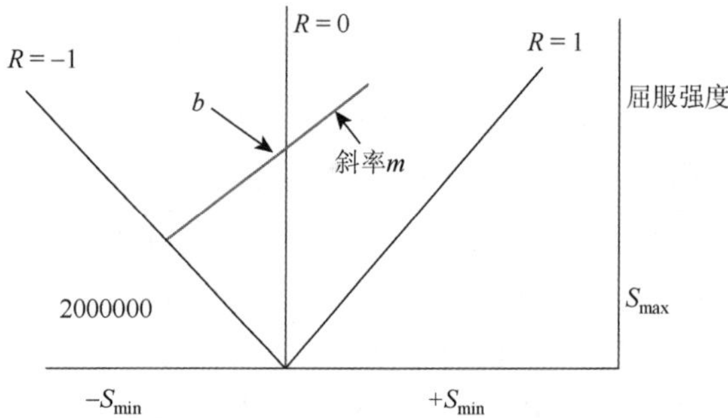

图 3.8　修正的 Goodman 图

基于线性损伤累积理论，疲劳寿命由式（3.8）计算：

$$L_f = \frac{N_T}{\beta} \tag{3.8}$$

式中，β 为每英里（1 英里 = 1.609km）载荷谱中的总循环周次。

AAR 标准中列出了作用于车体结构的各分力谱。两个或两个以上的分力谱可按顺序或者同时作用，造成临界部位疲劳损坏。在一些情况下，这种组合谱情况的精确处理是不可能做到的，因为通常不能确定分力时间相位关系和局部应力方向影响等，因此只能按顺序作用进行损伤累积计算，即

$$L = \frac{1}{\dfrac{1}{L_1} + \dfrac{1}{L_2} + \cdots} \tag{3.9}$$

式中，L_1、L_2 等为不同分力谱作用下的寿命。

2. BS

BS 以 Miner 线性损伤累积理论为基础，标准中提供了一定数量的钢铁材料焊接接头数据，比较适合焊接结构的疲劳寿命预测。BS 中的疲劳 S-N 曲线用应力范围和循环周次表示，且为双斜率曲线，该标准还考虑了低于疲劳极限的小载荷的影响，没有截止线。当计入小载荷的影响后，计算结果更偏于安全。

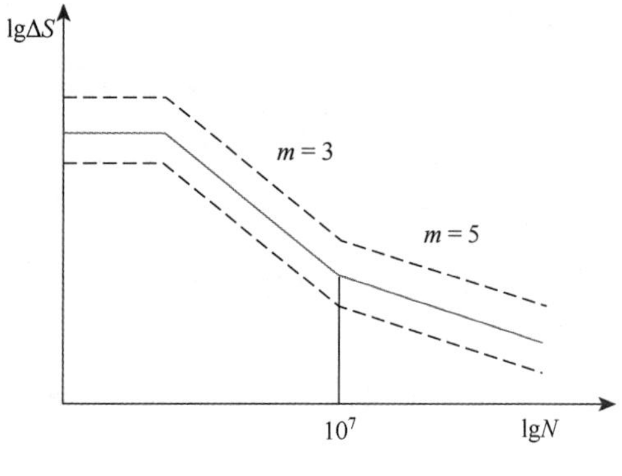

图 3.9　BS 的疲劳 S-N 曲线

图 3.9 为 BS 的疲劳 S-N 曲线。BS 中提供的疲劳 S-N 曲线数据分为 12 级，因为它们是基于试验获得的，所以不仅包括局部应力集中、尺寸与形状、焊接工艺和焊后处理方法等方面的影响，而且还包括了应力方向、冶金、疲劳裂纹形状等的影响。这些接头形式有搭接、拼接、铆接或螺栓连接的接头；连续的纵向接头；钢板间的横向对接接头；型钢与管件的横向对接平接头；承载的角接与 T 型对接接头，以及压力容器上常用的接

缝等。此外，从设计与工艺的角度出发，还给出了一系列提高疲劳强度的具体措施，如工艺检查、焊趾打磨、焊缝细节处理等。

在交变载荷作用下，对于每一等级接头，所施加载荷范围 ΔS 与达到疲劳的循环周次 N 之间的关系如下所示：

$$\lg N = \lg C_0 - d\sigma - m \cdot \lg \Delta S \tag{3.10}$$

式中，C_0 为疲劳 S-N 曲线统计常数；d 为低于均值标准偏差的数量；σ 为标准偏差；m 为疲劳 S-N 曲线的斜率。由式（3.10）得

$$N = \frac{10^{\lg C_0 - d \cdot \sigma}}{\Delta S^m} = \frac{C_d}{\Delta S^m} \tag{3.11}$$

不同的标准偏差对应于不同的疲劳 S-N 曲线数据，正态分布条件下，d 值取 0、0.5、1.0 和 2.0 时的标称失效概率值分别小于 50%、31%、16%和 2.3%。失效概率根据焊缝质量等级来确定，对疲劳裂纹不是很严重，或者裂纹可被定位和修复的地方，可以适当放宽对失效概率的要求。

3. IIW 标准

IIW 标准适用于焊态屈服点低于 700MPa 的碳钢、碳锰钢和细晶粒钢调质钢材的焊接接头的抗疲劳评估，并提供了铝合金材料焊接结构的疲劳计算数据。该标准在考虑了焊缝形状引起的局部应力集中、一定范围内焊缝尺寸和形状偏差、应力方向、残余应力、焊接过程及焊后改善处理措施的影响，在总结了大量疲劳试验数据的基础上，有效支持了焊接结构的疲劳寿命评估。

与此同时，IIW 标准疲劳评估与 BS 疲劳评估类似，也是用应力范围 $\Delta\sigma$ 来度量的，因此它的疲劳 S-N 曲线是以应力范围和循环周次表示的，为双斜率曲线。这种双斜率疲劳 S-N 曲线有 2 个拐点，各种焊接接头对应疲劳强度的高低以疲劳等级 FAT 表示，它严格对应于循环 200 万次的常幅应力范围。

IIW 标准的疲劳评估不同于 AAR 标准，它不考虑应力比 R 的影响，而是根据 Miner 线性损伤累积理论计算疲劳损伤寿命，损伤比计算公式为

$$\frac{n_i}{N_i} = \begin{cases} \dfrac{n_i(\Delta\sigma_i)^m}{C_1}, & \Delta\sigma_i > \Delta\sigma_1 \\ \dfrac{n_i(\Delta\sigma_i)^{m+2}}{C_2}, & \Delta\sigma_1 \leqslant \Delta\sigma_i \leqslant \Delta\sigma_2 \end{cases} \tag{3.12}$$

式中，$\Delta\sigma_1$ 和 $\Delta\sigma_2$ 为评估点的疲劳 S-N 曲线拐点；C_1、C_2 及 m 为疲劳 S-N 曲线试验常数；n_i 为载荷谱中事件循环周次。由上，寿命总里程 L_{f} 为

$$L_{\mathrm{f}} = \frac{1}{\sum\limits_i \dfrac{n_i / l_{\mathrm{r}}}{N_i}} \tag{3.13}$$

式中，l_{r} 为实测动应力或载荷谱的记录里程。

应当注意，该标准接头疲劳数据是在一定条件下建立的，当实际问题与其不一致时，要进行相应的修正，如考虑板厚影响疲劳强度的修正公式为

$$\Delta\sigma_t = \Delta\sigma\left(\frac{t_{\text{base}}}{t}\right)^n \tag{3.14}$$

式中，$\Delta\sigma$ 为板厚为标准值 t_{base} 时的疲劳强度；$\Delta\sigma_t$ 为实际板厚为 t 时通过修正得到的疲劳强度；n 为厚度指数。

4. ASME 标准

2007 年版 ASME 标准增加了 Dong 教授发明的计算焊缝疲劳寿命的最新结构应力法，该方法采用结构应力计算方法及一条主 *S-N* 曲线预测焊接结构焊缝的疲劳寿命，解决了名义应力法所遇到的困难。还要指出，结构应力是由外力引起的，反映了与应力集中相关焊缝的应力，而等效结构应力是运用断裂力学原理推导出来的，是对影响疲劳评估因素的综合考虑，该方法的主要优点如下：

（1）只基于一条主 *S-N* 曲线的数学模型，不必考虑焊接接头的具体形状，因此突破了传统名义应力法的局限性，具有工程问题的广泛适用性；

（2）对有限元网格不敏感，即同一个问题，当网格大小在一定范围内变化时，不影响计算结果的收敛性，因此突破了传统名义应力法的限制。

从另一个角度看，该方法的优点还可以归纳为：在静载荷作用下，可以相对精确地计算出每一条焊缝上的应力集中；在动载荷作用下，可以相对精确地计算出每一条焊缝的疲劳寿命。ASME 标准还提供了打磨、重熔及锤击等特殊工艺对疲劳 *S-N* 曲线的修正方法。同时还要说明，对于厚度 t_{ess} 范围的规定，ASME 标准采用比较保守的方法，对于更一般的情况，可以直接用实际厚度进行计算。

对上述与焊接结构密切相关的四个标准进行归纳，从中可以发现其共性和个性，可以更好地加深人们对疲劳寿命预测的理解。共性如下：

（1）Miner 线性损伤累积理论是 AAR、BS、IIW、ASME 标准的理论基础，当采用的应力为名义应力时，BS 与 IIW 标准寿命计算公式本质相同；

（2）四种标准都提供了大量基于试验测试的焊接接头疲劳特性数据，具有工程实际意义；

（3）可操作性强，不仅有理论，也有技术，不仅有数据，也有工艺要求，只要被评估对象的接头型式包含在其数据库中，其寿命评估就是科学、有效的。

3.2　疲劳强度及预测方法

在实际工程研究中，把材料及结构服役循环周次为 $1\sim10^4$ 以内的疲劳行为称为低周疲劳（low cycle fatigue，LCF），以应变幅值为损伤变量；将循环周次在 $10^4\sim10^7$ 的疲劳行为称为高周疲劳（high cycle fatigue，HCF），以应力幅值为损伤变量；而把循环周次超过 10^7 的疲劳行为称为超高周疲劳（very high cycle fatigue，VHCF）。基于名义应力法的无限寿命设计与分析的首要任务便是获得车辆结构材料的疲劳强度和寿命曲线。其中，材料的单调拉伸力学性能既是开展疲劳寿命试验的参考依据，也为车辆结构强度及可靠性分析提供了基本力学性能参数。为此，本节首先介绍材料力学性能试验方法，然后以高周疲劳 *S-N* 曲线为例进行讲解。

3.2.1　材料基本力学性能

材料力学行为的主要评价指标有应力 σ、应变 ε 以及应力场或者位移场等。基本力学或机械性能是材料所固有的，它不受外力形式和构件形状的影响。工程应用中，常用的力学性能有三类：第一类是变形指标，如杨氏模量、泊松比等，用以表征材料在外力作用下整体而非局部抵抗变形的能力；第二类是强度指标，如强度、韧性、伸长率等，用以表示材料在发生破坏或失效前承受外载的极限能力；第三类是综合性指标，如硬度、冲击韧性等，用以表征材料变形和强度特性的综合性指标，它实际上反映了材料的弹塑性变形特性。其中，弹性、强度、塑性、应变硬化和韧性等力学性能指标可用拉伸试验获得（图 3.10）。拉伸试验是指采用标准拉伸试样在静态轴向拉伸力作用下以规定的拉伸速度拉至断裂，并在拉伸过程中连续记录力与伸长量，从而求出其强度判据和塑性判据的力学性能试验。

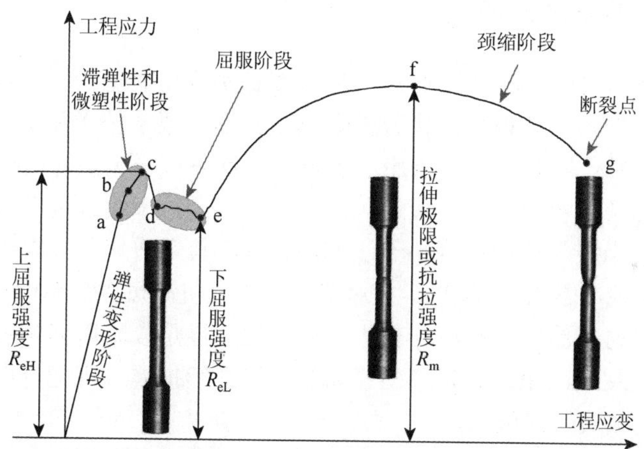

图 3.10　典型金属材料的轴向拉伸工程应力-工程应变曲线

拉伸性能是结构静强度设计与评估的主要指标和依据。图 3.10 中详细给出了金属材料在轴向力 F 加载中的基本力学行为。其中，A_0 和 L_0 分别是试样标距区的截面积和平行段长度，$S = F/A_0$ 和 $e = \Delta L/L_0$ 分别是工程应力和工程应变，ΔL 为试样断裂瞬间标距增加的长度，R_{eH} 和 R_m 分别为工程屈服强度和工程拉伸极限，前者也称为上屈服强度，是指试样发生屈服而载荷首次下降前的最高应力。工程实践中，有时也定义 $R_{p0.2}$ 为非比例塑性应变 0.2%时的工程应力值。弹性模量 E 定义为弹性阶段轴向拉应力与轴向应变的比值，可用著名的胡克定律来表示；泊松比 μ 定义为均匀分布的轴向应力作用下横向应变与轴向应变之比的绝对值。对于标准试样，应保证有原始标距长度关系 $L_0 = 5.65A_0^{1/2}$ 。

由试样实时横截面积 A 和长度 L 定义真实应力 σ 和真实应变 ε，即

$$\sigma = \frac{F}{A}, \quad \varepsilon = \int_{L_0}^{L} \frac{\mathrm{d}L}{L} = \ln\frac{L}{L_0} \tag{3.15}$$

假设总应变可以分解为弹性应变和塑性应变，则恒定加载速率下金属材料的拉伸应力-应变关系服从兰贝格-奥斯古德（Ramberg-Ostgood）经验关系：

$$\varepsilon = \varepsilon^{e} + \varepsilon^{e} = \frac{\sigma}{E} + \left(\frac{\sigma}{K}\right)^{1/n} \tag{3.16}$$

式中，材料常数 K 和 n 分别为单调拉伸试样的轴向强化系数和应变指数，可以根据真实应力-真实应变曲线拟合得到。

根据图 3.10 和 Ramberg-Ostgood 关系，可估算出拉伸试样断裂时的真实应力或断裂强度 σ_f 及断裂应变 ε_f，根据 Bridgman 修制系数得到

$$\sigma_f = \left(\frac{F_f}{A_f}\right) \Bigg/ \left[\left(1 + \frac{4R}{D_f}\right)\ln\left(1 + \frac{D_f}{4R}\right)\right] \tag{3.17}$$

$$\varepsilon_f = \ln\left(\frac{A_0}{A_f}\right) = \ln\left(\frac{100}{100 - RA\%}\right) \tag{3.18}$$

式中，F_f 和 D_f 分别为断裂时的最大载荷和试样直径；R 为试样颈缩半径。

3.2.2　疲劳极限的估算方法

对于工程金属结构材料，每条疲劳 S-N 曲线都呈现出典型的渐近线形式，一般认为中值疲劳 S-N 曲线对应于该材料的疲劳极限 σ_d。然而，限于技术和试验条件，要获得一些材料的疲劳极限并不容易，因此常用一定循环周次下试样无破坏时的应力幅值作为其疲劳极限，也称为条件疲劳极限或者耐久极限，尤其是对于铝合金等有色金属材料。以锻造铝合金为例，当极限拉伸强度小于 336MPa 时，其弯曲疲劳极限约为极限拉伸强度的 40%，而在其他情况下为 130MPa。疲劳极限的物理机制可以简单解释为，在循环加载条件下，微裂纹在材料晶粒中形核和长大，而晶粒边界足以阻碍其顺利穿越该晶粒，则微裂纹称为非扩展裂纹，如果微裂纹刺穿晶粒边界继续扩展，则把克服晶粒边界障碍的最小应力幅值作为其疲劳极限。

在新材料、新结构、新装备发展中，或者出于研发成本和周期的考虑，人们往往很难有足够的材料样本、时间和经费来按照标准疲劳试验得到疲劳极限。在历史上，工程师试图把材料的疲劳极限与其基本力学性能有效关联起来，其中包括极限拉伸强度或者抗拉极限（UTS 或 R_m，MPa）、屈服强度（σ_y 或 $R_{e0.2}$，MPa）、延伸率（A，%）以及断面收缩率（Z，%），并由此提出了大量经验关系。

（1）Mailander 关系：

$$\sigma_d = (0.49 \pm 20\%)\text{UTS} \quad 或 \quad \sigma_d = (0.65 \pm 30\%)\sigma_y$$

（2）Strinbeck 关系：

$$\sigma_d = (0.285 \pm 20\%)(\text{UTS} + \sigma_y)$$

（3）Rogers 关系：

$$\sigma_d = 0.4\sigma_y + 0.25\text{UTS}$$

（4）H-M 关系：

$$\sigma_d = 0.25(\text{UTS} + \sigma_y) + 50$$

（5）Junger 关系：

$$\sigma_d = 0.2(\sigma_y + \text{UTS} + Z)$$

（6）L-B-S 关系：

$$\sigma_d = 0.175(\text{UTS} + \sigma_y - A\% + 100)$$

（7）F-K-O 关系：

$$\sigma_d = \alpha\text{UTS} + \beta\sigma_y \ (\alpha \text{ 与 } R_m \text{ 成正比，} \beta \text{ 与 } R_m \text{ 成反比})$$

（8）Heywood 关系：

$$\sigma_d = \text{UTS}/2 \quad \text{或} \quad \sigma_d = 150 + 0.43\sigma_y$$

（9）Brand 关系：

$$\sigma_d = 0.32\text{UTS} + 121$$

Brand 关系是在总结了 489 个 10^7 循环周次的旋转弯曲疲劳极限的基础上提出的，其抗拉极限满足 300MPa＜UTS＜2000MPa。这些表达式是对以往大量试验结果的经验总结。事实上，疲劳极限的估算精度取决于金相组织、试验频率或者试样尺寸等参数的数量。法国钢铁研究院收集了相同试验条件下的疲劳极限结果。其中，旋转弯曲疲劳试验的频率为 200Hz，设定循环限界为 10^7 周次，圆柱形试样的直径为 5～8mm，得到如下关系式：

$$\sigma_d = \begin{cases} 0.37R_m + 77 \\ 0.38R_{e0.2} + 160 \\ 0.41R_m + Z \\ 0.39R_m + Z \end{cases} \tag{3.19}$$

由图 3.11 可以得出，含有 UTS 的表达式给出的结果最好。基于以上经验关系式，可以把疲劳极限 σ_d 的估算精度控制在±15%以内。

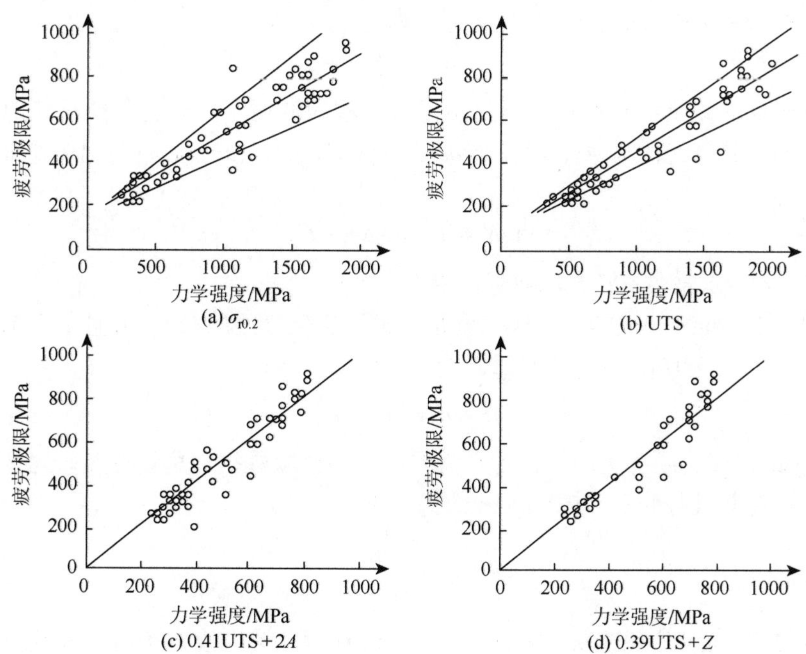

图 3.11　钢材料的疲劳极限与拉伸性能的关系曲线

钢材料的疲劳极限与拉伸强度之间的关系可通过显微镜观测来得到证明。对于内部缺陷和不均匀性（包括夹杂、碳化物、石墨颗粒、疏松孔等）小于平均晶粒尺寸的中、高强度钢，裂纹在一个晶粒内形核和扩展，大致与材料的硬度成正比。因此，疲劳极限开始以线性的方式增加，向强度极限趋近。一旦达到临界强度极限值，疲劳极限基本保持恒定，不再随着材料拉伸强度的增大而增大，甚至某些材料的疲劳极限还会出现降低的特殊现象。这也告诉人们，开展车辆结构的抗疲劳设计与评估，并非单单采用强度更高的新材料就可以解决。

3.2.3　疲劳寿命的数学表达

通常，要完整准确地描述疲劳 S-N 曲线，就需要使用不同的曲线族。Dengel 研究了各种 Wöhler 曲线，早期其中一个公式为

$$\log N = a - bS \tag{3.20}$$

式中，N 为破坏时的循环周次；S 为外加应力幅值；a 和 b 为常数。

然而，上述方程不能表达疲劳 S-N 曲线的渐近特征，不过还是很好地描述了该曲线的平均效应，这主要是由于大多数 Wöhler 曲线（以 S 和 $\log N$ 为坐标）给出的是拐点附近的直线结果，如低周疲劳（$N<5\times10^4$）和高周疲劳（$N>1\times10^6$）的应力寿命曲线均是典型的直线走向。此前疲劳 S-N 曲线没有显示出明显的弯曲形状，主要是因为简单地用回归方法来拟合下降区间与水平区间。

为了描述曲线的过渡特性，Basquin 对式（3.20）进行了改进：

$$\log N = a - b\log S \tag{3.21}$$

设 $A = \mathrm{e}^a$，$c = 1/b$，则式（3.21）又可写为

$$S = (A/N)^c \tag{3.22}$$

与疲劳寿命曲线上的直线段不同，虽然该方程简洁明了，但它不能很好地描述疲劳极限现象，因为其直线段与寿命轴 N 连接在一起。为此，Stromeyer 于 1914 年又提出了另外一个方程：

$$\log N = a - b\log(S - E) \tag{3.23}$$

式中，a 和 b 为待定常数；E 表示疲劳极限。

该方程与 Basquin 公式的主要区别就是考虑了疲劳极限的影响，并且水平渐近于纵坐标。引入 $A = \mathrm{e}^a$，$c = 1/b$，该方程可重写为

$$S = E + (A/N)^c \tag{3.24}$$

Stromeyer 方程更经济实用，因为它需要更少的试验数据。尽管许多研究者采用了该方程，却很难对其进行修正。Palmgren 改进如下：

$$S = E + \left(\frac{A}{N+B}\right)^c \tag{3.25}$$

分别以 S 和 $\log N$ 为纵坐标和横坐标，当 $B>0$ 时，疲劳 S-N 曲线出现拐点，这样就提高了数据统计的质量。为显著降低试验量，Corson 提出以下公式：

$$N = \frac{A}{(S-E)d^{S-E}} \tag{3.26}$$

式中，A、E 和 d 都是待定常数。

设 $c = \log d$，方程（3.26）变为

$$N = \frac{A\exp\left(-c(S-E)\right)}{S-E} \tag{3.27}$$

该方程的合理性与实用性已得到了大量的试验验证。

最后是韦布尔（Weibull）提出的改进形式：

$$\log(N+B) = a - b\log\frac{S-E}{R_{\mathrm{m}}-E} \tag{3.28}$$

式中，a、b、B 和 E 为待定常数；R_{m} 为材料的抗拉强度。

重新整理方程（3.28）可得

$$\begin{aligned} \log(N+B) &= \left[a + b\log(R_{\mathrm{m}}-E)\right] - b\log(S-E) \\ a' &= a + b\log(R_{\mathrm{m}}-E) \end{aligned} \tag{3.29}$$

这样可以通过待定系数 B、a、b 和 E 来建立寿命公式（3.28），并且把 a'、b、R_{m} 和 E 代入式（3.30）推导出 a 值。

需要指出的是，与式（3.25）相比，修正的疲劳寿命公式（3.28）对疲劳 Wöhler 曲线形状的改变并不大。但若把 Stromeyer 公式（3.24）中寿命 N 替换为 Palmgren 公式（3.25）中的 $N+B$ 后，则疲劳寿命曲线的形状就有了显著改变。以此类推，也可以对式（3.21）做同样的处理，即

$$N + B = \frac{A\exp\left(-c(S-E)\right)}{S-E} \tag{3.30}$$

该公式明显改善了 Wöhler 曲线的弯曲特性。无论哪种寿命公式建立的 Wöhler 曲线，都必须结合具体试验数据来确定未知常数。下面结合 XC-10 钢材料的疲劳试验数据来证明该公式的优点，如图 3.12 所示。

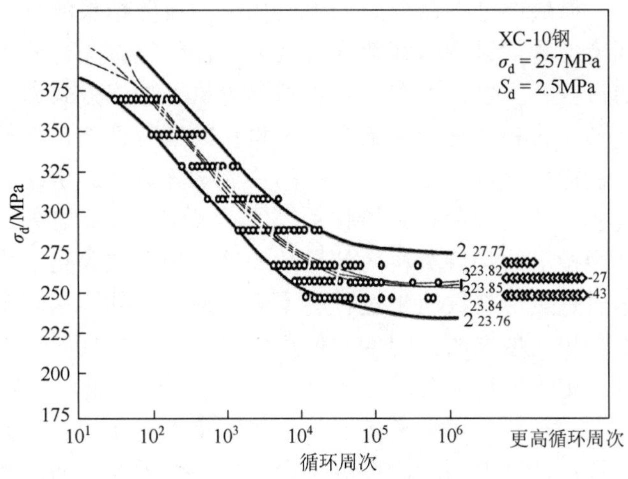

图 3.12　模型材料 XC-10 钢的旋转疲劳试验

一般采用最小二乘法对 log$N$-S 关系进行回归分析，研究者通常倾向于应用 Basquin 方程对疲劳寿命曲线的坐标 log$N$ 和 log$S$ 进行统计计算。尽管 Basquin 方程与 Wöhler 曲线都不能准确描述疲劳区域，其中 Wöhler 曲线描述中间区域更有效，但 Basquin 方程应用更加广泛。

从统计学观点来看，疲劳 S-N 关系必须满足以下两个条件：

（1）对于给定的 S 值，N 的分布服从正态分布；

（2）N 的离散性可用一个解析函数 S 来表示（即使依赖于未知参数）。

实际应用中，即使不满足上述条件，也可以采用数学变换方法达到要求。一个常见的例子是 log$N$ 不满足以上条件，大致与 Wöhler 曲线下行段相符，但在疲劳区域就完全不满足要求。事实上，并不存在任何一个变换事先满足以上两个条件。

为此，需要选择一个内含奇异点的变换格式，如 $1/N$ 变换就满足这一条件。然而通常来说，一个变换会把寿命 N 转变为一个常量或接近于常量的随机正态变量，而该变换是待定 Wöhler 曲线未知参数的函数。总体上，一个估算 Wöhler 曲线未知参数的方法实际上就是变换该参数近似值的过程。

3.2.4　疲劳数据的统计分析

疲劳 S-N 曲线这一概念最早是由德国铁路工程师 Wöhler 于 1852～1870 年提出的，他对铁路车轴的旋转弯曲疲劳性能进行了统计分析。为了纪念他在疲劳领域的开创性贡献，疲劳 S-N 曲线也称为经典 Wöhler 曲线。尽管如此，研究人员不可能采用无限多试样获得疲劳 S-N 曲线。一般地，对于小样本中值 S-N 试验法，采用 6 个试样找出疲劳极限，再把其余 8 个试样分布在 3 个应力水平上，从而可得到 50%可靠度的小样本疲劳 S-N 曲线。对于生成疲劳 S-N 曲线所需要的试样数量，推荐如下：初期试验和研发试验为 6～12 个，而对于设计许可试验和可靠性试验为 12～24 个，应力水平一般为 3～4 个，每个应力水平至少 2 个。

必须指出的是，离散性是寿命分布的本质属性，疲劳结果的离散性与材料属性、试样质量、外部环境、测试设备、载荷水平及人员操作等有关。其中，试样制备应是导致数据离散性的最重要因素，如车、铣和矫直等机械加工方式都与试样的最终质量有关。正是由于制备方式和热处理因素会影响材料的疲劳性能，即使是同一批次和尺寸形貌完全相同的试样也很难完美重复以前的疲劳试验数据。引起疲劳结果离散性的外部因素有试验设备、外加载荷和试验频率等的不确定，除此之外，试验环境的影响同样不可忽略。必须指出的是，材料内的夹杂和第二相颗粒等是造成试验数据离散性的重要原因，其本质是疲劳裂纹萌生过程的不确定性。此外，从制备过程的综合影响上看这些因素并不是相互独立的，因为它们可以改变材料的性质，尤其是热处理影响较大。最后，材料的疲劳机制是上述各种因素综合作用的结果，在疲劳 S-N 曲线的走势上也能看到这一点。当然，试验离散性是上述因素综合作用的结果，在同一载荷水平下，裂纹萌生位置在试样表面时，疲劳寿命最短，位于亚表面或者内部时，疲劳寿命较长。

为了预测在不同应力幅值和平均应力下的疲劳寿命，需要对疲劳试验数据进行统计分析。由日本机械工程师协会、美国材料与试验协会等提出的 S-N 试验方法被广泛用于疲劳寿命的统计分析与预测。例如，给定一个循环周次 N 以及该循环周次下破坏试样和未破坏试样的数量，就能绘制出一条疲劳 S-N 曲线（图 3.13），它表示每一应力水平下疲劳试样的破坏概率分布。

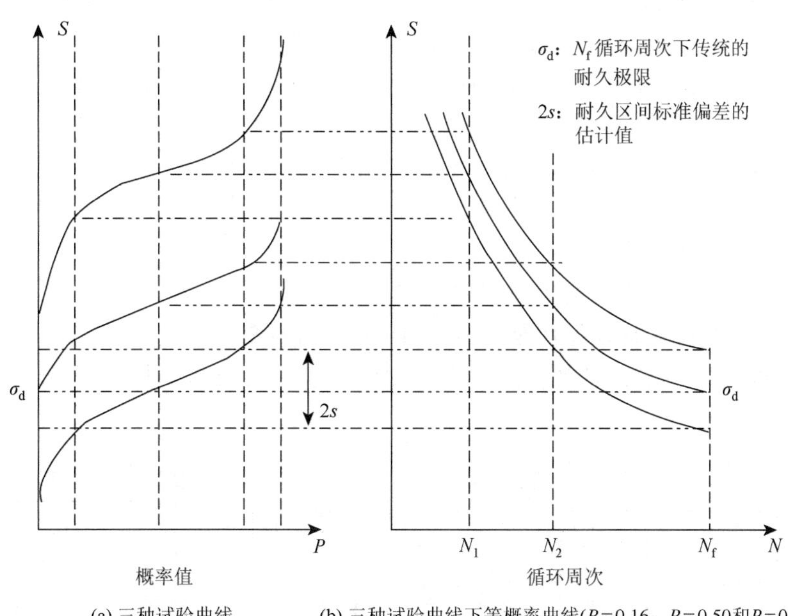

(a) 三种试验曲线　(b) 三种试验曲线下等概率曲线($P=0.16$、$P=0.50$和$P=0.84$)

图 3.13　基于 Wöhler 曲线的破坏（或断裂）概率图

研究表明，疲劳试验数据服从正态概率 s 分布，可以用一个正态分布函数来表示。以下方程把破坏概率表示为试验加载应力的函数：

$$P(s)=\frac{1}{\sigma\sqrt{2\pi}}\int_{-\infty}^{s}\exp\left(-(x-\mu)^2/(2\sigma^2)\right)\mathrm{d}x \tag{3.31}$$

式中，μ 为破坏概率为 50%的应力幅值的均值；σ 为离散特征参数或标准差。

正态概率分布函数（3.31）描述了试样破坏概率从 0 到 1 之间的响应规律，借此采用统计学方法来研究疲劳试验数据的分布特征，进而得到与应力幅值/循环周次曲线有关的两个参数 μ 和 σ。必须指出的是，常规疲劳极限 σ_d 和标准偏差 s 的估计是图 3.13（a）中疲劳区的一个特例。每一条应力曲线对应着一个应力幅值 S_P，其破坏概率为 P。应力幅值 S_P 实际上是循环周次 N 的函数，即 $S_P(N)$，同时还给出了破坏概率 P 的等概率曲线。如图 3.13（b）中的三条等概率曲线分别对应负均值标准差、零均值标准差和正均值标准差下 $P=0.16$、$P=0.50$ 和 $P=0.84$ 破坏概率响应。

从前面章节可以看出，一定循环周次 N 下的疲劳强度和标准差或者疲劳极限以及疲劳区间标准差实际上属于同一个问题。一般可用以下四种方法中的一种估算该问题，即概率元法（probit method）、升降法或者阶梯法（staircase method）、迭代法（iteration method）

和非破坏试样法（non-failed specimen method）。下面以常用的升降法为例，介绍疲劳极限或疲劳强度的求解过程。

1. 应用规则

升降法也需要事先设定一个最大循环周次 N 以及预估一个合适的应力增量，其大小应与基准响应曲线的标准差 σ 相同。然后在略高于均值 μ（如平均疲劳极限）的应力水平下进行疲劳试验。后续试验应力水平可以通过以下方式进行确定：

（1）若试样在该应力水平的疲劳循环周次（或寿命）之前没有发生破坏，则下一个试验必须在更高的应力水平下进行；

（2）若试样在上一个试验中发生了破坏，则需要选择较低的应力值。

具体来说，设定 d 为基准应力梯级或增量，S_i 表示第 i 次疲劳试验的应力水平，则第 $i+1$ 次试验应力水平 S_{i+1} 为：

（1）第 i 次试验中试样在达到 N 时仍未破坏，则 $S_{i+1}=S_i+d$；

（2）第 i 次试验中试样在循环至 N 前破坏，则 $S_{i+1}=S_i-d$。

疲劳试验根据这种方法依次开展，直至完成所有 n 个试样。图 3.14 给出了升降法估算疲劳极限的大致过程。

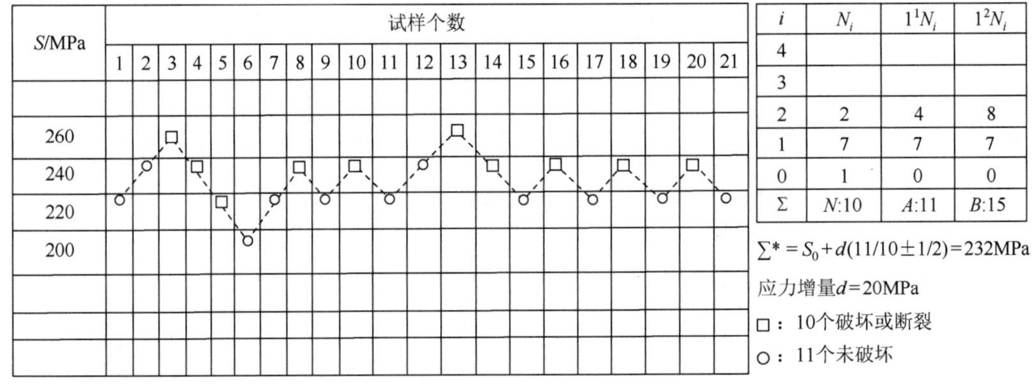

i	N_i	1^1N_i	1^2N_i
4			
3			
2	2	4	8
1	7	7	7
0	1	0	0
Σ	N:10	A:11	B:15

图 3.14　升降法疲劳试验数据示例

2. 数据处理

升降法可以获得中值疲劳极限以及疲劳试验数据的统计特性。这种方法计算过程简单，需要首先确定测试中的小概率事件，也就是该试样发生了破坏，或者该试样未破坏。与其他相比，基于小概率事件估算的统计参数的精度已足够精确。事实上，给定事件（如破坏）的数量更多，这是因为初始应力水平与待估计的值有很大偏差。之后都采用同一批次同一类型的试样进行连续疲劳试验，应指出试样内的夹杂会导致系统误差。

记录每个应力梯级上的试验次数 N_i，并从最低应力水平命名（从 $i=0$ 开始），既然 i 代表了应力梯级，就可通过以下公式进行计算：

$$N=\sum_i N_i,\quad A=\sum_i i\cdot N_i,\quad B=\sum_i i^2\cdot N_i \tag{3.32}$$

图 3.14 中右边表格中还给出了根据小概率事件估算疲劳强度的流程。疲劳试验数据的统计参数 m 由式（3.33）计算：

$$m = S_0 + d\left(\frac{A}{N} \pm \frac{1}{2}\right) \tag{3.33}$$

式中，S_0 为应力水平最低梯级（$i=0$，而该最低应力梯级使得人们能够至少获得一个试验结果）；d 为选定的应力梯级间距；+ 1/2 表示计算基于非破坏概率事件；−1/2 则表示计算基于破坏概率事件。

升降法还可以得到响应曲线标准差 σ 的应力偏差 s 估计：

$$s = 1.62d\left(\frac{NB - A^2}{N^2} + 0.029\right) \tag{3.34}$$

根据 Dixon-Mood 法，方程（3.34）当且仅当满足以下条件才成立：

$$\frac{NB - A^2}{N^2} > 0.3 \tag{3.35}$$

事实上，当样本数量小于 50 时，研究人员需要谨慎对待基于升降法估算的标准差。与概率元法相比，当样本容量完全相同时，升降法的优势并不明显。

3. 参数估算精度

均值 μ 的估计值 m 离散性标准差（偏差可忽略）由式（3.36）计算：

$$\sigma_{\mathrm{m}} = \frac{G}{\sqrt{N}} \tag{3.36}$$

式中，G 与 d/σ 值有关，且可由式（3.37）得到：

$$G \approx 1 + \frac{d}{8\sigma} \tag{3.37}$$

标准差 σ 的估计值 s 具有较大的偏差，且为 d/σ 的函数。当 $d=\sigma$（即 σ 取最小值）时，标准差 σ 的估计值的精度与样本量 $N/3.5$ 基本相同。

4. 注意事项

前面曾经提到应力水平间距 d 应与 σ 保持同一量级。实际上，应力均值 μ 的估计值 m 只要满足 $1.5 < d/\sigma < 2.0$，其结果就是可信的；在最优条件 $1.0 < d/\sigma < 2.0$ 时，标准差 σ 的估计值 s 的可信度有所下降，而一旦偏离这一条件，估计值的可信度将迅速变差，甚至可能得出错误的结果。

3.2.5　疲劳寿命评估方法

本节以车体和构架等焊接结构为例，简单介绍四类疲劳强度评估方法：名义应力法、热点应力法、缺口应力法及主 S-N 曲线法。

1. 名义应力法

名义应力法是原理最简单与应用最广泛的焊接结构疲劳强度评估方法。它是用简单的材料力学公式平均化得到受载截面处的名义应力范围，再选择包含焊接接头细节特征的疲劳 *S-N* 曲线来评估焊接结构疲劳强度的方法。该方法的核心是名义应力疲劳 *S-N* 曲线的确定和选取。一般根据焊接接头（如钢材和铝合金）的形状、尺寸、焊接类型、加载及加工制造（包括表面质量及缺陷）情况等，结合疲劳试验数据，得到一组与名义应力相关的疲劳 *S-N* 曲线，并划分为不同的疲劳等级。使用名义应力法进行焊接结构疲劳强度分析步骤如下。

1）确定名义应力谱

焊接结构的名义应力谱有三种获取途径：第一种是利用材料力学方法，根据载荷谱、截面形状和载荷类型快速估算得到；第二种是利用有限元仿真得到复杂结构的应力分布范围，再结合载荷谱得到应力谱；第三种是利用实测应力谱，通过循环计数得到。焊接接头的疲劳危险截面一般情况选在焊趾部位；对于未焊透/未熔合焊接接头，选定为焊缝根部、焊趾截面或者热影响区截面。

2）确定焊接接头的曲线

对于焊接接头，根据材料、缺口等级、检查方法及焊后处理，在相关设计标准中选取合适的疲劳 *S-N* 曲线；对于母材结构，根据材料、几何（包括缺口和尺寸影响）和表面处理情况，选取合适的寿命分布曲线。

3）疲劳损伤计算

根据 Miner 线性损伤累积理论，结合名义应力谱和确定的疲劳 *S-N* 曲线，便可对焊接结构进行疲劳寿命预测。

名义应力法作为一种基本的疲劳强度评定方法被收录在多种设计规范和标准中，如美国 ASME 锅炉和压力容器标准、英国标准 BS、国际焊接协会 IIW 标准、欧洲标准、德国 DIN 标准、日本 JIS 标准和中国标准等。这些标准利用名义应力法评估的流程基本相同，但由于试件疲劳试验的差异和对疲劳强度评估的理解不同，名义应力疲劳 *S-N* 曲线斜率、接头细节分类、疲劳应力参数、设计寿命范围、存活率、常幅疲劳极限截止限以及疲劳强度值等略有不同。

图 3.15 为国际焊接学会给出的焊接接头疲劳 *S-N* 曲线。注意，最新的 IIW 规范中已把接头的疲劳极限对应的循环周次更新为 10^7。

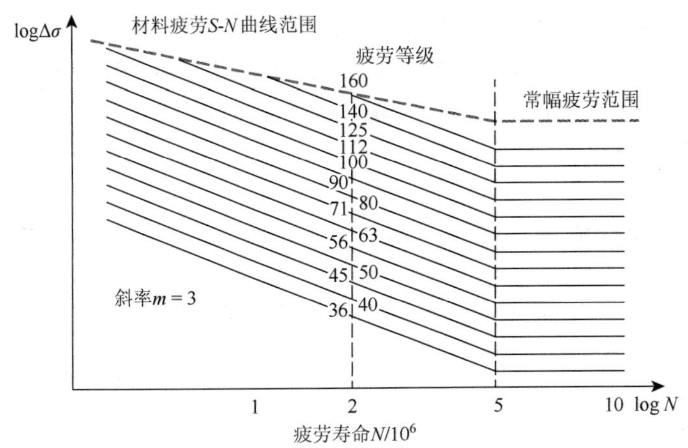

图 3.15　国际焊接学会的疲劳 *S-N* 曲线

2. 热点应力法

热点应力是指最大结构应力或结构中危险截面上危险点的结构应力。焊接结构中，焊趾是最易发生疲劳破坏的部位。因此，焊接结构的热点应力一般是指焊趾处的结构应力，故热点应力法也可称为结构应力法。焊趾处结构应力就是在焊趾前沿考虑了除焊趾缺口效应以外的所有应力集中效应而计算出的局部应力，因其大小受到构件及接头整体几何尺寸的影响，所以也称为几何应力。

焊缝处的结构应力集中在热点应力分析中进行了考虑，所以应用热点应力表征的不同焊接接头的疲劳强度原则上仅取决于各自焊趾缺口的几何差异。当焊接工艺稳定时，疲劳试验结果将位于一较窄的分散带内。工程上可以构建出一条通用的针对热点应力的疲劳 *S-N* 曲线，从而可以弥补名义应力法中接头形式与加载形式带来的对疲劳 *S-N* 曲线的影响这一不足和局限性。

综上所述，基于热点应力法的焊缝疲劳强度评定存在以下两个假设：①焊趾部位的应力集中可分为两部分，即构件和接头的整体几何不连续导致的几何应力集中和焊趾自身局部缺口效应引起的缺口应力集中；②热点应力法在应力分析中仅考虑几何应力集中，使用焊趾处的结构应力作为疲劳控制参量，焊趾的局部缺口效应在热点应力的疲劳 *S-N* 曲线中予以考虑。

在焊接结构中，常见的热点有三种，如图 3.16 所示：a 型焊趾位于附板的根部，母板的表面；b 型焊趾位于附板的端面边缘处；c 型焊趾沿着附板及母板的焊缝方向。其中，a 型和 c 型焊趾的热点应力可按上述定义取为沿板厚方向分布的膜应力和弯曲应力之和；而对于 b 型热点，由于其位于板件的端面上，焊趾处的应力分布状态并不依赖于板厚，因此无法按上述定义确定热点应力，当前主要使用固定点表面外推法和节点力及力矩法分析确定其热点应力值。

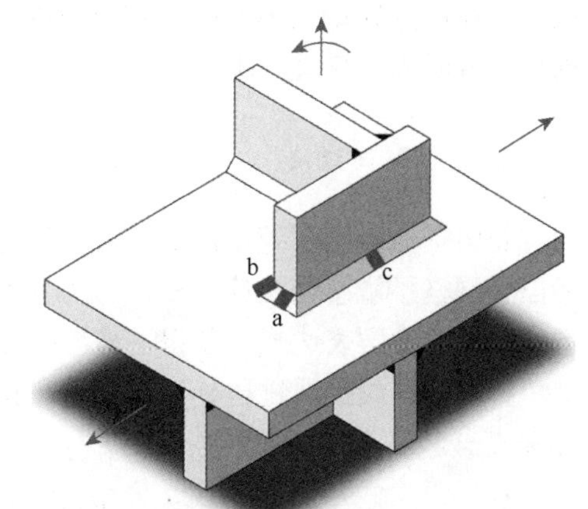

图 3.16　典型焊接结构中的热点类型及其定义

3. 缺口应力法

缺口应力是指除名义应力和结构应力外还考虑焊趾和焊缝根部的缺口应力集中处的局部应力，与断裂力学方法同属于局部法。焊接接头中裂纹萌生问题，可利用缺口应力来定量描述，这是前述名义应力和热点应力评定方法的发展与延伸。缺口应力也是裂纹萌生后，初期裂纹扩展的决定性因素。采用局部缺口应力与相应的材料强度值进行比较便可对构件的强度做出评定。

缺口应力法适用于预期会从焊趾或焊缝根部破坏的焊接接头，而其他疲劳失效影响因素，如表面质量、内部缺陷等没有包含在内。另外，它也不适用主应力分量平行于焊缝或平行于已有根部间隙的情况。

缺口应力法尤其适用于焊缝几何结构的比较，除非有特别规定，建议对接焊缝侧面角为 30°，角焊缝为 45°，如图 3.17 所示。若可以确定平均几何缺口的半径，如经过某种焊后工艺改进，则在有效缺口应力分析时将平均半径加 1mm。

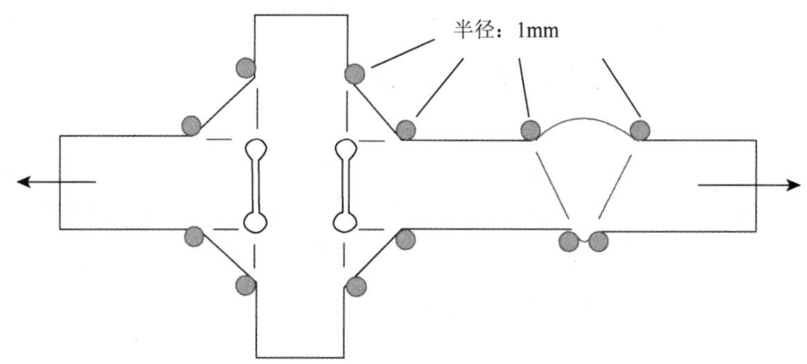

图 3.17　有效缺口应力集中因子

缺口应力是影响焊接结构疲劳强度的重要因素，而且其应力本身接近实际情况，因此缺口应力法是一种新的焊接结构疲劳强度分析方法。但是，与名义应力法相比，缺口应力法在确定缺口应力时需要较复杂的计算或测试；此外，该方法在实际应用经验及数据积累方面尚有待进一步发展。

4. 主 *S-N* 曲线法

美国华裔科学家董平沙深入分析大量焊接接头疲劳试验数据，基于断裂力学原理，提出了网格不敏感结构应力法。该方法结合影响焊接结构疲劳寿命的主要因素，推导出更为合理的数学表达式，获得了理想的疲劳寿命预测结果。

首先将裂纹扩展过程分为短裂纹和长裂纹两个阶段，采用 Paris 公式将裂纹扩展整个过程统一起来：

$$da/dN = C(M_{kn})^n(\Delta K_n)^m \tag{3.38}$$

式中，K_n 为由远场应力对应力强度因子的贡献；M_{kn} 为应力强度放大因子，代表实际应力状态下自平衡部分所表现出来的缺口应力集中的影响；指数 n 和 m 根据典型的短裂纹和长裂纹的试验数据来确定。

对式（3.38）积分，得到从小裂纹到板厚 t 的疲劳寿命：

$$N = \int_{a_i/t \to 0}^{a/t=1} \frac{t\mathrm{d}(a/t)}{C(M_{kn})^n(\Delta K)^m} = \frac{1}{C} t^{1-\frac{m}{2}} (\Delta\sigma_s)^{-m} I(r) \tag{3.39}$$

式中，a 为边缘裂纹深度；ΔK 为应力强度因子范围，其表达式为

$$\Delta K = \sqrt{t}\left[\Delta\sigma_m f_m(a/t) + \Delta\sigma_b f_b(a/t)\right] \tag{3.40}$$

式中，$\Delta\sigma_m$ 为膜应力变化范围；$\Delta\sigma_b$ 为弯曲应力变化范围；$f_m(a/t)$ 和 $f_b(a/t)$ 分别为膜应力和弯曲应力单独作用时，确定应力强度因子范围的无量纲函数：

$$\begin{cases} f_{\mathrm{m}}(a/t)=1.12\sqrt{\pi(a/t)} \\ f_{\mathrm{b}}(a/t)=1.12\sqrt{\pi(a/t)}\left(1-\dfrac{4(a/t)}{\pi}\right) \end{cases} \tag{3.41}$$

$I(r)$为载荷弯曲比 r 的无量纲函数：

$$I(r)=\int_{a_i/t\to 0}^{a/t=1}\frac{\mathrm{d}(a/t)}{(M_{\mathrm{kn}})^n\left\{f_{\mathrm{m}}\left(\dfrac{a}{t}\right)-r\left[f_{\mathrm{m}}\left(\dfrac{a}{t}\right)-f_{\mathrm{b}}\left(\dfrac{a}{t}\right)\right]\right\}^m} \tag{3.42}$$

则定义等效结构应力变化范围ΔS_{s}为

$$\Delta S_{\mathrm{s}}=\frac{\Delta\sigma_{\mathrm{s}}}{t^{(2-m)/(2m)}I(r)^{1/m}} \tag{3.43}$$

由式（3.43）可以看出，等效结构应力变化范围受结构应力变化范围$\Delta\sigma_{\mathrm{s}}$、板厚 t、膜应力和弯曲应力状态 $I(r)$三个参数的综合影响。由此，可以建立基于单一等效结构应力变化范围的疲劳寿命关系，即主 *S-N* 曲线方程：

$$N=(\Delta S_{\mathrm{s}}/C_{\mathrm{d}})^{1/h} \tag{3.44}$$

式中，C_{d}、h 为试验常数。

为了验证主 *S-N* 曲线公式的有效性，美国 Battelle 试验中心对比分析了自 1947 年以来的数千个焊接接头的疲劳试验数据，这些试验数据包括下列重要信息：①材料，即钢的屈服强度为 180～600MPa；②板厚的变化范围，为 1.5～104mm；③接头类型，有 T 型接头、搭接接头、十字接头、纵向加强筋焊缝、电阻点焊等；④载荷条件，包括纯远端拉伸、纯远端弯曲以及二者之间的不同组合。

统计分析表明，以等效结构应力变化范围ΔS_{s}表达的疲劳 *S-N* 曲线数据分布范围狭小，这就意味着基于名义应力的试验数据在考虑了结构应力、等效板厚修正及载荷形式修正后，被压缩到一条窄带中，而且与通常的疲劳 *S-N* 曲线相似，换句话说，它可以用一条数学上的主 *S-N* 曲线有效代替以前的多条疲劳 *S-N* 曲线族。主疲劳 *S-N* 曲线法已在石油化工、汽车制造、海上船舶及核工业等多个领域之内进行了大量的试验数据验证，验证结果均显示数据可靠性很高，近年来在高铁焊接结构中也有一定尝试。

3.3　疲劳断裂力学概述

3.3.1　断裂力学的发展

传统强度设计思想的一个基本假设是把材料的初始状态视为无任何缺陷的理想均匀连续体。事实一再证明，根据这一思想设计的工程构件并不能保证其服役的安全可靠性。如 20 世纪 50 年代美国北极星导弹固体燃料发动机（高强度钢 $\sigma_{\mathrm{s}}=1372\mathrm{MPa}$，但破坏应力不足其屈服极限的一半）爆炸的元凶就是壳体中事实存在的 0.1～1mm 的微裂纹；还有同一时期震惊世界的因疲劳裂纹导致英国彗星号飞机在地中海上空接连空难事件，以及此后世界各国发生的一系列重特大恶性低应力脆断灾难性事故等。血的教训和沉痛代价使得科学家开始重视并对含缺陷工程结构的服役安全可靠性进行全面深入的研究，进而直接促进了断裂力学的形成、发展与成熟。

1920 年，英国航空工程师 Griffith 首先从理论角度探讨了玻璃平板的低应力脆断现象，成功解释了材料实际强度远低于理论强度的尺寸效应问题，提出了非晶体材料断裂强度的理论计算公式以及裂纹失稳扩展的准则。在 Griffith 的能量平衡理论的基础上，欧文（Irwin）进一步提出了应力强度因子的概念，终于建立了以应力强度因子（K）为参量的裂纹扩展准则，从而为解决金属合金等工程材料及结构的断裂强度和安全性评估问题打开了大门。这一重要建树使得破坏力学从无缺陷体的经验论的第一阶段发展到含缺陷体的宏观断裂力学的第二阶段，在（疲劳）断裂力学的学科发展和应用中具有承上启下的里程碑价值。

断裂力学通过连续介质力学的理论分析（固体力学、弹性力学、结构力学等）建立起含裂纹构件的强度设计概念，提出设计计算方法及相应的物理试验模型，探讨如何控制和防止结构的断裂破坏。当前，通过断裂力学的准确分析，人们已能够对含裂纹的简单工程材料及结构进行安全性评价：

（1）建立结构剩余强度与裂纹尺寸之间的函数关系；

（2）预测服役构件的最大许可缺陷尺寸，并建立可靠、合理的探伤标准；

（3）确定裂纹失稳扩展时的临界载荷或临界裂纹尺寸；

（4）进行裂纹扩展的寿命分析和估算，以确定经济的检修周期。

按照研究的出发点和对象不同，断裂力学分为微观断裂力学和宏观断裂力学，而后者又可以细分为线弹性断裂力学和弹塑性断裂力学，本章重点讨论和研究利用宏观断裂力学来求解工程结构的断裂问题。线弹性断裂力学是应用经典的线弹性理论研究含裂纹构件中裂纹的扩展规律和破断准则。这一准则已在高强度材料和大尺寸中低强度材料的焊接结构的断裂分析中得到成功应用。目前，线弹性断裂力学已发展得相当成熟，但也存在一些问题如复合型断裂准则等需要进一步研究。

弹塑性断裂力学应用弹塑性力学研究含裂纹构件中裂纹的扩展规律和断裂准则，适用于裂纹前缘有较大范围屈服的中高韧性材料。由于直接获得裂纹尖端塑性区的断裂解析解十分困难，目前多采用 J 积分法、裂尖张开位移法（crack-tip opening displacement，COD 法）、R 阻力曲线法等近似或试验方法进行分析。弹塑性断裂力学在焊接结构的完整性评定及服役研究中发挥了重要作用。弹塑性断裂力学虽然取得了一定进展，但其理论仍不够成熟，弹塑性裂纹体的扩展规律和判据等也有待于深化研究。

实际工程结构中，按所含裂纹的几何特征，裂纹可分为三种：穿透型、表面型和深埋型。穿透型裂纹是指裂纹贯穿构件厚度或裂纹延伸至构件厚度一半以上的情形，如未焊透、较深的焊趾和焊根裂纹等。表面型裂纹是指裂纹位于构件表面或裂纹深度相对远小于构件厚度的情形，工程应用中常简化为半椭圆形裂纹，如较浅的焊趾裂纹和表面气孔等。深埋型裂纹是指裂纹位于构件内部的情形，这种裂纹常处理为椭圆片状或圆片状，如常见的气孔和夹渣等。一般来说，二维裂纹对构件疲劳强度的影响比三维裂纹大，表面型裂纹对构件疲劳强度的影响比深埋型裂纹大。大量工程经验及理论研究皆表明，穿透型裂纹对结构疲劳强度的影响最大，表面型裂纹次之，深埋型裂纹最小，因此工程中多重点关注穿透型裂纹的演变行为。

对同一含裂纹的缺陷体，由于外力的加载方式不同，会产生不同的开裂模式，分别称为 I 型裂纹、II 型裂纹和 III 型裂纹，如图 3.18 所示。

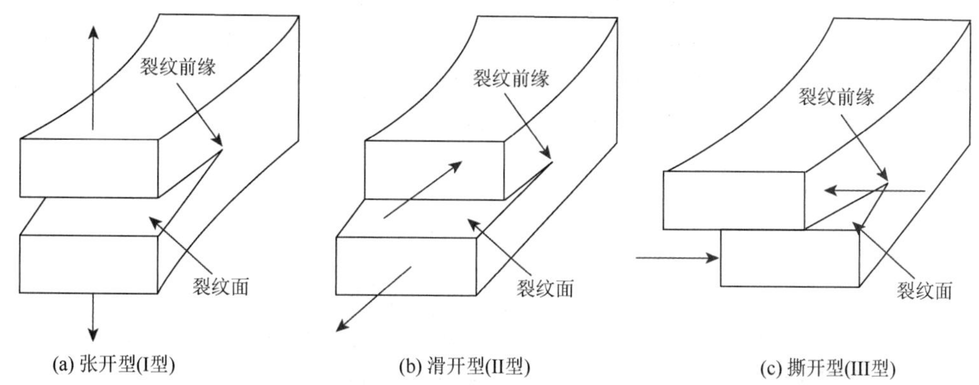

(a) 张开型(I型)　(b) 滑开型(II型)　(c) 撕开型(III型)

图 3.18　典型工程结构的失效破坏模式

（1）I 型裂纹：是指构件在受到与裂纹面正交的拉应力作用后，两个裂纹表面相互分离张开，又称张开型裂纹。

（2）II 型裂纹：是指构件在受到与裂纹平面平行的剪应力作用后，两个裂纹表面发生相互滑动的位移，位移方向垂直于裂纹前缘（位移在裂纹面内），也称为滑开型裂纹或者面内剪切型裂纹。

（3）III 型裂纹：是指构件在受到平行于裂纹面而与裂纹前缘平行的剪应力作用后，裂纹的上下表面沿裂纹面外相互错开，位移方向垂直于裂纹前缘，也称为撕开型裂纹或面外剪切型裂纹。

必须指出，实际含缺陷工程结构中的裂纹通常是以上两种或两种以上基本类型的组合。研究表明，I 型裂纹是最常见、最危险和技术上最重要的一种类型，是多年来试验和理论研究的主体，也是焊接结构安全评定的基础。

3.3.2　裂纹尖端应力场

研究认为，缺陷或裂纹前缘存在一个经受较大应变幅的局部损伤区。在疲劳加载条件下，裂纹尖端不断穿越（penetrate）这一特征长度的局部塑性行为可以等效为大块材料中疲劳裂纹的稳定扩展过程。根据这一假设，就可以把裂纹扩展速率模型与材料的疲劳循环本构/低周疲劳性能参数联系起来。

具体来说，均匀材料的单轴低周疲劳行为描述的是材料代表性单元内的宏观循环疲劳损伤特性，而 I 型动态断裂力学的裂纹扩展行为实际上是裂纹尖端处材料因承受轴向循环应变而引发裂纹向前扩展的局部疲劳失效行为。这就是基于低周疲劳行为的裂纹扩展速率模型的理论基础，从而为间接获取材料在各种复杂环境下的疲劳裂纹扩展速率提供了理论依据和便捷手段。例如，在一些特殊环境（如高温、腐蚀等）条件下，材料的疲劳裂纹扩展（fatigue crack growth，FCG）数据很难直接获得，但这些极端环境下材料的单轴低周疲劳性能却可以通过相对简单的单轴试验数据和硬度数据等进行评估。

裂纹尖端的局部受载程度可以用裂纹尖端应力-应变场的强弱来定量表示。早在 20 世纪初期，人们就发现含裂纹材料的实际强度远低于其断裂强度的现象，工程上认为是结构完整性受到破坏所致。Griffith 的研究成功解释了脆性材料的断裂强度问题，直至 50 年代 Irwin 采用复变函数解法中的 Westergaard 方法获得了裂纹尖端的应力场分布，奠定了线弹性断裂力学的理论基础。对于含中心穿透裂纹（长度为 $2a$）的、受远端拉伸的无限大平板，其裂纹尖端处某点应力 σ_{yy} 可表示为

$$\sigma_{yy}=\frac{K_{\mathrm{I}}}{\sqrt{2\pi r}}\cos\frac{\theta}{2}\left(1+\sin\frac{\theta}{2}\sin\frac{3\theta}{2}\right) \tag{3.45}$$

式中，K_{I} 为 I 型平面应力裂纹问题的应力强度因子；r 和 θ 分别为图 3.19 中裂纹尖端的极坐标参数，可见裂纹尖端应力场具有明显的奇异性。

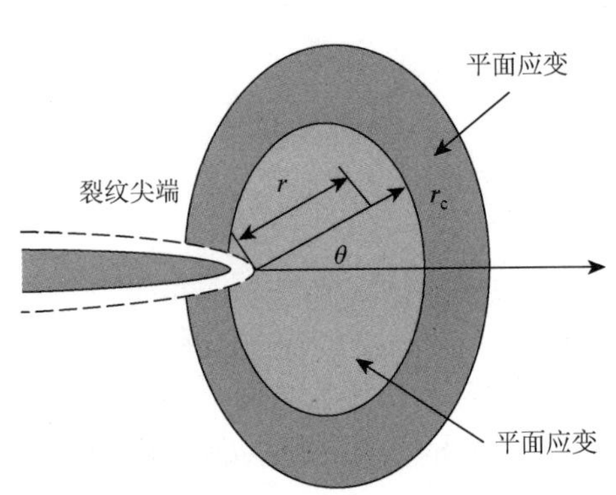

图 3.19　基于 Tresca 准则的无量纲裂纹尖端塑性区

目前对于 I 型裂纹尖端的奇异场求解理论有两个：一个是 1968 年由著名学者 Hutchinson 等考虑了固体材料幂硬化演变规律服从式（3.46）或式（3.47）后，假设在承受远端单向拉伸加载下，基于裂纹尖端 J 积分而提出的一种应力场和应变场解析函数，又称著名的 Hutchinson-Rice-Rosengren（HRR）奇异场理论。该解析方法的提出为解决弹塑性断裂力学问题提供了重要的理论基础。

线弹性断裂力学中，存在等效转换关系 $J=K^2/E$。因此，在小变形条件下，引入 K_{I} 因子来表达裂纹尖端 HRR 场，则极坐标下应力和应变分量为

$$\sigma=\sigma_{\mathrm{y}}\left(\frac{K_{\mathrm{I}}^2}{\alpha\sigma_{\mathrm{y}}^2 I_n r}\right)^{n/(1+n)}\tilde{\sigma}(\theta;n),\quad \varepsilon=\varepsilon_{\mathrm{e}}+\varepsilon_{\mathrm{p}} \tag{3.46}$$

$$\begin{cases}\varepsilon_{\mathrm{e}}=\dfrac{\alpha\sigma_{\mathrm{y}}}{E}\left(\dfrac{K_{\mathrm{I}}^2}{\alpha\sigma_{\mathrm{y}}^2 I_n r}\right)^{n/(1+n)}\cdot(\tilde{\sigma}_\theta-\nu\tilde{\sigma}_{\mathrm{r}})\\[2ex] \varepsilon_{\mathrm{p}}=\dfrac{\alpha\sigma_{\mathrm{y}}}{E}\left(\dfrac{K_{\mathrm{I}}^2}{\alpha\sigma_{\mathrm{y}}^2 I_n r}\right)^{1/(1+n)}\cdot\left(\tilde{\sigma}_\theta-\dfrac{\tilde{\sigma}_{\mathrm{r}}}{2}\right)\end{cases} \tag{3.47}$$

式中，σ_{y} 为材料单轴拉伸下屈服强度；下标 e 和 p 分别为垂直于裂纹面方向上的弹性应变和塑性应变分量；ν 为材料的泊松比；上标“ ˜ ”为相关变量是 θ 和 n 的无量纲无理函数；I_n 为 n 的无量纲无理函数。

显而易见，式（3.46）和式（3.47）中无理函数的存在及确定给基于 HRR 场建立确定性疲劳裂纹扩展力学模型带来了不确定性。平面应力状态下，I 型裂纹尖端应力-应变场的无理函数可通过数值方法给出。然而，数值方法普遍存在误差累积或网格敏感性，

进而使得 HRR 场求解带来较大不确定性。

$$\begin{cases}\tilde{\sigma}_\theta = 0.56168\exp\left(\dfrac{0.99531}{n}\right) + 0.03151\exp\left(\dfrac{0.16508}{n}\right) + 1.15310 \\ \tilde{\sigma}_r = -0.44386\exp\left(\dfrac{0.45292}{n}\right) - 0.09435\exp\left(\dfrac{0.08423}{n}\right) + 0.58278 \\ I_n = -0.69424\exp\left(\dfrac{0.06251}{n}\right) - 2.18980\exp\left(\dfrac{0.36520}{n}\right) + 2.54772\end{cases} \tag{3.48}$$

另一种求解方法是 Kujawski 和 Ellyin 于 1986 年在 Rice 的 III 型裂纹尖端应力-应变场函数的基础上提出的一种新的裂纹尖端应力-应变场分布函数，称为 Rice-Kugalvski-Ellgin（RKE）场。RKE 场的理论基础是 III 型裂纹问题中平行于裂纹面的位移小于垂直于裂纹面上的位移，因而在某种程度上与 I 型裂纹问题具有相似性。此外，应有 I 型裂纹尖端的应力-应变场强弱程度（K_I）与 III 型裂纹尖端奇异场强度相等。

假设 I 型裂纹问题遵循 Ramberg-Osgood 公式和小比例屈服条件，取垂直于裂纹面上 III 型裂纹尖端的 Rice 解，在 $\theta = 0$ 条件下有

$$\sigma = \sigma_\text{y}\left(\frac{K_\text{III}^2}{\pi(1+n)\sigma_\text{y}^2 r}\right)^{n/(1+n)}, \quad \varepsilon = \varepsilon_\text{e} + \varepsilon_\text{p} \tag{3.49}$$

$$\varepsilon_\text{e} = \varepsilon_\text{y}\left(\frac{K_\text{III}^2}{\pi(1+n)\sigma_\text{y}^2 r}\right)^{n/(1+n)}, \quad \varepsilon_\text{p} = \varepsilon_\text{y}\left(\frac{K_\text{III}^2}{\pi(1+n)\sigma_\text{y}^2 r}\right)^{1/(1+n)} \tag{3.50}$$

式中，K_III 为 III 型裂纹尖端应力场强度因子，并且有 $K_\text{III} = K_\text{I}$。

与常用的 HRR 奇异场相比，RKE 场中不含有需要数值分析给出的无理函数，并且形式更加简洁，后面将基于 RKE 场建立疲劳裂纹扩展模型。

上述奇异场求解理论的基本前提是 I 型裂纹问题承受单调加载及小范围屈服。但当加载条件为循环加载时，裂纹尖端材料在循环加载条件下的应力-应变响应仍可以借鉴单调加载下裂纹尖端的应力-应变场这一思路来确定。但断裂力学经典理论并未给出能够精确描述裂纹尖端前缘循环应力-应变场的解析解或近似数值解的表达式。借助塑性分析中的塑性叠加原理，Rice 认为：在循环载荷作用下，裂纹尖端的循环塑性区（cyclic plastic zone，CPZ）中的塑性应变张量与区域某点的塑性应变张量之间存在一个恒定的比例关系。基于 Rice 塑性叠加原理和小范围屈服假设，疲劳加载条件下 I 型裂纹尖端的循环 HRR 场表示为

$$\Delta\sigma = 2\sigma_\text{yc}\left(\frac{\Delta K^2}{4\alpha_\text{c}\sigma_\text{yc}^2 I_{n_\text{c}} r}\right)^{n_\text{c}/(1+n_\text{c})}\tilde{\sigma}(\theta; n_\text{c}), \quad \Delta\varepsilon = \Delta\varepsilon_\text{e} + \Delta\varepsilon_\text{p} \tag{3.51}$$

$$\begin{cases}\Delta\varepsilon_\text{e} = 2\dfrac{\sigma_\text{yc}}{E}\left(\dfrac{\Delta K^2}{4\alpha_\text{c}\sigma_\text{yc}^2 I_{n_\text{c}} r}\right)^{n_\text{c}/(1+n_\text{c})} \cdot (\tilde{\sigma}_\theta - \nu\tilde{\sigma}_\text{r}) \\ \Delta\varepsilon_\text{p} = 2\alpha_\text{c}\dfrac{\sigma_\text{y}}{E}\left(\dfrac{\Delta K^2}{4\alpha_\text{c}\sigma_\text{yc}^2 I_{n_\text{c}} r}\right)^{1/(1+n_\text{c})} \cdot \left(\tilde{\sigma}_\theta - \dfrac{\tilde{\sigma}_\text{r}}{2}\right)\end{cases} \tag{3.52}$$

式中，σ_{yc} 为对应材料的循环屈服应力；$\Delta\varepsilon_e$ 和 $\Delta\varepsilon_p$ 分别为循环弹性应变和循环塑性应变；α_c 为材料的循环 Ramberg-Osgood 关系参数：

$$\alpha_c = \frac{2E}{(2K_c)^{N_c}(2\sigma_{yc})^{1-N_c}} \tag{3.53}$$

式中，塑性应变硬化指数 $N_c = 1/n_c$。

同理，依据 Rice 的塑性叠加原理可得到小变形条件下对称裂纹面上的裂纹尖端循环应力-应变场，即循环 RKE 场为

$$\Delta\sigma = 2\sigma_{yc}\left(\frac{\Delta K^2}{4\pi(1+n_c)\sigma_{yc}^2 r}\right)^{n_c/(1+n_c)}, \quad \Delta\varepsilon = \Delta\varepsilon_e + \Delta\varepsilon_p \tag{3.54}$$

$$\Delta\varepsilon_e = 2\varepsilon_{yc}\left(\frac{\Delta K^2}{4\pi(1+n_c)\sigma_y^2 r}\right)^{n_c/(1+n_c)}, \quad \Delta\varepsilon_p = 2\varepsilon_{yc}\left(\frac{\Delta K^2}{4\pi(1+n_c)\sigma_{yc}^2 r}\right)^{1/(1+n_c)} \tag{3.55}$$

一般地，在裂纹尖端的循环塑性区内，塑性应变幅要远大于弹性应变幅，因此实际分析中可以忽略弹性应变对疲劳损伤累积的贡献。同时引入塑性应变能（plastic strain energy，PSE）作为疲劳损伤建模的失效准则。

3.3.3 裂纹扩展速率模型

必须指出的是，经典 Paris 公式仅仅描述了裂纹稳定扩展区的寿命，没有考虑平均应力 σ_m、应力强度因子门槛值（ΔK_{th}）、裂纹闭合效应和断裂韧性（K_{IC}）的影响。其中 σ_m 可用应力比 R 和应力范围（$\Delta\sigma$）来表示：

$$\sigma_m = \frac{1+R}{1-R}\frac{\Delta\sigma}{2}, \qquad \frac{da}{dN} = (P + Q\sigma_m)\cdot a\Delta\sigma^3 \tag{3.56}$$

式中，P 和 Q 为与试验数据有关的可调参数。

研究发现，当 $Q = 0.8 \sim 4.4$ 时，平均应力对裂纹扩展速率影响较小。为此，Forman 等提出了一种综合考虑 R 和 K_{IC} 的裂纹扩展模型：

$$\frac{da}{dN} = \begin{cases} 0, & \Delta K \leqslant \Delta K_{th} \\ \dfrac{C(\Delta K)^m}{(1-R)K_{IC} - \Delta K}, & \Delta K > \Delta K_{th} \end{cases} \tag{3.57}$$

虽然 Forman 公式在铝合金中得到了证实，但不能准确描述钢材料的裂纹扩展行为，这主要是由于其高估了 R 的影响。在众多考虑 R 对裂纹扩展速率影响的模型中，Walker 方程是比较简单和较为常用的一种，即有

$$\frac{da}{dN} = C\left[\frac{\Delta K}{(1-R)^\gamma}\right]^m \tag{3.58}$$

式中，C、m 和 γ 为与材料相关的特征常数。

为了描述裂纹萌生、裂纹扩展及失稳扩展等三个区域的总寿命，我国学者郑修麟教

授提出了一个包含门槛值和断裂韧性的唯象模型，即

$$\frac{\mathrm{d}a}{\mathrm{d}N}=\frac{4.8}{E^2}(\Delta K-\Delta K_{\mathrm{th}})^{1/2}\left[\frac{1}{\Delta K}-\frac{1}{(1-R)K_{\mathrm{IC}}}\right]^{-3/2} \tag{3.59}$$

式中，E 为材料的弹性模量。

除了应力比 R 对裂纹扩展速率有重要影响外，加载频率和服役环境也不能排除。实际研究中，只要确保加载频率不过高而引起试样过热，频率的影响就可以忽略。一般地，加载频率对铝合金的疲劳裂纹扩展速率影响可以忽略不计，但也只能在 100Hz 以内。另外，多数环境下腐蚀对裂纹扩展的影响不可忽略。研究发现，在室温和无腐蚀条件下当频率低于 100Hz 时，其对裂纹扩展的影响就可以忽略；但在高温或腐蚀环境中，频率的影响较为显著，须予以考虑。

损伤容限理论是指裂纹在某些条件下可能会扩展，但在达到临界状态前能够被检测出来。疲劳裂纹扩展速率是损伤容限设计分析的前提与基础，其基本特征是小比例加载和长裂纹稳定扩展。举例来说，由于车轴主要承受旋转弯曲疲劳加载，表面裂纹呈现典型的张开与闭合现象，因此闭合效应是车轴损伤容限设计及分析中的关键。一种处理方法是认为当裂纹闭合时不扩展，但问题远非如此简单。实际工程中裂纹一般都是在疲劳载荷循环塑性区内扩展。在每个加载循环内，裂纹尖端就会形成一个单调塑性区（即使在小比例屈服下）。与此对应，当外加拉伸载荷逐渐降低时在单调塑性区内会形成一个被弹性区所包围的因卸载导致的残留反向压缩区，随着裂纹的扩展，在塑性尾迹区内遗留下来，如图 3.20 所示。

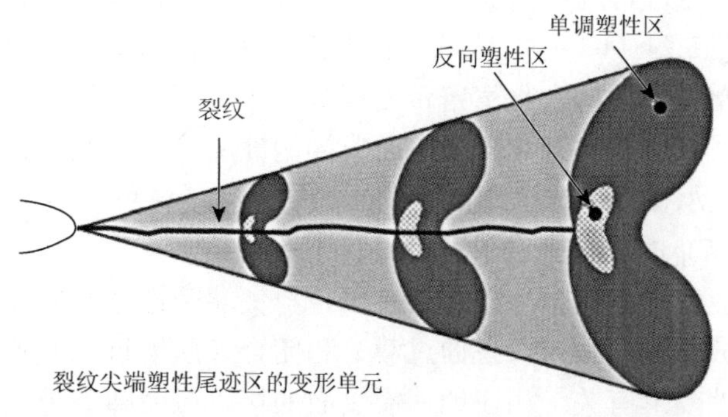

图 3.20　裂纹尖端塑性尾迹内的反向和单调塑性屈服区

在加载循环下半周期的卸载过程（反向加载）中，裂纹前缘（在单调和反向塑性区分别呈现拉应力和压应力）会形成一个复杂的残余应力场。由于局部塑性变形，在仍处于拉应力的卸载过程中两个裂纹面就已经发生了接触或重合，这种裂纹面的重合现象通常称为塑性致裂纹闭合。这一现象由埃尔伯（Elber）于 1971 年在研究恒幅交变载荷下 2024-T3 铝合金的疲劳裂纹扩展行为时首次发现。目前已知有三种著名的裂纹闭合机制，即塑性致裂纹闭合效应、粗糙度致裂纹闭合效应和氧化膜致裂纹闭合效应。一些学者应用高时空分辨率的同步辐射 X 射线原位三维成像技术，不仅清晰地展示出工程材料内部裂纹扩展与各种微结构（缺陷、晶界、强化相等）之间的关系，而且成功地捕捉到疲劳

裂纹闭合和张开现象。

为了考虑塑性致裂纹闭合效应，可以在裂纹扩展模型中引入等效应力强度因子幅ΔK_{eff}来代替循环应力强度因子幅$\Delta K = K_{max}-K_{min}$，即

$$\Delta K_{eff} = K_{max} - K_{op} \tag{3.60}$$

式中，K_{op}为加载循环中裂纹张开应力强度因子值（原理见图 3.21）。

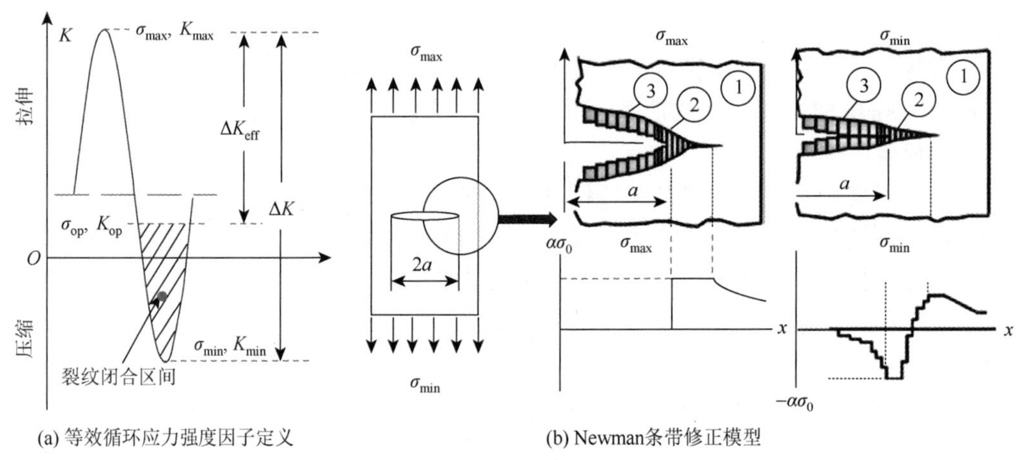

(a) 等效循环应力强度因子定义　　(b) Newman条带修正模型

图 3.21　基于修正的条带屈服裂纹闭合模型

K_{op}可通过试验或数值分析得到。这一参量的引入，彻底解释了不同应力比对裂纹扩展速率的影响。在图 3.21（b）中，区域①代表弹性区，区域②和③分别代表裂纹前缘和后部，具有理想刚塑性特性的有限宽条带内模拟了所有塑性变形。在区域②内，裂纹没有穿越，而区域③代表已被裂纹切割开来，成为塑性尾迹。因此，前者可以传递压缩和拉伸载荷，而后者仅承受压缩。这样，裂纹的扩展速率增量可以用切割条带数 da/dN 与等效应力强度因子ΔK_{eff}的关系来表示。

条带屈服模型能够表征变幅加载下裂纹闭合与尖端塑性之间的关系。在拉伸和压缩应力下刚塑性条带分别呈现张开（拉伸过载）和闭合（压缩过载）状态，而裂纹张开和闭合程度与总的塑性变形有关。相应地，裂纹面的接触应力随条带残留变形程度不同而发生变化，从而引起张开应力场K_{op}的改变及形成新的裂纹扩展量。一般认为，拉伸过载使得K_{op}增大，ΔK_{eff}降低，根据经典的 Paris 公式，则裂纹扩展速率降低或停滞，反之会出现局部或者暂时的加速现象。

通过引入一个全局裂纹尖端约束因子α把经典的二维道格代尔（Dugdale）条带屈服模型运用至三维应力空间，它表示尖端塑性区材料单元内应力σ_0的增大效应。三维裂纹扩展 FASTRAN-II 代码、AFGROW 软件及 NASGRO 软件都采用了该模型。考虑裂纹闭合和张开效应，$-2 \leqslant R \leqslant 0.7$ 时 NASGRO 裂纹扩展公式为

$$\frac{\mathrm{d}a}{\mathrm{d}N} = C \cdot (\Delta K_{eff})^m \left[\left(1 - \frac{\Delta K_{th}}{\Delta K}\right)^p \Bigg/ \left(1 - \frac{K_{max}}{K_{mat}}\right)^q \right] \tag{3.61}$$

式中，K_{max} 为加载循环中最大应力强度因子（对应于最大循环应力σ_{max}）；K_{mat} 或者 K_{IC} 为材料的断裂韧性；C、m、p 和 q 为经验常数。该公式实际上由三部分组成，即描述经典 Paris 区间的 $C\cdot(\Delta K_{eff})^m$、描述近门槛区寿命项 $(1-\Delta K_{th}/\Delta K)^p$、描述瞬断区的寿命项 $(1-K_{max}/K_{mat})^q$。必须指出，式（3.61）分别应用于裂纹深度 a 和表面长度 c，并用 dc/dN 替代。应力比 R 取决于裂纹前缘，并不断变化。

与裂纹尺寸和应力比有关的裂纹扩展门槛值为

$$\Delta K_{th}=\Delta K_{th0}\cdot\frac{\sqrt{a/(a+a_o)}}{\left[(1-f)/(1-A_0)\cdot(1-R)\right]^{(1+C_{th}\cdot R)}} \tag{3.62}$$

式中，ΔK_{th0} 为 $R=0$ 时的门槛值；a 为裂纹深度；a_o 为 El-Haddad 参数（0.0381mm）；A_0 为 Newman 公式中的常数；C_{th} 为用于区分 C_{th+} 和 C_{th-} 的经验常数。

因此，考虑了车轴中塑性致裂纹闭合效应的ΔK_{eff}由式（3.63）计算：

$$\Delta K_{eff}=\Delta K\cdot(1-f)/(1-R) \tag{3.63}$$

式中，应力比 R 为与裂纹扩展相关的非恒定值（$R=K_{min}/K_{max}$），不能采用单一固定的应力比，而裂纹张开函数 f 由式（3.64）计算：

$$f=\frac{K_{op}}{K_{max}}=\frac{\sigma_{op}}{\sigma_{max}}=\begin{cases}\max(R,\ A_0+A_1\cdot R+A_2\cdot R^2+A_3\cdot R^3), & R\geqslant 0\\ A_0+A_1\cdot R, & -2\leqslant R<0\end{cases} \tag{3.64}$$

式中，未知常数（一般取 $F=1.0$）为

$$\begin{cases}A_0=(0.825-0.34\cdot\alpha+0.05\cdot\alpha^2)\cdot\left[\cos\left(\dfrac{\pi F\sigma_{max}}{2\sigma_0}\right)\right]^{1/\alpha}\\ A_1=(0.415-0.071\cdot\alpha)\cdot\left(\dfrac{F\sigma_{max}}{\sigma_0}\right)\\ A_2=1-A_0-A_1-A_3\\ A_3=2A_0+A_1-1\end{cases} \tag{3.65}$$

由式（3.65）可以看出，已知约束因子α就能解出ΔK_{eff}。一般地，当$\sigma_{max}/\sigma_y=0.3$时，取$\alpha=2.5$，表示此时平面应变状态占优；此外，大量疲劳裂纹扩展数据拟合后有$p=q=0.25$。而对于像高强钢这样具有较小K_{max}/σ_y比值的材料，NASGRO 推荐$\alpha=2.5$或者更高，应力σ_0可取单调流动应力σ_f，即单调拉伸屈服和抗拉强度的平均值；或者直接用循环屈服强度$R_{p0.2}$。

特别需要指出的是，裂纹张开函数f成立的条件是$\sigma_{max}/\sigma_0\in[0.2, 0.8]$，著名的裂纹扩展程序 FASTRAN 在$\sigma_{max}/\sigma_0=0.7$时的收敛性和精度都较差，但 McClung 等学者的观点恰恰相反。与此同时，裂纹张开函数是基于均匀拉伸的中心裂纹板推导出来的，其是否适用于其他情形如承受弯曲载荷的车轴等部件仍需要进一步的研究。为此，McClung 等学者采用有限元法（finite element method，FEM）研究了标准中心裂纹拉伸（middle-crack tension，MT）试样、单边裂纹拉伸（single edge tension，SET）试样、单边裂纹弯曲（single edge bending，SEB）试样以及纯弯曲加载下裂纹闭合效应，研究发现采用 $K_{\max}/K_0$ 比 $\sigma_{\max}/\sigma_0$ 更准确，则有

$$\frac{K_{\max}}{K_0}=\frac{F\sigma_{\max}\sqrt{\pi a}}{\sigma_0\sqrt{\pi a}} \tag{3.66}$$

式中，分母中已删除了描述 K_0 的边界修正因子 F，这点看起来有点奇怪，并仅仅在描述无限大拉伸板模型中有意义。不过仍有许多学者同意这一处理。

标准 BS 7910 给出了一般应用于车轴的钢材料的 Paris 方程经验参数上限值（国际单位制），即 $C=1.6475\times10^{-11}$ 和 $m=3$，而$\Delta K_{\text{th}}=2.0\text{MPa}\cdot\text{m}^{1/2}$。

另外，早期研究中认为约束因子α是一个拟合参数，但 Newman 等对中心裂纹板进行了大量扩展有限元分析，提出了α的另一种形式，即等于裂纹前缘未断裂屈服韧带中归一化正应力σ_{yy}的平均值：

$$\alpha=\frac{1}{A_{\text{T}}}\sum_{m=1}^{M}\left(\frac{\sigma_{\text{yy}}}{\sigma_0}\right)_m A_m \tag{3.67}$$

式中，A_m 和$(\sigma_{\text{yy}}/\sigma_0)_m$ 分别为屈服单元 m 在未断裂韧带上的投影面积和归一化正应力；A_{T} 为所有已屈服单元 M 的总投影面积。

修正的条带屈服模型及其解析解被广泛用于研究加载序列对车轴疲劳裂纹扩展的影响。但需要指出的是，除了塑性致裂纹闭合现象，门槛区还可能存在如氧化膜致裂纹闭合和粗糙度致裂纹闭合等影响疲劳开裂行为的物理现象。这些机制的探索有利于建立起更加准确的疲劳寿命关系。

3.3.4 断裂力学参数的测试

通常所说的断裂力学试验主要是应用标准试样，在给定应力比和环境温度条件下，测试材料的裂纹扩展速率、长裂纹扩展门槛值和断裂韧性，其目的是为全尺寸车辆结构的损伤容限分析提供断裂力学参数。作者认为，断裂仿真的主要目标是准确预测疲劳裂纹尖端的应力强度因子范围，再结合数值拟合获得的材料裂纹扩展模型（如 Paris、NASGRO、iLAPS 等）开展剩余寿命预测。

1. 裂纹扩展速率

奥地利 Zerbst 等学者给出了在干燥大气非腐蚀环境中车轴钢 EA4T（牌号 25CrMo4）单边裂纹试样在弯曲加载下的上限裂纹扩展速率，其适用最高温度为 100℃，$m=3$，$C=5.21\times10^{-13}$，已含裂纹闭合校正（本节中裂纹长度和加载应力的单位分别默认为 mm 和 MPa，在其他章节中另外定义和说明的除外）。

近年来，一些学者考察了样品形状、尺寸及载荷与裂纹扩展速率之间的关系。例如，Varfolomeev 等发现 MT 和 CT 试样得到的车轴钢 EA4T 的开裂曲线不同，尤其在裂纹萌生区内差别明显，其中 CT 试样得到的扩展速率低或者ΔK 高出 2 倍，一般认为这是塑性致裂纹闭合所致，也就是说使用 MT 可获得比较保守的估计。研究发现全尺寸车轴测得

的开裂纹速率要低于小比例 SEB 试样。

此外，如何把小尺寸样品得到的裂纹扩展速率曲线应用于实际大尺寸部件也是一个值得探讨的课题。通过对 MT 和 CT 试样（轨道钢、铸钢、奥氏体不锈钢及航空钢）疲劳特性的统计，发现应力强度因子ΔK和初始裂纹长度 a_0 均会对裂纹扩展速率有重要影响，这一趋势在裂纹萌生区尤其明显。基于这一认识，一些学者提出了相似性或传递性（transitivity）的概念，即若含裂纹的不同试样或部件外部加载条件（相同ΔK和 R）相同，则应该给出相同的裂纹扩展速率。然而事实并非如此，有些学者认为是裂纹尖端塑性不同所致，或者说同一ΔK 并不对应于唯一的应力-应变场，这与 T 应力有关（即裂纹尖端的约束效应）。

此外还应指出，对于高铁车轴，大部分的疲劳寿命都消耗在近门槛区，因此一般意义上并没有必要考虑瞬断区的寿命贡献。或者说，实际运用中精确的最终裂纹断口形貌及尺寸是没有任何意义的。

2. 裂纹扩展门槛值

长裂纹扩展门槛值ΔK_{th}是预测车轴材料及结构疲劳服役寿命的重要材料参数之一，即若计算或测量的裂纹扩展驱动力ΔK 小于门槛值ΔK_{th}，则判定裂纹不会扩展。然而，实际上ΔK_{th}并不是一个固定值（或称为分散性）。例如，Beretta 和 Carboni 发现车轴钢 EA1N 在 $R=0$ 时的门槛值为（7.39±0.86）MPa·m$^{1/2}$，但若为变幅加载，则很难得到一个稳定的门槛值区间，因为在大量级载荷后裂纹可能停止扩展，以及什么级别的载荷会引发裂纹的扩展值得深入研究。有必要采用考虑塑性致裂纹闭合效应后的ΔK_{eff} 作为扩展力参数，而考虑了塑性致裂纹闭合效应后的门槛值$\Delta K_{th,\ eff}$ 一般明显小于经典的扩展阻力参数ΔK_{th}。而在英国标准 BS 7910 中，对于车轴钢，一般推荐$\Delta K_{th,\ eff}=2$MPa·m$^{1/2}$为裂纹扩展阻力参数或门槛值。但正如本段开始所述，裂纹扩展门槛值具有很大的分散性，对于像车轴这样服役寿命多消耗在萌生和稳定扩展区的结构，得到的剩余寿命自然会有明显的差别。

3. 强度极限及断裂韧性

为了尽可能地降低车轴重量和提升车轴服役性能，过去几十年来一般倾向采用更小壁厚的空心车轴，但钢的材料等级对裂纹扩展速率影响很小。换句话说，提高钢的强度未必一定能够提高结构的抗疲劳断裂性能。甚至是在某些情况下，钢的强度越高，裂纹扩展阻力反而越低，必然导致采用更小的维护周期。因此，高服役应力下裂纹扩展速率加快，进一步缩小了检修周期，例如，一般约定应力水平提高 10%，检修周期就必须缩短 2～3 倍因子水平。但应注意，这种规定要求车轴的尺寸变化范围较小，因为弯曲应力是直径的三次方。

北美铁路货车车轴的断裂失效事故说明了上述问题的严重性，例如，1995 年以前平均每年车轴发生 2～3 次事故，到 1998 年猛增到年均 4 次，1999～2001 年年均 7 次，在 2002 年甚至达到 27 次。研究发现，这主要是由于 1995 年后是容许的服役载荷增大了 10%。

必须指出的是，车轴服役寿命主要是裂纹扩展 I 区贡献，未来有必要加强对裂纹萌生区及相关特性的深入研究。

由于车轴服役寿命主要由疲劳短裂纹的萌生和扩展组成，即使在裂纹仍未达到临界值时，裂纹穿越空心车轴壁厚或者实心车轴半径与最终断裂的时间很短，因此一般认为断裂韧性对残余寿命的影响很小。

3.3.5　断裂力学的解析方法

前面章节介绍了裂纹尖端 HRR 场和 RKE 场的解析方法，但仅能够获得简单或标准问题的断裂力学参数。因此，本节介绍的应力外推法和位移外推法在解决具体工程问题时仍然需要结合数值仿真软件来进行。

1. 线弹性断裂力学参数

众所周知，对于线弹性材料，裂纹尖端的应力为无穷大（即应力的奇异性）。因此，裂纹尖端前端单元内积分点上的应力值将依赖于有限元的网格尺寸，即网格尺寸越小，所得的应力值越高。换句话说，应力值不收敛于网格尺寸，表明裂纹尖端前的应力值不能再作为裂纹问题的评判参数。应力强度因子（stress intensity factor，SIF）概念的引入，用于描述裂纹尖端附近应力场奇异的严重程度，是建立裂纹扩展速率的必备参数，从而成功克服了数学上描述的困难性。但这也意味着，如果应用有限元法预测 SIF 值，则往往需要事先开展网格敏感性测试，确保计算准确性。

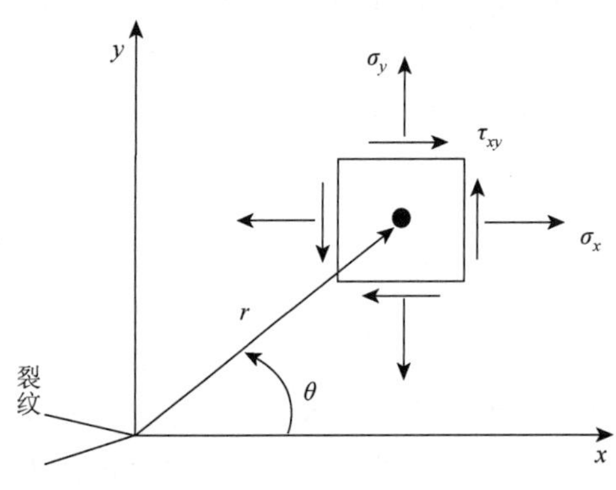

图 3.22　裂纹尖端坐标系与应力分布

图 3.22 给出了沿 x 方向裂纹尖端的应力分量。弹性理论表明，裂纹尖端处的应力具有 $r^{-1/2}$ 的奇异性。为了消除奇异性，引入应力场强度因子的概念（相当于应用高等数学的洛比达法则）。对于 I 型裂纹，定义为

$$K_{\mathrm{I}}=\lim_{r\to 0}\left[\sigma_y(r,\theta=0)\sqrt{2\pi r}\right] \tag{3.68}$$

式中，σ_y 为裂纹前端垂直于裂纹方向的应力分量；r 为距离裂纹尖端的极半径；θ 为相对于 x 轴（裂纹方向）的极角。

K_{I} 也可由垂直于裂纹面方向上的张开位移分量（ν）表达如下：

$$K_{\mathrm{I}}=\frac{2\mu}{\kappa+1}\lim_{r\to 0}\left[\nu(r,\theta=\pi)\sqrt{\frac{2\pi}{r}}\right] \tag{3.69}$$

式中，μ 为剪切模量；κ 为膨胀模量，对于平面应力问题，$\kappa=(3-\nu)/(1+\nu)$；对于平面应变问题，$\kappa=3-4\nu$。

2. 应力外推法

计算应力强度因子最为直接的方法是基于应力外推法。由式（3.68）可以看出，K_{I}是在裂纹尖端处对应于$r=0$时的值，然而直接的数值计算无法达到$r=0$。因此，常采用外推插值法来计算K_{I}，其基本思路如下：

在有限元分析中，裂纹前端单元中的积分点上的应力值σ_y和对应的积分点坐标值r是很容易直接读取的，在商业有限元软件ABAQUS中都可以直接输出。如果绘制出σ_y和r之间的关系，可以得到如图3.23所示的应力分布曲线。随着单元的细化，应力值趋于无穷大，即应力奇异。

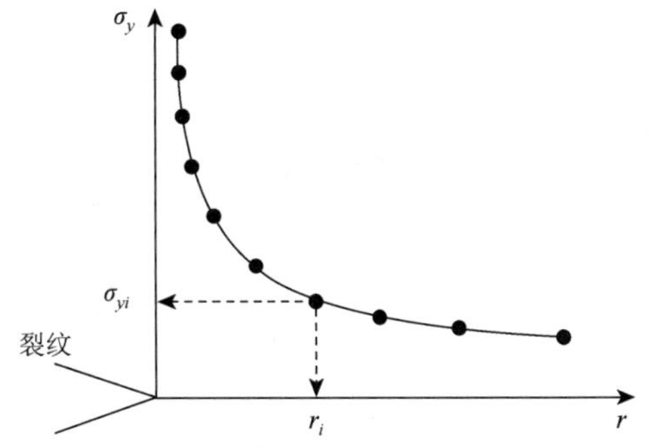

图3.23 裂纹尖端前缘应力随着距离的变化曲线

虽然不能直接计算K_{I}值，但是裂纹前端那些非奇异的应力值是已知的。即对应每一个$r_i>0$，有一个非奇异的应力值σ_{yi}以及对应的$K_{\mathrm{I}i}$：

$$K_{\mathrm{I}i}=\sigma_{yi}\sqrt{2\pi r_i} \tag{3.70}$$

然后，可以构造数据对（$r_i, K_{\mathrm{I}i}$），用最小二乘法（least square method，LSM）来拟合数据点。最小二乘法假定最佳的曲线拟合时数据点和设定曲线之间的方差最小。假设r_i和$K_{\mathrm{I}i}$之间可用线性关系来近似，则有

$$\hat{K}_{\mathrm{I}}=Ar+B \tag{3.71}$$

当$r=0$时，$K_{\mathrm{I}}\approx\hat{K}_{\mathrm{I}}(r=0)=B$。

由式（3.71）可以看出，每个数据点的偏差为$\hat{K}_{\mathrm{I}}-K_{\mathrm{I}i}$。根据最小二乘法的意义，最佳的拟合应该满足要求：

$$S=\sum(Ar_i+B-K_{\mathrm{I}i})^2=\text{最小值} \tag{3.72}$$

因此有

$$\begin{aligned}\frac{\partial S}{\partial A}&=2\sum(Ar_i+B-K_{\mathrm{I}i})r_i=2\left(A\sum r_i^2+B\sum r_i-\sum r_iK_{\mathrm{I}i}\right)=0\\ \frac{\partial S}{\partial A}&=2\sum(Ar_i+B-K_{\mathrm{I}i})=2\left(A\sum r_i+B\sum r_i-\sum K_{\mathrm{I}i}\right)=0\end{aligned} \tag{3.73}$$

求解线性方程组（3.73）得到直线斜率（A）和截距（B）如下：

$$\begin{aligned}A&=\frac{\sum r_i\sum K_{\mathrm{I}i}-N\sum r_iK_{\mathrm{I}i}}{\left(\sum r_i\right)^2-N\sum r_i^2}\\ K_{\mathrm{I}}\approx B&=\frac{\sum r_i\sum r_iK_{\mathrm{I}i}-\sum r_i^2\sum K_{\mathrm{I}i}}{\left(\sum r_i\right)^2-N\sum r_i^2}\end{aligned} \tag{3.74}$$

其截距的物理意义即所需计算的应力强度因子。由于相关软件中给出应力比较方便，本书相关案例研究中均使用单元应力外推法。

3. 位移外推法

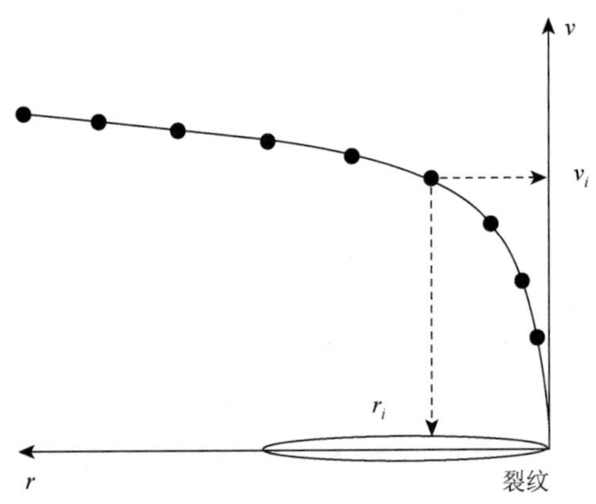

图 3.24　裂纹尖端后面裂纹面的变形示意图

另外，在绝大多数商业有限元软件中，位移也是求解的基本变量（primary variable），而应力是通过应变和位移联系起来的，是次要变量（secondary variable），所以应力的精度比位移低。因此，另一种外推方法就是直接用位移来计算应力强度因子，即利用式（3.75）进行应力强度因子的计算推导。

如图 3.24 所示，对于裂纹尖端每一个确定的距离 r 处，裂纹后端垂直位移 v 的数据可以在商业有限元软件中直接读取出来。与基于单元应力的外推法一样，也可以构造出若干数据对（$r_i, K_{\mathrm{I}i}$），即有

$$K_{\mathrm{I}i}=\frac{2\mu}{\kappa+1}v_i\sqrt{\frac{2\pi}{r_i}} \tag{3.75}$$

然后利用最小二乘法拟合数据点，得到相应的应力强度因子。尽管位移外推法在理论上看精度较高，但是在实际工程运用中，往往以应力作为与强度相比较的直接指标，应力外推法应用比较方便、快捷。

4. 弹塑性断裂力学参数

前述应力强度因子 K 用于描述低应力长寿命的情况，即线弹性断裂力学。但有些结构的局部区域常处于塑性变形状态下，因此 Rice 提出了 J 积分处理非线性断裂问题。这个参数的引入基于能量守恒的概念，因而对裂纹尖端应力奇异性的依赖程度相对较弱，即不需要对裂纹尖端的单元进行特殊的处理。

如图 3.25 所示，考虑任意一个围绕裂纹尖端的逆时针回路 Γ，沿着路径 T，J 积分的数学表达式表示如下：

$$J=\int_{\Gamma}\left(\omega\mathrm{d}x_2-\boldsymbol{T}_i\frac{\partial u_i}{\partial x_1}\right)\mathrm{d}s \tag{3.76}$$

式中，u_i 为位移矢量的分量；ds 为积分路径 Γ 上的微小分量；ω 为应变能密度因子，其定义为

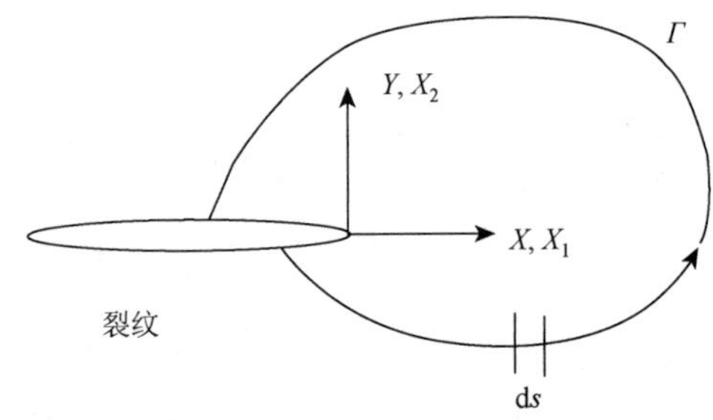

图 3.25　围绕裂纹尖端的逆时针积分回路

$$\omega=\int_0^{\varepsilon_{ij}}\sigma_{ij}\mathrm{d}\varepsilon_{ij} \tag{3.77}$$

式中，σ_{ij} 和 ε_{ij} 分别为应力张量和应变张量的分量。

$\boldsymbol{T}_i$ 为张力矢量。张力是垂直于围路的应力矢量。换句话说，如果以围路中的物体构筑一个自由体，则 $\boldsymbol{T}_i$ 将是作用在其边界的正应力：

$$\boldsymbol{T}_i = \sigma_{ij}\boldsymbol{n}_j \tag{3.78}$$

式中，$\boldsymbol{n}_j$为Γ的单位法矢量。

Rice 证明J积分的数值不依赖于围绕裂纹的积分路径。因此，J积分也被称为路径的无关积分，又称J积分的守恒性。

实际中，式（3.78）并不适合数值的计算，因为在围路上计算应力和应变并不现实可行。并且当积分回路很靠近裂纹尖端时，所得到的结果并不总是一致的。为此，Shih 等提出了等效积分区域法来对 J 积分进行数值计算。通过散度定理，用裂纹尖端附近的一个有限区域来替代积分回路进行J积分的计算。基于这样的思路，式（3.78）转化为

$$J = \int_A \left(\sigma_{ij} \frac{\partial u_j}{\partial x_1} - \omega\delta_{1i} \right) \frac{\partial q}{\partial x_i} \mathrm{d}A \tag{3.79}$$

针对二维问题可以具体地展开为

$$J = \int_A \left[\left(\sigma_{xx} \frac{\partial u}{\partial x} + \tau_{xy} \frac{\partial v}{\partial x} - \omega \right) \frac{\partial q}{\partial x} + \left(\tau_{xy} \frac{\partial u}{\partial x} + \sigma_{yy} \frac{\partial v}{\partial x} \right) \frac{\partial q}{\partial y} \right] \mathrm{d}A \tag{3.80}$$

计算时，应当首先确定积分区域A。为了方便计算，积分区域的边界（Γ_0和Γ）可以选择在单元边上。Γ_0可以不和裂纹尖端重合，也可以重合。当重合时，积分区域A就是边界Γ所包含的区域。

函数$q(x, y)$只是一个数学上的处理，这使得积分表达式更便于采用数值计算方法。在积分区域内的所有节点上，函数$q(x, y)$都必须有确定的值。Shih 等证明J积分的计算值对于假设的函数$q(x, y)$的形式并不敏感，即函数$q(x, y)$可以任意取。

Irwin 进一步提出了应变能释放率（strain energy release rate，SERR）的概念。考虑一个二维裂纹体，裂纹长度为a，裂纹的宽度为B，那么应变能释放率G定义为产生面积ΔA的新裂纹面所需的能量，于是有

$$G = -\frac{\mathrm{d}\Pi}{\mathrm{d}A} = -\lim_{\Delta A \to 0} \frac{\Delta \Pi}{\Delta A} = -\lim_{\Delta a \to 0} \frac{\Delta \Pi}{B\Delta a} \tag{3.81}$$

式中，$\Pi = U - W$为势能，W为外力功，U为裂纹体应变能。

由式（3.81）可以看出，SERR 的计算要求裂纹扩展增量趋于零。显然，在有限元分析这种数值方法中，这个极限是不能达到的。于是，通常采用包含两步分析过程的虚拟裂纹扩展法，如图 3.26 所示。

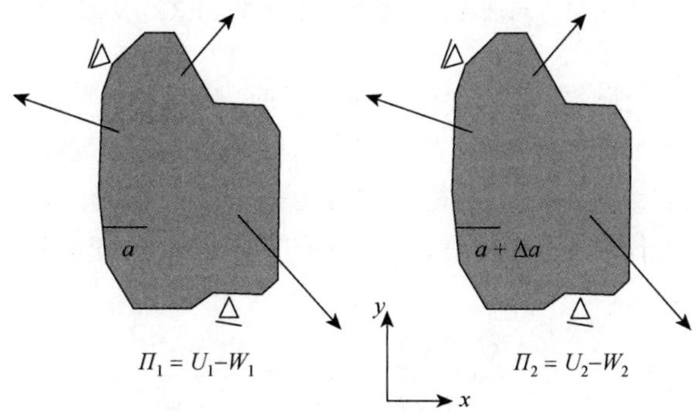

图 3.26　全域虚拟裂纹扩展法计算 SERR 示意图

在第一步中，首先分析裂纹长度为 a 的裂纹体，通过有限元分析可以获得其势能变化（$\Pi_1 = U_1 - W_1$）；在第二步中，再分析裂纹长度 $a + \Delta a$ 的裂纹体，获得其势能变化（$\Pi_2 = U_2 - W_2$）。如果与有限元网格尺寸相关的 Δa 足够小，那么 SERR 就能很好地近似为

$$G \approx -\frac{\Pi_2 - \Pi_1}{B\Delta a} \tag{3.82}$$

全域的虚拟裂纹扩展法有一个局限性，即只能得到总的应变能释放率，无法分离断裂模式。Irwin 发现，势能改变与裂纹闭合一个扩展增量所需的功等效。裂纹闭合积分被用来计算裂纹尖端的能量释放率，公式为

$$G = G_{\mathrm{I}} + G_{\mathrm{II}} \tag{3.83}$$

式中，应变能分量为

$$\begin{cases} G_{\mathrm{I}} = \lim\limits_{\Delta a \to 0} \dfrac{1}{2B\Delta a} \displaystyle\int_0^{\Delta a} \sigma_{yy} \Delta v \mathrm{d}x \\ G_{\mathrm{II}} = \lim\limits_{\Delta a \to 0} \dfrac{1}{2B\Delta a} \displaystyle\int_0^{\Delta a} \tau_{xy} \Delta u \mathrm{d}x \end{cases} \tag{3.84}$$

假设裂纹沿着 x 轴，如图 3.27 所示。σ_{yy} 和 τ_{xy} 分别为沿着闭合裂纹面上的法向应力和切向应力，它们分别对应于张开型裂纹和滑移型裂纹。Δu 和 Δv 是当闭合裂纹张开时闭合裂纹面上的位移分量。式（3.84）可以通过两步分析计算过程。如果有限元网格充分小，那么 SERR 分量就能很好地近似计算为

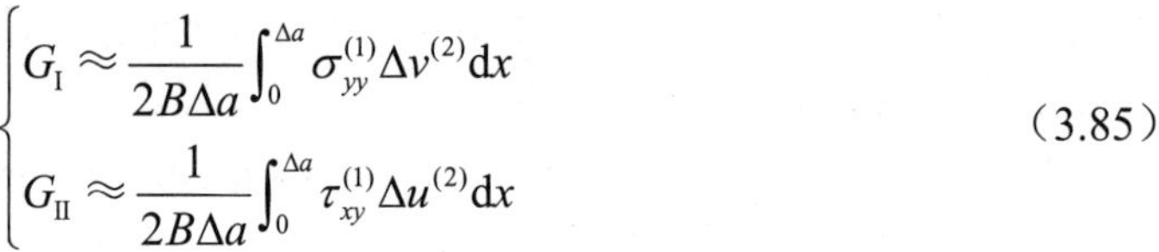

$$\begin{cases} G_{\mathrm{I}} \approx \dfrac{1}{2B\Delta a} \displaystyle\int_0^{\Delta a} \sigma_{yy}^{(1)} \Delta v^{(2)} \mathrm{d}x \\ G_{\mathrm{II}} \approx \dfrac{1}{2B\Delta a} \displaystyle\int_0^{\Delta a} \tau_{xy}^{(1)} \Delta u^{(2)} \mathrm{d}x \end{cases} \tag{3.85}$$

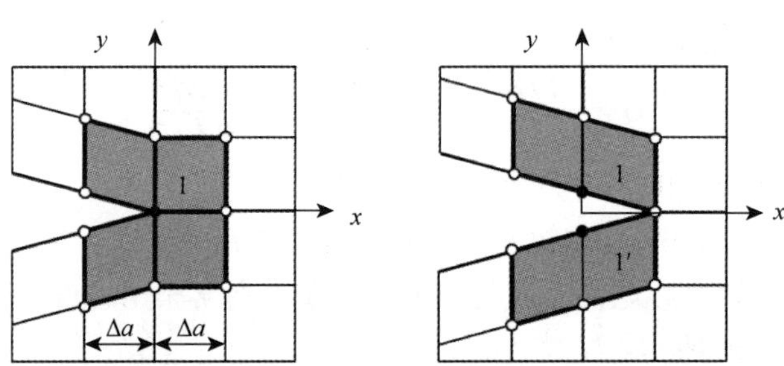

图 3.27 局部虚拟裂纹扩展法计算 SERR 示意图

直接应用式（3.85）涉及沿着闭合裂纹线上对应力的数值积分，而闭合裂纹线通常位于单元的边上，因此需要节点上的应力值。在有限元分析中，当把应力外推到单元节点上，或者当单元接近裂纹尖端时，所得到的应力是非常不精确的。为了避免使用不精确的应力值，采用节点力代替对应力的积分。对于图 3.27，应变能释放率可以通过节点力及节点位移计算如下：

$$G_{\mathrm{I}} \approx \frac{F_{y1}^{(1)} \Delta v_{1,1'}^{(2)}}{2B\Delta a}, \quad G_{\mathrm{II}} \approx \frac{F_{x1}^{(1)} \Delta u_{1,1'}^{(2)}}{2B\Delta a} \tag{3.86}$$

式（3.86）具有很多优点：①SERR 的计算仅包括节点力和节点位移，而这些量又都

是有限元的基本变量，可以从任何商业有限元软件中直接输出。②它避免了对应力的积分，使得计算更加简单且容易与有限元分析相结合，不需额外的后处理工作。③很多实践表明，它对有限元网格的大小不敏感。尽管需要合理的网格密度来保证近似精度，但在相对粗糙的网格下也能得到令人满意的结果。④尽管它可以使用奇异单元和叠折单元，但也可以在常规低阶单元下得到比较精确的结果。因此，这种方法很方便实用，在准备网格时也无需过多的额外负担。⑤它与 J 积分类似，对线性和非线性材料都适用。

然而，使用式（3.86）唯一的不便之处在于它要求两步分析过程，这两步分析过程中的裂纹长度是不同的。这给有限元网格准备带来了一定程度的工作量，特别是对于三维疲劳裂纹扩展仿真。同时，在研究裂纹扩展问题时就显得更为不便，需要基于上一步的计算结果，不断地准备新的网格。

3.3.6　断裂力学的数值解法

断裂过程贯通宏、细、微观多个尺度层次，涉及固体力学、材料科学与物理学等多个学科领域，是工程构件及装备最主要也是最危险的失效破坏形式。而裂纹扩展属于典型的强不连续问题，一直是工程力学分析的热点、重点和难点问题。因此，对断裂及其过程的深入研究和分析不仅必要而且十分迫切。

根据裂纹面切割和修正网格是主流的断裂力学计算方法，这种技术严重限制了构件的几何复杂度。基于这种方法开发的专业软件有英国 Zentech 公司的 ZenCrack 软件以及美国康奈尔大学的 Franc3D 软件等。前者在裂纹扩展分析时必须借助大型商用有限元系统的求解器，对结构化网格要求高；后者以边界元为理论基础，在分析大规模非线性、非均质的复杂问题时效率较低。该技术的主要“优点”是材料撕裂过程“生动形象”，又能充分利用现有通用有限元计算平台，其最大的不足是对单元网格和裂纹切割的单元尺寸要求极其苛刻，而且当裂纹遇到转角位置时计算易出现异常。

无网格法一度被认为是求解不连续问题、多尺度问题、极端高梯度问题等的理想计算方法。它在一定程度上克服了裂纹尖端区单元细分的缺陷，计算精度显著提高。其不足之处是很难精准模拟新界面和裂纹面的侵入问题，计算成本往往数倍于有限元法，算法的健壮性、稳定性和可移植性明显不足，因而在工程断裂分析中的应用价值大打折扣。美国 Belytschko 通过富集有限元法的位移模式来改善裂纹体的计算精度，提出了扩展有限元法（extended finite element method，XFEM）。XFEM 继承了常规有限元法的绝大部分优点，是迄今为止求解不连续问题最有效的数值方法。其与经典有限元法的主要区别在于所使用的网格与结构内部的几何或物理界面无关，从而克服了需要在裂纹尖端进行高密度网格划分所带来的建模困难，实现了不再经过烦琐的后处理就可直接获得断裂力学参量的目标。而在最新版本的 ABAQUS 软件中，用户已经可以选择尝试 XFEM 技术研究裂纹扩展过程，充分说明了该技术的有效性与可靠性。

然而，XFEM 在模拟裂纹扩展时并非十全十美，也存在类似无网格法的不足，最根本的解决方案仍然是去掉网格或者开发更健壮的网格生成器。为此，计算力学界最近发展了一种新的数值算法，即等几何分析方法。在断裂力学应用方面，它力图实现不进行网格划分而直接计算断裂力学参数。

在实际工程的断裂分析中，工程师和科研人员一般通过以下两种途径对现有含缺陷或经受交变载荷的构件开展研究和分析工作：

（1）依据相应的规范和经验公式，将复杂的三维问题简化为二维问题，将复杂的裂纹形状简化为尖端的裂纹形状，将复杂的载荷状态简化为简单的载荷状态，然后用经验的方法对裂纹安全性进行评估。这种方法为工程师所喜欢，因为他们不需要学习复杂的计算机辅助工程（computer aided engineering，CAE）软件。虽然这种方法成本较低，但分析准确度及是否真实逼近服役情况值得探讨。我国《在用含缺陷压力容器安全评定》（GB/T 19624—2019）标准以及美国 ASME 颁发的《锅炉及压力容器规范》（B & PV Code）就是上述思路的典型代表。

（2）用现有 CAE 软件进行模拟，要花费大量的人工成本建立复杂的网格模型。而在裂纹扩展每个子步中都需反复地重建模型和网格，糟糕的是根本就不收敛。这种方法为研究人员所喜欢，因为他们一般是针对某工程问题进行专项研究，有充足的时间和经费。但这种方法不能保证计算精度，而且计算成本高。

对于含裂纹体的计算问题，人们尝试了许多数值方法，如无网格法、边界元法、有限差分法等，它们各有一定的优势及不足。其中，无网格法能够在一定程度上提高裂纹问题的计算精度，但其主要缺陷是在模拟新界面生成和裂纹面的侵入问题时困难较大，且计算成本往往数倍于传统的有限元法，在算法的健壮性和可移植性方面也存在明显不足；边界元法与有限元法相比，具有单元个数少、数据准备简单等优点，但对于非线性问题易造成区域积分和方程求解的困难。此外，这些数值方法缺少商业软件的支持，因此在实际工程中应用较少。

有限元法理论发展成熟，且有许多通用商业软件可供使用，已被广泛应用在各工业部门的断裂力学计算中。本节简要介绍计算应力强度因子常用的裂纹尖端奇异单元，重点介绍当前极具发展前景的扩展有限元法的基本思想。

1. 裂纹尖端奇异单元和外推法

在线弹性体中，裂纹尖端区域应力存在 $r^{-1/2}$ 奇异性。为了模拟应力分布的奇异性，在传统的有限元分析中，通常围绕裂纹尖端采用 1/4 节点奇异单元进行划分。典型的裂纹尖端 1/4 节点奇异单元如图 3.28 所示。

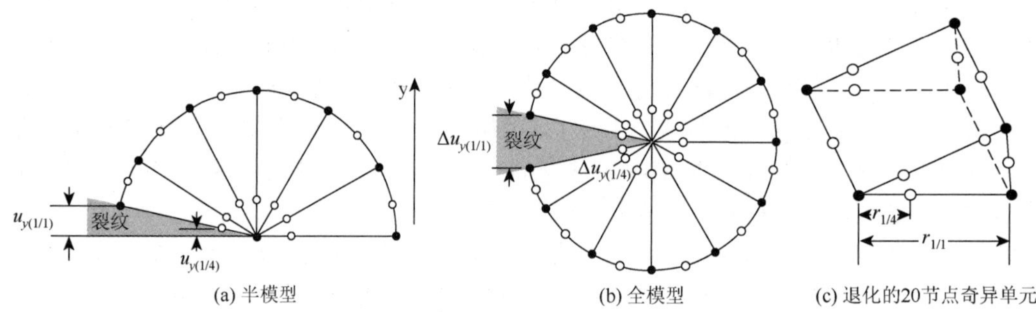

图 3.28　裂纹尖端奇异单元节点分布和节点位移示意图

对于常见的 I 型裂纹，应力强度因子可以使用裂纹尖端附近的应力或者位移分量表示，分别见前述式（3.68）和式（3.69）。据此，考虑使用裂纹尖端处若干节点的应力或位移数值作为中间数据，进而获得裂纹尖端的应力强度因子值：

$$\begin{cases} K_{\mathrm{I}}^{i}=\sigma_{y}^{i}\sqrt{2\pi r_{i}} \\ K_{\mathrm{I}}^{i}=\dfrac{2\mu}{\kappa+1}u_{y}^{i}\sqrt{\dfrac{2\pi}{r_{i}}} \end{cases} \tag{3.87}$$

式中，σ_y^i 和 u_y^i 分别为裂纹面上距离裂纹尖端 r_i 处裂纹张开方向的应力和位移。利用这些 K_{I}^i 通过外推的方法获得 K_{I}。

对于平面应变状态下的 I 型裂纹，利用奇异单元中 1/4 节点和第一层单元边界节点的张开位移进行线性外推，可以得到对称半模型和全模型中裂纹尖端应力强度因子的计算公式分别为

$$\begin{cases} K_{\mathrm{I}}=\dfrac{E\sqrt{2\pi}}{12(1-\nu^{2})}\left(\dfrac{4u_{y(1/4)}}{\sqrt{r_{1/4}}}-\dfrac{u_{y(1/1)}}{\sqrt{r_{1/1}}}\right) \\ K_{\mathrm{I}}=\dfrac{E\sqrt{2\pi}}{24(1-\nu^{2})}\left(\dfrac{4\left|\Delta u_{y(1/4)}\right|}{\sqrt{r_{1/4}}}-\dfrac{\left|\Delta u_{y(1/1)}\right|}{\sqrt{r_{1/1}}}\right) \end{cases} \tag{3.88}$$

式中，$u_{y(1/4)}$和 $u_{y(1/1)}$为半模型中 1/4 节点和第一层单元边界节点的张开位移；$\Delta u_{y(1/4)}$和 $\Delta u_{y(1/1)}$为全模型中 1/4 节点和第一层单元边界节点的张开位移；$r_{1/4}$ 和 $r_{1/1}$ 分别为 1/4 节点和第一层单元边界节点与裂纹尖端的距离。由于裂纹尖端附近物理量具有渐近场特征，可以考虑仅在裂纹尖端划分规整细密的网格。

2. 扩展有限元法

为解决传统有限元形函数无法重建单元域内不连续性位移场的问题，美国科学院院士 Belytscho 教授提出并完善了著名的扩展有限元法。其基本思路是通过选取合适的不连续函数对裂纹和裂纹尖端所在单元的形函数进行增强以逼近单元内部的不连续位移场。增强后的形函数具有如下形式：

$$u(x)=\sum N_{\mathrm{I}}(x)\left[u_{\mathrm{I}}+\boldsymbol{H}_{\mathrm{I}}(x)\boldsymbol{a}_{\mathrm{I}}\right] \tag{3.89}$$

式中，N_{I} 为节点 I 的形函数；u_{I} 为常规有限元节点位移向量的连续部分；$\boldsymbol{H}_{\mathrm{I}}(x)$ 为阶跃函数或者渐近裂纹尖端函数；$\boldsymbol{a}_{\mathrm{I}}$ 为增加的节点自由度。通过选取合适的不连续函数 $\boldsymbol{H}_{\mathrm{I}}(x)$，改进的插值函数不但具有单位分解的特性，而且所形成的刚度矩阵能够保持传统有限元法所具备的稀疏、对称、带状等优点。

图 3.29 显示了传统有限元法和扩展有限元法对于含裂纹体进行建模的不同。可以看出，传统有限元法与扩展有限元法的主要区别在于前者需要将裂纹面作为网格边界，而后者所使用的网格与结构内部的几何或物理界面无关。因此，扩展有限元法能够在一定程度上克服在裂纹尖端进行高密度网格划分所带来的单元划分困难，且不需经过烦琐的后处理即可直接获取应力强度因子等断裂力学参数，从而使得扩展有限元法成为迄今为止求解不连续问题比较有效的数值方法之一。

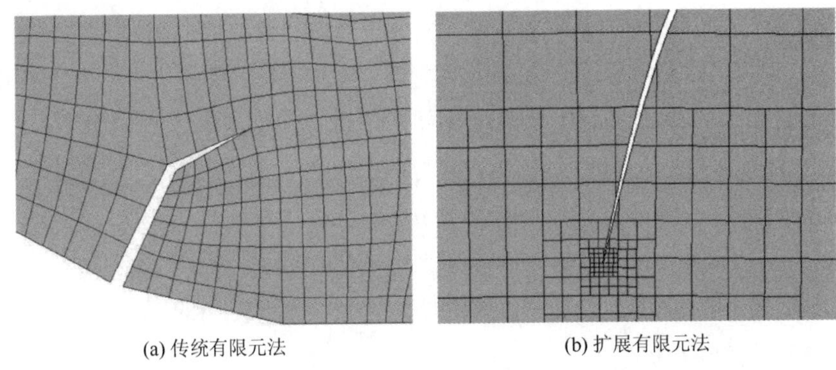

(a) 传统有限元法　(b) 扩展有限元法

图 3.29　传统有限元法和扩展有限元法的裂纹模型对比

较新版本的通用有限元软件 ABAQUS 已经包含了扩展有限元法模块，能够用于模拟裂纹扩展过程，这也在一定程度上说明该计算技术的有效性。然而，扩展有限元法在求解大型工程问题时的效率和精度不能令人满意，主要原因是为了获得高精度的断裂力学解，仍然需要对裂纹体进行高精度、大规模的网格划分。为此，本书提出一种裂纹尖端分层自适应加密的裂纹扩展算法 VP-XFEM（virtual polygonal XFEM），并据此开发了一款专业的三维疲劳断裂仿真软件（早期商业化版本为 ALOF），与美国 FRANC3D 和英国 ZenCrack 软件并列为领域内三大专业断裂力学软件。最近，作者进一步对核心算法 VP-XFEM 和疲劳裂纹扩展模型进行修改，与中车青岛四方机车车辆股份有限公司合作，研发了高铁车轴损伤容限软件 SinCrack。

3.4　疲劳性能的影响因素

前面介绍了高周疲劳 *S-N* 曲线及疲劳寿命预测方法。然而，当材料疲劳 *S-N* 曲线应用于实际构件的抗疲劳设计与评估时，还必须考虑影响构件疲劳强度的诸多因素，这些影响因素大致可分为服役环境、加载载荷和尺寸效应等三类。此外，我国已成功研制谱系化的先进高速列车，整体处于国际领先水平，目前正朝着更经济、更环保、更安全、更智能的方向努力。因此，如何在不更换车辆构件材料的前提下，提升构件的服役性能甚至修复损伤构件就成为目前亟待解决的重要课题。本节介绍影响金属结构材料疲劳强度的因素以及工程中行之有效的一些提升策略或工艺方法。

3.4.1　服役环境的影响

服役环境是影响铁路车辆部件疲劳强度的重要因素之一。我国幅员辽阔，地形复杂，列车运行于高原、丘陵、沙漠、沿海地区等不同的地理环境，易受到雨、雪、潮湿大气以及海洋大气环境的侵蚀作用。此外，随着“八纵八横”铁路网的建设及“一带一路”倡议区域辐射中南亚、南亚、中亚和西亚等国家和地区，列车服役环境日益多元化，朝着高温、高寒、高湿、高盐等极端环境发展，对列车关键部件的选材、设计、制造、运营和维护提出了更高的要求。列车关键承载部件在复杂环境与疲劳的耦合作用下，会加速疲劳裂纹形核和短裂纹扩展，使列车关键部件在远低于大气疲劳极限下失效，给列车运行带来非常大的安全隐患。考虑到列车关键承载部件由不同金属结构材料构成，本节简要介绍服役环境对金属结构材料疲劳强度的影响因素。

1. 大气环境的影响

绝大多数的材料疲劳试验是在实验室（一般指室温）和大气环境中完成的。大气中的氧、水蒸气及活性离子等对于某些材料服役来说也是活性介质。此外，工业废气造成了大气污染，使大气环境中含有 SO_2、CO、CO_2 等有害成分。试样表面与大气产生的任何化学反应对测定某些材料的疲劳强度都有影响。早在 20 世纪 30 年代，Gough 和 Sopwith 通过对多种金属及合金材料的疲劳行为研究后发现一个重要现象，即大气环境中金属材料的疲劳性能劣于真空环境。以黄铜在不同环境中的疲劳试验结果为例（图 3.30），相比于真空或惰性气体环境，空气中进行疲劳试验的试样具有较低的疲劳极限。此外，在湿润的惰性气体或空气中材料的疲劳强度会进一步下降。可以看出，与真空环境疲劳试验结果相比，（湿润）空气中材料的疲劳强度下降，所以干燥以及湿润的空气也可以认为是腐蚀性的环境。

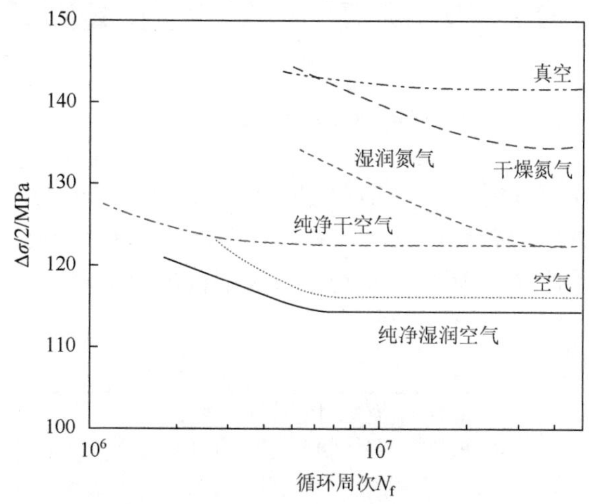

图 3.30　不同气氛下黄铜的疲劳 *S-N* 曲线

2. 腐蚀介质的影响

众所周知，任何材料和结构的表面从微观上看都是不光滑的平面，微观缺陷也会暴露于表面。当服役金属构件暴露于雨雪、盐雾等环境中时，材料表面与腐蚀介质接触会产生不同形式的腐蚀，一般分为均匀腐蚀和局部腐蚀，当机械载荷存在时，局部腐蚀是较为危险的腐蚀类型。由于腐蚀介质与交变载荷的共同作用导致金属的疲劳强度大大降低，腐蚀对疲劳强度的影响可用腐蚀系数来表示，即腐蚀介质中材料的疲劳强度与空气中材料疲劳强度的比值。

金属材料在腐蚀介质和循环交变载荷共同作用下发生疲劳失效的行为称为腐蚀疲劳，二者的协同作用导致材料可以在远低于空气中名义疲劳强度时发生失效，是一种突发性强、危害性大的失效形式，在海洋、核电、火电和航空航天等重要领域引起极大重视。

腐蚀介质可分为水相介质和气相介质。当材料暴露于腐蚀水相介质中时，表面局部区域形成微小的原电池，由于阳极溶解导致腐蚀坑出现。交变载荷作用下材料内部出现滑移带，滑移带与位错运动进一步加速电化学反应。所以，疲劳载荷与腐蚀介质的协同作用共同促进了腐蚀坑的不规则生长。不规则的腐蚀坑引起局部应力集中，在外载荷作用下裂纹从该处萌生并扩展（图 3.31），腐蚀坑的形成是腐蚀环境中金属结构普遍存在的早期破坏形式。

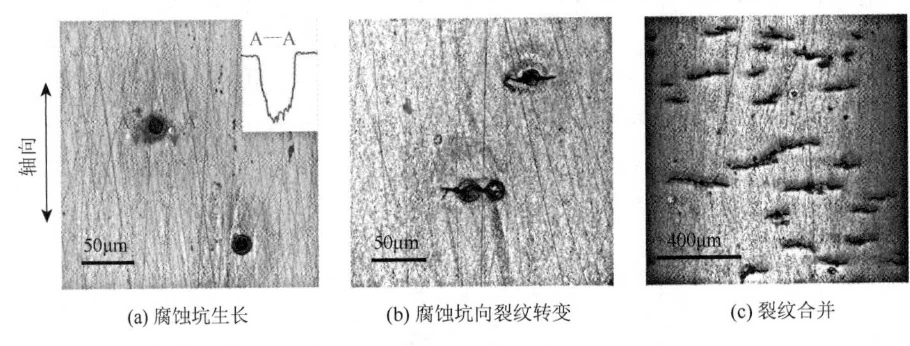

(a) 腐蚀坑生长　(b) 腐蚀坑向裂纹转变　(c) 裂纹合并

图 3.31　腐蚀坑演化为裂纹过程

此外，水相介质还可以促进疲劳裂纹的扩展，导致裂纹扩展的门槛值降低（图 3.32）。一般地，水相介质中的疲劳裂纹扩展行为采用阳极溶解和氢致开裂的混合机制进行解释，电化学阴极反应产生的氢在吸附后迁移至裂纹尖端促进阳极溶解，二者相互依存，从而促进裂纹萌生和扩展。

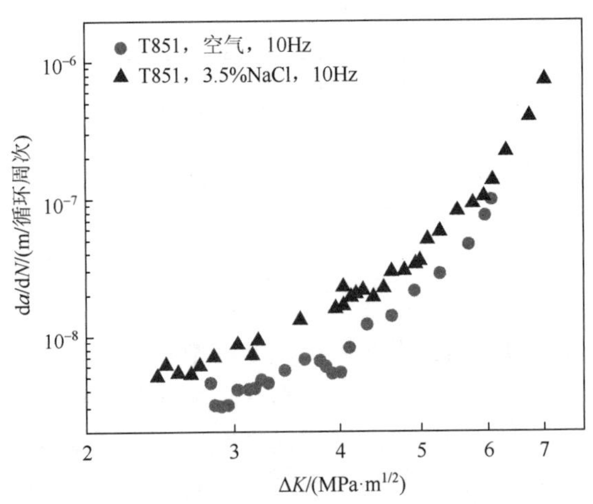

图 3.32　空气和 3.5%NaCl 溶液中的 2024 铝合金裂纹扩展特性

与恒定载荷相比，裂纹尖端在交变载荷作用下存在加载和卸载过程，因此腐蚀疲劳裂纹扩展过程中存在着裂纹闭合效应。通常腐蚀气相环境下材料的疲劳寿命比液态环境要低，主要是由于金属表面吸附的氧原子使不可逆滑移带对裂纹闭合有阻滞作用。例如，铝合金在水蒸气氛围中，由于水蒸气诱发不可逆滑移带增殖或氢脆效应，引起其抗腐蚀疲劳性能降低。

腐蚀疲劳是一种环境与载荷耦合损伤形式，与惰性环境中的疲劳失效行为相比具有以下特点：

（1）腐蚀疲劳不存在真实的疲劳极限，即使循环应力 σ 很低，只要循环周次 N 足够大，材料也会发生断裂失效。

（2）腐蚀疲劳失效在任何腐蚀介质中都会发生，没有特定的材料-介质组合，即使在同一种介质中，若作用方式不同，金属材料的腐蚀疲劳强度也不同。例如，试样浸泡在盐水中的疲劳寿命高于覆盖浸透盐水的织物及盐雾环境，这由腐蚀介质的含氧量不同所导致。

（3）载荷频率和平均应力对材料的腐蚀疲劳寿命有重大影响。以图 3.33 中铝合金为例，在低频加载条件下，相同疲劳循环周次下，频率降低，试件暴露于腐蚀介质中的时间越长，腐蚀疲劳性能降低越明显；平均应力的作用可通过应力比 R 表现，应力比增加时，裂纹表面与腐蚀介质接触的时间延长，腐蚀疲劳性能也会降低。

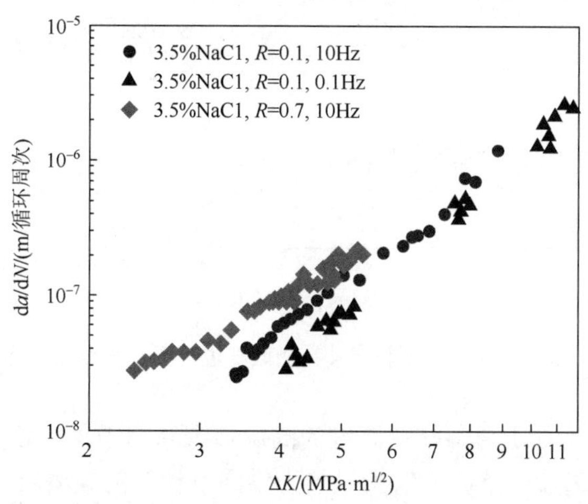

图 3.33　频率和应力比对 2024 铝合金腐蚀疲劳裂纹扩展行为的影响

（4）与大气疲劳相比，腐蚀疲劳的裂纹萌生一般呈现多源性且萌生寿命较短，约占总寿命的 10%，腐蚀疲劳寿命的离散性较空气中小。

3. 温度变化的影响

正如前文所述，常规的疲劳数据都是在室温和大气环境中获得的。然而，在某些特定环境下，铁路车辆部件常常在高于或低于室温的温度下服役，如在热带地区、寒带或者沙漠地区服役的铁路车辆部件。温度对金属材料疲劳强度的影响本质上取决于不同温度下疲劳裂纹的形核机制变化，如循环滑移、晶界空穴、沉淀相以及氧化损伤等。

随着温度的升高，金属材料的抗拉强度、屈服强度和弹性模量降低。高温对材料力学性能的影响可能与扩散过程、时效、位错重组和再结晶导致的材料结构转变有关。一般来说，这种过程意味着在高温下更容易发生塑性变形。这可能导致众所周知的蠕变现象，即在持续载荷下持续塑性变形。对于疲劳损伤，意味着疲劳裂纹的塑性区发生更多的塑性变形和蠕变，这将增加金属材料在循环加载过程中的疲劳损伤累积。多晶金属材料在室温下的疲劳失效大多数为穿晶的，而高温下则是晶间的。与以晶间为主的纯蠕变失效相比，可以认为高温失效的穿晶部分是由疲劳造成的，而晶间部分是由蠕变造成的。

金属材料在高温下通常没有疲劳极限（铸铁除外），疲劳强度随着循环周次的增加而逐渐降低。另外，温度升高还可能造成残余压应力松弛，降低表面强化构件抵抗疲劳破坏的能力。图 3.34 给出了不同金属材料的疲劳极限随温度升高的变化趋势，可以看出，升高温度会降低大多数金属材料的疲劳极限。其中，相比其他材料，钛合金表现出更加优异的抗高温疲劳性能。必须指出的是，铸铁和低碳钢的疲劳极限随着温度的升高整体上呈抛物线规律，均在 400℃左右出现最高值。

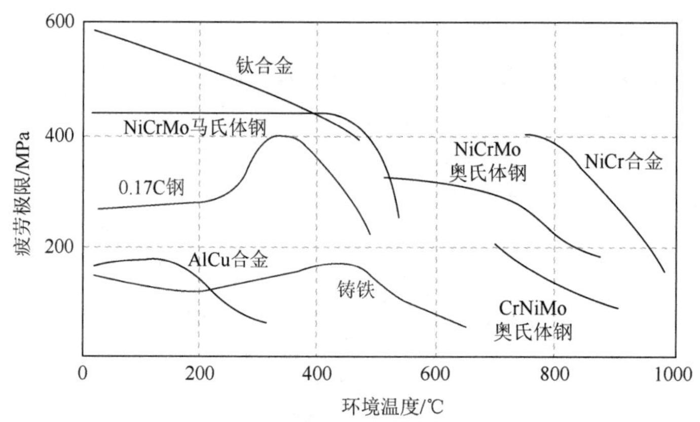

图 3.34　不同金属材料疲劳极限随温度升高的变化趋势

高温疲劳可以分为低于材料蠕变温度的高温疲劳和高于材料蠕变温度的高温疲劳。蠕变温度等于材料 $0.3T_m \sim 0.5T_m$（T_m 为以热力学温度计算的金属熔点）。高于室温但低于蠕变温度时，金属材料的疲劳强度虽然比室温有所降低，但降幅不大。当高于蠕变温度后，疲劳强度急剧下降，并且通常是疲劳与蠕变的共同作用。例如，对于服役于热带地区的铁路车辆构件，其高温疲劳属于低于蠕变温度的高温疲劳，其设计方法与室温时的疲劳设计方法基本相同。

随着温度的降低，金属材料的屈服强度和抗拉强度逐渐升高。一些研究表明，金属材料的疲劳极限与其强度指标存在一定的比例关系。因此，大量试验测得的金属材料疲劳极限随着温度的降低而升高，总结如表 3.1 所示。

一般来说，在低温环境条件下金属材料的疲劳性能表现良好。通过一系列试验研究发现，材料在低温环境条件下的疲劳强度和裂纹扩展门槛值均高于室温条件，但该规律并非适用于所有材料。温度降低对疲劳裂纹扩展速率的影响表现为两个方面：一方面，温度降低使材料的抗疲劳性能提高，裂纹扩展速率下降；另一方面，随着温度的降低，材料的断裂韧性下降，表现出低温脆性，抵抗裂纹扩展的能力降低。研究表明，一些金属材料存在疲劳韧-脆转变温度点，当温度高于该点时，裂纹的扩展速率随着温度的降低而减小；当温度低于该点时，裂纹的扩展速率显著增加，此时零部件一旦萌生裂纹则更容易发生失稳断裂。

表 3.1　低温对金属疲劳极限的影响　（单位：MPa）

材料	疲劳极限/MPa					
	20℃	−40℃	−78℃	−188℃	−253℃	−269℃
铜	100	—	—	145	240	260
黄铜	175	185	—	—	—	—
铸铁	60	75	—	—	—	—
低碳钢	185	—	255	570	—	—
碳钢	230	—	290	625	—	—
镍铬钢	540	—	580	765	—	—
2014-T6	100	—	—	170	310	—
2020-T6	125	—	—	155	280	—
7075-T6	85	—	—	140	240	—

3.4.2　受载工况的影响

前述指出，大多数材料的疲劳极限和寿命是由标准试验件在对称循环正弦波等简化加载方式下得到的，而实际零部件所承受的载荷条件非常复杂。本节主要介绍不同载荷情况对疲劳强度的影响，主要包括载荷类型、载荷频率、载荷波形、载荷停歇、平均应力和加载次序。

1. 载荷类型的影响

一般实际零部件所承受的载荷有拉压、弯曲和扭转三种类型。在疲劳分析中常用旋转弯曲试验得到基本数据，其他载荷类型下的疲劳强度可以用载荷类型因子 C_L 来获取。C_L 定义为其他载荷类型下的疲劳强度与旋转弯曲载荷下的疲劳强度的比值。C_L 不仅取决于载荷类型，还取决于材料。试验结果统计分析表明，不同载荷类型下的疲劳强度的大小顺序为弯曲载荷＞拉压载荷＞扭转载荷。

一般地，拉压载荷下的疲劳强度要低于弯曲载荷，这一现象可用高应力区的体积来解释。在相同的应力水平及频率作用下，构件截面分布着最大拉伸和压缩应力，而在弯曲载荷下，截面上的应力是梯度分布的，其表面应力最大，中心轴处的应力为零。一般来说，材料能否发生疲劳破坏，取决于材料抵抗疲劳破坏的能力和外在作用力的大小，因此疲劳破坏通常发生在缺陷处或高应力区。在拉压试验中，施加于试样上的载荷可能会偏心，从而附加产生弯矩作用，从而加大了最大应力和高应力区，其疲劳强度比旋转弯曲小 15%左右，但实际试验结果与试样尺寸有关。在没有进行试验的情况下，可取 $C_L = 0.85$（钢）和 $C_L = 0.65$（铸铁）。

扭转载荷下的疲劳强度约为弯曲载荷下疲劳强度的 60%。一般情况下，对于弹塑性材料，取 $C_L = 0.58$；对于脆性材料，C_L 一般大于 0.58。

2. 载荷频率的影响

对于高周疲劳，在室温或干燥环境中试验时，载荷频率对试件的疲劳强度影响不大；在腐蚀环境或在高温环境中进行试验时，载荷频率对试件的疲劳强度影响很大。图 3.35 为几种材料的载荷频率与疲劳极限曲线。

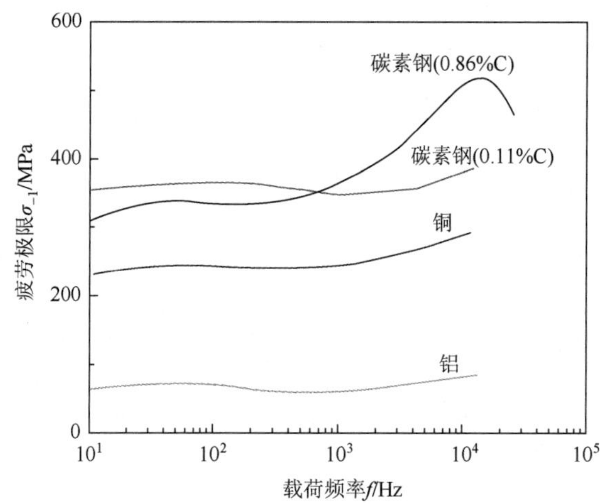

图 3.35　载荷频率对金属材料疲劳极限的影响

由图 3.35 可知，当频率在 10～1000Hz 时，疲劳极限随着频率的增加缓慢增加；频率大于 1000Hz 时，疲劳极限的增长速度变快，随后出现峰值；当频率再增加时，疲劳极限降低。总结大量的试验数据，加载频率可以分为以下三种：①低频，0.1～5Hz；②正常频率，5～300Hz；③高频，300～10000Hz。一般零部件的工作频率在 10～200Hz 范围内，因此在室温下以正常的载荷频率工作的零部件，频率对其疲劳强度的影响可以忽略不计。

3. 载荷波形和停歇的影响

实际工作中的零部件承受着变化、有规律的载荷，而多数疲劳试验是在等幅加载条件下进行的。因此，为了更好地进行载荷谱分析和零部件疲劳强度设计，了解载荷变化对疲劳强度的影响规律很有必要。

1）载荷波形的影响

在大多数的疲劳试验中，应力循环波形为正弦波，而实际零部件承受着不同的载荷波形（正弦形、矩形、三角形、梯形等），不同的载荷波形对零部件疲劳强度的影响体现在最大载荷应力停留的时间长短。在常温条件下，载荷波形对疲劳强度影响不大，只要应力幅值及最大值相同，不同波形作用下的疲劳强度就相同；在高温及腐蚀介质条件下，载荷波形对疲劳强度有较大影响。

2）载荷停歇的影响

在实际工程实践中，一些零部件受到的循环载荷会出现停歇的情况。载荷停歇，使得零部件得到短暂的“休息”，疲劳寿命有所增加。试验结果表明：载荷停歇对疲劳寿命有影响，且影响程度因材料而异。对于铝合金、镁、合金钢等金属，载荷停歇对疲劳寿命的影响很小；而对于低碳钢，载荷停歇对疲劳寿命影响较大，每隔 10%的疲劳寿命，停歇 6～8h 能使疲劳寿命提高一倍以上。停歇时间越长，停歇越频繁，对疲劳寿命的影响越大。停歇期间若对零部件进行加热，则更容易提高其疲劳寿命，即使停歇时间很短，也能产生较大影响。

4. 平均应力的影响

平均应力σ_m为最小应力σ_{min}和最大应力σ_{max}的均值。一般来说，拉伸应力使疲劳极限降低，压缩应力使疲劳极限升高。随着平均应力的增大，拉伸应力所占比例增大，材料的动态抗疲劳应力降低，这对裂纹的萌生和扩展有促进作用，从而降低部件的疲劳寿命。图 3.36 为平均应力对 45#碳钢疲劳强度的影响。

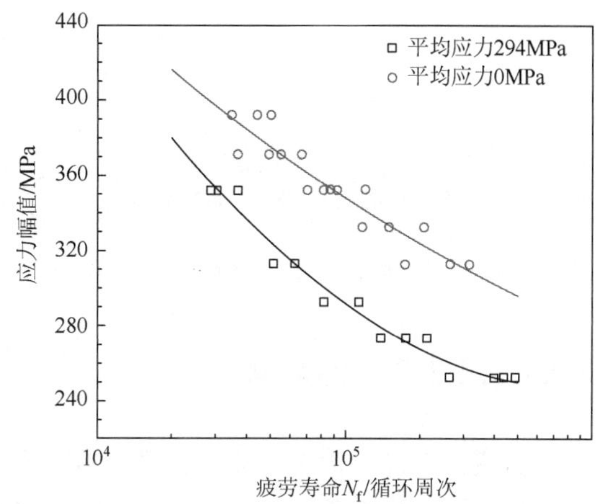

图 3.36　钢铁材料中平均应力对疲劳强度的影响（实线为拟合值）

零部件的主要应力参数为应力幅值σ_a和平均应力σ_m，如果要对某个零部件甚至整个结构进行疲劳强度分析，就要深入了解σ_m和σ_a之间的关系。图 3.37（a）和（b）分别给出了合金结构 35NCD16 钢的疲劳极限 Goodman-Smith 图及简化疲劳极限 Haigh 图。

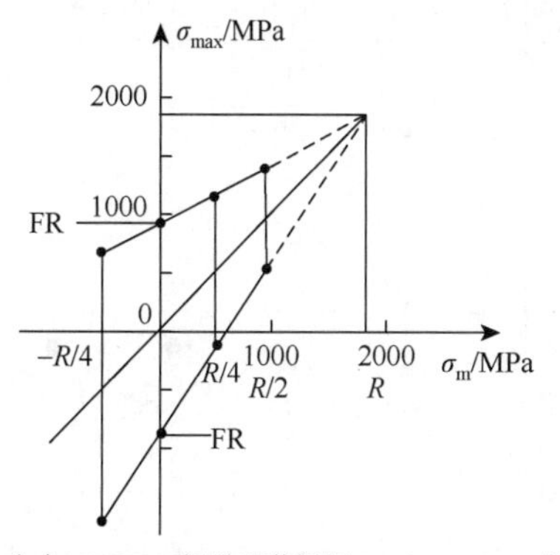

(a) 合金35NCD16钢的疲劳极限Goodman-Smith图

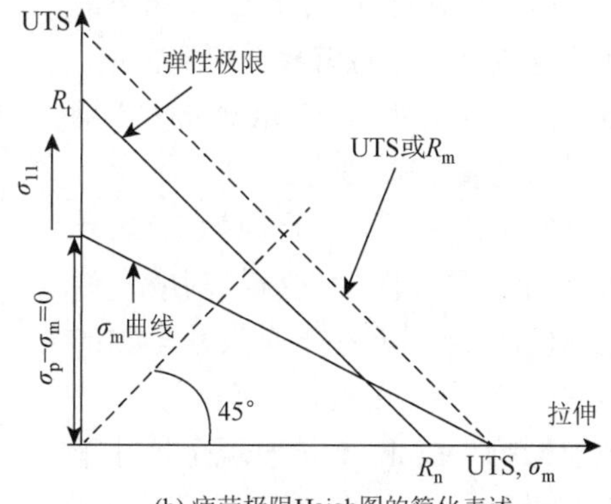

(b) 疲劳极限Haigh图的简化表述

图 3.37　合金 35NCD16 钢的疲劳极限 Goodman-Smith 图及疲劳极限 Haigh 图的简化表述

5. 加载次序的影响

线性损伤累积理论是指在循环载荷条件下，各应力级下的损伤可以线性累积，当累积的损伤值达到某一临界值时，构件就会发生疲劳破坏。然而，线性损伤累积理论忽略了加载次序或历程的影响，其实当应力水平级数及其重复次数较少时，加载次序对疲劳强度的影响非常大。

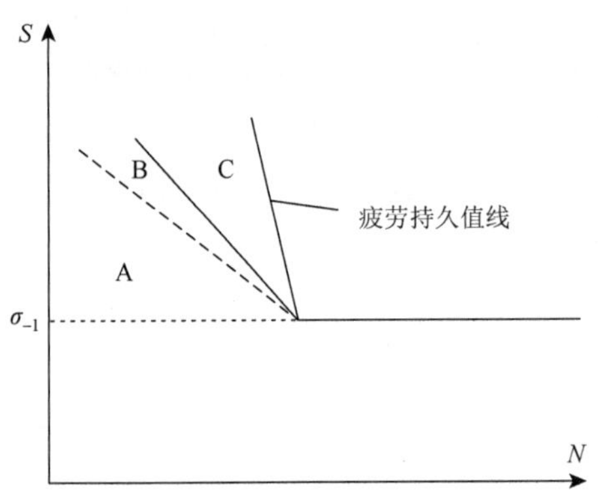

图 3.38　过载对疲劳强度的影响
A 为过载强化区；B 为过载无害区；C 为过载损害区

在低于疲劳极限的应力水平下循环一定周次后，构件的疲劳强度增加，这种现象称为次载锻炼。在实际服役环境下，构件可能承受超过正常工作应力的载荷，这种现象称为过载。过载对疲劳强度的影响如图 3.38 所示。

当载荷超过疲劳极限时，存在 A、B、C 三个过载区间；在 A 区的应力水平和循环周次内，疲劳极限会增加，起到强化作用；在 B 区，过载对疲劳强度没有影响；在 C 区，过载会产生损害作用，疲劳极限降低，寿命缩短。载荷按照从小到大的顺序逐渐加载，各级载荷均进行了锻炼作用，此时的累积强化作用最大；载荷按照从大到小的顺序进行加载，累积强化效果低于各级载荷强化叠加值。

3.4.3　尺寸效应的影响

在疲劳性能评价中，疲劳强度随着材料体积增大而下降的现象称为尺寸效应。疲劳试样的直径一般均在 5～10mm 的范围内，与实际构件有很大差异。疲劳断裂事故说明，将实验室小尺寸疲劳试样测定的疲劳强度应用于全尺寸构件时必须考虑疲劳尺寸效应，否则将难以保证构件的服役安全。

研究表明，随着材料尺寸增加，疲劳裂纹的萌生概率增加，裂纹扩展速率提高。在铁路构件中，也有相关研究报道。Beretta 等对由不同批次 30NiCrMoV12 钢制成的全尺寸高铁车轴分别进行了疲劳试验。如图 3.39 所示，与直径为 7.52mm 的标准疲劳试样（同批次材料制成）相比，在 90%的存活概率下全尺寸车轴的疲劳极限下降了约 25%，出现了明显的尺寸效应影响。Linhart 等发现全尺寸车轴的疲劳极限比按 1∶5 等比例缩小，车轴试样的疲劳极限降低了 12%，而与直

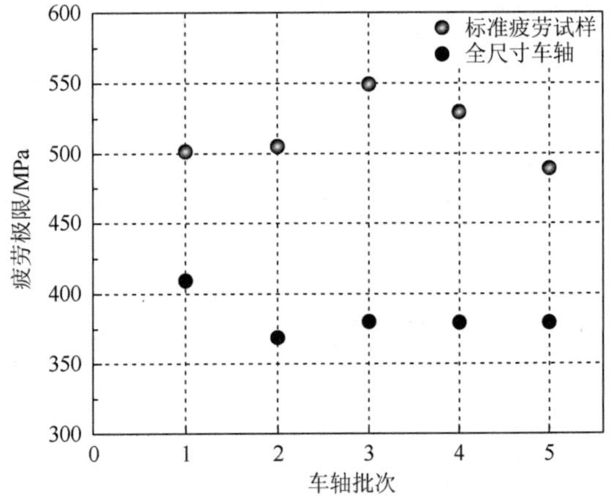

图 3.39　标准疲劳试样和全尺寸车轴疲劳极限的比较

径 10mm 的标准疲劳试样获得的疲劳极限相比降低了 30%以上（图 3.39）。然而，限于试验条件与成本，目前关于车轴材料的疲劳性能测试大多是基于小尺寸试样进行的。因此，在考虑尺寸效应的基础上如何将小尺寸试样测得的疲劳强度修正至全尺寸构件，是保证列车安全服役的关键问题。

尺寸对疲劳极限的影响可以用疲劳尺寸效应系数 ε 来表示，$\varepsilon=\sigma_d/\sigma_{d0}$。其中 σ_d、σ_{d0} 分别为全尺寸车轴的疲劳极限和标准疲劳试样的疲劳极限。试样中存在的应力梯度与尺寸效应有密切联系，当不存在应力梯度时也就没有尺寸效应。例如，对于处于理想状态下的均质无缺陷材料进行轴向拉伸加载时，试样横截面上应力处处相等。在这种情况下不存在应力梯度变化，也就观察不到尺寸效应。但是对于含缺口试样、弯曲加载的光滑和缺口试样均会观察到剧烈的尺寸效应。以受到旋转弯曲疲劳载荷的高铁车轴为例，若车轴的半径为 r，最大应力 σ_{max} 在车轴表面处为 Mr/I。其中，M 为弯矩，I 为惯性矩。

如图 3.40 所示，当不同尺寸的试样在相同应力水平下，σ_{max} 均在试样表面且大小相同。但是由于应力梯度的存在，与小尺寸疲劳试样相比，全尺寸车轴的表面应力与内部应力相差较小，在相同 d 距离内承受较大的平均应力。因此，全尺寸车轴的疲劳强度下降，将会更早地发生失效破坏。

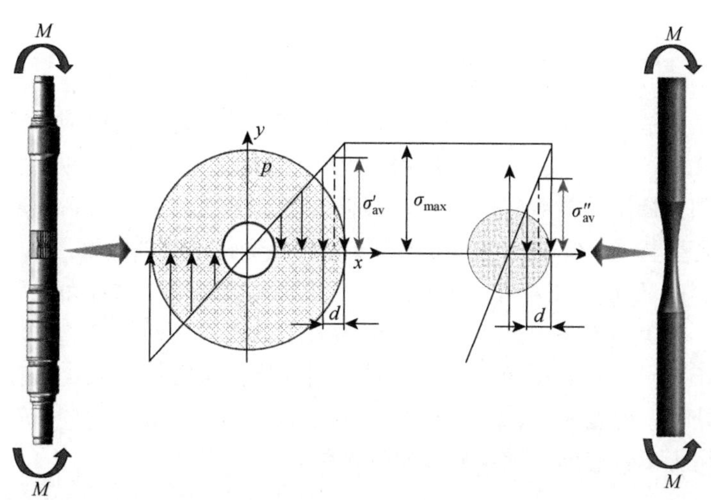

图 3.40　应力梯度对高铁车轴和标准疲劳试样的尺寸效应影响

另外，对于同一批次的材料，可以认为单位体积内缺陷数量相等，大尺寸中的缺陷数量必然多于小尺寸试样。因此，疲劳裂纹萌生的概率增加，导致疲劳强度下降。此外，材料组织的不均匀性等内在性质也会导致疲劳试样的尺寸效应。对于光滑试样的尺寸效应，目前有以下共识：相同试样在不同加载方式下尺寸效应的表现不同，在单轴拉伸时尺寸效应系数近似为 1，而在弯曲时尺寸效应最大；对于钢材料，强度越高尺寸效应越大；加工质量较高的材料，尺寸效应会相应降低，如锻造钢对尺寸的敏感性低于铸钢。

尺寸系数 ε 通常小于 1，但是由于尺寸效应受到试样表面状态、内部均匀性和加载方式等多重影响因素耦合作用，ε 存在较大的分散性。Weibull 在统计力学的范畴下利用最薄弱环节模型对尺寸效应进行了统计分析。

最薄弱环节模型认为一个系统（构件）由若干个单元串联在一起，其疲劳寿命取决于最薄弱单元的最小疲劳寿命。最薄弱单元发生失效破坏，整个构件就会失效。随着尺寸增大，系统中出现最薄弱环节的概率随之增加，系统的疲劳强度相应降低。假设每个薄弱环节具有相同的损伤且相互独立，对于含有单个薄弱环节的构件，认为服从三参数 Weibull 疲劳寿命分布函数。根据最薄弱环节模型，可以推导出含有 n 个薄弱环节构件的寿命分布函数：

$$F_n(N)=1-\left(1-F(N)^n\right)=1-\exp\left[-\left(\frac{N-\lambda_1}{\eta_n}\right)^{\beta}\right] \tag{3.90}$$

式中，N 为寿命；η_n、β、λ_1 为 Weibull 分布的三个参数。

根据式（3.90）得到疲劳尺寸效应的基本模型，在已知疲劳小试样的疲劳寿命分布情况时可对全尺寸试样的疲劳寿命分布进行估算分析。

3.4.4　表面工程方法

1. 表面强化工艺

中频感应淬火是新干线 S38C 车轴的标准热处理工艺，也是目前应用于车轴较为成功的表面强化技术之一，它大幅提升了轮座抗疲劳磨损和轴身抗异物击伤及抗腐蚀能力，形成从表面到芯部大梯度的微观组织结构、显微硬度（图 3.41）和残余压应力场。部分研究认为，不同运营里程下车轴的残余压应力未见明显变化。此外，米兰理工大学与意大利 Lucchini 公司合作，研制了 EA4T 车轴表面强化的深滚压装备，太原市智奇网络科技有限公司也购置了一台类似设备。此外，西南交通大学、北京交通大学、大连交通大学、中车青岛四方机车车辆股份有限公司及中国铁道科学研究院等均开展了试样级表面强化工艺（包括喷丸处理、激光冲击、超声冲击、机械滚压等）及强化机制和抗疲劳性能研究，但有待推广应用于车轴的延寿及结构完整性评估。

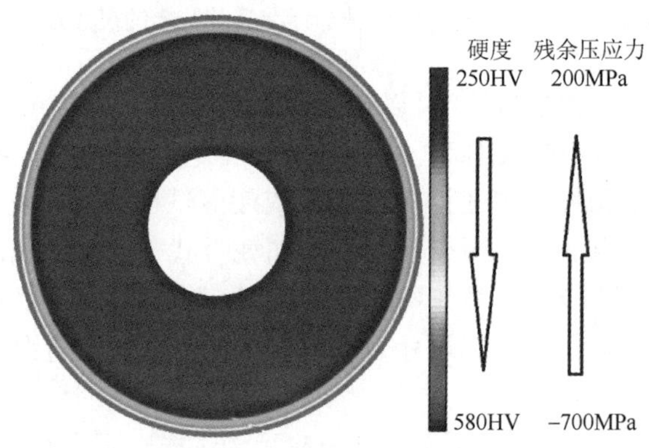

图 3.41　新干线 S38C 车轴梯度硬度和残余压应力

表面强化的特征就是在材料表层引入残余压应力，能够有效抑制疲劳裂纹萌生和初期扩展；表层材料较高硬度提高了轮座耐磨损能力。然而，残余压应力的存在给含缺陷部件断裂力学模型的建立及寿命评估带来了困难。通过模拟感应淬火过程来重建车轴的残余压应力技术难度大、过程复杂。准确植入梯度分布的残余压应力是开展损伤容限评估的关键。考虑到车轴为一个典型的旋转体，作者等根据实测的显微硬度和残余压应力，把 S38C 车轴适当分层，提出采用单位压力和比例积分法成功重建出与 S38C 车轴中基本一致的残余压应力分布。

另外，异物致损（foreign object damage，FOD）后在车轴表面形成了一定深度的凹坑，在复杂环境（如雨水、盐雾等）中运行时在凹坑底部形成疲劳裂纹和稳定扩展现象。为研究其对车轴疲劳强度和剩余寿命的影响，实物车轴台架试验过于复杂、成本过于高昂、时间过于持久、数据代表性不足等问题突出。如何真实反映出裂纹形成及扩展过程中残余压应力的释放和再分布现象是断裂力学仿真模型的唯一判断标准，也是确保剩余寿命评估结果准确、可靠的根本保证。图 3.42 为本书提出的表面单位压力法重建出的车轴表面缺陷前缘的残余压应力。

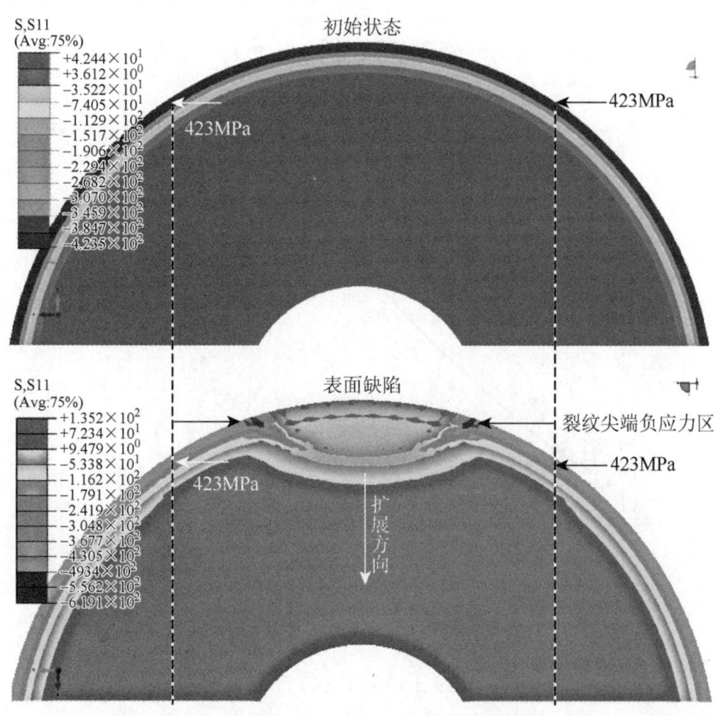

图 3.42　相同截面上缺陷前缘的残余压应力分布

由图 3.42 可以看出，裂纹在扩展时不仅在前缘发生了残余压应力转正和局部再分布现象，而且还引起了显著的应力集中，这与理论和试验研究相符合。其中，裂纹前缘在车轴深度方向呈现拉应力状态，车轴周向的大范围压缩应力区并未随裂纹扩展而发生大范围释放现象，这表明感应淬火引入的残余压应力能够有效抑制疲劳裂纹扩展，从而在车轴断口上表现出典型的半圆形特征。

另外，在开展车轴的断裂力学评估时，必须重建出与轴向硬度和强度分布一致的材料状态。具体做法是，根据实测的硬度和应力分布，把车轴从表面到内部分为若干层，并对各层赋予相应的拉伸应力-应变关系和残余压应力。据此，与中车青岛四方机车车辆股份有限公司就新干线 S38C 车轴的探伤里程及极大缺陷等开展了仿真研究，分析方法及结果具有足够的可靠性与合理性。

鉴于新干线 S38C 车轴经中频感应淬火后的良好安全记录，欧洲高铁企业曾经引入深滚压和感应淬火对合金钢 EA4T 车轴进行表面强化处理。米兰理工大学 Carboni 教授采用深滚压工艺进行全尺寸合金钢 EA4T 车轴的表面处理。研究发现，表面残余压应力水平与新干线 S38C 车轴基本一致，并且不会随着疲劳加载的进行发生释放现象，深度约 2mm 的表面缺陷不会引起裂纹萌生；未强化 EA4T 车轴（含 4mm 深度的表面缺陷）形成裂纹后快速扩展，总寿命约 300 万 km，而车轴滚压后寿命更长，裂纹扩展缓慢，如图 3.43 所示。通过有限元仿真分析，本书发现表面感应淬火后 34CrNiMo4 车轴含有 4mm 深度的裂纹也不会扩展。尽管如此，深滚压 EA4T 车轴尚未在欧洲和中国高铁得到充分考核与认证。这是由于表面强化后形成了 2～3mm 的强化层，虽然其硬度和强度较高，但断裂韧性较低，容易发生脆性断裂。这就意味着，一旦发生疲劳裂纹萌生，不易通过无损探伤进行控制，这也是新干线 S38C 车轴磁粉探伤缺陷判废尺寸远小于 EA4T 车轴的原因之一。

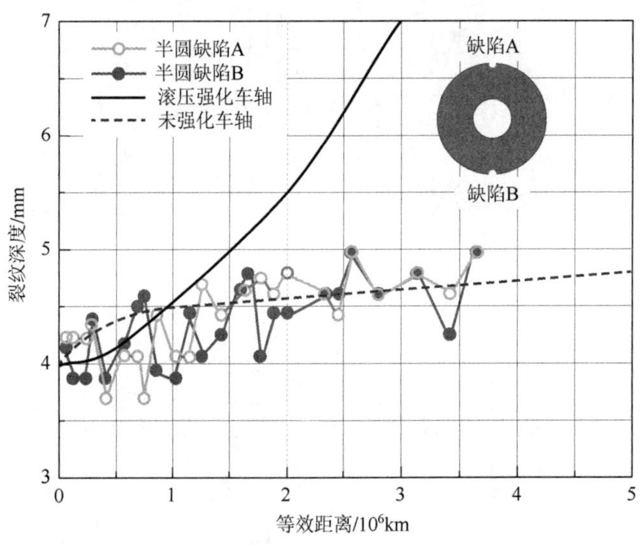

图 3.43　深滚压前后 EA4T 车轴运行里程

前述研究表明，表面强化能够显著提高含缺陷材料的抗疲劳开裂能力。众所周知，感应淬火和深滚压是当前实际应用比较成功的车轴延寿技术。车轴实际运用中，易于发生高速异物撞击车轴形成体积型缺陷，从而引起疲劳裂纹萌生和扩展。为此，本书将表面强化技术引入合金钢 EA4T 车轴的完整性研究，提出对车轴损伤区域直接进行喷丸强化提高车轴的抗疲劳断裂性能。图 3.44 给出了喷丸强化前后异物致损 EA4T 车轴试样在应力比 $R = 0.1$ 下的疲劳寿命曲线。

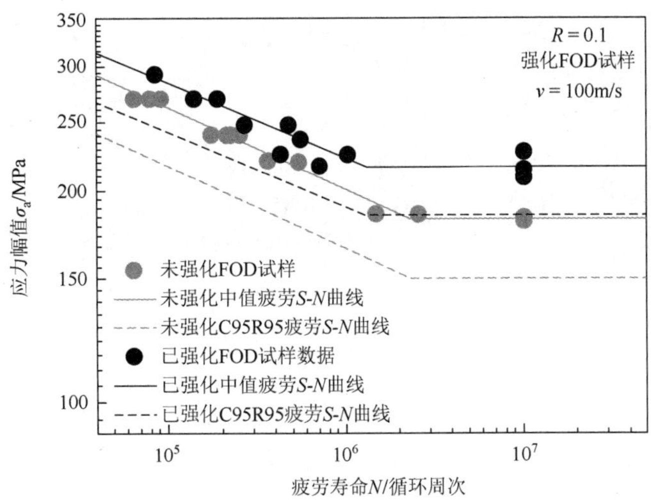

图 3.44　表面强化对异物致损车轴寿命的影响

由图 3.44 可知，对异物致损车轴试样进行表面喷丸强化后，疲劳极限增加到 215MPa，提高了近 20%。分析认为，喷丸强化使得异物致损两端的拉伸残余拉应力大幅度降低，抑制了裂纹萌生。

2. 再制造工艺

高速列车关键承载部件在制造、运用及维修过程中不可避免地会形成各种缺陷和损伤。例如，零部件在制造过程中产生的冶金型或者工艺型气孔、非金属夹杂物和成型不良等，以及在运用及维护过程中产生的各类损伤以及疲劳裂纹等缺陷。这些缺陷会导致零部件应力集中，显著降低零部件的疲劳强度和服役寿命。而机械再制造工程则可以针对含有缺陷的零部件进行再制造工程设计，并采用一系列先进的修复技术对这些部件进行处理，使其质量和性能达到甚至超过新品。

车辆部件的缺陷主要源于生产中的质量缺陷和服役损伤。在工程实际中，目前尚未有通用的缺陷标准化和规则化方法，工业界根据自身行业特点制定了若干缺陷分类方法。为了便于描述缺陷及其对应的延寿补修技术，结合轨道车辆领域的工程管理，并依据缺陷在结构件表面的相对位置及其对性能影响的大小，本节将缺陷分为表面浅缺陷、表面深缺陷、内部缺陷和其他缺陷四大类。

表面浅缺陷是一类位于结构件表面的缺陷，表面浅缺陷的存在会造成局部的应力集中效应或潜在的其他风险。这里的“浅”并不是指缺陷所对应的绝对尺寸，而是一种区别于表面深缺陷的分类方法。所有被认为是尚未直接影响零部件的承载能力，也没有大幅度地缩减结构的剩余服役寿命，不影响正常服役，根据相关设计标准可以被接受的表面缺陷称为表面浅缺陷。如图 3.45 所示，轨道车辆关键承载部件的表面浅缺陷通常来源于材料冶金过程中由操作不当造成的杂质和融入的气泡、构件的成型及加工过程中所造成的坡口表面龟裂及表面气泡，以及服役过程中由外物冲击导致的微小冲击坑和零部件的轻微锈蚀等。

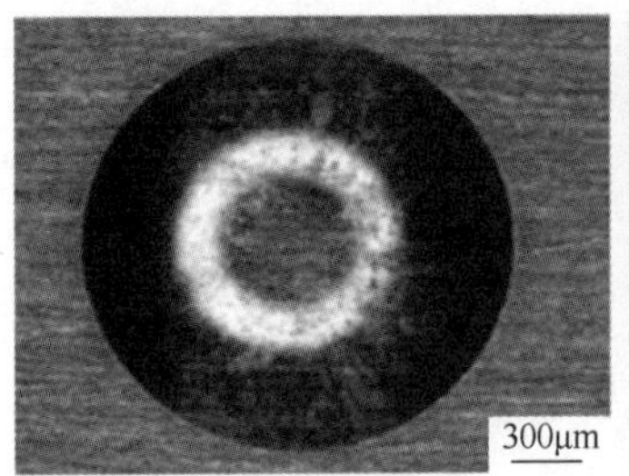

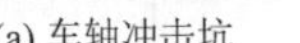

(a) 车轴冲击坑

(b) 轴承外表面锈蚀

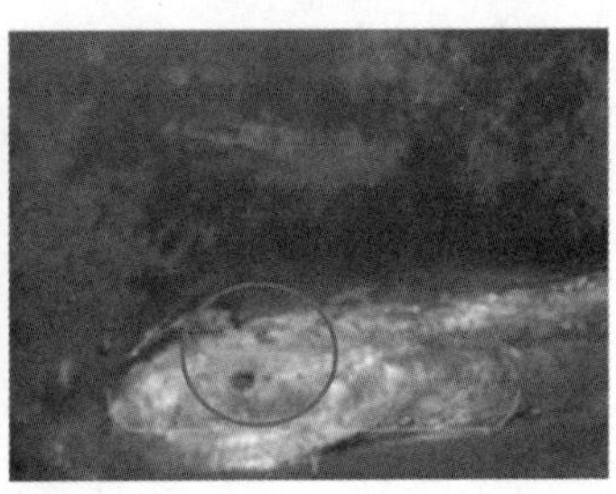

(c) 表面气孔

图 3.45　车辆部件典型表面浅缺陷

表面深缺陷与表面浅缺陷的区别在于，表面深缺陷的存在将显著地削弱零部件的承载能力、大幅缩减零部件的剩余服役寿命或存在巨大的服役风险。如图 3.46 所示，轨道车辆关键承载部件的表面深缺陷一般来源于加工过程中的夹渣、深压痕和焊接热裂纹，以及服役过程中产生的疲劳裂纹和腐蚀坑等。

(a) 车轴腐蚀坑

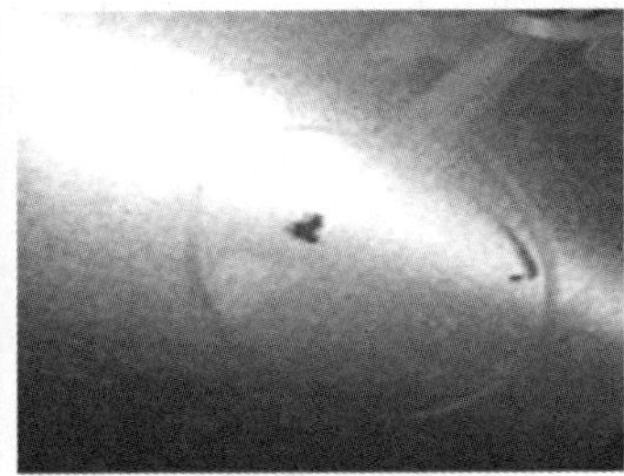

(b) 刹车盘夹渣

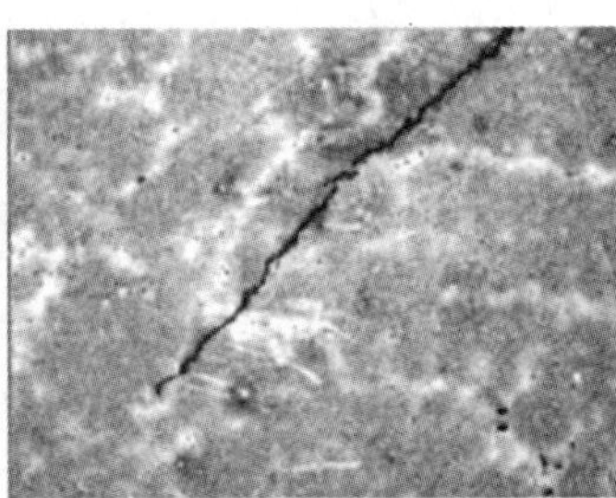

(c) 疲劳裂纹

图 3.46　车辆部件典型表面深缺陷

需要指出的是，内部缺陷与表面缺陷的主要区别在于缺陷位置位于材料内部，通常无法通过目测检出。这些缺陷在一定尺寸和数量限制之内并不会对整体结构的承载能力和服役寿命产生显著的影响，但是超过了临界值后会迅速降低整体结构的承载能力，严重时甚至直接导致结构失效和破坏。它可能来源于材料在冶金过程中由于操作不当造成的杂质或融入的气泡、构件的成型或加工过程中的砂眼和内部裂纹以及服役过程中的疲劳裂纹等（图 3.47）。

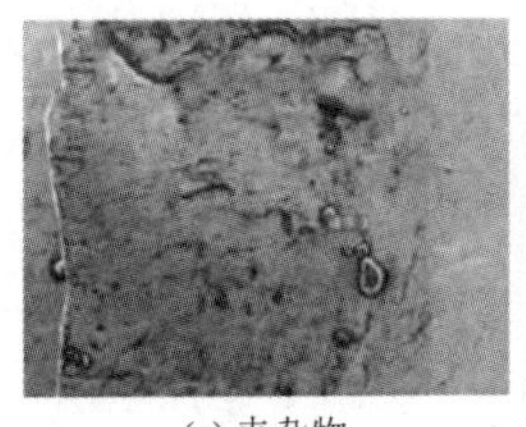

(a) 夹杂物

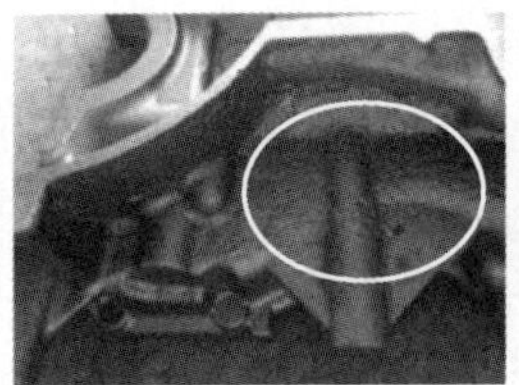

(b) 砂眼

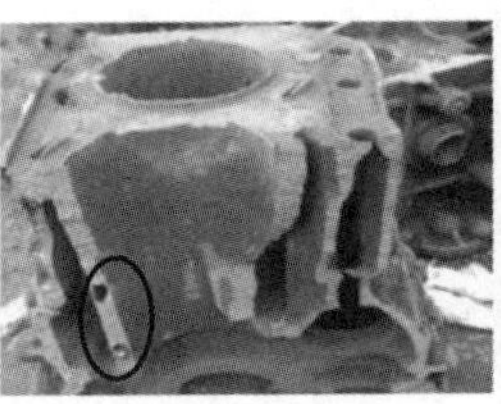

(c) 气孔

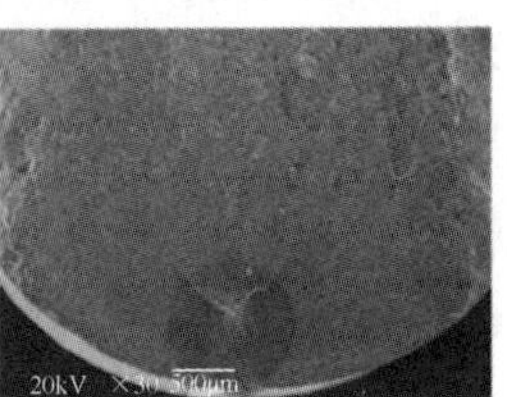

(d) 疲劳裂纹

图 3.47　车辆部件典型内部缺陷

其他缺陷是指不属于上述三类缺陷中的其余分类缺陷，主要包括由设计加工因素造成的结构型缺陷以及其他无法被接受的重大缺陷，如轨道交通车辆焊接结构的屈曲变形、铸造过程中的贯穿型裂纹以及服役过程中的疲劳和腐蚀损伤等（图 3.48）。当检测到这些严重影响到整体结构性能的重大缺陷时，需立即停止服役并对其进行补修或报废处理。

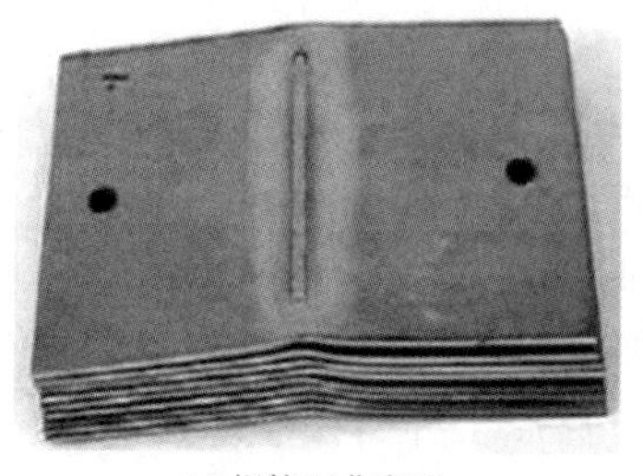
(a) 焊接屈曲变形

(b) 贯穿裂纹

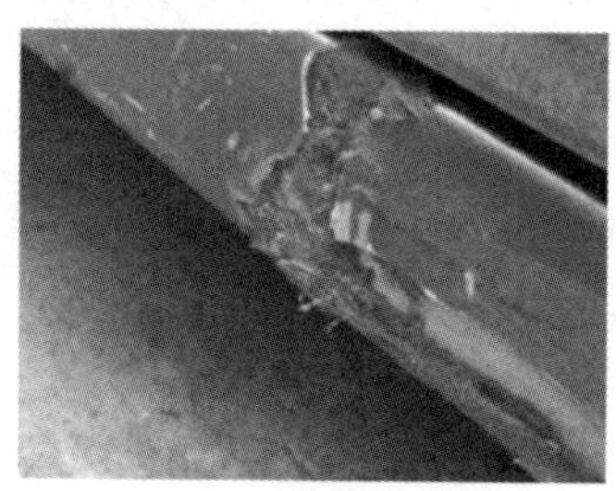
(c) 严重侵蚀

图 3.48　车辆部件其他缺陷

为了对所述各类缺陷产品进行修复再制造，延长铁路车辆关键承载部件的抗疲劳、耐磨损、耐腐蚀等性能，使产品再制造后的性能达到或者超过新品的水平，目前行业内已发展出各种补修技术，较为常用的补修方法主要有磨削、调修、补焊、堆焊、切割焊修、裂纹尖端钻孔、覆板补强、增材修复等。

如图 3.49 所示，磨削补修是采用砂轮、角磨机等工具，通过打磨、切削和抛光等机械手段去除表面材料以修复缺陷的补修方法。磨削技术可以修复深度在 2mm 以内或不超过板厚 5%的缺陷，通常用作焊接和钻孔后修复表面状态的后处理工艺。磨削补修属于冷加工补修方法，一般不影响补修区域材料的力学性能。轨道交通领域常用的磨削补修方法有圆盘磨削、旋转锉刀磨削和抛光轮打磨等。其中，圆盘磨削的切削效率最高，旋转锉刀磨削相比于圆盘磨削切削速率较慢，但是适用性与可操作性更强，能够方便用于各种复杂结构件。

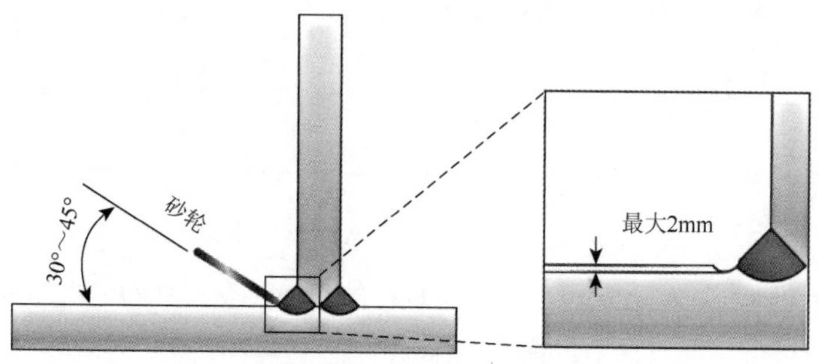

图 3.49　磨削补修工艺示意图

国际焊接学会认为，作为改善接头服役性能的一种方法，旋转锉刀磨削可有效提升焊接结构的疲劳强度。抛光轮打磨主要用于降低结构的表面粗糙度，防止部件表面的缺陷形成裂纹源，从而提升结构的疲劳强度。补修中应避免研磨过程中产生划痕，要注意的是当采用研磨修复裂纹时，会使表面变得模糊，从而隐藏一些潜在的缺陷，因此表面磨削技术并不适合用于修复比较深的疲劳裂纹。此外，通过机械加工方法对变形量较小、结构较单薄的区域进行局部修复的冷调修以及通过火焰加热对刚度和变形较大区域进行局部修复的热调修，同样可以对铁道车辆关键承载部件的表面浅缺陷进行补修，改善部件的疲劳性能。对于结构比较复杂的焊接构架，可将冷调修和热调修进行合理搭配，效果更好。

补焊是将焊接技术用于修补结构缺陷的工艺方法，广泛用于各种不需要考虑耐磨损、耐腐蚀等性能和热应力产生的失效零部件及缺陷毛坯件的修复。通常可用来修复表面缺陷、内部缺陷和贯穿型裂纹等各类缺陷。由于其操作简单、经济性好、适用性强，是轨道交通领域应用最频繁、最广泛的一种补修方法。补焊能有效地去除焊缝处的沟槽缺陷，使得部件疲劳性能得到明显提高。但是由于补焊属于热加工补修方法，会在补焊区域带来高温热效应，造成补修区域材料组织和力学性能的改变，导致一定程度的应力集中，引入复杂的残余应力场，其中残余拉应力会促进裂纹的萌生和扩展，对部件的疲劳性能影响极其严重。因此，补焊后通常要采取局部热处理、冲击处理等措施以均匀化近焊缝区域的微观组织，提高结构的疲劳性能。图 3.50 为采用激光-MIG 复合热源补修铝合金 A7N01P-T4 接头后的疲劳性能。可见，补修在一定程度上提高了铝合金接头的疲劳强度。

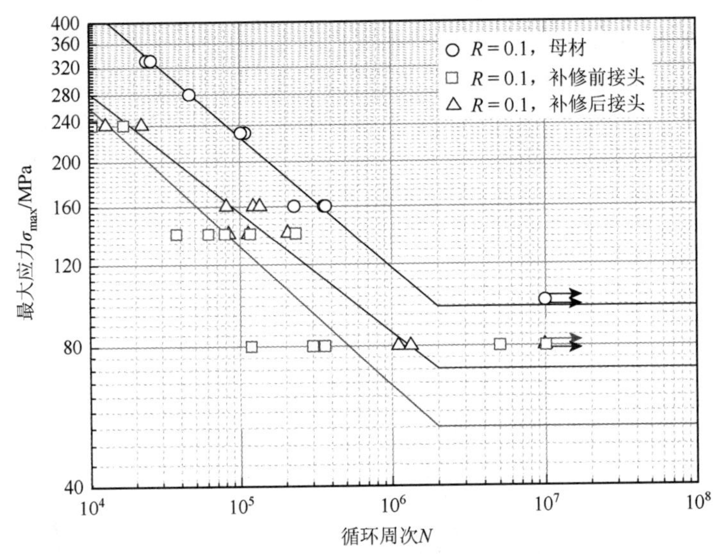

图 3.50　高铁车体 A7N01P-T4 铝合金母材及补修前后接头的高周疲劳 *S-N* 曲线

此外，将一定性能的合金材料熔覆于母体材料的表面，赋予母体材料特殊的性能或使零部件恢复原有形状尺寸，特别适用于设备零部件表面深缺陷修复的堆焊以及切除含有缺陷的设备零部件。再补焊新的零部件，通常适用于难以通过简单的补修方法进行局部修复的其他缺陷。切割焊修也属于热加工补修方法，同样需要考虑结构组织转变、残余应力生成对结构的疲劳强度带来的各种影响。

裂纹尖端钻孔是通过在裂纹尖端进行钻孔消除裂纹尖端应力集中从而提高部件使用寿命的修复方法，主要用于补修深度超过5mm的疲劳裂纹。裂纹尖端钻孔通常适用于贯穿型裂纹的修复，其修复效果与钻孔尺寸有关。一般来说，较大的止裂孔能给结构提供较高的疲劳强度。例如，研究者对钻孔直径与疲劳裂纹扩展速率的关联性进行了研究，发现在一定范围内，较大的止裂孔止裂效果更好。由于裂纹尖端钻孔属于冷加工，不需要考虑补修带来的结构组织转变和残余应力影响，它不仅在轨道车辆领域有所应用，在桥梁、建筑等领域也有广泛应用。此外，覆板补强也通常适用于深度超过5mm的疲劳裂纹修复，它是在裂纹出现位置安装盖板或在开裂区域安装补强板，从而提高结构抗疲劳强度的一种补修技术，且可以通过先在裂纹尖端进行钻孔再通过螺栓安全盖板达到更好的修补效果。

增材制造融合了计算机和材料技术，是通过数控系统实现材料的逐层堆积，以累加方式实现物体从无到有的新型制造技术。增材制造技术在轨道交通车辆部件维保领域发展前景广阔，目前集中在车轴表面损伤的激光熔覆补修技术研究。激光熔覆技术是一种通过在基材表面添加熔覆材料，利用高能激光束，使之与基材表面薄层一起熔凝，在材料表面形成冶金结合的填料熔覆层的新型材料表面技术。其具有在高密度热源下的快速熔化、凝固特点，使产品微观晶粒细小均匀、溶质偏析倾向小，能够获得接近甚至超过锻造件疲劳性能的结构部件。对车辆关键部件（车轮、车钩）的失效形式与再制造技术进行了分析与试验研究，表明激光熔覆和激光表面强化技术在铁道车辆关键部件修复上的合理性，并结合行业特点制定了铁道车辆再制造运行与实施模式，有助于铁道车辆再制造技术的研究和普及。

车辆承载部件多采用大型焊接结构，与飞机、船舶、汽车、桥梁等领域有很多互通之处。因此，除上述行业内常用的修复再制造方法以外，行业外典型的修补方法如胶补、冲击处理、喷涂修复以及热静压技术等同样可以为修复铁路车辆关键承载部件的缺陷、提升结构的疲劳性能提供技术支持。

3.5　本章小结

本章首先介绍了疲劳的基本概念和内涵、疲劳断口分析、载荷谱计数法及疲劳评估方法，其中疲劳评估方法主要介绍了Miner损伤准则以及考虑实际受载情况的修正Miner准则和变幅加载下的Miner线性损伤累积理论，并简单介绍了五种广泛使用的铁路车辆焊接结构的抗疲劳准则。随后，介绍了基于材料基本力学性能评估疲劳极限的多种经验方法，描述了疲劳 *S-N* 曲线的数学表达式；并以车体和构架等焊接结构为例，简单介绍了四类疲劳强度评估方法。

众所周知，传统静强度设计思想的一个基本假设是把材料的初始状态视为固体力学意义上的无任何缺陷的理想均匀连续体。然而，工程结构在加工、装配和服役过程中不可避免地会出现缺陷和外物损伤，根据这一思想设计的工程构件并不能保证其服役的安全可靠性。因此，损伤容限理论应运而生。本章着重介绍了基于断裂力学的含缺陷构件疲劳寿命的计算方法，并从裂纹扩展速率模型、断裂力学参数获取以及断裂力学的数值算法几个方面展开介绍。

此外，材料疲劳 *S-N* 曲线在应用于实际构件的抗疲劳设计和评价时，还应该考虑到影响构件疲劳强度的内外部因素。本章简要介绍了服役环境、加载载荷和尺寸效应三类典型因素对疲劳强度的影响，并给出了经济有效的表面工程和修复再制造方法以提升车辆结构的抗疲劳性能。

思 考 题

1. 什么是疲劳？疲劳问题有哪些特点？疲劳损伤评估方法有哪些？

2. 疲劳极限的估算方法有哪些？影响因素有哪些？

3. 断裂力学的内涵是什么？利用断裂力学预测含裂纹构件疲劳寿命具体包括哪些步骤？需要哪些材料、载荷和结构等方面的参数？

4. 断裂力学参数包括哪些？获取这些参数有哪些方法？并列举相关标准。

5. 腐蚀疲劳与常规疲劳失效的不同点有哪些？

6. 在相同的应力水平及试样条件下，为什么弯曲载荷下的疲劳强度大于拉压载荷下的疲劳强度？

7. 在拉扭复合疲劳受载条件下，应力梯度对尺寸效应的影响应当如何考虑？

8. 常用的修复再制造方法有哪些？请调研其在重载货车和高速客车领域内的应用进展、优点及局限性。

9. 请调研铁路车辆结构中如何对腐蚀进行防护，在结构设计中如何来考虑其对疲劳强度及寿命的影响？

10. 试述表面强化工艺在典型铁路车辆结构中的应用现状，应如何考虑表面强化部件的运维策略，阐述其与未强化部件的本质不同。

参 考 文 献

陈宇. 2020. 汽车齿轮珩齿加工缺陷的工艺改进新方法[J]. 汽车工艺与材料, (3): 45-49.

程育仁, 缪龙秀, 候炳麟. 1990. 疲劳强度[M]. 北京: 中国铁道出版社.

杜卓同, 张先锋. 2019. 机械设备表面缺陷修复技术发展与应用[J]. 金属加工 (热加工), (11): 26-28.

刘鸣放, 刘胜新. 2012. 金属材料力学性能手册[M]. 北京: 机械工业出版社.

吕晓兰, 王钊, 张龙, 等. 2016. 浅议铝合金车体型腔内焊缝背部缺陷避免及修复[J]. 装备制造技术, (12): 213-215, 218.

米彩盈. 2007. 铁道机车车辆结构强度[M]. 成都: 西南交通大学出版社.

王德俊. 1992. 疲劳强度设计理论与方法[M]. 沈阳: 东北工学院出版社.

王文静. 2015. 轨道车辆强度基础[M]. 北京: 科学出版社.

吴富民. 1985. 结构疲劳强度[M]. 西安: 西北工业大学出版社.

徐忠伟. 2018. 高速铁路外物损伤车轴疲劳评估方法[D]. 成都: 西南交通大学.

许金泉. 2009. 材料强度学[M]. 上海: 上海交通大学出版社.

杨建伟, 李欣, 李强. 2021. 城市轨道交通车辆关键系统结构强度分析与计算[M]. 北京: 清华大学出版社.

杨新华, 陈传尧. 2018. 疲劳与断裂[M]. 2 版. 武汉: 华中科技大学出版社.

姚卫星. 2003. 结构疲劳寿命分析[M]. 北京: 国防工业出版社.

曾攀, 俞新陆, 颜永年, 等. 1988. 疲劳绝对尺寸效应[J]. 航空学报, (S1): 144-147.

张洪权. 2015. 铁路敞车车门检修中存在的问题及检修工艺改进[J]. 铁道车辆, 53(11): 41-43, 6.

张彦华. 2011. 焊接强度分析[M]. 西安: 西北工业大学出版社.

赵少汴, 王忠保. 1992. 疲劳设计[M]. 北京: 机械工业出版社.

赵新伟, 罗金恒, 路民旭. 2001. 含腐蚀缺陷管道剩余强度的有限元法分析[J]. 油气储运, (3): 25-28.

钟群鹏, 周煜, 张峥. 2014. 裂纹学[M]. 北京: 高等教育出版社.

周希孺. 2022. 激光-MIG 复合热源熔修铝合金 A7N01P-T4 接头的抗疲劳性能[D]. 成都: 西南交通大学.

邹成路. 2020. 两种蠕墨铸铁不同温度疲劳性能与损伤机制研究[D]. 沈阳: 沈阳工业大学.

Bathias C, Pineau A. 2016. 材料与结构的疲劳[M]. 吴圣川, 李源, 王清远, 译. 北京: 国防工业出版社.

Beretta S, Ghidini A, Lombardo F. 2005. Fracture mechanics and scale effects in the fatigue of railway axles[J]. Engineering Fracture Mechanics, 72(2): 195-208.

Duggan T V, Byrne J. 1977. Fatigue as a Design Criterion[M]. London: Macmillan Publishers Ltd.

Forrest P G. 1962. Fatigue of Metals[M]. Oxford: Pergamon Press.

Li H, Zhang J W, Wu S C, et al. 2022. Corrosion fatigue mechanism and life prediction of railway axle EA4T steel exposed to artificial rainwater[J]. Engineering Failure Analysis, 138: 106319.

Li Y L, Pan J, Bathaway R B, et al. 2005. Fatigue Testing and Analysis Theory and Practice[M]. Amsterdam: Elsevier Publising Hourse.

Linhart V, AurednIk A, Furbacher I, et al. 2003. Experimental modelling and evaluation of fatigue strength and damage mechanisms of railway axles and wheels[C]. Proceedings International Seminar on Railway Axles.

Menan F, Henaff G. 2009. Influence of frequency and exposure to a saline solution on the corrosion fatigue crack growth behavior of the aluminum alloy 2024[J]. International Journal of Fatigue, 31(11): 1684-1695.

第 4 章　车辆结构可靠性设计基础

可靠性是衡量机械产品质量的重要指标，如果关键零部件不可靠，不仅会给用户带来不便和巨大经济损失，还会危及用户的生产和生命安全。现代轨道交通发展的核心与目标是要在装备可靠性的前提下保障装备与人员安全。1998 年和 2008 年德国 ICE 高铁轮对结构的强度及可靠性问题酿成世界重大高铁事故，日本新干线转向架构架开裂等事故均对高铁发展提出了挑战。美国挑战者号航天飞机、苏联切尔诺贝利核电站等因可靠性问题所引起的严重后果，都足以说明结构可靠性会引起一系列问题，甚至危及国家的荣誉和安全。相反，1957 年苏联第一颗人造卫星升天，1969 年美国阿波罗 11 号宇宙飞船载人登月，2021 年 5 月 15 日中国天问一号着陆巡视器成功着陆于火星乌托邦平原南部预选着陆区等航天工程可靠性技术成功的典范案例，不仅为所在国家带来荣耀，而且说明了高科技的发展要以可靠性技术为基础，科学技术的发展又要求高的可靠性。

4.1　可靠性概论

4.1.1　可靠性定义及内涵

根据 GB/T 3187—1994《可靠性、维修性术语》，可靠性（reliability）的定义是：产品在规定的条件和时间内，完成规定功能的能力。基本可靠性的定义是：产品在规定条件下，无故障的持续时间或概率。可靠性包括全寿命周期的全部故障，能反映产品维修中的人力和后勤保障等要求，如平均无故障工作时间（mean time between failures，MTBF）和平均故障间的使用次数（mean cycles between failure，MCBF）。产品可靠性可用其可靠度来衡量，可靠度是用概率表示的产品的可靠性程度。可见，在可靠性定义中，包含以下因素。

1. 产品

产品主要是指单独研究和分别试验对象的任何元件、零件、部件、设备、机组等，甚至还可以包括人的因素。在使用“产品”词汇时，必须明确其确切含义。

2. 规定的条件

规定的条件主要包括使用条件、维护条件、环境条件、操作技术，如载荷、温度、压力、湿度、振动、噪声、磨损、腐蚀等。这些条件必须在使用说明书中加以规定，这是判断发生故障时有关责任方的关键。

3. 规定的时间区间

众所周知，可靠度是随时间而降低的，产品只能在一定的时间区间内才能达到和保持目标可靠度。因此，对时间的规定一定要明确。需要指出的是，这里所说的时间，不仅是日历时间，根据产品的不同，还可能是与时间成比例的次数、距离等，如应力循环周次、车辆的行驶里程等。

4. 规定的功能

产品丧失规定的功能称为失效，对可修复产品也称为故障。具体定义时，是很容易判定的，但多数情况下是很难判定的。例如，轮齿折断显然是失效，但当齿面发生了某种程度的磨损，对某些精密或重要的机械来说该齿轮就是失效，而对某些机械并不影响正常运转，就不算失效。对一些大型设备来说更是如此。因此，必须明确地规定产品的功能。另外，产品功能有主次之分，故障也有主次之分。有时次要的故障不影响主要功能，因而也不影响完成主要功能的可靠性。

5. 能力

当定性分析不够时，应该加以定量的描述。产品的失效或故障具有偶然性，一个确定的产品在某段时间的工作情况并不能很好地反映其可靠性的高低。应该观察大量该种产品的使用情况并进行合理的处理后才能准确反映其整体可靠性。因此，能力具有统计学意义，需用概率论和数理统计来处理。

6. 概率

可靠度是可靠性的概率表示。把概念性的可靠性用概率表示，这就是可靠性技术的出发点。当引入概率来定义可靠度后，对元件、组件、零件、部件、总成、机器、设备、系统等产品的可靠程度的测定、比较、评价、选择等才有了共同的基础，对产品可靠性方面的质量管理才有了保证。可靠度是在一定置信度下的条件概率。置信度是指所求得的可靠度在多大程度上是可信的。

可见，在讨论产品的可靠性问题时，必须明确对象、使用条件、使用期限、规定功能等因素，而用概率来度量产品的可靠性时就是产品的可靠度。可靠性定量表示的另一特点是其随机性。因此，广泛采用概率论和数理统计方法来对产品的可靠性进行定量分析。产品运行时的可靠性称为工作可靠性（operational reliability），它包含了产品的制造和使用两方面因素，且分别用固有可靠性（inherent reliability）和使用可靠性（use reliability）来度量。固有可靠性是在生产过程中已经确立了的可靠性，表示产品内在的可靠性，是主机厂在模拟实际服役条件的标准环境下，对产品进行检测并给以保证的可靠性，因此与产品的材料、设计与工艺及检验等均有关。使用可靠性与产品的使用条件相关，受到使用环境、操作水平、保养与维修等因素的影响，而使用者的专业程度对使用可靠性影响很大。

4.1.2　可维修性及失效

为了保持元器件、零部件、总成、机器、设备、系统等产品在使用中的规定功能及其指标，抑或为了使工作中出现故障或缺陷的产品得以修复，而采取的各种措施和进行的各项工作，称为对产品的维修（maintenance）。这种发生故障或失效后能迅速修复以维持良好而完善的易于维修的性能，通常称为产品的维修性。

产品的可靠性与维修性可分别用其可靠度和维修度来衡量，而可靠性与可靠度又有广义与狭义之分。广义可靠性（generalized reliability）通常是指产品在其整个生命周期内完成规定功能的能力，其本身就包括了可靠性（狭义可靠性）与维修性。由此可见，广义可靠性对于可能维修的产品和不可能维修的产品有着完全不同的定义与含义。对于可能维修的产品，除了要考虑提高其可靠性外，还应考虑提高其维修性；与此对应，对于不可维修的产品，由于不存在维修的问题，只需考虑提高其可靠性即可。与广义可靠性相对应，不发生故障的可靠度（狭义可靠度）与排除故障或失效的维修度合称为广义可靠度。

可靠性与维修性都是相对于失效或故障而言的，明确失效（故障）的定义、研究失效（故障）的类型和原因，对可靠性和维修性及广义可靠性等都很重要。失效（failure，对于可修复的产品，可称为故障）定义为“产品丧失规定的功能”。这不仅指规定功能的完全丧失，也包括规定功能的降低等。

失效的分类如下。

1. 按失效原因

（1）误用失效：未按规定条件使用产品而引起的失效。

（2）本质失效：因产品本身固有的弱点而引起的失效。

（3）早期失效（early failure）：产品由设计、制造或检验缺陷等原因而引起的产品失效。新产品在研究和试制阶段出现的失效，通常多为早期失效，一般可以通过强化试验找出失效原因并加以排除。

（4）偶然或随机失效（random failure）：由于偶然的因素而发生的失效，通常会使产品完全丧失规定功能。这种失效既不能通过强化试验加以排除，采取良好的维护措施也不能避免，在何时失效也无法判断。

（5）损耗失效（wear-out-failure）：由磨损、疲劳、老化、损耗等引起的失效。它往往使产品的输出特性变坏，但仍有一定工作能力。

2. 按失效程度

（1）完全失效：产品完全丧失规定功能的失效。

（2）部分失效：性能偏离某种界限，但未完全丧失规定功能。

3. 按失效的时间特性

（1）突然失效：通过事先测试或监控不能预测到的失效。

（2）渐变失效：通过事先测试或监控就可以预料到的失效，这时产品的规定功能是逐渐减退的，但开始这一过程的时间不明显。

4. 按失效后果的严重性

（1）致命失效：导致生命财产等重大损失的失效。
（2）严重失效：导致产品完成规定功能的能力降低的组成单元的失效。
（3）轻度失效：不致引起产品完成规定功能的能力降低的组成单元的失效。

5. 按失效的独立性

（1）独立失效：不是因为其他产品失效而引起的本产品失效。
（2）从属失效：因为其他产品失效而引起的本产品失效。

6. 按失效的关联性

（1）关联失效：在解释试验结果或计算可靠性特征数值时必须计入的失效。
（2）非关联失效：在解释试验结果或计算可靠性特征数值时必须排除的失效。

此外，也有按照两种划分标准的组合来划分的失效分类，如突变失效或突发故障为突然而完全的失效，退化失效或退化故障为渐变而部分的失效。

尽管如此，产品的零件失效，并不总会引起产品可靠性问题。对于一个复杂的产品，会有这样的零件，它的失效不一定会引起产品基本特性偏离规定界限之外。例如，动车组车厢的照明，对列车的可靠性影响较小，在分析产品的可靠性时，这些零件的失效可不予考虑。为了判断失效，必须制定失效的判据或失效标准，规定出判断失效的技术指标。同一产品在不同情况下使用，可能会有不同的失效标准。同一产品上的不同组件，也可能具有不同的失效标准。为了提高产品的可靠性，研究产品失效的原因、掌握产品的失效规律是很重要的。因为只有对产品失效的原因及失效的规律有全面的了解，才能采取有效的措施，提高产品的可靠性。

下面讨论产品的失效率，最后讨论典型的失效率形态和失效率曲线，这些对研究产品的失效规律及产品的可靠性都是很重要的。

4.1.3 可靠性的尺度

为了评价产品的可靠性，制定一些评定产品可靠性的数值指标非常有必要，这就是可靠性尺度。常用的可靠性尺度有可靠度、失效率、平均寿命、寿命方差和标准差、可靠寿命、中位寿命、特征寿命、有效寿命、更换寿命、筛选寿命、维修度、有效度、系统有效性、重要度、经济尺度、与人为差错有关的可靠性尺度等。

1. 可靠度

可靠度可定义为产品在规定的条件下和规定的时间内，完成规定功能的概率，通常以 R 表示。考虑到它是时间的函数，又可表示为 $R = R(t)$，称为可靠度函数。就概率分布而言，它又称可靠度分布函数，且是累积分布函数。它表示在规定的使用条件下和规定的时间内，无故障地发挥规定功能而工作的产品占全部工作产品（累积起来）的百分率。因此，可靠度 R 或 $R(t)$的取值范围是

$$0 \leqslant R(t) \leqslant 1 \tag{4.1}$$

若产品在规定的条件下和时间内完成规定功能的事件（E）的概率以 $P(E)$表示，则可靠度作为描述产品工作时间（寿命）随机变量（T）的概率可写为

$$R(t) = P(E) = P(T \geqslant t), \quad 0 \leqslant t \leqslant \infty \tag{4.2}$$

与可靠度相对应的是不可靠度，表示产品在规定的条件、时间内不能完成规定功能的概率，因此又称失效概率，记为 F。失效概率 F 也是时间 t 的函数，故又称为失效概率函数或不可靠度函数，并记为 $F(t)$。它也是累积分布函数，故又称累积失效概率。显然，它与可靠度呈互补关系，即

$$R(t) + F(t) = 1 \tag{4.3}$$

$$F(t) = 1 - R(t) = P(T < t) \tag{4.4}$$

由定义可知，可靠度与不可靠度都是对一定时间而言的，若所指时间不同，则同一产品的可靠度值自然也就不同。设有 N 个同一型号的产品，开始工作（$t=0$）后到任意时刻 t 时，有 $n(t)$个失效，则

$$R(t) \approx [N - n(t)]/N \tag{4.5}$$

$$F(t) \approx n(t)/N \tag{4.6}$$

对不可靠度函数 $F(t)$求导，则得失效密度函数 $f(t)$，即

$$f(t) = \frac{\mathrm{d}F(t)}{\mathrm{d}t} = -\frac{\mathrm{d}R(t)}{\mathrm{d}t} \tag{4.7}$$

由式（4.7）可得

$$F(t) = \int_0^t f(t)\mathrm{d}t \tag{4.8}$$

将式（4.8）代入式（4.3）得

$$R(t) = 1 - F(t) = 1 - \int_0^t f(t)\mathrm{d}t = \int_t^\infty f(t)\mathrm{d}t \tag{4.9}$$

图 4.1 给出了上述表达式的几何描述。当产品开始工作（$t=0$）时，都是好的，故有 $n(t)=n(0)=0$，$R(t)=R(0)=1$，$F(t)=F(0)=0$。随着工作时间的增加，产品的失效数不断增多，可靠度就相应地降低。当产品的工作时间 t 趋向于无穷大时，所有产品不管其寿命多长，最后总是要失效的。因此，$n(t)=n(\infty)=N$，故 $R(t)=R(\infty)=0$，$F(t)=F(\infty)=1$。即可靠度函数 $R(t)$在$[0,\infty]$区间内为递减函数，而 $F(t)$为递增函数，如图 4.1（a）所示，$F(t)$与 $R(t)$的形状正好相反。由图可见，不可靠度函数（失效概率函数或失效分布函数）$F(t)$为累积失效密度函数。失效密度函数又称故障密度函数。在可靠度函数与不可靠度函数如图 4.1（a）所示的情况下，失效密度函数 $f(t)$则如图 4.1（b）所示。

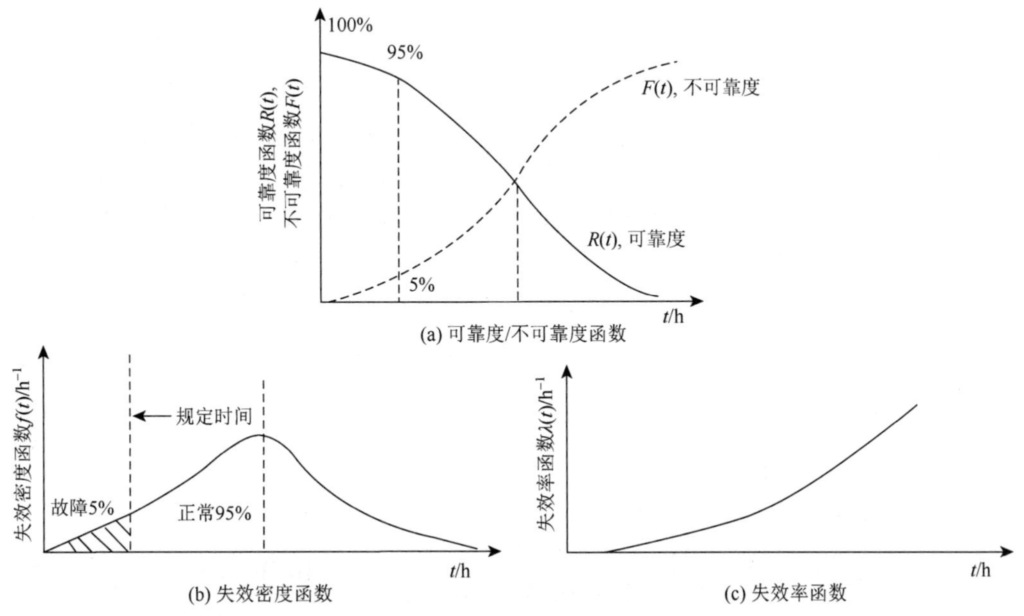

图 4.1 可靠度/不可靠度函数、失效密度函数与失效率函数（当失效率递增时）

2. 失效率

失效率是工作到某时刻尚未失效的产品，在该时刻后单位时间内发生失效的概率，一般记为 λ，它也是时间 t 的函数，故也记为 $\lambda(t)$，称为失效率函数，有时也称为风险函数，并记为 $h(t)$。

设有 N 个产品，从 $t=0$ 开始工作，到时刻 t 时产品的失效数为 $n(t)$，而到时刻 $t+\Delta t$ 时产品的失效数为 $n(t+\Delta t)$，即在$[t, t+\Delta t)$时间区间内有 $\Delta n(t)=n(t+\Delta t)-n(t)$个产品失效，则定义该产品在时间区间$[t, t+\Delta t)$内的平均失效率为

$$\bar{\lambda}(t)=\frac{n(t+\Delta t)-n(t)}{[N-n(t)]\cdot\Delta t}=\frac{\Delta n(t)}{[N-n(t)]\cdot\Delta t} \tag{4.10}$$

当产品数 $N\to\infty$、时间区间 $\Delta t\to 0$ 时，瞬时失效率或失效率（故障率）为

$$\lambda(t)=\lim_{\substack{N\to\infty\\ \Delta t\to 0}}\bar{\lambda}(t)=\lim_{\substack{N\to\infty\\ \Delta t\to 0}}\frac{\Delta n(t)}{[N-n(t)]\cdot\Delta t} \tag{4.11}$$

平均失效率也可用积分式表达为

$$m(t)=\frac{1}{t}\int_{-\infty}^{t}\lambda(t)\mathrm{d}t,\quad t>0 \tag{4.12}$$

或

$$m(t)=\frac{1}{t}\int_{0}^{t}\lambda(t)\mathrm{d}t \tag{4.13}$$

对于一般寿命问题，若寿命分布的定义范围为 $t\geqslant r$，而 $r\neq 0$，则将式（4.13）改写为式（4.14）就更适宜些，即

$$m^{*}(t)=\frac{1}{t-r}\int_{r}^{t}\lambda(t)\mathrm{d}t \tag{4.14}$$

累积失效率可定义为

$$M = t \cdot m(t) = \int_{-\infty}^{t} \lambda(t)\mathrm{d}t \tag{4.15}$$

失效率是产品可靠性常用的数量特征之一，失效率越高，则可靠性越低。

失效率的单位多用每千小时百分之几，即用$\%/10^3\mathrm{h} = 10^{-5}/\mathrm{h}$表示。对于可靠度高、失效率低的产品，则以 $\mathrm{Fit} = 10^{-9}/\mathrm{h} = 10^{-6}/10^3\mathrm{h}$ 为单位。有时不用时间的倒数而用与其相当的动作次数、转数、距离等的倒数更适宜些。

例 4-1　今有 128 个轴箱轴承，已工作了 6 年，工作满 5 年时共有 6 个失效，工作满 6 年时共有 8 个失效。试计算这批零件工作满 5 年时的失效率。

解　按式（4.10），时间以年为单位，则$\Delta t = 1$年时有

$$\bar{\lambda}(5) = \frac{\Delta n(t)}{\left[n - n(t)\right] \times \Delta t} = \frac{8-6}{(128-6)\times 1} = 0.01639\,/\,年 = 1.64\%\,/\,年 \tag{4.16}$$

若时间以 $10^3\mathrm{h}$ 为单位，则$\Delta t = 1年 = 8.76\times 10^3\,\mathrm{h}$，因此

$$\bar{\lambda}(5) = \frac{\Delta n(t)}{\left[n - n(t)\right] \times \Delta t} = \frac{8-6}{(128-6)\times 8.76\times 10^3\,\mathrm{h}} = 1.871\times 10^{-6}\,\mathrm{h} = 1.871/10^6\,\mathrm{h} \tag{4.17}$$

若对这批零件测得多年的失效数据并按上述方法求出$\bar{\lambda}(1), \bar{\lambda}(2), \cdots$，则可绘出$\bar{\lambda}(t)$随时间$t$的变化曲线，称为该批零件的失效率曲线。

以上分别讨论了可靠度及失效率，下面再研究一下它们之间的关系。

联系到可靠度函数$R(t)$再看看失效率应怎样定义：失效率$\lambda(t)$是系统、机器、设备等产品一直到某一时刻t为止尚未发生故障的可靠度$R(t)$在下一单位时间内可能发生故障的条件概率。换句话说，$\lambda(t)$表示在某段时间 t 内圆满地工作的百分率 $R(t)$中在下一个瞬间将以何种比例发生失效或故障。因此，失效率的表达式为

$$\lambda(t) = \frac{\mathrm{d}F(t)/\mathrm{d}t}{R(t)} = \frac{-\mathrm{d}F(t)/\mathrm{d}t}{R(t)} = \frac{f(t)}{R(t)} \tag{4.18}$$

或

$$\lambda(t) = \frac{-\mathrm{d}\ln R(t)}{\mathrm{d}t} \tag{4.19}$$

由式（4.18）可知，$\lambda(t)$是瞬时失效率（或瞬时故障率、风险函数），也可称为$R(t)$条件下的$f(t)$。若可靠度函数$R(t)$或不可靠度函数$F(t) = 1-R(t)$已求出，则可按式（4.19）求出$\lambda(t)$。反之，若失效率函数$\lambda(t)$已知，则由式（4.19）也可求得$R(t)$，即

$$\int_0^t \lambda(t)\mathrm{d}t = -\int \mathrm{d}\ln R(t) = -\ln R(t) \tag{4.20}$$

所以

$$R(t) = \exp\left[-\int_0^t \lambda(t)\mathrm{d}t\right] \tag{4.21}$$

即可靠度函数$R(t)$是把$\lambda(t)$由 0 至 t 进行积分之后作为指数的指数型函数。

失效率函数有三种类型：一类是随时间的增长而增长的，如图 4.1（c）所示；另两类是随时间的增长而下降的和与时间无关而保持一定值的，如图 4.2 所示。图 4.2 还给出了$R(t)$、$f(t)$、$\lambda(t)$之间的关系。

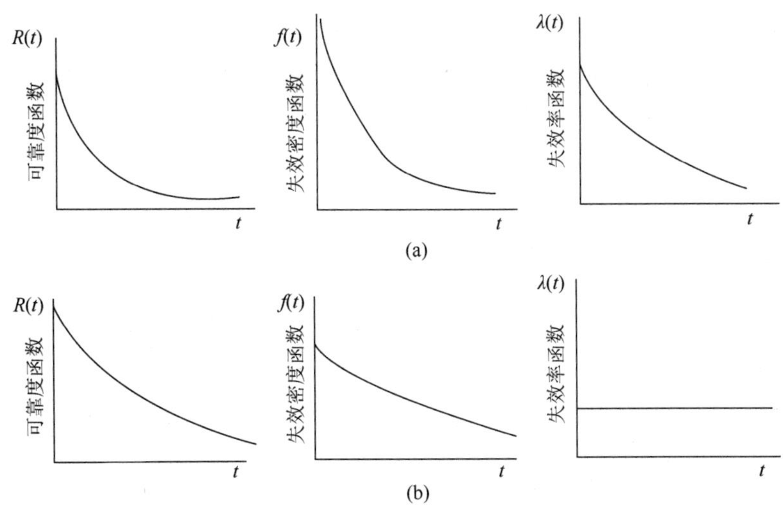

图 4.2　另外两类 $R(t)$、$f(t)$、$\lambda(t)$间的关系图

当 $\lambda(t)=\lambda=\text{const}$ 时，如图 4.2（b）所示，则公式（4.21）变为

$$R(t)=\mathrm{e}^{-\lambda t} \tag{4.22}$$

在图 4.2（a）中，失效率是随时间的延长而下降的，由于这种失效率函数形态的特点，产品在开始使用时失效率高，容易发生故障，但越往后则剩下的产品越可靠而不易发生故障。具有这种失效率函数形态的产品可借助于长期的使用试验，选取优质产品的类型。在图 4.2（b）中，故障发生的形式是随机的，失效率为常量，可靠度如式（4.22）所示呈最简单的指数分布，这是可靠性的最基本形式。这时，因为在任何时间故障的发生率都是相同的，所以故障是无法预测的。因此，即使更换新的零件，故障仍会按同样的概率发生，事先更换零件也是无效的。在图 4.1（c）中，失效率函数是随时间的增长而上升的。常见于滚动轴承等机械零件的磨损，这种情况的失效密度函数 $f(t)$的形态接近于正态分布。如果可用数学上的正态分布表现其寿命形态，则故障将集中在平均值左右$\pm 3\sigma$ 的时间内发生。在这种情况下，若能在故障即将发生以前将这些零件更换下来，则可避免故障的发生。

对应于上述三种失效率函数的形态，失效率曲线一般可分为递增型失效率（increasing failure rate，IFR）曲线、递减型失效率（decreasing failure rate，DFR）曲线和恒定型失效率（constant failure rate，CFR）曲线。

由许多零件构成的机器、设备或系统，在不进行预防性维修时，或者对于不可修复的产品，其失效率曲线的典型形态如图 4.3 所示。由于它的形状与浴盆的剖面相似，所以又称浴盆曲线（bathtub curve）。它是由上述三种形态的失效率曲线组成的，反映了产品在其全部工作过程中的三个不同阶段或时期。

其中，早期失效期出现在产品投入使用的初期，其特点是开始时失效率较高，但随着使用时间的增加失效率将较快地下降，呈递减型，如图 4.3 中的时期（A）所示。此时期的失效或故障由设计上的疏忽、材料有缺陷、工艺质量问题检验差错而混进了不合格品、不适应外部环境等缺点及设备中寿命短的部分等因素引起。这个时期的长短随设备或系统的规模和上述情况的不同而异。为了缩短这一阶段的时间，产品应在投入运行前进行试运转，以便及早发现、修正和排除缺陷；或通过试验进行筛选剔除不合格品；或进行规定的跑合和调整，以便改善其技术状况。

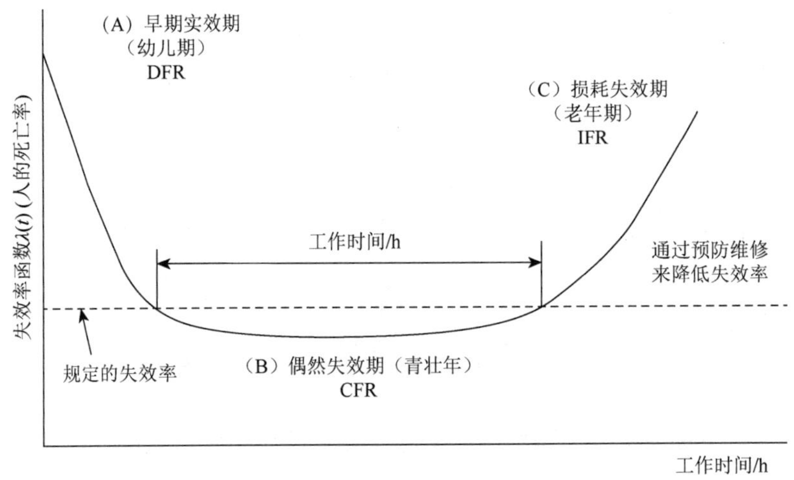

图 4.3　不进行维修的机器、设备或系统的典型失效率曲线

在早期失效期之后，早期失效的产品暴露无遗，失效率就会大体趋于稳定状态并降至最低，且在相当一段时期内大致维持不变，如图 4.3 中的时期（B）。此时期故障的发生是偶然的或随机的，故称为偶然失效期，又称随机失效期。偶然失效期是设备或系统等产品的最佳状态时期，在规定的失效率下其持续时间称为使用寿命或有效寿命。人们总是希望延长这一时期，即希望在容许的费用内延长使用寿命。台架寿命试验、可靠性试验，一般都是在消除了早期故障之后针对偶然失效期而进行的。

损耗失效期出现在设备、系统等产品投入使用的后期，其特点是失效率随工作时间的增加而上升，呈递增型，如图 4.3 中的时期（C）。其失效是由带全局性的原因造成的，说明产品的损伤已经严重，寿命即将终止。当某种零部件的失效率已达到不能允许值时，就应进行更换或维修，这样可延长使用寿命，推迟损耗失效期的到来。当然，是否值得采取这种措施需要权衡，因为有时把它报废则更为合算。

可靠性研究虽涉及上述三种失效类型或三种失效期，但着重研究的是随机失效，因为它发生在设备的正常使用期间。

另外，浴盆曲线的观点反映的是不可修复且较为复杂的设备或系统在投入使用后失效率的变化情况。在一般情况下，凡是由于单一的失效机理而引起失效的零部件，应归于 DFR 型；而固有寿命集中的多属于 IFR 型。只有在稍复杂的设备或系统中，由于零件繁多且对它们的设计、使用材料、制造工艺、工作（应力）条件、使用方法等不同，失效因素各异，才形成包含上述三种失效类型的浴盆曲线。

在可修复的设备、系统中，进行预防维修（preventive maintenance，PM）和事后维修（corrective maintenance，CM），使得设备或系统各组成部分的寿命是随机的并处于稳定状态。因而可以认为其更换率（替换率（renewal rate），用于可更换零件的产品，它相当于失效率 λ，其倒数为 MTBF）近似于稳定值。

3. 平均寿命

在产品的寿命指标中，最常用的是平均寿命（mean life）。平均寿命是产品寿命的平均值，而产品的寿命则是它的无故障的工作时间，其对于不可修复（失效后无法修复或不修复，仅进行更换）的产品和可修复（发生故障后经修理或更换零件即恢复功能）的产品时，含义有一定差别。对于不可修复的产品，其寿命是指它的失效前的工作时间。因此，平均寿命就是指该产品从开始使用到失效前的工作时间或次数均值，或称为失效前平均时间，记为 MTTF（mean time to failure）。

$$\mathrm{MTTF}=\frac{1}{N}\sum_{i=1}^{N}t_i \tag{4.23}$$

式中，N 为测试的产品总数；t_i 为第 i 个产品失效前的工作时间，h。

对于可修复的产品，其寿命是指相邻故障间的工作时间，则平均寿命为平均无故障工作时间或平均故障间隔，记为 MTBF。

$$\mathrm{MTBF}=\frac{1}{\sum\limits_{i=1}^{N}n_i}\sum_{i=1}^{N}\sum_{j=1}^{n_i}t_{ij} \tag{4.24}$$

式中，N 为测试的产品总数；n_i 为第 i 个测试产品的故障数；t_{ij} 第 i 个产品从第 $j-1$ 次故障到第 j 次故障的工作时间，h。

MTTF 与 MTBF 的理论意义和数学表达式的实际内容都是一样的，故通称为平均寿命。这样，如果从一批产品中任取 N 个产品进行寿命试验，得到第 i 个产品的寿命数据为 t_i，则该产品的平均寿命 θ 为

$$\theta=\frac{1}{N}\sum_{i=1}^{N}t_i \tag{4.25}$$

或表达为

$$\theta=\frac{\text{所有产品总的工作时间}}{\text{总的故障次数}} \tag{4.26}$$

若进行寿命试验的产品数 N 较大，寿命数据较多，用上列各式计算较烦琐，则可将全部寿命数据按一定时间间隔分组，并取每组的寿命数据的中值 t_i 作为该组各寿命数据的近似值，则总的工作时间就可近似地用各组的寿命数据中值 t_i 与相应频数 Δn_i 的乘积之和 $\sum(t_i\cdot\Delta n_i)$ 来表示，故平均寿命 θ 又可表达为

$$\theta=\frac{1}{N}\sum_{i=1}^{n}(t_i\cdot\Delta n_i) \tag{4.27}$$

式中，N 为总的寿命数据数；n 为分组数；t_i 为第 i 组的寿命数据的中值，h；Δn_i 为第 i 组的寿命数据个数（失效频数）。

若产品总体的失效密度函数 $f_i(t)$ 已知，则根据概率论与数理统计关于均值（数学期望）$E(X)$ 的定义考虑到时间的积分范围应为 $0\leqslant t\leqslant\infty$，故有

$$E(X)=\int_{-\infty}^{+\infty} x f(x)\mathrm{d}x \tag{4.28}$$

$$\theta=E(T)=\int_{0}^{+\infty} t f(t)\mathrm{d}t \tag{4.29}$$

将式（4.7）代入式（4.29），得到

$$\begin{aligned}\theta&=\int_0^{+\infty} t\left(-\frac{\mathrm{d}R(t)}{\mathrm{d}t}\right)\mathrm{d}t=-\int_0^{+\infty} t\mathrm{d}R(t)=-\int_0^{+\infty}\mathrm{d}\left[t\cdot R(t)\right]+\int_0^{+\infty}R(t)\mathrm{d}t\\&=-\left[t\cdot R(t)\right]+\int_0^{+\infty}R(t)\mathrm{d}t\end{aligned} \tag{4.30}$$

因当 $t=0$ 时 $t\cdot R(t)=0$；而当 $t=+\infty$时 $t\cdot R(t)=0$，故得

$$\theta=\int_0^{+\infty}R(t)\mathrm{d}t \tag{4.31}$$

式(4.31)中的 θ 就是 MTTF 或 MTBF。由此可见，在一般情况下，对可靠性函数 $R(t)$ 在 0～$+\infty$ 的时间区间进行积分计算，就可求出产品总体的平均寿命。

当 $\lambda(t)=\lambda=\text{const}$ 时，式（4.22）给出了 $R(t)=\mathrm{e}^{-\lambda t}$，代入式（4.31），则得

$$\begin{aligned}\theta&=\int_0^{+\infty}R(t)\mathrm{d}t=\int_0^{+\infty}\mathrm{e}^{-\lambda t}\mathrm{d}t=-\frac{1}{\lambda}\int_0^{+\infty}\mathrm{e}^{-\lambda t}\mathrm{d}(-\lambda t)=-\frac{1}{\lambda}\mathrm{e}^{-\lambda t}\Big|_0^{+\infty}\\&=-\frac{1}{\lambda}(\mathrm{e}^{-\infty}-\mathrm{e}^{0})=\frac{1}{\lambda}\end{aligned} \tag{4.32}$$

即

$$\theta=\frac{1}{\lambda} \tag{4.33}$$

当可靠性函数 $R(t)$为指数分布时，平均寿命 θ 等于失效率 λ 的倒数。当 $t=\theta=1/\lambda$ 时，由式（4.22）知 $R(t)=\mathrm{e}^{-1}=0.3679$，能够工作到平均寿命的产品仅有 36.79%左右，即在这种简单指数分布的情况下，约有 63.21%的产品将在达到平均寿命前失效。

4\. *寿命方差和标准差*

平均寿命是一批产品中各个产品的寿命的算术平均值，它只能反映这批产品寿命分布的中心位置，而不能反映各产品寿命 $t_1, t_2, \cdots, t_n$ 与此中心位置的偏离程度。寿命方差和均方差（标准差）就是用来反映产品寿命离散程度的特征值。

当产品的寿命数据 $t_i(i=1, 2, \cdots, N)$为离散型变量时，平均寿命 θ 可按式(4.27)计算。由于产品寿命的标准偏差 $t_i-\theta$ 有正有负，而采用其平方值$(t_i-\theta)^2$ 来表示。所以，一批数量为 N 的产品（母体）的寿命方差为

$$D(t)=[\sigma(t)]^2=\frac{1}{N}\sum_{i=1}^{N}(t_i-\theta)^2 \tag{4.34}$$

寿命均方差（或标准差）为

$$\sigma(t)=\sqrt{\frac{1}{N}\sum_{i=1}^{N}(t_i-\theta)^2} \tag{4.35}$$

式中，N 为该母体取值的总次数，$N\to\infty$或是个相当大的数；θ 为测试产品的平均寿命，h；t_i 为第 i 个测试产品的实际寿命，h。

当 N 为不大的数或对于子样，其寿命方差和均方差则分别为

$$s^2 = \frac{1}{N-1}\sum_{i=1}^{N}(t_i - \theta)^2 \tag{4.36}$$

$$s = \sqrt{\frac{1}{N-1}\sum_{i=1}^{N}(t_i - \theta)^2} \tag{4.37}$$

连续型变量的总体寿命方差可由失效密度函数 $f(t)$ 直接求得：

$$D(t) = [\sigma(t)]^2 = \int_0^{+\infty}(t-\theta)^2 f(t)\mathrm{d}t \tag{4.38}$$

式中，$\sigma(t)$ 为寿命均方差或标准差。

将式（4.38）的平方展开并将式（4.25）代入，则得

$$[\sigma(t)]^2 = \int_0^{+\infty} t^2 f(t)\mathrm{d}t - \theta^2 \tag{4.39}$$

5. 可靠寿命、中位寿命和特征寿命

如前所述，产品的可靠度与它的使用期限有关。换句话说，可靠度是工作寿命 t 的函数，可以用可靠度函数 $R(t)$ 表示。因此，当 $R(t)$ 为已知时，就可以求得任意时间 t 的可靠度。反之，若确定了可靠度，也可以求出相应的工作寿命（时间）。可靠寿命（可靠度寿命）就是指可靠度为给定值 R 时的工作寿命，并以 t_R 表示。

可靠度 $R = 50\%$ 的可靠寿命，称为中位寿命，用 $t_{0.5}$ 表示。当产品工作到中位寿命 $t_{0.5}$ 时，产品中将有半数失效，即可靠度与累积失效概率均等于 0.5。

可靠度 $R = \mathrm{e}^{-1}$ 的可靠寿命称为特征寿命，可用 T_{e}^{-1} 表示。

例 4-2　若已知产品的失效率为常数 $\lambda(t) = \lambda = 0.2\times10^{-5}\mathrm{h}^{-1}$，试求可靠度 $R = 99\%$ 时的相应可靠寿命 $t_{0.99}$。

解　因为 $R(t) = \mathrm{e}^{-\lambda t}$，所以两边取对数得

$$\ln R(t_R) = -\lambda t_R \tag{4.40}$$

得

$$t_R = -\frac{\ln R(t_R)}{\lambda} = \frac{\ln(0.99)}{0.2\times10^{-5}} = 5025\mathrm{h} \tag{4.41}$$

例 4-3　若已知产品的失效率为常数 $\lambda(t) = \lambda = 0.2\times10^{-5}\mathrm{h}^{-1}$，试求可靠度 $R = 99\%$ 时的相应可靠寿命 $t_{0.99}$。

解　因为 $R(t) = \mathrm{e}^{-\lambda t}$，所以两边取对数得

$$\ln R(t_R) = -\lambda t_R \tag{4.42}$$

得

$$t_R = -\frac{\ln R(t_R)}{\lambda} = \frac{\ln(0.99)}{0.2\times10^{-5}} = 5025\mathrm{h} \tag{4.43}$$

6. 有效寿命、更换寿命和筛选寿命

有效寿命（useful life，longevity）又称使用寿命。在可靠性研究中把失效分为早期失效、偶然失效（随机失效）和损耗失效三个失效期。前面介绍了反映这三个失效期的失

效率曲线，如图 4.3 所示，它又称典型寿命曲线。由该图可知，在早期失效期失效率为工作时间的递减函数。此后，失效率大体稳定，设备则进入偶然失效期。在此期间设备的失效率最低且稳定，是设备最佳使用时期，这个时间的长短称为有效寿命。其后，设备进入损耗失效期，失效率上升。

更换寿命和筛选寿命定义如下。若预先给定某失效率值，则根据式（4.18）给出的方程 $\lambda = f(t)/R(t) = -R'(t)/R(t)$求出其相应的时间 t 的值，则称此 t 值为更换寿命，记为 t_λ。“更换”是指元器件使用到 t_λ 时，必须给予更换，否则失效率将会比已给定的失效率更高。因此，更换寿命是对那些失效率函数以 λ 为递增的函数而言的。如果失效率函数 $\lambda(t)$ 是随使用时间的增加而递减的，那么这样的元器件则应在 t_λ 以前进行更换或筛选，而在 t_λ 以后可不必更换。此时 t_λ 可称为筛选寿命。

7. 维修度等有关尺度

产品的维修性可用其维修度（maintainability）来衡量。维修度的定义就是“对可能维修的产品在发生故障或失效后在规定的条件下和规定的时间（$0, \tau$）内完成修复的概率”，记为 $M(\tau)$。即维修度是用概率表示产品易于维修的性能的，或者说，维修度是用概率表征产品的维修难易程度的。完成维修的概率是与时俱增的，是对时间累积的概率。因此，维修度也是时间（维修时间τ）的函数，故又称维修度函数$M(\tau)$，它表示当$\tau=0$时，处于失效或完全故障状态的全部产品在τ时刻前经维修后有多少恢复到正常功能的累积概率。这里将讨论产品由失效或故障状态（$\tau=0$）修复到正常状态时，维修时间 τ 的分布及平均维修时间（mean time to repair，MTTR）。MTTR 是指可修复的产品的平均维修时间（总维修活动时间(h)/维修次数）。

一般 $M(\tau)$服从指数分布或对数正态分布，当服从指数分布时，有

$$M(\tau) = 1 - \mathrm{e}^{-\mu\tau} \tag{4.44}$$

式中，μ 为修复率，或写为 $\mu(\tau)$，h^{-1}。$\mathrm{e}^{-\mu\tau}$ 表示在规定时间（$0, \tau$）内“零”维修的概率。修复率是指维修时间已达到某一时刻但尚未修复的产品在该时刻后的单位时间内完成修理的概率，可表示为

$$\mu(\tau) = \frac{\mathrm{d}M(\tau)}{\mathrm{d}\tau}\frac{1}{1-M(\tau)} = \frac{m(\tau)}{1-M(\tau)} \tag{4.45}$$

式中，$m(\tau)$ 为维修时间的概率密度函数：

$$m(\tau) = \frac{\mathrm{d}M(\tau)}{\mathrm{d}\tau} \tag{4.46}$$

当$M(\tau)$服从指数分布时，修复率μ是平均维修时间的倒数，即

$$\mu = \frac{1}{\mathrm{MTTR}} \tag{4.47}$$

将式（4.46）与式（4.7）、式（4.45）与式（4.18）、式（4.44）与式（4.8）、式（4.47）与式（4.24）分别相比较，则可发现在可靠性与维修性研究中 $m(\tau)$ 与 $f(t)$、$\mu(\tau)$ 与 $\lambda(t)$、$M(\tau)$ 与 $F(t)$、MTBF（MTTF）与 MTTR 是一一对应的。$F(t)$与$M(\tau)$都是对时间累积的概率，它们随时间的变化趋势是一致的。产品由于失效（故障）而停止使用的总时间（包

括维修时间在内）的平均值，称为平均不能工作时间或平均休止时间、平均停机时间，记为 MDT（mean down time）。有时可用 MDT 代替 MTTR。

维修度除与产品的固有质量有关外，还与有关的人有关。要提高维修度，就要重视这些因素，主要包括产品结构的维修方便性、维修人员的专业技能及维修系统的效能，一般称为维修三要素。产品结构的维修方便性是指对产品进行维修性设计，即在产品的结构设计时，要想法使产品在发生故障后，容易发现、便于检查、易于修复，维修性设计应考虑到产品的"接近性"好，即检查和维修人员应极易接近该产品的被检查、被维修部分，方便工作。维修系统的效能包括备件的供应、维修工具及设备的效能和维修系统的管理水平等。也就是说，维修度还受维修系统的效能和修理技能的影响，这些是不可忽视的，否则将使维修度失去比较的标准。

8. *有效度*

可靠度与维修度合起来的尺度又可称为有效度（availability）、可利用度或利用率。有效度正是综合可靠度与维修度的广义可靠性尺度。有效度是指可能维修的产品在规定的条件下使用时，在某时刻 t 具有或维持其功能的概率。这里已包括了维修的效用在内。换句话说，系统、机器、设备或部件等产品，包括维修的效用在内，在给定的使用条件下，在规定的某时间，保持正常使用状态或功能的概率，就是该产品的有效度。对于可能维修的产品，当发生故障时，只要在允许的时间内修复后又能正常工作，则其有效度与单一可靠度相比，是增加了正常工作的概率。对于不可能维修的产品，有效度就仅取决于且等于可靠度。

有效度是时间的函数，故又可称为有效函数，记为 $A(t)$或 A，它的分类如下。

1）瞬时有效度

瞬时有效度（instantaneous availability）是指在某一特定瞬时，可能维修的产品保持正常使用状态或功能的概率，又称瞬时利用率，记为 $A(t)$。它只反映 t 时刻产品的有效度，而与 t 时刻以前是否失效无关。

2）平均有效度

平均有效度（mean availability）是指某一时间间隔上的 $A(t)$平均值，即有

$$\overline{A}(t) = A(t_1, t_2) = \int_{t_1}^{t_2} A(t)\mathrm{d}t \,/\, (t_2 - t_1) \tag{4.48}$$

当 $t_1 = 0$，$t_2 = T$ 时，产品在（0, T）内的平均有效度表示如下：

$$\overline{A}(T) = \frac{1}{T}\int_0^T A(t)\mathrm{d}t \tag{4.49}$$

3）稳态有效度

稳态有效度（steady availability）或称为时间有效度（time availability）和可工作时间比（up time ratio，UTR），记为 $A(\infty)$或简写为 A，它是时间趋向无穷大（∞）时的结果，极限表达为

$$A = \lim_{t\to\infty} A(t) \tag{4.50}$$

由于人们最关心的是产品长时间使用的有效度，因此稳态有效度是经常使用的，它

也可以用式（4.51）表达：

$$A=\frac{\text{可工作时间}}{\text{可工作时间}+\text{不能工作时间}} \tag{4.51}$$

或表达为

$$A=\frac{U}{U+D} \tag{4.52}$$

式中，U 为可能维修的系统、机器、设备或部件等产品平均能正常工作的时间，h；D 为产品平均不能工作的时间，h。

又或者表达为

$$A=\frac{\text{MTBF}}{\text{MTBF}+\text{MTTR}} \tag{4.53}$$

式中，MTBF 为平均无故障工作时间；MTTR 为平均维修时间。

当可靠度函数 $R(t)$、维修度函数 $M(\tau)$均为指数分布时，如式（4.22）和式（4.44）所示，则将式（4.33）及式（4.47）代入式（4.53）得到

$$A=\frac{\text{MTBF}}{\text{MTBF}+\text{MTTR}}=\frac{\mu}{\mu+\lambda} \tag{4.54}$$

式中，μ 为修复率；λ 为失效率。

由式（4.54）可知，增大有效度 A 的途径是增大 MTBF 并减小 MTTR。下面可进一步将稳态有效度再分成如下几类。

（1）固有有效度（inherent availability）：

$$\begin{aligned}A&=\frac{\text{工作时间}}{\text{工作时间}+\text{实际不能工作时间}}\\&=\frac{\text{MTBF}}{\text{MTBF+MADT}}\end{aligned} \tag{4.55}$$

式中，MADT（mean active down time）为平均实际不能工作时间；MTBF 为平均无故障工作时间。

这是事后维修的公式，若是预防性维修，则式（4.55）中的 MTBF 应以 MTTM（mean time to maintenance）或 MTBO（mean time between overhauls）代替。MTTM 为平均维修时间；MTBO 为两次维修间的平均时间（多用于预防性维修）。

固有有效度也可以表示为

$$A(t_1,t_2)=\frac{\text{MTBM}}{\text{MTBM}+M} \tag{4.56}$$

式中，MTBM（mean time between maintenance）为两次维修间平均时间（固有有效度的另一种表示方法）。

（2）工作有效度（work effectiveness）：

$$A_o=\frac{\text{工作时间}}{\text{工作时间}+\text{总不能工作时间}} \tag{4.57}$$

（3）使用有效度（use availability）：

$$A_u = \frac{\text{工作时间}}{\text{工作时间} + \text{停机时间} + \text{总不能工作时间}} \tag{4.58}$$

对上述各种有效度，不宜统称为有效度，而应具体说明是何种形式的有效度，并根据系统、机器、设备等产品的不同情况而选用之。

前已说明有效度是可靠度与维修度的综合，这里再进一步用数学表达的方法说明它们之间的关系。若给定某产品的使用时间 t，维修所容许的时间 τ（τ 应远小于 t），若该产品的可靠度为 $R(t)$，维修度为 $M(\tau)$，则其有效度 $A(t,\tau)$ 可表达为

$$A(t,\tau) = R(t) + \left[1 - R(t)\right]M(\tau) \tag{4.59}$$

可见，为了得到高有效度，应做到高可靠度和高维修度。当可靠度偏低时，可用提高维修度的方法来解决。但这样就会经常发生故障，而使维修费用增加。

9. 系统有效性

系统有效性（system effectiveness）是综合了有效度 A、可靠度 R、完成功能概率（performance）P（能力 C 或设计适用性 D）等的一个综合尺度，是系统开始使用时的有效度，使用期间的可靠度和功能的乘积。有效性 E 可表达为

$$E = ARP \tag{4.60}$$

若还考虑费用，则可用费用有效性的尺度。这时如果采用“费用/E”，“费用/MTBF”作为费用有效性的尺度，则希望达到最小；而采用“E/费用”时则希望达到最大。

10. 重要度

系统中的某设备发生故障而引起的系统故障次数占整个系统故障次数的比例，称为该设备在该系统中的重要度，可表达为

$$\text{重要度} = \frac{\text{某设备故障而引起的系统的故障次数}}{\text{整个系统所有设备发生故障的次数}} \tag{4.61}$$

11. 经济尺度

为使可靠性与成本相平衡，经济尺度也很重要，在可靠性的尺度中有以下几种经济尺度：

$$\left.\begin{array}{l} \text{费用比(cost ratio, CR)} = \dfrac{\text{全年维修费}}{\text{购置费}}、\dfrac{\text{MTBF}}{[\text{成本}]} \\ \dfrac{\text{维修费} + \text{使用费}}{\text{工作时间}}、\dfrac{\text{劳动工资费用}}{\text{物资费用}}\text{等} \end{array}\right\} \tag{4.62}$$

可根据情况选用上述经济尺度中最合适的，以获得有关可靠性的费用、使用设备系统的费用、因不可靠而导致损失的费用等信息，以便在进行可靠性设计时，能全面权衡成本、可靠性、维修性、生产性等各种因素，作为设计的尺度。

12. 与人为差错有关的可靠性尺度

无论自动化程度多么高，也不能把人从系统中完全排除，反而会越来越表明进行高级判断的人的重要作用。但人总会有差错，为了避免系统中人的差错，应提高操作和检查的自动化水平。但由此会导致设备变得更加复杂，致使可靠性下降。

与人为差错有关的可靠性的尺度有平均人为差错间隔（mean time between human error，MTBHE）、首次人为差错前平均时间（mean time to first human error，MTTFHE）及人为首次故障前平均时间（mean time to human initiated failure，MTTFF）。平均人为差错间隔与平均故障间隔或平均无故障工作时间（MTBF）相对应；首次人为差错前平均时间与首次故障前平均时间相对应。

4.2　结构可靠性设计原理与计算

可靠性问题是一种综合性的系统工程问题。机械产品的设计决定了产品的可靠性水平，即产品的固有可靠度。产品的制造和使用固然也对其可靠性有极其重要的影响，但毕竟制造是按设计进行的，制造和使用的主要任务是保证产品可靠性指标的实现。由此，产品可靠性设计的重要性也就不言而喻了。

机械可靠性设计的主要内容包括：①研究产品的故障机理和故障模型；②确定产品的可靠性指标及其等级；③可靠性预测；④合理分配产品的可靠性指标值；⑤以规定的可靠性指标值为依据对零件进行可靠性设计。

机械可靠性设计与以往的传统机械设计方法不同，机械可靠性设计具有以下基本特点：①以应力和强度为随机变量作为出发点；②应用概率和统计方法进行分析、求解；③能定量地回答产品的失效概率和可靠度；④有多种可靠性指标供选择；⑤强调设计对产品可靠性的主导作用；⑥必须考虑环境的影响；⑦必须考虑维修性；⑧从整体的、系统的观点出发；⑨承认在设计期间及其以后都需要可靠性增长。可靠性的设计方法有如下几种。

1. 结构可靠性设计

结构可靠性设计是一种概率设计方法。这种方法认为，结构真实的外载荷（应力）和真实的承载能力（强度或抗力）都是概率意义上的量，即随机变量、随机场或随机过程，它们服从一定的统计分布规律。以此为出发点进行结构设计，能够与客观实际更好地符合。用这种方法进行结构设计，带来的明显好处是质量的减小、成本的降低及性能的提高。

2. 冗余设计

为提高系统功能而附加一个或一套以上的零件、部件和设备，达到使其中之一发生失效但整个系统并不发生失效的结果，这种系统称为冗余系统，这种设计方法称为冗余设计。冗余设计是系统或设备获得高可靠性、高安全性和高生存能力的设计方法之一。

特别是当零部件质量与可靠性水平比较低，采用一般设计已无法满足设备的可靠性要求时，冗余设计就具有重要的应用价值。

3. 耐环境设计

在实际使用中，机械系统在不同环境的影响下，其可靠性是不同的，恶劣的环境使其可靠性明显下降。耐环境设计的主要任务是：研究环境对系统的影响，研究防止或减少环境对系统可靠性影响的各种方法，设计时需要考虑环境因素、耐低温设计、防冲击和耐振动设计、防沙尘设计及耐湿设计等。

4. 耐热设计

耐热设计主要考虑金属在低、高温条件下强度、塑性的变化。

可靠性设计理论的基本任务，是在可靠性物理学研究的基础上结合可靠性试验及可靠性数据的统计与分析，提出可供实际设计计算用的物理数学模型和方法，以便在产品设计阶段就能规定其可靠性指标，或估计、预测机器及其主要零部件在规定的工作条件下的工作能力状态或寿命，保证所设计的产品具有所需要的可靠度，机械零件的可靠性设计是以应力-强度分布干涉理论为基础的。

4.2.1　应力-强度分布干涉理论及其表达

应力-强度分布干涉理论是以应力-强度分布干涉模型为基础的，该模型可清楚地揭示机械零件产生故障而有一定故障率的原因和机械强度可靠性设计的本质。

机械零件的强度和工作应力均为随机变量，呈随机分布状态。这是由于影响零件强度的参数如材料的性能、尺寸、表面质量等均为随机变量，影响应力的参数如载荷工况、应力集中、工作温度、润滑状态也都是随机变量。

在机械设计中，强度与应力具有相同的量纲，因此可以将它们的概率密度曲线表示在同一个坐标系中。通常要求零件的强度高于其工作应力，但由于零件的强度值与应力值的离散性，应力-强度两概率密度函数曲线在一定的条件下可能相交，这个相交的区域如图 4.4 的右图所示（图中的阴影线部分），就是产品或零件可能出现故障的区域，称为干涉区，如果在机械设计中使零件的强度大大地高于其工作应力而使两种分布曲线不相交，如图 4.4 的左图所示，则该零件工作初期在正常的工作条件下，强度总是大于应力，是不会发生故障的。即使是在这种设计使应力与强度分布曲线无干涉的情况下，该零件在动载荷、腐蚀、磨损、疲劳载荷的长期作用下，强度也将会逐渐衰减，可能会由图 4.4 中的位置 a 沿着衰减退化曲线移到位置 b，而使应力、强度分布曲线发生干涉。即由于强度的降低导致应力超过强度而产生不可靠的问题。由应力-强度分布干涉图还可以看出：当零件的强度和工作应力的离散程度大时，干涉部分就会加大，零件的不可靠度也就增大；当材质性能好、工作应力稳定而使应力与强度分布的离散度小时，干涉部分会相应地减小，零件的可靠度就会增大。另外，由该图也可以看出，即使在安全系数大于 1 的情况下，仍然会存在一定的不可靠度。所以，以往按传统的机械设计方法只进行安全系数的计算是不够的，还需要进行可靠度的计算，这正是可靠性设计有别于传统的常规设计最重要的特点，机械可靠性设计，就是要弄清零件的应力与其强度的分布规律，严格控制发生故障的概率，以满足设计要求。图 4.5 给出了机械强度可靠性设计的过程。

从应力-强度分布干涉模型可知，就统计数学的观点而言，由于干涉的存在，任一设计都存在着故障或失效的概率。设计者能够做到的仅仅是将故障或失效概率限制在某一可以接受的范围内而已。

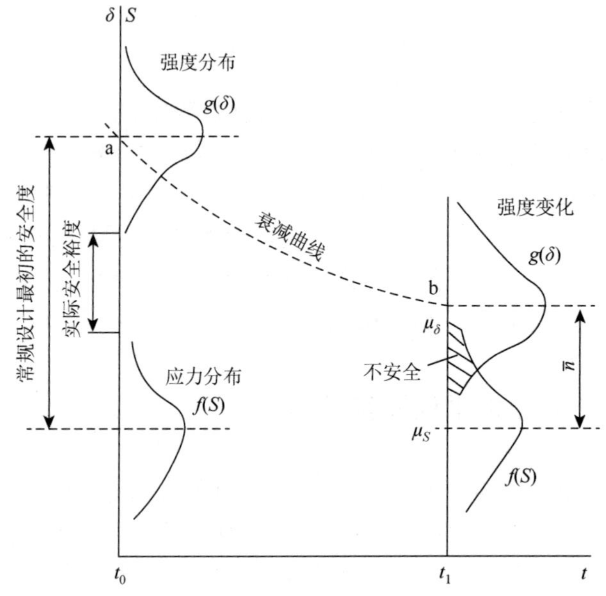

图 4.4　应力、强度分布曲线的相互关系

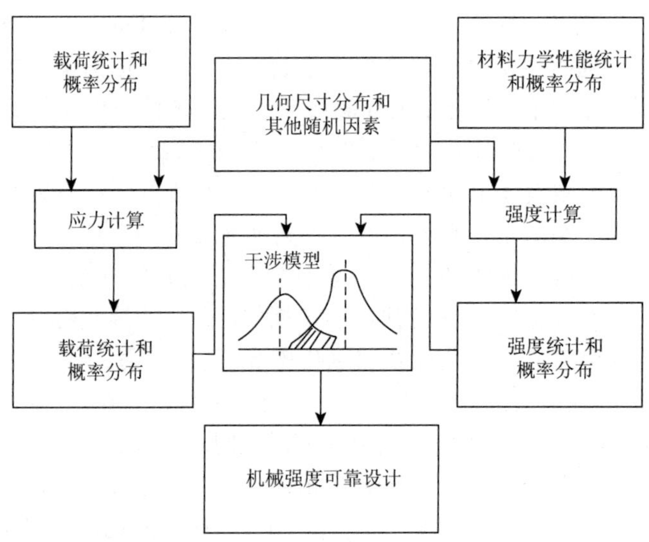

图 4.5　机械强度可靠性设计框图

由上述对应力-强度分布干涉模型的分析还可知，机械零件的可靠度主要取决于应力-强度分布曲线干涉的程度。如果应力与强度的概率分布曲线已知，就可以根据其干涉模型计算该零件的可靠度。例如，像图 4.4 中的左图所表示的那样，应力与强度的概率分布曲线不发生干涉，且最大可能的工作应力都要小于最小可能的极限应力（即强度的下限值）。这时，工作应力大于零件强度是不可能事件。

工作应力大于零件强度的概率等于零，即

$$P(S > \delta) = 0 \tag{4.63}$$

式中，S 为工作应力；δ 为强度。

具有这样的应力-强度分布干涉模型的机械零件是安全的，不会发生故障。

当应力与强度的概率分布曲线发生干涉时，虽然工作应力的平均值 μ_s 仍远小于极限应力（强度）的平均值 μ_δ，但不能绝对保证工作应力在任何情况下都不大于极限应力。即工作应力大于零件强度的概率大于零：

$$P(S > \delta) > 0 \tag{4.64}$$

一旦应力值超过材料强度，则认为将产生故障或失效。应力大于强度的全部概率则为失效概率（不可靠度），并以式（4.65）表示：

$$F = P(S > \delta) = P\left[(\delta - S) < 0\right] \tag{4.65}$$

相反，当应力小于材料强度时，则认为不发生故障或失效。应力小于强度的全部概率定义为可靠度，并以式（4.66）表示：

$$F = P(S < \delta) = P\left[(\delta - S) > 0\right] \tag{4.66}$$

令 $f(S)$为应力分布的概率密度函数，$g(\delta)$为强度分布的概率密度函数，如图 4.6 所示，两者发生干涉。相应的分布函数分别为 $F(S)$及 $G(\delta)$。可按下述方法求得应力、强度分布发生干涉时的失效概率和可靠度的一般表达式。

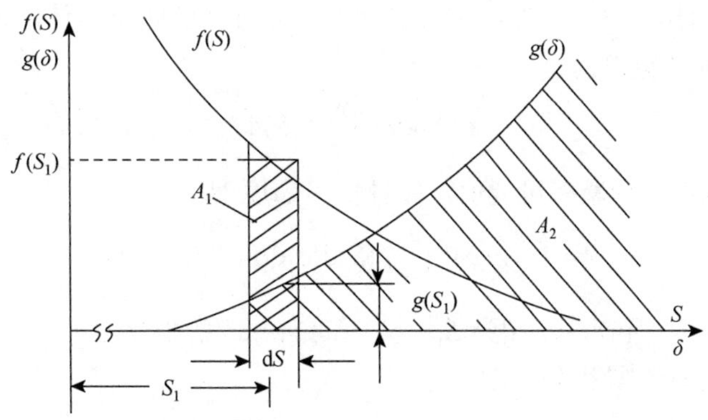

图 4.6　应力-强度分布干涉

1. 概率密度函数联合积分法

如图 4.6 所示，应力值 S_1 落于宽度为 dS 的小区间内的概率等于该小区间所决定的单元面积 A_1，即

$$P\left[\left(S_1-\frac{\mathrm{d}S}{2}\right)\leqslant S\leqslant\left(S_1+\frac{\mathrm{d}S}{2}\right)\right]=f(S_1)\mathrm{d}S=A_1 \tag{4.67}$$

强度 δ 大于应力 S_1 的概率为

$$P(\delta > S_1)=\int_{S_1}^{+\infty} g(\delta)\mathrm{d}\delta = A_2 \tag{4.68}$$

考虑 $f(S_1)\,\mathrm{d}S$ 与式（4.68）右边公式为两个独立的随机事件，根据“乘法定理”可知，同时发生的概率等于两个事件单独发生概率的乘积，即

$$f(S_1)\mathrm{d}S\cdot\int_{S_1}^{+\infty} g(\delta)\mathrm{d}\delta \tag{4.69}$$

这个概率就是应力 S 在 $\mathrm{d}S$ 小区间内不会引起故障或失效的概率（因为 $\delta>S$），它就是可靠度 $\mathrm{d}S$，即

$$\mathrm{d}R = f(S_1)\mathrm{d}S\cdot\int_{S_1}^{+\infty} g(\delta)\mathrm{d}\delta \tag{4.70}$$

如果将 S_1 变为随机变量 S，则可得到对应于零件的所有可能的应力值 S，强度 δ 均大于应力 S 的概率即可靠度为

$$R=P(\delta > S)=\int_{-\infty}^{+\infty} f(S)\left[\int_{S}^{+\infty} g(\delta)\mathrm{d}\delta\right]\mathrm{d}S \tag{4.71}$$

可靠度也可以按应力始终小于强度这一条件计算。相应地，图 4.6 中 S_1 改为 δ_1，$\mathrm{d}S$ 改为 $\mathrm{d}\delta$，$g(S_1)$改为 $g(\delta_1)$，$f(S_1)$改为 $f(\delta_1)$，则强度 δ 在区间 $\mathrm{d}\delta$ 的概率为

$$P\left[\left(\delta_1-\frac{\mathrm{d}\delta}{2}\right)\right]\leqslant\delta\leqslant\left(\delta_1+\frac{\mathrm{d}\delta}{2}\right)=g(\delta_1)\mathrm{d}\delta \tag{4.72}$$

而应力 S 小于等于 δ_1 的概率则为

$$P(S\leqslant\delta_1)=\int_{-\infty}^{\delta_1} f(S)\mathrm{d}S \tag{4.73}$$

同样假定 $g(\delta_1)\mathrm{d}\delta$ 与式（4.73）右端是两个相互独立的随机事件，则强度位于小区间内而应力不超过 δ_1 的概率为

$$g(\delta_1)\mathrm{d}\delta\cdot\int_{-\infty}^{\delta_1} f(S)\mathrm{d}S \tag{4.74}$$

因此，对于强度 δ 的所有可能值，零件的可靠度为

$$R=\int_{-\infty}^{+\infty} g(\delta)\left[\int_{-\infty}^{\delta} f(S)\mathrm{d}S\right]\mathrm{d}\delta = P(S<\delta) \tag{4.75}$$

因为有 $R=1-F$，且在$(-\infty, S]$到$[S, +\infty)$ 区间 $g(\delta)\mathrm{d}\delta$ 的积分为 1，则由式（4.71）可得相应的不可靠度或失效概率 F：

$$\begin{aligned} F=P(\delta\leqslant S)&=1-\int_{-\infty}^{+\infty} f(S)\left[\int_{S}^{+\infty} g(\delta)\mathrm{d}\delta\right]\mathrm{d}S \\ &=1-\int_{-\infty}^{+\infty} f(S)[1-G_\delta(S)]\mathrm{d}S \\ &=\int_{-\infty}^{+\infty} G_\delta(S)\cdot f(S)\mathrm{d}S \end{aligned} \tag{4.76}$$

同理，也可以由式（4.76）求得失效概率：

$$F = P(S \geqslant \delta) = 1 - \int_{-\infty}^{+\infty} g(\delta)\left[\int_{-\infty}^{\delta} f(S)\mathrm{d}S\right]\mathrm{d}\delta$$
$$= 1 - \int_{-\infty}^{+\infty} g(\delta)\cdot F_S(\delta)\mathrm{d}\delta \tag{4.77}$$
$$= \int_{-\infty}^{+\infty}[1 - F_S(\delta)]g(\delta)\mathrm{d}\delta$$

2. *强度与应力差的概率密度积分法*

令 $y = \delta - S$，式中零件的强度 δ 及工作应力 S 均为随机变量，所以它们的差 y 也是随机变量，称为干涉随机变量。

设 δ 和 S 均为独立的随机变量，且大于或等于零，即分布区间为（0, +∞），则干涉随机变量 y 的分布区间为（–∞, +∞）。这样，零件的可靠度可定义为

$$R = P(y > 0) \tag{4.78}$$

根据概率论中的卷积公式，可得干涉随机变量 y 的概率密度函数为

$$h(y) = \int_S g(y+S)\cdot f(S)\mathrm{d}S \tag{4.79}$$

对于式（4.79）的积分限：因 δ、S 的上限均为+∞，故式（4.79）的积分上限也为+∞，而当 $y = \delta - S < 0$ 时，其下限应为 $\delta = 0$，$y = -S$。因此，式（4.79）又可写为如下形式。

当 $y \geqslant 0$ 时：

$$h(y) = \int_0^{+\infty} g(y+S)\cdot f(S)\mathrm{d}S \tag{4.80}$$

当 $y \leqslant 0$ 时：

$$h(y) = \int_{-S}^{+\infty} g(y+S)\cdot f(S)\mathrm{d}S \tag{4.81}$$

干涉随机变量 $y < 0$ 的概率就是失效概率，故有

$$F = \int_{-\infty}^{0} h(y)\mathrm{d}y = \int_{-\infty}^{0}\int_{-S}^{+\infty} g(y+S)\cdot f(S)\mathrm{d}S\mathrm{d}y \tag{4.82}$$

而 $y > 0$ 的概率就是可靠度，故有

$$R = \int_0^{+\infty} h(y)\mathrm{d}y = \int_0^{+\infty}\int_0^{+\infty} g(y+S)\cdot f(S)\mathrm{d}S\mathrm{d}y \tag{4.83}$$

$$R = \int_0^{+\infty} h(y)\mathrm{d}y = \int_0^{+\infty}\int_0^{+\infty} g(y+S)\cdot f(S)\mathrm{d}S\mathrm{d}y \tag{4.84}$$

由上述应力-强度分布干涉理论及应力-强度分布发生干涉时的可靠度、失效概率计算可知，为了计算机械零件的可靠度，首先应确定应力分布与强度分布。

4.2.2　应力与强度分布的确定

1. *应力分布的确定*

机械零件所受的工作应力 S 与其承受的载荷、温度、几何尺寸、物理特性、时间等参数有关，其一般表达式为

$$S = f(L, T, G_e, p, t, m) \tag{4.85}$$

式中，L 为载荷，有轴向载荷、弯扭矩载荷之分；T 为温度；G_e 为几何参数，包括尺寸的

大小及特征等；p 为物理参数，如泊松比 ν、弹性模量 E、剪切弹性模量 G、热胀系数 λ 等；m 表示其他参数。

由于这些参数的随机性，应力 S 也是随机变量，具有分布特性。

1）确定应力分布的步骤

确定应力分布的步骤如下：

（1）确定零件的失效模式及其判据。

（2）应力单元体分析。一般机械零件多由复合应力引起失效，这时应做应力单元体分析。可根据有限元分析或试验应力分析，将最有可能导致零件失效的点取为应力单元体。

（3）计算应力分量。计算单元体的 3 个正应力分量 S_x、S_y 和 S_z 和 3 个剪应力分量 τ_{xy}、τ_{yz} 和 τ_{zx}。

（4）确定每一应力分量的最大值。计算时要选定适当的应力修正系数，如应力集中系数、载荷系数、温度应力系数、成形或制造应力系数、切痕敏感系数、热处理应力系数、表面处理应力系数、装配应力系数、腐蚀应力系数、环境应力系数等。并非在所有情况下都要考虑这些修正系数，如有些可看作强度的修正系数，而放在确定强度分布时考虑。

（5）计算主应力。当以最大主应力或剪应力作为失效判据时，需计算主应力。

（6）将上述应力分量综合为复合应力。复合应力值最大处即零件的失效概率最大的部位。

（7）确定每个名义应力、应力修正系数和有关设计参数的分布，如弯曲载荷、扭转载荷、几何尺寸及特征等的分布，需经过试验、研究及测试决定。

（8）确定应力分布。可采用代数法、矩法或蒙特卡罗模拟法把与应力有关参数的分布综合成应力分布。

对所有可能出现的重要失效模式，都应参考上述步骤确定应力分布。

2）用代数法综合应力分布

如果影响零件工作应力 S 的参数有 $X_1, X_2, \cdots, X_n$，它们均为随机变量，均呈正态分布，即 $X_1 \sim N(\mu_1, \sigma_1^2)$，$X_2 \sim N(\mu_2, \sigma_2^2)$，$\cdots$，$X_n \sim N(\mu_n, \sigma_n^2)$ 且已知每个随机变量 $X_i (i=1, 2, \cdots, n)$ 的均值 μ_i 及标准差 σ_i，则可根据这些参数与应力的函数关系，把它们综合成仅含单一随机变量 Z 的应力表达函数 $S(Z) = f(X_1, X_2, \cdots, X_n)$ 并求出其分布，方法是确定这一单一函数 $S(Z)$ 的均值 μ_z 和标准差 σ_z。

如果每一随机变量 $X_i (i=1,2,\cdots,n)$ 的变差系数

$$C_{X_i} = \frac{\sigma_i}{\mu_i} \tag{4.86}$$

均能满足 $C_{X_i} < 0.10$，以及随机变量的多重性的要求，则由中心极限定理可知，单一函数的均值 μ_z 和标准差 σ_z 能足够满意地近似正态分布的参数，即 $Z \sim N(\mu_z, \sigma_z)$。

综合过程是先综合两个随机变量 X_1 和 X_2，确定已合成的变量的均值及标准差；再把已得到的合成变量与下一个变量 X_3 相综合，求出第二次合成后的均值及标准差；并以此类推，直到完成所有变量的综合。根据相关计算公式，可用来求综合后的分布的均值 μ_z 及标准差 σ_z。需要指出的是，若 x 与 y 为相互独立的变量，则相关系数 $\rho = 0$，如为正的完全线性相关，则取 $\rho = 1$。

3）用矩法综合应力分布

用矩法求随机变量 X 的函数 $f(X)$ 的均值及标准差，是通过泰勒级数展开式来实现的。当函数 $f(X)$ 比较复杂时，计算其数学期望和方差可能会很困难，这时可将 $f(X)$ 用泰勒级数展开式展开，而求展开式的数学期望及方差。这样虽然得到的是近似解，但求解要容易，而且精度也是足够的。

（1）一维随机变量。

设 $y=f(X)$ 为一维随机变量 X 的函数，该随机变量的均值 μ 已知。今将 $f(X)$ 用泰勒级数展开式在 $X=\mu$ 处展开，得

$$y=f(X)=f(\mu)+(X-\mu)f'(\mu)+\frac{(X-\mu)^2}{2!}f''(\mu)+R \tag{4.87}$$

式中，R 为余项。

对式（4.87）取数学期望，得

$$E(y)=E[f(X)]=E[f(\mu)]+E\left[(X-\mu)f'(\mu)\right]+E\left[\frac{1}{2}(X-\mu)^2 f''(\mu)\right]+E(R) \tag{4.88}$$

略去 $E(R)$，得

$$\begin{aligned}E(y)&\approx f(\mu)+E(X)f'(\mu)-\mu f'(\mu)+\frac{1}{2}E\left[(X-\mu)^2\right]f''(\mu)\\&=f(\mu)+\frac{1}{2}E\left\{[X-E(X)]^2\right\}f''(\mu)=f(\mu)+\frac{1}{2}f''(\mu)\mathrm{var}(X)\end{aligned} \tag{4.89}$$

即

$$E(y)\approx f(\mu)+\frac{1}{2}f''(\mu)\cdot\mathrm{var}(X) \tag{4.90}$$

若 $\mathrm{var}(X)$ 很小，式（4.90）右边的第二项又可略去，则得

$$E(y)=E\left[f(X)\right]\approx f(\mu) \tag{4.91}$$

对式（4.87）取方差，得

$$\mathrm{var}(y)=\mathrm{var}[f(X)]=\mathrm{var}[f(\mu)]+\mathrm{var}[(X-\mu)f'(\mu)]+\mathrm{var}(R) \tag{4.92}$$

因 $f(\mu)$ 为已知量，故式（4.92）又可写为

$$\mathrm{var}(y)=\mathrm{var}[f(X)]=\mathrm{var}[(X-\mu)]\cdot[f'(\mu)]^2+\mathrm{var}(R_1) \tag{4.93}$$

$$\mathrm{var}(y)=\mathrm{var}[f(X)]=\mathrm{var}(X)\cdot[f'(\mu)]^2+\mathrm{var}(R_1) \tag{4.94}$$

略去 $\mathrm{var}(R_1)$ 则有

$$\mathrm{var}(y)=\mathrm{var}[f(X)]\approx[f'(\mu)]^2\cdot\mathrm{var}(X) \tag{4.95}$$

例 4-4　已知某一轴销的半径 r 的均值 $\overline{r}=10\text{mm}$，标准差 $\sigma_r=0.5\text{mm}$，求轴销断面面积 $A=\pi r^2$ 的均值及标准差。

解

$$A=\pi r^2=f(r),\quad f'(r)=2\pi r,\quad f''(r)=2\pi$$
$$\overline{A}=\pi\overline{r}^2=f(\overline{r}),\quad f'(\overline{r})=2\pi\overline{r},\quad f''(\overline{r})=2\pi$$

由式（4.90）得

$$E(A) \approx f(\overline{r}) + \frac{1}{2} f''(\overline{r}) \cdot \mathrm{var}(r) = f(\overline{r}) + \pi \cdot \sigma_r^2 \\ = \pi \overline{r}^2 + \pi \cdot \sigma_r^2 = \pi(10^2 + 0.5^2) = 314.94(\mathrm{mm}^2) \tag{4.96}$$

由式（4.95）得

$$\mathrm{var}(A) \approx \left[f'(\overline{r})\right]^2 \cdot \mathrm{var}(r) = (2\pi\overline{r})^2 \cdot \sigma_r^2 = (2\pi \times 10)^2 \times 0.5^2 = 986.96(\mathrm{mm}^4) \tag{4.97}$$

由此得 $\sigma_A = \sqrt{\mathrm{var}(A)} = 31.42\mathrm{mm}^2$。

（2）多维随机变量。

设 $y = f(\boldsymbol{X}) = f(X_1, X_2, \cdots, X_n)$ 为相互独立的随机变量 $X_1, X_2, \cdots, X_n$ 的函数。若已知其均值 $\mu_1, \mu_2, \cdots, \mu_n$，求函数的均值及标准差。为此，可将函数在点

$$\boldsymbol{X} = \begin{bmatrix} X_1 \\ X_2 \\ \vdots \\ X_n \end{bmatrix} = \begin{bmatrix} \mu_1 \\ \mu_2 \\ \vdots \\ \mu_n \end{bmatrix} = \boldsymbol{\mu} \tag{4.98}$$

处用泰勒级数展开式展开，则有

$$\begin{aligned} y &= f(\boldsymbol{X}) = f(X_1, X_2, \cdots, X_n) \\ &= f(\mu_1, \mu_2, \cdots, \mu_n) + \sum_{i=1}^{n} \left.\frac{\partial f(\boldsymbol{X})}{\partial X_i}\right|_{X=\mu} \cdot (X_i - \mu_i) \\ &\quad + \frac{1}{2} \sum_{j=1}^{n} \sum_{i=1}^{n} \left.\frac{\partial^2 f(\boldsymbol{X})}{\partial X_i \partial X_j}\right|_{X=\mu} \cdot (X_i - \mu_i)(X_j - \mu_j) \\ &\quad + R_n \end{aligned} \tag{4.99}$$

式中，R_n 为余项，则取式（4.99）的期望，有

$$\begin{aligned} E(y) &= E\left[f(\boldsymbol{X})\right] = E\left[f(\mu_1, \mu_2, \cdots, \mu_n)\right] \\ &\quad + E\left[\sum_{i=1}^{n} \left.\frac{\partial f(\boldsymbol{X})}{\partial X_i}\right|_{X-\nu} \cdot (X_i - \mu_i)\right] \\ &\quad + E\left[\frac{1}{2} \sum_{j=1}^{n} \sum_{i=1}^{n} \left.\frac{\partial^2 f(\boldsymbol{X})}{\partial X_i \partial X_j}\right|_{X=\mu} \cdot (X_i - \mu_i)(X_j - \mu_j)\right] \\ &\quad + E(R_n) \end{aligned} \tag{4.100}$$

式（4.100）又可改写为

$$\begin{aligned} E(y) &= f(\mu_1, \mu_2, \cdots, \mu_n) + \sum_{i=1}^{n} \left.\frac{\partial f(\boldsymbol{X})}{\partial X_i}\right|_{X=\mu} \cdot E(X_i - \mu_i) \\ &\quad + \frac{1}{2} \sum_{j=1}^{n} \sum_{i=1}^{n} \left.\frac{\partial^2 f(\boldsymbol{X})}{\partial X_i \partial X_j}\right|_{X=\mu} \cdot E\left[(X_i - \mu_i)(X_j - \mu_j)\right] \\ &\quad + E(R_n) \end{aligned} \tag{4.101}$$

因 $X_1, X_2, \cdots, X_n$ 为独立的随机变量，故在删去等于零的项并忽略 $E(R_n)$项后式（4.101）又可化简为

$$E(y) \approx f(\mu_1, \mu_2, \cdots, \mu_n) + \frac{1}{2}\sum_{i=1}^{n}\left.\frac{\partial^2 f(\boldsymbol{X})}{\partial X_i^2}\right|_{X=\mu} \cdot \text{var}(X_i) \tag{4.102}$$

如果各个 $\text{var}(X_1)(i=1,2,\cdots,n)$ 的值很小，则式（4.102）中第二项可忽略，则

$$E(y) = E\left[f(\boldsymbol{X})\right] \approx f(\mu_1, \mu_2, \cdots, \mu_n) = f\left[E(X_1), E(X_2), \cdots, E(X_n)\right] \tag{4.103}$$

现对式（4.99）右边的前两项取方差，得

$$\text{var}(y) \approx \text{var}\left[f(\mu_1, \mu_2, \cdots, \mu_n)\right] + \text{var}\left[\sum_{i=1}^{n}\left.\frac{\partial f(\boldsymbol{X})}{\partial X_i}\right|_{X=\mu} \cdot (X_i - \mu_i)\right] \tag{4.104}$$

由方差的性质，知 $\text{var}\left[f(\mu_1, \mu_2, \cdots, \mu_n)\right] = 0$，故式（4.104）又可写为

$$\text{var}(y) \approx \sum_{i=1}^{n}\left\{\left.\frac{\partial f(\boldsymbol{X})}{\partial X_i}\right|_{X=\mu}\right\}^2 \text{var}(X_i) \tag{4.105}$$

假设随机变量 $X_1, X_2, \cdots, X_n$ 为决定零件工作应力的参数，而 $y = f(X) = f(X_1, X_2, \cdots, X_n)$ 是应力的表达式，则据此可求出应力的分布参数。又因 $E(y)$为 y 的一阶原点矩，而 $\text{var}(y)$ 为 X 的二阶中心距，故此法又称为用矩法综合应力分布。

例 4-5　一拉杆受外力作用，若外力的均值 $\overline{P} = 40000\text{N}$，标准差 $\sigma_P = 2000\text{N}$；杆的断面面积均值为 $\overline{A} = 1000\text{mm}^2$，标准差 $\sigma_A = 100\text{mm}^2$，求应力 S 的均值 $\overline{S}$ 和标准差 σ_S。

解

$$S = \frac{P}{A} = f(P, A)$$

均值

$$E(S) = \overline{S} = \frac{P}{\overline{A}} = \frac{40000}{1000} = 40(\text{N/mm}^2) = 40(\text{MPa}) \tag{4.106}$$

由式（4.105）得

$$\begin{aligned}\text{var}(S) &= \text{var}\left(\frac{P}{A}\right) = \sigma_S^2 = \left(\frac{\partial \overline{S}}{\partial \overline{P}}\right)^2 \cdot \text{var}(\overline{P}) + \left(\frac{\partial \overline{S}}{\partial \overline{A}}\right)^2 \cdot \text{var}(\overline{A}) \\ &= \left(\frac{1}{\overline{A}}\right)^2 \cdot (\sigma_P)^2 + \left(-\frac{\overline{P}}{\overline{A}^2}\right)^2 \cdot (\sigma_A)^2 \\ &= \left(\frac{1}{1000}\right)^2 \times 2000^2 + \left[\frac{(40000)}{(1000)^2}\right]^2 \times 100^2 = 20(\text{MPa}^2)\end{aligned} \tag{4.107}$$

由此得 $\sigma_S = \sqrt{\text{var}(S)} = \sqrt{20} = 4.472(\text{MPa})$。

4）用蒙特卡罗模拟法确定应力分布

蒙特卡罗（Monte Carlo）模拟法又称统计模拟试验法、统计试验法、随机模拟法，简称蒙特卡罗法。它是以统计抽样理论为基础、以计算机为计算手段，通过对有关随机变量的统计抽样试验或随机模拟，从而估计和描述函数的统计量，求解工程技术问题近似解的一种数值计算方法，由于其方法简单，便于编制程序，能保证依概率收敛，适用于各种分布并且迅速、经济，因此在工程中得到广泛应用。

蒙特卡罗法的基本思路和解题步骤如下：

（1）构造概率模型。根据所提出的问题构造一个与之相适应的概率模型，使问题的解恰好为该模型随机变量的某特征（如概率、均值和方差等），即要求该模型在主要特征参量方面与实际问题或求解的系统相一致。当求解的不是随机性问题而是确定性问题时，可先根据问题的特点将其转化为具有概率特征的问题。

（2）定义随机变量。概率模型确定后，根据问题的实际情况定义其随机变量，并使其分布的数字特征恰好就是问题的解。

（3）通过模拟获得子样。随机变量确定后，可根据概率模型确定对随机变量的抽样方法，实现从已知概率分布抽样。产生随机数的方法有多种，如随机数表法、伪随机数法等，后者是从计算机产生的伪随机数（用计算机程序产生的随机数称为伪随机数，其特点是产生速度快，占用内存少，并且有较好的概率统计特性）中分批抽样。每批抽样均包含 N（通常 N 取为 500、1000、10000 或 15000）个方案，即样本观察值，又称子样。

（4）统计计算。有了上述样本，即可进行统计处理，得到有关的概率分布、数字特征等，作为问题的解。

用蒙特卡罗法确定应力分布也可按下述步骤进行：

（1）确定应力函数 $y=f(X_1,X_2,\cdots,X_n)$ 及其随机变量 $X_1,X_2,\cdots,X_n$。

（2）确定该函数中每一随机变量 X_i 的概率密度函数 $f(X_i)$，如图 4.7 所示。

（3）确定该函数中每一随机变量 X_i 的累积分布函数 $F(X_i)$，如图 4.8 所示。

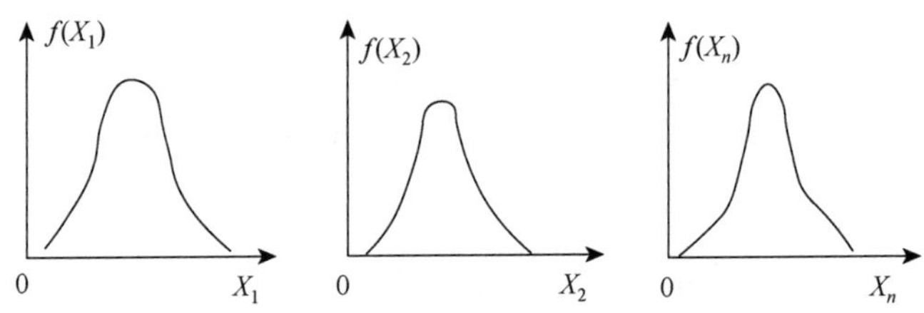

图 4.7　确定应力函数的每一随机变量的概率密度函数

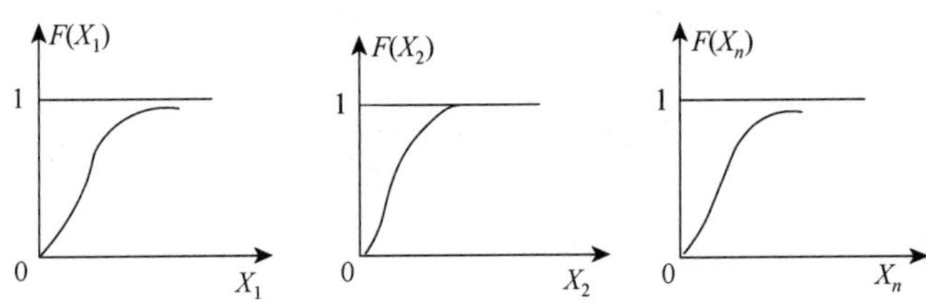

图 4.8　确定每一随机变量的累积分布函数

（4）对该函数中的每一随机变量 X_i 产生 $[0,1]$ 区间内服从均匀分布的如式（4.108）表示的伪随机数数列，且有

$$\mathrm{RN}_{X_{ij}}=\int_{-\infty}^{X_{ij}}f(X_i)\mathrm{d}X_i \tag{4.108}$$

式中，i 为随机变量的标号，$i = 1, 2, \cdots, n$；j 为模拟次数的标号，$j = 1, 2, \cdots, 1000$ 或更大；对每一个随机变量 $X_i(i = 1, 2, \cdots, n)$ 次模拟得出的一组伪随机数是 $X_{ij}(i = 1, 2, \cdots, n; j = 1, 2, \cdots, 1000, \cdots)$，如图 4.9 所示。

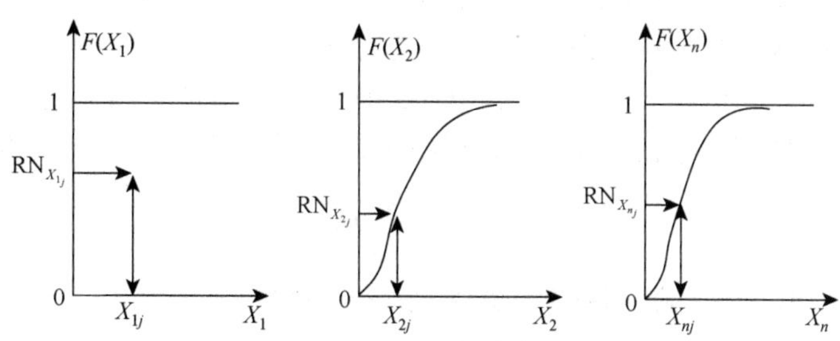

图 4.9　第 j 次模拟得到的一组伪随机数

（5）把每一次模拟得到的各组伪随机数 X_{ij} 值代入应力的函数表达式中，算出相应的函数值 y_i：

$$y_j = f(X_{1j}, X_{2j}, \cdots, X_{nj})$$

（6）重复上述步骤，并将它们从小到大进行排列。

（7）作 y 的直方图并从正态分布、对数正态分布、Weibull 分布、伽马来分布、指数分布和极值分布等常用分布中确定两三种可能拟合这一直方图的分布。

（8）作 χ^2 检验或 K-S 检验，或两者都作，以得到拟合性最好的一种应力分布。

2. 强度分布的确定

为了计算机械零件的可靠度，首先需确定应力分布，此外，还需确定强度分布，然后按前述应力-强度分布干涉理论确定零件的可靠度，确定强度分布的步骤如下。

首先确定强度判据，它应与确定应力分布时所用的失效判据相一致。常用的强度判据有最大正应力强度判据、最大前应力强度判据、最大变形能强度判据、复合疲劳应力下的最大变形能疲劳强度判据。

随后确定名义强度分布，名义强度是指在标准试验条件下确定的试件强度，如强度极限、屈服极限、有限寿命疲劳强度、无限寿命疲劳强度、疲劳失效循环周次、变形、变形能、压杆失稳、疲劳下的复合强度、蠕变、腐蚀、磨损、振幅、噪声、温度等。需进行大量的试验研究才能得到这些名义强度的分布。

零件的强度与试件的强度是有差别的，因此需要用适当的强度系数去修正名义强度，以得到零件强度，如尺寸系数 ε、表面质量系数 β、应力集中系数 K_σ、温度系数 k_d、时间系数 k_e 等。在疲劳强度的可靠性设计中必须考虑这些系数及它们的分散性。当然，用零件做试验得出的数据及强度分布，无须修正就可直接用到该零件的可靠性设计中。对于常用的几个强度修正系数，一般都假定为正态分布。

然而，确定上述分布需要进行大量的试验研究。至此，可用前面介绍的综合应力分布的方法，如代数法、矩法及蒙特卡罗法，来综合强度分布。但实际试件的强度分布最好是通过可靠性试验来获得。

与前面用代数法综合应力分布的方法相同，只需将应力改为强度即可。

例 4-6　一仅受弯矩载荷的轴，目标寿命为5×10^6次，已知试件的耐久极限σ'_{-1}的均值及标准差分别为$\bar{\sigma}'_{-1}=560\text{MPa}$、$s_{\sigma'_{-1}}=42\text{MPa}$，若仅考虑尺寸系数$\varepsilon$、表面质量系数$\beta$和疲劳应力集中系数$K_\sigma$的影响，设它们均呈正态分布且分布参数为$\bar{\varepsilon}=0.856$、$s_\varepsilon=0.0889$，$\bar{\beta}=0.7933$、$s_\beta=0.0357$、$\bar{K}_\sigma=1.692$、$s_{K_\sigma}=0.0768$，试求该轴的强度分布（$\bar{\sigma}_{-1}$、$s_{\sigma_{-1}}$）。

解　零件的疲劳耐久极限可由试件的数据经修正系数修正后得到，即

$$\sigma_{-1}=\sigma'_{-1}\frac{\varepsilon\beta}{K_\sigma}k_\text{d}k_\text{e}$$

因只考虑ε、β、K_σ，若已知这些系数的分布分别为$(\bar{\varepsilon},s_\varepsilon)$、$(\bar{\beta},s_\beta)$、$(\bar{K}_\sigma,s_{K_\sigma})$，试件的分布为$(\bar{\sigma}'_{-1},s_{\sigma'_{-1}})$，则按上式即可求得零件的疲劳极限分布为

$$(\bar{\sigma}_{-1},s_{\sigma_{-1}})=(\bar{\sigma}'_{-1},s_{\sigma'_{-1}})\frac{(\bar{\varepsilon},s_\varepsilon)(\bar{\beta},s_\beta)}{(\bar{K}_\sigma,s_{K_\sigma})}$$

先综合ε、β两个系数：

$$\overline{\varepsilon\beta}=\bar{\varepsilon}\cdot\bar{\beta}=0.856\times0.7933=0.6791$$

$$s_{\varepsilon\beta}=(\overline{\varepsilon^2}\cdot s_\beta^2+\overline{\beta^2}\cdot s_\varepsilon^2+s_\varepsilon^2\cdot s_\beta^2)^{\frac{1}{2}}$$

$$=(0.856^2\times0.0357^2+0.7933^2\times0.0889^2+0.0889^2\times0.0357^2)^{\frac{1}{2}}=0.07693$$

再综合$\varepsilon\beta$和σ'_{-1}，得

$$\overline{\sigma'_{-1}\varepsilon\beta}=\overline{\sigma'_{-1}}\cdot\overline{\varepsilon\beta}=560\times0.6791=380.296(\text{MPa})$$

$$s_{\sigma'_{-1}\varepsilon\beta}=\left(\overline{\sigma'_{-1}}^2\cdot s_{\varepsilon\beta}^2+\overline{\varepsilon\beta^2}\cdot s_{\sigma'_{-1}}^2+s_{\sigma'_{-1}}^2\cdot s_{\varepsilon\beta}^2\right)^{\frac{1}{2}}$$

$$=(560^2\times0.07693^2+0.6791^2\times42^2+42^2\times0.07693^2)^{\frac{1}{2}}=51.7679$$

再综合$\sigma'_{-1}\varepsilon\beta$和$K_\sigma$，得

$$\bar{\sigma}_{-1}=\overline{\left(\frac{\sigma'_{-1}\varepsilon\beta}{K_\sigma}\right)}=\frac{\overline{\sigma'_{-1}\varepsilon\beta}}{\bar{K}_\sigma}=\frac{380.296}{1.692}=224.761(\text{MPa})$$

$$s_{\sigma_{-1}}=\frac{1}{\bar{K}_\sigma}\left[\frac{\left(\overline{\sigma'_{-1}\varepsilon\beta}\right)^2s_{K_\sigma}^2+\bar{K}_\sigma^2s_{\sigma'_{-1}\varepsilon\beta}^2}{\bar{K}_\sigma^2+s_{K_\sigma}^2}\right]^{\frac{1}{2}}$$

$$=\frac{1}{1.692}\left(\frac{380.296^2\times0.0768^2+1.692^2\times51.7679^2}{1.692^2+0.0768^2}\right)^{\frac{1}{2}}$$

$$=32.2186(\text{MPa})$$

因此，该轴的强度分布为$\left(\bar{\sigma}_{-1},s_{\sigma_{-1}}\right)=(224.761,32.2186)(\text{MPa})$。

当然，也可以用矩法综合强度分布，一般与用矩法综合应力分布的方法相同。此外，也可以用蒙特卡罗模拟确定强度分布，且也与用蒙特卡罗法确定应力分布的方法相同。

可根据其方法与步骤编制计算机程序。有了实用程序则此法用起来很方便，要优于代数法和矩法。在没有模拟程序时，可以使用矩法，因为它对正态分布运算较快。

4.2.3 基于应力和强度分布的可靠度

前面已讨论了应力、强度分布发生干涉时可靠度的一般表达式，这里再研究以下几种给定的应力、强度分布的可靠度计算。

1. 应力与强度均呈正态分布的可靠度计算

当应力与强度均呈正态分布时，可靠度的计算便可大大简化，可以用联结方程求出可靠性系数 z_R 然后利用标准正态分布表求出可靠度。

当应力 S 和强度 δ 均呈正态分布时，随机变量的概率密度函数可分别表达为

$$f(S)=\frac{1}{\sigma_S\sqrt{2\pi}}\exp\left[-\frac{1}{2}\left(\frac{S-\mu_S}{\sigma_S}\right)^2\right],\quad -\infty<S<+\infty \tag{4.109}$$

$$g(\delta)=\frac{1}{\sigma_\delta\sqrt{2\pi}}\exp\left[-\frac{1}{2}\left(\frac{\delta-\mu_\delta}{\sigma_\delta}\right)^2\right],\quad -\infty<\delta<+\infty \tag{4.110}$$

式中，μ_S、μ_δ 与 σ_S、σ_δ 分别为应力 S 及强度 δ 的均值与标准差。

令 $y=\delta-S$，随机变量 y 也是正态分布，且其均值 μ_y 与标准差 σ_y 分别为

$$\mu_y=\mu_\delta-\mu_S \tag{4.111}$$

$$\sigma_y=\sqrt{\sigma_\delta^2+\sigma_S^2} \tag{4.112}$$

而随机变量 y 的概率密度函数则为

$$h(y)=\frac{1}{\sigma_y\sqrt{2\pi}}\exp\left[-\frac{1}{2}\left(\frac{y-\mu_y}{\sigma_y}\right)^2\right],\quad -\infty<y<+\infty \tag{4.113}$$

当 $\delta>S$ 或 $y=\delta-S>0$ 时产品可靠，故可靠度 R 可表达为

$$R=P(y>0)=\int_0^{+\infty}\frac{1}{\sigma_y\sqrt{2\pi}}\exp\left[-\frac{1}{2}\left(\frac{y-\mu_y}{\sigma_y}\right)^2\right]\mathrm{d}y \tag{4.114}$$

令

$$z=\frac{y-\mu_y}{\sigma_y} \tag{4.115}$$

则 $\mathrm{d}y=\sigma_y\mathrm{d}z$，当 $y=0$ 时，z 的下限为

$$z=\frac{0-\mu_y}{\sigma_y}=-\frac{\mu_\delta-\mu_S}{\sqrt{\sigma_\delta^2+\sigma_S^2}} \tag{4.116}$$

当 $y\to+\infty$ 时，z 的上限也为 $+\infty$，即 $z\to+\infty$，将上述关系代入式（4.114），得

$$R=\frac{1}{\sqrt{2\pi}}\int_{-\frac{\mu_\delta-\mu_S}{\sqrt{\sigma_\delta^2+\sigma_S^2}}}^{-\infty}\mathrm{e}^{-\frac{z^2}{2}}\mathrm{d}z=\frac{1}{\sqrt{2\pi}}\int_{-\frac{\mu_y}{\sigma_y}}^{+\infty}\exp\left[-\frac{z^2}{2}\right]\mathrm{d}z \tag{4.117}$$

显然，随机变量 $z=(y-\mu_y)/\sigma_y$ 是标准正态分布变量，而式（4.117）所表达的可靠度 R 可通过查阅标准正态分布表的分布函数 $\Phi(z)$值求得，可得

$$R=1-\Phi(z)=1-\Phi\left(-\frac{\mu_\delta-\mu_S}{\sqrt{\sigma_\delta^2+\sigma_S^2}}\right)=\Phi\left(\frac{\mu_\delta-\mu_S}{\sqrt{\sigma_\delta^2+\sigma_S^2}}\right)=\Phi(z_R) \tag{4.118}$$

式（4.116）实际上是将应力参数、强度参数和可靠度三者联系起来，称为“联结方程”，或称为“耦合方程”，是可靠性设计的基本公式。z_R 称为可靠性系数或可靠度指数。由于标准正态分布的对称性，还可将式（4.117）写为

$$\begin{aligned}R&=\frac{1}{\sqrt{2\pi}}\int_{-\infty}^{+\frac{\mu_\delta-\mu_S}{\sqrt{\sigma_\delta^2+\sigma_S^2}}}\mathrm{e}^{-z^2/2}\mathrm{d}z\\&=\frac{1}{\sqrt{2\pi}}\int_{-\infty}^{z_R}\mathrm{e}^{-z^2/2}\mathrm{d}z\end{aligned} \tag{4.119}$$

已知可靠性系数 z_R 时，可从标准正态分布表查得可靠度 R 值，也可以给定 R 值及求可靠性系数 z_R。下面讨论应力和强度呈正态分布时的干涉情况。

（1）当 $\mu_\delta>\mu_S$ 时，干涉概率或失效概率 $F<50\%$（图 4.10（a））。当 $\mu_\delta-\mu_S=\text{const}$ 时，$\sigma_\delta^2+\sigma_S^2$ 越大，F 就越大。

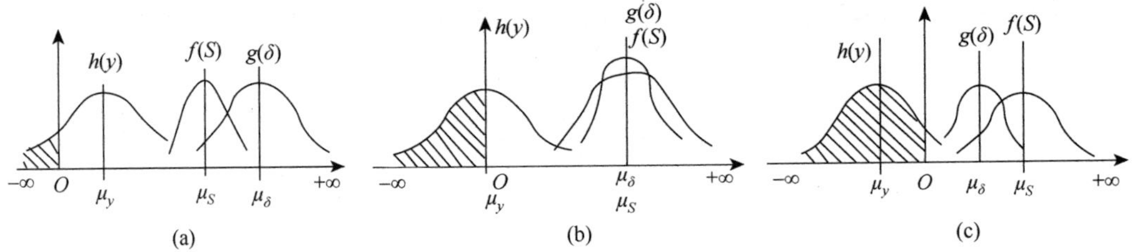

图 4.10　应力和强度均呈正态分布时的干涉情况

（2）当 $\mu_\delta=\mu_S$ 时，因为 $\mu_y=\mu_\delta-\mu_S=0$，所以干涉概率 $F=50\%$，且与 σ_δ^2、σ_S^2 无关（图 4.10（b））。

（3）当 $\mu_\delta<\mu_S$ 时，因为 $\mu_y=\mu_\delta-\mu_S<0$，所以干涉概率 $F>50\%$，即可靠度$<50\%$（图 4.10（c））。

显然，在实际设计中，后两种情况不允许出现。在一般情况下，应根据具体情况确定一个最经济的可靠度，即允许应力、强度两种分布曲线在适当范围内有干涉发生。为减小干涉区则应提高强度，如从材料、工艺和尺寸上采取强化措施，但这要增加产品的成本。也可采取减小应力和强度的偏差即标准差 σ_S、σ_δ 的途径来提高可靠度。

例 4-7　已知轨道车辆某零件的工作应力及材料强度均为正态分布，且应力的均值 $\mu_S=320\text{MPa}$，标准差为 $\sigma_S=36\text{MPa}$，材料强度的均值为 800MPa，标准差为 90MPa。试确定零件的可靠度。另一批零件由于热处理不佳及环境温度的较大变化，零件强度的标准差增大至 125MPa，问其可靠度又如何？

解　为计算可靠度，可利用联结方程：

$$z=-\frac{\mu_\delta-\mu_S}{\sqrt{\sigma_\delta^2+\sigma_S^2}}=-\frac{800-320}{\sqrt{36^2+90^2}}=-\frac{480}{96.933}=-4.9519$$

$$R=1-\Phi(z)=1-\Phi(-3.69)=\Phi(-z)=\Phi(z_R)=\Phi(4.9519)$$

查标准正态分布表得 $R=0.99999$，当强度的标准差增大至 125MPa 时，有

$$z=-\frac{\mu_\delta-\mu_S}{\sqrt{\sigma_\delta^2+\sigma_S^2}}=-\frac{800-320}{\sqrt{36^2+125^2}}=-\frac{480}{130.0807}=-3.69$$

查标准正态分布表得 $R=0.99988$。

例 4-8　拟设计某一轨道车辆的零件，根据应力分析，得知该零件的工作应力为拉应力且为正态分布，其均值 $\mu_{S_L}=340\text{MPa}$，标准差 $\sigma_{S_L}=25\text{MPa}$。为了提高其疲劳寿命，制造时使产生残余压应力，也为正态分布，其均值 $\mu_{S_Y}=80\text{MPa}$，标准差 $\sigma_{S_Y}=10\text{MPa}$。零件的强度分析认为其强度也为正态分布，均值 $\mu_\sigma=400\text{MPa}$，但各种强度因素影响产生的偏差尚不清楚，为了确保零件的可靠度不低于 0.99，问强度的标准差的最大值是多少？

解　已知抗应力与残余压应力分别服从正态分布：

$$S_I\sim(340,25)\text{MPa}$$

$$S_Y\sim(80,10)\text{MPa}$$

则有效应力的均值 μ_S 及标准差 σ_S 分别为

$$\mu_S=340-80=260(\text{MPa})$$

$$\sigma_S=\sqrt{\sigma_{S_L}^2+\sigma_{S_Y}^2}=\sqrt{25^2+10^2}=26.9258(\text{MPa})$$

因给定 $R=0.99$，由标准正态分布表查得 $z=-2.33$，代入联结方程

$$-2.33=-\frac{\mu_\delta-\mu_S}{\sqrt{\sigma_\delta^2+\sigma_S^2}}=-\frac{400-260}{\sqrt{\sigma_\delta^2+(26.9258)^2}}$$

反求 σ_δ，得

$$\sigma_\delta=53.715(\text{MPa})$$

2. 力与强度均呈指数分布的可靠度计算

当应力 S 与强度 δ 均呈指数分布时，概率密度函数分别为

$$f(S)=\lambda_S\mathrm{e}^{-\lambda_S\cdot S},\quad 0\leqslant S<+\infty$$

$$g(\delta)=\lambda_\delta\mathrm{e}^{-\lambda_\delta\cdot\delta},\quad 0\leqslant\delta<+\infty$$

由式（4.72），有

$$\begin{aligned}R=P(\delta>S)&=\int_0^{+\infty}f(S)\left[\int_S^{+\infty}g(\delta)\mathrm{d}\delta\right]\mathrm{d}S=\int_0^{+\infty}\lambda_S\mathrm{e}^{-\lambda_S\cdot S}\left[\mathrm{e}^{-\lambda_\delta\cdot S}\right]\mathrm{d}S\\&=\int_0^{+\infty}\lambda_S\mathrm{e}^{-(\lambda_S+\lambda_\delta)S}\mathrm{d}S=\frac{\lambda_S}{\lambda_\delta+\lambda_S}\int_0^{+\infty}(\lambda_\delta+\lambda_S)\mathrm{e}^{-(\lambda_\delta+\lambda_S)S}\mathrm{d}S=\frac{\lambda_S}{\lambda_\delta+\lambda_S}\end{aligned}\tag{4.120}$$

又 $E(S)=\mu_S=1/\lambda_S$，$E(\delta)=\mu_\delta=1/\lambda_\delta$，则可靠度 R 为

$$R=\frac{\mu_\delta}{\mu_\delta+\mu_S} \tag{4.121}$$

式中，μ_S 为应力的均值；μ_δ 为强度的均值。

3. 应力与强度均呈 Weibull 分布的可靠度计算

应力 S 与强度 δ 均呈 Weibull 分布时的概率密度函数分别为

$$f(S)=\frac{m_S}{\theta_S-S_0}\left(\frac{S-S_0}{\theta_S-S_0}\right)^{m_S-1}\cdot\exp\left[-\left(\frac{S-S_0}{\theta_S-S_0}\right)^{m_S}\right],\quad S_0\leqslant S<+\infty$$

$$g(\delta)=\frac{m_\delta}{\theta_\delta-\delta_0}\left(\frac{\delta-\delta_0}{\theta_S-\delta_0}\right)^{m_\delta-1}\cdot\exp\left[-\left(\frac{\delta-\delta_0}{\theta_S-\delta_0}\right)^{m_\delta}\right],\quad \delta_0\leqslant\delta<+\infty$$

令 $\eta_S=\theta_S-S_0$，$\eta_\delta=\theta_\delta-\delta_0$，则上式又可表示为

$$f(S)=\frac{m_S}{\eta_S}\left(\frac{S-S_0}{\eta_S}\right)^{m_S-1}\cdot\exp\left[-\left(\frac{S-S_0}{\eta_S}\right)^{m_S}\right],\quad S_0\leqslant S<+\infty$$

$$g(\delta)=\frac{m_\delta}{\eta_\delta}\left(\frac{\delta-\delta_0}{\eta_\delta}\right)^{m_\delta-1}\cdot\exp\left[-\left(\frac{\delta-\delta_0}{\eta_\delta}\right)^{m_\delta}\right],\quad \delta_0\leqslant\delta<+\infty$$

由式（4.78）及三参数 Weibull 分布的分布函数，失效概率为

$$\begin{aligned}F=P(S\geqslant\delta)&=\int_{-\infty}^{+\infty}\left[1-F_S(\delta)\right]g(\delta)\mathrm{d}\delta\\&=\int_{\delta_0}^{+\infty}\exp\left[-\left(\frac{\delta-S_0}{\eta_\delta}\right)^{m_S}\right]\frac{m_\delta}{\eta_\delta}\left(\frac{\delta-\delta_0}{\eta_S}\right)^{m_\delta-1}\cdot\exp\left[-\left(\frac{\delta-\delta_0}{\eta_\delta}\right)^{m_\delta}\right]\mathrm{d}\delta\end{aligned}$$

令

$$y=\left(\frac{\delta-\delta_0}{\eta_\delta}\right)^{m_\delta}$$

则

$$\mathrm{d}y=\frac{m_\delta}{\eta_\delta}\left(\frac{\delta-\delta_0}{\eta_\delta}\right)^{m_\delta-1}\mathrm{d}\delta,\quad \delta=y^{1/m_\delta}\eta_\delta+\delta_0$$

因此上式又可写为

$$F=p(S\geqslant\delta)=\int_0^{+\infty}\exp\left\{-y-\left[\frac{\eta_\delta}{\eta_S}y^{1/m_\delta}+\left(\frac{\delta_0-S_0}{\eta_S}\right)\right]^{m_S}\right\}\mathrm{d}y \tag{4.122}$$

据此，可以采用数值积分法对式（4.122）在不同强度和应力参数下进行计算，从而获得可靠度 R。

4.2.4　可靠度的计算方法

1. 用数值积分法求可靠度

利用上述解析法求可靠度有时会很困难，而利用数值积分法则比较方便，数值积分法是一种理想的计算方法，常用的方法是以 Simpson 法则在电子计算机上进行计算。虽然求得的是精确解的近似解，但通常足以满足工程计算的精度要求，且能计算各种复杂的分布。目前国外已开发了许多用来计算可靠度的计算机程序。下面介绍可靠度一般表达式的数值积分法。

如图 4.11 所示，如果 $F_\delta(x)$、$F_S(x)$ 分别是强度和应力的分布函数，$f(S)$ 为应力的概率密度函数，则根据式（4.77）及图 4.11，有

$$F = \int_0^{+\infty} F_\delta(S) f(S) \mathrm{d}S = \int_0^{+\infty} F_\delta(S) \cdot \mathrm{d}F_S(S) \approx \sum_{i=1}^{n} F_\delta(S) \cdot \Delta F_S(S) \tag{4.123}$$

在图 4.11 中，若将 x 轴在统计范围内分为 m 等份，则式（4.123）又可写为

$$F \approx \sum_{i=1}^{m-1} \frac{1}{2} \left[F_\delta(x_{i+1}) + F_\delta(x_i) \right] \left[F_S(x_{i+1}) - F_S(x_i) \right] \tag{4.124}$$

可靠度为 $R = 1 - F$。

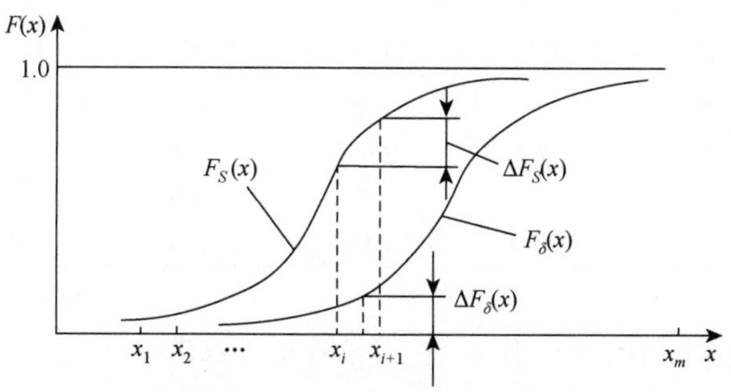

图 4.11　用数值积分法求可靠度

由于积分范围是从 $x = 0$ 到 $x = +\infty$，而数值计算只能在一定区间 $[x_0, x_{m-1}]$ 内进行，因此选取区间范围 x_0、x_{m-1} 时，主要是根据 $F(x) \approx 0$ 和 $\Delta F(x) \approx 0$ 区间初选。区间取得越大、在区间内取的等分点越多，则计算结果的误差就越小，但计算量越大。采用列表计算，既方便又清晰，如例 4-9 的计算程序表所示。

例 4-9　某零件的强度呈正态分布，其均值 $\mu_\delta = 100\text{MPa}$，标准差 $\sigma_\delta = 10\text{MPa}$，而其工作应力呈指数分布，均值为 $\mu_S = 1/\lambda_S = 60\text{MPa}$，用数值积分法求该零件的可靠度。

解　（1）选择区间 $[x_3, x_{m-1}]$：考虑到强度为正态分布，其在 $\pm 3\sigma_\delta$ 以外的概率很小，故取

$$x_0 = \mu_\delta - 3\sigma_\delta = 100 - 3 \times 10 = 70(\text{MPa})$$
$$x_{m-1} = \mu_\delta + 3\sigma_\delta = 100 + 3 \times 10 = 130(\text{MPa})$$

（2）选择区间内等分点的间隔：取 5MPa。

（3）计算 $F_\delta(x)$ 及 $F_S(x)$: $F_\delta(x_i)$ 为正态分布，$F_\delta(x_i)=\Phi(z_i)=\Phi\left(\dfrac{x_i-\mu_\delta}{\sigma_\delta}\right)$，查标准正态分布表中 $F_\delta(x_i)$ 的数据列入表 4.1 中。

表 4.1　数值积分法计算表

序号 i	区间 x_i	$z_i=\dfrac{x_i-\mu_\delta}{\sigma_\delta}=\dfrac{x_i-100}{10}$	$F_\delta(x_i)=\Phi\left(\dfrac{x_i-100}{10}\right)$	$F_S(x_i)=1-e^{-x_i/\mu_S}$	$\frac{1}{2}[F_\delta(x_{i+1})+F_\delta(x_i)]$	$F_S(x_{i+1})-F_S(x_i)$	$\frac{1}{2}[F_\delta(x_{i+1})+F_\delta(x_i)]\cdot[F_S(x_{i+1})-F_S(x_i)]$
0	0	−10	0.0000	0.0000			
1	70	−3.0	0.00135	0.6896	0.000675	0.6896	0.0004655
2	约 75	−2.5	0.00621	0.7135	0.00378	0.0239	0.0000903
3	约 80	−2.0	0.02275	0.7360	0.01448	0.0225	0.000326
4	约 85	−1.5	0.06681	0.7583	0.04478	0.0223	0.000999
5	约 90	−1.0	0.1587	0.7769	0.11276	0.0186	0.002210
6	约 95	−0.5	0.3085	0.7940	0.2336	0.0171	0.003995
7	约 100	0.0	0.5000	0.8118	0.4043	0.0178	0.007196
8	约 105	0.5	0.6915	0.8262	0.5958	0.0144	0.008579
9	约 110	1.0	0.8413	0.8395	0.7664	0.0133	0.010193
10	约 115	1.5	0.9332	0.8533	0.8873	0.0138	0.012245
11	约 120	2.0	0.9773	0.8647	0.9553	0.0114	0.010890
12	约 125	2.5	0.9938	0.8750	0.9856	0.0103	0.010152
13	约 130	3.0	0.9987	0.8858	0.9963	0.0108	0.010760
14	+∞	+∞	1.0000	1.000	0.9994	0.1142	0.114131

$F_S(x_i)$ 为指数分布，$F_S(x_i)=1-e^{-x_i/\mu_S}$，查表后可代入求解。

（4）求 F 及 R：按表 4.1 所列的程序进行计算，最后得

$$F=\sum_{i=1}^{14}\frac{1}{2}[F_\delta(x_{i+1})+F_\delta(x_i)]\cdot[F_S(x_{i+1})-F_S(x_i)]$$

$$=0.19223$$

$$R=1-F=0.80777$$

2. 用图解法求可靠度

对于应力和强度，不论它们各是哪一种分布，也不论它们是哪两种不同分布的组合，甚至只有应力 S 和强度 δ 的实测统计数据而不知它们的理论分布，都可用图解法来近似地计算零件的可靠度。其基本原理展示如下。

由式（4.71），零件的可靠度 R 为

$$R=P(\delta>S)=\int_0^{+\infty}f(S)\left[\int_S^{+\infty}g(\delta)\mathrm{d}\delta\right]\mathrm{d}S$$

令

$$G=\int_{S}^{+\infty} g(\delta)\mathrm{d}\delta = 1-G_{\delta}(S)$$

$$H=\int_{0}^{S} f(S)\mathrm{d}S = F_{S}(S)$$

则 $\mathrm{d}H = f(S)\mathrm{d}S$。由累积分布函数的性质可知，$G$ 与 H 的极限范围是 0～1。由此得到

$$R=\int_{0}^{1} G\,\mathrm{d}H \tag{4.125}$$

式（4.125）说明，在 G-H 函数曲线下的面积就表示零件的可靠度，即零件的可靠度是在区间[0, 1]内曲线 $G=\varphi(H)$下的面积，如图 4.12 所示。根据应力 S 和强度 δ 的数据，便不难确定在不同 S 值下的 $G_{\delta}(S)$和 $F_{S}(S)$值，由此得到 G 和 H 值。画出 G-H 曲线并量出其曲线下的面积，即为所求的可靠度。

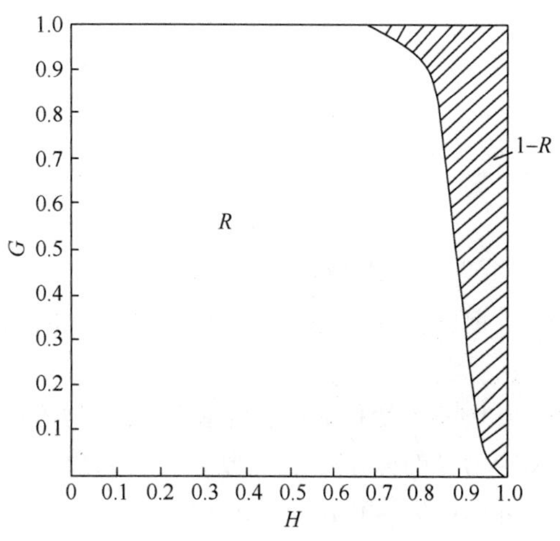

图 4.12　图解法求可靠度用的 G-H 曲线

3. 用蒙特卡罗法求可靠度

蒙特卡罗法不仅可用于确定应力分布和强度分布，而且可用于综合应力分布和强度分布，并计算出可靠度。

蒙特卡罗法在应力-强度分布干涉理论中的应用，实际做法就是从应力分布中随机地抽取一个应力值（样本），再从强度分布中随机地抽出一个强度值（样本），然后将这两个样本相比较，若应力大于强度，则零件失效；反之，零件安全可靠。每一次随机模拟相当于对一个随机抽取的零件进行一次试验，通过大量重复的随机抽样及比较，就可得到零件的总失效数，从而可以求得零件的失效概率或可靠度的近似值。抽样次数越多，则模拟精度越高。要获得可靠的模拟计算结果，往往要进行至少千次以上甚至上万次的模拟。因此，随机模拟需由计算机完成。

（1）输入原始资料，确定计算可靠度的公式 $R=P(\delta-S>0)$，令 $k=0$。

（2）用蒙特卡罗法确定应力分布和强度分布，得出应力和强度的概率密度函数 $f(S)$、$g(\delta)$，以及应力和强度的累积分布函数 $F_{S}(S)$、$G_{\delta}(\delta)$。

（3）生成应力和强度在 0～1 的服从均匀分布的伪随机数 RN_{S_j} 和 RN_{δ_j} 如图 4.13 所示，算出成对的 S_j、δ_j。j 为模拟次数的标号，$j=1,2,\cdots,1000$ 或更大。

（4）将得出的 S_j 与 $\delta_j(j=1,2,\cdots,1000,N)$ 进行比较：

$$\delta_j - S_j > 0$$

若满足，则记入 1，即 $k=k+1$，否则记为 0。

（5）重复（3）、（4），直至 $j=N(N\geqslant 1000, N$ 为总的模拟次数)。

（6）得出满足 $\delta-S>0$ 的总次数 $k=N_{(\delta-S)>0}$。

（7）计算可靠度 $R=\dfrac{N_{(\delta-S)>0}}{N}$。

也可以省去上述步骤（2），即不必确定应力和强度的分布，而直接抽出决定应力和强度的各随机变量，计算应力与强度并比较它们的大小。

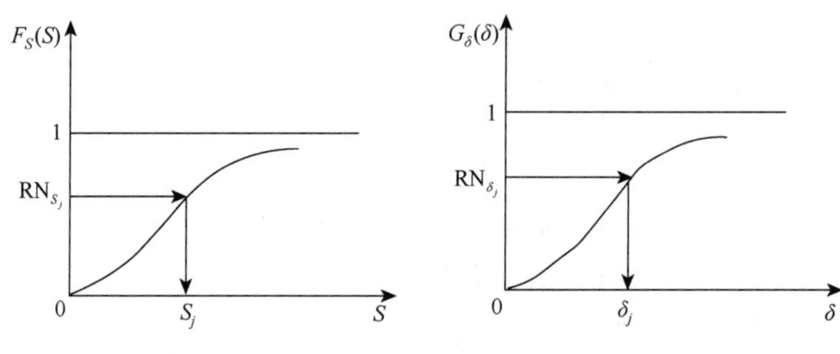

图 4.13　生成伪随机数

4. 功能密度函数积分法

前面已经提到，应力 S 与强度 δ 的差可用一个多元随机函数（功能函数）表示：

$$Z=\delta-S=f(z_1,z_2,\cdots,z_n)$$

设随机变量 Z 的概率密度函数为 $f(Z)$，根据二维独立随机变量知识，可以通过强度 δ 和应力 S 的概率密度函数 $g(\delta)$和 $f(S)$来计算出干涉变量 $Z=\delta-S$ 的概率密度函数。因此，零件的可靠度可由下式求得：

$$R=P(Z>0)=\int_0^{+\infty}f(Z)\mathrm{d}Z$$

当应力和强度为更一般的分布时，可以用辛普森（Simpson）和高斯（Gauss）等数值积分方法，应用计算机求解。当精度要求不高时，也可用图解法求可靠度。当然，以上所述都是指应力和强度各是一个变量的情况。当随机变量较多，相应的性能函数也较复杂时，求解可靠度具有一定的难度。

4.3　机械疲劳强度可靠性设计

4.3.1　设计参数的统计处理与计算

1. 疲劳载荷的统计方法

疲劳载荷的形式有很多，但一般可分为确定的和随机的两种。前者是一种按一定规律变化且重复的载荷，其加载规律可用数学公式来表达，以最大载荷作幅值，具有零平均值的正弦波交变载荷在工程实际中较常见；而随机载荷只能进行统计描述，随机载荷有两类统计分析方法，即功率谱法和循环计数法。

功率谱法是用给出载荷幅值的均方值随其出现频次（频率）的分布，即载荷的功率密度函数的方法来描述随机载荷过程。它是一种较精确、严密的统计方法，能保留载荷历程的全部信息，特别是对于平稳随机过程，用此法很方便。随机载荷是无周期地连续变化的，这种载荷可借助于傅里叶变换，将复杂的随机载荷分解为有限个具有各种频率的简谐变化之和，以获得功率密度函数。由于傅里叶变换运算的速度越来越快，过去只能用于平稳随机过程的功率谱法，现在也可用于研究一些非平稳的载荷变化过程。

循环计数法是把载荷-时间历程离散成一系列的峰谷值，然后统计其峰谷值、幅值、均值或穿过某一载荷级的频次数，有峰值计数法、程对计数法和穿级计数法等多种统计方法。这些单参数的统计方法简单、直观，但不够精确、严格，把连续的载荷过程离散化，不能真实地表征载荷（应力）-时间历程。

属于循环计数法的还有一种称为雨流计数的方法。由于这种方法既能统计趋势，又不遗失小的交变信号，使载荷（应力）-时间历程的每一部分都参加计数，而且只计数一次，特别是它把载荷统计分析过程和材料的疲劳特性建立起一定联系，适用于近年来发展起来的用材料的循环应力-应变概念来预估零件的疲劳寿命，使零件疲劳寿命的预估有了重大的改进，并可采用计算机分析等技术，易于数据处理的自动化等，因此这种方法得到越来越广泛的应用。其计数原理及规则如图 4.14（a）所示。

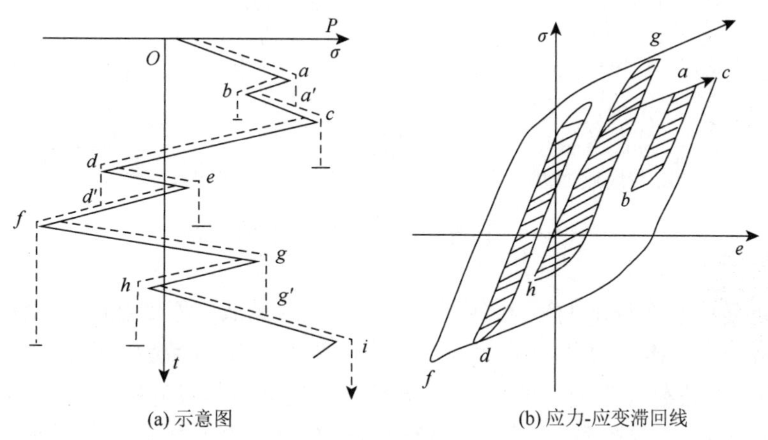

(a) 示意图　(b) 应力-应变滞回线

图 4.14　雨流计数法示意图及其应力-应变滞回线

（1）以向右的横坐标表示载荷（应力），以向下的纵坐标表示时间，这样，载荷（应力）-时间历程曲线形如一座塔的多层屋顶，雨点以峰谷（塔顶尖）为起点依次沿每个峰（谷）线的靠近纵坐标的一侧（每层塔的屋顶上面）流下。

（2）雨水流下时如遇下一层有更大的峰值时，继续流下（即如图 4.14（a）所示，由 *O* 流到 *a* 时，*c* 峰比 *a* 峰高，雨水应继续流下）。若下一层峰值较小，雨水就滴下，这时统计一次（例如，*e* 峰比 *c* 峰小，则水流完成 *O*—*a*—*a*′—*c* 时就统计一次）。雨水不能隔层流下（例如，虽然 *i* 峰比 *c* 峰大，但两者间还有峰相隔，则不能由 *c* 继续流到 *i*）。

（3）雨水已经沿一条路线流下（如 *O*—*a*—*a*′—*c*），则从顶点向反方向流的雨水（如 *a*—*b*），无论下层有无更大的峰或更深的谷（如 *d* 谷比 *b* 谷更深），雨水不能继续流下而由 *b* 处滴下，即在 *b* 处应统计一次。

（4）雨水流下时如遇另一路水流，则应在相遇处中断并统计一次（例如，由 *b* 流向 *c* 遇到 *a* 流下的水并相交于 *a*′，则 *b*—*a*′就统计一次，同样 *e*—*d*′、*h*—*g*′都应分别统计一次）。

由图 4.14（a）可以看出：$a—b—a'$、$d—e—d'$、$g—h—g'$均为交变的全循环，分别构成闭合的应力-应变滞回线，而 $O—a—a'—c$、$c—d—d'—f$、$f—g—g'—i$ 均分别为半循环。上述雨流计数法所得结果与图 4.14（b）所示的在该应力-时间历程下的材料的应力-应变滞回线是一致的，而且应力-时间历程的每一部分都被记录到，且只记录一次。但上述经雨流计数法计数并取出全循环后，剩下的那些半循环构成了发散-收敛型载荷（应力）-时间历程，按该法计数规则不会再形成全循环，也就无法继续计数，如图 4.15（a）所示。如果将它改造一下，使之成为与它形成等效的收敛-发散型载荷（应力）-时间历程，如图 4.15（b）所示，则可经雨流计数法计数后，取出四个全循环 $a_1—b_2—b_1—a_1'$、$b_2—a_3—a_2—b_2'$、$a_3—b_4—b_3—a_3'$、$b_4—a_4—b_4'$，而无剩余的半循环。

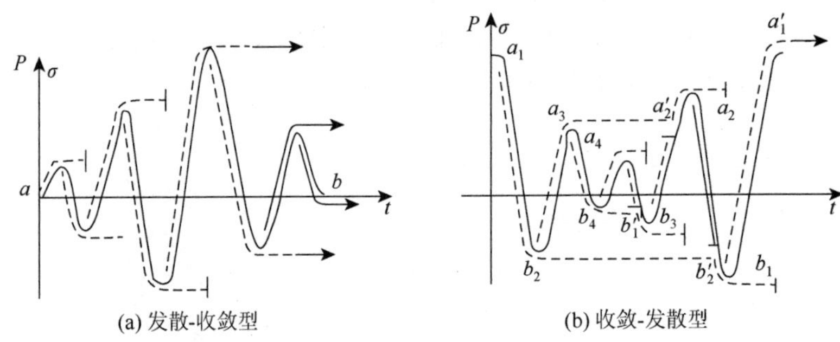

(a) 发散-收敛型　　(b) 收敛-发散型

图 4.15　雨流计数法与载荷型式的关系

上述改造是将一个标准发散-收敛型从最高峰值或最低谷值处截成前后两部分，再对调位置，构成一个标准的收敛-发散型。对于非标准的发散-收敛型（始点与终点的纵坐标不相等），则应将载荷（应力）-时间历程增长或缩短至使其成为标准的发散-收敛型，然后改造成标准的收敛-发散型后，再用雨流计数法计数。由于增长或缩短而引起的振程误差需考虑消除，但这种误差通常很小，可以忽略。

2. 载荷谱的绘制方法

将实测的载荷（应力）-时间历程经上述统计后，即可得出载荷（应力）的大小与其出现频次（即频率）的关系，表示随机载荷（应力）的大小与其出现频次关系的图形、数字、表格、矩阵等称为载荷谱。

为使产品设计和疲劳强度试验研究建立在反映其实际使用时的载荷工况的基础上，就要采集该产品在各种典型使用工况下的载荷（应力）-时间历程，经统计分析及处理后编制成工作载荷谱（表达在谱时间内的各种工况总的载荷统计特性的载荷谱），可根据实测的工作载荷谱编制模拟试验用的加载谱，对所设计的产品或零件按加载谱加载，进行疲劳寿命试验来验证设计，预估产品寿命。因此，载荷谱是产品与零件疲劳试验的依据，也是产品可靠性设计的载荷依据。

载荷谱常用的一种图线表达形式是如图 4.16 所示的累积频数曲线。在汽车试验研究中，工作载荷谱的形式就是由各种典型使用工况合成的载荷循环为 10^6 次的总累积频数曲线。具体做法是将各典型工况的各个载荷等级中的累积频次对应相加，得出某载荷等级的合成频次。

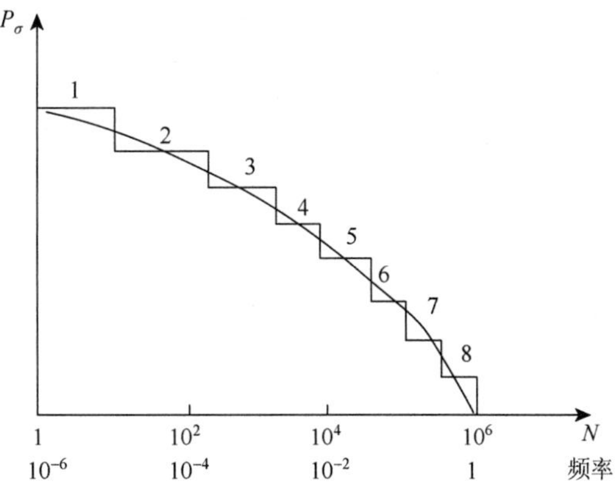

图 4.16　载荷谱（累积频数曲线）与程序载荷谱

工作载荷谱（如累积频数曲线）的载荷幅值是连续变化的，可用一阶梯形曲线来近似它。这一阶梯形曲线就是程序载荷谱（图 4.16），在疲劳试验中利用程序载荷谱加载就更易实现。由图 4.16 可见，程序载荷谱的程序块容量越小，块数越多，就越接近工作载荷谱，就越接近连续变化的载荷（应力）-时间历程。试验表明：同一工作载荷谱若分别以 4～16 级的程序载荷谱来近似，则 4 级的试验寿命比 8 级的长，而超过 8 级的试验寿命则与 8 级的极为接近。因此，通常采用 8 级程序载荷谱（图 4.16），认为这足以代表连续的载荷（应力）-时间历程。

在疲劳寿命试验中可采用的加载次序有四种，如图 4.17 所示。试验证明：图 4.17（c）和（d）两种试验结果比较接近零件的实际寿命，因为它们接近于随机加载情况。

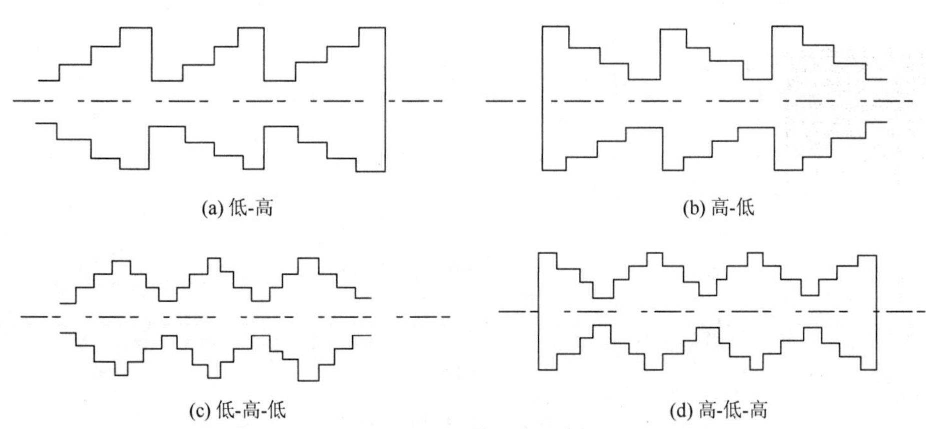

(a) 低-高　(b) 高-低　(c) 低-高-低　(d) 高-低-高

图 4.17　四种不同的加载次序

在绘制累积频数曲线时，忽略了载荷（应力）先后加载次序对疲劳的影响。为了减小这种影响，应使试验程序在试件破坏前至少重复一二十次。为了更真实地模拟实际使用载荷工况，在加载试验中则应采用随机程序载荷谱（random program constant amplitude load spectrum，RPCA），这时也就不存在加载次序的影响了。

载荷谱的典型分布形式，对汽车的承载系零部件来说主要有两种，即正态分布和指数分布（图 4.18 中的曲线 1、2）。当路面单一、车速稳定时汽车承载系零部件的载荷谱符合正态分布，而在路面及行驶工况变化无规律的长距离实际行驶条件下则接近指数分布。

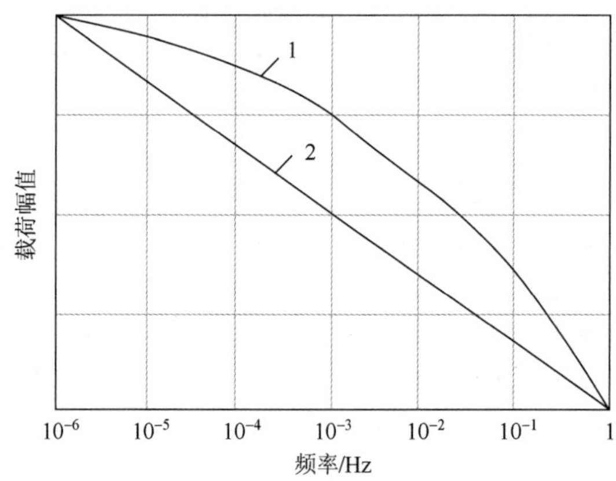

图 4.18　汽车承载系载荷谱的典型分布

汽车零部件的载荷谱有三种类型，如图 4.19 所示。其中图 4.19（a）的特点是最大载荷出现的频次很多，如发动机连杆、曲轴等，这时设计中应将该载荷作为耐久极限来考虑；图 4.19（b）的特点是载荷的总作用次数有限，如操纵机构的零部件，在其寿命期间的加载次数为 30 万～50 万次。这时其实际工作的最大载荷可高于其疲劳极限，对这类零件应同时考虑其静强度及疲劳强度；图 4.19（c）是最一般的情形，即出现次数较少的大载荷高于零件的疲劳极限，而作为大量出现的载荷则低于零件的疲劳极限。

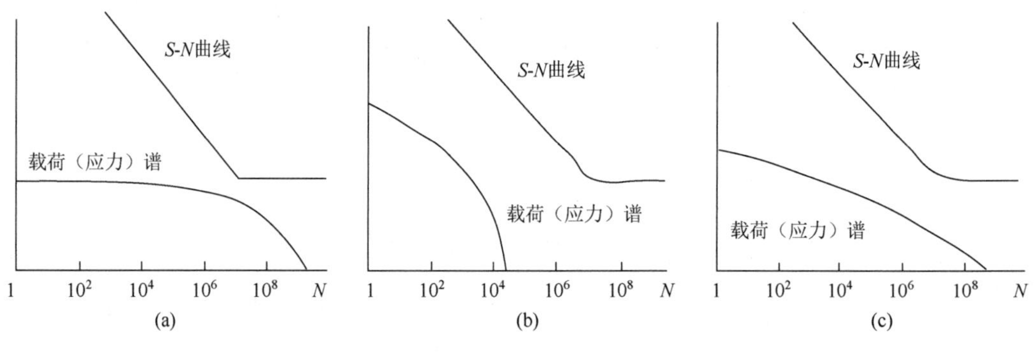

图 4.19　载荷谱的类型

载荷谱测试系统由数据测试记录、数据处理两部分组成。前者包括电测系统（应变片与动态应变仪等）及磁带机等记录系统；后者由专用幅值统计分析仪或模数（analog to digital，A/D）转换器及带有相应软件的电子计算机等组成（图 4.20）。测试时需将电测及记录等系统装到被试样车上并由试验人员现场操作，测试工作量大，花费也多。1968 年美国推出一种称为 *S-N* 疲劳寿命计的新型测量应变历程的传感器。在测试时将三个带有不同放大倍数的高倍调频放大器的 *S-N* 疲劳寿命计装到被测零件上，在测试过程中零件承受的循环载荷使这三个 *S-N* 疲劳寿命计产生永久的电阻变化，其变化量值取决于载荷量值及循环周次，通过电子计算机由给定程序处理、计算，即可复现载荷幅值的变化历程。该测试方法简便、花费少，省去随车操作人员，且可在很长时间内记录载荷。

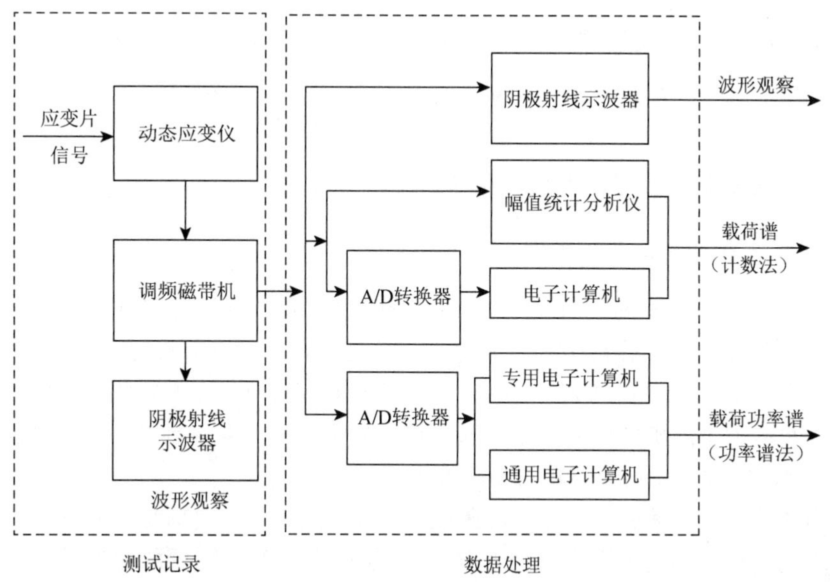

图 4.20　载荷谱测试系统

4.3.2　无限寿命可靠性设计

利用标准试样或零件的 *P-S-N* 曲线（对于非对称循环变应力则为疲劳极限图），根据给定的条件和要求，将零件设计为始终在无限疲劳寿命区工作，以使该零件有足够长（10^7 次或以上的应力循环）的寿命的设计，称为无限寿命设计。

1. 按零件的 *P-S-N* 曲线设计

如果已测得零件的疲劳 *P-S-N* 曲线，如图 4.21 所示，其横轴为应力循环周次或寿命，纵轴为疲劳强度或应力水平。若已知零件的疲劳强度分布的概率密度函数 $g(\delta)$和应力分布的概率密度函数 $f(S)$，则承受疲劳载荷的零件的可靠度计算，仍然以应力-强度分布干涉理论为依据。

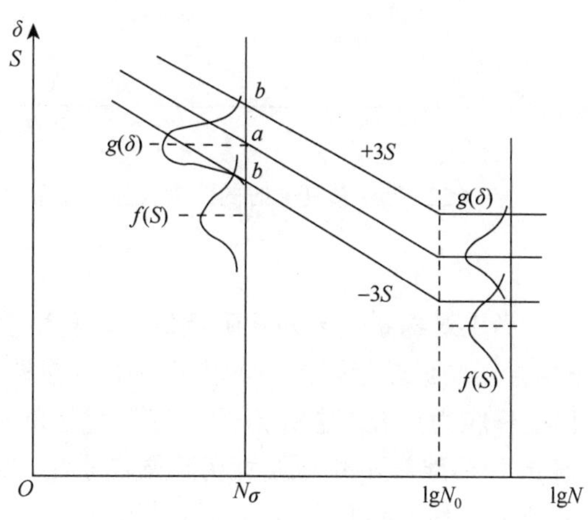

图 4.21　零件的疲劳 *P-S-N* 曲线

进行无限寿命可靠性设计时，用 N_σ 右侧的水平线部分，取其均值 μ_δ、标准差 σ_δ 为强度指标，若工作应力 S 的均值为 μ_S，标准差 σ_S 已求得，且当强度与应力均呈正态分布时，则可按式（4.116）给出的联结方程或耦合方程

$$z=-\frac{\mu_\delta-\mu_S}{\sqrt{\sigma_\delta^2+\sigma_S^2}}$$

求出 z，查标准正态分布表求得失效概率 $\Phi(z)$，代入式（4.118）

$$R=1-\Phi(z)=\Phi(-z)=\Phi\left(\frac{\mu_\delta-\mu_S}{\sqrt{\sigma_\delta^2+\sigma_S^2}}\right)=\Phi(z_R)$$

从而求得零件在无限疲劳寿命下的可靠度。

2. 按零件的等寿命疲劳极限图设计

受任意应力循环（对称与非对称的）的变应力的疲劳强度可靠性设计，可利用等寿命疲劳极限图进行。当工作应力不对称系数 r 变化时，应力与强度分布均为三维的图形，且表现为正态分布曲面（图 4.22）。它们（强度分布与应力分布）的相互干涉部分，给出了零件在随机应力下的破坏概率。由 1 减去这个破坏概率，即该零件的可靠度值。但由于 r 不是某一确定常数，故可靠度的计算非常复杂。

当不对称系数 r 为确定常数时，可在疲劳极限图上作一条过原点 O 的 r 值直线。将求得的 r 值下的强度分布与应力分布画到该直线处（图 4.23）。这两种分布的干涉部分即零件的破坏概率。也就是说，在静强度可靠性设计中所依据的应力-强度分布干涉理论，同样是疲劳强度可靠性设计的依据。所不同的是，在这里首先要找出零件的危险点以及该点处在 r 为给定值下的疲劳极限分布。

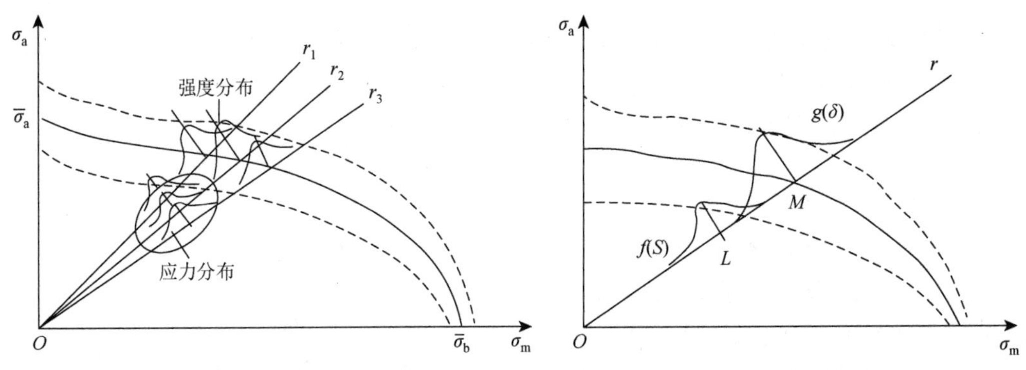

图 4.22　当 r 值变化时的应力与强度分布

图 4.23　当 r 为常数时的零部件的可靠度计算原理

当不对称系数 r 为某确定值时，利用该零件的疲劳极限图，如图 4.23 所示，先找出 r 值直线与疲劳极限曲线的交点 M，再根据零件载荷工况的应力幅值 σ_a 或平均应力 σ_m 找出工作应力点 L。过 M 点的疲劳强度分布的均值 μ_δ 和标准差 σ_δ、过 L 点的应力分布的均值 μ_S 和标准差 σ_S 可以由疲劳极限图求出，或计算出。如果它们均呈正态分布，则根据干涉理论，利用前面已给出的联结方程，即可求出疲劳载荷下零件的可靠度值，计算方法同前。

例 4-10　有一平稳运转的轴，所承受的转矩 $T=762\pm100\text{N}\cdot\text{m}$，同时承受一对称循环弯矩，危险截面处轴径为 $d=32\pm0.05\text{mm}$，该处的弯矩为 $M=660\pm90\text{N}\cdot\text{m}$，已通过疲劳试验绘得轴的疲劳寿命极限图，计算不发生疲劳失效的可靠度。

解　本题属于无限寿命设计。根据第四强度理论，合成工作应力为

$$\sigma_c = \sqrt{\sigma^2 + 3\tau^2}$$

由于该轴受单向稳定转矩，且弯曲应力的应力幅值 $\sigma_a \neq 0$，而平均应力 $\sigma_m = 0$；由转矩引起的剪切应力 $\tau_a = 0$，$\tau_m \neq 0$，故合成应力的分量分别为

$$(\sigma_c)_a = \sqrt{\sigma_a^2 + 3\tau_a^2} = \frac{M}{0.1d^3} \quad（由弯矩决定）$$

$$(\sigma_c)_m = \sqrt{\sigma_m^2 + 3\tau_m^2} = \frac{\sqrt{3}T}{0.2d^3} \quad（由弯矩决定）$$

由于弯矩与转矩为正相关，$\rho = 1$，故其合成应力为

$$\sigma_c = (\sigma_a^2 + \sigma_m^2)^{\frac{1}{2}} = \left[\sigma_a^2 + \left(\frac{\sigma_a}{\tan\alpha}\right)^2\right]^{\frac{1}{2}} = \left(1 + \frac{1}{\tan\alpha}\right)^{\frac{1}{2}} = \left(1 + \frac{1}{\tan^2\alpha}\right)^{\frac{1}{2}} \cdot \sigma_a$$

而

$$\tan\alpha = \frac{\sigma_a}{\sigma_m} = \frac{\bar{\sigma}_a}{\sigma_m} = \left(\frac{\bar{M}}{0.1\bar{d}^3}\right) \Bigg/ \left(\frac{\sqrt{3}T}{0.2\bar{d}^3}\right)$$

$$= \frac{2}{\sqrt{3}} \cdot \frac{\bar{M}}{\bar{T}} = \frac{2 \times 660}{\sqrt{3} \times 762} = 1.00013 \approx 1$$

代入上式，得

$$\sigma_c = \sqrt{2}\sigma_a = \frac{\sqrt{2}M}{0.1d^3}$$

已知 M 及 d 均服从正态分布，因标准差等于 1/3 容许偏差，可得变差系数：

$$C_M = \frac{s_M}{\bar{M}} = \frac{90}{3 \times 660} = 0.04545$$

$$C_d = \frac{s_d}{\bar{d}} = \frac{0.05}{3 \times 32} = 0.0005208$$

$$\bar{\sigma}_c = \frac{\sqrt{2}M}{0.1\bar{d}^3} = \frac{\sqrt{2} \times 660 \times 10^3}{0.1 \times 32^3} = 284.845(\text{MPa})$$

$$C_{\sigma_c} = \sqrt{C_M^2 + 3^2 C_d^2} = \sqrt{0.04545^2 + 3^2 \times 0.0005208^2} = 0.04548$$

$$s_{\sigma_c} = \bar{\sigma}_c \cdot C_{\sigma_c} = 284.845 \times 0.04548 = 12.9548(\text{MPa})$$

由该轴的等寿命疲劳极限图取 $\tan\alpha = 1$ 时查得

$$\bar{\sigma}_r = 390\text{MPa}, \quad s_{\sigma_r} = \frac{56}{3} = 18.6667(\text{MPa})$$

代入联结方程得

$$Z = -\frac{\bar{\sigma}_r - \bar{\sigma}_c}{\sqrt{s_{\sigma_r}^2 + s_{\sigma_c}^2}} = -\frac{390 - 284.845}{\sqrt{18.6667^2 + 12.9548^2}} = -4.628$$

查标准正态分布表后，当 $Z_R = -Z = 4.628$ 时，得 $R = 0.9999981$。

4.3.3　有限寿命设计与预测

有许多机械产品和机械设备，如各种重型机械、矿山机械、工程机械和起重运输机械等。其中不少零件虽然承受着重负荷，但工作循环周次却较少，在其整个使用期内也达不到其材料疲劳极限的循环基数（约 10^7 次循环），另有某些零件，在其使用期内的工作循环周次，虽然会达到这一基数或以上，但为了整个结构设计的合理布置，或为了减小结构尺寸及重量，充分利用材料以及提高零件的承载能力，多采用有限寿命设计，但配合以合理的维修制度和更换零件的方法，以确保这些零件的工作可靠性。例如，机械产品中广泛采用的滚动轴承，就是按循环周次为 10^6 次、可靠度为90%条件下的承载能力而进行设计和选用的。

做有限寿命设计时，在指定寿命 $\lg N_e$ 处取疲劳强度的均值与标准差，如图 4.21 中 a 和 b 点的值，再与已求得的工作应力分布的均值、标准差按应力-强度分布干涉理论计算可靠度。如果应力分布与强度分布均服从正态分布，则可由联结方程求解。在有限寿命疲劳强度可靠性设计中，一般取 $N=10^3\sim10^6$ 次。

1. 等幅变应力下疲劳寿命与可靠度

承受对称或不对称循环的等幅变应力的机械零件的疲劳寿命，其分布函数常符合对数正态分布或 Weibull 分布。

2. 疲劳寿命服从对数正态分布的情况

在对称循环等幅变应力作用下的试件，其疲劳寿命或达到破坏的循环周次 N，通常符合对数正态分布，或者说 $\ln N$ 服从正态分布。则其概率密度函数为

$$f(N)=\frac{1}{N\sigma\cdot\sqrt{2\pi}}\exp\left[-\frac{1}{2}\left(\frac{\ln N-\mu}{\sigma}\right)^2\right] \tag{4.126}$$

式中，μ 和 σ 分别为对数均值和对数标准差，即 $\ln N$ 的均值和标准差。

令 $z=(\ln N-\mu)/\sigma$，则对数正态分布函数为

$$F(x)=P\{X\leqslant x\}=\int_0^x\frac{1}{x\sigma\sqrt{2\pi}}\exp\left[-\frac{1}{2}\left(\frac{\ln x-\mu}{\sigma}\right)^2\right]\mathrm{d}x$$

则零件在使用寿命即工作循环周次达到 N_1 时的失效概率或对数正态分布的分布函数为

$$\begin{aligned}F(N)&=P\left(N\leqslant N_1\right)=P\left(\ln N\leqslant\ln N_1\right)\\&=\int_{-\infty}^{\ln N_1}\frac{1}{\sigma\sqrt{2\pi}}\exp\left[-\frac{1}{2}\left(\frac{\ln N-\mu}{\sigma}\right)^2\right]\mathrm{d}\ln N\\&=\Phi(z)=\Phi\left(\frac{\ln N-\mu}{\sigma}\right)\end{aligned}$$

由此得可靠度为

$$R(N_1)=1-\Phi(z_1)=1-\Phi\left(\frac{\ln N_1-\mu}{\sigma}\right) \tag{4.127}$$

例 4-11 某零件在对称循环等幅变应力 $S=700\text{MPa}$ 的载荷工况下工作。根据该零件的疲劳试验数据，知其达到破坏的循环周次服从对数正态分布，且对数均值 μ 和对数标准差 σ 在该应力水平下为 $\mu=10.000$，$\sigma=0.170$，求该零件工作到 14000 次循环时的可靠度。

解 按题意已知 $N_1=14000$ 次，故有 $\ln N_1=\ln 14000=9.547$，将已知数据代入标准正态变量表达式，得

$$z_1=\frac{\ln N_1-\mu}{\sigma}=\frac{9.547-10.000}{0.170}=-2.665$$

查标准正态分布表后，$z_R=-z_1=2.665$，得可靠度 $R=0.9961$。

3. *疲劳寿命服从 Weibull 分布的情况*

Weibull 分布常用来描述零件的疲劳寿命。它是依据“最弱环模型”建立起来的一种分布，因此凡是由于局部疲劳失效而引起的全局功能失效，都服从 Weibull 分布。对于那些高应力下的接触疲劳寿命尤为适用。常用的是三参数 Weibull 分布。三参数 Weibull 分布的定义如下。

若 X 是一个非负的随机变量，且有密度函数为

$$f(x)=\begin{cases}\dfrac{m}{\eta}\left(\dfrac{x-\gamma}{\eta}\right)^{m-1}\exp\left[-\left(\dfrac{x-\gamma}{\eta}\right)^{m}\right], & x\geqslant\gamma, m,\eta>0\\ 0, & x<\gamma\end{cases}$$

则称 X 服从三参数为（m,η,γ）的 Weibull 分布，并记为 $X\sim W(m,\eta,\gamma;x)$。其中，m 为形状参数，η 为尺度参数，γ 为位置参数。此时 $f(x)$ 称为三参数 Weibull 分布密度函数。

疲劳强度的研究中，在描述疲劳寿命 N 的随机分布规律时，若用 $x=N$、$\gamma=N_0$、$\eta=N_a-N_0$ 代入，则 Weibull 分布的概率密度函数又可表达为

$$f(N)=\frac{m}{N_a-N_0}\left(\frac{N-N_0}{N_a-N_0}\right)^{m-1}\exp\left[-\left(\frac{N-N_0}{N_a-N_0}\right)^{m}\right],\quad N,N_a>N_0,\quad m>0$$

寿命为 N 时的破坏概率或分布函数为

$$F(N)=1-\exp\left[-\left(\frac{N-N_0}{N_a-N_0}\right)^{m}\right],\quad N\geqslant N_0$$

因此零件的可靠度为

$$R(N)=\begin{cases}1-F(N)=\exp\left[-\left(\dfrac{N-N_0}{N_a-N_0}\right)^{m}\right], & N\geqslant N_0\\ 1, & N<N_0\end{cases} \tag{4.128}$$

三参数 Weibull 分布的数字特征为

$$E(X)=\gamma+\eta\Gamma\left(1+\frac{1}{m}\right)$$

$$D(X)=\eta^2\left\{\Gamma\left(1+\frac{2}{m}\right)-\Gamma^2\left(1+\frac{1}{m}\right)\right\}$$

Weibull 分布可靠度寿命为

$$t_R=\gamma+\eta\left(\ln\frac{1}{R}\right)^{1/m}$$

由上式，并令 $\gamma=N$，$\eta=N_a-N_0$，则 Weibull 分布的平均寿命 $E(N)=\mu_N$，寿命均方差或标准差 $\sigma_N=[D(N)]^{1/2}$，可靠度寿命 N_R 为

$$\begin{aligned}E(N)&=\mu_N=N_0+(N_a-N_0)\Gamma\left(1+\frac{1}{m}\right)\\ \sigma_N&=(N_a-N_0)\left[\Gamma\left(1+\frac{2}{m}\right)-\Gamma^2\left(1+\frac{1}{m}\right)\right]\\ N_R&=N_0+(N_a-N_0)\left(\ln\frac{1}{R}\right)^{\frac{1}{m}}\end{aligned} \tag{4.129}$$

应用上述各式时，要先求出 Weibull 分布三个参数 N_0、N_a 和 m 的估计值。采用图分析法来估计，其精度一般可以满足工程计算要求。用分析法，虽然有更高的精度，但计算较复杂。

在实际工程中，也常利用 m 与寿命 N 的变差系数 $C_N=\sigma_N/\mu_N$ 之间的近似关系来求解参数 m。因为 $N_0\leqslant N$，故变差系数可近似表达为

$$\begin{aligned}C_N&=\frac{\sigma_N}{\mu_N}\approx\frac{\sigma_N}{\mu_N-N_0}\\ &=\frac{(N_a-N_0)\left[\Gamma\left(1+\frac{2}{m}\right)-\Gamma^2\left(1+\frac{1}{m}\right)\right]^{\frac{1}{2}}}{(N_a-N_0)\Gamma\left(1+\frac{1}{m}\right)}\\ &=\frac{\left[\Gamma\left(1+\frac{2}{m}\right)-\Gamma^2\left(1+\frac{1}{m}\right)\right]^{\frac{1}{2}}}{\Gamma\left(1+\frac{1}{m}\right)}\end{aligned} \tag{4.130}$$

图 4.24 为式（4.130）的关系曲线，该曲线的近似表达式为

$$\begin{cases}m=C_N^{-1.08}\\ C_N=m^{-0.926}\end{cases} \tag{4.131}$$

从而使式（4.128）可以改写为

$$R(N)=\exp\left\{\left[-\left(\frac{N-N_0}{\mu_N-N_0}\right)\Gamma\left(1+C_N^{1.08}\right)\right]^{C_N^{-1.08}}\right\}$$
$$\left(\ln\frac{1}{R(N)}\right)^{C_N^{1.08}}=\left(\frac{N-N_0}{\mu_N-N_0}\right)\Gamma(1+C_N^{1.08}) \tag{4.132}$$

因此，对于任一等幅变应力作用下的零件，当其寿命分布的变差系数C_N值（通常为$C_N=0.30\sim0.70$）已知时，则可先由其 S-N 曲线方程由$S^mN=C$（其中m根据应力的性质及材料的不同，取值为$3\leqslant m\leqslant6$，C为由已知条件确定的参数）求得平均寿命μ_N，再按式（4.132）求得给定工作循环周次N时的可靠度$R(N)$值。

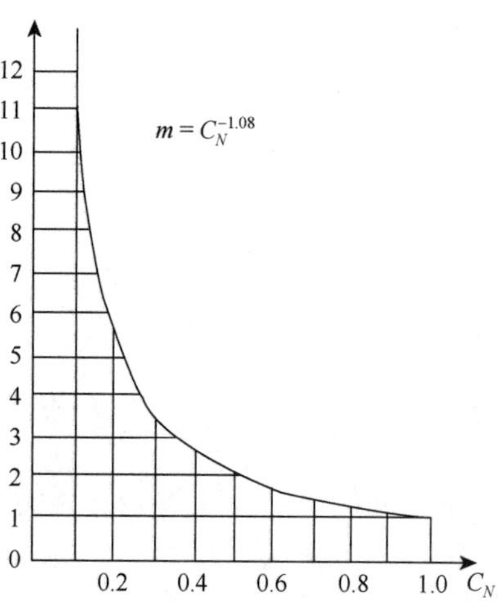

图 4.24　Weibull 分布参数 m 与寿命变差系数 C_N 的关系曲线

在疲劳强度可靠性设计中，也常遇到与上述问题相反的问题，即要求零件能在给定可靠度条件下工作到一定循环周次N_R。这就要求算出该零件在上述条件下的平均寿命μ_{N_d}。设N_R为要求达到的有效寿命，$R(N_R)$为零件达到该寿命的可靠度，N_d为设计平均寿命。令$\gamma_L=\dfrac{\mu_N-N_0}{N-N_0}=\dfrac{\mu_{N_R}-N_0}{N_R-N_0}$表示疲劳寿命系数，且$N\gg N_0$，$R(N_R)\geqslant0.9$，将式（4.132）代入$\gamma_L$计算公式，则有

$$\gamma_L=\frac{\Gamma\left(1+C_N^{1.08}\right)}{\left(\ln\dfrac{1}{R(N_R)}\right)^{C_N^{1.08}}}\approx\frac{\Gamma\left(1+C_N^{1.08}\right)}{\left[F(N_R)\right]^{C_N^{1.08}}} \tag{4.133}$$

考虑到疲劳寿命系数γ_L的影响，零件在相应的可靠度条件下的平均寿命μ_{N_d}为

$$\mu_{N_\mathrm{d}}=\gamma_L\cdot N_R \tag{4.134}$$

求得μ_{N_d}后，即可依据零件材料的疲劳 S-N 曲线方程，求出零件可靠性设计所需要的计算应力S_d：

$$S_\mathrm{d}=\left(\frac{C}{\mu_{N_\mathrm{d}}}\right)^{1/m} \tag{4.135}$$

式中，m 为疲劳曲线的指数值，(N_i, S_i) 和 (N_j, S_j) 为疲劳 S-N 曲线上的两个点，则有公式 $m=(\lg N_i-\lg N_j)/(\lg S_j-\lg S_i)$，$C$ 为已知条件确定的常数。

例 4-12　已知某零件的疲劳寿命变差系数为$C_N=0.40$，有效寿命$N_R=1\times10^5$次循环，可靠度$R(N_R)=0.960$，求其平均寿命μ_{N_d}。

解　按式（4.133），得疲劳寿命系数：

$$\gamma_L = \frac{\Gamma\left(1+C_N^{1.08}\right)}{\left[F(N_R)\right]^{C_N^{1.08}}} = \frac{\Gamma(1+0.40^{1.08})}{(0.04)^{0.40^{1.08}}} = \frac{\Gamma(1+0.3717)}{(0.04)^{0.3717}} = \frac{0.8892}{0.3023} = 2.9414$$

代入公式

$$\hat{F}(t_i) = \frac{i-\dfrac{3}{8}}{n+\dfrac{1}{4}} \tag{4.136}$$

得 $\mu_{N_d} = \gamma_L \cdot N_R = 2.9414\times1\times10^5$次$= 2.9414\times10^5$次循环。

滚动轴承在等幅变应力作用下，其接触疲劳寿命近似地服从二参数 Weibull 分布，如式（4.137）所示：

$$F(N) = 1-\exp\left[-\left(\frac{N}{N_a}\right)^m\right] \tag{4.137}$$

其失效概率为

$$F(N) = P(t \leqslant N) = 1-\exp\left[-\left(\frac{N}{N_a}\right)^m\right]$$

式中，循环周次 N 通常以 10^6 为单位，因此轴承寿命常表示为 $L = N/10^6$，换算成以小时为单位时，则为

$$L_h = \frac{10^6 L}{60n} \tag{4.138}$$

式中，n 为轴承每分钟的转数，r/min。

在工程实践中，滚动轴承均按可靠度为90%时的额定寿命 L_{10} 作为依据。因可靠度为

$$R(N_{90}) = 1-F(N_{90}) = \exp\left[-\left(\frac{N_{90}}{N_a}\right)^m\right] \tag{4.139}$$

故得额定寿命

$$L_{10} = N_{90} = N_a\left[\ln\frac{1}{R(N_{90})}\right]^{1/m} \tag{4.140}$$

同理，可靠度为任意给定值 R 时的轴承寿命为

$$L_{1-R} = N_R = N\left[\ln\frac{1}{R(N_R)}\right]^{1/m}$$

将上式两边与式（4.140）两边分别相比，则得

$$L_{1-R} = \left[\frac{\ln\dfrac{1}{R(N_R)}}{\ln\dfrac{1}{R(N_{90})}}\right]^{1/m} \cdot L_{10} = \left[\frac{\ln R(N_R)}{\ln 0.9}\right]^{1/m} \cdot L_{10}$$

令

$$L_{1-R} = \alpha_1 \cdot L_{10} \tag{4.141}$$

式中，α_1为滚动轴承寿命可靠性系数，且

$$\alpha_1=\left[\frac{\ln R(N_R)}{\ln 0.9}\right]^{1/m} \tag{4.142}$$

m 为 Weibull 分布的形状参数。大量的统计资料表明，球轴承$m=10/9$，圆柱滚子轴承$m=3/2$，圆锥滚子轴承$m=4/3$。

表 4.2 给出了几组常用的滚动轴承的寿命可靠性系数α_1值。

表 4.2　滚动轴承的寿命可靠性系数 α_1 值

$R(N_R)/\%$	50	80	85	90	92	95	96	97	98	99
L_{1-R}	L_{50}	L_{20}	L_{15}	L_{10}	L_8	L_5	L_4	L_3	L_2	L_1
球轴承	5.45	1.96	1.48	1.00	0.81	0.52	0.43	0.33	0.23	0.12
圆柱滚子轴承	3.51	1.65	1.34	1.00	0.86	0.62	0.53	0.44	0.33	0.21
圆锥滚子轴承	4.11	1.76	1.38	1.00	0.84	0.58	0.49	0.39	0.29	0.17

注：有些文献给出的 α_1 值当 $R(N_R)\geqslant 95\%$ 时，另外两种轴承与圆柱滚子轴承的相应值相同。

在实际设计中选轴承时，常常是给定在一定可靠度条件下的轴承寿命L_{1-R}，而要求确定其所对应的额定寿命L_{10}值，即求

$$L_{10}=\frac{1}{\alpha_1}L_{1-R} \tag{4.143}$$

然后从轴承手册或目录中选择其额定寿命值大于由式（4.143）确定L_{10}的值即可。

在轴承设计中，根据疲劳寿命曲线导出的轴承动载荷与其寿命之间的关系为

$$L_{10}=\left(\frac{C}{P}\right)^{\varepsilon} \tag{4.144}$$

式中，C为额定动载荷，N；P为当量动载荷，N；ε为疲劳寿命指数，球轴承$\varepsilon=3$，滚子轴承$\varepsilon=10/3$。

考虑到不同的可靠度、不同的轴承材料和润滑条件时，式（4.144）修正为

$$L_{1-R}=\alpha_1\cdot\alpha_2\cdot\alpha_3\cdot\left(\frac{C}{P}\right)^{\varepsilon} \tag{4.145}$$

式中，α_1为寿命可靠性系数，见表 4.2；α_2为材料系数，对于普通轴承钢，$\alpha_2=1$；α_3为润滑系数，一般情况下取$\alpha_3=1$。

当多数情况下$\alpha_2=\alpha_3=1$时，式（4.145）可写为

$$C=\alpha_1^{-\frac{1}{\varepsilon}}PL_{1-R}^{1/\varepsilon}=KPL_{1-R}^{1/\varepsilon} \tag{4.146}$$

式中，K为额定动载荷可靠性系数：

$$K=\alpha_1^{-\frac{1}{\varepsilon}}=\left[\frac{\ln 0.9}{\ln R(N)}\right]^{1/(m\varepsilon)} \tag{4.147}$$

式中，指数$1/(m\varepsilon)$，球轴承为$3/10$，滚子轴承为$1/5$，圆锥滚子轴承为$9/40$。表 4.3 列出了几组常用的滚动轴承的额定动载荷可靠性系数K值。

表 4.3　滚动轴承的额定动载荷可靠性系数 K 值

$R(N_R)/\%$	50	80	85	90	92	95	96	97	98	99
L_{1-R}	L_{50}	L_{20}	L_{15}	L_{10}	L_8	L_5	L_4	L_3	L_2	L_1
球轴承	0.5683	0.7984	0.8781	1.000	1.073	1.241	1.329	1.451	1.641	2.024
圆柱滚子轴承	0.6861	0.8606	0.9170	1.000	1.048	1.155	1.209	1.282	1.391	1.600
圆锥滚子轴承	0.6545	0.8446	0.9071	1.000	1.054	1.176	1.238	1.322	1.450	1.697

注：有些文献给出的 K 值当 $R(N_R)\geqslant 95\%$ 时，另外两种轴承与圆柱滚子轴承的相应值相同。

当已知给定可靠度下的轴承寿命 L_{1-R} 时，则可由式（4.146）确定相应的额定动载荷 C 值，再根据 C 值选择轴承。

例 4-13　某单列向心短圆柱滚子轴承，受径向力 $F=6\text{kN}$ 作用。求 $R(N)=95\%$、$L=7000\text{h}$，$R(N)=80\%$、$L_{10}=7000\text{h}$ 两种情况下所对应的额定动载荷 C 值和选用的轴承型号。

解　按式（4.146）并查表 4.3。当 $R(N)=95\%$ 时，$K=1.155$；当 $R(N)=80\%$ 时，$K=0.8606$。又已知 $P=F_r=6\text{kN}$，$L_5=L_{20}=7000\text{h}$。分别代入式（4.146），得：

当 $C=1.155\times6\times7000^{3/10}\text{kN}=98.688\text{kN}$ 时，选用 2310 轴承；

当 $C=0.8606\times6\times7000^{3/10}\text{kN}=73.533\text{kN}$ 时，选用 2309 轴承。

4. 非稳定变应力下零件的疲劳寿命

在每次循环中，应力幅值 σ_a、平均应力 σ_m、周期 T 之一发生变化的循环应力，称为非稳定变应力。如果经过一定的循环周次后又重复原来的应力变化规律，那么这种变应力称为规律性的非稳定变应力。否则，即非规律性的非稳定变应力，则称为随机应力。

对于承受随机载荷（应力）的零件，在疲劳设计时，首先应弄清楚零件的疲劳危险点的位置，以及在随机载荷作用下危险点处的应力-时间历程，这可通过实测法得到。然后通过适当的计数方法，将它在整个应力-时间历程内出现的峰值载荷的频数加以确定，画出应力（载荷）累积频数分布曲线（图 4.16）。如果把这种由样本所测得的分布曲线扩展到 10^6 次循环，即可得到相当于疲劳极限寿命时的分布曲线。有了这种扩展的应力累积频数分布图，就可以把它分成若干级（一般为 8 级），即用一阶梯形曲线来近似它，形成程序加载谱（图 4.16），可作为疲劳试验和疲劳寿命估计的依据。前已述及，在绘制实测应力累积频数分布图时忽略了应力的先后次序对疲劳的影响，特别是当应力级数增加时，则应力前后次序的影响会减小，一般认为 8 级阶梯应力试验程序就足以代表连续的应力-时间历程。

对于规律性的非稳定变应力，其应力谱的疲劳强度的计算，可利用 Miner 线性损伤累积理论及其修正理论，预测疲劳寿命。

1）Miner 线性损伤累积理论

当零件承受非稳定变应力时，可采用 Miner 线性损伤累积理论来估计零件的疲劳寿命。这一理论认为：在试样受载过程中，每一载荷循环都损耗试样一定的有效寿命分量；

又认为疲劳损伤与试样中所吸收的功成正比，这个功与应力的作用循环周次和在该应力值下达到破坏的循环周次之比成比例；此外，还认为试样达到破坏时的总损伤量（总功）是一个常数；低于疲劳极限 S_r 时应力不再造成损伤；损伤与载荷的作用次序无关；最后认为，各循环应力产生的所有损伤分量相加为 1 时试件就发生疲劳破坏。归纳起来有以下基本关系式：

$$d_1 + d_2 + \cdots + d_k = \sum_{i=1}^{k} d_i = D$$

$$\frac{d_i}{D} = \frac{n_i}{N_i}$$

或

$$d_i = \frac{n_i}{N_1} D$$

$$\frac{n_1}{N_1} D + \frac{n_2}{N_2} D + \cdots + \frac{n_k}{N_k} D = D$$

式中，d_i 为损伤分量或损耗的疲劳寿命分量；D 为总损伤累积量（总功）；n_i 为试样在应力水平为 S_i 的作用下的工作循环周次；N_i 为在该材料的疲劳 $S\text{-}N$ 曲线上对应于应力水平 S_i 的破坏循环周次。

因此，有线性损伤累积公式（Miner 损伤定理）：

$$\frac{n_1}{N_1} + \frac{n_2}{N_2} + \cdots + \frac{n_k}{N_k} = \sum_{i=1}^{k} \frac{n_i}{N_i} = 1 \tag{4.148}$$

大量的试验数据统计表明，试样达到破坏时的实际总损伤累积量 D 值为 0.61～1.45，且它不仅与载荷幅值有关，而且与加载次序关系更大。此外，Miner 线性损伤累积理论未考虑低于疲劳极限 S_r 以下应力的损伤分量，因而有一定的局限性，但由于公式简单，且 D 作为一个随机变量其数学期望为 1，因此还是一个比较好的估计疲劳寿命的手段，广泛用于有限寿命设计中。

设 N_L 为零件在非稳定变应力作用下的疲劳寿命，令

$$a_i = \frac{n_i}{\sum_{i=1}^{n} n_i} = \frac{n_i}{N_L}$$

即第 i 个应力水平 S_i 作用下的工作循环周次 n_i 与各个应力水平下的总的循环周次 $\sum_{i=1}^{k} n_i = N_L$ 之比。则

$$n_1 = \alpha_1 N_L, \quad n_2 = \alpha_2 N_L, \quad \cdots, \quad n_k = \alpha_k N_L$$

代入式（4.148），得

$$N_L \sum_{i=1}^{k} \frac{a_i}{N_i} = 1 \tag{4.149}$$

又设 N_1 为最大应力水平 S_1 作用下材料的破坏循环周次，则按材料疲劳曲线 $S\text{-}N$ 函数关系，有

$$\frac{N_1}{N_i}=\left(\frac{S_i}{S_1}\right)^m$$

代入式（4.149），得按 Miner 线性损伤累积理论的估计疲劳寿命的计算公式为

$$N_L=\frac{1}{\sum_{i=1}^{k}\frac{a_i}{N_i}}=\frac{N_1}{\sum_{i=1}^{k}\alpha_i\left(\frac{S_i}{S_1}\right)^m} \tag{4.150}$$

计算时，如果 S_i 与 N_i 的对应值由疲劳 *S-N* 曲线求得，则 N_L 为可靠度 $R=50\%$ 时的疲劳寿命；若按 *P-S-N* 曲线中的某一存活率 P_i 值的曲线得出，则 N_L 为可靠度 $R=P_i$ 时的疲劳寿命。

2）修正的 Miner 线性损伤累积理论

由于 Miner 线性损伤累积理论未考虑不同应力水平间的相互影响和低于疲劳极限以下的应力的损伤作用，有人对其进行了修正，其中应用较多的一种修正的 Miner 线性损伤累积理论是柯特-多兰（Corten-Dolan）提出的。Corten-Dolan 理论以最大循环应力作用下所产生的损伤形核数目与疲劳裂纹的扩展速率为依据，从而推导出多级载荷作用下估计疲劳寿命的计算公式为

$$N_L=\frac{N_1}{\sum_{i=1}^{k}\alpha_i\left(\frac{S_i}{S_1}\right)^d} \tag{4.151}$$

此式与式（4.150）非常相似，因此可以认为，Corten-Dolan 理论是对应于另一种形式疲劳曲线的 Miner 线性损伤累积理论。如图 4.25 所示，这种形式的疲劳曲线是从最高应力点 (S_1,N_1) 起向下倾斜的直线，其斜率 $d<m$，一般 $d=(0.8\sim0.9)m$。因此，当低应力损伤分量占的比例较大时，Corten-Dolan 理论估计的疲劳寿命将比 Miner 线性损伤累积理论估计的短，这是因为它考虑了疲劳极限以下应力的损伤作用，更符合实际。

海巴赫（Haibach）疲劳曲线是修正理论中采用的另一种变形的疲劳曲线，如图 4.26 所示，它在双对数坐标系中由斜率为 m 的正常的疲劳 *S-N* 曲线及由 N_0 起以斜率为 $2m-1$ 斜向下方的疲劳曲线所组成。显然，这两条曲线在双对数坐标系中表现为直线，而它们的曲线方程分别为 $S_i^m\cdot N_i=\text{const}$；$S_i^{2m-1}\cdot N_i=\text{const}$。后者即 Haibach 对疲劳曲线的修正曲

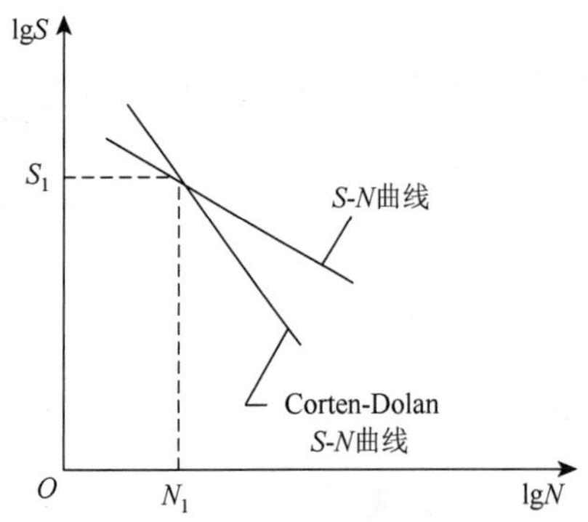

图 4.25　Corten-Dolan 疲劳曲线

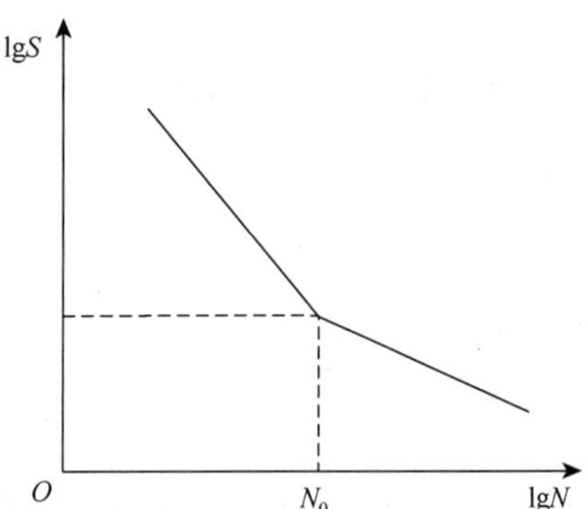

图 4.26　Haibach 疲劳曲线

线，它考虑了在持久疲劳极限以下的应力对疲劳损伤的影响。当应力谱由应力水平高于和低于持久疲劳极限的多级应力组成，且低于的部分循环周次又较多时，应采用在此情况下较 Miner 法更精确的 Haibach 法来估计零件的疲劳寿命。

例 4-14　某零件受非稳定变应力作用，表 4.4 为应力谱统计分析结果。如表所示，9 级应力水平中最大的一级为 $S_1 = 2000\text{MPa}$，其在相应的疲劳曲线上达到破坏的循环周次为 6.0×10^4。设已知零件疲劳曲线斜率 $m = 5.8$，疲劳极限 $S_r = 1000\text{MPa}$，试用 Miner 法和 Corten-Dolan 法估计该零件的疲劳寿命，并比较之。

表 4.4　例 4-14 计算用统计数据

应力的实测及统计分析数据					Miner 法	Corten-Dolan 法
应力级别 i	应力水平 S_i/MPa	频数 n_i	相对频率 α_i	应力比 S_i/S_1	$\alpha_i\left(\frac{S_i}{S_1}\right)^{5.8}$	$\alpha_i\left(\frac{S_i}{S_1}\right)^{4.93}$
1	2000	1	0.0004	1.000	0.00040	0.00040
2	1800	4	0.0016	0.900	0.00087	0.00095
3	1600	12	0.0048	0.800	0.00132	0.00160
4	1400	53	0.0212	0.700	0.00268	0.00365
5	1100	130	0.0520	0.550	0.00162	0.00273
6	900	260	0.1040	0.450	0.00101	0.00203
7	590	480	0.1920	0.295	0.00016	0.00047
8	355	760	0.3040	0.1775	0.00001	0.00006
9	120	800	0.3200	0.0600	—	—
	$\sum$	2500	1.0000	—	0.00807	0.01189

注：$N_1 = 6.0\times10^4$ 次循环；疲劳极限 $S_r = 1000\text{MPa}$。

解　根据表 4.4 的数据及计算结果，可得如下结论。

（1）用 Miner 法估计零件的疲劳寿命。由于第 6 级以下的各应力水平均低于疲劳极限，故按 Miner 线性损伤累积理论，可以忽略。现由表 4.4 取数据，并按式（4.150）估计疲劳寿命：

$$N_L = \frac{N_1}{\sum_{i=1}^{k}\alpha_i\left(\frac{S_i}{S_1}\right)^m} = \frac{6.0\times10^4}{\sum_{i=1}^{5}\alpha_i\left(\frac{S_i}{S_1}\right)^{5.8}} = \frac{6.0\times10^4}{0.00689}$$
$$= 0.871\times10^7(\text{次循环})$$

（2）用 Corten-Dolan 法估计零件的疲劳寿命。取 Corten-Dolan 疲劳曲线的斜率 $d = 0.85m = 4.93$，并由表 4.4 已算得的数据按式（4.151）估计疲劳寿命：

$$N_L = \frac{N_1}{\sum_{i=1}^{k}\alpha_i\left(\frac{S_i}{S_1}\right)^d} = \frac{6.0\times10^4}{\sum_{i=1}^{9}\alpha_i\left(\frac{S_i}{S_1}\right)^{4.93}}$$
$$= \frac{6.0\times10^4}{0.01189}$$
$$= 0.505\times10^7(\text{次循环})$$

由于零件在低应力水平作用下的循环周次多，Corten-Dolan 法计入了这些低于疲劳极限的应力的损伤作用，因此计算得到的疲劳寿命是用 Miner 法得到的疲劳寿命的 58% $\left(\dfrac{0.505}{0.871}\times 100\% = 58\%\right)$，用此方法更为安全。

5. 疲劳强度可靠性设计的递推法

在工程实际中，有些零部件承受阶梯性载荷，如轧钢机等。图 4.27 给出了一种典型的阶梯性载荷情况。其中，第一个阶梯的载荷，其应力幅值为 σ_{a1}，平均应力为 σ_{m1}，工作循环周次为 n_1；以后各级的分别为 σ_{a2}、σ_{m2}、n_2 等。各级载荷的不对称系数 $r = \sigma_{min}/\sigma_{max}$ 可能相同，也可能不同。若 r 相同，就可直接应用给定 r 值的 S-N 曲线；若 r 不同，则应转化为等效应力后再应用相应的 S-N 曲线。

以损伤累积理论为基础的 Miner 理论，可以推广到疲劳强度可靠性设计中。这时 S-N 曲线是一条分布带，如图 4.28 所示，该图是 40CrNiMoA 钢的光滑试样（$a_\sigma = 1$）以对称应力循环进行试验而得到的。图中所示的可靠度 $R = 0.999$ 的应力寿命曲线，相应的标准正态分布变量 z 可由标准正态分布表查得，$z = -3.091$，而 $z_R = -z = 3.091$，将 z_R 代入公式 $\sigma_{r(R)} = \sigma_r - z_R \cdot s_{\sigma_r}$ 即可求得给定应力水平与给定可靠度的点的位置。反之，如已知给定应力 σ_i 水平线上的一点的位置，即可根据该点与对数寿命正态分布均值之间的距离来计算出该点所对应的可靠度 R 值。这里应追述一句，即在给定应力水平 σ_i 下得到的寿命 N_i（循环周次）本身不是正态分布，取其自然对数后才是。

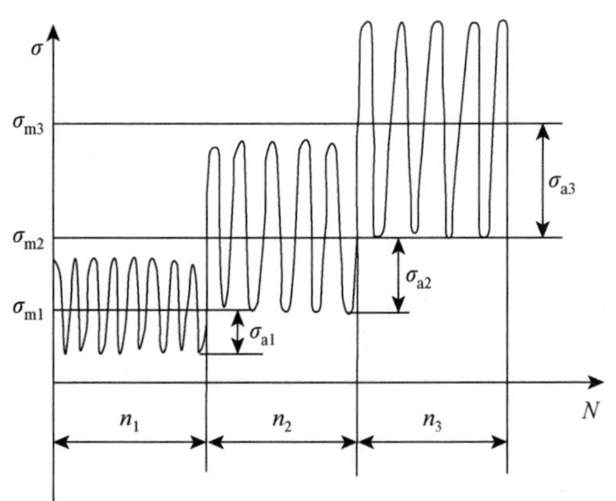

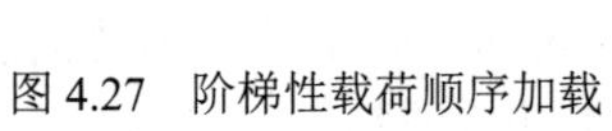
图 4.27　阶梯性载荷顺序加载

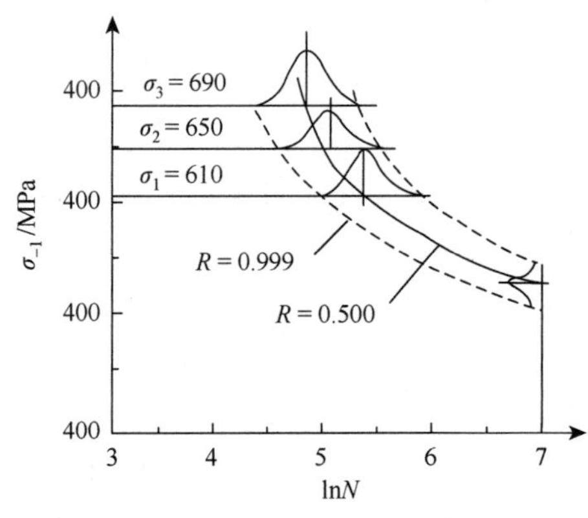

图 4.28　40CrNiMoA 钢（$r = -1, a_\sigma = 1$）的 P-S-N 曲线

要把 Miner 线性损伤累积理论推广到疲劳 P-S-N 曲线上，必须注意损伤的等效概念。例如，如图 4.28 所示，当应力为 $\sigma_1 = 610\text{MPa}$ 进行工作循环 n_1 次后，在图上即可找出一点，该点位置对应一个标准正态分布变量 z 。当转入下一级应力 $\sigma_2 = 650\text{MPa}$ 上进行工作时，则必须将前一级应力 σ_1 运行 n_1 次所引起的疲劳损伤累积用 Miner 法转化为在 σ_2 水平下造成的等效损伤所对应的寿命 n_{1e}，且将 n_{1e} 并入第二级应力 σ_2 的工作循

环 n_2 中去，求得经过两级应力循环后，在 σ_2 应力水平线上的点所在的位置及其相应的 z。再转入第三级应力 $\sigma_3 = 690\text{MPa}$ 上进行工作，再将前两级应力所造成的损伤累积转化为在 σ_3 水平下造成的等效损伤所对应的寿命 $n_{1,2e}$ 并将 $n_{1,2e}$ 归到第三级应力 σ_3 的工作循环 n_3 中去，与 n_3 相加，得到总的循环周次。求得经过三级应力循环后在 σ_3 应力水平线上的点的位置及其相应的 z_R 值后，就可得到可靠度 R 值；此 R 值即该零部件寿命的可靠度。上面所介绍的就是疲劳强度可靠性设计的递推法，下面用数学公式表示其具体计算过程。

设 $n_1, n_2, \cdots$ 表示应力水平 $\sigma_1, \sigma_2, \cdots$ 的工作循环周次；$\bar{N}_1, \bar{N}_2, \cdots$ 表示相应条件下的对数寿命均值；$s_1, s_2, \cdots$ 表示相应的对数寿命正态分布的标准差；n_{1e} 表示 σ_1 经 n_1 后所造成的疲劳损伤等效于下一级应力 σ_2 的循环周次；$n_{1,2e}$ 表示经 σ_1 及 σ_2 两级应力后所造成的累积疲劳损伤等效于第三级应力 σ_3 的循环周次；$n_{1\sim3e}$ 表示 1、2、3 级应力的累积疲劳损伤等效于第四级应力 σ_4 的循环周次；依次类推，直到最后一级应力，计算步骤如下。

（1）计算 z_1：

$$z_1 = \frac{\ln n_1 - \bar{N}_1}{s_1}$$

（2）计算 n_{1e}：

$$n_{1e} = \ln^{-1}(\bar{N}_2 + z_1 s_2)$$

（3）计算 z_2：

$$z_2 = \frac{\ln\left(n_{1e} + n_2\right) - \bar{N}_2}{s_2}$$

（4）计算 $n_{1,2e}$：

$$n_{1,2e} = \ln^{-1}(\bar{N}_3 + z_2 s_3)$$

（5）计算 z_3：

$$z_3 = \frac{\ln(n_{1,2e} + n_3) - \bar{N}_3}{s_3}$$

（6）按上述方法与步骤继续进行，直至完成全部应力的工作循环周次。

（7）由最后一级求得 z_n，查标准正态分布表中的 $z = z_n$ 并使 $zR_n = -z$，即可得到该零部件的可靠度 R。

在利用本方法计算多级变应力作用的零件在给定寿命（各级应力的循环周次）下的可靠度时，所用的疲劳 *P-S-N* 曲线，应是考虑了有效应力集中系数 K_σ、尺寸系数 ε 和表面加工系数 β 后的 *P-S-N* 曲线。如果给出的疲劳 *P-S-N* 曲线是用标准光滑试样试验得到的，则本法中所用的各级应力，均应是名义应力乘上系数 $\dfrac{K_\sigma}{\varepsilon\beta}$。

例 4-15　某转轴受三级等幅变应力，应力水平、循环周次及该轴材料的疲劳性能数据见表 4.5。求该轴在这三级应力下工作了 $n = n_1 + n_2 + n_3 = 10000 + 6500 + 3000 = 19500$ 次循环时的可靠度。

表 4.5　例 4-15 的给定数据

级别 i	应力水平 σ_i/MPa	循环周次 n_i	疲劳循环周次按对数正态分布时的特征值	
			对数寿命均值 $\bar{N}_i$	对数寿命标准差 s_i
1	500	10000	11.200	0.208
2	600	6500	10.000	0.204
3	700	3000	9.300	0.200

解　根据表 4.5 的有关数据，计算如下：

（1）$z_1 = \dfrac{\ln n_1 - \bar{N}_1}{s_1} = \dfrac{\ln(10000) - 11.200}{0.208} = -9.5657$

（2）$n_{1e} = \ln^{-1}(\bar{N}_2 + z_1 s_2) = \ln^{-1}\left(10.000 - 9.5657 \times 0.204\right)$
$= \ln^{-1} 8.0486 = 3130$

（3）$z_2 = \dfrac{\ln(n_{1e} + n_2) - \bar{N}_2}{s_2} = \dfrac{\ln(3130 + 6500) - 10.000}{0.204}$
$= -4.0557$

（4）$n_{1,2e} = \ln^{-1}(\bar{N}_3 + z_2 s_3) = \ln^{-1}(9.300 - 4.0557 \times 0.200)$
$= \ln^{-1} 8.4889 = 4861$

（5）$z_3 = \dfrac{\ln(n_{1,2e} + n_3) - \bar{N}_3}{s_3} = \dfrac{\ln(4861 + 3000) - 9.300}{0.200}$
$= -1.652$

（6）$R = \int_{-1.652}^{+\infty} f(z)dz = 1 - \Phi(-1.652) = 1 - 0.04927$
$= 0.9507 = 95.07\%$

即该轴在给定的三级载荷下总寿命的可靠度为 95.07%。

6. 用程序载荷谱估计疲劳寿命

用于程序加载疲劳试验的程序载荷谱，也可用于疲劳寿命估计。这种直接用载荷作为参数来估计疲劳寿命的方法，可以避免载荷-应力转换。

若试件承受一系列超过其疲劳极限的变幅载荷，则在不同对称应力幅值 $\sigma_1, \sigma_2, \cdots$ 作用下，分别在 $N_1, N_2, \cdots$ 次循环时发生破坏。设 σ_i 为第 i 级应力幅值，N_i 为第 i 级应力幅值下直至破坏的循环周次，m 为疲劳曲线的斜率，C 为常数，由式 $m = (\lg N_i - \lg N_j)/(\lg S_j - \lg S_i)$ 表达的疲劳 S-N 曲线方程知：

$$\sigma_i^m N_i = C$$

对于疲劳极限 σ_{-1}，则有

$$\sigma_{-1}^m N_0 = C$$

式中，N_0 为疲劳循环基数，对于钢一般取 $N_0 = 10^7$ 次。

由以上两式可得

$$N_i = \left(\frac{\sigma_{-1}}{\sigma_i}\right)^m N_0 \tag{4.152}$$

当零部件的材料、结构尺寸及形状确定后，其应力与载荷呈线性关系，即 $P_i \propto \sigma_i$，因此式（5.152）又可改写为

$$N_i = \left(\frac{P_{-1}}{P_i}\right)^m N_0 \tag{4.153}$$

式中，P_{-1} 为在对称循环下材料的载荷疲劳极限；P_i 为程序载荷谱中的第 i 级载荷。

又根据载荷谱，在第 i 级载荷作用下的频次有

$$n_i = n_z \cdot f(P_i)$$

在阶梯形程序载荷下，其频次为

$$n_i = n_z \cdot n_i'/n_k \tag{4.154}$$

式中，n_z 为在各级载荷作用下直至破坏的总循环周次；n_i' 为在程序加载的一个循环周期内第 i 级载荷的循环周次；n_k 为在程序加载的一个循环周期内各级载荷循环周次之和。将式（4.151）和式（4.152）代入 Miner 公式，则有

$$\sum \frac{n_i}{N_i} = \sum \frac{n_z \cdot n_i' / n_k}{\left(P_{-1} / P_i\right)^{-1} \cdot N_0} = 1$$

或

$$\frac{n_z}{N_0} \sum P_i^m \frac{n_i'}{n_k} = (P_{-1})^m \tag{4.155}$$

式（4.155）为由材料 S-N 曲线导出疲劳强度的条件，若 P_{-1} 直接取自零部件的疲劳试验结果，则不必修正；若取自试样，则 P_{-1} 应按下式修正：

$$P_{-1}' = \left(\frac{\varepsilon\beta}{K_\sigma}\right) P_{-1}$$

式中，ε、β 和 K_σ 为修正系数，详见 4.3.1 节。

将上式代入式（4.155），得

$$\frac{n_z}{N_0} \sum P_i^m \frac{n_i'}{n_k} = \left[\left(\frac{\varepsilon\beta}{K_v}\right) P_{-1}\right]^m \tag{4.156}$$

将最大幅值载荷 $P_{\max}$ 引入式（4.156），得

$$\frac{n_z}{N_0} \sum \left(\frac{P_i}{P_{\max}}\right)^m \frac{n_i'}{n_k} P_{\max}^m = \left[\left(\frac{\varepsilon\beta}{K_\sigma}\right) P_{-1}\right]^m \tag{4.157}$$

式（4.157）即机械零部件的疲劳强度条件，表明在各级载荷下，机械零部件的寿命

正好达到总的循环周次 n_z。因此，也可将式（4.157）改为寿命估计的表达形式：

$$n_z = \frac{\left[\left(\frac{\varepsilon\beta}{K_o}\right)\cdot P_{-1}\right]^m \cdot N_0}{P_{\max}^m \sum\left(\frac{P_i}{P_{\max}}\right)^m \cdot \frac{n_i'}{n_k}} = \frac{\left[\left(\frac{\varepsilon\beta}{K_0}\right)\cdot P_{-1}\right]^m \cdot N_0}{P_{\max}^m \cdot K_{\mathrm{p}}} \tag{4.158}$$

式中

$$K_{\mathrm{p}} = \sum\left(\frac{P_i}{P_{\max}}\right)^m \cdot \frac{n_i'}{n_k} \tag{4.159}$$

称为载荷折算系数。

利用载荷谱估算机械零部件的疲劳寿命，就是通过式（4.158）来实现的。

4.3.4 疲劳强度设计的安全系数

常规疲劳设计用的 $S\text{-}N$ 曲线，是可靠度 $R = 0.500$ 的应力寿命曲线。考虑到疲劳强度和工作应力的分散性，在常规设计中引入了一个大于 1 的安全系数，定义为

$$n = \frac{强度均值}{应力均值} = \frac{\mu_\delta}{\mu_S}$$

由于推荐的安全系数是经验值，考虑到疲劳强度可靠性设计，对于疲劳强度分布为正态分布的情况，可用式（4.116）给出的联结方程

$$z_R = -z = \frac{\mu_\delta - \mu_S}{\sqrt{\sigma_\delta^2 + \sigma_S^2}}$$

求出在规定可靠度下的安全系数。

由 $n = \frac{\mu_\delta}{\mu_S}$，得 $\mu_S = \frac{\mu_\delta}{n}$，代入联结方程，得

$$n = \frac{\mu_\delta}{\mu_\delta - z_R\sqrt{\sigma_\delta^2 + \sigma_S^2}} \tag{4.160}$$

例 4-16 某轴的疲劳极限分布为正态分布，已知 $\mu_\delta = 26.00\text{MPa}$，$\sigma_\delta = 2.700\text{MPa}$，求可靠度 $R = 0.999$ 时该轴的安全系数 n。

解 该轴工作应力的标准差 σ_S 是疲劳极限标准差的 $\frac{2}{3}$，即 $\sigma_S = \frac{2}{3}\sigma_\delta = \frac{2}{3}\times 2.700 = 1.8(\text{MPa})$。当 $R = 0.999$ 时，查标准正态分布表，得 $z_R = 3.091$，则

$$n = \frac{\mu_\delta}{\mu_\delta - z_R\sqrt{\sigma_\delta^2 + \sigma_S^2}} = \frac{26.00}{26.00 - 3.091\sqrt{2.7^2 + 1.8^2}} = 1.628$$

即在给定可靠度 $R = 0.999$ 时，所要求的安全系数 $n \geqslant 1.628$。

4.4　车辆结构可靠性设计实例

4.4.1　高速受电弓

目前，我国高铁线路上所采用的受电弓均为国外引进或引进后经国产化的产品，我国自主研制的新型高速受电弓仍未实现工程应用。本节在考虑既有高铁接触网不平顺性的基础上，探讨我国自主研制的V500型高速受电弓对既有高铁线路的服役性能，为V500型受电弓投入线路运行的可行性提供理论依据，依次从动力学性能、结构静强度和疲劳强度等方面对该型受电弓进行校核评价。

1. 既有线受电弓的动力学性能

目前，我国既有高铁线路运营速度等级为 200～350km/h，不久后我国高铁将实现350～400km/h 甚至 500km/h 的超高速。探讨 V500 受电弓对既有高铁线路的动力学服役性能，包括现运营速度下的弓网受流性能评价和 350km/h 以上超高速运行时的动力学性能分析。仿真过程中采用武广线接触网模型，该线路的接触线不平顺样本如图 4.29 所示，受电弓接触网结构采用三质量块模型，如图 4.30 所示。

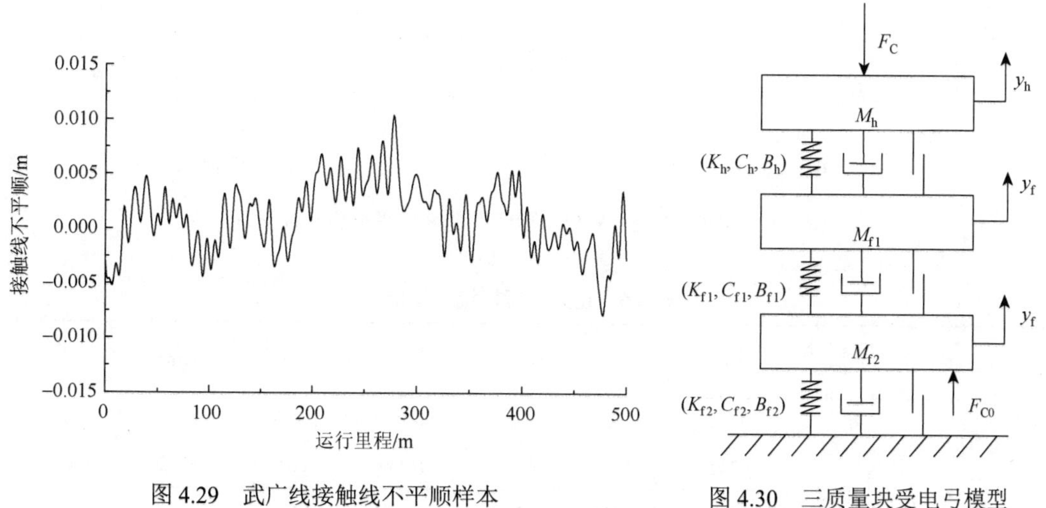

图 4.29　武广线接触线不平顺样本　　图 4.30　三质量块受电弓模型

图 4.30 中，M、K、C、B、y 依次为模型质量、刚度、阻尼、干摩擦和垂向位移；下标 h、f1、f2 依次表示弓头、上框架和下框架；F_C 为动态接触压力，F_{C0} 为受电弓总抬升力。另外，F_0 为静态抬升力，$F_{0a} = 0.00097\,v^2$ 为气动抬升力，v 为运行速度，单位为 km/h。

2. 现运营速度下动力学性能

抬升力值取为 $F_{C0} = 0.00097v^2 + 70$ 条件下，V500 受电弓以高铁现运营速度等级（200～

350km/h）运行于武广线的接触压力时间历程曲线如图 4.31 所示，各项动力学参数的统计结果如表 4.6 所示。

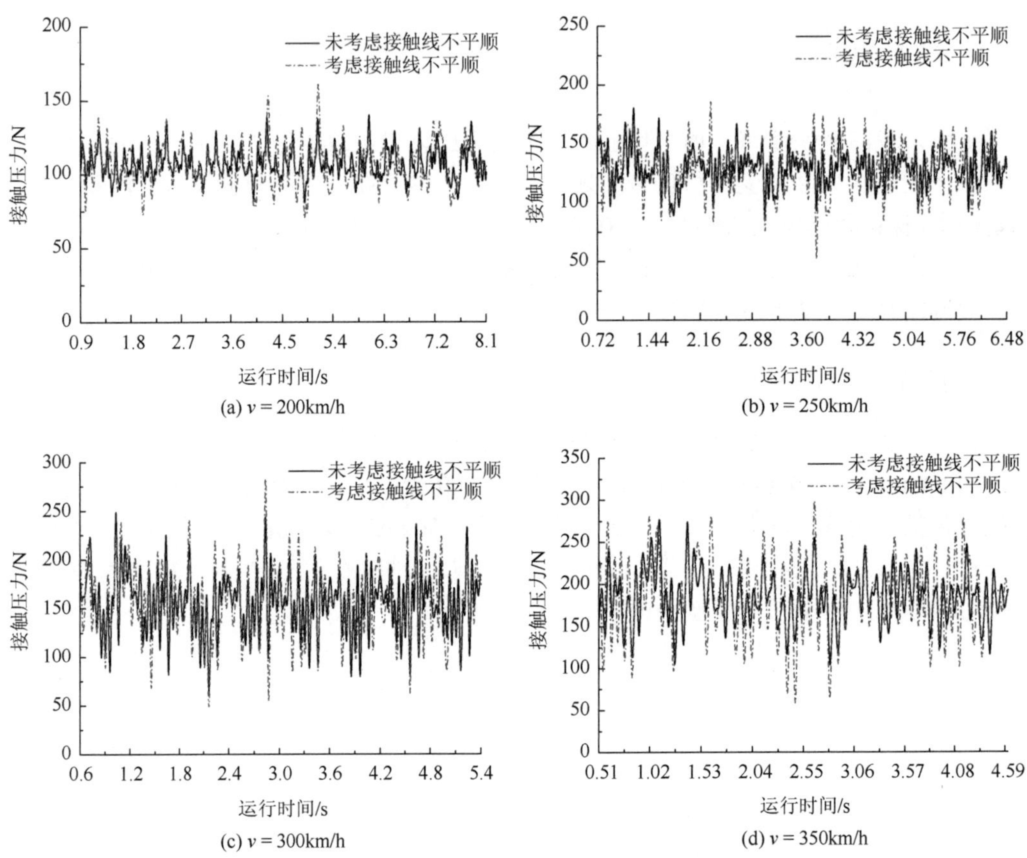

(a) $v = 200$km/h　(b) $v = 250$km/h　(c) $v = 300$km/h　(d) $v = 350$km/h

图 4.31　V500 受电弓服役于现运营速度等级下的接触压力

表 4.6　动力学指标统计结果

速度/(km/h)	是否考虑接触线不平顺	$\overline{F}_{C}$ /N	σ /N	F_{C_min} /N	F_{C_max} /N	e /mm	h /mm	s/%
200	否	107.05	9.60	81.03	140.34	5.68	42.39	0
	是	107.25	13.87	70.65	161.00	11.31	43.52	0
250	否	128.71	14.40	87.83	180.85	12.52	53.82	0
	是	128.99	20.13	51.96	185.44	15.13	53.79	0
300	否	155.52	29.53	64.89	248.98	20.69	71.15	0
	是	155.62	35.10	48.78	282.81	24.32	71.74	0
350	否	185.30	30.09	104.16	276.89	24.74	97.82	0
	是	185.38	42.74	58.76	298.83	25.92	99.06	0

仿真发现，随着运行速度的增加，弓网动力学参数的统计值增大，但均在标准范围内，表明受电弓在现运营速度等级下服役于既有高铁线路的动力学性能良好；对比有/无接触线不平顺的结果可见，考虑接触线不平顺时的接触压力均方差值约为不考虑接触线不平顺时的 1.2 倍，即弓网波动性加剧，采用考虑不平顺性接触网模型的动力学计算结果进行弓网系统动力学性能评估的结果偏于安全。

3. 超高速 350km/h 以上运行参数

为使 V500 受电弓实现 350km/h 以上超高速度运行，且服役时的动力学性能更优，需对受电弓抬升力、接触线张力和承力索张力等结构参数进行优选。受电弓抬升力讨论范围取为 70～200N。弓网动力学参数随抬升力的变化如图 4.32 所示。

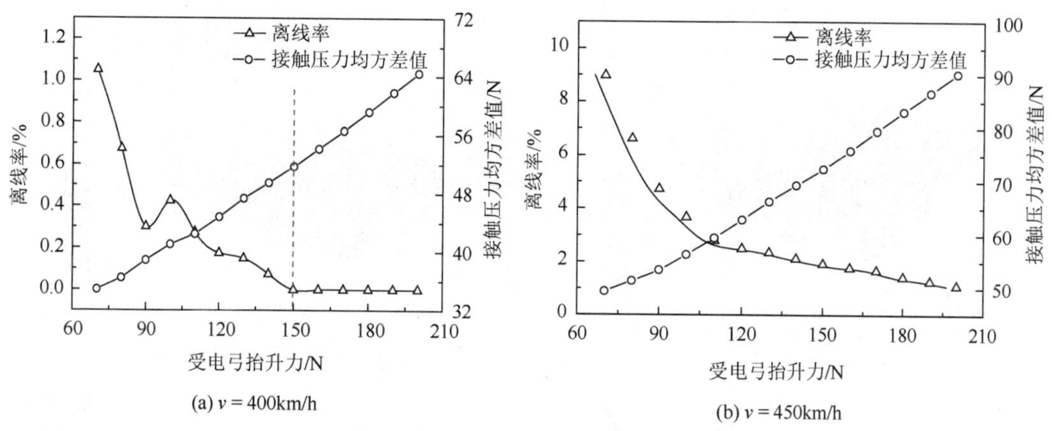

图 4.32　不同抬升力下的动力学参数值

由图 4.32 可见，通过合理调整受电弓抬升力值（F_{C0}≥150N），V500 受电弓在武广线上可实现 400km/h 超高速的无离线运行；随着抬升力的增加，弓网离线率下降，但接触压力波动增大。为了获取优秀的动力学性能，应综合考虑这两个参数，确定合理的抬升力；后续接触线及承力索张力优选的讨论中，400km/h 速度下受电弓的抬升力值取为 150N，450km/h、500km/h 速度下的抬升力值取为 200N。

接触线/承力索的张力讨论区间依次取为 25～40kN、15～30kN，计算不同张力匹配下受电弓超高速运行的动力学性能，得到如图 4.33 所示的弓网动力学参数统计结果。可见，随着接触线张力的增大，弓网离线率和接触压力均方差值总体呈下降趋势，这表明接触线张力越大，弓网耦合动力学性能越好，但考虑到接触线结构强度的影响，接触压力值不可无限增加；承力索张力对弓网动力学性能影响的趋势性不明显，该值与接触线存在最优匹配关系，且不同的运行速度下最优匹配值不同；通过调整接触线/承力索的张力值，在既有线路上最高可实现 450km/h 超高速的无离线运行。不同速度等级下接触线/承力索张力的最优匹配值如表 4.7 所示。

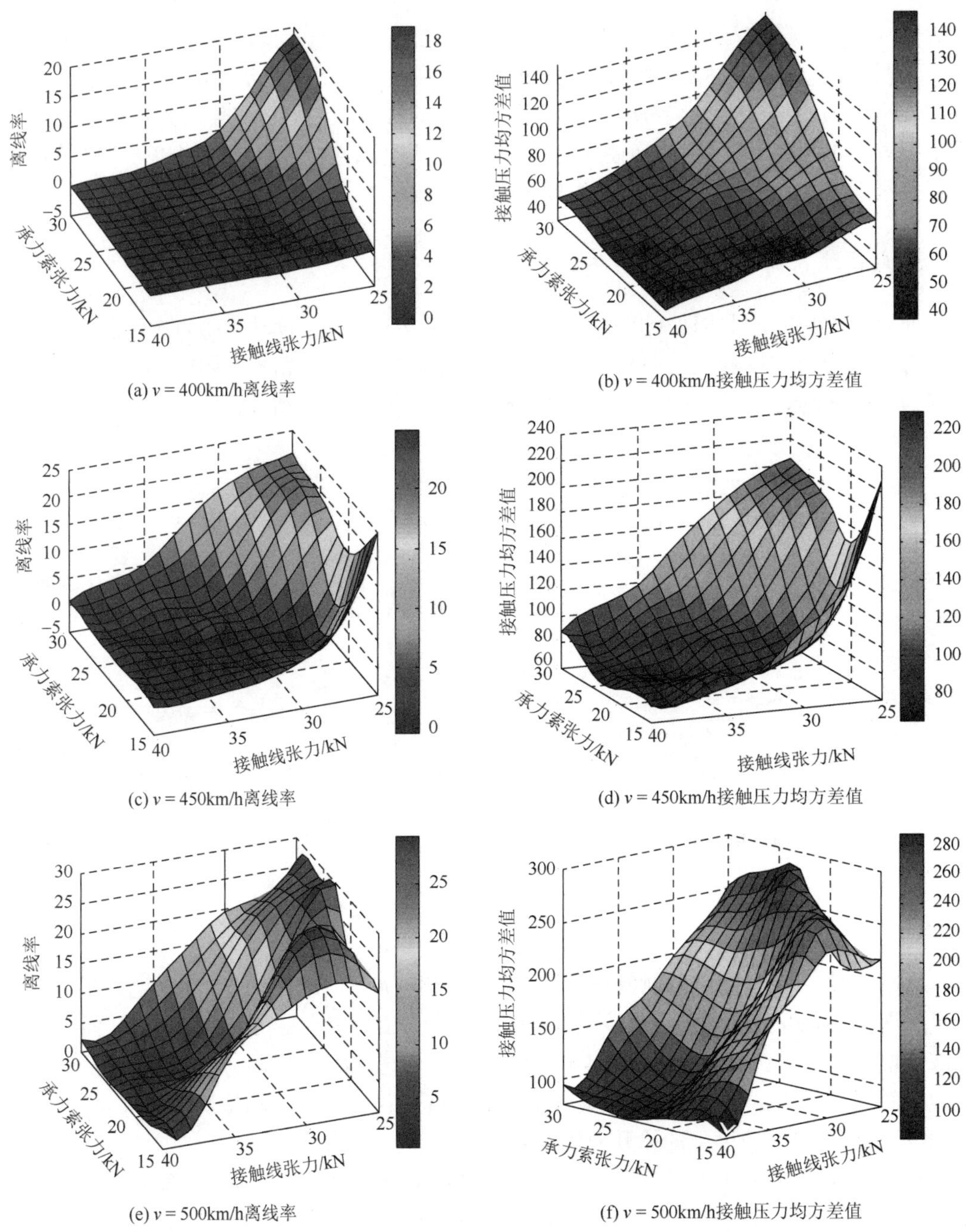

图 4.33　不同接触线/承力索张力下的动力学参数统计结果

表 4.7　接触线/承力索张力最优匹配值

速度/(km/h)	接触线张力/N	承力索张力/N	离线率/%	接触压力均方差值
400	40	15	0	38.05
450	40	23	0	66.65
500	40	25	0.62	82.83

4. 考虑风载的受电弓静强度分析

随着铁路高速化进程的推进，受电弓空气动力学效应越来越明显，仅考虑弓网接触压力的受电弓静强度校核结果已不足以作为受电弓静强度设计是否满足要求的判据，因此有必要开展考虑气动载荷的受电弓静强度分析。本节校核 V500 受电弓最高现运营速度下的结构静强度，验证该型弓在现运营速度下服役的安全性。

本节利用 ANSYS Workbench 建立 V500 高速受电弓的有限元模型，分析过程所施加的载荷包括弓头最大接触压力和各部件的气动载荷。其中，气动载荷依次施加到结构外表面上模拟气流的作用效果。

1）有限元静强度分析过程

分析出运行过程中受电弓受力状态如图 4.34 所示：受电弓通过绝缘子固定于列车顶部，弓头与接触网接触获取电能，在纵向上受到气流的扰动，受电弓承受着自身重力，气流引起的气动升力、气动阻力，接触网施加的接触压力，列车振动和接触网波动引起的惯性力。静态分析时，忽略列车和接触网的随机激扰，受电弓底部的绝缘子视为固定约束，所承受的外力为弓头顶部的接触压力、气动力 F_{Ax} 和 F_{Ay}、自身重力 G 和升弓力矩 M_{Az}。

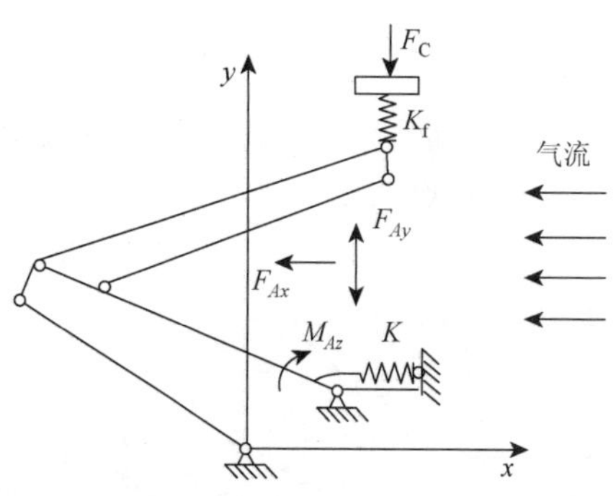

图 4.34　受电弓受力状态

通过 SolidWorks 软件建立 V500 高速受电弓精确的三维实体模型，将其导入有限元软件 ANSYS Workbench 生成有限元模型。受电弓实体模型较为复杂，静态仿真时对结构进行适当简化，使有限元模型既能反映结构的力学特性，又能满足有较高的计算精度和缩小解题规模的要求。有限元模型的简化包括以下几点：

（1）静态分析时忽略了结构阻尼，升弓气囊由定刚度弹簧代替，升弓力矩由弹簧的预压力等效，预压力值为提供弓网静态接触压力所需的抬升力。

（2）根据结构实际铰接关系设置受电弓各部件的接触，底架与三个绝缘子固接，底架、上臂杆、下臂杆、平衡臂、平衡杆等框架部件间为转动连接，弓头通过悬挂弹簧与平衡臂连接。

各部件的接触设置如图 4.35 所示，本节选用四面体实体单元对受电弓结构分网，结构中不规则部件进行局部网格细化处理，V500 高速受电弓有限元模型单元数为 328047 个，有限元模型如图 4.36 所示。其中，底座、下臂杆和拉杆的材质为不锈钢（弹性模量和屈服强度分别为 198GPa 和 304MPa），其余部件如上臂杆、平衡杆、平衡臂、弹簧盒和弓头等材质为铝合金（弹性模量和屈服强度分别为 71GPa 和 280MPa）。

边界条件设置对仿真计算结果具有重要影响。分析中，位移边界设置为受电弓三个绝缘子底部固定；受电弓弓头顶部施加最大接触压力，各部件施加气动力，对受电弓整体结构施加重力。受电弓静强度分析所用的气动载荷通过大型流场计算商用软件 Fluent 计算得到，计算方法参见文献，得到受电弓各部件的气动载荷大小和作用点位置。为了更真实地模拟气流的作用效果，这里将气动载荷以远程力的形式依次施加到相应部件的外表面，边界设置如图 4.37 所示。

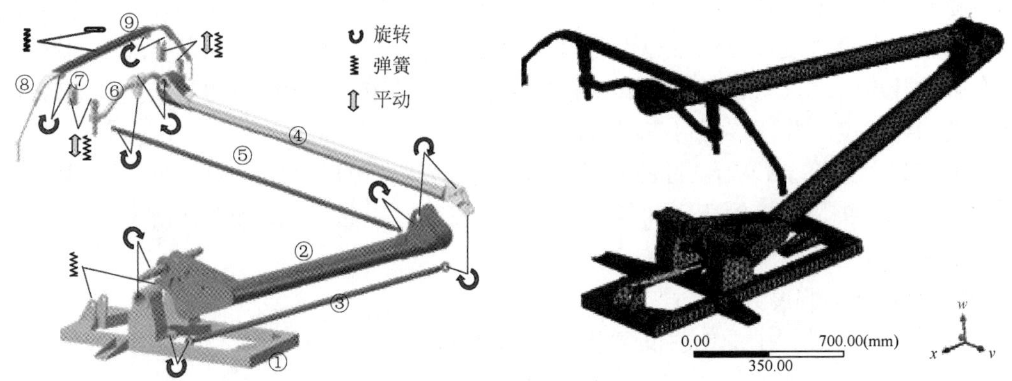

图 4.35　V500 受电弓部件接触设置

①～⑨分别代表底架、下臂杆、拉杆、上臂杆、平衡杆、平衡臂、弹簧盒、弓头托架、滑板

图 4.36　V500 受电弓有限元模型

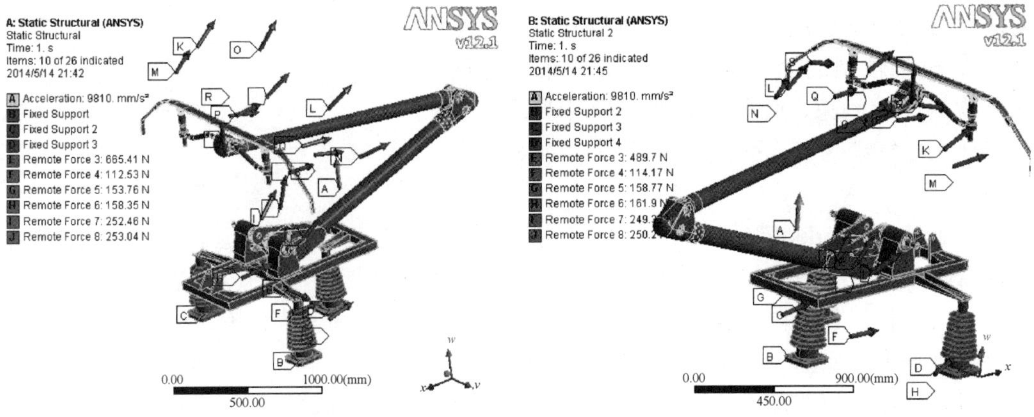

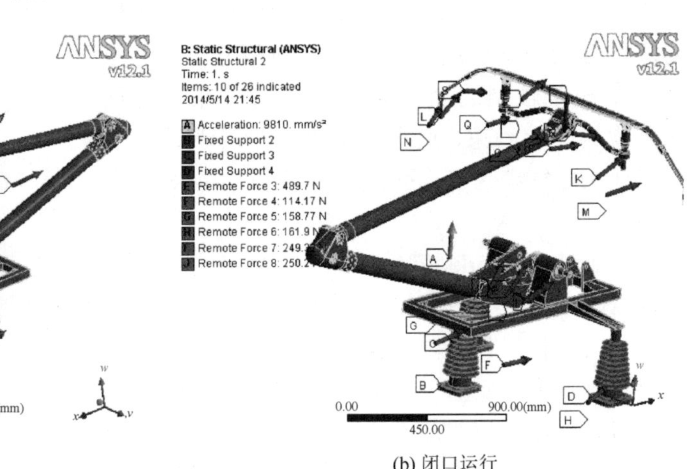

(a) 开口运行　　(b) 闭口运行

图 4.37　V500 高速受电弓边界设置

2）计算结果分析

提取绝缘子底部的约束反力，对受电弓整体结构承载分布情况进行分析。三个绝缘子的约束力及约束力矩如表 4.8 所示，绝缘子编号如图 4.38 所示。

表 4.8　绝缘子约束力

		横向 F_x/N	垂向 F_y/N	行进方向 F_z/N	M_x/(N·m)	M_y/(N·m)	M_z/(N·m)
开口	绝缘子 1	−42.16	2313.90	1167.60	635.20	9.50	19.04
	绝缘子 2	721.29	−309.26	649.20	250.52	112.26	−252.98
	绝缘子 3	−677.51	−104.85	416.00	136.31	−79.37	244.68
	合力	1.62	1899.79	2232.80	1022.03	42.39	10.74

续表

		横向 F_x/N	垂向 F_y/N	行进方向 F_z/N	M_x/(N·m)	M_y/(N·m)	M_z/(N·m)
闭口	绝缘子 1	14.54	−262.40	−871.81	−370.76	−8.97	−10.06
	绝缘子 2	−417.78	1135.70	−729.01	−255.56	−3.95	74.24
	绝缘子 3	390.30	959.59	−614.14	−201.41	17.13	−76.96
	合力	−12.94	1832.89	−2214.96	−827.73	4.20	−12.78

由表 4.8 可见，开口运行时绝缘子 1 的受力情况较其他两个绝缘子恶劣，尤其是垂向载荷，这使该绝缘子容易破坏；闭口运行时三个绝缘子所承受的载荷均匀。在承载分配上 V500 受电弓闭口工况略优于开口工况。

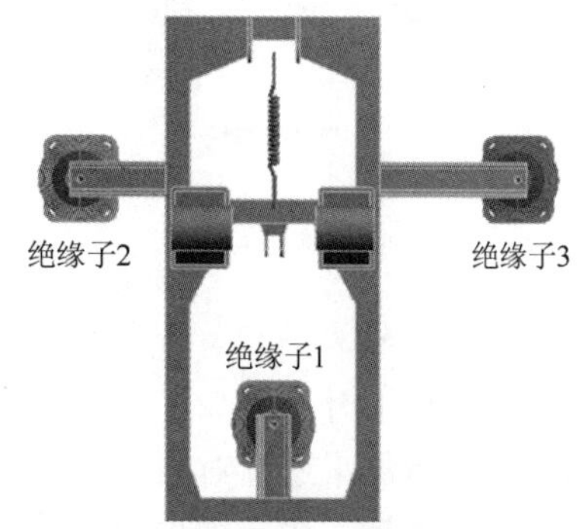

图 4.38　绝缘子编号

开、闭口工况下 V500 高速受电弓垂向位移如图 4.39 所示，结构应力如图 4.40 所示。开口运行时受电弓最大抬升位移为 6.7mm，发生在弓角处；闭口运行时受电弓最大抬升位移为 2.0mm，发生在上下臂杆连接套头部位。开、闭口工况的最大应力值均在弹簧盒与弓头托架连接的螺栓孔处，其值依次为 61.22MPa 和 61.80MPa。

由受电弓垂向位移图可见，开、闭口工况下弓角处的抬升位移大于弓网接触部位，这表明在气动抬升力作用下该受电弓开、闭口工况的弓头均呈抬升趋势。分析图 4.40 中结构应力分布可知，V500 高速受电弓应力值较大的部件为弹簧盒、底架、下臂杆、上臂杆及平衡臂。

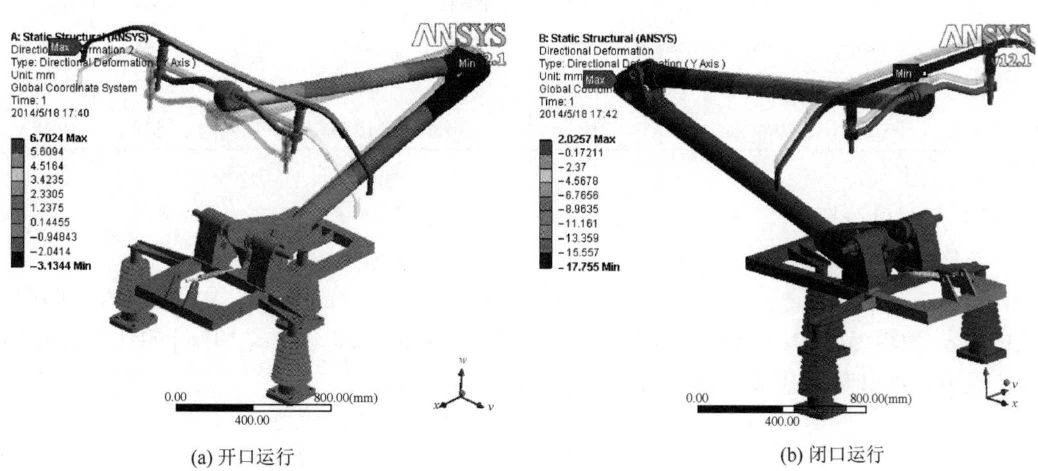

(a) 开口运行　　(b) 闭口运行

图 4.39　V500 高速受电弓垂向位移

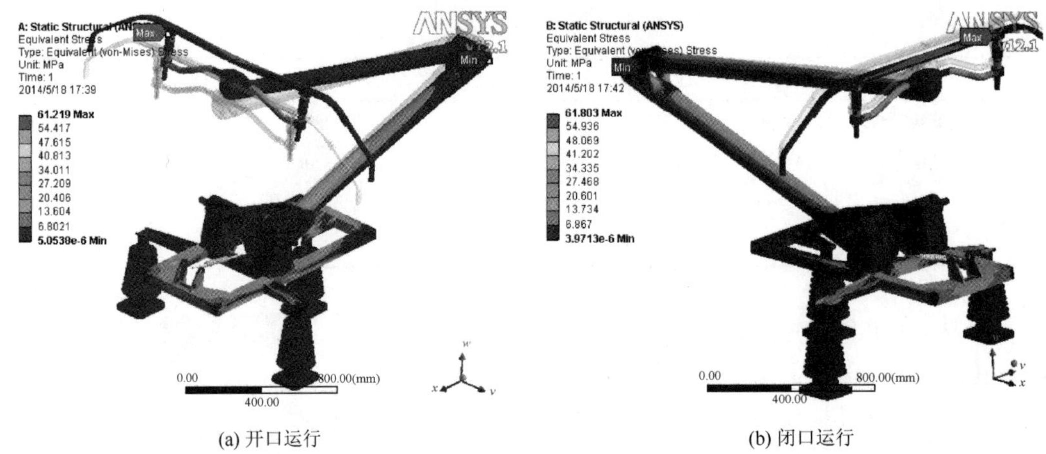

(a) 开口运行　　　　(b) 闭口运行

图 4.40　V500 高速受电弓应力云图

依次提取开、闭口工况下受电弓各部件的最大应力，并将其与未考虑接触线不平顺的静态分析结果进行对比，如表 4.9 所示。由表可见，开、闭口运行工况下，各部件的最大应力值接近；由于受电弓静强度分析考虑了气动载荷和接触压力的联合作用，且本节采用接触线不平顺样本引起的接触应力最大值差别不大，因此有、无不平顺条件下，受电弓部件的应力值差别不大。

表 4.9　受电弓各部件的应力值　　　　（单位：MPa）

部件	开口		闭口		部件	开口		闭口	
	无不平顺	有不平顺	无不平顺	有不平顺		无不平顺	有不平顺	无不平顺	有不平顺
底座	50.84	55.53	49.07	53.76	平衡杆	6.03	6.06	6.64	6.62
下臂杆	30.06	32.48	35.98	38.48	平衡臂	42.82	42.71	42.84	42.95
拉杆	7.58	6.58	19.02	20.51	弹簧盒	60.94	61.22	61.57	61.80
上臂杆	11.29	10.96	28.75	31.10	弓头托架	14.38	14.83	18.59	19.45

3）静强度校核

结构静强度的评定标准为

$$\sigma_{\rm r} \leqslant [\sigma] \tag{4.161}$$

式中，$\sigma_{\rm r}$ 为相当应力；$[\sigma]$ 为许用应力。对应不同的强度理论，$\sigma_{\rm r}$ 和 $[\sigma]$ 的计算公式不同，本书中两种材料均为延性材料，应选用第四强度理论：

$$\sigma_{\rm r} = \sqrt{\frac{1}{2}\left[\left(\sigma_1-\sigma_2\right)^2+\left(\sigma_2-\sigma_3\right)^2+\left(\sigma_3-\sigma_1\right)^2\right]} \tag{4.162}$$

$$[\sigma] = \sigma_{\rm s}/n_{\rm s} \tag{4.163}$$

式中，$n_{\rm s}$ 为安全因数，取 $n_{\rm s}=1.5$；$\sigma_{\rm r}$ 为有限元分析结果中的冯・米泽斯（von Mises）等效应力。

对表 4.9 中各部件的应力进行静强度校核。其中，不锈钢的许用应力为 202.7MPa，铝合金的许用应力为 187MPa，结果如表 4.10 所示。由表可见，V500 受电弓在气动载荷作用下满足静强度设计要求，开、闭口运行工况结构的安全系数相当。

表 4.10　V500 高速受电弓静强度校核

部件名称	安全系数		校核结果	部件名称	安全系数		校核结果
	开口	闭口			开口	闭口	
底座	3.90	4.04	√	平衡杆	30.97	28.18	√
下臂杆	6.62	5.54	√	平衡臂	4.37	4.36	√
拉杆	27.58	10.46	√	弹簧盒	3.07	3.03	√
上臂杆	16.67	6.38	√	弓头托架	12.99	9.95	√

注：√表示通过，×表示不通过。

本小节通过将气动载荷均匀施加到受电弓各部件的外表面，实现了 V500 高速受电弓考虑气动载荷的静强度有限元仿真。由有限元仿真结果可见，开、闭口工况下，V500 高速受电弓弓头均呈抬升趋势；对比开、闭口运行工况下三个绝缘子的承载情况，闭口运行工况略优于开口运行工况；受电弓各部件均通过静强度校核，表明 V500 高速受电弓以现运营速度运行于武广线时满足静强度要求。

4）受电弓疲劳可靠性分析

本小节预测 V500 受电弓以目前高铁最高速度 350km/h 服役于武广线的可靠寿命，具体方法为：采用基于框架模型的受电弓动应力简化方法（analytic method of simplified model，AMSM）实现受电弓框架部件的动应力计算；对部件动应力时间历程数据进行雨流计数和 Goodman 修正得到对称应力谱；结合材料 *P-S-N* 曲线和 Miner 线性损伤累积理论实现受电弓各部件的可靠寿命预测。

（1）AMSM 理论。

受电弓结构可简化为如图 4.41 所示的框架模型，该模型有两个自由度，即下臂杆绕轴转动的自由度 α 和弓头沿垂直方向运动的自由度 y_C，此处略去弓头在 x 方向的运动自由度（受电弓设计要求弓头沿垂向运动）。

图 4.41 中，P_1、P_2、P_3 分别为下臂杆、拉杆、上臂杆质心；m_1、m_2、…、m_5 分别为下臂杆、拉杆、上臂杆、平衡臂和弓头的质量；l_1、l_2、l_3、l_4 为 AD、BC、DE 和 CD 杆长；l_{C1}、l_{C2}、l_{C3} 分别为 AP_1、BP_2 和 DP_3 的距离；s_1、s_2 分别为连线 BD、AB 的长度；l_x、l_y 分别为 AB 连线的水平距离和垂直距离；J_1、J_2、J_{C3} 分别为下臂杆绕 A 点、拉杆绕 B 点和上臂杆绕质心 P_3 点的转动惯量；α、β、γ、ε、α_P、β_P、γ_P 分别为 AD、BC、DE、AB、AP_1、BP_2、DP_3 与 x 轴正半轴的夹角，φ 为 CD 与 DE 的夹角；K、K_f 分别为升弓弹簧刚度和悬挂弹簧刚度；F_C、F_h 分别为弓网接触压力和平衡臂与弓头间悬挂力；M_{Az} 为升弓力矩（弓网静态接触压力对应的力矩值）。

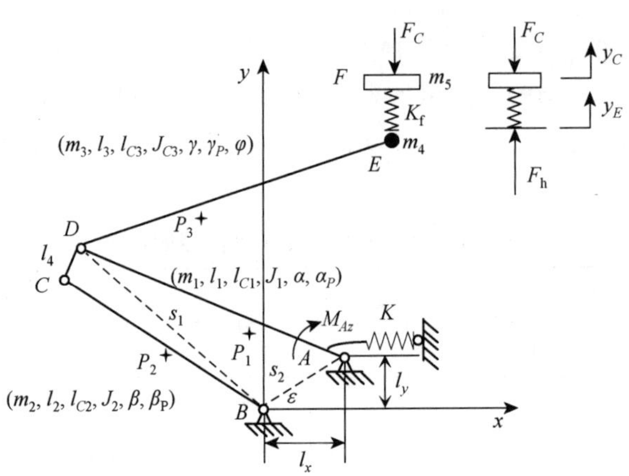

图 4.41　受电弓框架模型

① 受电弓框架模型运动微分方程。

建立如图 4.41 所示受电弓模型的运动微分方程如下。

弓头部分：简化为单质量块模型，其运动微分方程为

$$m_5\ddot{y}_C + m_5 g + F_C - F_h = 0 \tag{4.164}$$

$$F_h = K_f \cdot (y_C - y_E - l_0) \tag{4.165}$$

式中，y_C、y_E 分别为弓头和平衡臂在绝对坐标系中的 y 轴坐标值；l_0 为悬挂弹簧原长。

框架部分：采用拉格朗日方程建立的框架非线性运动微分方程为

$$J\ddot{\alpha} + O\dot{\alpha}^2 + Mg + Q = 0 \tag{4.166}$$

式中

$$J = J_1 + J_2k_1^2 + J_{C3}k_2^2 + m_3(k_3^2 + k_4^2) + m_4(k_5^2 + k_6^2)$$

$$C = J_2k_1k_7 + J_{C3}k_2k_8 + m_3(k_3k_9 + k_4k_{10}) + m_4(k_5k_{11} + k_6k_{12})$$

$$M = -m_1l_{C1}\cos(\pi - \alpha_P) - m_2l_{C2}k_1\cos(\pi - \beta_P) + m_3k_4 + m_4k_6$$

$$Q = K \cdot \delta\alpha + F_hk_6 - M_{Az}$$

式中，k_1、k_2、…、k_6 分别为 β、γ、x_{P3}、y_{P3}、x_E、y_E 对自由度 α 的偏导函数；k_7、k_8、…、k_{12} 分别为 k_1、k_2、…、k_6 对 α 的偏导。

$$\beta = \varepsilon + \angle ABD + \angle DBC = \varepsilon + \arccos\frac{s_1^2 + s_2^2 - l_1^2}{2s_1s_2} + \arccos\frac{s_1^2 + l_2^2 - l_4^2}{2s_1l_2} \tag{4.167}$$

$$\gamma = \varphi - (\pi - \alpha) - \angle ADB - \angle BDC = \varphi - \pi + \alpha - \arccos\frac{s_1^2 + l_1^2 - s_2^2}{2s_1l_1} - \arccos\frac{s_1^2 + l_4^2 - l_2^2}{2s_1l_4} \tag{4.168}$$

$$\begin{cases} x_{P3} = -l_1\cos(\pi - \alpha) + l_{C3}\cos\gamma_P \\ y_{P3} = l_1\sin(\pi - \alpha) + l_{C3}\sin\gamma_P \end{cases} \tag{4.169}$$

$$\begin{cases} x_E = -l_1\cos(\pi - \alpha) + l_3\cos\gamma \\ y_E = l_1\sin(\pi - \alpha) + l_3\sin\gamma \end{cases} \tag{4.170}$$

$$s_1=\sqrt{l_1^2+s_2^2-2l_1s_2\cos(\pi-\alpha+\varepsilon)},\quad s_2=\sqrt{l_x^2+l_y^2} \tag{4.171}$$

式中，$\beta_P=\beta+C_1$，$\gamma_P=\gamma+C_2$，C_1、C_2 均为常数。将几何方程（4.167）～式（4.170）代入式（4.164）～式（4.166），则受电弓运动微分方程可化简为自由度 α 和 y_C 的方程。

② 动态平衡方程。

根据部件间的铰接和运动关系，采用达朗贝尔法建立动态平衡方程。

下臂杆：下臂杆绕 A 轴做定轴转动。其下端点 A 受铰点力 F_{Ax}、F_{Ay}，升弓力矩 M_{Az}，升弓弹簧作用力矩 M_K，切向惯性力 F_{AI}^t，法向惯性力 F_{AI}^n 和惯性力矩 M_{AI}；上端点 D 受铰点力 F_{Dx} 和 F_{Dy}；质心 P_1 点受自身重力 G_1。其受力分析如图 4.42（a）所示。

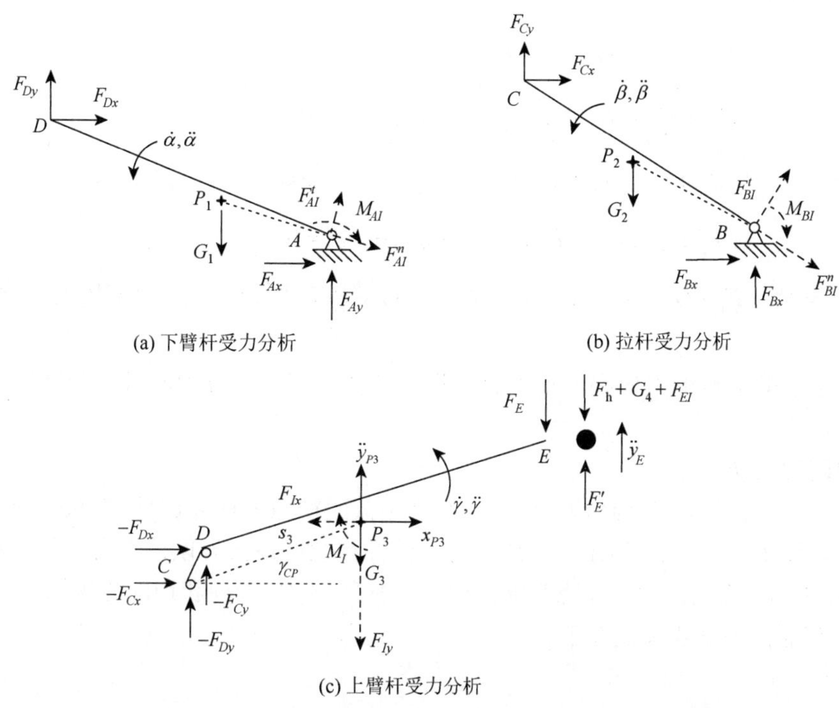

(a) 下臂杆受力分析　(b) 拉杆受力分析　(c) 上臂杆受力分析

图 4.42　受电弓部件受力分析

根据达朗贝尔原理，下臂杆的外力与惯性力形成一个平衡力系，在图 4.41 的坐标系中建立下臂杆动态平衡方程，如式（4.172）所示：

$$\begin{cases}F_{Ax}+F_{Dx}+m_1l_{C1}\ddot{\alpha}\sin(\pi-\alpha_P)-m_1l_{C1}\dot{\alpha}^2\cos(\pi-\alpha_P)=0\\ F_{Ay}+F_{Dy}-G_1+m_1l_{C1}\ddot{\alpha}\cos(\pi-\alpha_P)+m_1l_{C1}\dot{\alpha}^2\sin(\pi-\alpha_P)=0\\ -J_1\ddot{\alpha}-M_{Az}-M_K+G_1l_{C1}\cos(\pi-\alpha_P)-F_{Dx}l_1\sin(\pi-\alpha)-F_{Dy}l_1\cos(\pi-\alpha)=0\end{cases} \tag{4.172}$$

拉杆：拉杆绕 B 点做定轴转动。其下端点 B 受铰点力 F_{Bx}、F_{By}，切向惯性力 F_{BI}^t，法向惯性力 F_{BI}^n 和惯性力矩 M_{BI}；上端点 C 受铰点力 F_{Cx} 和 F_{Cy}；质心 P_2 点受自身重力 G_2。拉杆受力分析如图 4.42（b）所示。根据达朗贝尔原理建立拉杆的动态平衡方程，如式（4.173）所示：

$$\begin{cases}F_{Bx}+F_{Cx}+m_2l_{C2}(k_1\ddot{\alpha}+k_7\dot{\alpha}^2)\sin(\pi-\beta_P)-m_2l_{C2}k_1^2\dot{\alpha}^2\cos(\pi-\beta_P)=0\\ F_{By}+F_{Cy}-G_2+m_2l_{C2}(k_1\ddot{\alpha}+k_7\dot{\alpha}^2)\cos(\pi-\beta_P)+m_2l_{C2}k_1^2\dot{\alpha}^2\sin(\pi-\beta_P)=0\\ -J_2(k_1\ddot{\alpha}+k_7\dot{\alpha}^2)+G_2l_{C2}\cos(\pi-\beta_P)-F_{Cx}l_2\sin(\pi-\beta)-F_{Cy}l_2\cos(\pi-\beta)=0\end{cases} \tag{4.173}$$

上臂杆：上臂杆的运动形式为平面运动。铰点 C、D 处分别受铰点力 $-F_{Cx}$、$-F_{Cy}$、$-F_{Dx}$ 和 $-F_{Dy}$；质心 P_3 点受自身重力 G_3，惯性力 F_{Ix}、F_{Iy} 和惯性力偶 M_I；铰点 E 受垂直向下的铰点力 F_E。其受力分析如图 4.42（c）所示。根据达朗贝尔原理建立上臂杆的平衡方程，如式（4.174）所示：

$$\begin{cases}F_{Cx}+F_{Dx}+m_3(k_3\ddot{\alpha}+k_9\dot{\alpha}^2)=0\\ F_{Cy}+F_{Dy}+G_3+m_3(k_4\ddot{\alpha}+k_{10}\dot{\alpha}^2)+F_E=0\\ -J_{C3}(k_2\ddot{\alpha}+k_8\dot{\alpha}^2)-F_{Cx}s_3\sin\gamma_{CP}+F_{Cy}s_3\cos\gamma_{CP}-F_{Dx}l_{C3}\sin\gamma_P\\ +F_{Dy}l_{C3}\cos\gamma_P-F_E[l_3\cos\gamma-l_{C3}\cos\gamma_P]=0\end{cases} \tag{4.174}$$

式中，$F_E=F_E'=F_{\mathrm{h}}+G_4+m_4(k_6\ddot{\alpha}+k_{12}\dot{\alpha}^2)$；$s_3$ 为 CP_3 的距离；γ_{CP} 为 CP_3 与 x 轴正半轴的夹角。

依次求解受电弓框架模型运动微分方程和杆件动态平衡方程即可得到结构各铰接点的铰点力。

③规则截面动应力。

以 V500 受电弓下臂杆结构为例，介绍规则截面动应力计算过程。V500 受电弓下臂杆实际结构如图 4.43（a）所示，下臂杆与上臂杆和拉杆铰接处以铰点力代替，其受力分析如图 4.43（b）所示。以 A_1 点为原点建立沿杆件 A_1D_1 轴向和切向的坐标系 $A_1\eta\xi$，则 A_1D_1 段上截面内力计算公式如下。

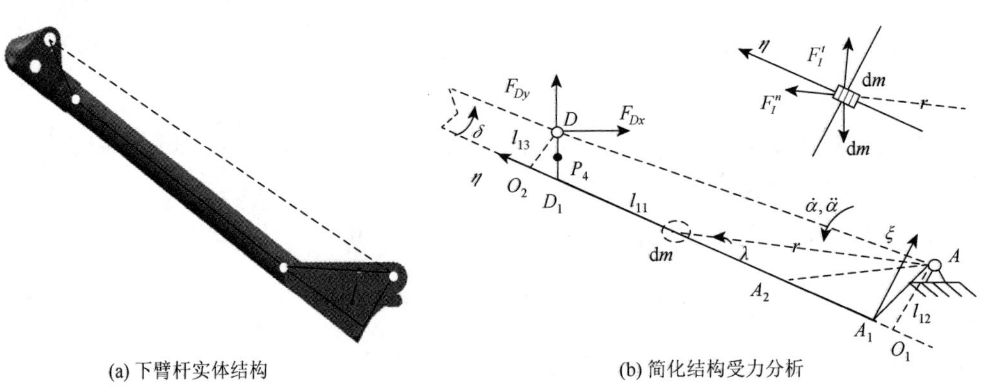

(a) 下臂杆实体结构　　(b) 简化结构受力分析

图 4.43　受电弓下臂杆结构

铰点力 F_{Dx}、F_{Dy} 作用产生的内力为

$$\begin{cases} F_{ND}=-F_{Dx}\cos(\pi-\alpha+\delta)+F_{Dy}\sin(\pi-\alpha+\delta) \\ F_{SD}=F_{Dx}\sin(\pi-\alpha+\delta)+F_{Dy}\cos(\pi-\alpha+\delta) \\ M_D=-F_{ND}l_{13}+F_{SD}(l_{11}-\eta) \end{cases} \tag{4.175}$$

套头重力 G_4 作用产生的内力，此处将套头质心 P_4 等效于 D_1 点：

$$\begin{cases} F_{NP}=-G_4\sin(\pi-\alpha+\delta) \\ F_{SP}=-G_4\cos(\pi-\alpha+\delta) \\ M_P=F_{SP}(l_{11}-\eta) \end{cases} \tag{4.176}$$

杆件自重 dmg 作用产生的内力为

$$\begin{cases} F_{NG}=\int_{\eta}^{l_{11}}-\mathrm{d}mg\sin(\pi-\alpha+\delta)=-\rho Ag\sin(\pi-\alpha+\delta)(l_{11}-\eta) \\ F_{SG}=\int_{\eta}^{l_{11}}-\mathrm{d}mg\cos(\pi-\alpha+\delta)=-\rho Ag\cos(\pi-\alpha+\delta)(l_{11}-\eta) \\ M_G=\int_{\eta}^{l_{11}}-\mathrm{d}mg\cos(\pi-\alpha+\delta)(\eta_s-\eta)=-\rho Ag\cos(\pi-\alpha+\delta)(0.5l_{11}^2-\eta l_{11}+0.5\eta^2) \end{cases} \tag{4.177}$$

惯性力 F_I^n、F_I^t 引起的内力为

$$\begin{cases} F_{NI}=\int_{\eta}^{l_{11}}\mathrm{d}m\dot{\alpha}^2r\cos\lambda+\mathrm{d}m\ddot{\alpha}r\sin\lambda=0.5\rho A\dot{\alpha}^2(l_{11}^2-\eta^2)+\rho A\ddot{\alpha}l_{11}(l_{11}-\eta) \\ F_{SI}=\int_{\eta}^{l_{11}}-\mathrm{d}m\dot{\alpha}^2r\sin\lambda+\mathrm{d}m\ddot{\alpha}r\cos\lambda=-\rho A\dot{\alpha}^2l_{11}(l_{11}-\eta)+0.5\rho A\ddot{\alpha}(l_{11}^2-\eta^2) \\ M_I=\int_{\eta}^{l_{11}}(-\mathrm{d}m\dot{\alpha}^2r\sin\lambda+\mathrm{d}m\ddot{\alpha}r\cos\lambda)(\eta_s-\eta) \\ \quad=-\rho A\dot{\alpha}^2l_{11}(0.5l_{11}^2-\eta l_{11}+0.5\eta^2)+\rho A\ddot{\alpha}(l_{11}^3/3-l_{11}^2\eta/2+\eta^3/6) \end{cases} \tag{4.178}$$

式中，$\sin\lambda=l_{13}/r$，$\cos\lambda=\eta/r$。

式（4.175）～式（4.178）中各参数含义见图 4.43。将式（4.175）～式（4.178）对应项相加，即得到下臂杆 A_1D_1 段任意截面的内力：

$$\begin{cases} F_N=F_{ND}+F_{NP}+F_{NG}+F_{NI} \\ F_S=F_{SD}+F_{SP}+F_{SG}+F_{SI} \\ M=M_D+M_P+M_G+M_I \end{cases} \tag{4.179}$$

V500 受电弓下臂杆规则截面段为薄壁圆筒，其内部无压力作用，因此圆筒各点只受沿 η 轴的正应力和平行于横截面的切应力，其应力分布如图 4.44 所示，正应力和切应力的计算公式如式（4.180）所示。用三个相互垂直的平面绕圆筒上一点 H 取出一个单元，由莫尔（Mohr）应力圆推导出该点主应力计算公式，如式（4.180）所示，进而可得该点的 von Mises 等效应力（式（4.182））：

$$\sigma_\eta=\frac{F_N}{A}\pm\frac{M\xi}{I_z},\quad \tau_\eta=\frac{F_SS_z}{I_zb} \tag{4.180}$$

$$\sigma_{1,2}=0.5\sigma_\eta\pm0.5\sqrt{\sigma_\eta^2+4\tau_\eta^2} \tag{4.181}$$

$$\sigma_{\text{eq}} = \sqrt{0.5\left[(\sigma_1-\sigma_2)^2+(\sigma_2-\sigma_3)^2+(\sigma_3-\sigma_1)^2\right]} = \sqrt{\sigma_\eta^2+3\tau_\eta^2} \tag{4.182}$$

式中，A 为截面面积；ξ 为截面上任意点距离中性轴 z 的距离；I_z 为整个截面对中性轴的惯性矩；S_z 为横截面上距中性轴为 ξ 的横线以外部分的面积对中性轴的静矩；b 为截面宽度。式（4.181）和式（4.182）中，σ_{eq} 为等效应力；σ_1、σ_2 和 σ_3 为三个相互垂直的主应力，其中 $\sigma_1=0$（薄壁圆筒径向应力为零），此处主应力未按大小顺序排列。

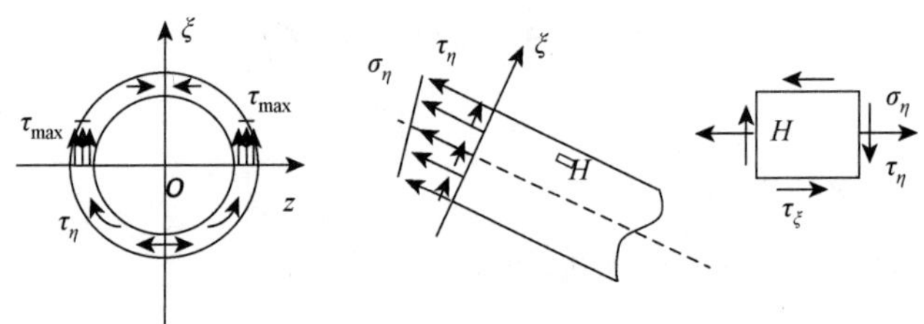

图 4.44　受电弓下臂杆规则截面段应力分布

④应力互推方法。

这里介绍一种结构不同采样点间应力互推方法，实现由规则截面点应力推导结构危险点应力，其中危险点的确定通过受电弓静强度分析实现。基本过程为：将结构在载荷 p 作用下输入与输出的关系表示为 $y=f(p,x)$。对于采样点 x_1 和 x_2，有

$$\begin{cases} y_1 = f(p, x_1) \\ y_2 = f(p, x_2) \end{cases} \tag{4.183}$$

式中，p 为输入载荷。由式（4.183）消去未知数 p，即可建立不同采样点间应力的互推关系 $\Phi(x_1, y_1, x_2, y_2)=0$。

（2）AMSM 的数值实现。

根据以上介绍的 AMSM 理论，编程实现受电弓结构动应力的数值求解，其流程图如图 4.45 所示。不同受电弓输入的结构参数和载荷不同，运动参数迭代公式如式（4.184）所示：

$$\begin{cases} \alpha_1 = \alpha_0 + \dot{\alpha}_1\delta t + 0.5\ddot{\alpha}\delta t^2, & \dot{\alpha}_1 = \dot{\alpha}_0 + \ddot{\alpha}\delta t \\ y_{C1} = y_{C0} + \dot{y}_{C1}\delta t + 0.5\ddot{y}_C\delta t^2, & \dot{y}_{C1} = \dot{y}_{C0} + \ddot{y}_C\delta t \end{cases} \tag{4.184}$$

①材料参数。

材料的疲劳寿命与所施加的外加应力水平间存在如式（4.185）的关系，该关系曲线称为材料疲劳 P-S-N 曲线。

$$\begin{cases} S^{m_p}N = C_p \\ (\lg N)_p = A_p + B_p \lg S \end{cases} \tag{4.185}$$

式中，N 为疲劳寿命；S 为应力；$m_p=-B_p$、$C_p=10^{A_p}$ 为材料参数，且 $A\sim N(u_A,\sigma_A)$，$B\sim N(u_B,\sigma_B)$。

V500 型受电弓用到的两种主要材料的 P-S-N 曲线参数见表 4.11，其中，S_4 表示寿命为 10000 次循环的应力，$S_{5\text{-}6}$ 表示寿命为 5×10^6 次循环的应力。

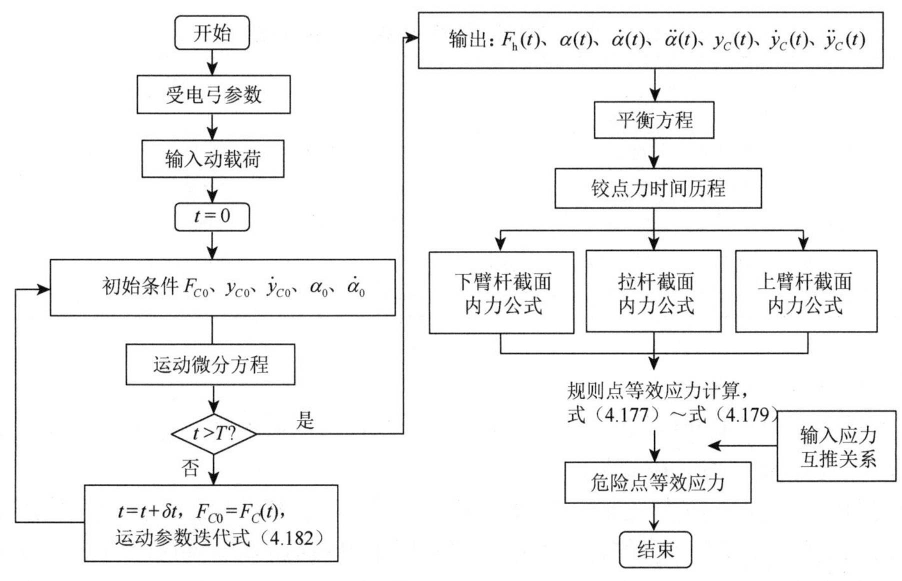

图 4.45　AMSM 动应力计算流程

表 4.11　V500 型受电弓材料 *P-S-N* 曲线参数

不锈钢					铝合金				
p	A	B	S_4	$S_{5\text{-}6}$	p	A	B	S_4	$S_{5\text{-}6}$
0.5	18.301	–5.687	327.139	109.683	0.5	15.143	–4.500	107.598	75.245
0.9	17.961	–5.687	285.101	95.588	0.9	14.887	–4.494	94.987	66.392
0.99	17.602	–5.687	251.079	84.181	0.99	14.814	–4.492	91.682	64.073
0.999	17.388	–5.687	226.053	75.791	0.999	14.678	–4.488	85.784	59.935
0.9999	17.156	–5.687	205.770	68.990	0.9999	14.525	–4.485	79.614	55.607

原始的 *P-S-N* 曲线认为低于材料疲劳极限的外加应力不能引起结构破坏，其疲劳寿命为无限寿命。实际上，在随机应力幅值下工作的结构，即使应力幅值低于“疲劳极限”，仍会产生疲劳损伤，出现疲劳裂纹扩展现象。因此，进行疲劳可靠性分析，需要长寿命范围的概率疲劳 *P-S-N* 曲线。根据欧洲 ECCS 和瑞典 BSK 标准，在 $N \geqslant 5\times10^6$ 次循环后，采用 $2m-1$ 指数法外推得到长寿命区间的疲劳 *P-S-N* 曲线：

$$(\lg N)_p = E_p + F_p \lg S \tag{4.186}$$

式中，$E_p = u_E - z_p\sigma_E$；$F_p = u_F - z_p\sigma_F$。

根据原始 *S-N* 曲线参数 μ_A、σ_A、μ_B 和 σ_B 求转折点（$N = 5\times10^6$）的疲劳强度为

$$S_t = 10^{[\lg(5\times10^6)-u_A]/u_B} \tag{4.187}$$

用以下公式确定长寿命区间的疲劳 *S-N* 曲线的基本参量：

$$\begin{aligned} &u_F = 2u_B + 1,\quad u_E = u_A - (u_B+1)\lg S_t \\ &\sigma_E = \sqrt{\sigma_A^2 + \sigma_B^2(\lg S_t)^2},\quad \sigma_F = 2\sigma_B \end{aligned} \tag{4.188}$$

外推得到 V500 受电弓材料的疲劳 *P-S-N* 曲线参数如表 4.12 所示。

表 4.12　V500 型受电弓材料外推 P-S-N 曲线参数

不锈钢					铝合金				
p	E	F	$S_{5\text{-}6}$	S_8	p	E	F	$S_{5\text{-}6}$	S_8
0.5	27.863	−10.374	109.683	82.172	0.5	21.711	−8.000	75.245	69.000
0.9	27.243	−10.374	95.588	71.613	0.9	21.454	−7.994	70.132	64.307
0.99	26.671	−10.374	84.181	63.067	0.99	21.382	−7.992	68.746	63.034
0.999	26.198	−10.374	75.791	56.781	0.999	21.246	−7.988	66.217	60.713
0.9999	25.774	−10.374	68.990	51.686	0.9999	21.093	−7.985	63.490	58.211

②对称应力谱的获取。

对于基于 AMSM 获得的受电弓应力-时间历程数据，需进行计数统计和对称化处理才能使用式（4.185）预测其寿命。

选用雨流计数法把应力-时间历程离散成一系列的峰谷值，雨流计数原理如图 4.46 所示。以时间为纵轴，应力为横轴，动应力曲线形如一座塔的多层屋顶，雨点以峰谷为起点依次沿每个峰（谷）线靠近纵坐标的一侧（每层塔的屋顶上面）流下；雨水流下时遇下一层有更大的峰值则继续流下，否则统计一次；雨水已经沿一条路线流下，则从顶点向反方向流的雨水，无论下层有无更大的峰或更深的谷，雨水不能继续下流，统计一次；雨水流下时如遇另一路流水，则应在相遇处中断并统计一次，记录所有全循环的峰值和均值，得到应力谱。编程实现受电弓动应力雨流计数，流程如图 4.46 所示。

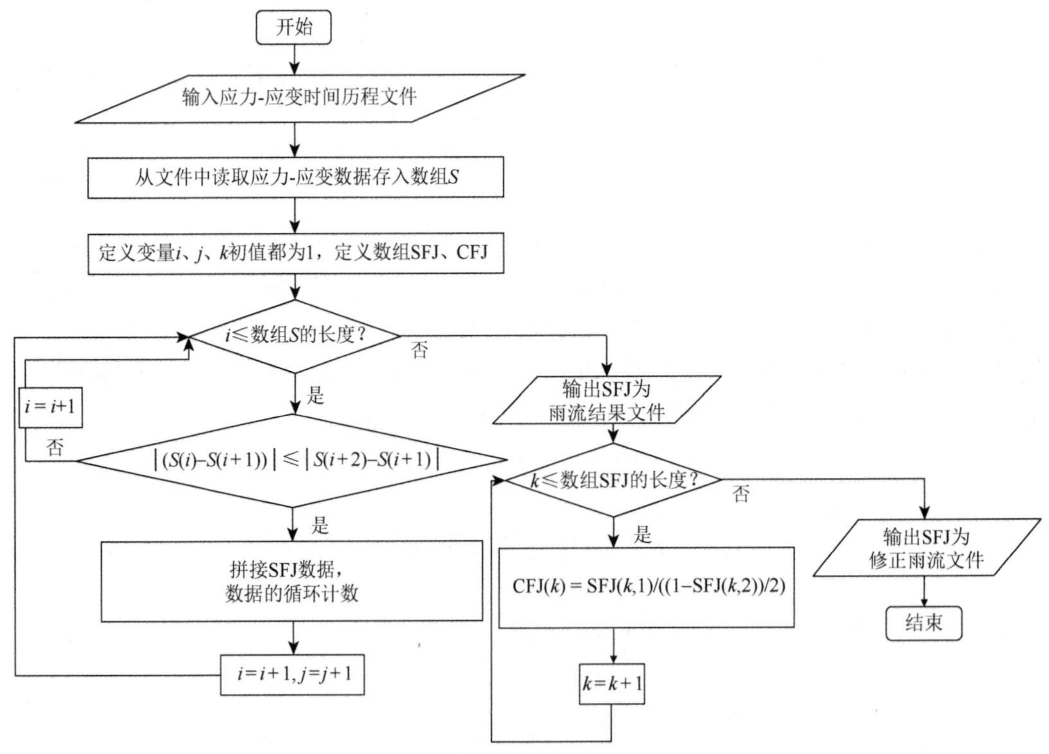

图 4.46　雨流计数统计流程图

对雨流计数得到的应力幅值均值系列进行统计，生成 8 级非对称应力谱，选用 Goodman 修正将非对称疲劳应力谱转化为对称循环应力谱。其修正公式为

$$\sigma_{-1ai}=\frac{\sigma_{ai}}{1-\sigma_{avi}/\sigma_{b}} \quad 或 \quad \sigma_{-1ai}=\frac{\sigma_{ai}}{1-\sigma_{avi}/\sigma_{s}} \tag{4.189}$$

式中，σ_{ai}、σ_{avi} 为非对称应力谱幅值和均值；σ_{-1ai} 为对称应力谱幅值；σ_{b} 为材料强度极限；σ_{s} 为屈服极限。

③ 疲劳寿命预测。

结合 Miner 线性损伤累积理论、材料疲劳 P-S-N 曲线和结构应力谱即可实现结构疲劳寿命预测。Miner 线性损伤累积理论假设各级应力造成的损伤可线性叠加，当总损伤量达到 1 时结构破坏。Miner 线性损伤累积理论公式为

$$D=\sum_{i=1}^{N}\frac{n_i}{N_i}=1 \tag{4.190}$$

对于第 i 级应力谱，有材料的疲劳 P-S-N 曲线方程：

$$\begin{cases} N_{ip}=C_p/\sigma_{-1ai}^{-B_p}, & \sigma_{-1ai}>S_t \\ N_{ip}=D_p/\sigma_{-1ai}^{-F_p}, & \sigma_{-1ai}\leqslant S_t \end{cases} \tag{4.191}$$

式中，$C_p=10^{A_p}$，$C_p=10^{E_p}$，B_p、F_p、C_p、D_p 为寿命曲线的材料常数。

由 Miner 线性损伤累积理论，等幅振动应力 σ_{-1ai} 循环 n_i 次造成的损伤为

$$D_i=\frac{n_i}{N_i}=\frac{n_i\sigma_{-1ai}^{-B_p}}{C_p} \quad 或 \quad D_i=\frac{n_i}{N_i}=\frac{n_i\sigma_{-1ai}^{-F_p}}{D_p} \tag{4.192}$$

可得一个 8 级应力谱造成的损伤 D_1 为

$$D_1=\sum_{i=1}^{n_{L1}}\frac{n_i\sigma_{-1ai}^{-B_p}}{C_p}+\sum_{i=1}^{n_{L2}}\frac{n_i\sigma_{-1ai}^{-F_p}}{D_p} \tag{4.193}$$

式中，$n_{L1}+n_{L2}=8$，n_{L1} 为高于转折点的应力级数，n_{L2} 为低于转折点的应力级数。

考虑缺口效应、尺寸效应和表面加工方法等因素对材料疲劳寿命的影响，需对结构的疲劳极限进行修正 $\sigma_{-k1}=k_f\cdot\sigma_{-1}$。因此有

$$D_1=\sum_{i=1}^{n_{L1}}\frac{n_i(k_f\sigma_{-1ai})^{-B_p}}{C_p}+\sum_{i=1}^{n_{L2}}\frac{n_i(k_f\sigma_{-1ai})^{-F_p}}{D_p} \tag{4.194}$$

假设该 8 级应力谱对应的测试里程为 L_1，根据 $D=1$ 时结构破坏的理论，可知结构在可靠度 P 下能运行的总里程为

$$L=L_1D/D_1=L_1/D_1 \tag{4.195}$$

5. 受电弓各部件疲劳寿命

为了评估 V500 受电弓以高铁现运营速度服役的疲劳可靠性，本节根据第 2 章介绍的数值拟合方法生成了 20 个锚段的武广接触线垂向不平顺样本，据此仿真得到 V500 型弓服役于武广线里程为 8000m 的弓网接触压力历程数据（各锚段去除头尾两跨），如图 4.47（b）所示。为进行有无不平顺的疲劳可靠性分析对比，将未考虑接触线不平顺的

接触压力延长到 8000m，如图 4.47（a）所示。以两组接触压力数据为输入，采用 AMSM 计算具有规则截面的上/下臂杆、拉杆和平衡臂等框架部件动应力，图 4.48 为部件危险点动应力时间历程。

对部件的动应力进行数据统计，得到有/无接触线不平顺的接触压力作用下的计算结果，如表 4.13 所示。由表可见，未考虑接触线不平顺的受电弓部件应力波动性和应力幅值比考虑不平顺时的结果值小。

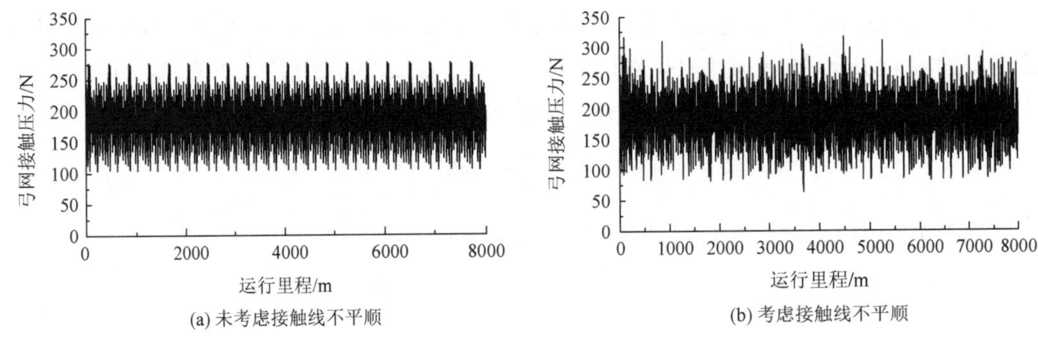

(a) 未考虑接触线不平顺　　(b) 考虑接触线不平顺

图 4.47　接触压力时间历程

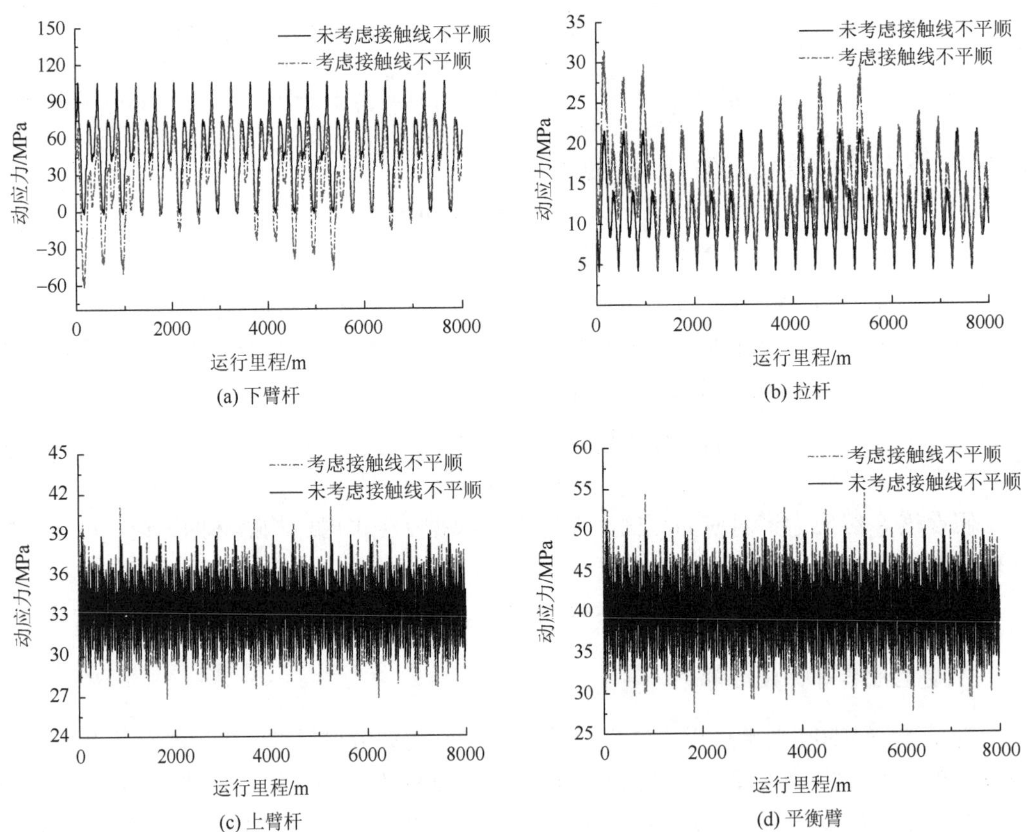

(a) 下臂杆　　(b) 拉杆

(c) 上臂杆　　(d) 平衡臂

图 4.48　动应力时间历程

对受电弓部件动应力数据进行雨流处理和 Goodman 修正，得到受电弓各部件危险点的 8 级应力谱，其值如表 4.13 所示。结合 Miner 线性损伤累积理论和结构 *P-S-N* 曲线预测得到 V500 受电弓以 350km/h 服役于武广线的各框架部件疲劳可靠寿命，计算结果如表 4.14～表 4.16 所示。

表 4.13　动应力数据统计　（单位：MPa）

部件	平顺性	均值	均方差	最小值	最大值
下臂杆	无	50.57	28.21	−1.69	105.82
	有	34.03	31.60	−61.24	106.57
拉杆	无	12.50	4.51	4.18	21.57
	有	15.19	5.06	4.50	31.59
上臂杆	无	33.50	1.73	28.64	38.94
	有	33.35	2.00	26.83	41.07
平衡臂	无	40.06	3.24	30.93	49.81
	有	40.11	3.80	27.65	54.37

表 4.14　受电弓各部件 8 级应力谱（未考虑接触线不平顺）

部件	下臂杆			拉杆		
应力谱	应力幅值/MPa	循环数	累计循环数	应力幅值/MPa	循环数	累计循环数
1	54.8733	19.5	19.5	8.3260	19.5	19.5
2	47.5569	0	19.5	7.2159	0.5	20
3	40.2404	0.5	20	6.1058	0	20
4	32.9240	0	20	4.9956	0	20
5	25.6076	0.5	20.5	3.8855	0	20
6	18.2911	19.5	40	2.7753	20.5	40.5
7	10.9747	0.5	40.5	1.6652	0	40.5
8	3.6583	360	400.5	0.5551	918.5	959
部件	上臂杆			平衡臂		
应力谱	应力幅值/MPa	循环数	累计循环数	应力幅值/MPa	循环数	累计循环数
1	5.4238	20	20	10.1787	20	20
2	4.7029	20.5	40.5	8.8241	20.5	40.5
3	3.9819	59	99.5	7.4694	59	99.5
4	3.2609	40.5	140	6.1148	61	160.5
5	2.5399	119.5	259.5	4.7602	159	319.5
6	1.8190	254.5	514	3.4056	260.5	580
7	1.0980	264.5	778.5	2.0510	220.5	800.5
8	0.3770	196	974.5	0.6963	200	1000.5

表 4.15　受电弓各部件 8 级应力谱（考虑接触线不平顺）

部件	下臂杆			拉杆		
应力谱	应力幅值/MPa	循环数	累计循环数	应力幅值/MPa	循环数	累计循环数
1	81.6963	1.5	1.5	13.0861	2	2
2	70.8035	0.5	2	11.3413	0.5	2.5
3	59.9106	9.5	11.5	9.5965	10	12.5
4	49.0178	9	20.5	7.8517	9.5	22
5	38.1250	1.5	22	6.1068	10	22
6	27.2321	10	32	4.3620	10	32
7	16.3393	12	44	2.6172	16	48
8	5.4465	501	545	0.8724	1081.5	1129.5
部件	上臂杆			平衡臂		
应力谱	应力幅值/MPa	循环数	累计循环数	应力幅值/MPa	循环数	累计循环数
1	12.0815	0.5	0.5	18.1369	0.5	0.5
2	10.4707	2	2.5	15.7188	1.5	2
3	8.8598	5	7.5	13.3007	7.5	9.5
4	7.2490	6.5	14	10.8826	49.5	59
5	5.6382	52	66	8.4645	93	152
6	4.0273	127.5	193.5	6.0463	201.5	353.5
7	2.4165	370	563.5	3.6282	392.5	746
8	0.8056	444	1007.5	1.2101	330.5	1076.5

表 4.16　受电弓各框架部件疲劳寿命　　（单位：km）

可靠度	平顺性	下臂杆	拉杆	上臂杆	平衡臂
0.5	无	2.70×10^{9}	8.41×10^{17}	1.69×10^{15}	1.08×10^{13}
	有	4.16×10^{8}	5.91×10^{16}	4.53×10^{13}	1.31×10^{12}
0.9	无	6.48×10^{8}	2.02×10^{17}	9.43×10^{14}	6.08×10^{12}
	有	9.99×10^{7}	1.42×10^{16}	2.52×10^{13}	7.37×10^{11}
0.99	无	1.74×10^{8}	5.41×10^{16}	8.01×10^{14}	5.17×10^{12}
	有	2.68×10^{7}	3.80×10^{15}	2.16×10^{13}	6.28×10^{11}
0.999	无	5.84×10^{7}	1.82×10^{16}	5.86×10^{14}	3.81×10^{12}
	有	1.15×10^{7}	1.28×10^{15}	1.59×10^{13}	4.64×10^{11}
0.9999	无	2.20×10^{7}	6.85×10^{15}	4.17×10^{14}	2.70×10^{12}
	有	5.74×10^{6}	4.82×10^{14}	1.13×10^{13}	3.29×10^{11}

由寿命预测结果可见，未考虑接触线不平顺的弓网接触压力作用下，V500 受电弓下臂杆不同可靠度下的疲劳寿命为考虑接触线不平顺时的 3.8 倍以上，拉杆为 14 倍，上臂杆为 36 倍，平衡臂为 8 倍，考虑接触线不平顺的受电弓疲劳寿命预测结果偏于安全；考虑接触线不平顺时，V500 受电弓框架部件最小均值寿命为 4.16×10^{8}km，大于国标《轨道

交通 机车车辆受电弓特性和试验 第 1 部分：干线机车车辆受电弓》（GB/T 21561.1—2018）规定的设计寿命 12×10^{16}km，满足寿命设计要求。

4.4.2　减振器

减振器是高速列车转向架悬挂系统中的关键零部件。它将系统中的振动能转换为内能并以热量的形式释放到大气中，加速车辆振动的衰减，从而改善系统的振动作用。在车辆的转向架中，需要安装性能良好的弹簧悬挂减振系统以保证车辆在高速运行时的安全性、稳定性和平稳性。这种系统由弹性元件和减振器组成，其作用分别是缓冲轮轨产生的作用力和减小悬挂系统的振动作用。减振器按照材料不同，可分为橡胶减振器、摩擦减振器、油压减振器、空气减振器；按照结构的不同，减振器可以分为筒式减振器和摇臂式减振器；按照响应的不同，减振器可以分为被动减振器、半主动减振器和主动减振器。

在对抗蛇行减振器的剩余寿命研究中，本节提出一种减振器寿命的等效算法，建立试验加载与实际服役里程之间的联系，探索抗蛇行减振器四级修后的寿命情况。

通过长期加载和定期性能测试，抗蛇行减振器在四级修后仍能经受一段时间的载荷加载并保证性能满足使用要求，这说明四级修后的抗蛇行减振器存在一定的剩余寿命。剩余寿命试验中得到的减振器能承受的加载的寿命次数，并不能直接用于指导实际减振器的运用。在实际应用过程中，指导减振器的运用和维修主要通过减振器的服役里程。因此，需要一种减振器的里程等效方法，将试验中的加载等效为减振器的服役里程。

区别于实际的服役环境，由于减振器的加载载荷高于实际工作环境，寿命试验过程中产生了大量的热。虽然采取了相应的冷却方式，但与抗蛇行减振器的实际服役环境仍有所差别。此外，在长期加载试验过程中，加载载荷为固定频率的简谐位移载荷；在实际的服役过程中，减振器的载荷来源于减振器两端节点的位移变化而造成的一种随机的载荷输入。假设温度和加载方式对减振器性能退化和寿命的影响相对独立，分析温度和加载载荷对减振器寿命的影响，此处介绍一种减振器试验加载与实际运行里程之间的等效方法。等效方法的研究路线如图 4.49 所示。

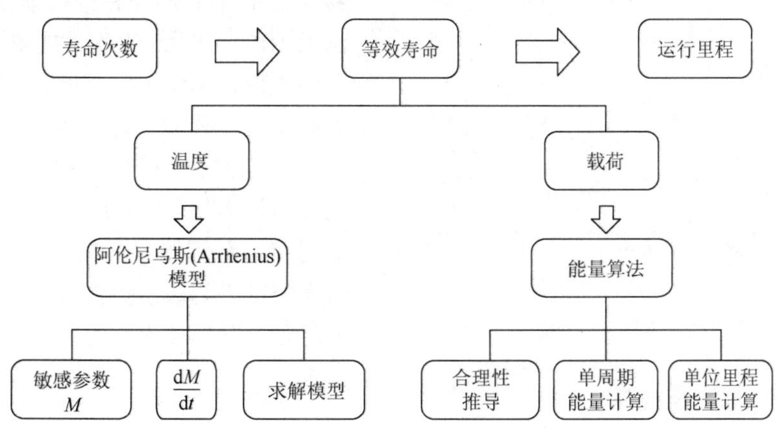

图 4.49　等效方法研究路线图

1. 温度对减振器寿命的影响

化学反应的反应速率通常随温度的升高而增加。通过将试样暴露在一系列高温下并测量其性能变化，从原理上推导出降解机理的反应速率与温度的关系。然后可以通过在给定温度下给定时间后的退化程度外推进行估计。Woo 和 Park 引入阿伦尼乌斯（Arrhenius）模型分析不同温度下橡胶的性能退化，相关研究表明减振器内部存在大量橡胶密封件，内部油液的黏度受温度影响，因此减振器的性能受温度的影响较大。这里引入 Arrhenius 模型来评价温度对减振器性能退化的影响。Arrhenius 模型的表达式如下：

$$L=\frac{\mathrm{d}M}{\mathrm{d}t}=A_{\mathrm{r}}\cdot \mathrm{e}^{-\frac{E}{kT}} \tag{4.196}$$

式中，L 为研究对象的寿命特征；M 为敏感参数；T 为热力学温度；A_{r} 为与失效模式、加速试验类型及其他因素有关的常数；E 为激活能，与发生失效的材料有关；k 为玻尔兹曼（Boltzmann）常量，$k=8.6171\times10^{-5}\mathrm{eV/℃}$。

在试验期间，减振器在产热和散热达到平衡后温度 T 不变。对于确定的失效模式，A、E 为常值，因此 $\mathrm{d}M/\mathrm{d}t$ 为常数，故在确定温度下，寿命特征 L 为常值，敏感参数 M 随时间线性退化。在 Arrhenius 模型中，只存在 A、E 两个需要确定的常数，故 Arrhenius 模型可以通过设置两组不同温度的寿命试验进行求解。

2. 敏感参数 M 的选取

虽然 Arrhenius 模型广泛应用于温度对寿命的评价，但是与其同时使用的寿命特征 L 却没有统一的计算方法。因此，计算减振器的寿命特征首先要选择减振器的敏感参数 M。

在减振器的敏感参数 M 选择上，主要考虑两点：一方面，敏感参数 M 的选取要能准确反映减振器的寿命情况，又要能反映减振器的性能退化情况；另一方面，在减振器的性能规定中，除了对示功图的连续性和光滑性有相关的规定以及不能发生泄漏等，减振器的性能规定中主要要求抗蛇行减振器在指定速度下，阻尼力在规定的公差要求范围内。并且，在实际的测试中，减振器的失效也主要集中于指定速度下，阻尼力超出公差范围。综上，将敏感参数 M 选取为静态测试中每组测试载荷中的最大拉伸阻尼力与最大压缩阻尼力之差，称为绝对差，示例如图 4.50 所示。减振器的寿命特征 L 为敏感参数 M 随时间的退化，即绝对差随加载次数的退化。

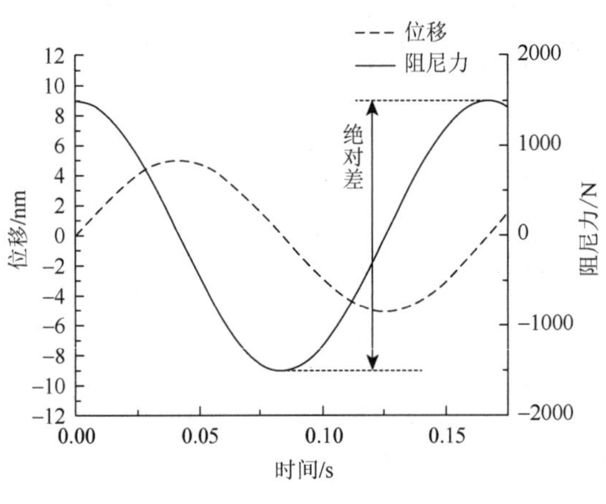

图 4.50　绝对差示例

3. 寿命特征 L 的计算

试验台上交替进行寿命试验和性能测试，假设其间一共进行 n 次静态测试，每次静

态测试加载 m 个频率。通过对 n 次静态测试的数据可以获取减振器敏感参数 M 随加载次数的退化情况。在温度作用下，减振器的敏感参数 M 随加载次数线性退化，而由于测试的误差和减振器的阻尼力在退化过程中表现出的随机性及测试过程中出现零漂，敏感参数 M 在同一测试频率下的退化情况并非严格按照线性。静态测试载荷共 m 个频率，在第 j 个静态频率下，对减振器敏感参数 M 随加载次数 x 的退化情况进行线性拟合可以得到第 j 个频率下敏感参数的退化情况，如式（4.197）所示：

$$Y_j = K_j x + b_j \tag{4.197}$$

式中，下标 j 为静态测试中第 j 个频率；Y_j 为第 j 个频率下减振器敏感参数 M 的值；x 为加载次数；K_j 为在第 j 个频率下减振器敏感参数的退化斜率；b_j 为在第 j 个频率下拟合得到的截距。其中

$$K_j = \frac{n\sum_{i=1}^{n} x_i \cdot y_{ij} - \sum_{i=1}^{n} x_i \cdot \sum_{i=1}^{n} y_{ij}}{n\sum_{i=1}^{n} x_i^2 - \left(\sum_{i=1}^{n} x_i\right)^2} \tag{4.198}$$

$$b_j = \begin{vmatrix} \sum_{i=1}^{n} y_{ij} & \sum_{i=1}^{n} x_i \\ \sum_{i=1}^{n} y_{ij} \cdot x_i & \sum_{i=1}^{n} x_i^2 \end{vmatrix} \Bigg/ \begin{vmatrix} n & \sum_{i=1}^{n} x_i \\ \sum_{i=1}^{n} x_i & \sum_{i=1}^{n} x_i^2 \end{vmatrix} \tag{4.199}$$

式中，n 为总的静态测试的总次数；y_{ij} 为第 i 次测试时减振器第 j 个频率下敏感参数 M 的值；x_i 为第 i 次测试时寿命试验的加载次数；K_j 为在 n 次测试中第 j 个频率下减振器敏感参数 M 的退化斜率；b_j 为第 j 个频率下减振器拟合得到的截距。引入可决系数 r^2 对拟合结果进行评价，r^2 计算公式为

$$r_j^2 = 1 - \frac{\sum_{i=1}^{n} (y_{ij} - K_j x_i)}{\sum_{i=1}^{n} \left(y_{ij} - \frac{1}{n} \sum_{i=1}^{n} y_{ij} \right)} \tag{4.200}$$

在多个测试频率下，可以得到对敏感参数 M 的退化情况，因此需要对敏感参数的退化进行综合。剔除异常的退化值，即剔除在某个频率下，减振器在拟合后为上升趋势。对余下测试频率的敏感参数 M 的退化情况，利用 r^2 对拟合结果进行加权，计算减振器敏感参数 M 的综合退化，如式（4.201）所示：

$$L = \frac{\mathrm{d}M}{\mathrm{d}t} = \sum_{j=1}^{m} \frac{r_j^2 \cdot K_j}{\sum_{j=1}^{m} r_j^2} \tag{4.201}$$

式中，K_j 为第 j 个静态测试频率在拟合后的退化斜率；m 为测试的频率数。

4. Arrhenius 模型的求解与应用

基于上述方法，通过 T_1、T_2 两组不同温度情况的减振器寿命试验，得到减振器敏感参数 M 在 T_1、T_2 温度条件下多频率的敏感参数综合退化率 L_1、L_2。联立方程得

$$\begin{cases} L_1 = \left.\dfrac{\mathrm{d}M}{\mathrm{d}t}\right|_{T_1} = A\cdot \mathrm{e}^{-\frac{E}{kT_1}} \\ L_2 = \left.\dfrac{\mathrm{d}M}{\mathrm{d}t}\right|_{T_2} = A\cdot \mathrm{e}^{-\frac{E}{kT_2}} \end{cases} \tag{4.202}$$

根据式（4.202）求解模型参数 A 和 E，确定 Arrhenius 模型。显然，产品在不同温度环境下寿命特征相互转化的关系式为

$$A_{\mathrm{F}} = \frac{L_0}{L_1} = \frac{A\cdot \mathrm{e}^{-\frac{E}{kT_0}}}{A\cdot \mathrm{e}^{-\frac{E}{kT_1}}} = \mathrm{e}^{-\frac{E}{k}\left(\frac{1}{T_0}-\frac{1}{T_1}\right)} \tag{4.203}$$

式中，T_1 为寿命试验下减振器的温度；T_0 为线路服役工况下减振器的温度；L_1 为 T_1 温度下产品的寿命特征；L_0 为线路服役工况 T_0 温度下产品的寿命特征；A_{F} 为加速因子，用于两个温度应力之间失效数据的相互转化。

获取减振器在寿命试验中 T_1 温度下的寿命次数 N_1 后，通过式（4.203）的转化关系，将寿命试验中 T_1 温度下的敏感参数 L_1 的退化速率外推，得到线路服役工况 T_0 温度下敏感参数 L_0 的退化速率：

$$L_0 = A_{\mathrm{F}}\cdot L_1 \tag{4.204}$$

线路服役工况 T_0 温度下的寿命次数 N_0 表示为

$$N_0 = N_1\cdot A_{\mathrm{F}} \tag{4.205}$$

5. 载荷对减振器寿命的影响

减振器是由多个部件组成的系统，通过对减振器的每个关键部件开展寿命研究十分复杂。减振器的工作环境主要是两端节点间的相对位置变化，造成对减振器的加载。以外部载荷的能量加载作为影响减振器的寿命的重要因素，对外部加载方式对寿命的影响提出一个假设：外部对元件加载的能量相等，对元件造成的损伤也相同。下面对提出的假设进行合理性论证。

对失效元件提出如下假设，元件满足胡克定律，即

$$F = k\cdot x \tag{4.206}$$

元件加载始终在线弹性范围内，对该弹性进行位移加载，位移为

$$x = A\cdot \sin(2\pi ft) \tag{4.207}$$

则元件两端的力大小为

$$F = |k\cdot x| = |k\cdot A\cdot \sin(2\pi ft)| \tag{4.208}$$

在一个周期内，外部加载对弹性元件做的功为

$$W = \int_0^{\frac{1}{f}} F\mathrm{d}\dot{x} = \int_0^{\frac{1}{f}} |k\cdot \omega\cdot A^2\cdot \sin(2\pi ft)\cdot \cos(2\pi ft)|\mathrm{d}t = 2k\cdot A^2 \tag{4.209}$$

对于弹性试件，其载荷分别为

$$x_1 = A_1 \sin(2\pi f_1 t) \tag{4.210}$$

$$x_2 = A_2 \sin(2\pi f_2 t) \tag{4.211}$$

一个周期内，外部加载对试件做功分别为

$$e_1 = 2k \cdot A_1^2 \tag{4.212}$$

$$e_2 = 2k \cdot A_2^2 \tag{4.213}$$

在外部加载能量均为 E_0 时，试件在 x_1 载荷下加载 n_1 次，在 x_2 加载 n_2 次，有

$$E_0 = n_1 \cdot e_1 = n_2 \cdot e_2 \tag{4.214}$$

即

$$n_1 \cdot 2k \cdot A_1^2 = n_2 \cdot 2k \cdot A_2^2 \tag{4.215}$$

则加载次数与加载幅值之间关系表示为

$$n_1 \cdot A_1^2 = n_2 \cdot A_2^2 \tag{4.216}$$

由于应力可表示为 $\sigma = FS = k \cdot AS$，故加载次数与加载幅值关系表示为

$$\sigma = \frac{F}{S} = \frac{k \cdot A}{S} \tag{4.217}$$

此应力 σ 与加载次数 n 之间的关系与 Miner 线性损伤累积理论中应力 σ 与加载次数 n 的关系趋势相近。因此，上面做出的假设合理，即当外部加载能量相等时对元件的损伤相等。从工程角度出发，这可以建立减振器在试验加载和实际运行里程中的等效。可以通过求出减振器失效前的加载总能量和减振器在实际服役条件下的加载能量来计算减振器的等效里程，此方法称为能量法。同时，如果能从已加载的减振器中计算出能量，也可以预测已行驶一定里程的减振器的寿命。

6. 抗蛇行减振器的剩余寿命计算

在目前的维修系统下，中国某型高速列车的抗蛇行减振器将在维修 240 万 km 后报废。根据性能试验，抗蛇行减振器在四级修时满足实际的使用要求。本小节应用此等效方法，研究该型抗蛇行减振器的剩余使用寿命。

1）温度影响的折算

在抗蛇行减振器的长期加载过程中，分别采用水冷和风冷两种冷却方式对抗蛇行减振器的表面进行降温。在散热平衡后，水冷条件下，抗蛇行减振器的表面温度为 $T_1 = 313.15\text{K}$ 或 40℃；风冷条件下，抗蛇行减振器的表面温度为 $T_2 = 343.15\text{K}$ 或 70℃。在 T_1 和 T_2 温度下，按照式（4.201），分别计算抗蛇行减振器敏感参数 M 随加载次数的退化情况，即寿命体征 L_1、L_2。以在水冷条件下的 T_1 为例，计算抗蛇行减振器的寿命特征 L_1。中间的性能测试分别在长期加载次数达到 0 万次、40 万次、60 万次、80 万次、100 万次、120 万次和 140 万次后进行性能测试，获取减振器的性能测试参数。其中，在 140 万次加载后的性能试验中，减振器的阻尼力超出标准值的±15%，因此在长期加载过程中，减振器的寿命次数为 120 万次。对中间每次测试中获得的各个频率的绝对差进行线性拟合，拟合计算按照式（4.198），拟合结果如图 4.51 所示。最后，按照式（4.201），通过拟合优度 r^2 进行加权计算得到减振器在 T_1 温度下的寿命特征 L_1，$L_1 = -0.0070144$。同理，可以计算在 T_2 温度下，减振器的寿命特性 $L_2 = -0.01548176$。通过式（4.202），求解抗蛇行减振器的 Arrhenius 模型，模型如式（4.218）所示：

$$L=\frac{\mathrm{d}M}{\mathrm{d}t}=-60.09406\cdot \mathrm{e}^{\frac{-2835.7928}{T}} \tag{4.218}$$

在实际服役过程中，抗蛇行减振器的平均温度为 50℃或 $T_0=323.15\text{K}$，折算出在 T_0 温度下减振器的寿命特征 $L_0=-0.0094545$。因此，在 T_1 温度下的寿命试验与在 T_2 温度条件下使用条件之间的加速度系数 A_F 可以用方程来计算，得到 $A_\text{F}=0.7556$。

$$A_\text{F}=\frac{L_{T_1}}{L_{T_0}}=0.7556 \tag{4.219}$$

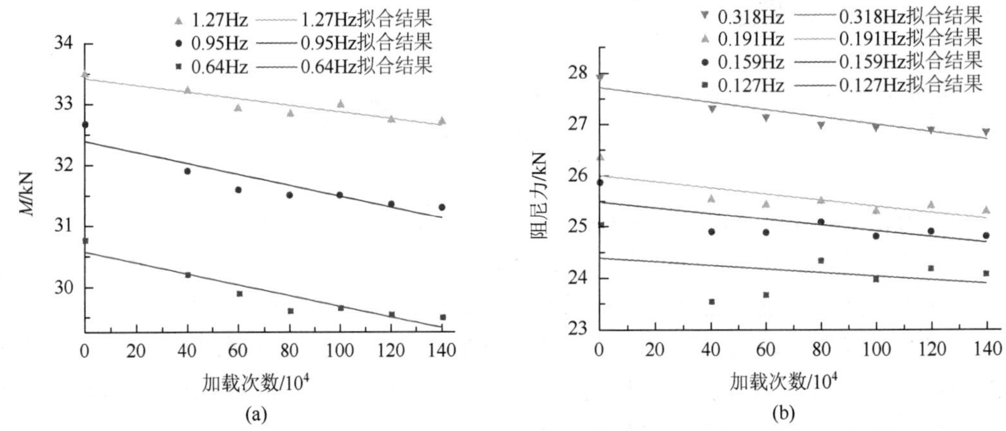

图 4.51　各个频率的绝对差进行线性拟合结果

2）两种加载能量的计算

首先在多体动力学仿真软件 Simpack 中建立某型高速列车的整车动力学仿真模型，如图 4.52 所示。该多体动力学模型主要包含车体、转向架构架、轮对、轴箱及转臂。在计算时，车体、轮对和构架均考虑横移、伸缩、浮沉、侧滚、点头和摇头 6 个自由度，轴箱在计算时，只考虑 1 个点头自由度。因此，在整车动力学模型中，一共包含 50 个自由度。其中，轮对轴箱定位方式为转臂式定位结构。车辆的一系悬挂系统包含一系垂向减振器和钢弹簧，将轴箱和构架相连接；车辆的二系悬挂系统包含二系横向减振器、二系垂向减振器、抗蛇行减振器、空气弹簧、横向止挡和抗侧滚扭杆，将构架和车体相连接。

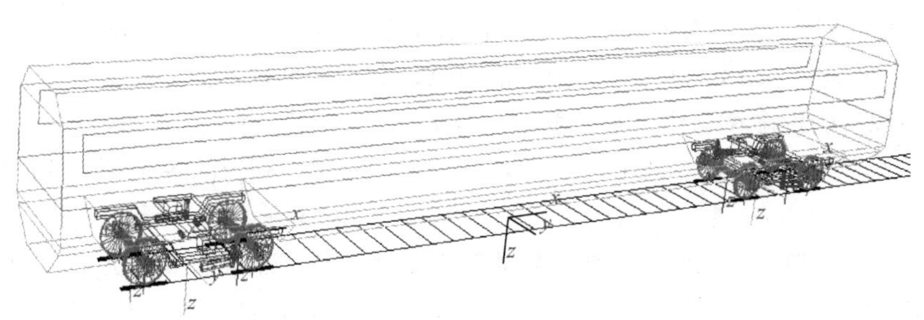

图 4.52　某型高速列车的整车动力学仿真模型

在整车动力学模型仿真计算时，采样频率为 1000Hz。轨道激扰采用具有代表性的中国高速铁路轨道谱——武汉—广州高速轨道谱。在仿真环境中，模拟车辆以 300km/h 在直线路段中运行。

由车辆动力学模型获取抗蛇行减振器两端的载荷情况，仿真计算时模型中加入我国具有代表性的轨道激励——武汉—广州高速轨道谱。同时，高速列车的运营线路中，曲线路段占总长大约在 40%，模型中考虑线路的直线和曲线的配比，且列车在通过曲线和直线的先后顺序对减振器的工况影响较小。因此，在模型中车辆运行线路的参数设置如表 4.17 所示。在模型运行稳定后，提取中间 4.5km 减振器两端的阻尼力 F 和相对速度 v。

表 4.17　单周期能量加载情况

加载次数/10^4	0	40	60	80	100	120
单周期加载能量/J	264.69	256.33	253.77	252.49	252.30	252.27

根据 $e_2=\dfrac{\int_0^t F\cdot v\mathrm{d}t}{l}$（$e_2$ 为单位里程外部载荷对减振器加载的能量，F、v 分别为减振器两端的阻尼力和相对速度，t 为截取车辆稳定运行时长，l 为车辆稳定运行距离)，在车辆运行 4.5km 内，对抗蛇行减振器平均每公里加载的能量 $e_2=118.77\mathrm{J}$。其中线路总长为 5000m，曲线路段长度为 1500m，过渡曲线长度为 650m，曲线半径为 7000m，欠超高为 0.175m，车辆运行速度为 300km/h。

减振器的性能退化是一个渐变的过程，并不需要长期记录长期加载过程中的载荷信息。在进行中间的性能测试时增加与长期加载载荷相同的载荷，将这组测试载荷如阻尼力 F、相对速度 v 及时间 t 近似认为与长期加载时相同。在该载荷下，单周期加载能量计算公式为

$$e_{1i}=\int_0^{\frac{1}{f}}F_i\cdot v_i\mathrm{d}t \tag{4.220}$$

式中，e_{1i} 为第 i 次中间测试时对减振器加载的能量；f 为长期加载载荷的频率；F_i 为第 i 次中间测试中与长期加载载荷相同时传感器记录的力；v_i 为第 i 次中间测试中与长期加载载荷相同时传感器记录的减振器两端的相对速度。

在减振器失效前，利用 n 次中间测试获取的加载数据，对长期加载的平均单周期能量进行计算，计算公式如下：

$$e_1=\frac{\sum_{i=1}^{n}e_{1i}}{n}=\frac{\sum_{i=1}^{n}\int_0^{\frac{1}{f}}F_i\cdot v_i\mathrm{d}t}{n} \tag{4.221}$$

式中，e_1 为长期加载的平均单周期加载能量；n 为中间测试的总次数。因此，长期加载中，减振器的寿命次数为 N，所以长期加载试验的加载总能量计算公式如下：

$$E_1=N\cdot e_1=N_1\cdot\frac{\sum_{i=1}^{n}\int_0^{t}F_i\cdot v_i\mathrm{d}t}{n} \tag{4.222}$$

式中，E_1 为长期加载试验的加载总能量。

在长期加载过程中，抗蛇行减振器的载荷频率为 $f = 3\text{Hz}$，振幅 $A = 5\text{mm}$。在 T_1 温度条件下，通过每次性能测试过程时加载相同的载荷，记录抗蛇行减振器两端的相对速度和阻尼力。通过式（4.220）计算单个周期对减振器的能量加载。计算可以得到在长期加载过程中，对减振器的平均加载能量 $e_2 = 255.31\text{J}$。在整个加载过程中，抗蛇行减振器的加载总能量，根据式（4.222）则可得 $E_1 = 3.06\times10^8\text{J}$。

3）等效里程计算

考虑温度的影响，假设线路运行时，减振器表面温度为 T_0。通过式（4.223），可以计算长期加载中的两组温度 T_1 对减振器敏感参数退化的加速系数，计算公式如下：

$$A_{\mathrm{F}} = \frac{L_1}{L_0} = \frac{A\cdot \mathrm{e}^{-\frac{E}{kT_1}}}{A\cdot \mathrm{e}^{-\frac{E}{kT_0}}} = \mathrm{e}^{-\frac{E}{k}\left(\frac{1}{T_1}-\frac{1}{T_0}\right)} \tag{4.223}$$

由式（4.222）计算得到长期加载试验的加载总能量 E_1；由 $e_2 = \dfrac{\int_0^t F\cdot v\mathrm{d}t}{l}$（$e_2$ 为单位里程外部载荷对减振器加载的能量，F、v 分别为减振器两端的阻尼力和相对速度，t 为截取车辆稳定运行时长，l 为车辆稳定运行距离）计算得到车辆在线路运行单位里程内对减振器的加载能量 e_2。同时，考虑减振器在线路运行时表面温度 T_0 和长期加载时的表面温度 T_1 对减振器退化加速系数，所以 T_1 温度下长期加载的 N_1 次寿命等效为线路运行里程的计算公式为

$$S = A_{\mathrm{F}}\cdot\frac{E_1}{e_2} \tag{4.224}$$

式中，S 为能量法的线路等效里程值。

在 T_1 温度下，计算了长期加载试验 E_1 的总加载能量，计算了长期负荷试验 T_1 温度与服役条件 T_0 温度之间的加速度系数 A_{F}，并计算了单位里程 e_2 中抗蛇行减振器的能量。因此，根据式（4.225），长期加载条件下的等效里程可计算如下：

$$S = A_{\mathrm{F}}\cdot\frac{E_1}{e_2} = 194.7\times10^4\,\text{km} \tag{4.225}$$

对于服役 240 万 km 的抗蛇行减振器，长期试验寿命为 120 万次。通过等效寿命转换，这一试验寿命相当于在线使用寿命的 $194.7\times10^4\text{km}$ 里程。

4.4.3　轴箱轴承

Lundberg 和 Plmgren 的寿命计算方法可以分为两种情况：一种是根据轴承中的实际载荷分布，首先分别计算内外圈的寿命，再计算整套轴承的寿命。这种方法比较精确，但也比较复杂，适用于柔性支承轴承和高速轴承等载荷分布比较特殊的情况。另一种是简化计算方法，直接计算整套轴承的额定动载荷、当量动载荷和疲劳寿命，这种方法适用于大多数的轴承应用场合。本节介绍这两种计算方法。

1. 轴承单个套圈的额定寿命

使用概率为 90%的某一套圈的疲劳寿命称为该套圈的额定寿命。套圈额定寿命为一百万转时套圈所能承受的均匀分布的滚动体载荷称为该套圈的额定滚动体载荷。以常见的圆柱滚子轴箱轴承为例进行计算说明，圆柱滚子轴承为线接触滚动轴承，因此以下计算如无特殊说明，使用情况均为线接触轴承。

1）计算轴承的载荷分布

根据赫兹接触理论，接触载荷与接触弹性变形之间有如下关系：

$$Q_{jq} = K_{jq}\delta_{jq}^{n},\quad j = \mathrm{i}, \mathrm{e} \tag{4.226}$$

或

$$Q_q = K_n \delta_q^n \tag{4.227}$$

式（4.226）描述滚动体与一个套圈之间的载荷变形关系，式（4.227）描述滚动体与两个套圈之间总的载荷变形关系。其中，Q_{jq} 表示第 q 个滚动体与内圈或外圈之间的接触载荷；δ_{jq} 表示 q 个滚动体与内圈或外圈之间的接触弹性变形量；K_{jq} 表示第 q 个滚动体与内圈或外圈之间的载荷-变形常数，与几何特征及材料有关；对点接触时有 $n = 3/2$，对线接触时 $n = 10/9$。Q_q 为内外接触角相等时第 q 个滚动体与滚道接触载荷；δ_q 为内外接触角相等时第 q 个滚动体与内圈和外圈总的弹性变形，这时有

$$\delta_q = \delta_{iq} + \delta_{eq} \tag{4.228}$$

K_n 为滚动体与内圈和外圈之间总的载荷-变形常数，与 $K_j (j = \mathrm{i}, \mathrm{e})$的关系为

$$K_n = \frac{1}{\left[\left(1/K_{\mathrm{i}}\right)^{1/n} + \left(1/K_{\mathrm{e}}\right)^{1/n}\right]^n} \tag{4.229}$$

应该指出的是，式（4.228）和式（4.229）只适用于内外接触角相等或为零的情况。材质为轴承钢的轴承，$K_j (j = \mathrm{i}, \mathrm{e})$计算公式如下：

$$K_j = 7.86 \times 10^4 l^{8/9}\ (\mathrm{N \cdot mm^{-10/9}}) \tag{4.230}$$

轴承接触的分析是进行轴承疲劳寿命计算的基础。现以轴箱轴承双列圆柱滚子轴承为例进行轴承接触载荷分析。当轴承内部存在游隙时，轴承受到外加载荷后，轴承内圈和外圈在受力的方向上会发生相对位移，位于外力作用线上的滚动体所承受的载荷最大，接触变形示意图如图 4.53 所示。

根据轴承的游隙，可计算轴承的最大接触变形量，根据变形协调条件，任意角 φ 位置处的滚动体与滚道之间的接触变形为

$$\delta_\varphi = \delta_{\mathrm{r}} \cos\varphi - \frac{1}{2}u_{\mathrm{r}} = \delta_{\max}\left(1 - \frac{\dfrac{1-\cos\varphi}{2\delta_{\max}}}{\delta_{\max} + u_{\mathrm{r}}}\right) \tag{4.231}$$

式中，u_{r} 为轴承游隙；$\delta_{\max}$ 为最大接触变形量。

定义轴承载荷分布范围系数 ε，将该系数代入式（4.231）中，可得

$$\delta_{\varphi}=\delta_{\max}\left(1-\frac{1}{2\varepsilon}(1-\cos\varphi)\right) \tag{4.232}$$

当 $\delta_{\varphi}=0$ 时，可得轴承载荷分布范围的极限角度：

$$\varphi_1=\pm\arccos(1-2\varepsilon) \tag{4.233}$$

分析可知，当游隙大于零、载荷分布范围系数小于 0.5 时，轴承内部承载区小于 180°，代入该型号圆柱滚子轴承相关参数，可算得接触角极限范围为（−81.78°，81.78°）。图 4.54 黑色所标记滚子即该类型轴箱轴承受载滚子分布位置图。

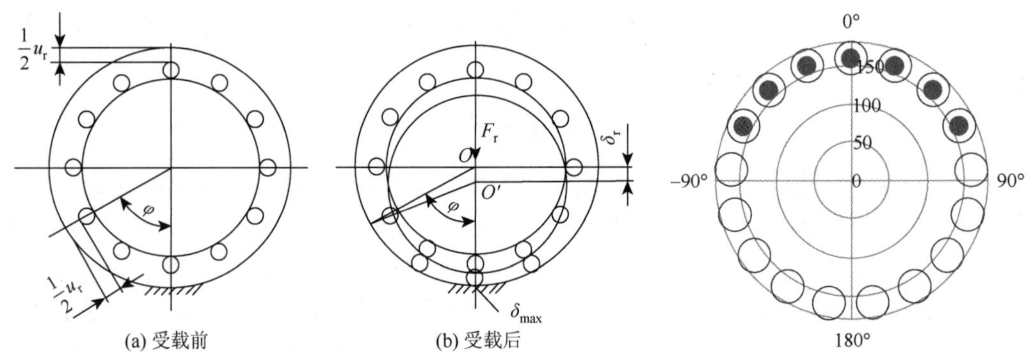

图 4.53　轴承受载前与受载后的轴承接触位移与变形图　　图 4.54　轴承受载滚子示意图

根据赫兹接触理论，接触载荷与接触弹性变形之间有如下关系：

$$Q_q=K_n\delta_q^n \tag{4.234}$$

根据载荷与变形的关系，可知第 q 个滚子的接触载荷为

$$Q_q=Q_{\max}\left[1-\frac{1}{2\varepsilon}\left(1-\cos\varphi\right)\right]^{10/9} \tag{4.235}$$

由该式可求得在不同载荷下，轴承内部的载荷分布情况，式中 $Q_{\max}$ 为轴承滚动体最大载荷，对滚子轴承可采用式（4.236）进行计算：

$$Q_{\max}=\frac{4.6F_r}{Z\cos\alpha} \tag{4.236}$$

式中，Z 为轴承单列滚子数。

通过计算轴承中的载荷分布，可为后续的轴承疲劳寿命计算提供数据基础。

2）计算套圈当量滚动体载荷

一般情况下轴承中滚动体载荷分布是不均匀的，为计算套圈寿命，需要引入当量滚动体载荷的概念。在一假定的均匀分布滚动体载荷下，套圈寿命与实际载荷分布情况下的套圈寿命相同，并把该体载荷定义为 Q_e。

（1）相对于载荷方向旋转的套圈（内或外），经验表明，当量滚动体载荷为

$$Q_{e\mu}=\left(\frac{1}{Z}\sum_{q=1}^{Z}Q_q^4\right)^{1/4} \tag{4.237}$$

也可用式（4.238）进行计算：

$$Q_{e\mu} = Q_{max} J_1(\varepsilon) \tag{4.238}$$

式中，$J_1(\varepsilon)$ 为相对载荷方向旋转套圈的当量滚动体载荷积分。

（2）相对载荷方向静止的套圈（内或外）的当量滚动体载荷为

$$Q_{ev} = \left(\frac{1}{Z} \sum_{j=1}^{Z} Q_j^{4.5} \right)^{1/4.5} \tag{4.239}$$

式（4.239）也可以写成如下形式：

$$Q_{ev} = Q_{max} J_2(\varepsilon) \tag{4.240}$$

式中，$J_2(\varepsilon)$ 为相对载荷方向静止套圈的当量滚动体载荷积分。

3）计算套圈额定滚动体载荷

对于线接触轴承，计算套圈额定滚动体载荷可使用如下经验公式：

$$Q_c = 551.3\lambda \frac{(1 \mp \gamma)^{29/27}}{(1 \pm \gamma)^{1/4}} \left(\frac{D_w}{d_m} \right)^{2/9} D_w^{29/27} l^{7/9} Z^{-1/4} \tag{4.241}$$

式中，上面的符号适用于内圈，下面的符号适用于外圈。Q_c 的单位为 N，长度单位为 mm。λ 是考虑边缘效应以及滚动体载荷中心不在滚子中间引起的降低系数。其中，线接触状态下，内圈和外圈的降低系数分别为 0.41～0.56 和 0.38～0.6；而修正线接触状态下，内圈和外圈的降低系数均在 0.6～0.8 内取值。

2. 计算内圈和外圈的额定寿命

对于线接触滚动轴承，单个套圈的额定寿命计算公式如下：

$$L_{10} = \left(\frac{Q_c}{Q_e} \right)^4 \tag{4.242}$$

式中，Q_c 为套圈额定滚动体载荷；Q_e 为套圈当量滚动体载荷。

3. 整套轴承及一组轴承的额定寿命

轴承内、外圈及整套轴承分别有如下关系：

$$\ln \frac{1}{S_i} = 0.1053 \left(\frac{L_{si}}{L_{10i}} \right)^e$$

$$\ln \frac{1}{S_e} = 0.1053 \left(\frac{L_{se}}{L_{10e}} \right)^e$$

$$\ln \frac{1}{S} = 0.1053 \left(\frac{L_s}{L_{10}} \right)^e$$

式中，S_i、S_e、S 分别为内圈、外圈和整套轴承的使用概率；L_{si}、L_{se}、L_s 为内圈、外圈和整套轴承与其使用概率相应的寿命；L_{10i}、L_{10e}、L_{10} 分别为内圈、外圈和整套轴承的额定寿命。

整套轴承不破坏是内圈不破坏和外圈不破坏两个事件之积，且内圈不破坏和外圈不破坏是两个相互独立的事件，根据概率乘法定律，整套轴承的使用概率为

$$S = S_{\mathrm{i}} S_{\mathrm{e}}$$

$$\ln\frac{1}{S} = \ln\frac{1}{S_{\mathrm{i}}} + \ln\frac{1}{S_{\mathrm{e}}} = 0.1053\left(\frac{L_{\mathrm{si}}}{L_{10\mathrm{i}}}\right)^{e} + 0.1053\left(\frac{L_{\mathrm{se}}}{L_{10\mathrm{e}}}\right)^{e} = 0.1053\left(\frac{L_{\mathrm{s}}}{L_{10}}\right)^{e}$$

当有一个套圈破坏时整套轴承破坏，所以内圈、外圈和整套轴承的实际使用时间是相同的，即有 $L_{\mathrm{si}} = L_{\mathrm{se}} = L_{\mathrm{s}}$。于是得到下面的关系：

$$\left(\frac{1}{L_{10\mathrm{i}}}\right)^{e} + \left(\frac{1}{L_{10\mathrm{e}}}\right)^{e} = \left(\frac{1}{L_{10}}\right)^{e} \tag{4.243}$$

整理式（4.243）可得整套轴承的额定寿命：

$$L_{10} = \left(L_{10\mathrm{i}}^{-e} + L_{10\mathrm{e}}^{-e}\right)^{-1/e} \tag{4.244}$$

式中，对于线接触轴承，有 $e = 9/8$。

许多系数和指数是根据试验确定的，试验数据实际上反映了滚动体疲劳破坏的因素，所以建立起来的计算方法是有效的。

由上述推导可知，利用式（4.244）计算整套轴承额定寿命的步骤如下：①计算轴承中载荷分布；②计算套圈当量滚动体载荷；③计算套圈额定滚动体载荷；④计算内圈、外圈的额定寿命；⑤计算整套轴承的额定寿命。

这种方法虽然复杂，但比较精确，适用性广，可以解决柔性支承轴承和高速轴承等载荷分布特殊的寿命计算问题。当在一个支承位置安装多套轴承时，如果已知每套轴承的额定寿命，那么用类似的方法可以得出整个轴承组的额定寿命计算公式：

$$L_{10} = \left(L_{10,1}^{-e} + L_{10,2}^{-e} + \cdots + L_{10,k}^{-e}\right)^{-1/e} \tag{4.245}$$

式中，$L_{10,1}$、$L_{10,2}$、…、$L_{10,k}$ 分别为一组轴承中各套轴承的额定寿命；k 为一组的套数。

4. 轴承额定寿命的简化计算方法

对于具有刚性支承和在适当转速下工作的轴承，Lundberg 和 Palmgren 提出了一种近似简化的轴承疲劳寿命计算方法，以代替上述那种较精确且复杂的计算方法。线接触滚动轴承额定寿命简化计算的基本公式称为寿命方程，表示为

$$L_{10} = \left(\frac{C}{P}\right)^{\varepsilon} \tag{4.246}$$

式中，滚子轴承 $\varepsilon = 10/3$，额定寿命 L_{10} 的单位为 10^6 转，下标 10 可以省略不写；C 为轴承的额定动载荷，表示轴承在运转条件下的承载能力。

额定动载荷定义为轴承在内圈旋转、外圈静止的条件下，额定寿命为 10^6 转时轴承所能承受的单一方向的恒定载荷。对向心轴承是指使滚道半圈受载时的径向载荷；对推力轴承是指中心轴向载荷。P 为轴承的当量动载荷，表示轴承在运转条件下承受载荷的大小。当量动载荷是一个假定的单一方向的恒定载荷，在此载荷作用下轴承的疲劳寿命与

实际载荷作用下相同。对向心轴承为假定半圈受载时的径向载荷，对推力轴承为假定的中心轴向载荷。

简化计算方法适用于大多数轴承应用的场合，可以很方便地估计轴承寿命。但这种方法有一定的适用范围，只有在下面的使用条件下简化计算才是有效的：①轴承具有刚性支承，座的刚性很高，轴是实心的；②轴承不受力矩载荷作用；③转速不很高，惯性力可以忽略；④润滑适当，油膜润滑参数 λ 在 1.5 左右。

实际计算中，习惯用小时数表示轴承寿命，式（4.246）改写为

$$L_{\mathrm{h}}=\frac{10^{6}}{60n}\left(\frac{C}{P}\right)^{\varepsilon} \tag{4.247}$$

式中，L_{h} 是以工作小时数计算的轴承额定寿命；n 为轴承转速，r/min。

为计算方便，引入转速系数 f_{n} 和寿命系数 f_{h} 如下：

$$f_{\mathrm{n}}=\left(\frac{100}{3n}\right)^{1/\varepsilon} \tag{4.248}$$

$$f_{\mathrm{h}}=\left(\frac{L_{\mathrm{h}}}{500}\right)^{1/\varepsilon} \tag{4.249}$$

普通轴承的工作温度不能超过 120℃，否则要经过特殊热处理或选用特殊材料。在高温条件下轴承表面硬度降低，轴承寿命降低，为此引入温度系数 f_T，并有

$$C_T=f_T C$$

式中，C_T 为考虑温度影响的额定动载荷；f_T 为温度系数，列于表 4.18 中；C 为普通轴承的额定动载荷。

表 4.18　温度系数 f_T

轴承工作温度 t/℃	125	150	175	200	225	250	300
f_T	0.95	0.90	0.85	0.80	0.75	0.70	0.60

考虑到有冲击载荷的情况下实际受力比计算值要大，引入载荷系数 f_P，将计算的当量动载荷乘以系数 f_P 作为实际的当量动载荷。载荷系数在表 4.19 中给出。引入上面四个系数之后，式（4.247）改写为

$$C=\frac{f_{\mathrm{h}}f_P}{f_{\mathrm{n}}f_T}P \tag{4.250}$$

表 4.19　载荷性质系数 f_P

载荷性质	f_P	举例
无冲击力或轻微冲击力	1.0～1.2	电机、汽轮机、通风机
中等振动和冲击	1.2～1.8	车辆、机床、传动装置、起重机、冶金设备、内燃机、减速箱
强大振动和冲击	1.8～3.0	破碎机、轧钢机、石油钻机、振动筛

对给定的轴承和使用条件用式（4.250）可求出寿命系数 f_h，查表可求出与之对应的额定寿命。对给定的使用工况条件和寿命要求，用式（4.250）可以计算需要的轴承额定动载荷，作为选择轴承的依据。

5. 不同可靠度下疲劳寿命计算方法

由前文分析可知，在工程实践中，滚动轴承均按照可靠度为 90%时的额定寿命作为其寿命测算依据，因可靠度为

$$R(N_{90})=1-F(N_{90})=\exp\left[-\left(\frac{N_{90}}{N_a}\right)^m\right] \tag{4.251}$$

可得 90%可靠度下，轴承的寿命为

$$L_{10}=N_{90}=N_a\left[\ln\frac{1}{R(N_{90})}\right]^{1/m} \tag{4.252}$$

同理可得，任意可靠度下轴承的寿命计算表达式为

$$L_{1-R}=N_R=N_a\left[\ln\frac{1}{R(N_R)}\right]^{1/m} \tag{4.253}$$

将不同可靠度计算表达式与 90%可靠度计算表达式进行运算可得

$$L_{1-R}=\left[\frac{\ln\dfrac{1}{R(N_R)}}{\ln\dfrac{1}{R(N_{90})}}\right]^{1/m}\cdot L_{10}=\left[\frac{\ln R(N_R)}{\ln 0.9}\right]^{1/m}\cdot L_{10} \tag{4.254}$$

令

$$\alpha_1=\left[\frac{\ln R(N_R)}{\ln 0.9}\right]^{1/m} \tag{4.255}$$

式中，α_1 为可靠度寿命修正系数；m 为 Weibull 分布的形状参数，圆柱滚子轴承的 $m=3/2$，圆锥滚子轴承的 $m=4/3$。

以圆柱滚子为例，列出其不同可靠度下寿命修正系数，如表 4.20 所示。

表 4.20　可靠度寿命修正系数

可靠度/%	α_1	可靠度/%	α_1
90	1	99.4	0.19
95	0.64	99.6	0.16
96	0.55	99.8	0.12
97	0.47	99.9	0.093
98	0.37	99.92	0.087
99	0.25	99.94	0.08
99.2	0.22	99.95	0.077

对于复杂使用环境下的轴箱轴承，可对其不同可靠度下的轴承寿命做如下修正：

$$L_{mn} = \alpha_1 \alpha_{\text{ISO}} \left(\frac{C}{P} \right)^{10/3} \tag{4.256}$$

式中，L_{mn} 为与可靠性对应的疲劳寿命；α_1 为可靠度寿命修正系数；α_{ISO} 为轴承寿命修正系数。

轴承寿命修正系数考虑了轴承的润滑、服役环境、污染物颗粒及安装等多种影响因素，该系数可表示为

$$\alpha_{\text{ISO}} = f\left(\frac{e_{\text{c}} C_{\text{u}}}{P}, f_{\text{v}} = \frac{V}{e_0} \right) \tag{4.257}$$

式中，C_{u} 为疲劳载荷极限；e_{c} 为污染系数；κ 为润滑剂的黏度比。

如果润滑剂被固体颗粒污染，当这些颗粒被滚碾时，滚道上将产生永久性压痕，在这些压痕处，局部应力升高，这将导致轴承寿命降低，由润滑油膜中的固体颗粒引起的寿命降低取决于：①颗粒的类型、尺寸、硬度和数量；②润滑油膜厚度；③轴承尺寸。这种由润滑油膜中的污染物造成的寿命降低，可通过污染系数 e_{c} 来予以考虑，可参考《滚动轴承　额定动载荷和额定寿命》（GB/T 6391—2010）有关计算方法。

对于向心滚子轴承，当 $0.1 \leqslant \kappa < 0.4$ 时，有

$$\alpha_{\text{ISO}} = 0.1 \left[1 - \left(1.5859 - \frac{1.3993}{\kappa^{0.054381}} \right)^{0.83} \left(\frac{e_{\text{c}} C_{\text{u}}}{p} \right)^{0.4} \right]^{-9.185} \tag{4.258}$$

当 $0.4 \leqslant \kappa < 1$ 时，有

$$\alpha_{\text{ISO}} = 0.1 \left[1 - \left(1.5859 - \frac{1.2348}{\kappa^{0.19087}} \right)^{0.83} \left(\frac{e_{\text{c}} C_{\text{u}}}{p} \right)^{0.4} \right]^{-9.185} \tag{4.259}$$

当 $1 \leqslant \kappa < 4$ 时，有

$$\alpha_{\text{ISO}} = 0.1 \left[0.1 - \left(1.5859 - \frac{1.2348}{\kappa^{0.071739}} \right)^{0.83} \left(\frac{e_{\text{c}} C_{\text{u}}}{p} \right)^{0.4} \right]^{-9.185} \tag{4.260}$$

例 4-17　某一应用中的 2309 轴承额定寿命为 8000h，计算可靠性分别为 $R(t) = 0.70$ 和 $R(t) = 0.93$ 时该轴承的疲劳寿命。

解　题目中可知 $L_{10} = 8000\text{h}$，由于 2309 轴承为圆柱滚子轴承，所以 $m = 3/2$，由式（4.141）和式（4.142）知

$$L_{1-R} = \left(\frac{\ln R(N_R)}{\ln 0.9} \right)^{1/m} \cdot L_{10}$$

可靠性为 $R(t) = 0.70$ 时，$R = 30$、$R(N_R) = 0.7$，即

$$L_{30} = \left(\frac{\ln 0.7}{\ln 0.9} \right)^{2/3} \times 8000 = 18037(\text{h})$$

可靠性为 $R(t) = 0.93$ 时，$R = 7$、$R(N_R) = 0.93$，即

$$L_7 = \left(\frac{\ln 0.93}{\ln 0.9} \right)^{2/3} \times 8000 = 6239(\text{h})$$

4.5　本 章 小 结

本章首先从广义与狭义两方面阐述了可靠性的定义，并给出了多种可靠性的尺度以对产品的可靠性进行考核或评定；在进行可靠性设计与提高可靠性水平时，需要综合考虑，把制造和使用费用与产品所能创造的经济效益的比较结果作为产品设计追求的依据。

其次，介绍了应力-强度分布干涉模型，由对应力-强度分布干涉模型的分析可知，机械零件的可靠度主要取决于应力-强度分布曲线干涉的程度。如果应力与强度的概率分布曲线已知，那么可以根据其干涉模型计算该零件的可靠度。阐述了应力、强度分布发生干涉时的失效概率和可靠度的一般表达式的求解方法，介绍了应力与强度分布的确定方法及步骤，以及应力与强度的综合方法，并讲解了已知应力和强度分布时可靠度的计算方法。

载荷的形式很多，作用方式、作用速度、载荷幅值、载荷工况等也多种多样。许多机械和零件承受着随机载荷、波动载荷或交变载荷，使机械和零件产生交变应力。据统计，机械零件的断裂事故多由这种交变应力引起的疲劳破坏所致，疲劳过程就是由于载荷的重复作用导致零件材料内部的损伤累积过程。本章从疲劳强度设计参数数据的处理计算、机械零件的无限寿命可靠性设计以及有限寿命可靠性设计与寿命预测介绍了疲劳强度可靠性的设计注意事项及方法。

最后，以高速受电弓、减振器及轴箱轴承为例，介绍了三者可靠性的部分设计过程：分析了 V500 受电弓服役与既有线路的性能，之后从空气动力学方面对加入了风载荷后的受电弓进行了静强度分析，并对该受电弓进行了疲劳可靠性的分析；对抗蛇行减振器，分析载荷对寿命的影响时，在进行合理假设的条件下，将载荷的影响转换为对能量的求解。在对抗蛇行减振器的剩余寿命等效中，通过不同温度条件下的剩余寿命试验获取减振器失效前的寿命次数和性能测试数据，求解抗蛇行减振器的 Arrhenius 模型。通过性能测试和仿真试验数据，分别得到了抗蛇行减振器的能量加载情况。最终计算结果显示四级修后的抗蛇行减振器存在较为可观的剩余寿命空间。最后阐述了轴承套圈、轴箱轴承额定寿命的计算方法，并分析了不同可靠度下轴承的疲劳寿命的简化计算方法。

思　考　题

1. 已知圆截面轴的惯性矩 $I=\pi d^4/64$，令轴径 $d=50\text{mm}$，标准差 $s_\text{d}=0.02\text{mm}$，试确定惯性矩 I 的均值及标准差。

2. 设某零件只受弯矩，设计寿命为 5×10^8 次，其 $\bar{\sigma}'_{-1}=551.4\text{MPa}$ ，$s_{\sigma'_{-1}}=44.1\text{MPa}$ ，若仅考虑尺寸系数 ε 、表面质量系数 β 的影响，且均为正态分布，而 $\bar{\varepsilon}=0.70$ ，$s_\varepsilon=0.05$ ，$\bar{\beta}=0.85$ ，$s_\beta=0.09$ 。试分别用代数法、矩法和蒙特卡罗法确定该零件的强度分布，并加以比较。

3. 已知承受拉伸钢丝绳的强度和应力均服从正态分布，强度与载荷的参数分别为 $\mu_\delta=907200\text{N}$，$\sigma_\delta=136000\text{N}$，$\mu_S=544300\text{N}$，$\sigma_S=113400\text{N}$，求其可靠度。

4. 已知零件的剪切强度呈正态分布，且均值 $\mu_\delta=186\text{MPa}$，标准差 $\sigma_\delta=22\text{MPa}$，而其承受的剪切应力呈指数分布，$\mu_S=1/\lambda_S=127\text{MPa}$，试计算零件的可靠度。

5. 一转动心轴，其弯曲应力服从正态分布，均值 $\mu_S=100000\text{kPa}$ ，标准差 $\sigma_S=10000\text{kPa}$ 。其弯曲疲劳

极限呈 Weibull 分布，参数为 $m = 2.0$，$\theta = 550000\text{kPa}$，要求失效概率 $F \leqslant 0.0002$，试计算该轴的最小弯曲疲劳强度 μ_δ 应为多少。

6. 某零件的疲劳寿命呈对数正态分布，且其均值为 μ，标准差为 σ，求该零件的额定寿命和中位寿命。

7. 某滚动轴承，其工作时承受径向载荷 $F_r = 4\text{kN}$，求可靠度 $R = 0.95$、$L_5 = 6000\text{h}$ 及 $R = 0.80$、$L_{20} = 6000\text{h}$ 两种情况所对应的额定动载荷 C 值和应选用的轴承型号。

8. 今由某零件试验测得的 P-S-N 曲线查得在 $N = 10^5$ 处的 $\bar{\sigma}_{-1} = 530\text{MPa}$，$\bar{\sigma}_{-1} - 3s_{\sigma_{-1}} = 450\text{MPa}$，若该零件危险断面上的工作应力为 $\bar{\sigma} = 438\text{MPa}$，$S_\sigma = 30\text{MPa}$，求在 $N = 10^5$ 处不产生疲劳失效时的可靠度。设其强度及应力均服从正态分布。

9. 某轴承工作时受旋转弯曲应力，危险断面处于由直径 $D = 120\text{mm}$ 变为 $d = 100\text{mm}$ 且精切过渡圆角 $r = 10 \pm 2\text{mm}$ 的直径转变处，求其疲劳极限。

参 考 文 献

邓四二, 贾群义, 薛进学. 2014. 滚动轴承设计原理[M]. 2 版. 北京: 中国标准出版社.

付秀通, 詹斐生. 1998. 轮/轨-弓/网系统耦合动力学数值模拟分析与试验研究[J]. 铁道学报, 20(3): 25-32.

郭兆团, 徐腾养, 池茂儒, 等. 2017. 高速列车抗蛇行减振器温变特性研究[J]. 铁道机车车辆, 37(3): 14-16.

胡泽耀. 2020. 抗蛇行减振器性能退化与剩余寿命研究[D]. 成都: 西南交通大学.

宦荣华, 宋亚轻, 朱位秋. 2013. 基于相干分析的接触导线高度不平顺不利波长研究[J]. 浙江大学学报, 47(9): 1599-1602.

江亚男. 2014. 考虑接触线不平顺的弓网系统动力学研究[D]. 成都: 西南交通大学.

李瑞平, 周宁, 梅桂明, 等. 2009. 初始平衡状态的接触网有限元模型[J]. 西南交通大学学报, 44(5): 732-737.

李瑞平, 周宁, 张卫华, 等. 2012. 受电弓气动抬升力计算方法与分析[J]. 铁道学报, 34(8): 26-32.

凌树森. 1988. 可靠性在机械强度设计和寿命估计中的应用[M]. 北京: 宇航出版社.

刘混举, 赵河明, 王春燕. 2009. 机械可靠性设计[M]. 北京: 国防工业出版社.

刘惟信. 1996. 机械可靠性设计[M]. 北京: 清华大学出版社.

牟致忠, 朱文予. 1993. 机械可靠性设计[M]. 北京: 机械工业出版社.

清华大学应用数学系概率统计教研组. 1987. 概率论与数理统计[M]. 长春: 吉林教育出版社.

宋冬利. 2013. 全寿命周期受电弓机械系统混合可靠性模型研究[D]. 成都: 西南交通大学.

徐腾养. 2017. 抗蛇行减振器动态特性以及温变特性研究[D]. 成都: 西南交通大学.

于万聚, 王晓保. 1991. 高速接触网-受电弓系统动态受流特性的仿真研究[J]. 铁道学报: 9-18.

张卫华. 2006. 机车车辆动态模拟[M]. 北京: 中国铁道出版社.

张卫华. 2013. 高速列车耦合大系统动力学理论与实践[M]. 北京: 科学出版社.

周宁, 张卫华. 2008. 基于互推的接触网腕臂系统动应力问题研究的新方法[J]. 铁道学报, 30(4): 16-21.

Feller W. 1957. An Introduction to Probability Theory and Its Applications-I[M]. 2nd ed. New York: John Wiley & Sons.

Gumbel E J. 1958. Statistics of Extremes[M]. 2nd ed. New York: Columbia University Press.

Lipson C, Sheth N J, Disney R L. 1967. Reliability prediction-mechanical stress strength interference[R]. Rome: Rome Air Development Center.

Lipson C, Sheth N J, Disney R L. 1969. Reliability Prediction-Mechanical Stress Strength Interference[R]. Rome: Rome Air Development Center.

Nelson W. 1990. Accelerated Testing-Statistical Model, Test Plans and Data Analysis[M]. New York: John Wiley & Sons Inc.

Pearson K. 1922. Tables of the Incomplete Gamma-Functions[M]. London: Cambridge University Press.

Pombo J, Ambrosio J, Pereira M, et al. 2013. Influence of the aerodynamic forces on the pantograph-catenary system for high-speed trains[J]. Vehicle System Dynamics, 47(11): 1327-1347.

Rubinstein R Y. 1981. Simulation and the Monte-Carlo Method[M]. New York: John Wiley & Sons.

Woo C S, Park H S. 2011. Useful lifetime prediction of rubber component[J]. Engineering Failure Analysis, 18(7): 1645-1651.

第 5 章　车辆结构动力学强度基础

动态载荷是车辆结构疲劳的根源，而车辆动态载荷又是车辆动态行为的结果，为此，分析车辆系统动力学行为对掌握车辆结构疲劳失效特点具有重要意义。目前新一代高速列车向着更高速和轻量化的方向发展，在轮轨相互作用下车辆系统部件的动态载荷呈现出高频特征，结构疲劳失效多与高频动态疲劳载荷相关，即振动疲劳。结构振动疲劳相比静态疲劳而言，结构模态振动的贡献不可忽略，即振动疲劳与车辆系统结构动力学密切相关。由此可见，车辆系统动力学行为与车辆结构强度和疲劳可靠性密不可分。为此，本章简要对车辆系统动力学、结构动力学和结构随机振动疲劳相关理论进行介绍。

5.1　车辆系统动力学基础概述

铁道车辆系统动力学是多体系统动力学的重要分支。它是在振动力学和多体系统动力学等学科的基础上，考虑铁道车辆特殊的运营环境，特别是轮轨接触关系和轮轨蠕滑，随着铁路运输的快速发展而形成的一门独立学科。

5.1.1　多体系统动力学简介

多体系统动力学包括多刚体系统动力学和多柔性体系统动力学，后者以前者为基础。虽然车辆的各部件均是刚度各异的弹性体，但为了简化模型，提高计算效率，车辆系统动力学常规研究一般采用多刚体动力学建模，仅在需要的时候将部分刚体用柔性体代替，建立刚-柔耦合动力学模型。

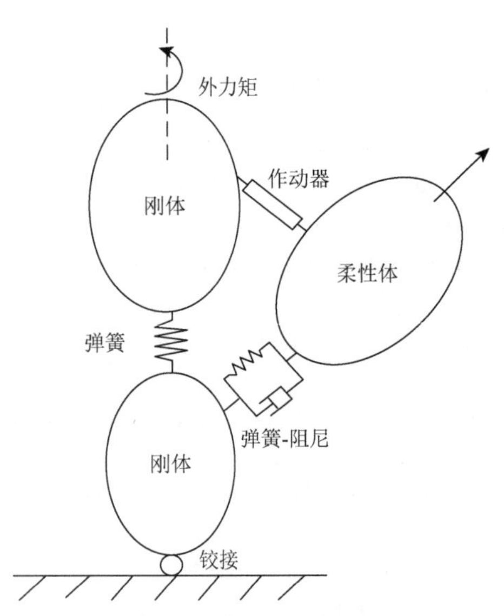

图 5.1　多体系统基本要素

图 5.1 给出了多体系统示意图。一般多体系统包括若干刚体或柔性体，通过力元或铰接连接成一个系统。车辆系统是典型的多体系统，是由车体、构架、轮对等惯性体，通过弹簧、减振器、铰接等连接而成的机械系统。

多体系统基本元素包括：

（1）惯性体，具有质量、刚度和转动惯量等特性。

（2）力元，连接各惯性体或地基，传递力或力偶，一般不考虑力元的质量特性。主动和半主动控制器也可以作为力元处理。

（3）约束（铰），连接各惯性体或地基，限制惯性体运动，一般不考虑铰接的质量特性。由于约束方程增加了求解难度，有些动力学软件将约束用大刚度力元代替。铁道车辆具有特殊的轮-轨约束关系。

（4）外力（矩），即系统外部提供的力或力偶。

多体系统动力学建立了详细的系统动力学方程，在一定简化条件下同样可以研究多体系统的静力学和运动学问题。在多体系统动力学中，主要包括：

（1）静力学。系统受到静载荷，确定在运动副制约下的系统平衡位置及运动副静反力。方法是建立并求解线性或非线性代数方程组。

（2）运动学。不考虑运动起因的位置姿态、速度、加速度分析，方法是建立并求解线性或者非线性代数方程组、微分方程组。

（3）动力学。研究载荷和系统运动的关系，方法是建立并求解微分方程组、代数微分方程组，一般采用数值积分方法。

多刚体系统动力学不关心物体的几何外形和弹性变形，在建立动力学方程时只需要设置惯性体的质量特性（质量、转动惯量、质心位置等）、铰接和力元的位置参数、力元的力学特性、铰接的约束特性等参数。所以在建立动力学方程时，都要对实际物理模型进行简化，忽略不必要的几何参数，仅提取动力学参数即可。在建立柔性体动力学模型时，需要考虑柔性体的几何结构和刚度，但现在多体动力学中一般用模态叠加法来模拟柔性体，因此其几何结构和刚度仅在建立有限元模型时需要，在建立多体动力学模型阶段不重要。

5.1.2　车辆系统坐标系

1. 轨道坐标系

轨道坐标系的定义如图 5.2 所示。坐标系 $OXYZ$ 为绝对坐标系，建立在轨道的起点。坐标系 $O^tX^tY^tZ^t$ 为轨道上任意位置的局部坐标系，其原点位于轨面（即左右钢轨顶点连线组成的面）的轨道中心线上，相对于轨道起点弧长坐标为 s^t。与多体动力学常规的坐标系定义不同的是，在轨道坐标系中习惯将 O^tZ^t 定义为垂直轨面向下，O^tY^t 轴指向轨道右侧，O^tX^t 轴与轨道中心线相切（指向车辆前进方向），但均遵守右手法则。在车辆系统动力学中，每个惯性体都对应一个局部坐标系。这些局部坐标系不随惯性体振动，但要沿轨道与车辆一起前进，因此局部坐标系相对全局坐标系有运动，且这种运动需要考虑到车辆动力学方程之中。惯性体的连体坐标系与其局部轨道坐标系密切相关。惯性体的横向位移、垂向位移、侧滚角、点头角和摇头角均可相对局部轨道坐标系来描述。

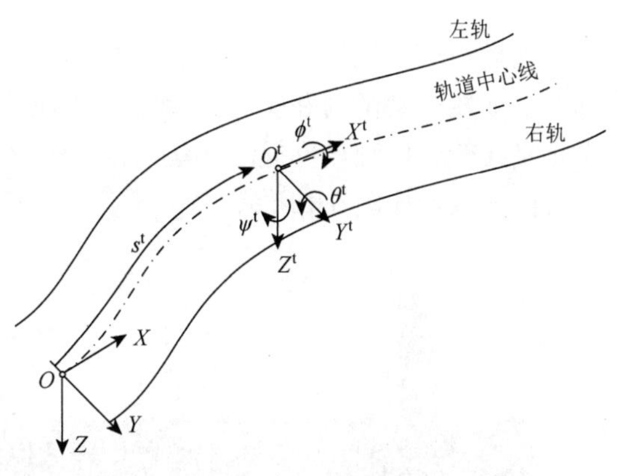

图 5.2　轨道坐标系

2. 车辆坐标系

在轨道坐标系中描述车辆系统的运动，车辆各个部件均有连体坐标系和对应的轨道坐标系，如图 5.3 所示。由于车辆部件在轨道上的纵向位置不同，部件的连体坐标系和部件对应的轨道坐标系并不是随时都是平行的，只有在理想平衡位置时部件的连体坐标系与轨道坐标系才是平行的。在车辆实际运行中，由于线路和轨道的激励，部件的连体坐标系跟随部件运动，而部件的轨道坐标系只在纵向沿着轨道跟随部件运动。因此，部件的连体坐标系和对应的轨道坐标系存在相对运动关系。与轨道坐标系方向定义一致，铁路中常将 Z 轴定义为垂直轨面向下，X 轴为车辆前进方向，Y 轴为车辆横向方向。

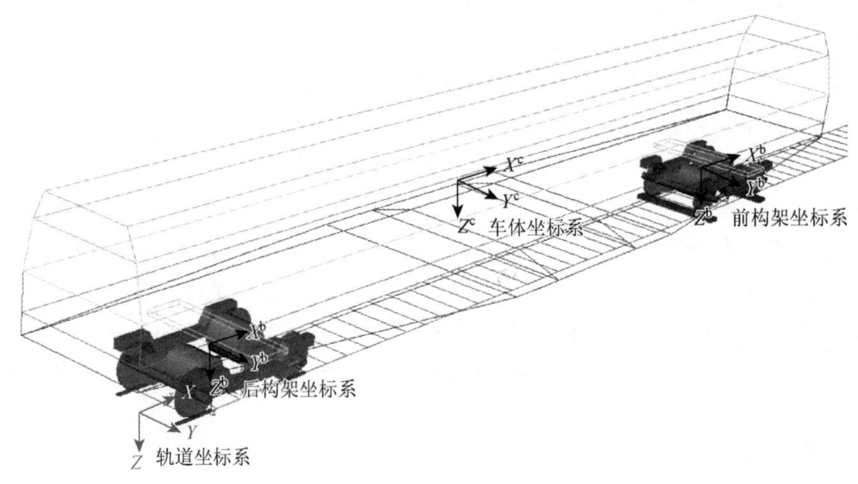

图 5.3　车辆系统坐标系

铁道车辆系统动力学中，轮轨接触几何关系相关参数一般定义在轮对对应的轨道坐标系，而轮轨蠕滑力和轮轨蠕滑率定义在轮轨接触斑的局部坐标系。接触斑的局部坐标系定义在轮轨接触点位置，其法向定义为 Z 轴，前进方向定义为 X 轴，与局部轨道坐标系方向一致，如图 5.4 所示。

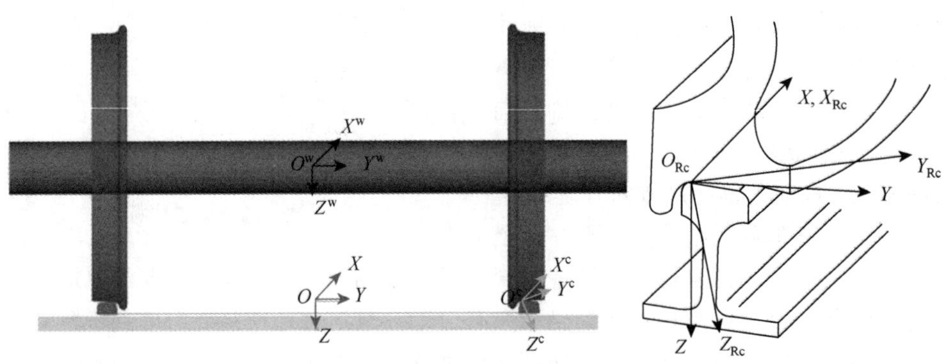

图 5.4　轮对和轮轨接触斑局部坐标系

5.1.3　车辆系统动力学模型

车辆系统动力学建模过程，是将车辆的物理实体抽象为力学和数学模型，忽略物体的外观等特征，并简化影响因素，仅提取物体的力学相关参数。因此，建模过程中需要对车辆的结构进行详细分析，掌握车辆的运动学和动力学关系，并注意车辆的悬挂特征、质量特性和各部件之间的运动关系等。针对铁道车辆系统动力学，主要关注的基本要素如下：车辆各主要部件（惯性体）的质量特性；车辆各主要部件之间的运动学关系；悬挂和约束的几何参数（位置、姿态、方向等）；悬挂的力学参数（刚度和阻尼）；轮-轨匹配关系；线路几何条件和线路不平顺；车辆运行条件；其他边界条件和激励。

在早期的车辆系统动力学研究中，为了简化模型，根据研究目标不同，常把车辆系统动力学模型分为垂向动力学模型、横向动力学模型、车辆横垂耦合动力学模型、列车系统动力学模型和车辆-轨道耦合系统动力学模型等。

1. 垂向动力学模型

车辆垂向动力学模型主要用于研究车辆在轨道不平顺作用下的垂向动态响应和振动传递规律。由于垂向动力学模型只关心垂向问题，因此一般不考虑轮轨接触几何关系和轮轨蠕滑力。图 5.5 为车辆垂向动力学模型，其主要考虑车体和构架的浮沉、点头运动，轮对只考虑浮沉运动。如果需要研究轨道不平顺对轮轨力的影响，需要在模型中考虑轮轨接触刚度，以计算轮轨垂向力；若轮轨力不是研究的重点，则可以假设轮对随轨道不平顺垂向一起运动。

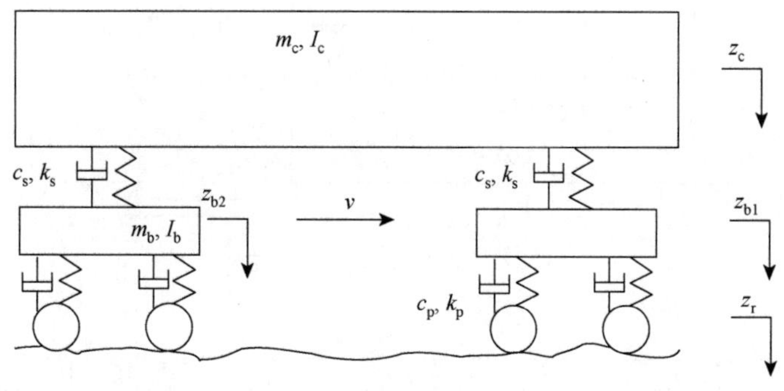

图 5.5　车辆垂向动力学模型

2. 横向动力学模型

车辆系统横向动力学模型主要用于研究车辆横向振动性能和蛇行运动稳定性等动力学性能。因其需要考虑轮轨接触几何关系和蠕滑力的非线性特性，故模型相对比较复杂。横向动力学模型经历了轮对、转向架和整车模型的发展过程，在机理研究中常常将轮-轨关系线性化。在数值计算中，为了更加准确地研究车辆横向动力学性能，需要考虑轮轨的非线性特性。

蛇行运动的根源是轮对的蛇行运动，早期主要针对单轮对的蛇行运动机理开展了大量研究。由于轮对蛇行运动是轮对横移和摇头的耦合运动，因此在轮对横向动力学模型中大多主要考虑横向和摇头自由度，以及轮轨间蠕滑力，轮轨法向力考虑为定值。轮对在转向架中实际受定位刚度的影响，为此带弹性约束的单轮对更接近真实的性能。图 5.6 为带弹性约束的单轮对横向动力学模型。

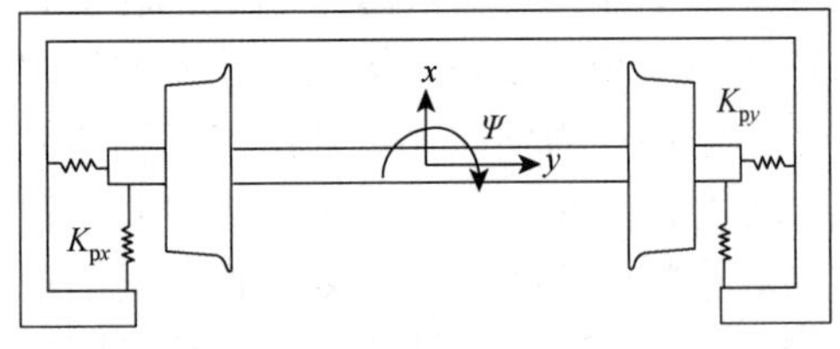

图 5.6　带弹性约束的单轮对横向动力学模型

在轮对定位刚度的作用下，轮对蛇行运动会带动转向架一起发生蛇行运动，其特性更加接近于整车蛇行运动稳定性。与单轮对横向动力学模型一致，转向架蛇行运动模型需要考虑每个轮对横移与摇头，以及转向架构架的横移和摇头运动，如图 5.7 所示。另外需要考虑转向架构架和轮对间的悬挂力。对于考虑二系悬挂的转向架蛇行运动模型，还需要考虑二系悬挂对转向架构架的作用力，如空气弹簧、横向减振器和抗蛇行减振器等。

为了更进一步考虑车体对转向架蛇行运动的影响，以及蛇行运动导致的构架和车体的侧滚运动，需要至少 17 个自由度来描述整车的蛇行运动，如图 5.8 所示，其主要包括车体横移、摇头、侧滚，共 3 个自由度，前后构架横移、摇头、侧滚，两个构架共 6 个自由度，以及每条轮对横移、摇头，4 条轮对共 8 个自由度。

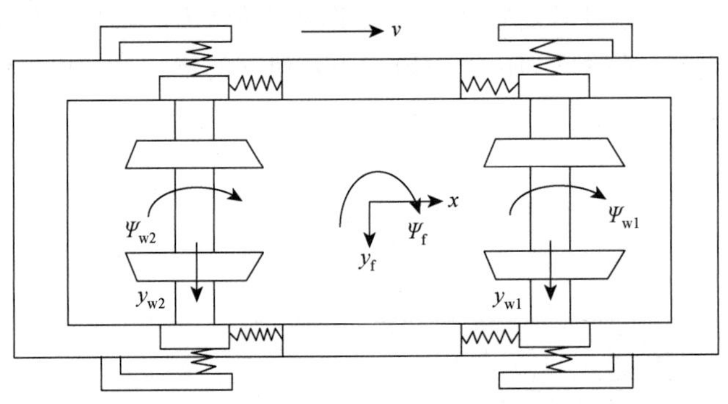

图 5.7　转向架蛇行运动模型

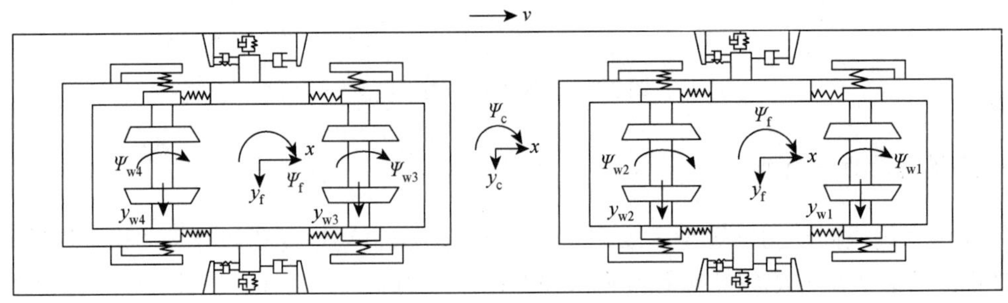

图 5.8　整车蛇行运动模型

3. 车辆横垂耦合动力学模型

车辆系统各方向的振动并不孤立，而是相互耦合着，因此单纯的横向和垂向模型只能反映机理特征，难以准确地反映车辆的耦合振动特征，为此需要构建考虑横垂耦合的车辆系统动力学模型，如图 5.9 所示。该模型的关键在于轮轨关系的横垂耦合特性，需要考虑轮轨接触点变化带来的轮轨蠕滑力和轮轨法向力的耦合影响。该模型不考虑部件的纵向自由度，因此只能考虑车辆的稳态性能。若还需考虑车辆牵引制动导致的纵向惯性效应，则需要在模型中考虑纵向自由度，即在横垂耦合动力学模型的基础上建立完全自由度的车辆模型。近年来随着轨道交通的快速发展，面向铁道车辆系统动力学的多体系统动力学软件应运而生，如 Simpack（图 5.10）、UM、Adams、RecurDyn 等。

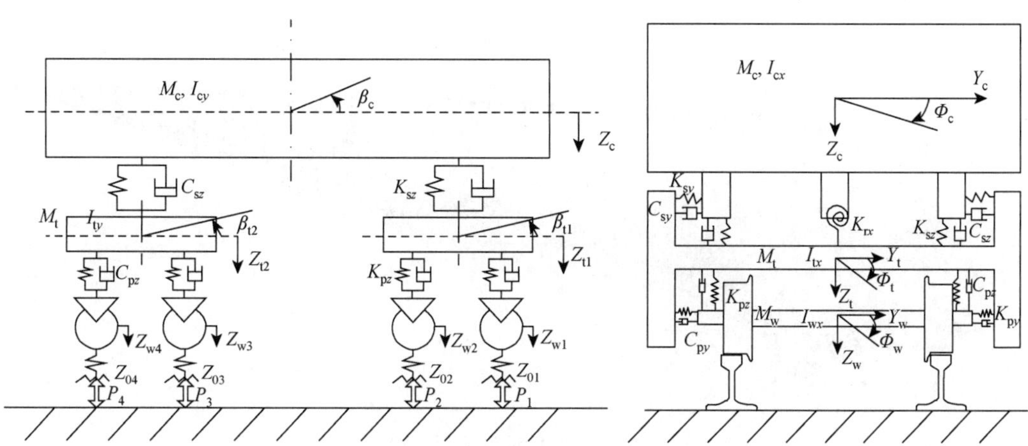

图 5.9　客车车辆系统动力学模型示意图

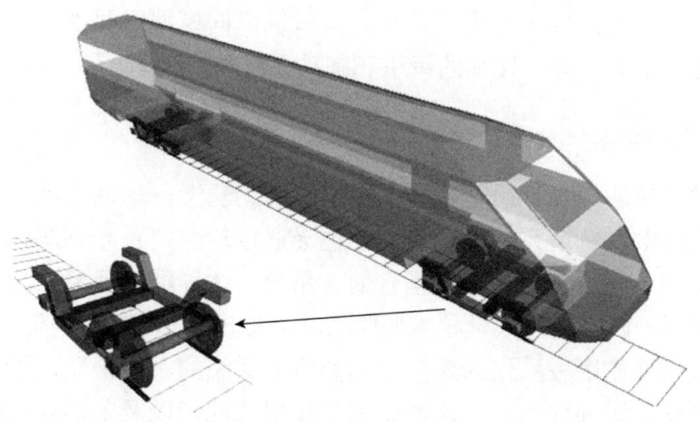

图 5.10　客车车辆 Simpack 动力学建模示意图

4. 列车系统动力学模型

铁道车辆的基本特点之一是列车编组运行。相邻两车辆之间在横向和垂向一般采用弱耦合连接，但在列车的车间纵向采用刚度大、非线性较强的车钩连接，其对列车纵向振动影响显著。另外，车钩和风挡对列车横向动力学性能也会产生一定影响。铰接列车车辆之间的耦合作用较强，部分高速列车在车间安装有车间减振器，这些都需要采用列车系统动力学模型进行分析。列车动力学主要考虑列车纵向动力学问题，解释列车的纵向冲击和波动，以及列车编组形式对列车不同位置车辆的横向动力学性能的影响。图 5.11 为利用现有商业有限元软件建立的列车系统动力学模型。根据问题复杂程度和研究对象，可采用不同的列车动力学模型：

（1）每辆车只考虑一个纵向自由度的列车模型；

（2）部分车辆增加横向自由度的列车模型；

（3）部分车辆采用完全自由度的复杂列车模型；

（4）所有车辆均采用完全自由度的列车模型。

图 5.11　列车系统动力学模型

在研究列车纵向动力学性能时，车钩缓冲器的迟滞非线性模型是重点。针对列车横向动力学问题，车钩缓冲器模型可以简化，但车辆横向模型需要细化。研究列车启动和制动相关的问题，还需要考虑详细的牵引和制动系统动态模型。

5. 车辆-轨道耦合系统动力学模型

铁道车辆通过轮轨相互作用运行在两根平行的钢轨上，车辆的动力学行为除了受轮轨界面不平顺的影响，轨道系统的动态特性也会通过轮轨关系影响车辆系统。因此，车辆和轨道系统是一个相互作用和相互耦合的大系统，这种耦合现象在轮轨系统的高频范围体现得更加显著。西南交通大学翟婉明院士率先提出了车辆-轨道耦合动力学的基本学术思想，将轮轨相互作用关系作为连接车辆和轨道系统的“纽带”，综合考虑车辆在弹性轨道结构上的动态运行行为、轮轨动态相互作用特性，以及车辆对线路的动力作用规律，本质上是一种大胆的学科交叉。该理论体系对阐述轮轨界面耦合振动特性，以及与轮轨耦合振动相关的轮轨非均匀磨耗，如车轮多边形磨耗和钢轨波磨形成机理，具有重大的理论和工程意义。

图 5.12 给出了车辆-轨道动态耦合作用机制。在轮轨系统激励下，轨道之间的作用力

将出现动态变化；轮轨动态作用力向上传递引起车辆系统振动，向下导致轨道系统振动；而车辆系统中轮对的振动和轨道系统中钢轨的振动，将直接引起轮轨接触几何关系的动态变化；在轮轨接触点的法向平面上导致轮轨弹性压缩变形量的变化，从而进一步导致轮轨法向接触力的变化。在轮轨接触点的切向平面内引起轮轨蠕滑率的变化，从而进一步引起轮轨切向蠕滑力的变化；而轮轨接触点处作用力的动态变化，反过来又会影响车辆、轨道系统振动。这种相互反馈作用将使车辆-轨道系统处于特定的耦合振动形态，最终决定整个车辆-轨道系统的动态行为特征。

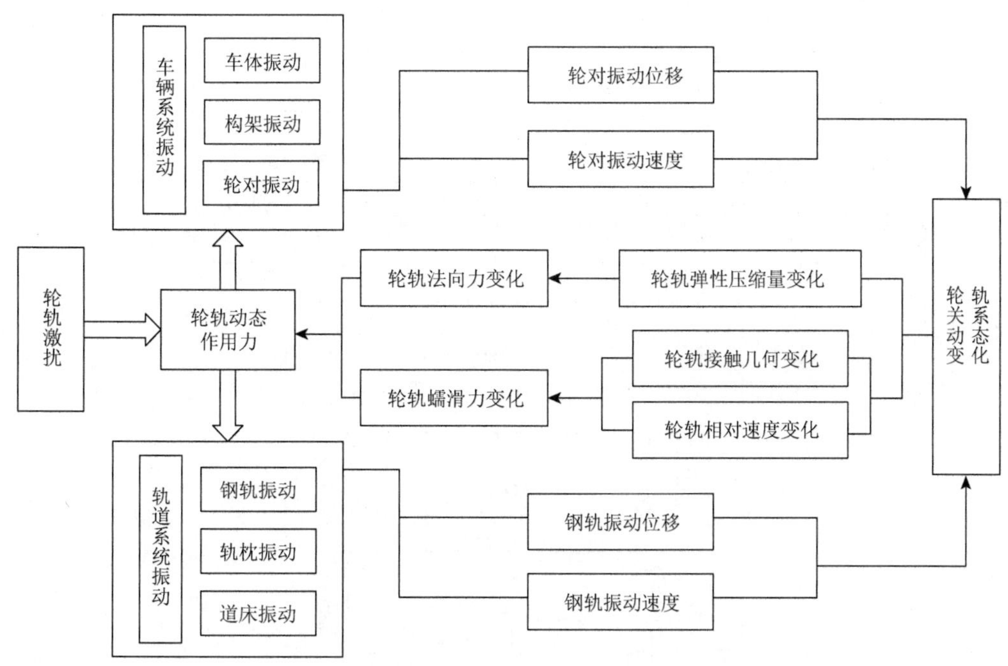

图 5.12　车辆-轨道动态耦合作用机制

车辆-轨道耦合动力学模型中车辆模型建模的基本原则与前文阐述一致，轨道系统模型则充分考虑了轨道系统钢轨的弹性振动、轨枕振动和轨下基础的弹性变形。在《车辆-轨道耦合动力学》中，作者详细阐述了有砟轨道、长枕埋入式无砟轨道、弹性支承块式无砟轨道和板式无砟轨道的动力学建模方法。图 5.13 给出了典型客车-有砟轨道耦合动力学模型。

其中，车体、构架和轮对均考虑横向、垂向、摇头、点头和侧滚自由度。钢轨视为连续弹性离散点支承基础上的无限长梁，其弹性变形多采用 Euler 梁或者 Timoshenko 梁理论进行描述，具有横向、垂向和扭转自由度；轨枕视为刚体，具有横向、垂向和侧滚自由度，轨枕与钢轨之间以及轨枕与道床之间在横向和垂向通过线性弹簧-阻尼连接；道床离散为刚性质量块，只有垂向自由度，道床块之间由剪切刚度和剪切阻尼元件相连，道床与路基之间用线性弹簧和阻尼元件连接。

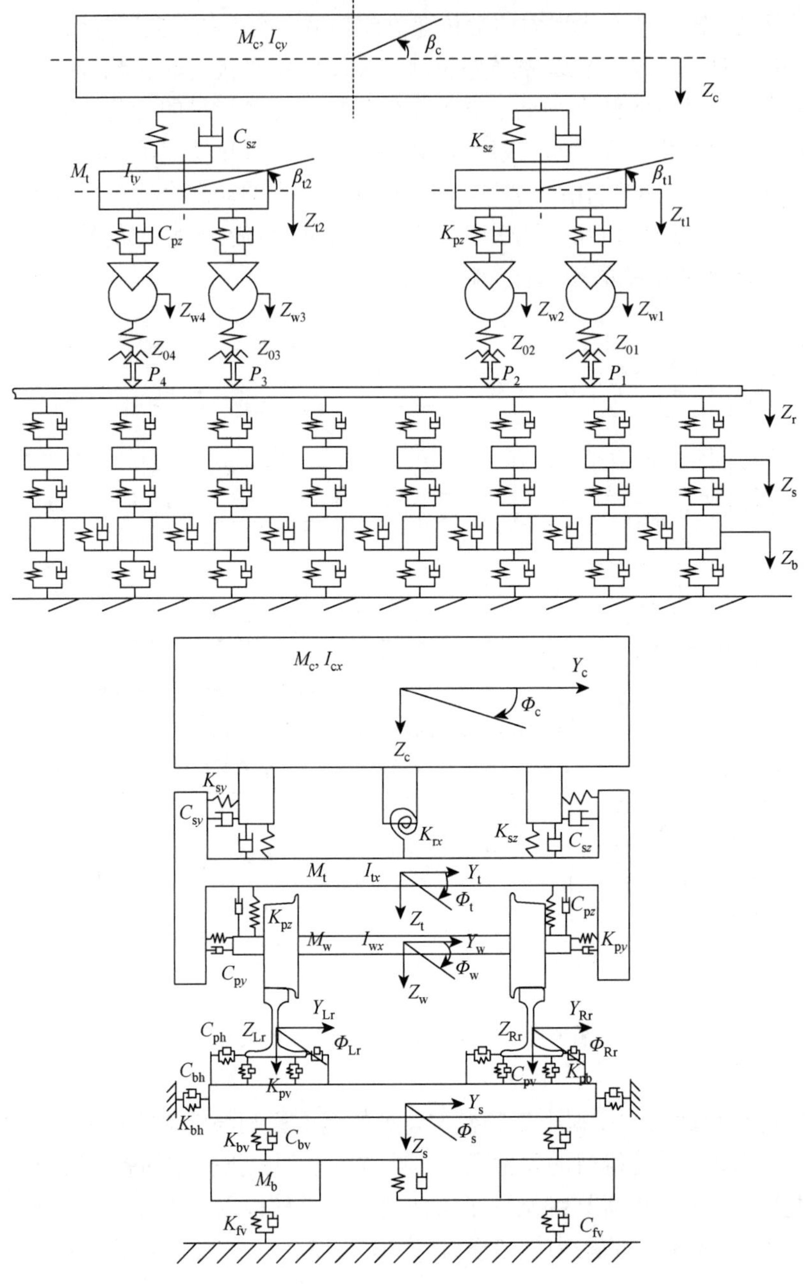

图 5.13　典型客车-有砟轨道耦合正视图与后视图

5.1.4　轮轨接触几何关系

轮轨接触几何关系是铁道车辆系统动力学的基础，对车辆系统动力学性能具有决定性的影响。因此，确定轮轨接触几何关系是铁道车辆系统动力学的首要工作。在确定了轮轨接触几何关系之后，再通过轮轨蠕滑理论计算轮轨滚动接触力学行为。由于轮轨滚动接触的复杂性，以及滚动接触力不易被测量，轮轨滚动接触仍然存在许多未解之谜。

轮轨接触几何关系主要由车轮和钢轨型面、轨距、轨底坡、轮缘内侧距、车轮名义滚动圆直径等轮轨基本参数决定，是在特定轮轨参数下，左右车轮和钢轨接触点位置与轮对相对于钢轨的横移量和摇头角的关系。当轮轨考虑为刚性接触时，轮轨接触几何关系是一种固定的几何关系，一旦轮轨的基本参数确定后，轮轨接触几何关系就随之确定。但实际轮轨接触都伴随着弹性变形，而不是刚性的点接触，所以还涉及接触几何关系的弹性修正。图 5.14 为 LMB10 和 CN60 匹配时的轮轨接触几何关系。

常用的轮轨接触几何参数主要包括左右车轮半径差（接触点的轮径差）、左右侧轮轨接触角、左右轮轨接触角差、轮对侧滚角、等效锥度、接触点位置等。其中接触点位置是计算的核心，计算得到接触点位置后，可以很方便地求出接触角、侧滚角和轮径差，从而进一步得到接触角差、等效锥度。具体定义方法见《高速列车系统动力学》，该处不再一一赘述。

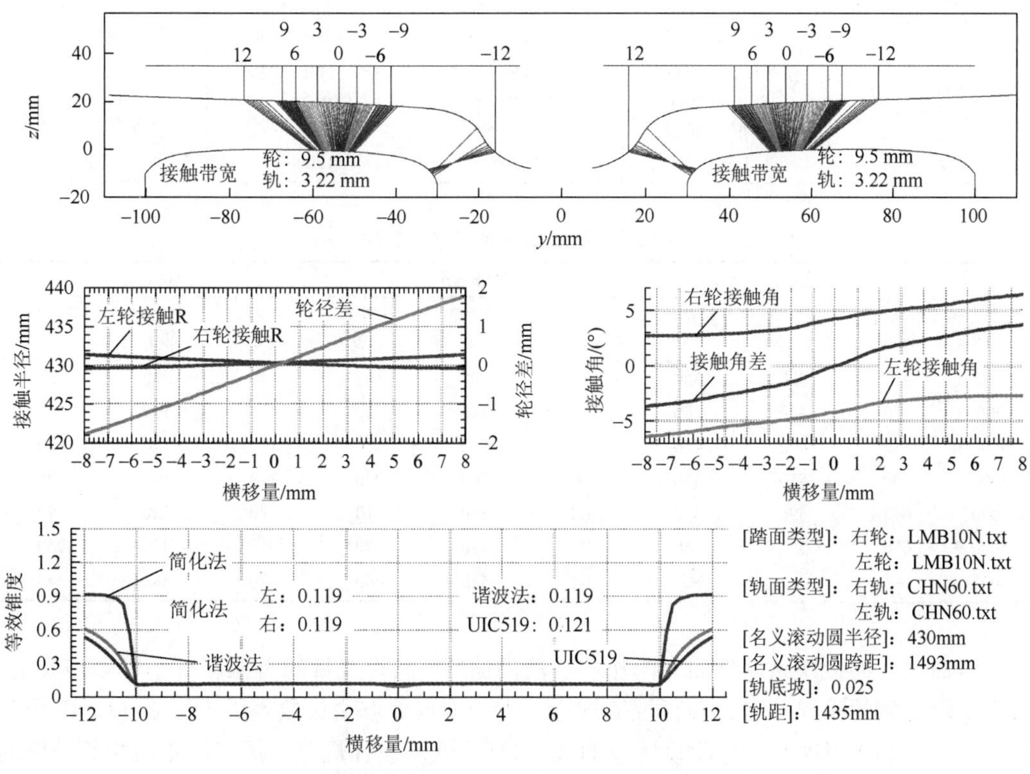

图 5.14　LMB10 与 CN60 轮轨接触几何关系

5.1.5　车辆系统动力学边界条件

车辆系统动力学边界是系统动态响应分析的基本输入，对于铁道车辆，主要的边界条件包括轨道线路条件、轮轨界面几何不平顺和空气气动载荷等。

1. 轨道线路条件

铁道车辆通过轮轨沿预定的轨道行驶，因此轨道线路条件对车辆动力学响应至关重要。铁路线路由多种类型的直线、曲线和特殊路段组成，各种类型的线路具有不同的结构特点和功能。车辆动力学关心的多是正线或者车辆经常通过的线路，主要包括直线、水平曲线、道岔、竖曲线、扭曲线路等。

水平曲线是铁路改变方向的线路。为了保证车辆能平顺地通过曲线，且满足运行安全性和乘坐性能要求，水平曲线要设置超高，小半径曲线要加宽轨距，并且在前后两端与直线轨道之间平滑过渡，即设置缓和曲线。表 5.1 给出了高速铁路不同速度等级平面曲线半径。表 5.2 为高速铁路缓和曲线长度。

表 5.1　高速铁路不同速度等级平面曲线半径　　（单位：m）

设计行车速度	350/250km/h	300/200km/h	250/200km/h	250/160km/h
有砟轨道曲线半径	推荐 8000～10000 一般最小 7000 个别最小 6000	推荐 6000～8000 一般最小 5000 个别最小 4500	推荐 4500～7000 一般最小 3500 个别最小 3000	推荐 4500～7000 一般最小 4000 个别最小 3500
无砟轨道曲线半径	推荐 8000～10000 一般最小 7000 个别最小 5500	推荐 6000～8000 一般最小 5000 个别最小 4000	推荐 4500～7000 一般最小 3200 个别最小 2800	推荐 4500～7000 一般最小 4000 个别最小 3500
最大半径	12000	12000	12000	12000

表 5.2　高速铁路缓和曲线长度

曲线半径/m	350km/h			300km/h			250km/h		
	舒适度优秀	舒适度良好	舒适度一般	舒适度优秀	舒适度良好	舒适度一般	舒适度优秀	舒适度良好	舒适度一般
12000	370	330	300	220	200	180	140	130	120
10000	470	420	380	270	240	220	170	150	140
9000	530	470	430	300	270	250	190	170	150
8000	590	530	470	340	300	270	210	190	170
7000	670	590	540	390	350	310	240	220	190
5000	670	590	540	490	440	390	310	280	250
4000	—	—	—	570	510	460	420	380	340

竖曲线为连接铁路纵断面上两相邻坡段的曲线，其设置目的是保证行车平顺与安全，减小车辆受到的垂向冲击。现行规范规定：当变坡点处坡度代数差大于 3‰（I、II 级铁路）和 4‰（III 级铁路）时即设置竖曲线。《高速铁路设计规范》规定，正线相邻坡段的坡度差大于或等于 1‰时，应采用圆曲线型竖曲线连接。设计行车速度 350km/h、300km/h 和 250km/h 线路，最小竖曲线半径分别为 25000m、25000m 和 20000m，最大竖曲线半径不应大于 30000m，最小竖曲线长度不得小于 25m。

道岔是一种使机车车辆从一条线路转往另一条线路的铁路结构，通常在车站、车场大量铺设。列车通过道岔包括正向通过和侧向通过，正向通过时不改变列车的运行方向，允许速度一般较高；侧向通过道岔时，列车要进入导曲线从而改变行车方向，允许通过速度一般较低。在道岔的导曲线上一般不设置缓和曲线，也不设置超高。因为道岔结构复杂，有较多的不平顺，轮轨接触状态会发生变化，所以车辆通过道岔时动力学性能较差，并容易受到冲击。

常用道岔包括单开道岔、双开道岔、三开道岔、复式交分道岔。其中单开道岔是最常见的，约占国内道岔的 90%。单开道岔包括转辙区域、连接部分、辙叉及护轨，转辙器包括基本轨、尖轨和转辙机械，如图 5.15 所示。

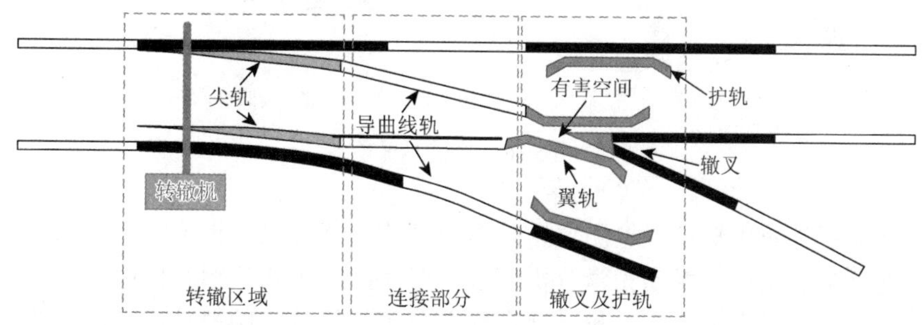

图 5.15　单开道岔示意图

标准道岔的号数以辙叉角余切值取整表示，道岔号数越大，其辙叉角越小，导曲线半径越大，从而允许侧向通过的速度越高。但是道岔号数越大其长度也越长，会受到线路空间的限制。道岔有不同的型号，常见的有 9 号、12 号、18 号等。

2. 轮轨界面几何不平顺

轮轨界面几何不平顺主要包括轨道不平顺和车轮不平顺。

轨道不平顺既包括具有随机特征的不平顺，也包括具有特定特征的局部不平顺。为了便于分析，常把轨道不平顺分为方向不平顺、轨距不平顺、水平不平顺和高低不平顺，如图 5.16 所示。方向不平顺是指实际轨道中心线与理想轨道中心线的左右偏差。轨距不平顺是指轨道实际轨距与名义轨距之间的偏差。水平不平顺是指轨道各个横截面上左右两轨顶面高差的波动变化，是左右两根钢轨顶面的相对高度误差。高低不平顺是指轨道沿钢轨长度方向，轨道中心线在竖直平面内与水平线的凹凸不平。

通过数理统计方法，可以得到各个方向轨道不平顺的轨道谱，从而作为铁道车辆动力学计算的基本输入。鉴于轨道不平顺谱对车辆系统动力学计算的重要性，各个国家均对轨道不平顺谱开展了大量研究。

美国运输部和美国联邦铁路管理局将美国铁路按轨道不平顺的安全限度和相应的允许速度分为六个等级；德国铁路建立了考虑不同特征参数的低干扰谱和高干扰谱，低干扰谱适合于 250km/h 以上高速铁路，高干扰谱适合于德国普通铁路；日本将轨道状态分为好、中、差三种状态，基于实测数据平均值构造了轨向不平顺谱、水平不平顺谱和高低不平顺谱。我国轨道谱研究中，中国铁道科学研究院研究较为深入，分别基于实测数据形成了京哈、京广、京沪三大重载提速干线轨道不平顺谱；同时针对高速铁路有砟轨道，基于幂函数公式分段拟合，构造了我国高速铁路轨道谱。

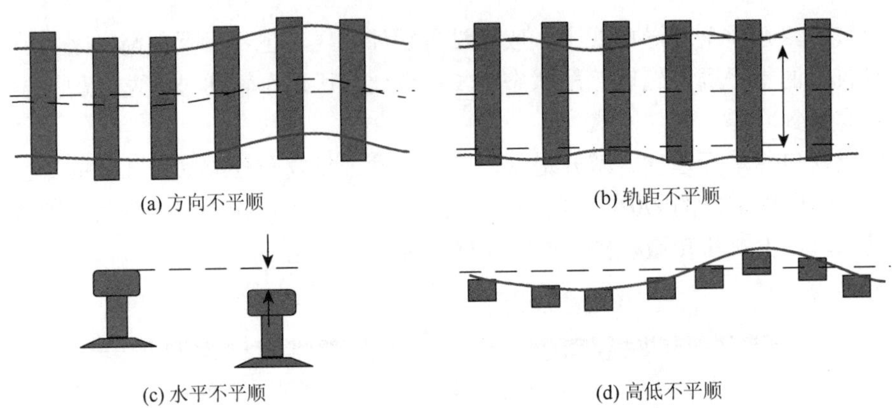

图 5.16　轨道不平顺

轨道谱主要是采用轨检车检测数据处理得到的，其有效波长范围一般在几米到几十米之间，满足车辆系统常规动力学分析要求。然而，由于轮轨相互作用导致的钢轨局部非均匀磨耗和病害常表现为短波长，其会导致显著的轮轨高频振动，如钢轨波浪形磨耗（图 5.17）和钢轨焊接接头不平顺（图 5.18）等。

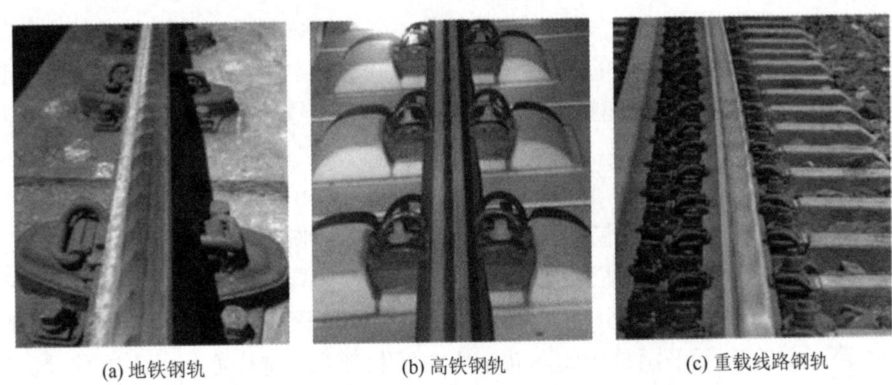

图 5.17　钢轨波浪形磨耗

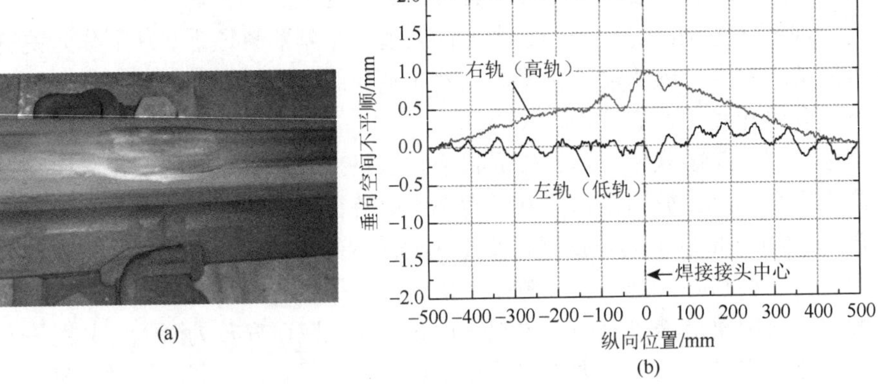

图 5.18　钢轨焊接接头不平顺

除了轨道上的几何不平顺，车轮由于非均匀磨耗和轮轨滚动接触疲劳会在车轮表面形成不圆磨耗。这种不圆磨耗可以分为局部损伤和连续性损伤。车轮局部损伤（图 5.19）一般包括车轮擦伤（扁疤）和剥离等；车轮连续性损伤一般指车轮多边形磨耗（图 5.20）。这些车轮不圆会在轮轨界面形成高频的轮轨冲击，极易引起车辆结构的高频共振，继而导致疲劳失效，因此在正常运营过程需要通过周期性镟修对这种不圆顺加以控制。

(a) 车轮擦伤

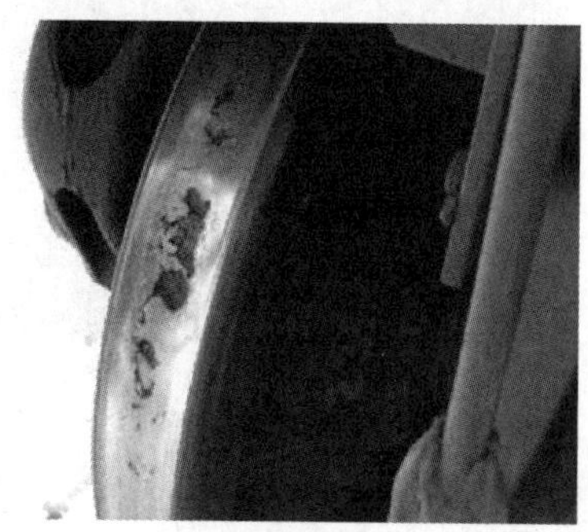
(b) 车轮剥离

图 5.19　车轮局部损伤

(a)

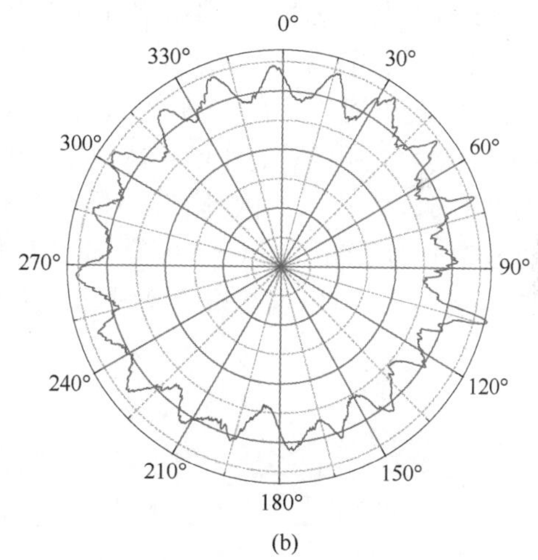

(b)

图 5.20　车轮多边形磨耗

3. 空气气动载荷

空气气动载荷（图 5.21）对车辆（特别是高速列车）系统动力学有明显影响，影响主要包括运行阻力、升力、横风作用、会车、进出隧道等。横风作用比较复杂，包括稳态风、随机风、瞬时风、脉动风等多种类型。气动载荷是列车的重要激扰源，克服空气产生的纵向阻力是高速列车主要的能耗之一。横风作用下车辆有倾覆脱轨和爬轨脱轨的危险，国内外都曾经发生过多起列车在大风下倾覆的事故。为此，车辆系统动力学的研究主要关注横风载荷。

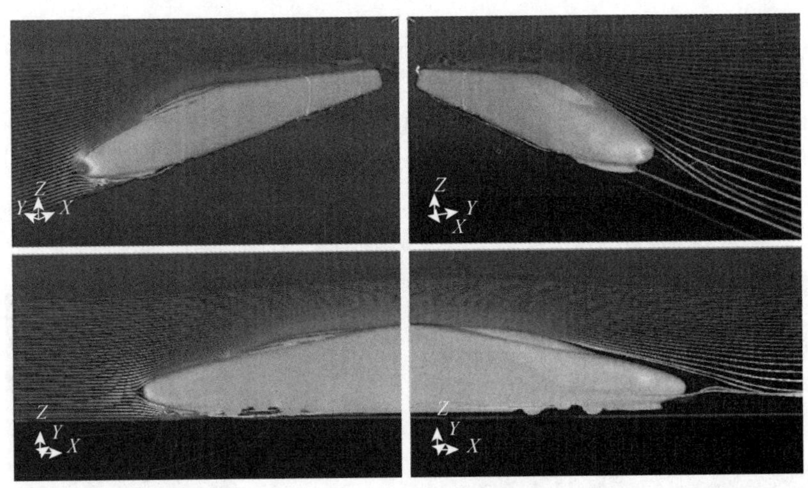

图 5.21　高速列车气动载荷

车辆系统动力学仿真分析中，一般采用三个风载模型，即定常稳态风载模型、瞬态中国帽风载模型和非定常随机风载模型。

定常稳态风载模型将风载荷简化为两个确定的集中力（侧力、升力）和三个力矩（侧滚力矩、点头力矩、摇头力矩）。根据空气动力学计算结果得到各气动载荷的恒定值。一个完整的风载荷作用过程分为加载过程、持续过程和卸载过程。

瞬态中国帽风载模型考虑了风的瞬态效应，风载荷不再为定常值。欧洲标准 EN 14067-6《铁路应用　空气动力》中的瞬态中国帽风载模型考虑了风的瞬态效应，在平均风速基础上加入瞬态风速分布模型——“中国帽”，瞬态中国帽风速时程曲线如图 5.22 所示。侧风的载荷作用过程也分为无侧风、平滑加载、平均风作用、帽子风作用、卸载过程。车辆系统动力学指标最大值一般出现在帽子风附近。具体风载荷计算模型可以参照 EN 14067-6 标准。

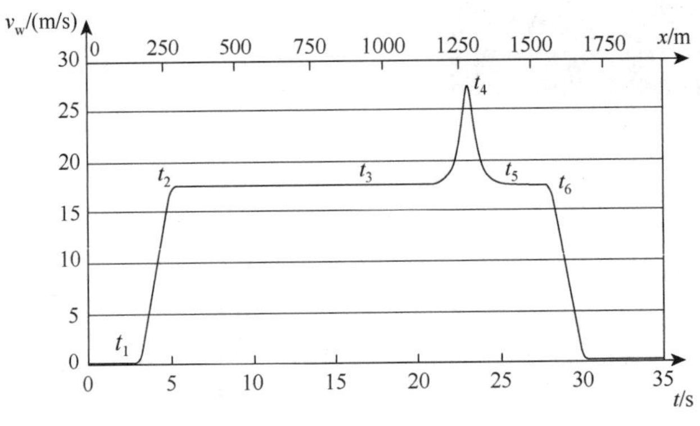

图 5.22　瞬态中国帽风速时程曲线

非定常随机风载模型考虑了风速的不确定性，将风载模拟成一个平稳随机过程。为了将风载模拟成一段平稳随机信号，首先需要选择风谱。从 20 世纪 40 年代空气动力学得到广泛研究以来，众多学者提出了多种随机风谱，如 von Karman 谱、Simiu 谱、Kaimal 谱、ESDU 谱和 Davenport 谱等。

其中 Simiu 谱的表达式为

$$S(z,n)=\frac{200fu_0^2}{n(1+50f)^{5/3}} \tag{5.1}$$

式中，$f=zn/U(z)$，z 为距离地面的高度，n 为频率，$U(z)$为平均速度；u_0 为空气流动摩擦速度。

5.2　车辆系统结构动力学概述

轮轨界面短波不平顺导致的轮轨高频冲击，会导致簧下部件的高频振动；同时由于转向架一系悬挂的高频传递特性，这种高频振动会进一步传递到转向架构架，极易引起低惯性质量部件的振动疲劳问题。传统的多刚体动力学模型只适用于分析车辆运行平稳性、稳定性和安全性的问题；要阐释轮轨高频冲击导致的结构高频振动问题，需要建立考虑部件柔性的结构动力学模型。其需要涉及子结构方法、浮动坐标系方法（图 5.23）、有限元方法和 Craig-Bampton 方法等。

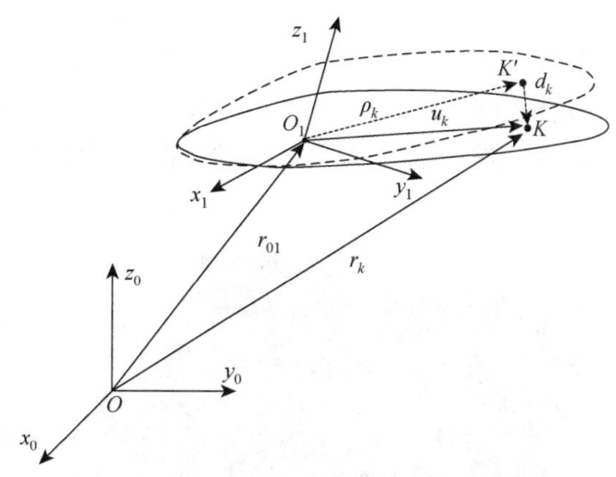

图 5.23　浮动坐标系

柔性体上任意点 K 的位置坐标在全局坐标系中可以表示为

$$\boldsymbol{r}_k^0=\boldsymbol{r}_{01}^0+\boldsymbol{A}_{01}(\boldsymbol{\rho}_k^1+\boldsymbol{d}_k^1) \tag{5.2}$$

式中，$\boldsymbol{r}_k^0$ 为局部坐标系 CS1 在全局坐标系 CS0 的位置矢量；$\boldsymbol{A}_{01}$ 为变换矩阵；$\boldsymbol{\rho}_k^1$ 为 K 点在未变形柔性体中的位置矢量；$\boldsymbol{d}_k^1$ 为 K 点相对局部坐标系的弹性变形矢量。根据模态振型叠加方法，其弹性变形可以表示为

$$\boldsymbol{d}_k^1=\sum_{j=1}^{n}\boldsymbol{h}_j w_j=\boldsymbol{H}w \tag{5.3}$$

式中，$\boldsymbol{h}_j$ 为柔性体的第 j 模态振型；w_j 为对应第 j 模态的模态坐标；$\boldsymbol{H}$ 为模态矩阵。在 Craig-Bampton 方法中，模态矩阵是固有模态和静态模态的组合。

在铁道车辆结构高频振动疲劳研究中，除了关注结构高频振动导致的振动加速度和弹性变形以外，还需要关注结构高频振动导致的结构应力。根据有限元理论，任意点的应变和应力可以表示为

$$\boldsymbol{\varepsilon}_i^{\mathrm{e}}=\boldsymbol{B}_i^{\mathrm{e}}(\boldsymbol{x}_i^{\mathrm{e}})\boldsymbol{u}_i^{\mathrm{e}} \tag{5.4}$$

$$\boldsymbol{\sigma}_i^{\mathrm{e}}=\boldsymbol{D}_i^{\mathrm{e}}\varepsilon_i^{\mathrm{e}}=\boldsymbol{D}_i^{\mathrm{e}}\boldsymbol{B}_i^{\mathrm{e}}(\boldsymbol{x}_i^{\mathrm{e}})\boldsymbol{u}_i^{\mathrm{e}} \tag{5.5}$$

式中，$\boldsymbol{x}_i^{\mathrm{e}}$、$\boldsymbol{\varepsilon}_i^{\mathrm{e}}$、$\boldsymbol{\sigma}_i^{\mathrm{e}}$ 分别为第 i 个单元的位移、应变和应力矩阵；$\boldsymbol{B}_i^{\mathrm{e}}$ 为单元应变场和节

点位移的转换矩阵；$\boldsymbol{D}_i^{\mathrm{e}}$ 为单元的弹性矩阵；$\boldsymbol{u}_i^{\mathrm{e}}$ 为单元的节点坐标向量。如果将单元的位移通过模态叠加法进行表示，则单元应变和应力为

$$\boldsymbol{\varepsilon}_i^{\mathrm{e}} = \boldsymbol{B}_i^{\mathrm{e}}(\boldsymbol{x}_i^{\mathrm{e}})\sum_{j=1}^{n} h_{ji}^{\mathrm{e}} w_j = \sum_{j=1}^{n} h_{ji}^{\mathrm{e}\varepsilon} w_j = H_i^{\mathrm{e}\varepsilon} w \tag{5.6}$$

$$\boldsymbol{\sigma}_i^{\mathrm{e}} = \boldsymbol{D}_i^{\mathrm{e}}\boldsymbol{\varepsilon}_i^{\mathrm{e}} = \boldsymbol{D}_i^{\mathrm{e}}\boldsymbol{B}_i^{\mathrm{e}}(\boldsymbol{x}_i^{\mathrm{e}})\sum_{j=1}^{n} h_{ji}^{\mathrm{e}} w_j = \sum_{j=1}^{n} h_{ji}^{\mathrm{e}\sigma} w_j = H_i^{\mathrm{e}\sigma} w \tag{5.7}$$

式中，h_{ji}^{e} 为单元 i 的第 j 阶模态节点位移振型；$h_{ji}^{\mathrm{e}\varepsilon}$ 和 $h_{ji}^{\mathrm{e}\sigma}$ 分别是模态应力和应变。$\boldsymbol{D}_i^{\mathrm{e}}$、$\boldsymbol{B}_i^{\mathrm{e}}(\boldsymbol{x}_i^{\mathrm{e}})$ 为常数矩阵；$h_{ji}^{\mathrm{e}\varepsilon}$ 和 $h_{ji}^{\mathrm{e}\sigma}$ 通过有限元方法获得，即在动力学积分计算前就可以获得。因此，柔性体的应力和应变只与模态坐标 w 相关，其可以直接在求解柔性体动力学方程中获得，这样就在结构动力学和结构强度学关键参量之间建立了直接联系，为基于结构动力学的振动疲劳研究提供了理论支撑。

在铁道车辆结构动力学中主要关注外部激励导致的结构高频振动和应力响应，为此在建模过程中需要将部件考虑为柔性。针对簧下部件的高频振动，需要将转向架的轮对和轴箱体等考虑为柔性体，同时在考虑轮轨高频振动引起的部件振动时，建议将轨道系统也考虑为柔性体，这样才能较为准确地模拟轮轨高频冲击引起的结构振动。对于转向架构架的结构高频振动，除了将结构考虑为柔性体，还需要考虑一系悬挂（液压减振器和钢弹簧）的高频非线性传递特性，才能较为准确地模拟转向架构架的高频振动。对于车体弹性振动，由于二系悬挂的空气弹簧具有较好的高频隔振能力，因此在建模时可以只考虑车体的柔性，忽略转向架高频弹性振动带来的影响。图 5.24 为利用现有商业有限元软件 Simpack 建立的转向架结构动力学模型。

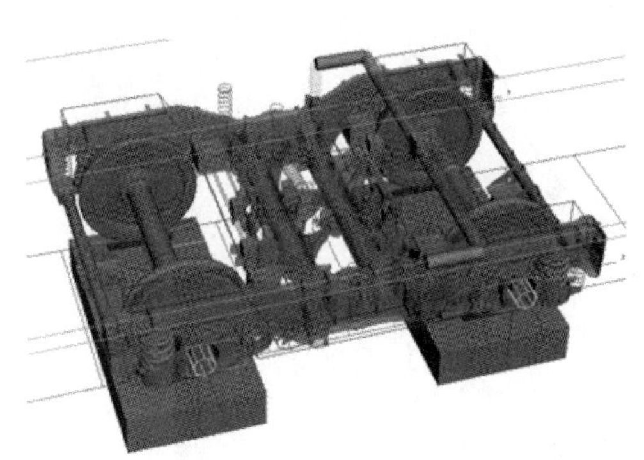

图 5.24　转向架结构动力学模型

针对铁道车辆结构动力学建模，需要注意以下几点：

（1）柔性体建模涉及的有限元模型的准确性，尽可能采用模态试验对有限元模型进行修正，以获得较为准确的模态信息。

（2）结构阻尼比对结构动力学响应幅值具有重要影响，大量经验表明传统动力学建议的阻尼比经验值 2%对于某些部件可能偏大，为此建议采用模态试验获得的阻尼比进行修正。

（3）对于簧下质量的关注频率一般为 1000Hz 左右；转向架构架的关注频率可以考虑为 500Hz 左右，对于高速列车高阶车轮多边形磨耗带来的问题，其关注频率可以高达 650Hz；车体结构的弹性振动关注频率一般在 100Hz 以内。为了在结构动力学模型中较为准确地反映结构高频振动特性，所考虑的结构模态频率要足够包含关注的频率范围，且最高频率建议超过其 2 倍。

（4）针对簧上质量的结构动力学建模，还需特别注意悬挂的高频非线性传递特性，特别是一系油压垂向减振器、钢弹簧和橡胶节点的非线性特性。

下面以如图 5.24 所示模型为例介绍铁道车辆刚柔耦合动力学模型的建立方法。Simpack 对于柔性体的生成提供两种方法：Simbeam 和有限元导入。前者在 Simpack 中使用梁单元来创建柔性体，此方法适用于结构比较简单的轴类零件；而后者适用范围比较广，可以是壳单元、实体单元、梁单元、质量单元等多种单元，同时对于柔性体的结构也没有限制，所以使用也最为广泛。

图 5.25 为 Simpack 刚柔耦合动力学模型的建模流程。Simpack 柔性体模块可以考虑二阶项的影响，其柔性体模型不仅模型文件小而且结果精度更高。Simpack 采用导入有限元软件通过模型缩减产生的结果文件来生成柔性体必需的“.fbi”文件。

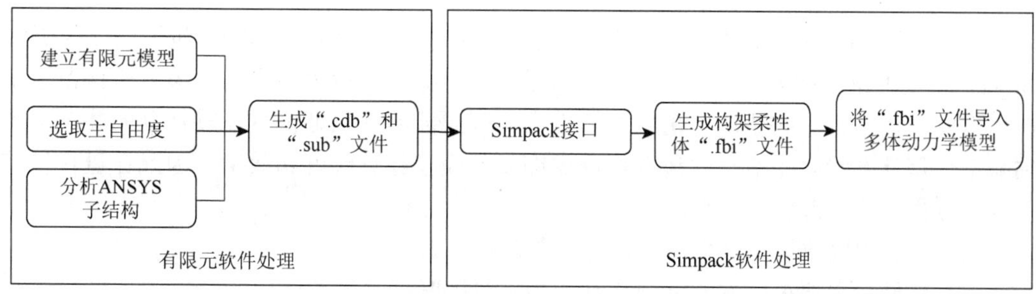

图 5.25　刚柔耦合动力学模型建模流程图

（1）利用有限元软件对图 5.24 所示的转向架构架三维有限元模型进行建模。构架的横梁和侧梁分别由钢管和薄板组成，为保证模型计算精度，采用实体单元对模型进行划分，柔性构架有限元模型如图 5.26 所示。

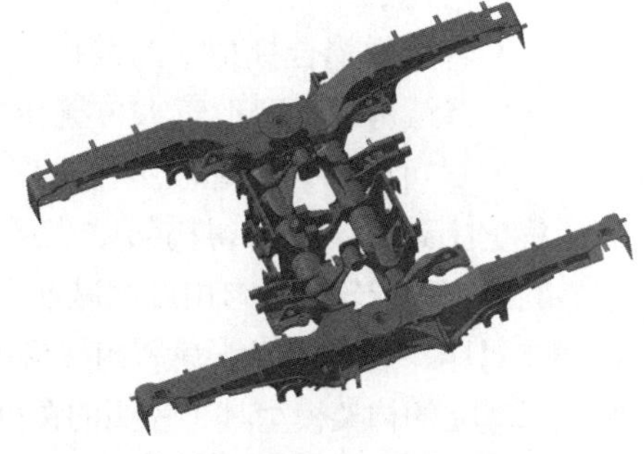

图 5.26　柔性构架有限元模型

（2）由于有限元模型计算量较大，必须在有限元模型中对构架进行子结构或者超单元分析，以期把具有很多自由度的构架有限元模型缩减为只有有限个自由度的柔性体模型。要对构架进行有限元模型的缩减，就会牵涉到主节点的选取。一般来说，在动力学中需要加约束、加力、加铰接等的地方必须要布置主节点；并且在选取主节点时，尽量使主节点的间距均匀。主节点和从节点之间可以使用刚性耦合区域或者分布约束来连接。

刚性耦合区域是由一个具有独立自由度的节点和许多非独立自由度的节点组成的，如图 5.27（a）所示。浅灰色节点就是独立节点（在模型缩减时用作主节点），它可以移动或者旋转，只有独立节点才可以用作主节点；四个深灰色节点是非独立节点，使用刚性单元（RBE 单元）与独立节点相连。导入 Simpack 中后，独立节点可以作为 Simpack 中的 Marker 点来施加铰接、约束、力元等。图 5.27（b）为图 5.24 所示转向架构架中的一处刚性耦合区域。但值得注意的是，刚性耦合区域会导致结构局部刚化，带入不真实的刚度集中区域，从而影响结构的模态。为此在使用刚性耦合区域模拟接口时，可以建立一层刚度适中的弹簧单元来避免刚性耦合区域带来的局部刚化。

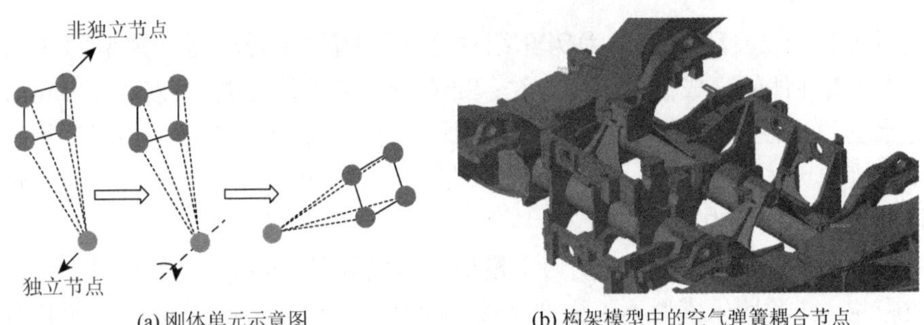

(a) 刚体单元示意图　　(b) 构架模型中的空气弹簧耦合节点

图 5.27　连接主从节点的刚体单元

（3）采用 Guyan 缩减理论将构架有限元模型中的多个自由度缩减为有限个主自由度。Guyan 缩减理论也称为主从自由度法，这是一种静态自由度缩减方法，该方法保留了主自由度的传递力，忽略了从自由度的惯性力，因此能够在保证模型计算精度的情况下大幅减小模型计算量。主节点的选取将决定缩减后模型计算精度和效率，因此在进行主节点选取过程中应遵循以下原则：

（a）主自由度数量是研究模态数目的 2 倍及以上；

（b）将结构主要振动方向上的节点选为主自由度；

（c）将结构中质量或转动惯量较大但刚度较低位置处作为主自由度；

（d）将施加载荷和零位移约束处作为主自由度；

（e）将刚柔耦合模型中的铰接点及力连接点作为主自由度；

（f）将结构振动变形较大位置作为主自由度；

（g）尽可能均匀地选取主自由度，保证缩减后模型包含模型的基本特征。

根据上述原则，可得构架主节点分布图，如图 5.28 所示。

利用有限元软件对自由度缩减前后的构架有限元模型进行模态分析，提取构架阶模态进行误差对比，若自由度缩减后构架模态结果与全自由度构架模态结果最大误差不超过 5%，则表示建立的构架模型具有较高的精度，满足应用的需求，否则需要重新进行自由度缩减。

（4）完成构架有限元模型的自由度缩减后对其进行子结构分析，得到子结构“.sub”文件和“.cdb”文件。然后按图 5.25 所示流程，通过动力学软件 Simpack 中的 FEMBS 接口模块生成构架柔性体“.fbi”文件，将其导入多体动力学模型中即可建立如图 5.29 所示的车辆系统刚柔耦合动力学模型。

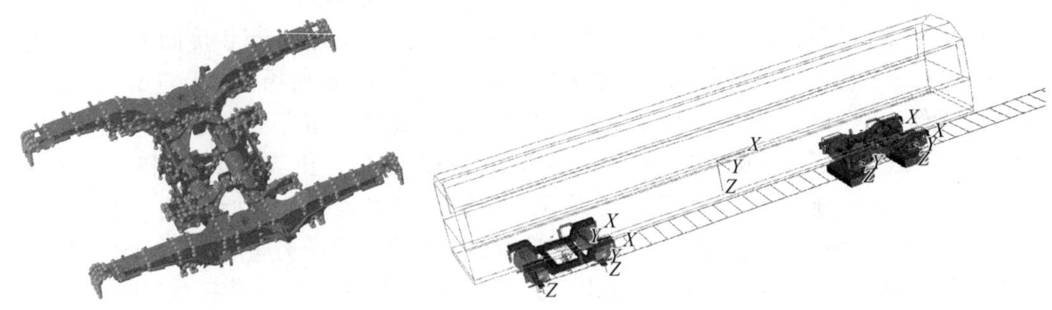

图 5.28　构架主节点分布　　图 5.29　车辆系统刚柔耦合动力学模型

利用建立的车辆系统刚柔耦合动力学模型，考虑车辆的运行线路条件即可计算车辆关注部件的动态响应。图 5.30 为给定线路条件下，计算得到的转向架构架动应力云图分布。图 5.31 为转向架构架动应力仿真结果和应变片实测结果对比。由于曲线缓和段的轨道扭矩，转臂定位座处的应力波动明显，进入圆曲线段后应力迅速减小。基于结构动力学的仿真结果能够较好地反映该过程，同时应力变化幅值与实测结果具有较好的一致性。另外，相比于试验，基于结构动力学获得的应力是全域和全状态；而基于应变片获得的应力状态只能反映载荷波动导致的动态应力，难以反映车辆静载导致的平均应力。除此以外，应变片只能获取粘贴区域的平均表面应力状态，对于多轴受力的结构具有一定局限性。由此可见，结构动力学分析方法为掌握结构在服役状态的全域应力状态提供了可能。

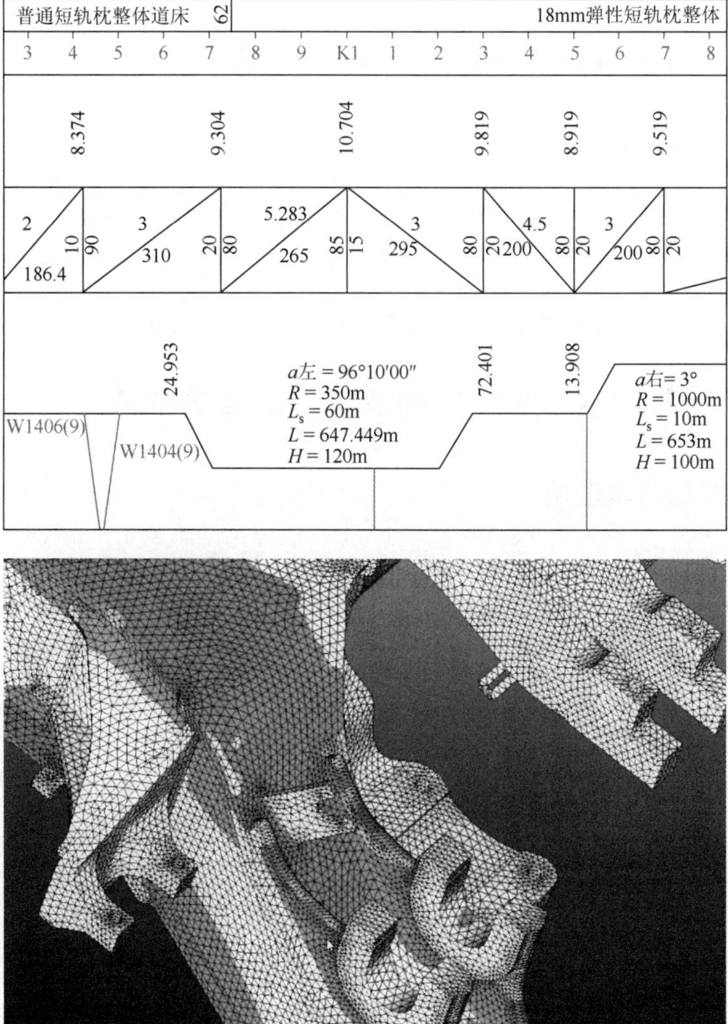

图 5.30　转向架构架动应力云图

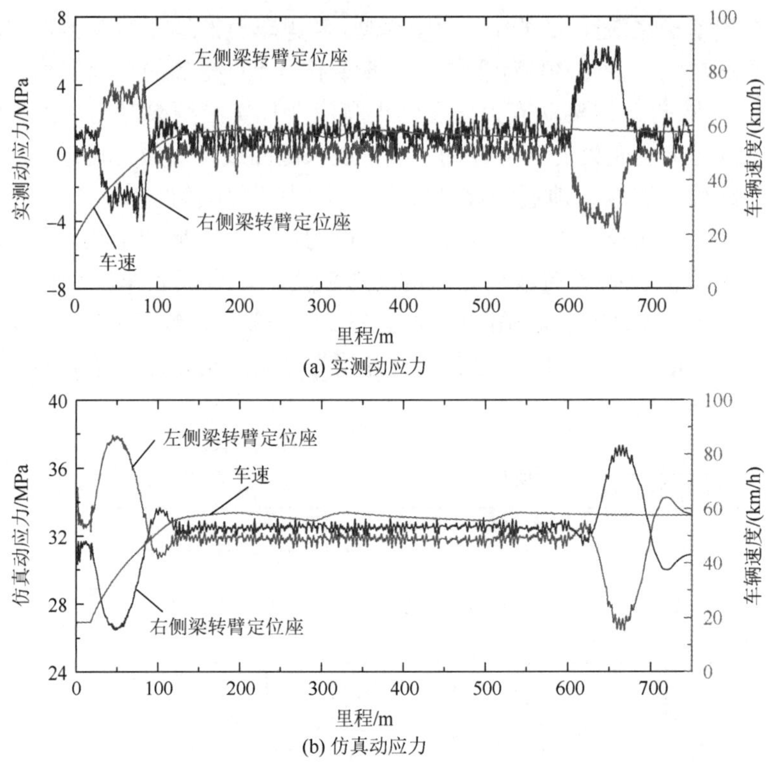

(a) 实测动应力

(b) 仿真动应力

图 5.31　转向架构架动应力实测和仿真结果

5.3　车辆结构随机振动疲劳简介

5.3.1　随机振动基本理论

随机振动应力信号往往是一种非确定性的信号，没有确定的函数或者表达式可以完整地描述该过程，一般采用概率统计理论对它进行描述。图 5.32 为随机过程信号。

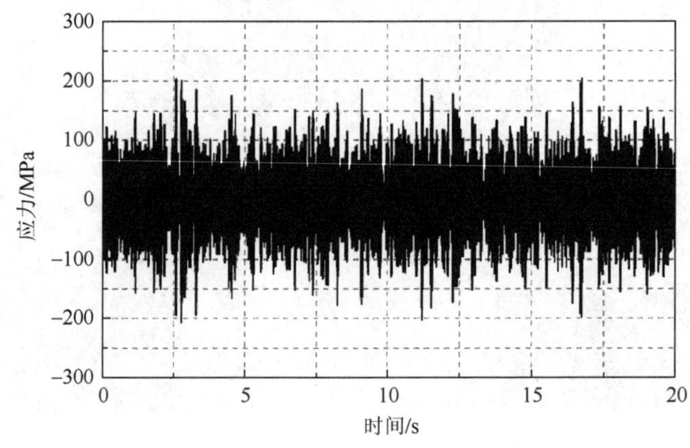

图 5.32　随机过程信号

根据样本内信号的平均统计参数（均值和方差等）是否随时间而变化，可将随机过程分为平稳随机过程和非平稳随机过程。根据随机过程信号在频域中能量的分布情况，随机过程又可以分为窄带随机过程和宽带随机过程。窄带随机过程信号在频域中表现为在小范围频带内具有单一的尖峰谱，在时域中表现为类似简谐波的信号；宽带随机过程信号在频域中一般拥有多个能量集中的峰值点，并且这些峰值点随机分布在较宽的频带范围内。图 5.33 和图 5.34 分别为窄带和宽带随机过程的时域信号和频域信号示意图。

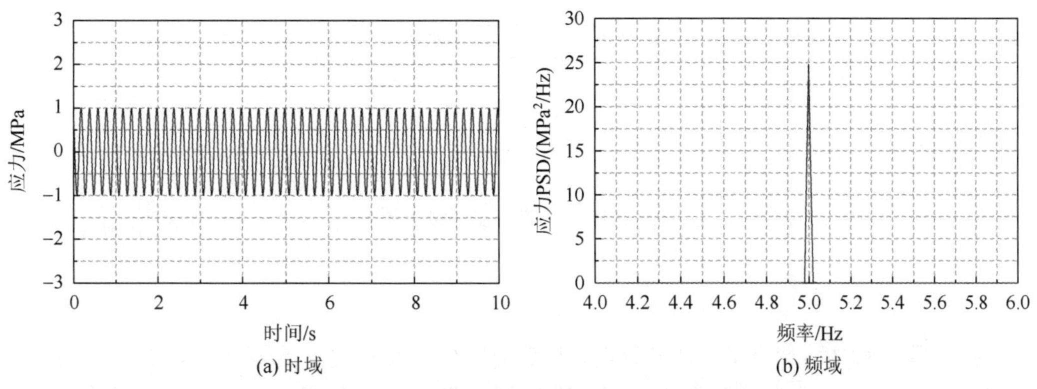

图 5.33　典型窄带信号的时域和频域信号

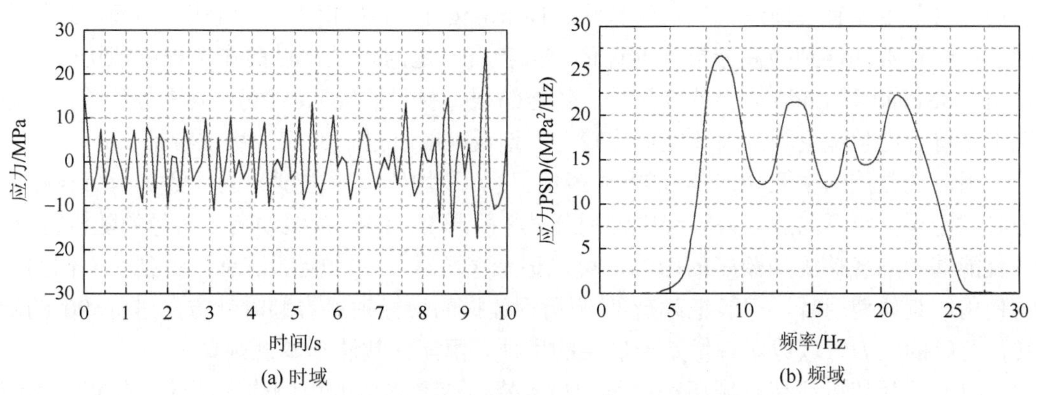

图 5.34　典型宽带信号的时域和频域信号

注：PSD 指功率谱密度

5.3.2　时域寿命评估方法

时域寿命评估方法通过试验实测或者是有限元仿真获得薄弱部位的应力或应变信号，再采用雨流计数法得到应力幅值分布的频次结果，最后结合材料疲劳 *S-N* 曲线和疲劳损伤累积理论，计算得到结构的疲劳损伤。时域法的技术路线如图 5.35 所示。

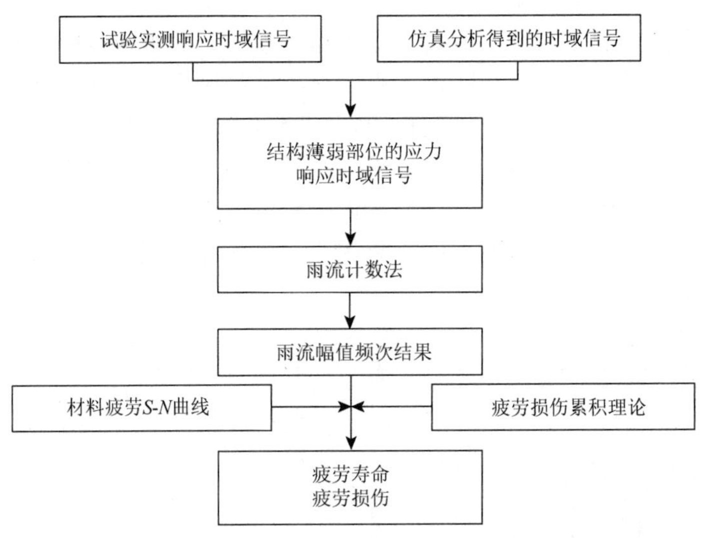

图 5.35　时域法技术路线图

1. 雨流计数法

在实际工程中，随机载荷随时间而不断变化，它没有明显的规律性，并且具有不可重复的特点。学者提出了不同的循环计数法用于将随机载荷应力时域历程处理为不同应力幅值下的统计结果。其中雨流计数法被认为是最精确的方法。雨流计数法经过多年的发展，目前主要有塔顶法、三点计数法、Downing 计数法和四点计数法。然而，选择不同的雨流计数法得到的疲劳损伤的评估结果会有一定的差异，目前在工程中使用较多的是由 Matsuiski 和 Endo 提出的塔顶法。该方法根据材料的应力-应变行为进行计数，从原理上是符合力学理论的，因此能够比较全面地反映随机过程的应力历程特征。

雨流计数法的主要功能是以幅值（动强度）和均值（静强度）为计数参考目标把应力时间历程按照不同的应力等级进行划分。这种计数方法符合振动响应信号的随机特点，并且能够考虑载荷施加顺序的影响，可以记录循环载荷中的全部信息，受到了人们的广泛使用。具体使用时，一般把载荷-时间历程数据的坐标轴沿着顺时针方向进行 90°的旋转，此时的应力时域数据就像是一层层的房顶。雨流计数法基本规则如下：

（1）选择随机载荷时域历程信号的最大峰值或者谷值的内侧作为雨流的起点，雨流依次从载荷时间历程的峰值位置的内侧沿着斜坡往下流。

（2）雨流流到峰值处（屋檐处）就竖直滴下，落到下方对应的屋顶上，当遇到比其起始峰值（谷值）更大（更小）的峰值时停止流动。

（3）当雨流遇到屋顶上方落下的雨流时，也停止流动，并构成一个循环。

（4）经过上述流程后，取出所有的全循环，记下每个循环的峰谷值，结束第一阶段的雨流计数。

（5）将剩下的发散-收敛型载荷时间历程等效为一个收敛-发散型的载荷时间历程，进行第二阶段的雨流计数。

（6）计数循环的总数等于两个计数阶段的循环数之和。

经过雨流计数法，可以得到不同均值和幅值等级下的应力结果。雨流计数结果通常以如图 5.36（a）所示的幅值-均值-频次柱状图来直观表达。如果不考虑应力均值对疲劳寿命的影响，则用如图 5.36（b）所示的幅值-频次直方图进行表示。

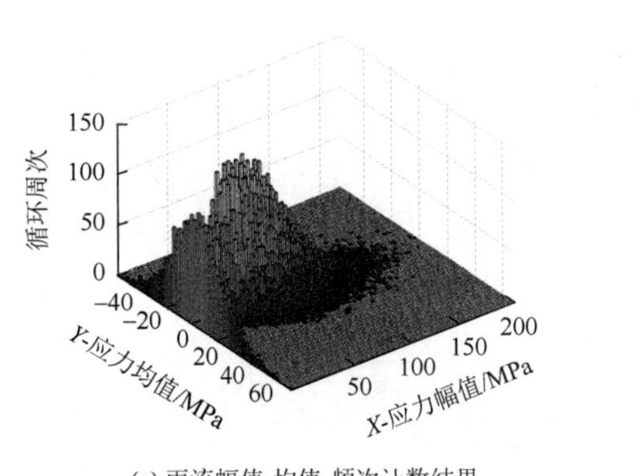

(a) 雨流幅值-均值-频次计数结果

概率密度
0.06
0.05
0.04
0.03
0.02
0.01
0
0
50
100
150
200
雨流应力幅值/MPa

(b) 雨流幅值-频次直方图

图 5.36　雨流计数结果示意图

2. 时域疲劳计算理论

在时域法的计算过程中，首先对应力时间历程数据进行雨流计数，接着查阅材料的 *S-N* 曲线，应用 Miner 线性损伤累积理论可以把结构在某一确定应力幅值等级和应力均值等级下的疲劳损伤表示为

$$D_{ij}=\frac{n_{ij}}{N_{ij}} \tag{5.8}$$

式中，n_{ij} 为第 i 个应力等级和第 j 个应力等级的载荷循环数。

因为大部分 *S-N* 曲线是在应力比为 1 的对称循环载荷下测得的，所以 *S-N* 曲线并没有考虑平均应力对疲劳寿命的影响。当考虑应力均值对疲劳寿命的影响时，可以结合 Gerber、Soderberg 和 Goodman 等平均应力修正公式对非对称载荷进行等效计算，进而得到应力均值为零的等效应力幅值。因此，结构在雨流应力幅值载荷下的损伤可以表示为

$$D=\sum_{i=1}^{n}D_i=\sum_{i=1}^{n}\frac{n_i}{N_i} \tag{5.9}$$

其结构的疲劳寿命为

$$T=a/D \tag{5.10}$$

式中，a 为结构发生疲劳失效的总损伤；理想情况下当总损伤达到 1 时，认为结构发生失效。国际焊接学会标准指出，焊接结构的总损伤可以考虑为 0.5。

5.3.3　频域寿命评估方法

在传统的时域法计算中，工程师和研究人员发现时域法虽然理论可靠，计算结果精确，但需要收集大量数据进行雨流计数，信息量太大、耗时长，对计算机的要求也十分

高。频域法的出现解决了这些问题，其不需要雨流计数法就可以完成疲劳损伤的计算，大大降低了工作量和节省了时间。频域法利用结构响应的应力功率谱密度函数来表征随机振动过程中应力响应的统计信息。例如，振动信号的均方根值、峰值频率等随机振动关键信息可以用功率谱密度的各阶谱参数进行描述。频域法因其使用方便和计算高效的优点，受到了科研人员的重视。

使用频域法分析随机振动疲劳寿命首先需要确定结构受到随机载荷的响应应力功率谱。可以通过随机振动试验直接测得应力时域数据，进而将其转换为功率谱。或者是通过频响分析，利用传递函数和输入激励谱计算得到结构危险位置的响应应力功率谱。接着计算随机过程的谱参数，得到应力幅值概率密度函数。最后，结合材料的疲劳 *S-N* 曲线和 Miner 准则即可对结构的疲劳寿命进行预测。频域法的技术路线如图 5.37 所示。

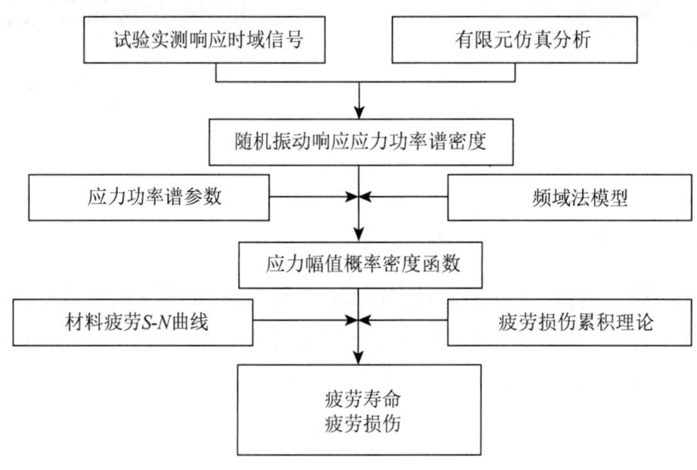

图 5.37　频域法技术路线图

1. 功率谱密度函数

帕塞瓦尔（Parseval）定理表明，随机信号在时域和频域所包含的总能量是一致的。为了将随机信号的描述从时域转化到频域，引入了可以从统计规律角度对随机信号进行描述的功率谱密度，其可以反映信号在各个频率上的能量分布情况。一般可以用均方值来描述一个信号的能量，所以在频域中也常用均方值代替信号样本值进行谱分析。应力的均方值定义为

$$e^2=\int_{-\infty}^{+\infty}G(f)\mathrm{d}f \tag{5.11}$$

维纳-欣钦（Wiener-Khinchine）定理表明，平稳的随机过程 $X(t)$的功率谱密度 $S_X(\omega)$和自相关函数 $R_X(\tau)$是一组傅里叶变换对：

$$\begin{cases} S_X(\omega)=\int_{-\infty}^{+\infty}R_X(\tau)\mathrm{e}^{-\mathrm{j}\omega\tau}\mathrm{d}\tau \\ R_X(\tau)=\dfrac{1}{2\pi}\int_{-\infty}^{+\infty}S_X(\omega)\mathrm{e}^{\mathrm{j}\omega\tau}\mathrm{d}\omega \end{cases} \tag{5.12}$$

式中，自相关函数 $R_X(\tau)$定义为

$$R_X(\tau)=\int_{-\infty}^{\infty}f(t)f(t-\tau)\mathrm{d}t=\int_{-\infty}^{\infty}f(t+\tau)f(t)\mathrm{d}t \tag{5.13}$$

式中，$f(t)$为随机过程中的信号，可以看出，自相关函数是时移 τ 的偶函数：

$$R_X(\tau)=E\left[X(t)X(t+\tau)\right]=R_X(-\tau) \tag{5.14}$$

式（5.12）中定义的功率谱密度为双边功率谱密度，在实际工程中，随机过程的频率都不小于零，所以利用功率谱密度函数的偶函数性质，把频率为负的功率谱部分对称地叠加到频率为正的相应部分，得到单边功率谱密度函数 $G(\omega)$：

$$G(\omega)=\begin{cases}2S_X(\omega), & \omega\geqslant 0\\ 0, & \omega<0\end{cases} \tag{5.15}$$

通过式（5.15）得到的单边功率谱密度函数 $G(\omega)$ 的频率单位为 rad/s，令 $f=\omega/(2\pi)$，可以得到频率单位为赫兹（Hz）的功率谱密度函数形式 $G(f)$。

2. 随机过程谱参数

1）谱矩

谱矩作为频域法中最常见的谱参数，通常用来描述随机过程功率谱密度的统计特征，一般用单边功率谱密度 $G(f)$定义平稳过程 $X(t)$的谱矩：

$$m_n=\int_0^{\infty}f^nG(f)\mathrm{d}f,\quad n=1,2,\cdots \tag{5.16}$$

特别地，当 $n=0$ 时，有

$$m_0=\int_0^{\infty}G(f)\mathrm{d}f \tag{5.17}$$

由式（5.17）可以看出，m_0 即功率谱密度函数曲线 $G(f)$和频率坐标轴所围的面积，随机过程的均方根（root mean square，RMS）σ_X 可由式（5.18）求出：

$$\sigma_X=\sqrt{m_0}=\sqrt{\int_0^{+\infty}G(f)} \tag{5.18}$$

随机过程 $X(t)$的某些时域统计信息也可以用频谱的谱矩进行表示，如零阶谱矩、二阶谱矩和四阶谱矩分别和随机过程的时域信号 $X(t)$及其导数 $\dot{X}(t)$ 和 $\ddot{X}(t)$ 有以下关系：

$$\begin{aligned}m_0&=\sigma_X^2=E[X^2(t)]\\ m_2&=\sigma_{\dot{X}}^2=E[\dot{X}^2(t)]\\ m_4&=\sigma_{\ddot{X}}^2=E[\ddot{X}^2(t)]\end{aligned} \tag{5.19}$$

二阶谱矩和四阶谱矩也都具有时域信号对应的物理含义，它们分别是随机过程一阶导数 $\dot{X}(t)$ 和二阶导数 $\ddot{X}(t)$ 的均方值。

2）带宽因子、不规则因子、带宽系数

带宽因子 α_i 用来估计随机过程 $X(t)$的谱宽度，该参数由谱矩定义，具有一般形式：

$$\alpha_i=\frac{m_i}{\sqrt{m_0\cdot m_{2i}}} \tag{5.20}$$

由式（5.20）可以看出，α_i 是一个无量纲数，$0\leqslant\alpha_i\leqslant 1$，其中 i 可以取非整数值。

除此之外，通常还引入不规则因子和带宽系数来表征平稳随机过程 $X(t)$的带宽特征。当带宽因子的 $i=2$ 时，α_2 作为不规则因子 γ。不规则因子 γ 和带宽系数 ε 可由式（5.21）

和式（5.22）进行计算：

$$\gamma=\alpha_2=\frac{m_2}{\sqrt{m_0 m_4}}=\frac{\sigma_{\dot{X}}^2}{\sigma_X\sigma_{\ddot{X}}}\in(0,1) \tag{5.21}$$

$$\varepsilon=\sqrt{1-\gamma^2}\in(0,1) \tag{5.22}$$

当不规则因子 γ 趋向于 1（或 ε 趋向 0）时，平稳随机过程 $X(t)$逐渐变为窄带随机过程；当不规则因子 $\gamma=1$ 时，$X(t)$是理想的窄带随机过程，在时域中表现为单频简单的正弦函数；当不规则因子 γ 趋向于 0（或 ε 趋向 1）时，平稳随机过程 $X(t)$逐渐变为宽带随机过程；当 $\gamma=0$ 时，$X(t)$是白噪声过程。

3）过零频率、峰值频率

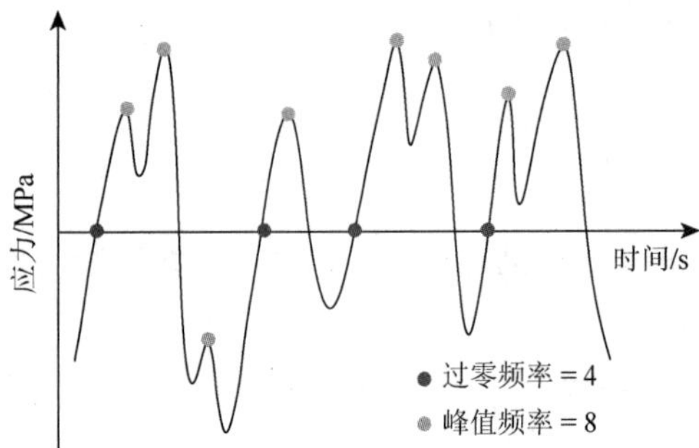

图 5.38　过零频率和峰值频率示意图

随机振动过程中，还有两个参数用于估计信号周期数，分别是过零频率和峰值频率，其物理意义如图 5.38 所示。

单位时间内样本数据向上穿越零均值次数可以用谱矩表示为

$$v_0^+=\sqrt{\frac{m_2}{m_0}} \tag{5.23}$$

单位时间内样本数据局部峰值出现次数可以用谱矩表示为

$$v_p=\sqrt{\frac{m_4}{m_2}} \tag{5.24}$$

3. 频域疲劳计算理论

平稳随机过程 $X(t)$的统计特性在整个时域上保持固定不变，随机变量在任意时刻的概率密度都可以用整体的概率密度分布函数表示。如果平稳随机过程 $X(t)$是各态历经的，那么 $X(t)$全程的统计特性都可以被其任意一个样本的统计特性表示。即在各态历经的随机振动疲劳评估过程中，只需要小部分的时域信号即可反映出整个随机过程的振动特性。

给定一条总时间为 T 的样本曲线，如图 5.39 所示，其一阶幅值概率密度函数为

$$p(q_i)=\lim_{\Delta q_i\to 0}\left[\lim_{T\to\infty}\frac{1}{T}\sum_{i=1}^{\infty}\Delta t_i\right] \tag{5.25}$$

式中，Δt_i 为 q_i 处于指定变程 q_{i1} 到 $q_{i1}+\Delta q_i$ 的时间间隔。

对于一个幅值概率密度函数为 $p(y)$的随机振动，其振动的均值、均方值及方差与其幅值概率密度函数之间的关系如下：

$$\begin{cases}\overline{y}=\int_{-\infty}^{+\infty}yp(y)\mathrm{d}y\\ \overline{y^2}=\int_{-\infty}^{+\infty}y^2p(y)\mathrm{d}y\\ \sigma_y^2=\int_{-\infty}^{+\infty}(y-\overline{y})^2p(y)\mathrm{d}y=\overline{y^2}-(\overline{y})^2\end{cases} \tag{5.26}$$

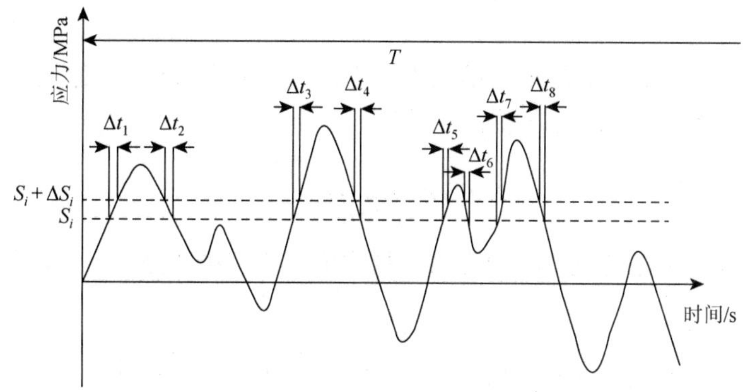

图 5.39　随机振动过程应力时域信号

以图 5.34 所示的随机振动过程应力时域信号为例，在时间 t 内处于 $S_i \sim S_i + \Delta S_i$ 应力范围的应力循环周次可以表示为

$$n_i = vtp(S_i)\Delta S_i \tag{5.27}$$

式中，v 为单位时间内结构受载的循环周次；$p(S_i)$为应力幅值概率密度函数。

结合 Miner 准则，时间 t 内的疲劳损伤 D 和疲劳寿命 T 为

$$D = vt\int_0^{+\infty}\frac{p(S)}{N(S)}\mathrm{d}S \tag{5.28}$$

$$T = \frac{1}{v\int_0^{+\infty}\frac{p(S)}{N(S)}\mathrm{d}S} \tag{5.29}$$

当应力载荷为窄带随机过程时，v 一般用过零频率 v_0^+ 表示；当应力载荷为宽带随机过程时，v 一般用峰值频率 v_p 表示；再结合常用的幂函数形式疲劳 S-N 曲线可以分别得到窄带和宽带随机过程下的寿命 T_n 和 T_b 为

$$T_\mathrm{n} = \frac{C}{v_0^+\int_0^{+\infty}S^\mathrm{b}P(S)\mathrm{d}S} \tag{5.30}$$

$$T_\mathrm{b} = \frac{C}{v_\mathrm{p}\int_0^{+\infty}S^\mathrm{b}P(S)\mathrm{d}S} \tag{5.31}$$

综上可以看出，为了使频域法计算得到的寿命结果更加准确，必须选择适用的频域法模型来估计其应力幅值分布概率密度函数。所以，雨流幅值概率密度函数模型是频域法寿命评估的核心内容。

4. 常用频域法模型介绍

截至目前，虽然学者已经提出了很多种随机振动疲劳寿命频域评估模型，但是可以发现，对相同的功率谱采用不同的频域法模型计算得到的疲劳寿命结果差异明显。频域法模型的计算精度受到带宽系数、功率谱形状和功率谱峰值数量等因素的影响。本小节对常用的随机振动疲劳寿命评估频域法模型进行简要介绍。

1）应力峰值分布法

应力峰值分布函数一般取 Rice 给出的分布函数，其假设响应应力是一个均值为零的平稳高斯过程，设 σ 为应力均方根值，则有

$$p(S)=\frac{1}{\sqrt{2\pi}\sigma}\mathrm{e}^{-\frac{(S-u)^2}{2\sigma^2}} \tag{5.32}$$

Rice 在研究了平稳随机过程的应力穿越均值规律和极值分布之后，得到应力峰值的概率密度函数：

$$\begin{aligned}p(\sigma_{\mathrm{p}})=&\frac{1}{\sqrt{2\pi}\sigma}(1-\gamma^2)^{1/2}\exp\left(-\sigma_{\mathrm{p}}^2[2\sigma^2(1-\gamma^2)]^{-1}\right)\\&+\frac{\sigma_{\mathrm{p}}}{2\sigma^2\gamma}\left[1+\operatorname{erf}\left(\frac{\sigma_{\mathrm{p}}}{\sigma(2\gamma^{-2}-2)^{1/2}}\right)\exp\left(-\frac{\sigma_{\mathrm{p}}^2}{2\sigma^2}\right)\right]\end{aligned} \tag{5.33}$$

式中，γ 为谱型不规则因子；$\operatorname{erf}(x)$为误差函数，且

$$\operatorname{erf}(x)=\frac{2}{\sqrt{\pi}}\int_0^x \mathrm{e}^{-t^2}\mathrm{d}t \tag{5.34}$$

在应力峰值概率密度函数的基础上，结合材料疲劳 S-N 曲线和 Miner 线性损伤累积理论可得到应力过程的等效应力变程，并使用峰值计数法下的损伤期望值计算结构的疲劳寿命。研究发现，误差函数作为一个超越函数而难以求得一个准确解。为了解决这个难题，提出了 Kam-Dover 法和 Chow-Li 法等近似解方法。

2）窄带近似分布模型方法

Bendat 表示在随机过程的带宽系数较小时，应力幅值概率密度函数可以用瑞利（Rayleigh）分布函数来近似表示，Rayleigh 分布函数的表达式为

$$p(S)=\frac{S}{\sigma^2}\mathrm{e}^{-\frac{S^2}{2\sigma^2}}=\frac{S}{m_0}\mathrm{e}^{-\frac{S^2}{2\sigma^2}} \tag{5.35}$$

式中，σ为随机过程的均方根值，即 RMS 值。

在使用窄带近似分布模型方法时，一般用零均值正向穿越期望率 v_0^+ 表示结构在单位时间内受到载荷的循环频次，结合式（5.28）就可以推导出时间 t 内窄带随机过程的疲劳损伤计算公式：

$$D_{\mathrm{NB}}=\frac{v^+t}{C}\left(\sqrt{2m_0}\right)^k\Gamma\left(1+\frac{k}{2}\right) \tag{5.36}$$

3）Weibull 分布模型方法

王明珠指出可以用双参数 Weibull 分布对应力幅值概率密度函数进行描述：

$$p(S)=\alpha\beta^{-\alpha}S^{\alpha-1}\exp\left(-\left(\frac{S}{\beta}\right)^{\alpha}\right) \tag{5.37}$$

式中，α 为形状参数，β 为尺度参数，可由式（5.38）和式（5.39）得出：

$$\alpha=2-1.174\varepsilon \tag{5.38}$$

$$\beta=k_\beta\sigma \tag{5.39}$$

式中，k_β 为尺度参数和均方根值的比值，研究表明，k_β 随着不规则因子的增加而变大：

$$k_\beta = 1.545\gamma - 0.1531 \tag{5.40}$$

4）Dirlik 分布模型方法

Dirlik 针对宽带平稳随机振动，通过蒙特卡罗方法进行时域仿真，建立了由一个指数分布和两个 Rayleigh 分布加权组合的雨流循环幅值概率密度函数模型：

$$p(S) = \frac{\dfrac{D_1}{Q}\mathrm{e}^{-\frac{Z}{m_0}} + \dfrac{D_2 Z}{R^2}\mathrm{e}^{-\frac{Z^2}{2R^2}} + D_3 Z\mathrm{e}^{-\frac{Z^2}{2}}}{\sqrt{m_0}} \tag{5.41}$$

式中，Z 为归一化幅值；其他参数可以由式（5.42）求得：

$$\begin{gathered} Z = \frac{S}{2\sqrt{m_0}}, \quad x_\mathrm{m} = \frac{m_1}{m_0}\sqrt{\frac{m_2}{m_4}} \\ D_1 = \frac{2(x_\mathrm{m} - \gamma^2)}{1+\gamma^2}, \quad D_2 = \frac{1-\gamma-D_1+D_1^2}{1-R} \\ D_3 = 1 - D_1 - D_2 \\ Q = \frac{1.25(\gamma - D_3 - D_2 R)}{D_1}, \quad R = \frac{\gamma - x_\mathrm{m} - D_1^2}{1-\gamma-D_1+D_1^2} \end{gathered} \tag{5.42}$$

式中，x_m 为平均频率；γ 为不规则因子；m_i 为第 i 阶惯性矩；S 为应力范围。

综合式（5.42），可以得出由 Dirlik 法计算疲劳损伤的封闭公式：

$$\bar{D}^{\mathrm{DK}} = C^{-1} v_\mathrm{p} m_0^{k/2}\left[D_1 Q^k \Gamma(1+k) + (\sqrt{2})^k \Gamma\left(1+\frac{k}{2}\right)(D_2|R|^k + D_3)\right] \tag{5.43}$$

式中，k 和 C 为材料常数。

5）Lalanne 分布模型方法

Lalanne 基于式（5.33）所示的峰值分布模型，引入不规则因子后提出的雨流幅值分布模型如下：

$$p(S) = \frac{1}{2\sqrt{m_0}}\left\{\frac{\sqrt{1-\gamma^2}}{\sqrt{2\pi}}\mathrm{e}^{\frac{-S^2}{8m_0(1-\gamma^2)}} + \frac{s\gamma}{4\sqrt{m_0}}\mathrm{e}^{\frac{-S^2}{8m_0}}\left[1+\mathrm{erf}\left(\frac{s\gamma}{\sqrt{8m_0(1-\gamma^2)}}\right)\right]\right\} \tag{5.44}$$

式中，γ 为功率谱密度函数的不规则因子；$\mathrm{erf}(x)$为高斯误差函数：

$$\mathrm{erf}(x) = \frac{2}{\sqrt{\pi}}\int_0^x \mathrm{e}^{-t^2}\mathrm{d}t \tag{5.45}$$

大量的振动疲劳试验结果表明，Lalanne 分布模型方法和 Dirlik 分布模型方法在宽带和窄带情况下均有不错的计算精度，且这两种方法的计算结果相近。同时，Lalanne 分布模型方法作为很多商用软件的默认方法，被普遍用于军工装备的疲劳寿命评估。

6）Zhao-Baker 分布模型方法

Zhao 和 Baker 采用一个 Weibull 分布和一个 Rayleigh 分布线性相加的形式对应力幅值概率密度函数进行描述，该模型的表达式为

$$p_\mathrm{a}(Z) = w\alpha\beta Z^{\beta-1}\mathrm{e}^{-\alpha Z^\beta} + (1-w)Z\mathrm{e}^{-\frac{z^2}{2}} \tag{5.46}$$

式中，前一项为 Weibull 分布；后一项为 Rayleigh 分布；Z 为归一化应力幅值，可由式（5.42）得到；w 为权重系数；α、β 均为 Weibull 参数，由式（5.47）可得

$$w=\frac{1-\gamma}{1-\sqrt{\frac{2}{\pi}}\Gamma\left(1+\frac{1}{\beta}\right)\alpha^{-1/\beta}}$$

$$\alpha=8-7\gamma \tag{5.47}$$

$$\beta=\begin{cases}1.1, & \gamma<0.9\\ 1.1+9(\alpha_2-0,9), & \gamma\geqslant 0.9\end{cases}$$

式中，$\Gamma(x)$为伽马函数；γ 为不规则因子。通过式（5.47）可以看出，Rayleigh 部分主要对应大的周期振幅，Weibull 部分对应小的周期振幅。

7）Wirsching-Light 方法

Wirsching 和 Light 在时域内进行雨流循环计数。以雨流计数结果为准，基于窄带近似法的损伤结果使用蒙特卡罗仿真，得到了修正系数 ρ_{WL}，这个方法的表达式为

$$\bar{D}^{\mathrm{WL}}=\rho_{\mathrm{WL}}\bar{D}^{\mathrm{NB}} \tag{5.48}$$

式中，$\bar{D}^{\mathrm{NB}}$ 为窄带近似法的损伤结果，修正参数 ρ_{WL} 定义为

$$\rho_{\mathrm{WL}}=a(k)+\left[1-a(k)\right](1-\varepsilon)^{b(k)} \tag{5.49}$$

式中，ε 为谱宽参数，拟合参数 $a(k)$和 $b(k)$是与疲劳 S-N 曲线斜率 k 相关的函数：

$$a(k)=0.926-0.033k \tag{5.50}$$

$$b(k)=1.587k-2.323 \tag{5.51}$$

式中，疲劳 S-N 曲线的斜率 k 值可以分别使用 3、4、5 和 6 进行模拟。

8）Tovo-Benasciutti 方法

Rychlik 证明了各种方法评估的结果存在以下关系：

$$E(D_{\mathrm{RC}})\leqslant E(D_{\mathrm{RFC}})\leqslant E(D^{+})=E(D_{\mathrm{NB}}) \tag{5.52}$$

在平稳高斯载荷下，雨流损伤上限 $E(D^{+})$符合“窄带近似”：

$$E(D_{\mathrm{NB}})=v_{\mathrm{p}}C-\alpha_2\left(\sqrt{2\lambda_0}\right)^k\Gamma\left(1+\frac{k}{2}\right) \tag{5.53}$$

对于预期范围计数损伤强度 $E(D_{\mathrm{RC}})$（即雨流损伤的下界），采用 Madsen 等提出的近似公式：

$$E(D_{\mathrm{RC}})\approx v_{\mathrm{p}}C-1\left(\sqrt{2\lambda_0}\alpha_2\right)^k\Gamma\left(1+\frac{k}{2}\right)=E(D_{\mathrm{NB}})\alpha_2^{k-1} \tag{5.54}$$

$$E(D_{\mathrm{RFC}})=bE(D_{\mathrm{NB}})+(1-b)E(D_{\mathrm{RC}}) \tag{5.55}$$

2002 年，Benasciutti 和 Tovo 基于上述学者的研究内容提出了一种将疲劳寿命计算为疲劳损伤强度上限和下限的线性组合的疲劳损伤计算方法。估算疲劳损伤强度的最终表达式为

$$\bar{D}^{\mathrm{TB}}=\left[b+(1-b)\alpha_2^{k-1}\right]\bar{D}^{\mathrm{NB}} \tag{5.56}$$

式中，$\bar{D}^{\mathrm{NB}}$ 可由式（5.36）求出；b 为权重因子，可以使用下面的两个方程进行计算，由 Benasciutti 和 Tovo 提出：

$$b_{\mathrm{app}}^{\mathrm{TB1}} = \min\left\{\frac{\alpha_1-\alpha_2}{1-\alpha_1}, 1\right\} \tag{5.57}$$

$$b_{\mathrm{app}}^{\mathrm{TB2}} = (\alpha_1-\alpha_2)\left\{1.112\left[1+\alpha_1\alpha_2-(\alpha_1+\alpha_2)\right]\mathrm{e}^{2.11\alpha_2}+(\alpha_1-\alpha_2)\right\}\Big/(\alpha_2-1)^2 \tag{5.58}$$

两者的计算结果在大部分情况下相近，所以工程师常用简单的 TB_1 进行计算。

5.3.4　频域法模型适用性

本节主要针对工程中常用的窄带近似法、双参数 Weibull 分布模型、Dirlik 模型、Lalanne 模型和 Zhao-Baker 模型进行适用性分析。设置由不同频带宽度、中心频率和 PSD 谱值组合而成的限带白噪声应力功率谱，研究带宽系数、中心频率和 PSD 谱值对上述常用的频域法模型拟合精度的影响。用于研究频域法模型适用性分析的限带白噪声谱如图 5.40 所示。

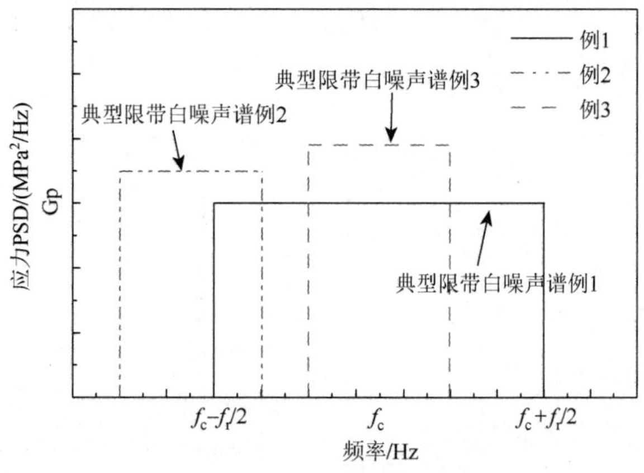

图 5.40　典型的限带白噪声谱示例

下面以不同带宽系数为例进行说明，在中心频率为 100Hz、PSD 谱值为 50MPa^2/Hz 情况下，通过改变频率范围对 8 组不同带宽系数下的白噪声功率谱进行适用性分析，研究不同模型的适用性，不同频域法的模拟效果如图 5.41 所示。

将频域法模型的计算结果与雨流计数经验概率密度函数的差值的均方根值设定为频域法模型的拟合精度误差：

$$\text{error} = \sqrt{\frac{\sum_{S=1}^{N}\left\{\left[P(S)-P_x(S)\right]^2\right\}}{N}} \tag{5.59}$$

式中，$P(S)$为应力幅值为 S 时的雨流幅值概率密度预测结果；$P_x(S)$为雨流循环计数结果中应力幅值为 S 的概率密度；N 为雨流幅值的总数。

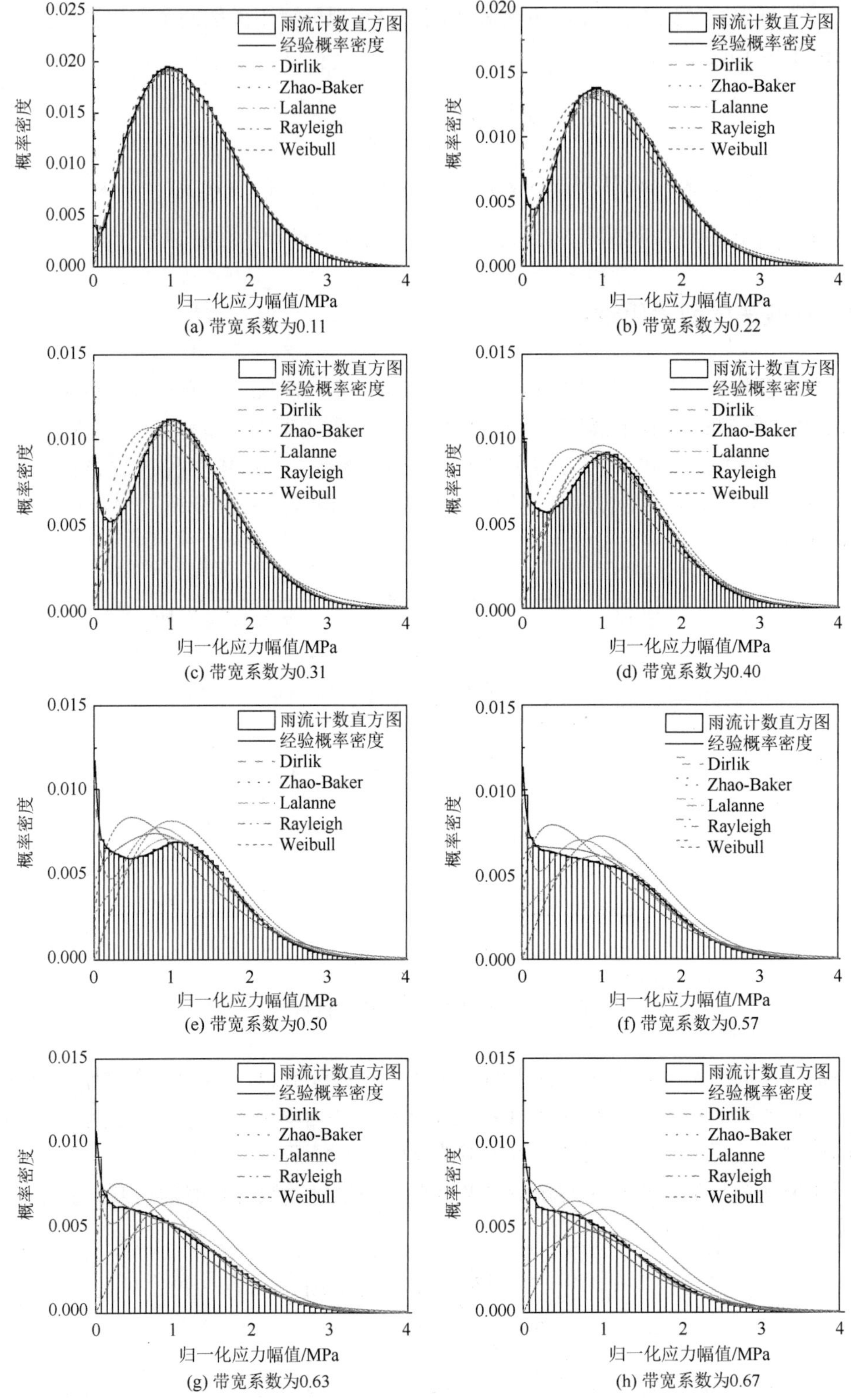

图 5.41　频域法模型拟合结果

通过 IEC 61373-2010 标准可知，机车车辆的转向架及其附属设备所受激励的主要频率范围在 250Hz 以内。以 IEC 61373-2010 标准为参考，将功率谱频率控制在 0～300Hz 范围内，将带宽系数在 0～0.6667 范围内（包含限带白噪声的整个带宽）分为 50 组，PSD 谱值设定为 $10\mathrm{MPa}^2/\mathrm{Hz}$，分别研究在中心频率为 50Hz、100Hz 和 150Hz 情况下带宽系数对不同模型拟合精度的影响，五种模型（Dirlik、Zhao-Baker、Lalanne、Rayleigh、Weibull）的带宽系数（ε）与误差（error）的关系如图 5.42 所示。

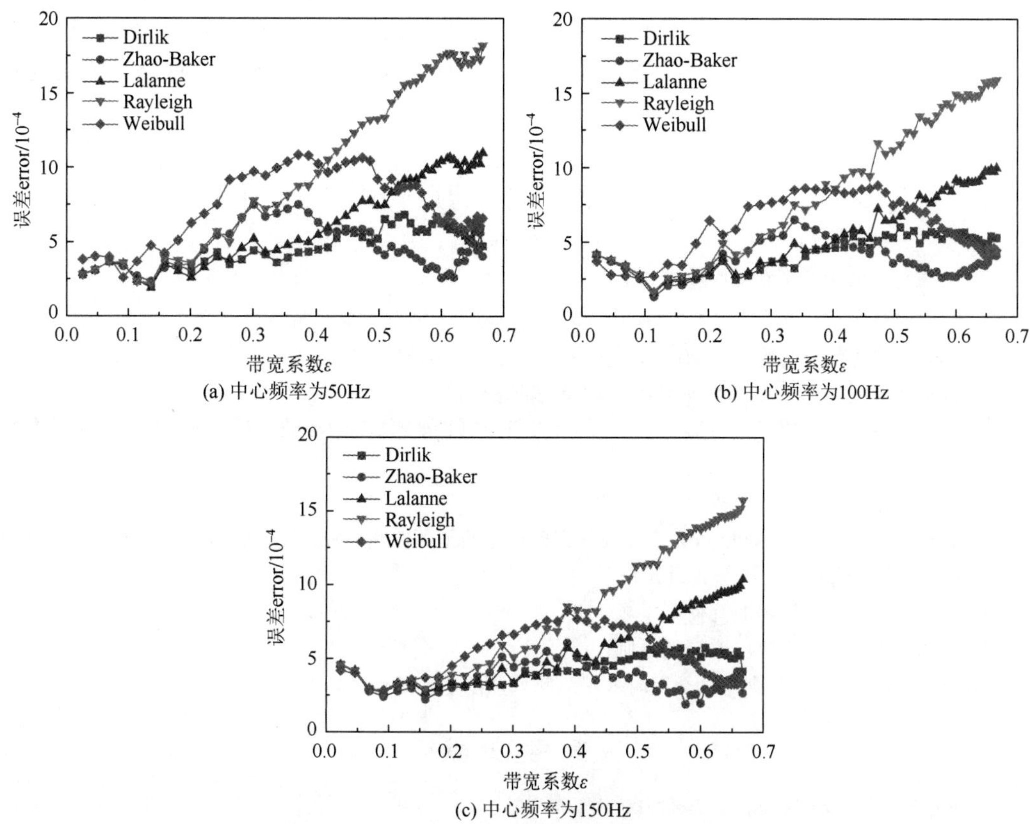

(a) 中心频率为50Hz　(b) 中心频率为100Hz　(c) 中心频率为150Hz

图 5.42　带宽系数对频域法模型精度误差的影响

结果表明，当 $0<\varepsilon<0.1$ 时，五种模型误差随着 ε 的增加而下降；在 0.1～0.6667 范围内，Rayleigh、Lalanne 和 Dirlik 模型的误差呈递增趋势，其中 Rayleigh 和 Lalanne 模型的误差迅速增加，而 Dirlik 模型的误差则缓慢增加。Weibull 模型的误差呈先增加后减小的趋势。Zhao-Baker 模型的误差呈现上下波动的趋势，在 0.3～0.4 范围内，其误差达到峰值，之后快速下降，当 ε 大于 0.6 后再次增加。

综上所述，当 ε 小于 0.2 时，由于五种方法的误差相近，推荐模型简单、使用方便的 Rayleigh 模型进行计算；Dirlik 模型在整个 ε 区间上的适用性都比较好，所以当 $0.2<\varepsilon<0.6$ 时推荐使用 Dirlik 模型进行计算；当 $\varepsilon>0.6$ 时，推荐使用 Weibull 和 Zhao-Baker 模型，可以很好地拟合限带白噪声功率谱的应力幅值概率分布。

5.4 本章小结

本章首先从多体系统动力学、系统坐标系、车辆系统动力学模型、轮轨接触关系与车辆系统动力学边界条件等方面对车辆系统动力学进行了概述；其次对车辆系统结构动力学进行了介绍，并以某转向架的结构动力学模型为例，概述了车辆系统刚柔耦合动力学模型的建模过程；最后介绍了车辆系统结构的随机振动疲劳评估方法，综述了常用频域寿命评估方法，并指出了各种频域寿命评估方法的适用性。本章主要目的是使读者对现代铁路系统动力学分析理论、方法及影响有一个基本认识，理解其与铁路车辆结构强度及可靠性设计之间的关系。

思考题

1. 多体系统的基本元素包括哪些？
2. 常用的车辆系统动力学模型有哪些？请举一例说明其研究对象与特点。
3. 如果要描述整车的蛇行运动，需要多少自由度？分别是什么？
4. 请描述典型客车-有砟轨道耦合动力学模型的建模特点。
5. 铁道车辆系统动力学的基础是什么？如何通过它研究轮轨滚动接触力学行为？它是由哪些参数决定的？
6. 常用的轮轨接触几何参数主要包括哪些？
7. 若设计行车速度为300km/h，需要设置有砟轨道的平面曲线半径，应该怎么设计？若是无砟轨道呢？对应的缓和曲线长度应该怎么设计？
8. 请列举常见的轮轨界面几何不平顺。
9. 请阐述选取主节点时应遵循的原则。
10. 雨流计数法基本规则是什么？时域法与频域法的差异是什么？

参考文献

鲍维千. 2010. 机车总体及转向架[M]. 北京：中国铁道出版社.

陈春俊，李华超. 2006. 频域采样三角级数法模拟轨道不平顺信号[J]. 铁道学报, (3): 38-42.

董乐义，罗俊，程礼. 2004. 雨流计数法及其在程序中的具体实现[J]. 航空计测技术, 24(3): 38-40.

郭业才，阮怀林. 2009. 随机信号分析[M]. 合肥：合肥工业大学出版社.

李宁洲，卫晓娟. 2016. 轨道交通机车车辆概率[M]. 北京：机械工业出版社.

李强，金新灿. 2011. 动车组设计[M]. 北京：中国铁道出版社.

刘志明，王文静. 2021. 高速铁路动车组[M]. 北京：中国铁道出版社.

罗仁，石怀龙. 2018. 铁道车辆系统动力学及应用[M]. 成都：西南交通大学出版社.

孙帮成. 2014. CRH380BL 型动车组[M]. 北京：中国铁道出版社.

王伯铭. 2013. 城市轨道交通车辆总体及转向架[M]. 北京：科学出版社.

王明珠，姚卫星. 2009. 限带白噪声过程雨流幅值分布[J]. 航空学报, 30(6): 1007-1011.

严隽耄，傅茂海. 2007. 车辆工程[M]. 北京：中国铁道出版社.

杨中梁. 2017. 卫星的随机振动疲劳寿命预测方法研究[D]. 长春：吉林大学.

翟婉明. 2007. 车辆-轨道耦合动力学[M]. 北京：科学出版社.

张卫华. 2013. 高速列车耦合大系统动力学理论与实践[M]. 北京: 科学出版社.

周敏亮, 陈忠明, 邓吉宏, 等. 2017. 飞机结构振动疲劳寿命频域预估方法研究[J]. 飞机设计, 37(3): 25-30.

朱涛, 肖守讷, 阳光武, 等. 2016. 基于频域法的转向架构架疲劳寿命研究[J]. 机械强度, 38(1): 160-166.

Matsuishi M, Endo T. 1968. Fatigue of metals subjected to varying stress[J]. Japanese Society of Mechanical Engineers, 9(4): 223-228.

Miner M A. 1945. Cumulative damage in fatigue[J]. Journal of Applied Mechanics, 12(3): 159-164.

第 6 章　车辆服役评估的最新进展

材料及结构强度学的发展源于对工业革命以来若干重大装备失效破坏深入研究的系统总结。更准确地说，1842 年凡尔赛铁路事故成为工程结构抗疲劳设计的里程碑式事件，德国工程师 Wöhler 在铁路车轴强度及抗疲劳研究中提出了疲劳极限的概念，奠定了名义应力法评估的理论基础。随后，从定性到定量、从材料级到部件级、从平面问题到实物部件、从静强度到动强度、从唯象模型到物理模型、从单部件台架试验到整列车滚振试验，现代铁路车辆结构的疲劳强度及可靠性研究仍在不断完善和发展中。同时，超大规模的数值仿真技术也深度参与到车辆结构抗疲劳设计及评估中，并成为工程结构设计及服役评价的关键核心技术。可以毫不夸张地说，如果没有 20 世纪后半叶电子计算机软硬件技术的发展与成熟，就很难把车辆-轨道耦合动力学与高速列车大系统耦合动力学真正实践于车辆动力学性能与结构抗疲劳设计中，这也是数值仿真技术成为科学研究三大支柱之一的生动案例和典型代表。

6.1　时域阶梯疲劳评估方法

颁布于 2000 年的英国标准 BS 7910 是当前含缺陷（焊接）结构安全评定中影响较大的一类标准，它采用三级评定方法开展平面缺陷的确定性安全评定及其质量等级分类，前者主要基于断裂力学对缺陷进行适用性评估，而后者采用实测疲劳 *S-N* 曲线来判定缺陷状态。具体地，在 BS 7910 中，断裂评定的三个层次（Option 1、Option 2 和 Option 3）对结构安全性评定的等级与精度依次提高，三种等级各有其失效评定图（failure assessment diagram，FAD），当与缺陷相关的数据点位于 FAD 内部时，认为结构是安全的。由此可见，基于 FAD 概念的工程结构安全性评定显然是半定量的。此外，BS 7910 标准在设计之初主要针对压力容器开展塑性失效评定，对于海工结构、航空航天、轨道交通等各行业装备的安全性评定也具有重要的现实参考意义。与压力容器的显著不同在于，多数工程结构及装备长期处于外部环境和循环载荷作用下，其显著特征是外部载荷直接影响车辆关键部件的疲劳强度及寿命，这也是目前多数结构强度及寿命评定标准或规范中尚未涉及的重要内容。本章系统阐述作者提出的新型时域阶梯疲劳评估方法及其三大关键技术。

6.1.1　阶梯疲劳评估的基本原理

与 BS 7910 标准中的三级断裂评定类似，本书作者在对高速动车组合金钢 EA4T 车轴和 S38C 车轴运用安全性研究中，与中车青岛四方机车车辆股份有限公司密切合作，综合运用经典的名义应力法与先进的断裂力学法，于 2018 年正式提出了阶梯或两级疲劳评估（stepwise fatigue assessment，SFA）的新概念。具体地，把基于名义应力法的安全寿命设计作为工程结构第一级（Level 1）安全性评定，而把基于断裂力学的损伤容限设计作为第二级（Level 2），据此开展含缺陷铁路车轴的剩余强度及寿命预测，创新了对含缺陷铁路车轴安全运用的定量评价，成功用于车轴的探伤周期延长和修程修制改革中，被日本新干线铁路车轴首席研究员 Taizo Makino 称为是除日本和欧洲之外的第三种铁路车辆结构安全性评价方法。然而，经典 SFA 方法（图 6.1）在开展工程结构安全性评定中，采用了标准的常幅载荷谱或简化的分级线路谱，仍然没有真实反映出车轴在整个动力学系统中的复杂载荷响应。

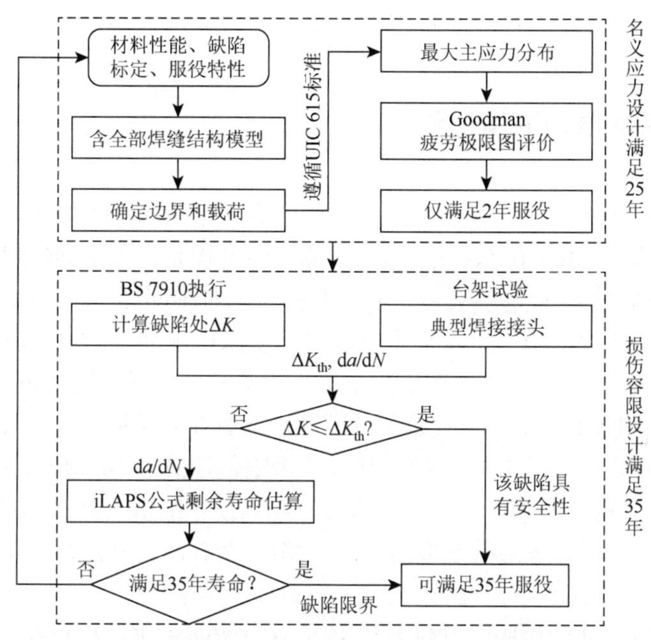

图 6.1　铁路车辆转向架构架的阶梯疲劳评估流程

为此，吴圣川研究员进一步提出了时域 SFA（time-domain SFA，TSFA）方法，以速度 600km/h 磁悬浮托臂架结构优化为例，阐述了 TSFA 的基本原理与基本流程。新型 TSFA 方法的主要特点是结构强度及可靠性评定的载荷输入既非相关标准中的通用载荷，亦非简化后的实测载荷，而是通过系统动力学仿真建模，获得结构在整个系统中的振动响应和载荷谱。为了应用和比较方便，此处参照 BS 7910，提出基于 TSFA 框架的三级服役评定技术：基于名义应力法的无限寿命或静强度评价（Option 1）、基于名义应力法和疲劳损伤累积理论的安全寿命评价（Option 2）和基于断裂力学的损伤容限评价（Option 3）。同样，从 Option 1 到 Option 3，所需要的材料性能数据（如拉伸性能、高周疲劳性能、裂纹扩展门槛值、断裂韧性、缺陷尺寸、缺陷位置、缺陷数量和检出概率、载荷谱等）依次增多，结构安全性评定的精度和等级也依次提高，而保守度顺次降低。时域阶梯疲劳评估的现实依据是：按照传统的无限寿命设计和安全寿命设计得到的绝大多数工程结构及装备在远小于设计载荷和使用寿命的情况下发生了疲劳破坏或功能失效。归纳其原因：一是在设计中采用了假设的或标准的载荷谱；二是忽略了结构服役中的复杂工况和环境变化；三是未从耦合大系统的角度考虑部件间的载荷传递。或者说，在工程结构设计中，从技术、成本及其他方面考虑，往往针对单一的部件或结构开展评定，尤其是没有考虑其在整个物理系统中的动力学响应。

本章详细介绍时域阶梯疲劳评估方法的三大关键技术，包括更准确获得疲劳耐久极限的样本信息聚集改进原理（improved backward statistical inference approach，ISIA），主要用于获得 Option 1、Option 2 和 Option 3 中疲劳极限和疲劳寿命曲线；考虑近门槛区短裂纹和裂纹张开闭合的基于拉伸参数的疲劳裂纹扩展模型（iLAPS），主要用于 Option 3 中的疲劳裂纹扩展寿命预测；判定结构安全性和服役寿命的应力-缺陷-寿命三参数评估图（SDK）。在第 7 章中，针对转向架构架、车轴、车钩等部件，将简要阐述 TSFA 的实现过程。

6.1.2 材料疲劳极限的准确预测

众所周知，合金钢 EA4T 是目前欧洲和中国高铁车轴的主流材质，其设计与制造标准遵循欧洲标准 EN 13103 和 EN 13104。具体运用过程是，采用旋转弯曲试样疲劳加载获得失效概率 50%下的中值疲劳强度，同时充分考虑车轴配属（牵引和拖车）、型式（空心和实心）、部位（轴身和轮座）、整体技术和无损探伤等因素，再选取合适的安全系数（1.33～1.66）折算出许用应力，最后推算至全尺寸车轴。而新干线 S38C 车轴的设计与制造标准主要是日本 JIS E 4501，与欧系车轴设计理念有显著不同。由于采用了表面感应淬火技术，碳素钢 S38C 车轴在轮座处的设计疲劳极限值达到了 147MPa，高于合金钢 EA4T 车轴的 87MPa 疲劳极限。此外，由于表面感应淬火技术的引入，碳钢 S38C 车轴的表面硬度是芯部的 2 倍左右，表层残余应力达−600MPa 左右，同时获得了优异的抗磨损性能和较高的抗疲劳开裂性能。

准确预测材料的疲劳极限是开展基于名义应力法的工程结构抗疲劳设计的基础。疲劳极限可以采用升降法（the staircase method，TSM）或成组法（the group method，TGM）实测得到。在 TGM 中，把高周疲劳 S-N 曲线上拐点寿命（如 $N_w = 10^7$ 循环周次）对应的应力幅值或者范围定义为疲劳极限；对于有色金属材料，有时也采用 $N_w = 2\times10^6$ 循环周次。前面章节指出，影响疲劳极限的因素有很多，如载荷模式和频率、试样形状和尺寸、取样位置和数量、环境气氛条件、测试机器和操作人员等。同时，依照相应标准、设计周期或者成本等，往往很难制备出足够多的试样来开展高周疲劳试验。即使获得足够多、足够可靠的疲劳数据，还需要按照程序折算到实际尺寸部件上。总之，影响疲劳极限的主要因素是寿命标准差，应力水平越低，数据离散性就越大。数据离散性的物理机制是疲劳裂纹萌生的不确定性。因此，标准差的估算直接决定着疲劳极限的可靠性。根据分位点一致性原理（图 6.2），可以把所有疲劳数据信息都等效到同一个应力水平下。据此获得的标准差再用于重建其他应力下，则所有应力下数据的离散性得以大大降低。

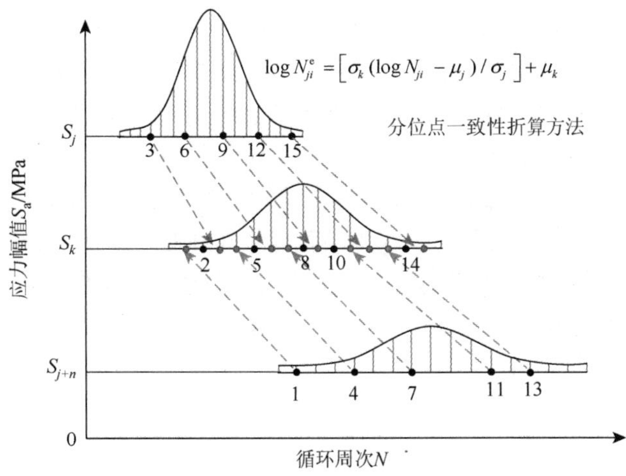

图 6.2　不同应力水平下的疲劳寿命等效方法

上述获得合金材料及结构疲劳寿命曲线的方法可称为经典的疲劳样本信息聚集原理（backward statistical inference，BSI）或者有限样本的疲劳数据处理方法。然而，经典 BSI 求解的疲劳寿命标准差较大，这主要是由于高周疲劳试验中难以在一个应力水平下开展不少于 15 个试样，也难以反映寿命标准差随着应力水平的降低而增大（源于裂纹萌生的不确定性）的变化趋势（图 6.2），在低应力水平下开展疲劳试验会更加明显。为此，作者从以下三个方面对经典 BSI 进行改进：某一级应力水平下样本容量由 15 个降低至 6 个；寿命标准差与应力水平之间的斜率系数取给定样本范围内的上限值；改进全尺寸部件推证顺序以反映疲劳 *P-S-N* 曲线开口向下的喇叭口形状（图 6.3）。其中，疲劳曲线上的喇叭口形反映了低应力水平下裂纹萌生不确定性显著增加的现象，这也是材料疲劳寿命分布的主要特点之一。

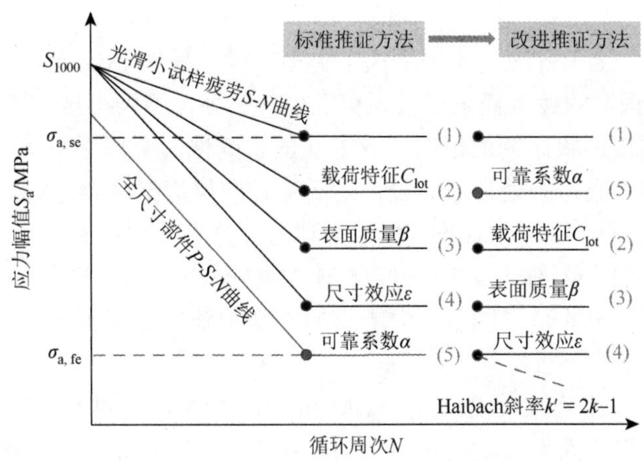

图 6.3　全尺寸部件的疲劳 *P-S-N* 曲线建立方法

研究表明，上述改进方法不仅能够大幅减少试验样本量（每个应力水平小于 15 个）

和减小低应力下寿命的拟合误差，而且还可以获得拐点寿命下更准确的疲劳极限值（低于 BSI 预测）与实际部件的疲劳寿命预测（一般需要结合实测的应力谱和损伤累积理论，以考虑低于疲劳极限小载荷），进而提高基于名义应力法的无限寿命和安全寿命评定的可靠性。我们把这种新型的高周疲劳 *P-S-N* 曲线拟合方法称为样本信息聚集改进原理（ISIA）。为了证明该方法的有效性与合理性，在合金钢 EA4T 车轴上取标准试样，开展高周疲劳寿命的测试。选取 4 级应力幅值，从高到低选择 5 个、10 个、10 个和 7 个试样。根据 ISIA，通过参数寻优建立应力幅值与最优标准差的关系，采用如图 6.3 所示全尺寸车轴疲劳数据推证方法，并与标准 TGM 对比，得到如图 6.4 所示的疲劳 *P-S-N* 曲线。

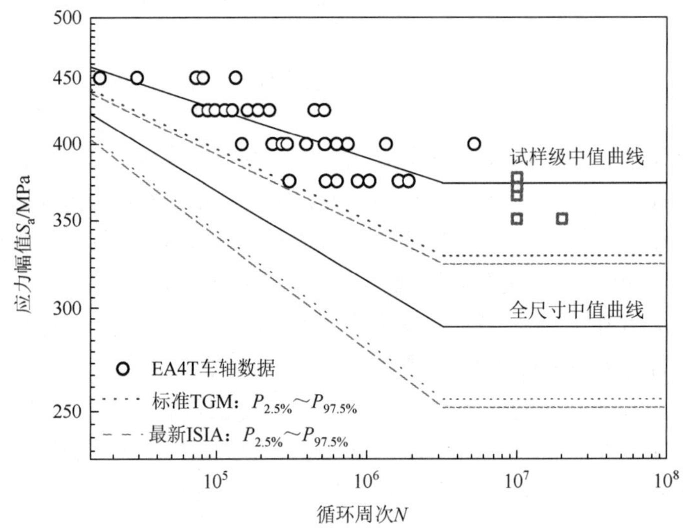

图 6.4　合金钢 EA4T 车轴的疲劳 *P-S-N* 曲线

由图 6.4 可知，由于各应力水平采用了更多试样，虽然 ISIA 预测效果并不突出，但还是比标准 TGM 预测的疲劳极限更低、更准确。另外，不同存活率下疲劳曲线不平行，为开口向下的喇叭口形状，侧面证明了该方法的正确性、合理性与可靠性。ISIA 的另外一个优点是对小样本数据的处理。此处，对高速转向架构架材料 SMA490 开展半自动电弧焊接，在应力比 $R = -1$ 下与标准 TGM 得到的疲劳寿命曲线对比，如图 6.5 所示；同时，在应力比 $R = 0.1$ 下绘制日本新干线碳钢 S38C 空心车轴试样的疲劳 *P-S-N* 曲线，如图 6.6 所示。需要指出的是，图 6.6 中所示的“实物轴”是根据理论公式推证出来的结果，而非实测结果。

从图 6.5 和图 6.6 中可以看出，标准 TGM 和最新 ISIA 预测的半自动电弧焊接 SMA490 构架材料的疲劳极限分别为 147MPa 和 97MPa；感应淬火 S38C 车轴材料的疲劳极限分别为 335MPa 和 280MPa，能够相对充分地反映出焊接缺陷和表面强化导致的疲劳裂纹萌生不确定性问题。由此可见，在处理小样本疲劳数据时，与标准 TGM 相比，最新 ISIA 的预测结果明显更可靠、更保守。

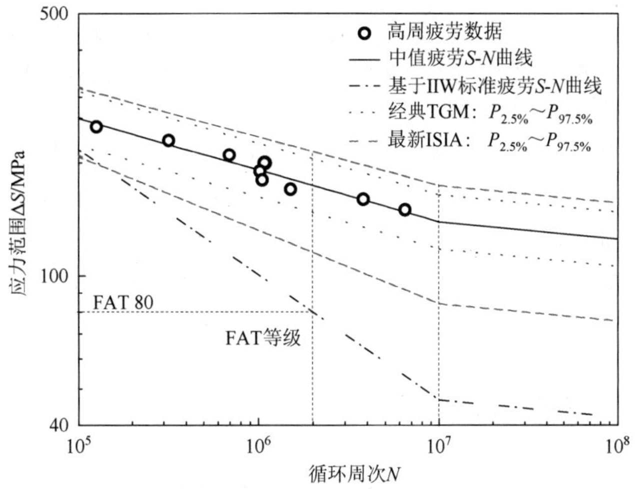

图 6.5　焊接构架用 SMA490 材料的疲劳 *P-S-N* 曲线

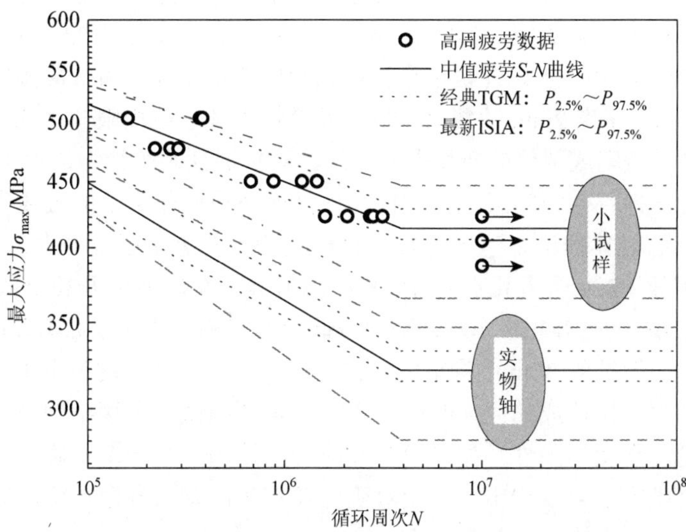

图 6.6　新干线 S38C 车轴材料的疲劳 *P-S-N* 曲线

在得到疲劳极限后，根据疲劳损伤累积理论及车轴疲劳寿命设计方法，就可以开展实物车轴的抗疲劳设计。一般地，通过修正 Miner 线性损伤累积理论来考虑车轴运用中低于疲劳极限的小载荷贡献，同时将传统疲劳极限以下的疲劳 *S-N* 缺陷斜率修正为 $k' = 2k-1$；根据机械零部件应力强度分析评价导则中钢制部件的临界损伤 $D_c = 0.3$，有

$$D_c = \frac{\sum\limits_{\sigma_i \geqslant \sigma_w} n_i \cdot \sigma_i^k}{\sigma_w^k N_{i,f}} + \frac{\sum\limits_{\sigma_i \leqslant \sigma_w} n_i \cdot \sigma_i^{k'}}{\sigma_w^{k'} N_{i,f}} \tag{6.1}$$

式中，σ_w 为疲劳极限；σ_i 为第 i 级应力；n_i 为载荷谱中第 i 级应力的作用次数；$N_{i,f}$ 为第 i 级应力 σ_i 下发生失效的循环周次。

必须指出的是，多数情况下，名义应力框架下的车轴都具有无限寿命。具体表现为：所预测的疲劳寿命在 10^7～10^{20} 循环周次或数百年之久。作者认为，无限寿命的定义参考了人类个体平均寿命，是伴随工业革命而形成的一种认识，同时也有在设计和预测中进行过度简化或假设的部分原因。截至目前，还没有一种公认的可靠数学模型和试验手段准确测定出高铁车轴的真实服役寿命。为此，通常采用较大的安全系数来确定车轴的“安全寿命”，这是当前工程结构疲劳定寿的基本程序。事实上，绝大多数车辆部件在远未到寿前就发生了失效。随着轻量化和碳中和技术的快速发展，有必要审视重要部件在达到规定寿命后的延寿问题。

6.1.3 疲劳裂纹扩展的新模型

众所周知，车辆结构在实际运用中经历各种环境的考验，加之运用中产生外部损伤（击打、磕碰、刮擦、沟槽等），以及在制造（夹杂、缩孔、晶粒异常等）中引入的表面和内部缺陷，使得结构不再具有理论上“无限寿命”的可能。从力学角度来看，缺陷或裂纹的存在使得车轴局部的应力集中显著提高，并由此形成可扩展性疲劳裂纹，严重威胁行车安全。1950 年初，美国北极星导弹在试验中发生爆炸，事故溯源发现在焊缝处存在一条长度 10mm、深度 2mm 的裂纹，导致发动机壳体承载极限却远低于设计应力。为此，需要引入基于缺陷或裂纹的断裂力学方法，对扩展性裂纹行为进行研究。

疲劳断裂力学探寻含缺陷或裂纹构件在外部循环载荷作用下的破坏失效规律，它应用连续介质力学的经典理论来建立含裂纹材料及构件的剩余强度概念。1842 年凡尔赛铁路车轴断裂事故（200 余人死亡）、1998 年德国 ICE 车轮疲劳开裂事故（101 人死亡、105 人重伤）、2008 年德国 ICE 车轴卸荷槽开裂事故（幸无人员伤亡）、2017 年日本新干线构架开裂事故（再扩展 30mm 将车毁人亡）等，尤其是高速动车组车轴因表面损伤超限而提前判废和封存所造成的巨大财产损失，一再证明铁路车辆结构采用名义应力法设计与评估的理论与现实局限性。如果说名义应力法给出的是一个不确定性的寿命估算结果，那么断裂力学方法可以给出一个相对确定或定量的剩余寿命预测，即通过准确的数学积分获得材料及结构的剩余寿命。

1948 年，Irwin 把 Griffith 的玻璃破坏理论推广至金属材料中，提出了应力强度因子的重要概念，奠定了线弹性断裂力学的理论基础。1968，Rice 提出了路径无关 J 积分，与 Hutchinson 和 Rosengren 等学者工作一起，最终形成了裂纹尖端的 HRR 奇异场。根据数据分析和试验结果，HRR 应力-应变场能够解析地描述平面应力下 J 积分支配的裂纹尖端应力-应变场，因此在裂纹尖端的应力-应变场的理论求解中，HRR 奇异解处于十分重要的指导地位且为疲劳裂纹扩展的理论求解奠定了坚实的基础。进一步，在单调加载的 HRR 场基础上，Rice 提出塑性叠加原理，即裂纹尖端循环塑性区中的塑性应变张量与区域某点的塑性应变张量存在固定的比例关系。

在小范围屈服和静力加载的条件下，基于 Rice 提出的 III 型裂纹尖端应力-应变场，Kujawski 提出一种新型的 I 型裂纹尖端的应力-应变场，这里称为 RKE 场。在 III 型裂纹的扩展过程中，垂直于裂纹面的扩展速率要大于平行于裂纹面的扩展速率，与 I 型裂纹的问题类似，所以可以将 III 型裂纹尖端的应力-应变场应用于 I 型裂纹。此时，裂纹尖端处的应力-应变场表征如下：

$$\sigma=\sigma_{\mathrm{y}}\left(\frac{K_{\mathrm{III}}^{2}}{\pi(1+n)\sigma_{\mathrm{y}}^{2}r}\right)^{n/(1+n)}, \quad \varepsilon=\varepsilon_{\mathrm{e}}+\varepsilon_{\mathrm{p}} \tag{6.2}$$

$$\varepsilon_{\mathrm{e}}=\varepsilon_{\mathrm{y}}\left(\frac{K_{\mathrm{III}}^{2}}{\pi(1+n)\sigma_{\mathrm{y}}^{2}r}\right)^{n/(1+n)}, \quad \varepsilon_{\mathrm{p}}=\varepsilon_{\mathrm{y}}\left(\frac{K_{\mathrm{III}}^{2}}{\pi(1+n)\sigma_{\mathrm{y}}^{2}r}\right)^{1/(1+n)} \tag{6.3}$$

式中，ε_{y} 为屈服应变；K_{III} 为 III 型裂纹的强度因子。

在循环载荷下，基于塑性叠加原理的 I 型裂纹尖端 RKE 场表示为

$$\Delta\sigma=2\sigma_{\mathrm{yc}}\left(\frac{\Delta K^{2}}{4\pi(1+n')\sigma_{\mathrm{yc}}^{2}r}\right)^{n'/(1+n')}, \quad \Delta\varepsilon=\Delta\varepsilon_{\mathrm{e}}+\Delta\varepsilon_{\mathrm{p}} \tag{6.4}$$

$$\Delta\varepsilon_{\mathrm{e}}=2\varepsilon_{\mathrm{yc}}\left(\frac{\Delta K^{2}}{4\pi(1+n')\sigma_{\mathrm{yc}}^{2}r}\right)^{n'/(1+n')}, \quad \Delta\varepsilon_{\mathrm{p}}=\Delta\varepsilon_{\mathrm{yc}}\left(\frac{\Delta K^{2}}{4\pi(1+n')\sigma_{\mathrm{yc}}^{2}r}\right)^{1/(1+n')} \tag{6.5}$$

式中，$\varepsilon_{\mathrm{yc}}$ 为循环屈服应变。

相比而言，与裂纹扩展速率唯象模型不同，基于裂纹尖端应力-应变场的裂纹扩展速率理论模型一般都较为复杂，不便于工程应用，但包含有明确物理意义的参量，这对准确表征材料损伤行为极具意义。蔡力勋基于裂纹尖端 RKE 场和裂纹尖端循环塑性区的应变能失效准则，提出了 SHI-CAI 模型。该模型采用宏观参数表征裂纹扩展速率，应用方便。同时，根据裂纹尖端 RKE 场和线性损伤累积原理，建立了裂纹扩展模型。该模型根据能量的变化得到裂纹扩展速率，不仅简化了模型的表达形式，也进一步降低了计算难度。考虑到裂纹闭合效应，作者将 SHI-CAI 模型进行了修正，得到 iLAPS 模型，该模型能够更加准确地估算短裂纹扩展速率，具有较高的预测精度。

在平面应力状态下，I 型裂纹问题的研究结果表明，HRR 场和 RKE 场都能比较准确地给出裂纹尖端的应力-应变场；但与裂纹尖端应力-应变场的试验结果比较，RKE 场理论建立的应力-应变场更符合实际情况。基于这一特征，在裂纹扩展速率的预测中，RKE 场的应用一直以来都是学术界的研究重点之一。

Ellyin 提出基于 RKE 场的裂纹扩展速率模型，表达式如下：

$$\frac{\mathrm{d}a}{\mathrm{d}N}=\frac{r^{*}}{N^{*}}=2r^{*}\left[\frac{\Delta K^{2}-\Delta K_{\mathrm{th}}^{2}}{4\pi(1+n')E\sigma_{\mathrm{f}}'\varepsilon_{\mathrm{f}}'r^{*}}\right]^{1/\beta} \tag{6.6}$$

由式（6.6）可知，根据 HRR 场和 RKE 场得到的裂纹尖端的应力-应变场存在较大差异。虽然两式都保留了参数 r^{*}，但式（6.6）的 LCF 参数都可较为方便地获得，不需要计算无理函数，且形式更加简洁。与试验数据对比发现，两个模型在裂纹尖端附近区域差异较小，但在弹塑性过渡区，式（6.6）与试验数据更为吻合。考虑应力比的影响，Ellyin 在式（6.6）模型的基础上进一步研究，建立如下模型：

$$\frac{\mathrm{d}a}{\mathrm{d}N}=\frac{r^{*}}{N^{*}}=2r^{*}\left[\frac{\Delta K^{2}-\Delta K_{\mathrm{th}}^{2}}{4\pi(1+n')(\sigma_{\mathrm{f}}'-\sigma_{\mathrm{m}})E\varepsilon_{\mathrm{f}}'r^{*}}\right]^{1/\beta} \tag{6.7}$$

式中，σ_m 为应力均值，反映了应力比对裂纹扩展速率的影响。由于考虑了应力比的影响，该模型对裂纹扩展速率的预测与试验数据更加吻合，也为应力比对裂纹扩展速率的影响研究提供了实证基础。

在 Ellyin 模型的基础上，Li 等考虑局部损伤累积后，摆脱参数 r^*不确定因素的影响，仅基于 LCF 参数建立了裂纹扩展速率模型，表达形式如下：

$$\begin{cases}\dfrac{\mathrm{d}a}{\mathrm{d}N}=\dfrac{\Delta K^2-\Delta K_{\mathrm{th}}^2}{0.5\pi E(\sigma_{\mathrm{yc}})^{1-1/\beta}\left[4\varepsilon_{\mathrm{f}}'(1+n')(\sigma_{\mathrm{f}}'-\sigma_{\mathrm{m}})\right]^{1/\beta}}\\ \rho_{\mathrm{c}}=\dfrac{\Delta K_{\mathrm{th}}}{\pi E\sigma_{\mathrm{yc}}}\end{cases} \tag{6.8}$$

基于式（6.8）和 RKE 模型，Shi 等结合线性损伤累积理论，提出裂纹扩展速率模型，即 FCG-LDA 模型，求解公式如下：

$$\begin{cases}\dfrac{\mathrm{d}a}{\mathrm{d}N}=\dfrac{r_{\mathrm{c}}-\rho_{\mathrm{c}}}{N^*}=2\left(\dfrac{E\varepsilon_{\mathrm{f}}'}{\sigma_{\mathrm{yc}}}\right)^{1/c}\dfrac{c+cn'}{c+cn'+1}r_{\mathrm{c}}\left[1-\left(\dfrac{\rho_{\mathrm{c}}}{r_{\mathrm{c}}}\right)^{1+\frac{1}{c+cn'}}\right]\\ r_{\mathrm{c}}=\dfrac{1}{4\pi(1+n')}\dfrac{\Delta K^2}{\sigma_{\mathrm{yc}}^2},\quad \rho_{\mathrm{c}}=\dfrac{1}{4\pi(1+n')}\dfrac{\Delta K_{\mathrm{th}}^2}{\sigma_{\mathrm{yc}}^2}\end{cases} \tag{6.9}$$

式（6.8）中模型采用 LCF 参数表征钝化半径，简化了模型。同时，该模型也标定了裂纹扩展区域大小，即“过程区”，记为 L_{p}。因此，该模型能够实现用 LCF 参数表征 RKE 场理论参数，也使 RKE 场理论的广泛使用成为可能。

由式（6.9）可知，该模型中参量都存在明确的物理意义，且参量的求解也不存在人工调试和无理函数的复杂求解。此后，基于 RKE 场，Shi 等结合塑性应变能机理，得到如下裂纹扩展模型：

$$\begin{cases}\dfrac{\mathrm{d}a}{\mathrm{d}N}=\dfrac{r_{\mathrm{c}}-\rho_{\mathrm{c}}}{N^*}\\ N^*=\dfrac{1}{2}\left[\dfrac{K'}{(\sigma_{\mathrm{f}}'-\sigma_{\mathrm{m}})\varepsilon_{\mathrm{f}}'}\left(\dfrac{\sigma_{\mathrm{yc}}}{E}\right)^{1+n'}\dfrac{r_{\mathrm{c}}}{r_{\mathrm{c}}-\rho_{\mathrm{c}}}(\ln r_{\mathrm{c}}-\rho_{\mathrm{c}})\right]^{\frac{1}{b+c}}\\ r_{\mathrm{c}}=\dfrac{1}{4\pi(1+n')}\dfrac{\Delta K^2}{\sigma_{\mathrm{yc}}^2},\quad \rho_{\mathrm{c}}=\dfrac{1}{4\pi(1+n')}\dfrac{\Delta K_{\mathrm{th}}^2}{\sigma_{\mathrm{yc}}^2}\end{cases} \tag{6.10}$$

虽然上述基于 HRR 场或是基于 RKE 场的裂纹扩展模型都能很好地刻画长裂纹的扩展规律，但却忽视了短裂纹的扩展效应。本质上，工程部件的寿命主要由短裂纹的萌生和扩展决定，因此短裂纹扩展理论模型的建立也成为学术界的研究热点。考虑短裂纹扩展中闭合效应的影响，作者提出了 iLAPS 模型，如下：

$$\begin{cases}\dfrac{\mathrm{d}a}{\mathrm{d}N}=\dfrac{U^2L_{\mathrm{p}}(\Delta K,\Delta K_{\mathrm{th}};C)}{N_{\mathrm{f}}(\Delta K,\Delta K_{\mathrm{th}};C,C')}\\ U=1-(1-U_{\mathrm{lc}})\left[1-\sum\limits_{i=1}^{n}v_i\cdot\exp\left(\dfrac{\Delta a}{l_i}\right)\right]\end{cases} \tag{6.11}$$

式中，参数 C 和 C'为循环本构参数和 LCF 参数；U 为裂纹闭合参数；失效循环周次 N_f 由式（6.10）计算获得；n 为裂纹闭合机制的个数（塑性、氧化物和粗糙度）；l_i 为各种裂纹闭合机制对应的虚拟裂纹长度。

该模型适用于任何应力比下的短裂纹和长裂纹的计算，且充分考虑了三种主要的裂纹闭合机制。在与 12 种不同材料的长裂纹或短裂纹扩展试验数据的对比中发现，iLAPS 模型能够与试验数据较好地吻合，充分说明了该模型的正确性、有效性和合理性。我们知道，在疲劳载荷作用下，扩展中的裂纹前缘存在一个具有较大应变的局部受损区域，而裂纹扩展也就成为不断地穿过尖端塑性区的过程，那么可假设该过程为大块材料的裂纹稳定扩展。与之对应，LCF 主要是阐述各材料中代表性体积单元（representative volume element，RVE）的宏观疲劳特征。因此，可以建立疲劳裂纹扩展模型与 LCF 性能的联系，将裂纹扩展速率通过 LCF 参数进行表征。

欧洲、日本和中国等高铁发达国家和地区在车辆结构的抗疲劳领域均引入断裂力学开展剩余寿命研究，有力支撑了损伤车轴的延寿和探伤决策，表明基于断裂力学的损伤容限设计方法得到了领域内学者的认可。其中，基于标准断裂力学试样（如中心裂纹试样、边裂纹试样、紧凑拉伸试样等）的疲劳裂纹扩展速率（$\mathrm{d}a/\mathrm{d}N$）和长裂纹门槛值（ΔK_{th}）是开展损伤车轴安全性评估的前提与基础。

借助商用有限元软件，充分考虑轮座过盈配合效应及表面强化效应，结合实测载荷谱，欧洲、日本和中国等国家和地区的学者分别采用修正的 NASGRO 方程、经典的 Paris 方程和新提出的 iLAPS 方程对含缺陷空心车轴进行剩余寿命评估。研究表明，iLAPS 方程和 NASGRO 方程预测结果基本一致，如图 6.7 所示。

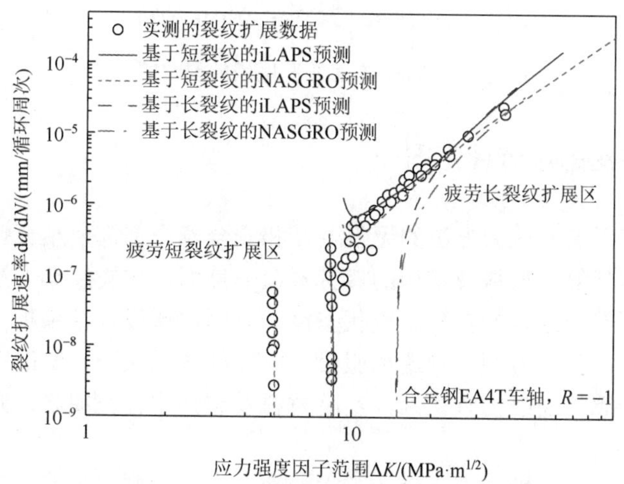

图 6.7　标准 NASGRO 和最新 iLAPS 方程对比

需要指出的是，作者提出的新型裂纹扩展模型 iLAPS 基于材料的轴向拉伸和低周疲劳行为而建立，理论依据是 I 型裂纹尖端的奇异解。与米兰理工大学 Beretta 等学者采用的美国 NASGRO 方程相比，iLAPS 方程预测更保守、更可靠、更经济；与日本学者广泛采用的经典 Paris 方程（仅考虑了车轴的裂纹稳定扩展寿命，没有考虑近门槛区的短裂纹效应）相比，由于考虑了应力比效应和近门槛区效应，iLAPS 方程预测也更准确、更合理。

此外，iLAPS 方程通过关联材料的轴向拉伸力学参数与低周疲劳性能，在建立表面感应淬火 S38C 车轴（微观组织、力学性能、残余应力等呈现梯度分布特征，难以获取大尺寸试样的平均断裂力学参量）的裂纹扩展速率上优势明显，如图 6.8 所示。对于 S38C 车轴材料，可以通过获取硬度分布，然后折算出拉伸力学性能。相反，依照相关标准在 3mm 左右厚度的车轴强化层制备出单调拉伸和断裂力学试样，目前看来仍是难以完成的试验难题。由此可见，根据 S38C 车轴不同深度方向上拉伸力学性能建立的裂纹扩展速率预测值与实测数据基本一致。

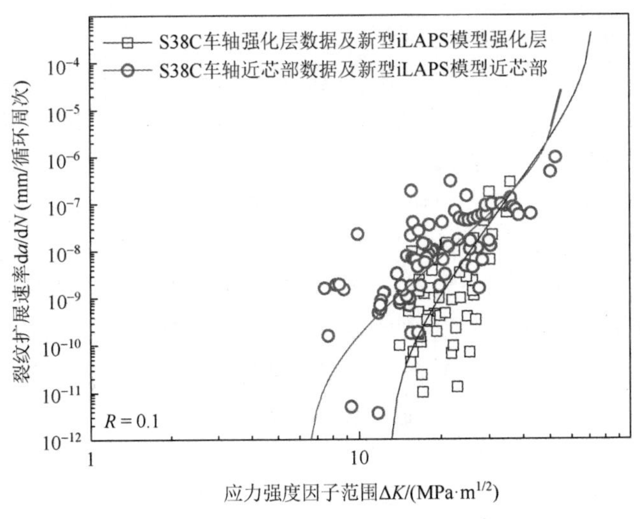

图 6.8　日本 S38C 车轴不同区域的裂纹扩展速率

6.1.4　材料及结构的疲劳评定图

众所周知，基于名义应力方法的无限寿命和安全寿命都需要结合疲劳损伤累积理论和实测载荷谱才能估算出材料及结构的疲劳寿命。然而，这类经典方法的预测寿命常常达到数百年，并不符合结构的实际服役状态：一方面，该设计结果指出了现有结构延寿的可能性和合理性；另一方面，制造和服役中存在的各类缺陷，给高端装备服役运用埋下了巨大的安全隐患。断裂力学认为，实际材料及结构中存在缺陷，则必定存在确定的或者有限的寿命区间。

经典名义应力和线弹性断裂力学的基本参数分别是疲劳强度和缺陷，而两者在某种程度上应该可以建立起定量关系。1976 年，日本学者 Kitagawa 和 Takahashi 提出了把门槛应力（疲劳极限）与临界缺陷定量关联起来的新思想，这就是著名的 K-T 图。K-T 图的提出，启发了人们对疲劳极限名义应力和裂纹扩展门槛值断裂力学存在某种定量关联的丰富思考。然而，标准 K-T 图未考虑结构服役中的变幅载效应，实际上就是不承认裂纹张开闭合效应。事实存在的各类缺陷（表面和内部、平面和体积、单个和多个、规则和任意等)，可能正是导致标准 K-T 图难以解释材料及结构仍会在疲劳极限以下失效的物理本源。严格意义上讲，这类问题属于弹塑性断裂力学范畴。为此，可采用 El-Haddad 模型对疲劳极限 σ_w 修正如下：

$$\sigma_w(R)=\frac{C\cdot(\mathrm{HV}+120)}{(\sqrt{\mathrm{area}})^{1/6}}\left(\frac{1-R}{2}\right)^{-\alpha} \tag{6.12}$$

式中，C 和 α 为材料拟合参数；HV 为缺陷处的微观硬度；area 为内部缺陷在垂直于应力主轴平面上的投影面积。

在铁路轮对系统中，压装部或者过盈配合部（车轮-车轴结合区）是临界安全截面，如新干线碳素钢 S38C 车轴。然而，压装部也是传统探伤方法难以可靠探测的部位，是现代高速动车组轮轴维护及服役评估中的技术瓶颈，在变轨距转向架设计中尤为突出。理论分析、材料试验和台架试验均表明，微动疲劳极限明显低于常规的高周疲劳极限（Choi 等发现，韩国车轴钢 RSA1 的微动疲劳极限约为常规试验值的 37%）；此外，土耳其铁路用中强度 34CrMo4 钢车轴的微动疲劳裂纹的临界长度和深度值分别约为 500μm 和 200μm，如图 6.9 所示。尽管如此，是否可把微动疲劳极限近似于轮座的超高周疲劳现象，尚待深入研究来证实。

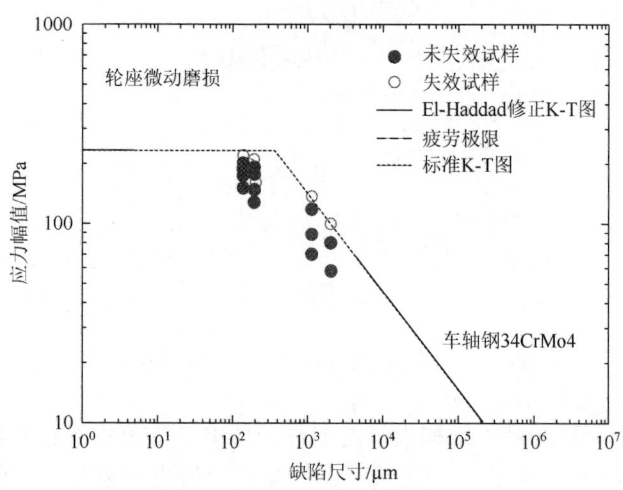

图 6.9　车轴钢 34CrMo4 的微动疲劳 K-T 图

由图 6.9 可知，基于 El-Haddad 模型的 K-T 图能够较好地解释车轴钢 34CrMo4 的微动疲劳诱导的失效现象。这是由于微动疲劳裂纹是一种疲劳短裂纹，充分表明 El-Haddad 模型的有效性与可靠性。

另外，疲劳裂纹张开闭合现象和近门槛短裂纹效应虽然不属于严格意义上的线弹性断裂力学研究范畴，但直接关系着金属结构的大部分寿命（裂纹萌生），在损伤容限评估中必须考虑，往往通过对疲劳极限或者门槛值的修正来实现。鉴于 El-Haddad 模型没有考虑应力比对疲劳长裂纹扩展门槛值ΔK_{th} 的影响，剩余寿命预测存在较大偏差，Charpetti 提出了如下改进，这就是著名的 Charpetti 模型：

$$\Delta\sigma_{\text{th}}=\frac{\Delta K_{\text{th, eff}}+\beta\left(1-1/\mathrm{e}^{\gamma(\sqrt{\text{area}}-\sqrt{\text{area}_{\text{eff}}})}\right)}{Y\sqrt{\pi\cdot\text{area}}}$$
$$\beta=\Delta K_{\text{th, lc}}-\Delta K_{\text{th,eff}} \tag{6.13}$$

式中，$\Delta K_{\text{th, lc}}$和$\Delta K_{\text{th, eff}}$分别为裂纹扩展门槛值（断裂力学试验得到）及有效裂纹扩展门槛值；γ为材料常数；Y为与构件形状有关的校正系数。

图6.10为考虑了铁路车轴服役中变幅加载（体现在加载比R的变化）或者应力比效应对经典疲劳极限和疲劳长裂纹门槛值后的修正K-T图。根据该图，就可以合理地解释新干线S38C车轴采用经典Paris方程和先进iLAPS模型预测剩余寿命时的3倍差异问题，从而构成了感应淬火S38C车轴探伤周期延长的理论基础。与名义应力框架下的Goodman图相比，基于Charpetti模型的修正K-T图不仅给出了结构服役安全区，也相对定量化地指出了给定应力下的临界缺陷尺寸。

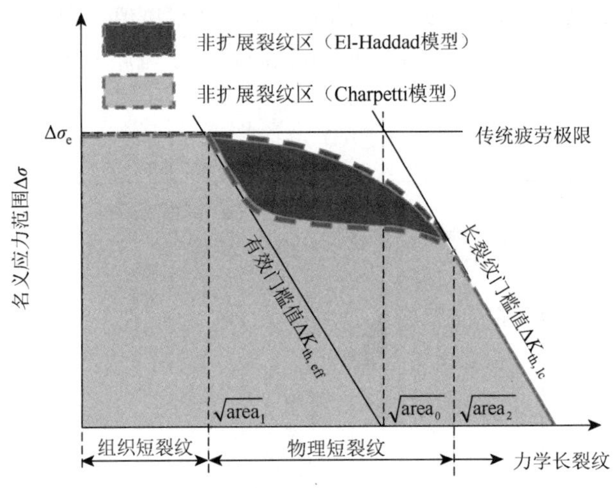

图6.10　车轴钢34CrMo4的微动疲劳K-T图

修正的K-T图合理解释了结构设计与服役评估中一些矛盾问题。例如，当许用应力水平足够低时，结构中即使存在一定尺寸的缺陷，一般也不易发生疲劳裂纹扩展和失效现象；又如，当结构中存在足够小的缺陷时，可忽略其对疲劳强度和剩余寿命的影响。原则上来说，只要材料及结构中可以存在确定性的缺陷尺寸、位置、形貌等信息，都可以根据6.1.2节所述的疲劳P-S-N曲线和6.1.3节所述的裂纹扩展模型绘制出修正K-T图，其理论依据分别是名义应力法和断裂力学方法。与经典Goodman图相比，修正K-T图可以半定量地取疲劳极限$\Delta\sigma_e$与有效门槛值$\Delta K_{\text{th,eff}}$两条线段的交点所对应的裂纹尺寸$\sqrt{\text{area}_1}$来作为临界缺陷，这应该是工程结构设计与评估的一大进步。

此处以合金钢EA4T空心车轴受到异物致损后的安全性评定为例，首先根据光滑试样的旋转弯曲疲劳极限与断裂力学参量，尝试建立基于Charpetti模型的修正K-T图，来预测临界缺陷（图6.11）。由图可知，当FOD缺陷尺寸小于146μm时，认为其对车轴材料的服役性能影响较小。必须指出的是，“光滑车轴”和“FOD车轴”均是由试样级EA4T

车轴钢在应力比 $R = -1$ 条件下推证出来的全尺寸部件。同时，这一临界缺陷尺寸也不适用于压装部。

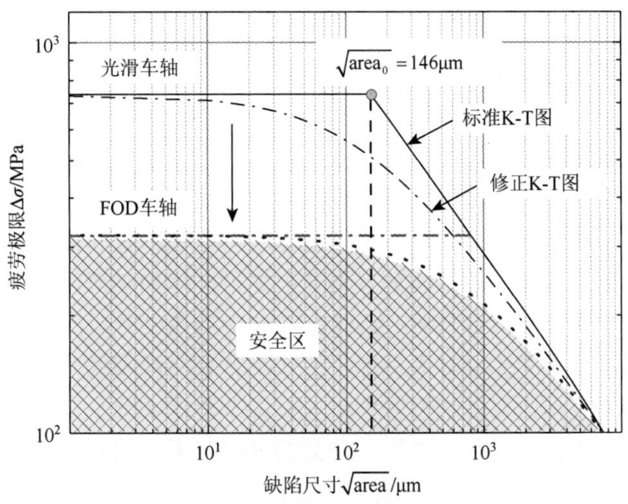

图 6.11　异物致损车轴的修正 K-T 图

调研表明，我国现役运用 EA4T 车轴和 S38C 车轴表面缺陷（包括划伤、锈蚀、磕碰、FOD 等）80%以上分布于距离非齿轮箱轴端 830～1150mm。缺陷最小深度和长度分别是 150μm 和 3200μm；最大深度和长度分别是 510μm 和 7700μm。根据图 6.11，位于轴身上深度 150μm 以下缺陷可以忽略不计，但对于较大周向长度和轴向宽度的微小缺陷是否对车轴的结构完整性有影响还缺少相关研究。

实际上，可以把图 6.10 中的临界缺陷尺寸作为初始裂纹长度，在断裂力学有限元模型中计算得到不同裂纹深度下的等效应力强度因子范围ΔK_{eff}，再对材料的疲劳裂纹扩展方程积分便得到实测载荷谱下的剩余寿命。据此思路，可以根据图 6.10 和图 6.11 中的修正 K-T 图的所有数据点求出寿命分布。为此，作者进一步把裂纹萌生和扩展的总寿命作为变量，最终形成了基于 Charpetti 模型的应力水平-缺陷尺寸-剩余寿命的三参数 K-T 图。这一新型车辆结构服役评估思想深度融合了传统的名义应力设计和先进的损伤容限评估思想，是 Goodman 图后结构完整性的一种定量评估技术，也是我国高铁车辆关键部件抗疲劳断裂评估的最新成果和进展。

6.2　虚拟设计与虚拟样机

随着全球化时代的到来，市场竞争加剧，新产品研发是企业赢得竞争的重要保证。设计作为新产品研发的源头，关乎市场口碑和用户体验。随着企业适应市场变化，产品迭代更新速度不断加快，研发周期越来越短，用户对产品个性化和多样化的需求不断增加，对新产品研发提出了更高的要求，也给传统研发模式带来了新的挑战。如何迎接全球化时代和应对激烈的市场竞争，以更高效率、更低成本、更优质量研发出受用户欢迎的产品，成为企业赢得竞争并实现高质量发展的核心目标。虚拟设计和虚拟样机技术以其高质量、短周期、低成本、个性化、多样化的独特优势，成为当代企业研发新产品、适应新变化的必然选择。

6.2.1　虚拟设计概念及特征

虚拟设计是 20 世纪 90 年代发展起来的一个新的设计方法。随着电子计算机、数字化技术和智能化技术的发展，虚拟设计得到了长足发展。虚拟设计是以计算机辅助图形学（环境和模型构建）、计算机仿真技术（虚拟样机仿真）为基础和以传感器技术和显示技术（人机交互）为体现的现代设计方法，主要包括虚拟样机技术和虚拟现实技术，其核心是虚拟样机技术。虚拟设计技术是以计算机三维建模和仿真为基础，以虚拟现实为支撑的一种全新技术。其主要特点在于它为设计人员提供了一个具有沉浸感的、实时性的虚拟环境。在这个虚拟环境中，设计人员可以通过各种交互设备（数据手套、三维鼠标等）进行产品的创意、设计、修改及优化等，还可以进行产品的虚拟分析、装配和试验，及早发现设计方案中的缺陷，缩短产品的开发周期，减少物理样机的使用，降低开发成本。

虚拟设计是将产品研发全过程数字化，用计算机模拟整个产品开发过程，在计算机中进行产品的设计、分析、加工、装配、测试等过程。技术人员可以直接利用计算机辅助设计（computer-aided design，CAD）系统所提供的各种零部件的物理信息及几何信息来定义约束关系并对机械系统进行虚拟装配，从而获得其虚拟样机。高速列车作为一种大型复杂的机电产品，依托虚拟设计技术，在产品开发、生产制造、运营维护等方面逐渐开展二维模型向三维模型的转变，并针对三维模型进行二次开发，进而缩短研发周期、降低制造成本，推动轨道交通产业数字化转型升级。

就“设计”而言，所有的设计工作都围绕虚拟样机而展开，只要虚拟样机能达到设计要求，则实际产品必定能达到设计要求。而在传统设计中，设计工作针对物理样机而展开。就“虚拟”而言，设计者可实时、交互、可视化地对样机在（非）沉浸环境中进行反复改进，并能马上看到修改结果；而在传统设计中，设计者面向图纸，是在图纸上用线条、线框勾勒出设计方案。

虚拟设计的基本特征为：①继承虚拟现实技术的所有特点；②继承传统 CAD 设计的优点，便于利用原有成果；③具备仿真技术的可视化特点，便于改进和修正原有设计；④支持协同工作和异地设计，利用资源共享和优势互补，缩短产品开发周期；⑤便于利用和补充各种先进技术，保持技术领先性。

传统的产品开发过程采用物理样机进行产品设计的测试验证，其开发过程主要包括产品开发（设计过程）、产品试制（试制过程）、产品测试（评价过程）、生产实施（制造过程）等各个环节。其中，产品试制是产品开发的必需环节之一，也是其瓶颈环节；图纸设计阶段无法预测新产品动态性能的优劣，须物理样机试制后通过试验验证和实际使用方能确认。此外，传统设计修改的同时也需要进行“设计—试制—评价—制造—优化”的反复循环（图 6.12），需要反复进行物理样机的制造与试验，从试制阶段起便需投入大量原料、人员、厂房、设备，具有时间长、成本高、效率低、风险大等不足，导致新产品研发难度增大、研制周期延长、制造成本增加，难以把握市场机遇，降低了产品的竞争力。可见这种传统的研发模式已无法满足人们对新产品开发的要求，不能适应现代经济的发展需求。

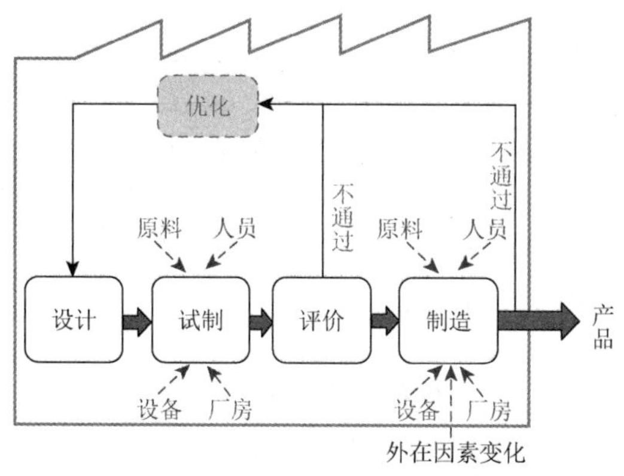

图 6.12　传统设计制造技术路线

虚拟设计可以使用系统仿真软件在各种虚拟环境（virtual environment，VE）中真实地模拟系统的运动，并对其在各种工况下的运动和受力情况进行仿真分析，观测并试验各组成部分的相互运动情况。作为虚拟设计的核心，利用虚拟样机技术可方便地修改设计缺陷，仿真论证不同的设计方案，对整个系统进行持续改进，当这种“设计—虚拟试验—优化—再设计”往复循环到满足设计要求时，才在虚拟样机基础上再制造物理样机进行实物验证。在如图 6.13 所示虚拟设计制造技术路线中，每个阶段都可以在 VE 下进行，通过“虚拟样机”中“设计—加工—装配—评价”的循环反馈，通过获得并传输产品的数据或信息，实现产品设计方案的迭代优化。在产品实际制造阶段，才需要投入原料、人员、厂房、设备等生产要素，具有时间短、成本低、效率高、风险小等优势，并可对市场的需求快速做出反应。因此，虚拟样机基本上不消耗资源和能量，对缩短产品研发周期和节省制造成本有着重要的意义。虚拟样机研发过程完全通过计算机实现，具有研发过程动态交互、评估分析多维全面、产品模型数字定量等特征，拥有传统设计无法比拟的优点。

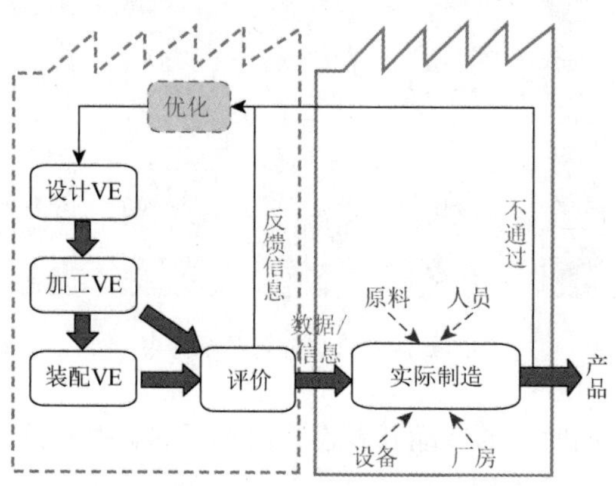

图 6.13　虚拟设计制造技术路线

6.2.2　虚拟样机技术及其构建

虚拟样机（virtual prototyping，VP）技术是虚拟设计的核心，是当前制造领域的新技术，以运动学、系统动力学和现代控制理论为核心，融合了现代信息、先进制造、计算机仿真、工业互联网等众多先进技术，通过对物理样机的替代具备复杂系统模型化、研发周期短、研发成本低等特征，是一项考虑产品全寿命周期的新型研发技术。虚拟样机面向产品系统设计并应用于仿真设计过程，包含数字物理样机、虚拟功能样机和虚拟仿真分析三个方面内容，其应用见表 6.1。

表 6.1　虚拟样机技术

分类	数字物理样机	虚拟功能样机	虚拟仿真分析
应用领域	产品装配过程	产品制造过程	产品使用过程
功能目的	快速评估产品的三维实体模型的结构特性和装配性能	分析、评价样机性能，进行产品方案优化、优选，提高产品各项性能	模拟产品服役环境，开展全寿命周期功能优化和性能分析

对于一般产品，虚拟样机可面向的工程领域或技术指标如图 6.14 所示。当前，虚拟样机技术包括基于有限元理论的应力与疲劳分析、非线性变形分析、振动与噪声分析，以及多系统动力学特性分析、多领域混合建模与仿真、流体动力学分析、液压/气动控制分析等，基本覆盖了工业装备结构设计及服役行为评估的多个方面，已经成为先进设计制造和智能制造领域新的增长点。

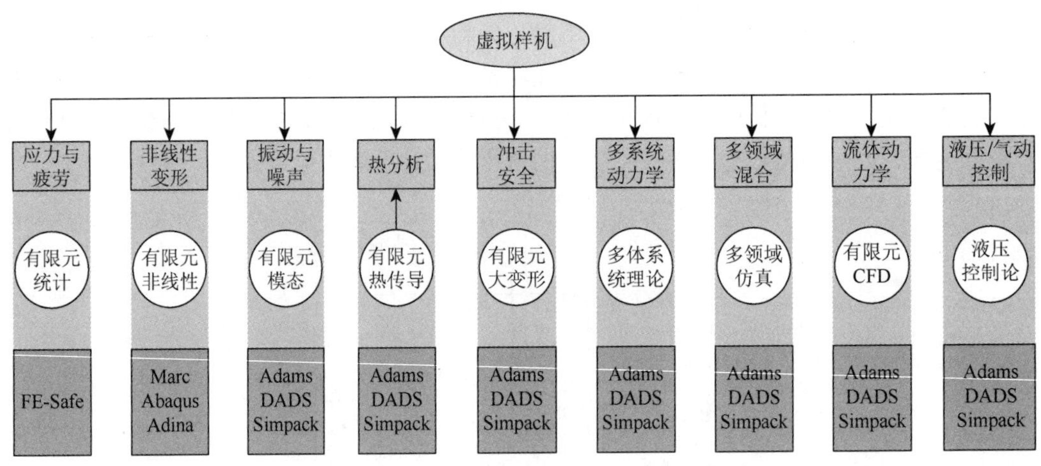

图 6.14　虚拟样机基本内容

必须指出的是，不同阶段的产品开发设计由不同的虚拟样机构建所成，图 6.15 给出了基于产品开发全寿命周期不同阶段的虚拟样机模型。由此可知，产品研发全寿命周期的虚拟样机由需求样机、概念样机、工程样机和最终样机所构成。通过不同阶段虚拟样机反馈的信息对不同阶段产品研发设计进行修改优化，实现产品开发全寿命周期的循环虚拟设计优化，具体分类如下。

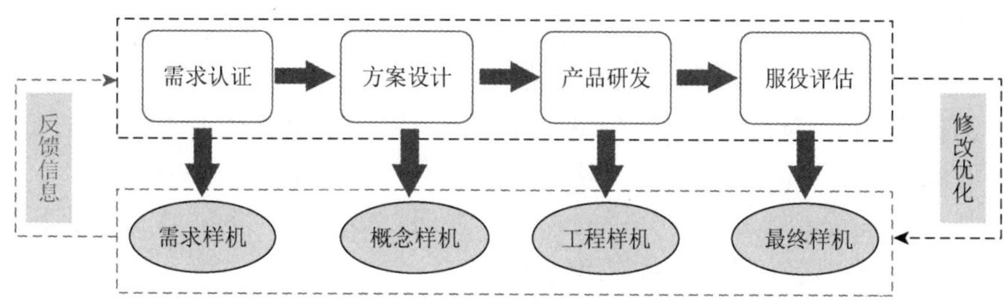

图 6.15　产品开发全寿命周期不同阶段的虚拟样机

1. 需求样机

需求样机是根据用户需求建立的未来产品的可视化和数字化描述，描述产品功能和外部行为的结构模型：

（1）给出未来产品的性能要求及其总体框架，其框架由待细化和完善的基本功能模块组成。

（2）用于未来产品的基本功能仿真，演示和说明产品功能的基本要求和使用环境。

2. 概念样机

概念样机是在需求样机的基础上，对未来产品的功能模块、可视化效果进行优化并开展产品评估：

（1）优化功能模块及各模块间的信息流动关系。

（2）为产品的性能和外部行为提供物理细节和更详细的可视化效果。

（3）对产品的可制造性及其可维护性进行概略评估。

3. 工程样机

工程样机是概念样机的进一步细化，主要由产品的结构模型、性能模型以及其他模型（成本、维护等）组成：

（1）开展产品的各种仿真试验工作，评估设计方案的优缺点以及可制造性、可维护性等。

（2）根据评估结果，对产品的开发和生产进度、成本、质量提出更为全面的要求。

4. 最终样机

最终样机是将工程样机与使用环境相结合，检验产品的实际应用效果，评估进一步改进产品方案的可能性：

（1）加入可靠性模型、维护模型和可用性模型，支持产品的虚拟维护。

（2）加入虚拟仿真模型和操作模型，支持产品的使用训练模拟。

综上所述，虚拟样机技术是以并行工程思想为指导，建模仿真理论为核心，以各领域 CAx（如 CAD、CAM、CAE 等）/DFx（如 DFA、DFM 等）为工具的一种综合应用技术，虚拟样机具有如下特点：

（1）涵盖产品全寿命周期。虚拟样机可应用于产品研发、制造、使用的全过程，并随着产品生命周期的演进而不断丰富和完善。

（2）支持产品全方位测试、分析与评估。不同领域人员可从不同角度对同一虚拟产品并行开展测试、分析与评估活动，强调不同领域间的虚拟化协同设计。

（3）强调多系统多领域协同分析的理念。强调在多系统、多领域的场景下模拟产品的结构、功能及特定运维环境下的使用特性。

6.2.3　虚拟样机发展现状及进展

1. 虚拟样机国内外发展现状

虚拟样机技术起源于美国，经过四十年的发展，在美国、德国、日本等先进制造强国已经得到广泛应用，涉及航空航天、汽车制造、工程机械、海工装备等多个制造领域。在美国，波音（Boeing）公司将虚拟样机技术应用于波音 777 飞机的设计、制造、评价及分析的全过程，不仅大幅减少了设计更改次数，开发周期也从以往的 8 年减至 5 年，研制费用降低 94%，而且保证了最终产品成功研制。

德国戴姆勒-奔驰（Daimler-Benz）公司将虚拟样机技术用于高端汽车产品的研发。研发人员只需要给出新车型、新部件的设计方案和参数，即可通过汽车动态仿真器进行模拟试验，从而准确预测和评价新型汽车的动力学特性。同时，由于车辆的破坏性碰撞试验过程危险且成本较高，采用虚拟样机技术的汽车动态仿真器可对车辆碰撞进行仿真和安全性分析，如利用悬架系统模型和前向撞击模型能准确地对车辆碰撞过程中的损伤状态和失效模式进行分析。

美国卡特彼勒（Catcrpillar）公司作为世界知名的拖拉机、装载机和工程机械制造商，以往新产品开发过程中制造一台大型设备的物理样机需花费数月时间，并耗费数百万美元。为了提升产品竞争力，降低产品研发成本，卡特彼勒公司采用虚拟样机技术，从根本上改进了设计和试验步骤，可以快速虚拟验证多种设计方案。

在国内，“九五”期间就开始了对虚拟样机技术的跟踪研究，取得了初步的研究成果，“十五”期间，该技术已在各行业取得一定程度研究进展。清华大学“轿车数字化工厂”重大项目开创了国内虚拟样机技术应用的先河。随后，航空发动机、武器装备、复杂机械产品等领域也逐渐开始采用虚拟样机技术。国产 C919 大飞机项目的启动初期，因飞机重量大导致飞机着陆时动能和滑跑距离增大，北京工业大学王普等基于虚拟样机技术搭建了多轮飞机刹车系统仿真平台，实现了飞机刹车系统仿真，对于飞机防滑刹车系统的设计和性能演进具有重要意义。

疲劳可靠性是汽车车辆研发和设计中重点关注的问题，结构和零部件的主要失效形式为疲劳失效，疲劳寿命也是衡量车辆耐久性的重要指标。河北工业大学卞学良等基于虚拟样机技术进行了卡车驾驶室结构和焊点疲劳寿命的仿真，并通过试验场实车耐久性测试验证了疲劳仿真的正确性，实现了疲劳寿命的预测。随着虚拟样机技术在国内外先进制造领域及行业的逐渐应用，新产品开发周期缩短、开发成本降低、产品竞争力增强，虚拟样机逐渐取代传统物理样机。

2. 轨道车辆虚拟样机应用

轨道车辆作为重要的公共交通工具，具有运载量大、成本低、快速安全、节能环保等诸多优势。“十四五”期间，国家“八纵八横”高速铁路网正在加密形成，有力推动了高速列车装备制造快速发展。较其他领域，轨道车辆涉及机械、材料、力学、电子、电气、控制、空气动力学等诸多学科，增加了车辆虚拟样机的复杂性。在 2002 年，国内主机厂主导申请了 863 重大计划项目“铁路机车车辆虚拟样机系统”，推动了虚拟样机技术在轨道交通行业的试点应用。

轨道车辆传统设计流程分为五个阶段：方案设计、产品设计、产品试制、测试评估、优化设计，如图 6.16 所示。通过五个阶段的循环实现产品的迭代升级。每一轮循环都伴有物理样机的制造或修改，随之而来的是产品研发周期的延长和成本的增加；同时，各分系统设计之间缺乏协调，在设计过程中无法对整个系统给出准确的描述，整个系统的性能只能靠试验来检验，缺乏有效的系统性能改进技术手段，轨道车辆新产品研发存在周期长、效率低、成本高等缺点。

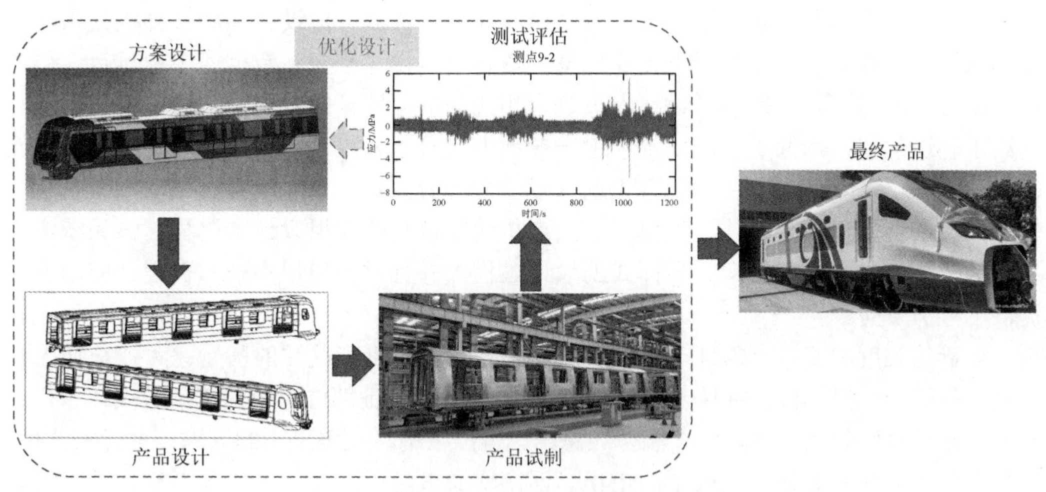

图 6.16　轨道车辆传统设计流程

高速列车及城市地铁是功能高度集成、安全性要求极高的高端装备，产品研发过程周期长、试验成本高，车辆运用过程的性能指标和疲劳可靠性需要长期的数据积累。针对不同的系统，建立相应的虚拟样机模型至关重要。轨道车辆新产品研发的虚拟设计流程如图 6.17 所示。通过虚拟设计技术，将轨道车辆传统的循环过程通过虚拟样机中虚拟试验、仿真模拟、模型分析等反馈信息于设计层面，并在设计层面通过评估论证、结构优化、模型校验等对虚拟样机进行修改优化，进而实现产品的迭代升级，避免了物理样机的制造，不仅大幅缩短了新产品开发周期，并降低了研发成本，而且虚拟样机技术有利于多系统、多领域、多学科的协同开发，并可快速实现新产品的服役评价和设计优化。

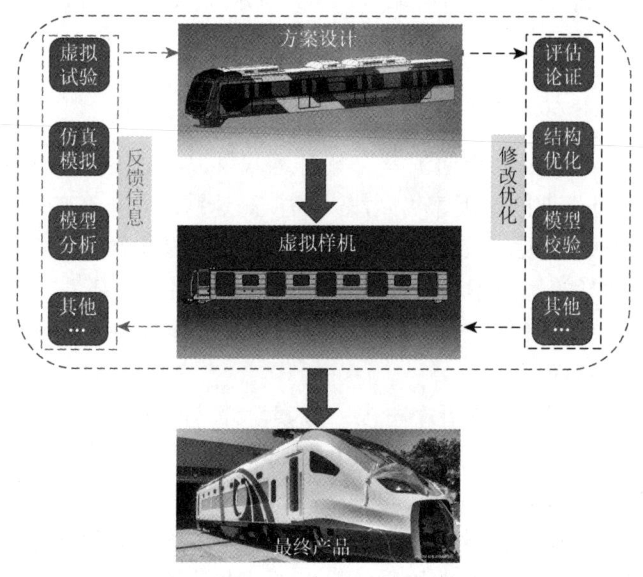

图 6.17　轨道车辆虚拟设计流程

兰州交通大学罗海龙等以机车牵引系统为对象，依靠虚拟设计和虚拟样机技术，通过需求数据理论分析、建立牵引计算模型、搭建虚拟设计平台、数据库模拟运行、协调系统平台功能等手段，提高了设计人员进行相关分析与计算的效率，缩短了设计周期，提高了制造效率，降低了生产成本。中车株洲电力机车有限公司联合华东交通大学依托 Unity 3D 引擎平台，设计并开发了轨道车辆虚拟设计系统，该系统实现了轨道车辆从总体设计、关键部件结构设计、虚拟拆装到虚拟运行试验的虚拟设计全过程。该系统实现了轨道车辆低成本、高效率、多样式的设计过程，并且对虚拟现实技术在设计应用方面提供了参考方向。

车辆的强度和疲劳可靠性一直是轨道车辆设计人员重点关注的问题。大连交通大学兆文忠等基于虚拟样机关键技术，针对 70t 级新型敞车关键部位焊缝的抗疲劳设计进行了研究，通过对疲劳寿命预测仿真模型的总结，得出三个需关键思考的问题：单元的选择、边界条件的简化和如何查找模型的错误。西南交通大学丁国富等通过虚拟样机技术建立了多领域结合的多学科系统级的车辆疲劳仿真平台，为疲劳强度评定提供可靠的解决方案和易于使用的计算服务。

6.3　多学科设计优化

传统产品设计方法是设计人员根据其掌握的数学、力学、材料及机械学科知识和经验，包括对一类产品的统计性能数据，进行改进或再创造；其中也包括经验设计、模仿设计等。随着科技发展和社会进步，手机、计算机、汽车、飞机、船舶以及高速列车等商品或交通工具的构造越趋复杂，涉及机械、结构、材料、气动、控制、空气动力学等诸多学科，产品设计过程更为复杂。因学科均有专属研究方法与发展思路，且各学科间的影响机理研究不全面，导致传统设计方法仅能考虑某一零件、某一系统或某一性能的最优，并未综合考虑各学科间的耦合效应，因此只能获得局部最优解，而不是整个系统的最优解。另外，传统方法设计周期长、成本高，已不能适应现代工业对产品日益严苛的设计需求。正是在这种时代需求的大背景下，多学科设计优化（multidisciplinary design and optimization，MDO）应运而生，其在获得系统最优解方面所表现出来的卓越潜力，吸引了各学科领域越来越多的设计人员。

6.3.1　多学科设计优化技术现状

1. 多学科设计优化发展历程

多学科设计优化理论的基本思想最初来源于设计人员在研究大系统时所采取的分层设计理论。波兰裔美国科学家 Sobieszczanski-Sobieski 在研究庞大复杂系统优化问题时，将大系统分解为层次性系统、非层次性系统以及混合层次性系统，并于 1982 年首次提出了多学科设计优化概念，指出当时航空器设计通行的各学科序贯设计方法有可能忽视了系统间的相互影响，所得设计结果难以达到最优。多学科设计优化思想迅速引起了结构优化设计者的浓厚兴趣。1986 年由美国航天航空学会（American Institute of Aeronautics and Astronautics，AIAA）、美国国家航空航天局（National Aeronautics and Space Administration，NASA）、美国空军（United States Air Force，USAF）等联合召开的多学科分析与优化国际学术会议正式开幕，并每两年召开一次。1991 年 AIAA 正式提出了多学科优化术语并成立了 MDO 技术委员会，发表了 MDO 发展现状白皮书，标志着一门新兴学科就此诞生。

当前许多国家的科研机构都在进行涉及多学科设计优化研究和应用方面的工作，如每两年一届的多学科分析与优化（multidisciplinary analysis optimization，MA&O）研讨会，以及国际结构和多学科优化学会（ISSMO）组织的世界结构与多学科优化大会。此外，弗吉尼亚理工大学的先进飞行器多学科分析与设计中心等国外高校科研机构也各自开展了多学科设计优化的研究。商业软件公司也开始进入该领域进行研究，提供多学科设计优化的平台，主要有 ISIGHT 平台和 Optimus 平台等。

MDO 自 1982 年诞生以来经过了 40 多年的发展历程，其研究体系已经日趋完善，主要包括人机接口、系统分析、系统灵敏度分析、优化算法、面向对象设计的分析、系统的数学建模、系统分解、近似技术、试验设计等方向，其相互关系如图 6.18 所示。同时，MDO 研究成果的应用，已经从最初的高超声速飞行器、大型客机、往返式航天器等航空、航天领域，拓展到车辆、船舶、电子、能源以及土木和建筑等其他工程领域，产生了显著的经济与社会效益。

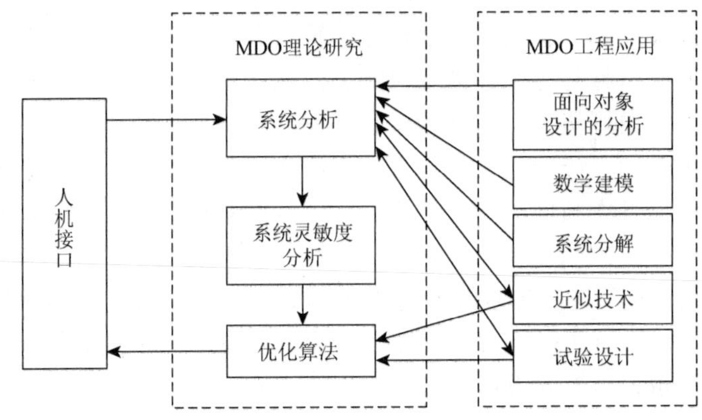

图 6.18　多学科优化的技术体系架构

2. 多学科设计优化国内外研究进展

虽然多学科分析与优化的思想很早就被人们认识到，但直到最近十多年才正式将多学科设计优化作为一个新的领域而获得重视。由于航空航天系统的日益复杂与应用中的重要性，国外航空航天工业界和学术界最先认识到开展 MDO 研究的必要性和迫切性。NASA 研究人员针对 MDO 对工业界的影响问题，对波音公司、洛克希德公司等 9 个美国航空航天工业公司进行调查研究，航空航天工业界对 MDO 的研究和应用有着广泛的兴趣与支持。同年，NASA 在兰利研究中心成立了多学科优化分部（multidisciplinary design and optimization branch，MDOB），致力于 MDO 理论研究和技术推广应用。自成立后，开展了多项 MDO 应用研究，包括火星探路者、高速民机、气动塞式喷管、可重复使用运载器和卫星概念设计等。美国从 1988 年至 2003 年，分三个阶段实施“综合高性能涡轮发动机技术”（the integrated high performance turbine technology program，IHPTET）计划，总经费投入为 50 亿美元，每年平均 3 亿多美元。在当时的欧洲，以英国为主，意大利和德国参与，共同实施了“先进核心军用发动机第二阶段”（advanced core military engine-II，ACME-II）计划。这两个大型研究计划的共同目标是，在综合考虑计算流体力学、结构力学、传热学、燃烧学、材料和工艺等多个学科相关知识的基础上，使航空推进系统的能力在 1988 年的基础上提升 1 倍。

美国洛克希德公司在其高敏捷战机的研制中采用了多学科设计优化思想，综合考虑了机身的空气流动性、结构轻量化、结构安全性等多性能要求，从而显著提高了机身结构设计的合理性，相对于传统的设计思想，多学科设计优化方法不但使飞机满足多项性能指标的要求，而且降低了飞机的研制成本，避免了重复设计现象的发生。目前，空客、波音等著名飞机制造商在其产品设计开发中大范围地运用了多学科设计软件，与其他 CAE 软件集成，组建了一个多学科设计优化平台，从而在提高产品的各项性能参数的同时，提升了产品设计效率。

目前，国际上 MDO 研究的基本状况是：国外一些发达国家，在 MDO 原理、方法、应用及优化算法等方面的研究已逐渐形成一个有机整体，对不同学科的分析及计算软件已规范化并进行集成，开发出了一些面向应用的商业软件，如 ISIGHT、ModelCenter、

AnalysisSevet、VisualDOC、Cplex 等。在 NASA 和 AIAA 等欧美政府部门的倡导和支持下，国外许多大学的 MDO 研究结构和研究小组也纷纷参与到 MDO 各种技术的研究之中，如佐治亚理工学院航天系统设计实验室和航空系统设计实验室、斯坦福大学航空航天计算实验室和飞机气动与设计小组、弗吉尼亚理工大学先进飞行器多学科分析与设计中心、佛罗里达大学结构与多学科优化小组、布法罗大学的多学科优化与设计工程实验室等，培养了大量的 MDO 专业技术人才，涌现出了一批理论成果和应用研究成果。与此同时，工业界也热衷于 MDO 的技术研究和应用，他们希望 MDO 的研究能促使企业界从传统的设计模式向并行化、一体化的先进模式转换，提高设计质量，缩短研发周期。

国内对 MDO 的研究始于 20 世纪 90 年代中期，以高校为代表的研究团体开展了深入广泛的研究。国内航空工业的迅猛发展以及信息化、计算机辅助设计的普及，极大促进了航空航天院所对多学科优化技术的需求。陈召涛等利用 ISIGHT 软件平台，采用 Fluent 计算气动力，采用 Nastran 进行结构分析，采用并行优化方法对无人机结构进行了气动弹性多学科优化。左英桃等采用计算流体力学与计算结构力学耦合的方法，应用基于近似模型的优化设计方法解决多学科优化计算量大的问题，并对大型客机机翼进行了气动与结构耦合多学科优化设计。

在军事装备领域，高超声速飞行器是一个复杂的系统工程，就非常规外形（乘波飞行器）而言，技术难题和风险障碍都比常规飞行器的设计更高。21 世纪初，国内乘波飞行器的基础研究虽然已经取得了很大的进步，但是离实际工程应用还存在很大差距，其潜力还没有被完全开发出来。采用多学科设计优化的理论和方法来充分挖掘乘波体飞行器系统的潜能，MDO 也逐渐成为新型高超声速飞行器设计中的关键技术。高超声速乘波飞行器的总体设计涉及空气动力学、气动热力学、燃烧学、飞行力学、结构力学、控制理论、优化设计理论以及其他应用科学，各个学科之间相互耦合，是典型的复杂系统设计问题。完美的气动外形无法完全实现飞行器的实际使用需求，因此必须在系统科学理论的指导下，采用多学科设计优化方法进行先进飞行器的一体化综合设计。

汽车研发设计工作是一项非常复杂的系统工程，需要综合考虑汽车碰撞安全性、耐久性、控制稳定性及 NVH（噪声、振动与声振粗糙度）等，汽车多学科设计优化可参考图 6.19。汽车研发设计所涉及的学科多，并且学科间含有复杂的耦合关系，这给汽车的设计和优化带来了诸多困难。因此，进行汽车研发设计工作时通过 MDO 可以综合考虑多个学科对系统响应的影响。与传统设计方法相比，采用 MDO 方法的汽车开发设计具有三个方面的优势：①考虑多学科间耦合设计，更加贴近问题的实质，高保真；②学科综合优化设计，采用多目标机制平衡学科间影响，探索整体最优解，避免串行重复设计导致的汽车研发设计过程中的人力、物力、财力浪费；③协同/并行设计，缩短汽车研发设计周期。

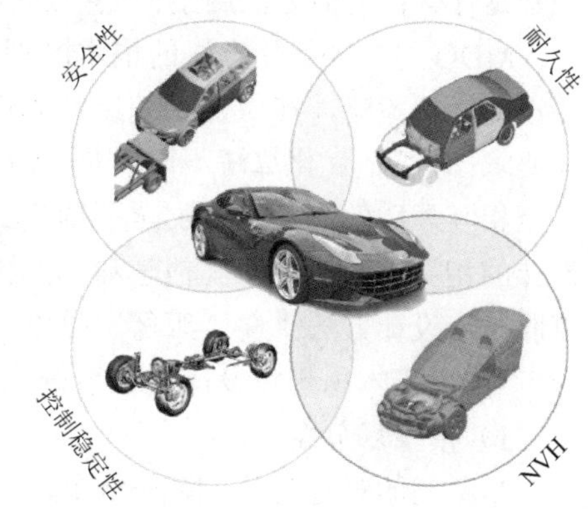

图 6.19　汽车多学科设计优化

6.3.2　多学科设计优化特点及步骤

1. 多学科设计优化研究内容

MDO 的主要思想是在复杂系统的整个设计过程中，充分利用分布式的计算机网络技术来集成各学科的知识，按照面向设计的思想来集成各个学科的模型和分析工具，通过有效的设计和优化策略组织与管理设计过程，充分利用各学科间相互作用所产生的耦合效应来获得系统的整体最优解。根据 NASA 兰利研究中心的多学科设计优化研究小组对 MDO 的定义，MDO 是一种方法学，是在复杂产品的设计过程中，充分考虑各学科间的相互耦合效果，有益于设计者提高产品设计性能的一系列方法、过程和概念的总称。目前为止，MDO 理论研究主要内容集中在模型建立、模型近似、灵敏度分析和过程优化等四个方面。

（1）MDO 模型建立是复杂系统多学科设计优化的前提，复杂系统建模方法可以有基于多物理领域、基于接口、基于统一语言和基于学科的不同方法。

（2）MDO 模型近似主要是指改变系统的复杂程度，以适应不同分析阶段需求，提供不同精度模型的方法，通常与近似方法联合使用。常用的近似方法有二次响应面方法、反向传播（back propagation，BP）方法、Kriging 方法、径向基函数方法等。其中，BP 方法样本需求多；而二次响应面方法简单但精度较低；后两者适应性较强但只能对单个函数进行近似，且不易局部调控。

（3）MDO 灵敏度分析用于确定系统设计变量对设计函数（目标函数和约束函数）的影响大小以及子系统之间的耦合关系。多学科系统灵敏度分析的主要研究有全局灵敏度方程和最优灵敏度分析。子系统灵敏度分析方法在有限差分法的基础上，发展了复变量步长方法和自动微分法，其中自动微分技术具有适应性广、无截断误差等优点，逐步受到重视。

（4）MDO 优化过程是 MDO 的核心，也是 MDO 研究最活跃的领域。优化过程主要是解决四个问题：系统与子学科之间的层次关系如何规划；系统层与学科层的优化模型分别是什么；近似方法用于何处；迭代过程如何进行。

MDO 与其他优化方法的根本区别就是建立了系统与子系统之间的联系，可以根据需要设计优化策略，在保证系统级整体性能的前提下，各子系统的性能设计也要能满足设计要求；与其他优化算法不同的是，MDO 还可以兼容考虑各子系统之间相互影响的因素，甚至相互矛盾的因素，更加全面地进行设计优化。将设计过程系统化，让参与整个系统设计的相关人员都了解其他学科的约束要求和优化目标，使设计从一开始就有全局观，克服传统设计方法“学科孤岛”现象。

MDO 基本思想将设计过程系统化与全局化，主要特点如下。

1）模型复杂性

学科间的耦合关系，使得 MDO 中即便各学科均为简单的线性模型，最终得到系统组合仍有可能是非线性的，从而使设计模型较传统设计更为复杂。

2）交换复杂性

MDO 中一个学科或子系统的输入往往也是另外一个或几个学科子系统的输入，而它的输出又是其他学科子系统的输入，由此就形成了非常复杂的耦合关系。这样的耦合关系使得 MDO 中信息交换和管理成为一个十分复杂的问题。

3）计算复杂性

对于复杂系统的 MDO，所涉及的设计变量可能达到几十、几百甚至成千上万，如果再考虑求解问题的非线性及学科间耦合关系等因素，计算会非常复杂，相应地对计算资源的需求也会非常庞大。

4）组织复杂性

现代产品越来越复杂，所涉及的学科领域也越来越多，且由于全球化的兴起，一个产品的设计与制造可能是分布在全世界不同的角落，因此要实现 MDO 的系统化、一体化的设计理念组织起来非常复杂和困难。

上述特点也是 MDO 所面临的技术难点和挑战，决定了未来需要的突破和创新，适应时代的发展要求，因此尽管困难重重，复杂产品开发过程中采用该方法已是大势所趋。此外，表 6.2 从设计目标、设计约束、设计变量、多领域处理、寻优策略等方面对比分析了传统优化设计和多学科优化设计。

表 6.2　多学科优化设计与传统优化设计方法对比

指标	传统优化设计	多学科优化设计
设计目标	单目标或多目标	单目标或多目标（常分布于不同的子系统中）
设计约束	某一学科的设计空间内	各学科的约束分布于不同的设计子空间中
设计变量	一组设计变量	包含局域设计变量和耦合变量
多领域处理	集成多学科内容，建立统一的优化模型	各学科分别建立优化模型，通过系统级的控制协调学科间的关系
寻优策略	采取某一种寻优策略，如组合形法、随机搜索法或遗传算法等	各学科子系统可以分别采用不同的优化方法，再根据多学科优化系统的结构选用适宜的多学科优化系统级寻优策略

2. 多学科设计优化的步骤

作为一种基于学科分析和优化的集成系统设计方法，MDO 通过探索和利用学科的耦合机制来解决复杂设计问题，已成为优化设计领域的重要研究方向，并发展为一系列的理论和方法。多学科设计优化方法可大致分为两类：单级优化方法和多级优化方法。前者主要针对设计变量和学科数量较少的情况，将系统作为一个整体进行优化设计；后者则是对各单学科分别进行优化，然后在系统级对已得到的优化结果进行一致性设计。单级优化方法通常含有一个优化器，并直接应用非层次型的优化策略，包括单学科可行法、多学科可行法、同时分析优化算法以及独立子空间多学科优化方法等。多级优化方法利用多层次的优化策略，每个优化层通常同时具备各自的优化器，包括并行子空间优化设计、两级系统综合优化方法、协同优化方法等。

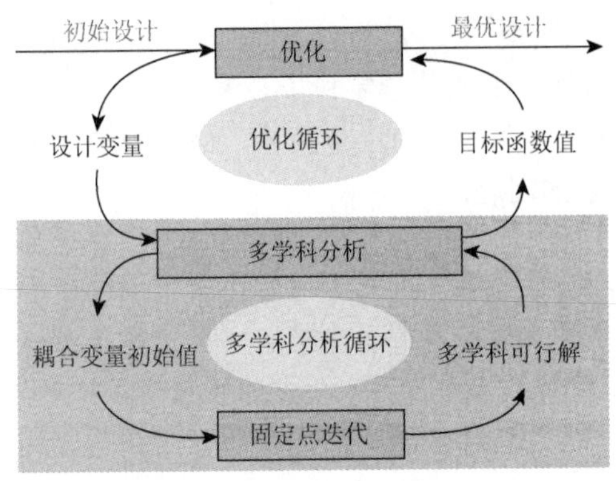

图 6.20　多学科可行法计算框架

以多学科可行法为例，作为解决多学科设计优化的最基本方法，其基本框架如图 6.20 所示。多学科可行法本质上是一个两层循环的过程，外层是优化循环，内层是多学科分析循环。多学科分析实际上是在求解一个非线性方程组，常用的求解方法为固定点迭代法。可以看出，在多学科可行法中，多学科分析循环嵌套在优化循环中，这样会导致计算量增长十分迅速。然而，多学科可行法所需的设计变量个数是多学科设计优化方法中最少的，并且由于多学科可行法在每次优化迭代中均会进行高精度的多学科分析，所以多学科可行法所得结果的精度非常高，常常被当作标准方法来检验其他方法的精度和效率。

目前，应用较多的通用 MDO 软件平台，包括 ISIGHT、ModelCenter、Workbench、AML、VisualDOC、DAKOTA、Optimus 等。其中，几种常用的多学科优化设计集成软件的软件名称、主要特点及研发单位如表 6.3 所示。

表 6.3　常用的多学科设计优化集成软件

软件名称	主要特点	研发单位
ISIGHT	①提供多学科设计优化语言； ②丰富的优化算法及多种代理模型； ③良好的可视化功能； ④多种商业化软件接口等功能； ⑤提供基于稳健及可靠性优化设计	美国 Engineous Software 公司
DAKOTA	①强大的代理模型生成能力； ②丰富的优化算法库； ③提供考虑不确定性的可靠性优化设计； ④具有一定的可视化功能	美国 Sandia 国家实验室
ModelCenter	①很好的用户界面，便于分布式计算； ②良好的数据管理及设计过程可视化； ③提供主流软件的接口	Phoenix Integration 公司
NPSS	可对发动机进行多学科优化分析及优化	NASA 刘易斯研究中心
FIDO CJOpt	以高速民用运输机（HSCT）为例展示了多学科并行分析和优化及分布式网络计算的能力	NASA 兰利研究中心
VisualDOC	①很好的设计过程可视化功能，实时观测各设计指标以及很好的用户界面； ②具有相对丰富的优化算法库，也可以提供几种常用的代理模型； ③有商业软件接口和数据管理系统	Vanderplaats 等

*高速民用运输机：high speed civil transport。

MDO 是以系统化、全局化的理念对复杂系统进行设计，而学科间耦合关系的存在使设计变得更加复杂，也就不可能把所有学科分析模型集成为一个大的系统分析模型。因此，在设计时既要考虑和利用学科间的耦合关系，又要保持各学科的相对独立性。MDO的求解思路如图 6.21 所示，步骤如下：

（1）将复杂系统划分为若干子系统（子系统 1 和子系统 2 等），各子系统并非独立，而是寻找某些联系，具有相互影响或相互矛盾的因素；

（2）利用 MDO 对各子系统的影响因素进行灵敏度分析，进而找出它们之间的协同影响机制；

（3）利用 MDO 中的优化策略对各子系统进行协调优化，求解各子系统和系统整体的最优解。

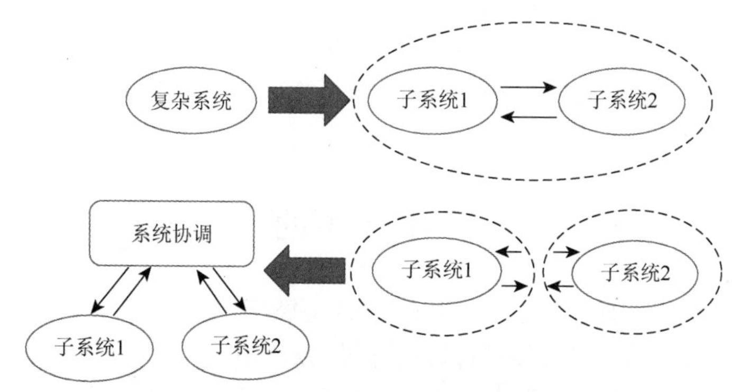

图 6.21　多学科优化的求解思路

6.3.3　铁路车辆结构多学科设计优化进展

改革开放以来，经济的高速发展和流动人口数量的激增，对轨道交通工具运行速度的要求越来越高。虽然我国铁路自 1997 年、1998 年、2000 年、2001 年、2004 年、2007 年经过了 6 次大提速，但人们对铁路运行速度仍不满足。2007 年国内首次运营 200km/h 的“和谐号”动车组，开启了中国的高铁时代，2010 年持续运营速度达 350km/h 的 CRH380A 投入运营，2017 年中国自主研发、具有完全知识产权的“复兴号”标准动车组投入运营，2021 年速度 600km/h 的高速磁悬浮交通系统在青岛下线。虽然，近十几年来中国高速列车行业取得了令人瞩目的成绩，但是高速列车的研发涉及电子电力、结构力学、材料科学、控制科学、结构动力学、车辆动力学、空气动力学等诸多学科。然而，传统的设计与优化方法无法综合考虑各种问题的影响，已经不能满足轨道交通行业快速发展的需求。随着 MDO 方法在航空航天领域的成功应用，MDO 方法也逐渐在轨道交通领域得到广泛应用。

高速列车是一个复杂的系统工程，以车体研发设计为例，作为主要承载结构之一，除需要满足基本的强度和刚度要求外，还需要考虑涉及空气动力学、多体动力学、碰撞安全性以及结构轻量化等多学科问题。西南交通大学缪炳荣通过高速列车空气动力学模型、刚柔耦合多体系统动力学模型、车体结构有限元模型、多目标优化近似模型等多学科优化平台，计算分析了车体结构多学科性能，实现了车体结构的多目标优化设计。在车体结构强度设计中引入多学科设计优化方法，可以充分考虑材料、结构、工艺等各自系统的要求，又可以研究上述各系统之间的相互影响甚至相互矛盾的因素，找出它们之间的相互影响机理和耦合效应，以达到车体结构强度及可靠性的整体性能最优，提高设计效率和降低研发成本。

作为地表运行速度最快的交通工具，高速磁悬浮列车的运行速度可达600km/h，极高的运行速度也对高速磁悬浮列车设计研发提出严格要求。由于高速磁悬浮列车的设计研发涵盖空气动力学、系统动力学、固体力学、结构力学、电磁学、材料科学等诸多学科领域，针对高速磁悬浮列车的强度设计和疲劳评价显得尤为关键。国内吴圣川等基于多学科设计优化方法，实现了不同学科的交叉融合，在传统结构强度设计中引入了大系统动力学响应，在国内外首创了大系统动力学与结构强度学的服役多学科优化评价联合仿真框架，应用于高速磁悬浮列车先进轨道装备结构的系统动力学和结构强度学的多学科设计优化的评价体系。

6.4　车辆仿真模型的修正技术

有限元仿真分析目前已经成为与理论分析、试验研究鼎足而立的三大科学研究手段之一，特别是对于大型结构和复杂结构，模拟分析可以提供设计方案可行性的理论保证，更显得尤为关键。但是，有限元模型难免引入误差，主要有模型结构误差、参数误差和阶次误差等。如果误差超过规定阈值，则有限元模型将不能反映实际结构特性。由于建模时缺乏先验信息，通常认为实测数据更为准确可靠，因此有限元模型修正技术的思想是根据静动力试验数据，对有限元模型进行修正，最大限度地减小模拟与试验之间的差距，使得有限元模型能够更可靠地反映实际结构特性。其中，初始模型建立后，对连续结构离散化造成的阶次误差可以通过单元网格细化来控制；多数有限元模型修正方法实际上是对刚度、质量、材料属性、几何尺寸等模型参数的修正，以此降低参数误差。有限元模型修正计算最早出现于航空领域。1958年，Gravitz等通过飞机地面振动测试数据修正飞机结构柔度矩阵，被认为是模型修正技术的早期探索。然而，尽管在工程上已经有一些成功应用，这项技术还远远谈不上完善，现代工程技术的飞速发展已经对有限元模型修正提出了更高的要求。目前，有限元模型确认的总体技术路线已经基本形成，相关研究仍在不断深入。

另外，除了通过网格细化控制阶次误差，以及通过传统有限元模型修正控制参数误差之外，物理模型的结构误差在传统有限元模型修正中并未涉及。但对实际结构的简化及对结构非线性的线性化已经成为仿真模型修正技术提升的瓶颈，特别是对于具有明显非线性特征的结构，传统基于线性的有限元模型修正从理论上看进步空间有限。事实上，非线性有限元模型修正问题早已引起研究人员的注意。近年来非线性科学、非线性系统识别以及时-频分析技术等的发展和应用，为有限元模型修正技术向非线性发展提供了理论支持。非线性有限元模型修正能够增加模型的复杂程度，降低模型的不确定性，使其更接近实际结构，从根本上提升修正结果的置信度，是基于线性结构传统方法质的飞跃。国内外学者已经进行了一些有价值的探索，非线性有限元模型修正将逐渐得到更广泛的关注。

最后，发展仿真模型修正技术，提升模拟实际结构的能力，能够充分发挥有限元模拟技术的优势，对结构设计、优化、结构振动控制、结构健康监测、结构性能评估和预测等工程应用，以及解决碰撞、爆炸等工程难题具有重要意义；同时，也能够缩减不必要的试验研究，减少资源消耗，节约成本，缩短研发周期，提高企业技术水平和市场竞争力，促进装备制造业转型升级。

6.4.1　线性数值模型修正及步骤

有限元模型修正技术包含有限元建模、试验模态分析、模型缩聚扩阶、灵敏度分析、算法优化等内容。图 6.22 为目前最常用的基于灵敏度的参数修正方法技术路线，下面将简要评述传统有限元模型修正方法。

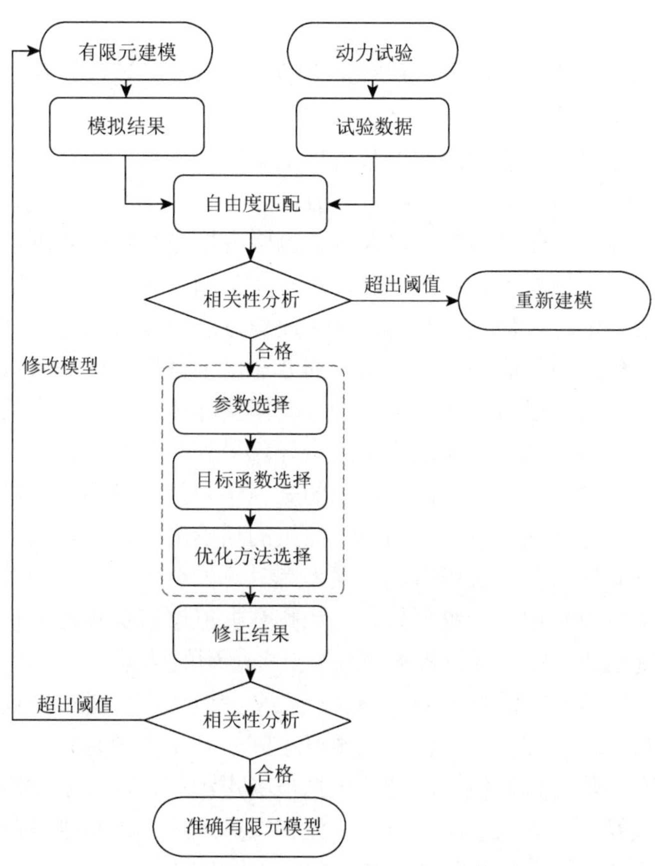

图 6.22　传统有限元模型修正方法的技术路线

1. 矩阵型方法

Berman 等在基于模态数据的直接法方面较早地开展了相关研究工作，他们运用模态正交性条件作为约束，通过拉格朗日乘子法使矩阵修正量范数最小化，直接修正质量和刚度矩阵。使用这种方法修正后的模型能够精确“复制”试验数据，但是破坏了质量、刚度矩阵原有的带状、稀疏特征。针对这一问题，Kabe 等提出了一种保持矩阵带状、稀疏特征的刚度矩阵修正方法，其思想是通过引入约束条件，使修正过程只改变矩阵中非零元素，原有零元素不变。修正过程从矩阵整体转变到矩阵中的元素，这是方法学上的一大进步。后续又有较多研究成果涌现，我国学者早期的相关研究工作也是围绕着直接修正刚度、质量矩阵元素展开的。Roy 等通过对比多种修正方法，提出考虑模型物理意义、修正后矩阵元素关联性、修正结果真实性的有限元模型修正方法评价标准。从这个角度来看，直接修正质量、刚度矩阵的方法虽然可以通过施加相应约束保证其带状、稀疏特征，但这类矩阵型方法在修正过程和修正结果上仍普遍缺乏物理意义，修正后的模型只在数学结果上与实际结构相近而不具备实际工程意义，逐渐退出历史舞台。此类方法的技术细节已有大量相关文章介绍，这里不再赘述。

2. 参数型方法

参数型方法不仅能够保证修正过程和结果的物理意义，还能够保证矩阵原有带状、稀疏特性以及各元素间的连接意义，是矩阵型方法的重要发展，国内外学者进行了较为深入的研究。参数型方法中所使用的参数可以是子矩阵参数，也可以是具有实际物理意义的弹性模量、密度、几何尺寸等参数。

在实际测试过程中，受采样频率以及频带范围内模态数量的限制，且高阶模态数据易受噪声影响产生较大误差，结构信息通常是不完备的，因此使用较多的数据修正较少的参数是比较理想的情况。修正参数的选择是此类方法中极为重要的技术环节。常用的参数选择方法是工程经验与灵敏度分析结合的方法，根据经验确定大致范围后选择灵敏度较高的参数，这样既可以避免选择灵敏度较高但实际修正并不改变的参数，也可以避免选择灵敏度较小的参数造成的灵敏度矩阵奇异。另外，若结构已经产生损伤，则需要使用损伤定位方法确定修正参数。值得注意的是，参数型方法通常可以根据实际需要，多次重复修正过程进行迭代，以期提高修正结果的精确度，但是迭代过程的收敛性缺乏相关研究证明。试验模态分析过程造成的误差有时可能会大于模型参数误差，一些学者研究直接使用频率响应数据进行模型修正。频响数据能够避免模态分析带来的误差，且具有互易性，各测点间能够相互校核从而获得更多准确的数据。

基于灵敏度的参数型方法具有明确的物理意义，但是需要进行迭代优化，多次调用仿真模型，计算量大。计算量主要源于灵敏度矩阵，且当参数选择不当时，如参数灵敏度较小或几个参数影响相近等情况，抑或数据被噪声污染时，灵敏度矩阵在求解过程中易出现病态，导致算法失效或求解错误。因此在实际应用中，特别是针对待修正参数较多的大规模、复杂结构仍有一些限制。

3. 交叉模型方法

交叉模型方法不基于灵敏度，它与子矩阵法类似，同样将修正后的质量、刚度矩阵代入特征方程中，但实测数据与模拟数据的交叉使用形成了一种新方法。这种方法不需要进行实测模态与模型模态的匹配，且不要求全部模态数据，不需计算灵敏度，不需迭代计算，便于工程应用。但是当实测数据比较准确时，在做特征方程的比值时可能出现分母接近零的情况而使算法失效；另外，子矩阵参数是整体参数，可以表达单元之间的连接意义和多个物理参数的综合作用，无法进行一个单元内某个特定物理参数的修正。

4. 神经网络法

有限元模型修正是一种比较典型的反问题。反问题一般都是非线性且不适定的，求解难度较正问题大得多。传统方法无论如何选择待修正参数也无法改变修正过程反问题的本质，有学者使用神经网络方法的非线性映射能力强、鲁棒性较好的特点，将有限元模型修正的反问题转化为正问题求解。经过多年发展，已经产生种类繁多的神经网络，并在多个领域得到了有效的应用，包括径向基函数（radius basis function，RBF）神经网络和 BP 神经网络。不过，神经网络方法也能用于非线性结构的有限元模型修正，具体做法是：首先，通过工程经验与灵敏度分析结合的方法选择待修正参数作为输出参数，选择结构特征量作为输入参数；扰动待修正参数并通过有限元模型得到相应结构特征量，生成神经网络的训练样本数据。然后确定神经网络的类型、结构，利用样本数据训练神经网络，直至收敛。将实测数据得到的结构特征量输入神经网络，得到的参数即修正后的参数。最后将修正后的参数代入有限元模型重新生成结构特征量与实测数值比较，如果误差较大，需要补充训练样本并重新训练神经网络，如此重复直至满足精度要求。神经网络取代灵敏度重新定义了结构特征量与待修正参数之间的关系，将有限元模型修正转变为正问题求解，是有限元模型修正技术的进步。但是，神经网络的泛化能力对修正结果的影响较大，修正后模型的外推是否合理需要进一步确认；另外，参数较多时神经网络所需收敛时间较长，输入的训练数据越充分神经网络通常收敛越快，但是建立大量的训练数据也需要多次使用有限元模型计算，从而造成一定的计算负担。

5. 响应面法

传统参数型有限元模型修正方法的迭代过程需要多次重复调用步骤，导致计算量剧增。通过简化模型或选用更优网格可以在一定程度上提高运算效率。响应面法以显式的响应面函数拟合结构特征量与参数之间复杂的隐式关系，建立一个替代有限元模型的代理模型进行优化迭代过程，它最早由 Box 和 Wilson 提出并应用于化学工业，经过多年发展已成功应用于机械、土木等多个工程领域。响应面法有限元模型修正步骤是：建立初始有限元模型后，首先根据经验确定模型参数设计空间，选择合适的试验设计方法生成样本点。常用的试验设计方法有全因子设计、中心复合设计、正交设计、均匀设计等，然后代入初始有限元模型生成样本数据。通过对样本数据进行方差分析，选择对结构响应影响明显的参数。选择响应面模型并拟合模型参数，常用的响应面模型包括多项式模型、径向基函数模型、克里格模型等。确定的响应面模型需运用均方误差、平均误差、复相关系数等统计指标进行模型验证，若达到精度要求，则可将响应面模型替代有限元模型进行模型修正优化过程，否则需要返回修改响应面模型直至满足精度要求。

相比于神经网络法，响应面法建模工作量要小得多；而且，通过统计方差分析选择影响显著的参数从而降低优化求解问题的维度，也是神经网络法所不具备的能力。另外，响应面法处理多参数影响问题体现出了明显的优越性，且回避了传统方法可能出现的不适定问题，因此在解决大型结构的有限元模型修正问题上具有广阔的前景，同时其中包含的模型确认思想也符合模型修正技术的发展方向。但是响应面法各环节方法的选择较依赖于经验，且存在最终得到的有限元模型“外推”不可靠、修正结果不唯一、生成样本数据计算量较大等问题。

6. 模型修正的一般步骤

本小节以基于灵敏度的参数型修正算法为例给出模型修正的一般步骤。

1）预试验分析

结构动力学模型修正的准确程度依赖于试验测试精度和数据量。在进行试验之前，基于建立的有限元模型，通过识别和选择重要模态，进行传感器（如加速度传感器、压力传感器等）和激励（如锤击激励或激振器激励）位置的优化布置，从而提高试验测试的精度和数据的可用性。

2）相关性分析

相关性分析主要用于量化评估数值模型特征和实际结构之间的一致程度。在进行相关性分析之前，必须要保证数值模型和试验模型采用相同的坐标系，并需要通过模型缩减或扩展技术确保二者自由度一致。

3）参数和响应选择

选择合适的修正参数和优化的目标函数（响应残差向量）是模型修正的关键环节，参数和目标函数的选择对优化算法的选择、优化效率及收敛结果有着重要影响。参数和响应的选择不仅取决于选优算法，更重要的是取决于工程技术人员的实践经验。

4）灵敏度分析

灵敏度分析用于计算结构特征量对待修正参数的偏导数，是设计参数型模型修正最重要的部分，通过线性化测试输出（如固有频率、模态或位移响应）和待修正参数之间的广义非线性关系来计算灵敏度。

6.4.2　非线性模型修正及步骤

从线性到非线性是传统有限元模型修正技术的重要发展方向，逐渐得到国内外学者的广泛关注。非线性与不确定性不同，非线性是结构中固有的、确定的性质，一味对结构非线性进行近似和简化会增加结构的不确定性，即使应用基于统计理论的模型修正、确认方法，也无法从根本上改善模型的置信度。非线性是广泛存在的，除材料非线性，在结构伸缩缝、连接节点等位置均表现出非线性特征，一些新型支撑、隔振减振支座结构，以及损伤后的结构整体也会表现出明显的非线性。不同类型的结构之间存在共性的非线性问题，如不合理地加以考虑，一味以线性模型进行模拟和修正，可能造成结构设计缺陷、健康监测失效等工程问题，威胁人类生命财产安全。目前，无论是传统有限元模型修正，还是其向不确定性发展的有限元模型确认，以及考虑环境因素影响的有限元模型修正研究，均基于结构线性假设，运用固有频率、振型等线性结构特征量的方法；除了将环境影响因素去除的方法，有学者采用建立环境因素与结构动力特性之间关系模型的方式考虑环境因素影响，并将此关系模型参数引入模型修正过程，但其模型也多为线性，尚未见针对非线性结构考虑环境因素的有限元模型修正相关研究。

基于结构线性假设的传统有限元模型修正方法的局限性，已经引起国内外学者的关注，主要有以下研究成果：

（1）Hemez 和 Doebling 对非线性模型修正进行了较早研究，通过 LANL 的五项试验结果，说明发展非线性模型修正的必要性与技术挑战。Beardsley 等利用主成分分析结合响应面的方法，研究了某聚合物材料本构模型非线性修正问题，并与基于线性方法的修正结果对比，说明了非线性修正方法的优势。Schultze 等利用冲击试验响应峰值加速度作为特征量，结合方差分析方法，建立待修正参数与特征量之间的响应面模型，研究了材料非线性模型修正问题。

（2）美国塔夫茨大学 Moaveni 等先后进行了 7 层钢筋混凝土剪力墙结构模型和 3 层钢筋混凝土框架模型振动台试验，并通过线性有限元模型修正进行损伤识别，结果表明，随着损伤程度的提高，基于线性的方法无法很好地代表结构状态；Asgarieh 等随后对这两个试验进行了非线性有限元模型修正的研究，选择材料非线性本构模型参数作为待修正参数，运用时变模态参数反映结构非线性特征，以此构造目标函数并利用模拟退火法进行优化，取得了较好的结果。

（3）英国帝国理工学院 Ewins 等提出了一种非线性有限元模型修正和确认的“三阶段十步骤”技术路线，如图 6.23 所示，首先建立线性模型，通过传统方法进行修正；然后通过对结构非线性的初步判断，开展针对性的动力试验对结构非线性进行探测、定位、描述和量化；首次提出了模型“升级”的概念，强调应当提升单元阶次及模型复杂程度，更准确地还原结构固有的非线性特性；最后针对“升级”后的非线性模型进行进一步的修正和确认。随后，Ewins 课题组 Carri 按照所提出的技术路线对机翼结构进行了非线性识别、模型修正试验研究，运用反步法描述非线性，并通过曲线拟合对非线性进行量化，进一步强调在结构承受较大幅度激励时“升级”模型的必要性，同时也

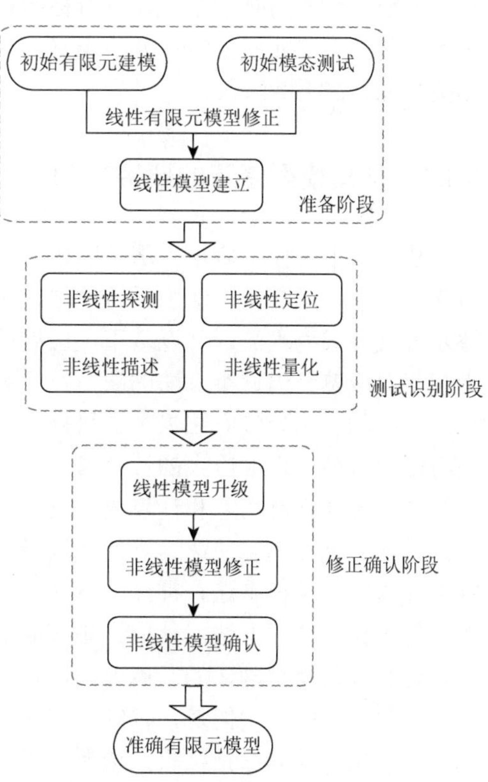

图 6.23　著名学者 Ewins 等的非线性有限元模型修正技术路线

指出目前用于结构非线性识别的方法均有不足，用于非线性模型修正和确认的方法更需要进一步研究。

（4）我国学者费庆国等使用径向基神经网络方法，通过均匀试验设计生成参数样本点训练神经网络，对一非线性梁的材料非线性模型参数进行了修正。有学者通过解析模式分解和希尔伯特变换（Hilbert transform，HT）提取响应主成分的瞬时频率和幅值，并以此建立残差目标函数，然后利用模拟退火优化算法完成非线性修正，并通过剪切型结构的数值算例和变压器结构振动台试验验证了该方法的有效性；袁平平等利用类似方法对三层框架梁柱连接节点弯矩-转角关系模型进行了非线性修正；另外，还有学者使用静力数据进行了非线性连接模型修正的研究，借助灵敏度分析选择连接参数，通过挠度值构造目标函数，运用模拟退火方法进行优化，并通过悬臂梁和钢桁架桥模型进行了数值算例验证。

相关研究从对象上来看主要包括材料非线性本构模型的修正和非线性连接模型的修正；从非线性程度上来看，主要有弱非线性和强非线性之分；从研究角度也有从理论模型角度、概率模型角度以及从能量角度的不同；所使用的数据也有时域和频域的区别。若根据先验知识预先描述非线性，则非线性模型修正转变为非线性识别；若是非线性形式未知的黑箱模型，则主要使用反步法，结合工程研究经验估计或试错确定非线性模型；对于弱非线性情况，有学者采用线性化的方法然后利用传统方法进行修正，对强非线性则主要通过结构瞬时特征量建立目标函数进行处理。总之，非线性模型修正的研究成果远不如传统有限元模型修正方法丰富，非线性有限元模型修正的研究仍处于起步阶段，相关研究仍需不断深入。

6.4.3　仿真模型修正的研究方向

传统有限元模型修正方法按照模型修正数据处理的对象可分为矩阵型方法和参数型方法。其中，矩阵型方法由于普遍缺乏物理意义而缺乏实际工程应用价值；参数型方法逐步发展并成为主流，又以基于灵敏度的参数法在实际工程中的应用最为广泛，理论研究也相对成熟。但这类方法的缺点在于灵敏度矩阵的计算，不仅计算量大，且容易带来求解问题的病态导致方法失效。另外，在应用于大型结构时，由于迭代运算需要反复调用有限元模型，造成巨大的计算量，也限制了其更广泛的应用。针对传统有限元模型修正方法易造成问题病态和计算量大的缺点，目前的研究发展方向主要是发展不基于灵敏度的方法、能够实现快速运算的代理模型，以及一些结合应用新型优化算法的方法，包括交叉模型交叉模态法、神经网络法、响应面法以及结合模拟退火、遗传算法、粒子群算法等优化算法的方法。其中，响应面法得到了广泛关注，特别是其中所包含的统计思想符合有限元模型确认的发展方向，在大型结构的有限元模型修正过程中也体现出了修正多个参数的能力。但是，神经网络法和响应面法的成功依赖于样本空间的选择，不同的选择产生不同的修正结果，选择不当也可能会造成代理模型泛化能力不足，从而导致有限元模型修正结果外推不可靠；增加数据量能够增加模型的可靠性，但又会带来较大的计算量。所以，通过响应面法得到的修正模型必须经过模型确认过程。

以上方法均基于结构线性假设，但非线性是无法回避的，如不加以合理考虑，无论使用何种方法修正模型，必然面临精度瓶颈。若采用基于统计理论的方法，将非线性归为不确定性，从理论上并不合理，无法反映结构本质，且最终得到的模型置信度也会遇到瓶颈，所以应当从理论角度对结构中的非线性加以考虑。非线性有限元模型修正近年来已经涌现出一些研究成果，对于弱非线性情况，一般将其线性化后使用传统有限元模型修正方法，强非线性情况多使用瞬时结构特征量。基于目前研究现状，未来有限元模型修正向非线性的发展方向如下。

1. 完善模型修正过程的定量判断准则

现有研究均认为，结构的非线性特征常常依赖于振动幅度，因此在低幅振动情况下，结构可视为线性，或视为弱非线性做线性化处理。但当振动幅度达到一定程度后，结构将表现出明显的非线性特征，主要表现在结构响应时程曲线畸变、频响函数产生其他频率成分，以及系统叠加性、频响函数互易性的丧失，甚至出现混沌振动等复杂现象等，导致线性结构特征量无法代表结构特性，因此仍然按照传统方法进行模型修正将无法得到准确结果，运用模型修正进行参数识别、损伤识别的结果也将失去实际意义。问题是，到底在激励幅度达到什么程度应当开始进行非线性模型修正过程，尚缺乏定量判断准则，目前大多通过观察响应曲线变化，根据研究者的经验确定。这样的做法造成的后果是，如果对非线性模型修正开始的“时机”把握不好，可能造成线性模型的不准确，这种误差在大幅度激励下非线性模型修正过程中将被放大，影响最终修正结果。另外，非线性意味着更为复杂的计算，确定在线性、弱非线性、强非线性各阶段之间合理的量化判断准则，有助于工程师和研究人员根据实际情况选择合适的方法，避免不必要的复杂计算。

2. 丰富代表结构非线性的特性指标

如果结构表现出明显的非线性特征，以往在线性结构中所使用的振型、模态等特征量将不再适用。所以，目前使用将系统线性化的方法处理非线性问题的研究，一般只能用于“弱非线性”结构。类似于传统方法中使用固有频率、振型、反共振频率等特征量建立目标函数的思想，在非线性有限元模型修正过程中，也需要能够全面代表结构非线性特性的指标。现有的用于非线性模型修正的结构特性指标主要是瞬时量，包括瞬时频率、瞬时幅值、瞬时非线性模态等，然而结构非线性行为极为复杂，已有的瞬时特征量并不能完整地代表结构非线性特性。丰富、拓展代表结构非线性的特性指标，甚至建立特性指标体系是该研究领域的核心问题。而一旦能够找到合适的特性指标构建合理的目标函数，接下来的非线性有限元模型修正过程就可以转化为优化过程。

3. 发展结构非线性有效的描述和量化方法

在进行非线性有限元模型修正的过程中，常常首先需要对结构中的非线性进行识别，包括判断非线性是否存在、确定非线性的位置、描述非线性的特性、量化非线性的模型参数。其中，非线性的判断和定位尚有一些有效方法，主要通过观察时程响应曲线、频响函数曲线的畸变判断非线性是否存在，利用激励信号与响应信号之间的相关性判断非线性的位置。但 Ewins 指出，目前缺乏能够进行非线性定位的仪器，限制了其实际工程应用。更重要的是，结构中非线性的特性往往是未知的，能否正确描述、量化结构非线性将在很大程度上影响后续的非线性修正过程。针对非线性材料模型，常常根据经验选取已有的本构模型进行参数识别；针对黑箱连接模型，主要通过反步法，在一定分析基础上的经验试错确定；量化过程主要通过多项式拟合。这一过程会产生较大的计算量，即使使用代理模型或者缩聚、简化模型，应用于大型结构仍然会造成较大的计算负担，限制了实际工程应用。由于先验信息的缺乏，无法完全确定未知的非线性关系，需要进一步研究有效的方法，拓宽研究思路，增加约束条件，降低对研究经验的依赖，使非线性模型的建立以及修正结果更可靠。

6.5 车辆智能运维技术

随着我国铁路车辆保有量的不断增加，基于传统运维模式的车辆运维“过修”“欠修”等问题日益凸显，已难以满足市场对安全性、可靠性、经济性的迫切需要。在此背景下，《交通强国建设纲要》提出“大力发展智慧交通”“推广应用交通装备的智能检测监测和运维技术”的规划。据此，融合了互联网、大数据、云计算和人工智能等新技术的车辆智能运维成为先进轨道交通领域的前沿课题。

本节首先从业务人员、修程修制、技术条件、应急处置、管理决策等方面总结了传统车辆运维技术的弊端，接着阐述了智能运维的体系架构。鉴于轨道交通基础设施与车辆设备的密切关联性，研究智能运维也离不开与之配套的智能基础设施。随后从影响因素、状态评估方法、寿命管理体系、损耗与失效规律和剩余寿命预测等方面介绍车辆结构状态修内容。最后，由于车辆结构智能运维是一套系统化的方法论，需要多种技术协同配合，所以着重对智能运维中的故障预测与健康管理、车辆状态感知、网络实时通信、大数据云平台等技术进行概述。

6.5.1 铁路车辆运维技术要求

众所周知，运维周期占据了现代铁路车辆全寿命周期的 90%以上，在运营成本、质量保证或项目管理等各个方面都占据了主导地位。随着我国铁路车辆规模的持续增长，传统运维工作及维修模式已不具备持续的经济性与高效性。车辆智能化运维是大势所趋，也是解决当前运维工作中存在问题的必要手段，能够极大地减少人力成本，降低运行风险，改善决策管理，提高运维效率。

1. 传统运维技术现状

长期以来，我国铁路车辆的检修模式一直遵循“日常检查、定期检修”的计划预防修，其开展依据是磨损规律，以时间或运行里程作为维修周期（期限），当设备使用到预先规定的时间或周期时，不论技术状态和性能优劣如何都要进行规定性维修工作。例如，国家能源集团对 5 家货车维修分公司进行了检修基础数据调研，而集团货车普遍存在着严重的过度修问题，调研结果如表 6.4 所示。

截止到 2022 年 6 月底，全国已有 51 个城市开通运营城市轨道交通线路，共 277 条，运营里程达 9067km，完成客运量 17.8 亿人次。据不完全统计，一条普通 30km 城市地铁项目的建设投资金额就高达 200 亿～300 亿元，建设周期普遍为 5～6 年，而且建设技术要求高。地铁在建成之后的运维成本也非常高，高成本、高人力、高技术要求已经成为阻碍地铁发展的制约因素，传统地铁车辆运维主要存在以下问题（图 6.24），集中表现在检修人员、修程修制、技术条件、应急处置、管理决策等方面。

表 6.4　国家能源集团货车过度修零部件调研分析

类型	过度修零部件		
	过度检测	过度分解	过度修理
车体	冲击座、前后从板座、上心盘、心盘座、上旁承体、金属磨耗板、外制动装置（缓解阀拉杆除外）、外钩缓装置、衬套、牵引钩、制动圆销、敞车车门	拉杆、控制杠杆、制动杠杆、制动主管、制动支管、链条组成、拉铆销、圆销、螺栓、搭扣	拉杆、控制杠杆、制动杠杆、制动主管、钩尾框托板、车钩安全托板
转向架	摇枕、侧架、车轴、制动梁、交叉杆探伤；弹簧、制动梁尺寸检测，转向架正位检测；心盘磨耗盘、旁承磨耗板、弹性旁承体自由高、斜面磨耗板、组合式斜楔、立柱磨耗板、滑槽磨耗板、制动杠杆、圆销、承载鞍尺寸变化及磨耗量	心盘磨耗盘、斜面磨耗板、组合式斜楔、立柱磨耗板、滑槽磨耗板、制动杠杆、圆销、承载鞍、弹性旁承、弹簧、制动装置、交叉杆、承载鞍、横跨梁	闸瓦段修时全部更换新品；非金属件厂修时全部更换新品；弹性旁承、滑块磨耗套
制动系统	软管连接器	闸调器、脱轨制动装置	闸调器
钩缓装置	钩尾框、钩舌销、转动套	车钩	车钩小件

检修人员
• 维修任务量大
• 业务水平参差不齐
• 故障判断依靠经验

修程修制
• 过修、欠修，业务信息不整合
• 运维资源无法合理配置
• 维修工作无法满足经济性、高效性

应急处置
• 应急处置不到位
• 无法准确预估风险

管理决策
• 运营单位无法实时给出正确决策

• 监测种类不全，故障误报，故障预测模型欠缺，设备维护手段落后
• 运维数据无法数字化，维护作业信息化程度低
• 缺少数据统一处理、统一分析的智能化大数据应用平台

图 6.24　传统地铁车辆运维中面临的技术挑战

2. 智能运维体系架构

目前，行业内并无车辆智能运维标准以及缺少公认的车辆智能运维基本定义。以郭

泽阔等表述的城市轨道交通车辆智能运维概念为例，车辆智能运维，即采用预设点位的传感器、图像、生物特征识别等信息采集手段，通过车载 LTE（long term evolution，长期演进技术）、物联网、工业互联网等传输技术，将车辆运行及维护状态数据实时在线传输到车辆段控制中心，然后基于统计分析学、大数据挖掘、人工智能、机器学习等技术，实现车辆运维的人、物、作业流程的综合决策和智能化管理。

以传统运维工作中的问题为导向，结合先进技术手段，通过构建智能运维体系框架，科学地评判车辆运行状态，实现智能运维的场景化应用，在运营、管理等各方面实现突破。智能运维中实现的主要目标如表 6.5 所示。

表 6.5　现代铁路车辆智能运维中要实现的主要目标

管理要素	主要目标
检修人员	通过设备感知和检测技术的广泛应用逐步替代人工巡检，改变维修方式，实现减员增效
轨道车辆	基于数据分析预判部件故障概率以及系统健康状态诊断，对关键部件剩余寿命预测，消除“小故障大影响”对大规模网络化运营的制约，提高车辆运行安全性
运营环境	监控列车服务设备的可靠性，在乘客投诉前解决设备故障问题，提升乘客出行满意度
决策处置	通过实时数据传输、大数据分析和研究建立车辆健康指标评价体系，提升专业化管理水平，提高应急处置能力

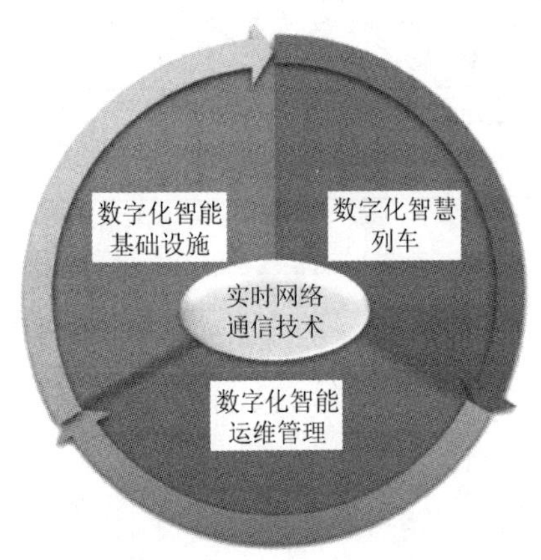

图 6.25　数字化转型升级

此外，智能运维系统是一个数字化程度高，涉及众多学科、专业的综合性信息化平台，它主要由“数据采集传输层”“数据分析处理层”“管理操作决策层”等三个层面构成。具体地，包括两大组成部分：①以云计算、大数据构成的技术支撑平台，是开展智能运维的基本载体，也是重要的技术保障；②由故障预测与健康管理、智能化生产作业构成的智能业务应用系统。其中如何实现大规模数据数字化以及各相对独立系统数据的信息融合是构建智能运维体系的重点。我们必须知道，智能运维体系架构并不唯一，可根据功能需求、技术特点、场景要求进行搭建，实现轨道交通数字化转型升级（图 6.25），并实现运维数据的价值最大化。

3. 智能基础设施建设

基础设施是经济社会事业发展的重要支撑，轨道交通行业的系统装备和基础设施体系庞大且技术复杂，由行车相关系统、车站服务相关系统和基础设施等三部分组成。对于智能基础设施建设的思考可从以下几个方面进行：

（1）行车相关系统，包括机车车辆/动车组、供电系统、信号系统、通信系统、屏蔽门/安全门、轨道线路等。

（2）车站服务相关系统，包括自动售检票系统、综合监控系统、环境控制及隧道通风系统、给排水及消防系统、电梯与自动扶梯、安防设施等。

（3）基础设施，包括桥梁与隧道、车站建筑、机车车辆及设备维修维护基地和装备、工程施工安装设施等。

众所周知，高速铁路、重载铁路、城市轨道交通运营线的基础结构服役性能逐步恶化，如何更早时间发现相关问题，确保轨道车辆长期安全运营具有重要研究意义。翟婉明院士指出，城市轨道交通结构服役问题关键在于明确结构性能的演化机制，开发相应的结构健康状态识别与评估技术，实现结构变形及损伤的快速修复及控制；重载铁路的发展需要在道床和路基状态检测、评估与维护方面取得更大的进展；在高速铁路方面，需要建立和完善我国高速铁路无砟轨道线路的维修标准，研究无砟轨道结构疲劳载荷表征、结构失效机理与演变规律等，在轨道结构损伤评估与预防技术、运用安全性评价指标与方法等方面取得突破性进展。图 6.26 和图 6.27 展示了部分轨道结构损伤实例。在相关理论研究的基础上将图像检测、超声波探伤、物联网等先进智能算法和技术赋予轨道基础设施，实现设施的全寿命周期管理并提升运维管理效率，最后建立相关维护技术标准。

随着我国铁路交通网规模的持续扩大，基础设施在未来发展过程中面临一系列问题，如设备设施老龄化、养护维修成本增加、运行风险提升等。为解决当前存在的问题，智能基础设施主要研究内容包含四个方面，即智能基础设施架构研究、智能感知体系研究、智能分析处理研究和智能运维管理研究。

(a) 轨枕和扣件折损

(b) 枕下胶垫压溃

图 6.26　某重载铁路轨道结构的典型劣化

(a) 层间离缝

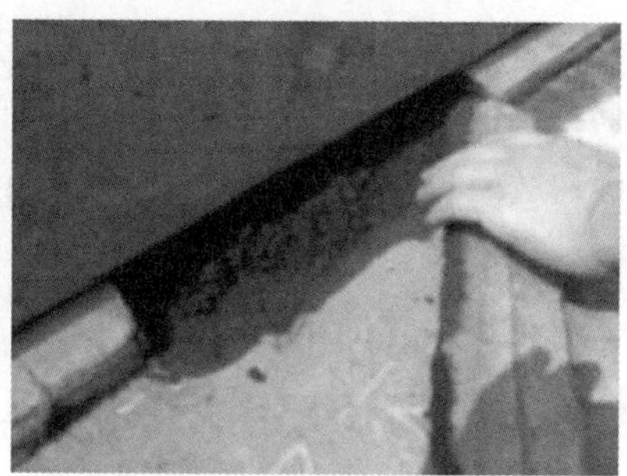

(b) 砂浆充填层碎裂

图 6.27　某高速铁路轨道结构的典型损伤

4. 维修模式与修程修制

我们知道，维护理论经历了事后维修、定时维修、视情维修与自主保障等过程。目前，世界各国对于铁道车辆所采取的检修制度大致可以分为两个类型：一类是把车辆检修分为若干个修程，进行有计划的预防性检修，即计划修；另一类则是根据车辆在运用中的技术状态进行必要的维护和修理，即状态修。我国各城市已建成的地铁线路基本仍沿用传统的运维模式，对于车辆维修常分为日检、周检、双周检、月检、半年检、架修、大修等修程修制。

随着轨道交通装备技术水平的快速发展以及智能化水平的不断提高，需要推动铁路车辆的维修模式从“计划修”“故障修”逐渐到“状态修”的变革转型，制定符合当前甚至超前要求的修程修制政策。进一步转变维修理念，提高维修工艺水平，创新维修方式，进行科学完善的顶层设计，从全寿命周期角度剖析轨道车辆修程修制特征和目标。表 6.6 总结并分析了不同维修机制的主要特点。

表 6.6　不同维修机制的主要特点

维修机制	计划预防修	状态修过渡阶段	状态修
役龄指标	自然时间	行驶里程	综合指标
主要目的	安全性	安全性和经济性	安全性和经济性
主要依据	工程实践经验	历史运维数据	在线监测数据
主要优势	便于管理和执行	兼容性高，扩展性好	物尽其用
主要劣势	存在浪费和安全隐患	数据采集分析难度大	建设和运营成本高

《新时代交通强国铁路先行规划纲要》提出，到 2035 年，中国将率先建成服务安全优质、保障坚强有力、实力国际领先的现代化铁路强国。在铁路车辆维修管理上可以推行“以状态预防修理为主，多种维修方式并存”的维修方式，建议采用“以计算机制定计划为主，人为经验判断为辅”的模式。

6.5.2　车辆结构状态修基础条件

状态修是目前国内外正在推行的一种先进、科学、经济效益高的预防性检修制度。随着车辆技术装备的不断升级，车辆零部件的使用寿命与可靠性已经得到大幅提升，并且执行定期检修时车辆的实际状态也不尽相同。为此，有必要通过探究影响状态修的关键因素，研究实现车辆状态修的技术理论，对车辆实行有效的检测、监测，及时准确地发现故障，对车辆整体健康状态进行评价，并获得装备在某一时刻的故障率、可靠度函数以及剩余寿命分布函数。

1. 影响状态修的主要因素

与状态修有关的主要因素包括：在线车辆的技术条件；车辆运行组织管理模式；高

可靠性零部件技术体系；检修对象技术结构的可靠性；检查维修的彻底性；故障演化规律及危害程度；信息化管理手段的先进性及水平；轨道交通设计、建设、运营技术标准；基于项目全寿命周期的轨道交通运维体系；轨道交通系统安全性及维护方法；建设、运营主体与运维专业服务市场等。

2. 车辆状态的评估方法

实现车辆的状态修，核心问题在于如何评价车辆状态。只有依据车辆的实时状态，才能对车辆进行健康管理，并做出相应的决策。车辆的状态评估是一个多维度问题，不仅表现为其自身的状态，还要求我们对车辆结构状态评估时进行多方面考虑，包括车辆自身状态、线路、运行、环境等。图 6.28 为列车运行状态及其影响因素。

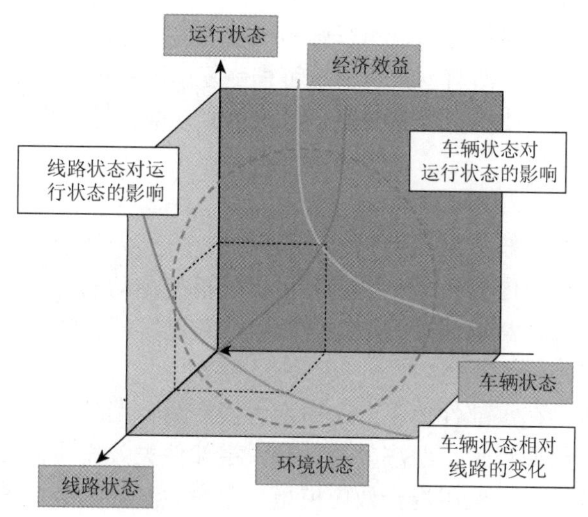

图 6.28　列车运行状态及其影响因素

进行车辆状态评估，首先需要确定关注对象，如制动系统、轮对、轴箱等。然后对车辆不同状态加以分类，大致可以划分为以下三种：①基本状态——体现零部件状态的完好性；②性能状态——体现整体服役性能的保持性；③安全状态——体现运行的安全性。车辆结构状态修需要重点关注每一个零部件的基本状态，保证零部件状态的完好性和整机状态的完整性。只有明确关注对象，才能确定相应的状态标准与评估方法，建立车辆健康状态评估的指标体系。

车辆运行状态安全评估方法包括多指标评估法、专家评估法、风险度评估法、故障树分析法等。其中，多指标评估法把多个描述被评价对象不同方面且量纲不同的定性和定量指标转化为无量纲的评估值，并综合这些评估值以得出整体评估结果；专家评估法主要包括安全检查表法、表决法、评分法等；风险度评估法着重考虑车辆运行状态的安全问题，为方便安全评估工作的进行，需要将车辆的运行状态进行等级划分；故障树分析法通过科学的方式分析故障问题，并对故障原因进行探究，挖掘出潜在的安全问题，通过树状结构明确安全问题和引发原因的关系，实现对车辆运行状态的安全评估。

3. 零部件寿命管理体系

高速列车、铁路货车、城市轨道交通车辆由大量零部件构成，每种零部件的寿命管理方式、质量保证期限与检修管理措施都不尽相同，对不同类型零部件进行寿命分类管理，建立零部件寿命管理体系尤为重要。

零部件寿命包括使用寿命和有效寿命。使用寿命是指机器及部件在标准状态使用情况下的寿命。该标准状态是指机器或部件在共同运行条件下的运行状态。有效寿命是指基于环境条件、地域条件、使用条件下的使用寿命，即有效寿命＝使用寿命×环境系数×使用系数。根据零部件寿命特点，采取基于归类维修的全寿命周期管理模式。充分考虑使用寿命和有效寿命，建立基于状态修的全寿命零部件、使用寿命零部件、易损零部件管理方式，相关定义如下：

（1）全寿命零部件，即价值高、实行强制报废的关键零部件。

（2）使用寿命零部件，即有一定价值、可再修复使用的重要零部件。

（3）易损零部件，即使用中容易损耗、可简单修复或直接报废的一般零部件。

4. 零部件损耗与失效规律

铁路车辆智能运维的技术路线可大致分为两类：一类为基于数据驱动的，主要包含大数据、学习算法等研究内容；另一类为基于机理模型驱动的，开展主要零部件失效规律表征方法、主要零部件常见故障类型与故障率、关键零部件的裂损与磨耗失效机制、车辆耦合动力学模型等相关研究。

根据故障率曲线，在零部件使用寿命周期内偶然故障期越长，偶然故障率越低，危害程度越小，则使用周期越长，经济效益越好。零部件失效规律研究是在大量调研和既有运维数据分析的基础上，应用混合效应模型、删失截断数据处理方法、贝叶斯更新技术等方法形成的零部件失效规律数学模型，基于得到的模型来分析故障发展趋势，为车辆的运行状态评判、修程修制改革和养维工艺优化提供科学依据。

退化规律准确性直接关系到剩余寿命预测的可靠性。近年来，众多学者对零部件损耗和失效规律进行了研究。荷兰 Vermeij 等总结了车轮退化及优化方面的成果，改进了计划预防修策略。国家能源集团跟踪采集了 22 列试验列车 9 个月的车轮磨耗数据，绘制出总体退化规律曲线，并对失效模式与退化特征进行总结，得到了基于混合效应模型的个体车轮退化预测模型。

5. 关键部件剩余寿命预测

零部件寿命预测具有挑战性，主要表现在：①服役载荷的随机性；②零部件性能的随机性；③失效形式的随机性。依据智能运维技术路线，零部件的剩余寿命预测也可分为基于数据驱动的预测和基于机理模型的预测。在开展关键零部件的剩余寿命评估中，需要基于合理的预测模型和故障判别标准，搭建监测与预测平台，进行寿命优化判别，实现剩余寿命可视化显示，从而科学准确地判断零部件状态发展趋势，有效支持车辆健康状态综合评判。剩余寿命预测的方法有历史使用寿命的统计、已知载荷和状态的预测、在途实测状态下的动态预测。

（1）历史使用寿命的统计。这种方法是建立在车辆关键零部件有比较完整的使用寿命样本基础上的，通过对全寿命周期样本分析，给出基于统计意义的不同可靠度下零部件全寿命，再根据已服役时间得到剩余寿命。

（2）已知载荷和状态的预测。目前金属材料及结构的疲劳寿命预测已经比较成熟，其核心与关键就是要准确获取零部件的载荷规律，这样就可以根据不同运行条件下的载荷工况进行零部件的全寿命预测，当然这同样是在不同可信度下的寿命预测值。有了全寿命和已经服役的时间（或者里程）就可以算出剩余寿命。采用以上两种寿命预测方法，都可以不对零部件状态进行在途监测。

首先获取材料基本的疲劳性能和服役载荷，再通过台架试验得到全寿命试验结果；同时基于裂纹扩展速率曲线和裂纹扩展模拟，实现出现断裂后的剩余寿命分析，从而得到零部件中对应于不同裂纹长度的剩余寿命。

（3）在途实测状态下的动态预测。对于寿命分散度大且对行车安全又十分重要的零部件（如轴承），建议采用在途实时监测载荷（或者相关状态量）条件下的动态实时寿命的预测，以实现更加准确的寿命评估。

目前，许多学者在尝试通过对关键零部件剩余寿命的预测实现维护策略优化以达到降低维护成本的目的。例如，Bevan 等研发的车辆轨道交互战略模型便是通过动态的车轮轮廓损坏模型来对车轮的损坏率进行预测，并结合成本评估，从而实现轮对维护策略的优化。而 Andrade 和 Stow 提出采用一个蒙特卡罗模型来预测车轮的磨损和损伤轨迹，进而评估不同维修策略的全寿命周期成本，并在此基础上建立车轮维修的全寿命周期成本模型。

6.5.3　智能运维关键技术分析

车辆结构智能运维在实际的运用过程中需要多种类的技术协同配合，这是由于其给出了数据采集传输、故障诊断预测与健康状态管理等多种先进技术，是一套系统化的方法论。智能运维技术可将轨道车辆运维推向全新的高度，并且提高智能化管控、调节能力，能够为智能运维体系构建提供保障，使其稳定、可靠地为铁路车辆运行保驾护航。通过运用关键技术包括车辆状态感知与监测技术、网络实时通信技术、大数据云平台技术、人工智能等，可构建一项全方位的信息技术工程，以实现实际车辆运维工作中面临的海量实时指标数据异常检测、发现异常后的迅速关联及根源问题准确定位、风险处理方案决策支持及预防性维护的探伤检测等一系列重要课题。

1. 故障预测与健康管理

故障预测与健康管理（prognostics health management，PHM）技术利用传感器采集的数据信息，通过大数据、人工智能等推理算法对系统自身的健康情况进行监测、预测与评估。早在 20 世纪 70 年代，美国便将状态监测系统运用到武器装备；随后，PHM 技术在航空航天、旋转机械、风力水电机组、结构健康管理及电源健康管理等方面取得了长足进步。智能运维系统就是以 PHM 技术为核心的高度集成的信息化系统。PHM 技术强调设备管理的状态感知，实时监测健康状态、故障频发区域。应用 PHM 技术时，首先需要确定待监测的关键部件及其健康管理特征量，其次要确定待安装传感器的种类和位置等检测方法、确定采集数据的传输方式，最后做好数据的融合、挖掘等工作。

在该技术体系中，PHM 系统把智能传感器作为基层数据的获取设备，通过测量振动强度、温度、光源强度、电压、电流、应力、应变等参数变化，对数据进行采集。被采集数据通过转换器转换为电信号，为后来的数据传输、分析及处理奠定基础。而后数据经过一系列的数据清洗、特征提取、同类或异类数据的融合，PHM 系统运用失效模型和智能推理算法来评估车辆运行状态，预测车辆系统发生故障的部位、时间及使用寿命，最终给出合理可行的维修保障建议。

与此同时，考虑车辆各环节的信息化技术非常必要，包括各个车辆和系统的智能传感器布置、监测检测数据传输能力、车地通信水平、数据分析处理效率等，这直接关系到智能运维系统的高效运行与否。另外，通过对车辆的制造、检测、检修等场景的数据特点进行统计分析，确保各场景数据层交叉融合，有助于准确地诊断与预测故障。PHM 系统可构建车地互联的生态链，如图 6.29 所示，可由车载 PHM 系统、地面 PHM 系统等构成，二者通过互联网或局域网实现车地交互，并充分考虑复杂环境下的数据处理与存储、多源异构数据的边缘计算、冗杂数据的筛选等问题。

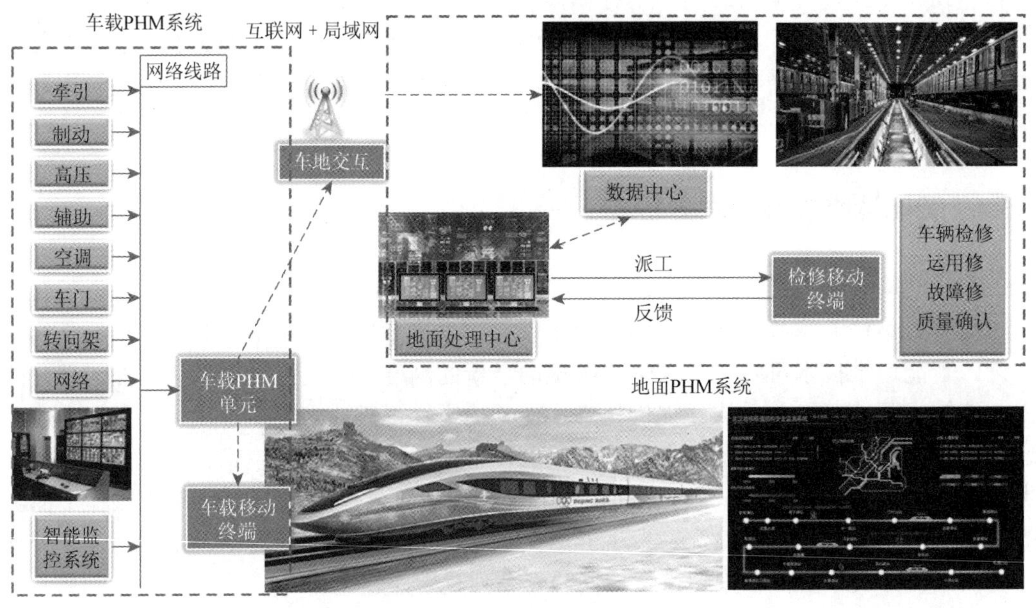

图 6.29　故障预测与健康管理的体系架构图

PHM 技术的实现除了物理条件的保障，还需要海量数据分析和健康判断指标，以及非常密集的行业知识、经验和模型等作为支撑。采集到海量数据后，如何分析处理数据也是其中一个难点，如预测模型建立及健康模型本身的评价。

必须指出的是，在整个 PHM 方法体系中，预测是实现设备性能退化规律和剩余寿命预测的核心节点。采用故障预测与健康管理技术实现寿命预测主要分为三种：基于可靠性理论的预测、基于数据驱动的预测、基于时效物理模型的预测。在实际应用过程中，三种预测方法的适用性逐渐减弱，精度逐渐提高，但实现预测的难度和成本也随之逐渐增大，如图 6.30 所示。

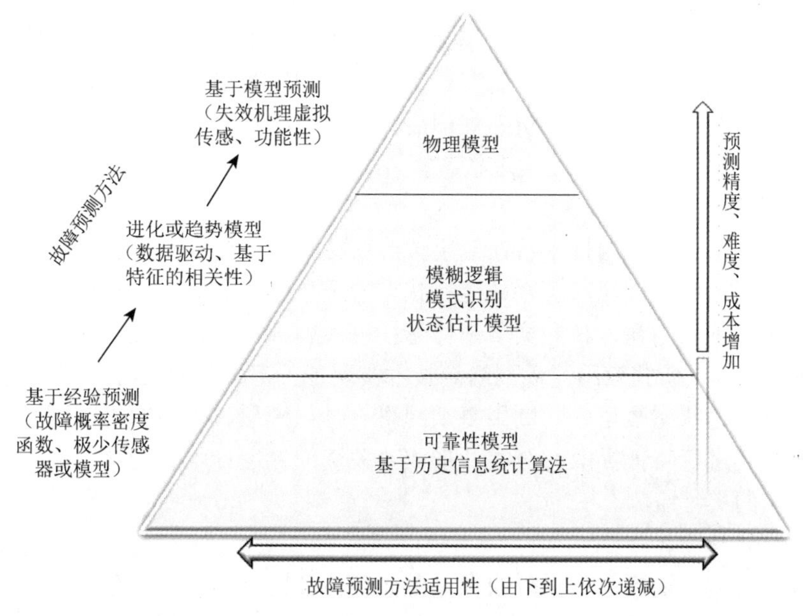

图 6.30　故障预测方法

基于物理模型的故障预测技术一般要求预测对象系统的数学模型已知。该方法多应用在具有相对比较成熟的物理模型的预测对象系统，如机械材料、旋转机械部件、大功率电子元器件等。基于可靠性理论的预测主要是通过统计学方法，对历史数据进行分析处理，进而获得预测对象的故障概率密度函数。

基于数据驱动的故障预测是当前研究的主流，其模型构建过程相对简单，在获取准确、全面数据资源的前提下，只需要描述数据输出关系和相关参数，即可进行状态预测，不需要建立精确的物理模型。数据驱动故障诊断的目标是通过信号处理、特征提取、特征降维、模式识别四步，将高维特征向量转换成判别性能更好的低维特征向量或敏感特征，再输入模式识别分类器，实现故障状态的识别和分类。当采用数据驱动的预测方法对一个复杂系统或部件进行预测与维护时，建立一个复杂部件或系统的数学模型复杂且困难，可以利用直接表征系统故障及健康状态的参数指标进行判断，或者也可以间接推理判断系统故障及健康状态的参数信息。因此，在部件或系统的设计、仿真、运行和维护等各个阶段的测试过程中，传感器历史数据就成为掌握系统性能是否下降的主要手段，将直接影响故障预测与健康管理技术的应用效果。在获取状态数据后，对采集到的数据进行特征的提取与选择等操作的预处理环节也非常重要，这是开展建模工作的关键环节。此外，采用基于数据驱动的预测方法，还离不开特征工程，尤其是有经验的数据建模工程师一起参与并进行判断。找到有效的特征后，可以应用开发的模型进行衰退性评估，如果衰退是一个逐渐损耗的过程，那么可以使用这一模型来预测未来的状态变化和趋势，否则要进行相应的调整和优化。

2. 车辆状态感知技术

车辆健康状态评估与管理是在基于状态感知与监测时采集的大量数据基础上实现的，包括故障数据、轨旁检测数据、车辆维修和管理数据等车辆运行与检修过程中的全部数据。车辆的状态感知技术可分为在途车辆检测和轨旁车辆检测。首先利用传感器采集数据，然后对数据进行信息分析、处理后，便可以精准科学地预判设备健康状况，并掌握其性能劣化发展趋势，逐步实现状态修。

1）在途车辆检测

车辆运行状态实时监测技术旨在应用传感器技术，依托列车控制与监视网、列车监测技术、车地通信网络实现对各系统运行状态的全息实时监测。在轨道车辆轴箱、齿轮箱、牵引电机、制动闸瓦、转向架、车体悬挂等关键部件布置速度、加速度、温度、振动、噪声等传感器，研究应用无线网络等技术实现各关键部件的实时同步远程数据采集，建立城轨车辆运行状态数据库，利用复杂网络、时频模型、神经网络、深度学习等方法对各种被监测量进行特征提取与分类，形成对关键部件运行状态的全面描述，实现城轨车辆运行状态的实时监测。

2）轨旁车辆检测

在轨道旁安装高清摄像、红外成像、激光等传感检测装置，列车不停车经过轨旁车辆综合检测系统时，自动检测车体外观、关键零部件外形及关键磨耗件尺寸参数等信息。检测完成后，获得的信息将同步发送至地面运维平台，数据分析处理时，若发现异常情况及时自动报警提示，实现自动化日常巡检。

车载监控系统监测的列车子系统包括牵引辅助系统、制动系统、转向架、受电弓及接触网、客室车门、乘客信息系统、空调、蓄电池、列车控制和管理系统（train control and management system，TCMS）等；轨旁车辆综合检测系统包括轮对尺寸检测模块、360°车辆外观检测模块、车下设备温度检测模块、踏面缺陷图像检测模块、受电弓检测模块、车轮探伤模块等。将在途车辆监测系统的数据与轨旁检测系统提供的车轮踏面、轮对外形、部件图像等数据相结合，进行比对校验，如表 6.7 所示，使相关检测指标更加完善和精准。

表 6.7　走行部车载与轨旁监测数据内容对比

车载监测数据	轨旁检测数据
轴箱温度	轴箱温度
轴承振动强度	轮径轮缘尺寸（轮径、轮缘高度、轮缘厚度、QR 值、车轮内侧距、踏面磨耗、失圆度）
轮缘踏面状态	踏面擦伤和剥离（深度、面积）
齿轮状态	轮辐、轮辋探伤检测
轨道振动强度、频率	车底部位异状检测（图像）
故障区间位置	弓网状态检测

3. 网络实时通信技术

列车检测数据传输、车地交互、车车通信、基础设施动态检测对数据的传输稳定性、时效性和安全性都提出了较高的要求。物联网技术与 5G 技术的应用对网络信息传递至关重要，能够及时、高效、安全、准确地传输信息，其依靠强大的数据传输能力可实现感知层和执行设备之间的互联。乘客、列车、基础设施之间的信息协同与融合是安全高效运营的重要保障。随着列车运行速度不断提高，智能运维、智能列车、智能基础设施的发展迫切需要更高速、更智能的无线通信技术。

物联网技术通过各类信息感知技术及设备，实时采集监控对象的位置、声、光、电、热等数据并通过通信网络进行回传，实现物与物、物与人的泛在连接，实现对监控对象的智能化识别、感知、监测与管控。同时，物联网能够通过部署在物理实体关键点上的传感器感知必要信息，并通过各类短距的无线通信技术（如 NFC（near field communication，近场通信）、RFID（radio frequency identification，射频识别）、Bluetooth（蓝牙）等）或远程通信技术（互联网、移动通信网、卫星通信网等）传输到数字孪生体，实现与物理实体之间的数据交互。

5G 通信技术，是当前技术最先进、产业发展最好、最适合行业应用的宽带移动通信技术体系，是构建铁路智能联接的首选，生成铁路 5G 专网产品，已经具备了规模部署条件。5G 技术可实现铁路基础设施动态检测数据实时汇聚、安全传输，为进一步实现更稳定、更安全、更智能的高速铁路基础设施动态检测服务提供前提技术。因此，推动 5G 研究成果应用落地，加快铁路 5G 专网建设和应用，密切追踪和研究 5G 技术、标准、产业，为轨道无线通信寻求更优方案是有必要的。铁路数字移动通信系统（global system for mobile communications-railway，GSM-R）历经了 10 余年的发展，有力支撑了高速铁路、重载铁路、高原铁路列车调度指挥通信及高速列车运行自动控制、重载组合列车机车同步操控和青藏铁路列车控制系统等多项安全应用，可以铁路宽带无线通信系统（LTE-R）为基础平台应用创新发展我国铁路专用移动通信技术，实施 GSM-R 向 LTE-R 的演进。

4. 大数据云平台技术

云计算和大数据技术已经成为轨道交通信息化融合创新发展的新动力，两者相依存，使以较低成本存储和处理海量、高增长的动态数据成为可能。车辆在运行过程中会产生海量数据，可对数据进行合理、有效解析，充分发挥数据数字化优势在车辆运维事务中的作用，合理配置运维资源，将运维工作日常化、便捷化，实现风险的预防、发现、定位和处理。检测监测数据的整合与分布式存储，为实时和非实时数据集群分类处理、大数据并行计算、模型计算、数据接口服务等提供支撑，有望解决各系统之间相互孤立、互联互通困难的问题。

大数据采用分布式架构，使用分布式处理、分布式数据库和云存储、虚拟化技术，对海量的结构化数据、文本、视频图像、语音等进行联合分析、深度挖掘，对运维规律进行趋势性分析，最大限度地减小分析结果错误的概率，并且使分析的过程可追溯和结果可视化。实现业务应用系统从专家决策到人工智能决策、从经验模型到机器自动化智能化学习的转变。智能运维系统大数据分析策略如图 6.31 所示。随着近年来各行业领域数据规模的爆发式增长，大数据需要更高性能的算法来支撑其分析处理，从而促成了人工智能技术诸多层面上的突破性发展，包括更高层级的强化学习、深度学习等技术。人工智能需要大量的数据作为预测与决策的基础，大数据需要人工智能技术进行数据的价值化操作。

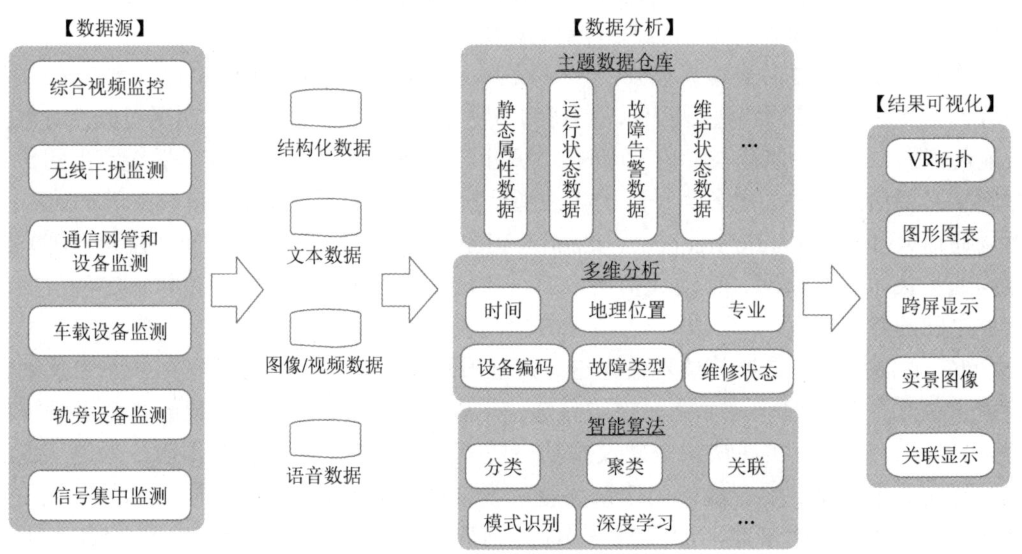

图 6.31　大数据分析策略示意图

VR 指虚拟现实

云平台采用虚拟化技术，通过互联网将大量硬件连接起来，集成各种服务器、应用程序、数据和其他资源以提供可灵活调整、低消耗、高效能、高可用性、高扩展性的计算服务。云计算采用分布式计算等技术，集成强大的硬件、软件、网络等资源，为用户提供便捷的网络访问，借助各类应用及服务完成目标功能，且无须关心功能实现方式，显著提升了用户开展各类业务的效率。

近年来，不少学者开展了基于大数据云平台技术的轨道交通智能运维研究。例如，通过对城市轨道交通运维领域存在的问题以及运维应用、模式和技术现状的分析，提出了基于云平台的城市轨道交通智能运维总体技术框架；对基于大数据的城市轨道交通智能运维平台的实际应用案例进行了研究，证实了该平台可通过机器学习获得可能的故障模式，指导用户进行故障处理，从而降低故障率。以地铁车辆为例，地铁车辆是技术含量较高的机电设备，电子元器件的性能状态影响着运营车辆的安全、可靠性，通过统计故障数据，查找电子器件故障点，分析故障问题形成机理，明确状态修工作内容，可以对现有维修模式进行升级，实现车辆重要部件的状态修。做好维修件的使用情况跟踪、数据统计分析、维修与智能运维集合，分析对比大数据与传统的数据，进行器件及系统健康状态展示与统计分析，以及故障数据展示及智能化排查操作指导，基于数据分析输出产品预防性维护，形成车辆状态修的闭环操作规范。

可见，将云计算、大数据和人工智能进行整合，对车辆运行环境、状态及趋势，以及关键设备的故障诊断、预测维修、状态维护和剩余寿命估计等进行全面分析，通过打造智能化、数据化的运维管理平台来收集、整理运维工作中的各种数据信息，并根据系统预测的各项技术指标自动进行处理和分析，可为运维管理提供科学、准确的数据依据。

6.6　本 章 小 结

本章提出了融合名义应力与断裂力学的高铁结构服役的阶梯疲劳评估方法或两级服役评估方法，并在合金钢 EA4T 车轴、碳素钢 S38C 车轴、锻钢制动盘、焊接构架、车轮辐板及货车车钩等部件中得到成功运用。在此基础上，引入系统动力学，从而提出了时域阶梯疲劳评估方法。必须指出的是，本章阶梯疲劳评估方法和时域阶梯疲劳评估方法并非要替代传统的名义应力法或断裂力学法，而是为了使得设计与评估更加准确、可靠，在进行结构强度及可靠性设计或服役评估中直接采用动力学载荷。此处的动力学载荷可以从系统动力学仿真模拟中获得，也可以采用实测载荷谱。从这个意义上来说，时域阶梯疲劳评估获得的结构强度及可靠性更加准确，在开展设计与评估中所需要的数据也更多。尽管如此，时域阶梯疲劳评估的合理性与准确性仍然需要深入系统的理论与运用来检验。

车辆检修改革已提出多年，在关键部件状态修的研究中也取得了一定成果，但目前为止，轨道车辆的状态修并未全面实施，原因在于难以准确评估状态和预测剩余寿命，在现行状况下推行状态修存在风险。然而，车辆智能运维系统的建设为实现从计划修到状态修的转变提供了一种可能。以 PHM 技术为核心的车辆智能运维系统在降低维保费用、提高维保效率、提升设备可靠性等方面效果显著。然而，当前尚无车辆智能运维相关标准，也缺少公认的关于车辆智能运维的定义，因此宜尽早开展相关标准的制定工作。此外，目前对于铁路车辆智能运维的研究主要集中于城轨车辆，干线铁路重载客货列车的智能运维进展缓慢，推进干线客货车辆智能运维系统的研究也十分必要。

思 考 题

1. 试述时域阶梯疲劳评估方法的提出背景和意义，有哪些关键技术，其与传统的名义应力法和断裂力学法评估有何优势？

2. 试述虚拟样机设计在现代铁路车辆哪个系统或结构中得到了广泛应用与验证，未来发展方向及局限性体现在哪里？

3. 什么是多学科设计优化？多学科设计优化目前在现代铁路车辆具体哪个结构或部件中得到应用？其技术难点体现在哪里？

4. 为什么要进行仿真模型修正？其精度和可靠性如何得到保障？

5. 车辆智能运维技术提出的技术和社会背景是什么？举例说明智能运维基本要求、关键技术及经济社会效益。

6. 除了本书讨论的一些最新设计和评估新技术、新方法，展望未来高速列车和重载货车及城市铁路等发展中的一些新动态。

参 考 文 献

陈定方, 罗亚波. 2002. 虚拟设计[M]. 北京: 机械工业出版社.

陈华鹏, 鹿守山, 雷晓燕, 等. 2021. 数字孪生研究进展及在铁路智能运维中的应用[J]. 华东交通大学学报, 38(4): 27-44.

陈平安, 晋浩奇. 2022. 轨道交通车辆运维变革中的技术影响与趋势研究[J]. 技术与市场, 29(3): 173-174.

窦占峰, 卞学良, 郝博然. 2017. 基于虚拟样机的某商用车驾驶室疲劳寿命仿真分析[J]. 汽车实用技术, (18): 143-146, 160.

杜心言. 2019. 轨道交通智能运维与创新平台建设[J]. 现代城市轨道交通, (6): 1-9.

范新亮. 2020. 基于 ANSYS 的有限元模型修正与应用[D]. 江苏: 南京航空航天大学.

关晓丽. 2008. 基于虚拟样机技术的 70t 级新型通用敞车抗疲劳设计[D]. 大连: 大连交通大学.

郭峰. 2022. 高速磁悬浮列车增材铝合金悬浮架结构设计及完整性研究[D]. 成都: 西南交通大学.

郭泽阔, 贺莉娜, 王璐. 2022. 城市轨道交通车辆智能运维系统的建设方案[J]. 城市轨道交通研究, 25(6): 176-181.

侯志强, 刘济民, 宋贵宝. 2009. CFD 和 MDO 技术在乘波飞行器设计中的应用综述[J]. 航空计算技术, 39(4): 37-42, 46.

胡佳琪. 2019. 上海市轨道交通车辆智能运维系统研究与应用[J]. 现代城市轨道交通, (7): 5-9.

姜永富. 2019. 我国铁路专用移动通信技术发展思路探讨[J]. 中国铁路, (4): 73-78.

康凤伟, 王文刚. 2021. 国家能源集团铁路货车状态修与安全[J]. 中国铁路, (8): 109-115.

康凤伟, 李权福, 王洪昆, 等. 2020. 重载铁路货车状态修修程修制改革探索与实践[J]. 铁道车辆, 58(8): 1-6.

廖云. 2021. 基于大数据平台的城市轨道交通多专业智能运维系统构建探讨[J]. 控制与信息技术, (5): 1-5.

刘彬, 邵军, 陆航, 等. 2022. 动车组故障预测与健康管理(PHM)体系架构研究思考[J]. 中国铁路, (3): 1-9.

刘磊. 2014. 基于可靠性和物理规划的多学科协同优化方法研究[D]. 成都: 电子科技大学.

刘鹏辉. 2021. 城市轨道交通车辆智能运维应用研究[J]. 智能城市, 7(24): 133-134.

刘岩. 2018. 车辆修造工艺与设备[M]. 北京: 中国铁道出版社.

刘钊, 凌闻元. 2021. 考虑不确定性的多学科设计优化方法研究综述[J]. 包装工程, 42(2): 35-42.

陆正刚, 王文斌. 2015. 轨道车辆设计[M]. 上海: 同济大学出版社.

罗海龙. 2015. 工矿内燃机车牵引系统虚拟设计平台的研究[D]. 兰州: 兰州交通大学.

马思群. 2006. 铁路机车车辆虚拟样机管理及支撑技术研究[D]. 大连: 大连交通大学.

孟德彪. 2014. 基于可靠性的多学科设计优化及其在机构设计中的应用[D]. 成都: 电子科技大学.

米彩盈. 2007. 铁道机车车辆结构强度[M]. 成都: 西南交通大学出版社.

缪炳荣, 张卫华, 邓永权, 等. 2015. 新一代中国高速铁路动车组面临的技术挑战与策略研究[J]. 中国工程科学, 17(4): 98-112.

缪炳荣, 张卫华, 刘建新, 等. 2021. 工业 4.0 下智能铁路前沿技术问题综述[J]. 交通运输工程学报, 21(1): 115-131.

潘莹. 2020. 故障预测和健康管理技术在地铁车辆运维中的应用[J]. 控制与信息技术, (4): 91-95.

彭涛, 田仲初, 梁潇, 等. 基于多目标优化的磁悬浮轨道梁有限元模型修正[J]. 铁道科学与工程学报, 16(1): 176-184.

阮巍, 周广浩, 曹向静, 等. 2022. 北京轨道交通大兴机场线车辆运维标准研究[J]. 铁道标准设计, 66(3): 174-179.

芮强, 王红岩, 欧阳华江. 2012. 机械结构动力学模型修正技术的现状与发展[J]. 装甲兵工程学院学报, 6(2): 1-8.

沈云霄. 2021. 地铁车辆重要部件状态修研究与运用[J]. 设备管理与维修, (19): 31-33.

孙蕾, 陈雷, 刘向东. 2018. 我国铁路货车实施预防性状态修检修制度的可行性[J]. 铁道车辆, 56(12): 12-18, 4.

唐兆, 邬平波, 丁国富. 2012. 机车车辆疲劳强度仿真分析平台架构研究[J]. 中国机械工程, 23(13): 1629-1633.

万平, 彭俊江, 肖乾, 等. 2021. 基于 Unity3D 的轨道车辆虚拟设计系统研究[J]. 华东交通大学学报, 38(1): 106-112.

王鹏. 2021. 面向状态修的铁路货车车轮磨耗分析和检修周期评价[J]. 能源科技, 19(6): 84-87.

王瑞锋. 2021. 基于智能检测监测与大数据技术的城市轨道交通智能运维管理[J]. 现代城市轨道交通, (11): 85-89.

王同军. 2020. 铁路5G关键技术分析和发展路线[J]. 中国铁路, (11): 1-9.

王巍, 刘永生, 廖军, 等. 2021. 数字孪生关键技术及体系架构[J]. 邮电设计技术, (8): 10-14.

王文静. 2015. 轨道车辆强度基础[M]. 北京: 科学出版社.

王中尧, 麻竞文, 王连富, 等. 2022. 动车组故障预测与健康管理体系架构研究[J]. 智慧轨道交通, 59(2): 20-23.

邬晓光, 刘英, 冯宇, 等. 2017. 基于动态系数的静动力有限元模型修正研究[J]. 铁道科学与工程学报, 14(3): 543-551.

吴圣川, 任鑫焱, 康国政, 等. 2021. 铁路车辆部件抗疲劳评估的进展与挑战[J]. 交通运输工程学报, 21(1): 81-114.

辛欣. 2020. 大数据和人工智能发展中的智慧地铁运维研究[J]. 科学技术创新, (11): 58-59.

杨家荣. 2021. 故障预测与健康管理技术在智能运维中的应用[J]. 装备机械, (3): 7-12.

杨智春, 王乐, 李斌, 等. 2009. 结构动力学有限元模型修正的目标函数及算法[J]. 应用力学学报, 26(2): 288-296, 408.

杨忠坤. 2018. 高速列车车体结构多学科优化研究[D]. 成都: 西南交通大学.

姚莉, 陶凯, 张文轩, 等. 2022. 基于5G技术的铁路基础设施动态检测数据实时汇聚方案研究[J]. 铁路计算机应用, 31(4): 1-6.

于金朋, 张卫华, 黄雪飞, 等. 2015. 基于试验模态的高速列车车体结构动力学模型修正研究[J]. 噪声与振动控制, 35(3): 73-77, 168.

郁建, 宋海滨, 方滨, 等. 2010. 基于虚拟样机的多轮飞机刹车系统半实物仿真[J]. 计算机测量与控制, 18(12): 2879-2881, 2897.

詹炜, 徐永能, 王依兰. 2018. 城市轨道交通车辆智能运维系统应用研究[J]. 城市公共交通, (12): 28-31.

詹炜, 徐永能, 王依兰. 2018. 城市轨道交通车辆智能运维系统应用研究[J]. 城市公共交通, 2018, (12): 28-31, 36.

张皓, 李东升, 李宏男. 2019. 有限元模型修正研究进展——从线性到非线性[J]. 力学进展, 49(1): 542-575.

张金胜. 2017. 浅析铁路货运车辆运行状态安全评估方法及应用[J]. 内燃机与配件, (17): 97-98.

张唯. 2019. 车辆智能运维建设需求与框架设计研究[J]. 现代城市轨道交通, (6): 10-15.

张伟林. 2017. 多学科设计优化在悬架设计中的应用研究[D]. 吉林: 吉林大学.

张卫华. 2022. 高速列车耦合大系统动力学理论与实践[M]. 2版. 北京: 科学出版社.

张卫华, 李权福, 宋冬利. 2021. 关于铁路机车车辆健康管理与状态修的思考[J]. 中国机械工程, 32(4): 379-389.

张彦华. 2011. 焊接强度分析[M]. 西安: 西北工业大学出版社.

张雍华, 王富章, 蒋丽丽, 等. 2021. 高速铁路智能基础设施发展关键技术研究[J]. 铁道建筑, 61(3): 87-91.

张运丽. 2011. 有限元模型修正方法的改进[D]. 青岛: 中国海洋大学.

赵怀瑞. 2012. 高速列车外形多学科设计优化关键技术研究[D]. 北京: 北京交通大学.

翟婉明, 赵春发. 2016. 现代轨道交通工程科技前沿与挑战[J]. 西南交通大学学报, 51(2): 209-226.

翟婉明. 2015. 车辆-轨道耦合动力学[M]. 4版. 北京: 科学出版社.

Andrade A R, Stow J L. 2017. Assessing the potential cost savings of introducing the maintenance option of "economic tyre turning" in Great Britain railway wheelsets[J]. Reliability Enginering & System Safety, 168: 317-325.

Bai L, Wang W D, Zong H X, et al. 2022. Research on intelligent operation and maintenance technology of urban rail transit based on cloud computing platform[C]. International Conference on Intelligent Traffic Systems and Smart City: 12165.

Bevan A, Molyneux-Berry P, Mills S, et al. 2013. Optimisation of wheelset maintenance using whole-system cost modelling[J]. Proceedings of the Institution of Mechanical Engineers, Part F, 227(6): 594-608.

Cheng C, Qiao X Y, Luo H, et al. 2020. Data-driven incipient fault detection and diagnosis for the running gear in high-speed trains[J]. IEEE Transactions on Vehicular Technology, 69(9): 9566-9576.

Guo F, Hu F F, Wu S C, et al. 2022a. System dynamics in structural strength and vibration fatigue life assessment of the swing bar for high-speed maglev train[J]. International Journal of Mechanical System Dynamics, 2(2): 178-186.

Guo F, Wu S C, Liu J X, et al. 2022b. An innovative stepwise time-domain fatigue methodology to integrate damage tolerance into system dynamics[J]. Vehicle System Dynamics, 60(5): 2051567.

Hu H X, Tang B, Gong X J, et al. 2017. Intelligent fault diagnosis of the high-speed train with big data based on deep neural networks[J]. IEEE Transactions on Industrial Informatics, 13(4): 2106-2116.

Kou L L, Qin Y, Zhao X J, et al. 2020. A multi-dimension end-to-end CNN model for rotating devices fault diagnosis on high-speed train bogie[J]. IEEE Transactions on Vehicular Technology, 69(3): 2513-2524.

Lu H, Yu C C, Liu C L, et al. 2019. Fault diagnosis of rolling bearings in rail train based on exponential smoothing predictive segmentation and improved ensemble learning algorithm[J]. Applied Sciences, 9(15): 3143.

Vermeij I, Bontekoe T, Liefting G, et al. 2008. Optimisation of rolling stock wheelset life through better understanding of wheel tyre degradation[J]. International Journal of Railway, 1(3): 83-88.

Wu S C, Liu Y X, Li C H, et al. 2018. On the fatigue performance and residual life of intercity railway axles with inside axle boxes[J]. Engineering Fracture Mechanics, 197: 176-191.

Zhang G L, Lin J, Zhang Y, et al. 2020. Big data based intelligent operation and maintenance platform[C]. The 5th International Conference on Intelligent Transportation Engineering: 249-253.

第 7 章　典型车辆结构抗疲劳评估解析

铁路车辆结构的强度及可靠性评估与其他工程结构并没有本质上的区别，在设计上力争实现轻量化、高可靠、长寿命及标准化和通用化等，在运用上力争实现低成本、高安全、长寿命、高效率和高速度等，是平稳性和舒适性的关键步骤。作为一个承受系统动力学载荷和面临极端复杂运用环境的大型金属结构，准确解析出施加的载荷是极其重要的一步，并据此确定出受力状态下的应力、变形及稳定性指标，最终给出车辆结构在实际服役时的强度和寿命周期。以动车组车轴为例，其基于名义应力法的疲劳强度及寿命评估的基本流程是：通过解析法或者数值方法确定车轴危险部位的名义应力和应力集中系数，根据标准中或实测的载荷谱估算出名义应力谱，同时根据结构细节选择或推证出相应的疲劳 *P-S-N* 曲线，基于疲劳损伤累积理论估算出包括危险部位在内的车辆结构疲劳寿命分布。然而，根据阶梯疲劳评估思想，上述名义应力法的评估结果尚无法指导车辆结构的探伤策略，难以确保含缺陷或裂纹部件的运用安全，需要进一步应用基于断裂力学的损伤容限思想开展剩余寿命预测。车辆结构损伤容限设计的基本输入有材料属性（拉伸性能、裂纹扩展速率和门槛值、断裂韧性）、结构的几何及缺陷特征、加载种类及形式以及缺陷检出率等。目前，车轴（EA4T 和 S38C 材质）是应用阶梯疲劳评估思想比较成熟的一类典型车辆结构。

7.1　车体结构强度及寿命评估

车体结构强度设计主要借鉴欧洲标准 EN 12663 和日本标准 JIS E 7106。例如，欧洲标准《铁路应用 铁路车辆车身的结构要求 第 1 部分：机车和客运车辆（货运车辆交替法）》（EN 12663-1）规定：在正常运行和足够的生存概率条件下，铁路车辆车身应能够承受其运行所需的最大载荷，达到所需的使用年限。为符合标准要求，满足车辆安全运营需求，车体结构需要开展结构强度及疲劳寿命评估，主要涉及车体结构设计中的一般标准载荷（包括静强度设计载荷和疲劳强度设计载荷）、材料的许用应力以及车体强度和刚度的评价方法等。

车体结构强度及疲劳寿命评估流程为模型建立→网格划分→施加载荷→求解及后处理，车体结构强度及寿命评估的路线如图 7.1 所示。

7.1.1　车体常用材料及性能

轨道车辆车体材质主要为铝合金、不锈钢、碳钢，其中高速动车组车体材料以铝合金为主，城轨地铁车体材料主要为铝合金及不锈钢，铁路高档客车车体材料主要为碳钢，不锈钢地铁关键部位如枕梁等也采用碳钢材质。

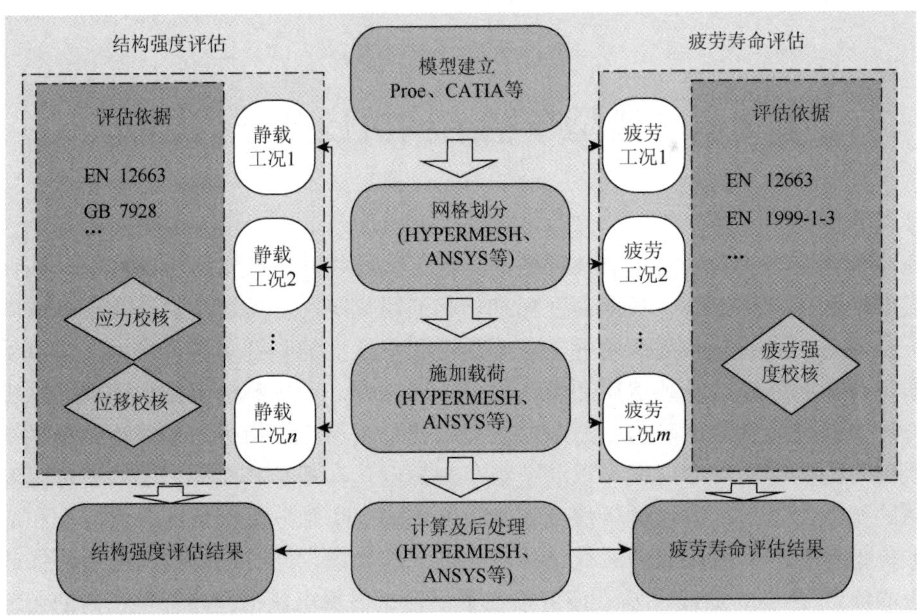

图 7.1　现代车体结构强度及疲劳寿命的评估路线

轨道车辆车体常用的铝合金材料为 5000（Al-Mg）系列、6000（Al-Mg-Si）系列和 7000（Al-Zn-Mg）系列。根据《轨道交通车辆结构用铝合金挤压型材》（GB/T 26494—2016）和《轨道交通用铝及铝合金板材》（GB/T 32182—2015），常用铝合金材料化学成分（质量分数）详见表 7.1，力学性能详见表 7.2。

表 7.1　轨道车辆常用铝合金材料化学成分　　（单位：%）

化学成分		牌号				
		5083	6082	7B05	6005A	6A01
Si		≤0.40	0.7～1.3	≤0.30	0.50～0.9	0.40～0.9
Fe		≤0.40	≤0.50	≤0.35	≤0.35	≤0.35
Cu		≤0.10	≤0.10	≤0.20	≤0.30	≤0.35
Mn		0.40～1.0	0.40～1.0	0.20～0.7	≤0.50	≤0.50
Mg		4.0～4.9	0.6～1.2	1.0～2.0	0.40～0.7	0.40～0.8
Cr		0.05～0.25	≤0.25	≤0.30	≤0.30	≤0.30
Zn		≤0.25	≤0.20	4.0～5.0	≤0.20	≤0.25
Ti		≤0.15	≤0.10	≤0.20	≤0.10	≤0.10
Zr		—	—	≤0.25	—	—
参考		—	—	V：≤0.10	Mn + Cr：0.12～0.50	—
其他	单个	≤0.05	≤0.05	≤0.05	≤0.05	≤0.05
	合计	≤0.15	≤0.15	≤0.15	≤0.15	≤0.15
Al		余量	余量	余量	余量	余量

表 7.2　轨道车辆常用铝合金材料力学性能

牌号	状态	板厚 t/mm	抗拉强度/MPa	屈服强度/MPa	断后伸长率 A/%
5083	O	0.8＜t≤12	275～350	125～200	A_{50mm}≥16；A≥14
		12＜t≤40	275～350	125～200	A_{50mm}≥16；A≥14
		40＜t≤80	270～345	115～200	A_{50mm}≥16；A≥14
		80＜t≤100	≥260	≥100	A_{50mm}≥16；A≥12
6082	T6	0.4＜t≤6.5	≥310	≥260	A_{50mm}≥10
		1.5＜t≤3	≥310	≥260	A_{50mm}≥7
		3＜t≤6	≥310	≥260	A_{50mm}≥10
		6＜t≤12.5	≥300	≥255	A_{50mm}≥9
		12.5＜t≤60	≥295	≥240	A≥8
		60＜t≤100	≥295	≥240	A≥7
6005A	T6	3＜t≤5	≥270	≥225	A≥8
		5＜t≤10	≥260	≥215	A≥8
		10＜t≤25	≥250	≥210	A≥8
6A01	T4	≤6	≥245	≥205	A_{50mm}≥8
		6＜t≤12	≥225	≥175	A_{50mm}≥8
7B05	T4	1.5＜t≤75	≥315	≥195	A≥11

轨道车辆用不锈钢材料主要为奥氏体不锈钢。根据《轨道车辆用不锈钢钢板和钢带》（GB/T 33239—2016）标准要求，常用不锈钢材料的化学成分详见表 7.3，基本力学性能指标见表 7.4。

表 7.3　轨道车辆常用不锈钢材料化学成分　（单位：%）

化学成分	牌号	
	022Cr17Ni7	06Cr19Ni10
C	≤0.030	≤0.08
Si	≤1.00	≤0.75
Mn	≤2.00	≤2.00
P	≤0.045	≤0.045
S	≤0.030	≤0.030
Cr	16.00～18.00	18.00～20.00
Ni	6.00～8.00	8.00～10.50
N	≤0.20	≤0.10

表 7.4　轨道车辆用不锈钢材料的基本力学性能指标

材料牌号	冷作硬化状态	屈服强度 $R_{p0.2}$/MPa	抗拉强度 R_m/MPa	断后伸长率 A/%
022Cr17Ni7	固溶	≥220	≥550	≥45
	1/4H（DLT）	≥345（约 465）	≥690（约 865）	≥40
	1/2H（ST）	≥410（约 530）	≥760（约 930）	≥35
	3/4H（MT）	≥480（约 600）	≥820（约 1000）	≥25
	H（HT）	≥685（约 800）	≥930（约 1140）	≥20
06Cr19Ni10	固溶	≥205	≥515	≥40

轨道车辆常用碳钢主要为碳素结构钢、低合金结构钢和高耐候钢，碳素结构钢执行《优质碳素结构钢》（GB/T 699—2015）和《碳素结构钢》（GB/T 700—2006），低合金结构钢执行《低合金高强度结构钢》（GB/T 1591—2018），高耐候钢执行《耐候结构钢》（GB/T 4171—2008）。

近年来，微合金化的高强钢已逐步应用于车体部分承载部件中，主要应用牌号为 Q450NQR1，执行《铁道车辆用耐大气腐蚀钢》（TB/T 1979—2014）。车体用典型钢材化学成分如表 7.5 所示，性能指标如表 7.6 所示。

表 7.5　轨道车辆常用碳钢材料　　（单位：%）

化学成分	牌号			
	Q310GNHE	Q355GNHE	Q355NE	Q450NQR1
C	≤0.12	≤0.12	≤0.18	≤0.12
Si	0.25～0.75	0.20～0.75	≤0.18	≤0.75
Mn	0.20～0.50	≤1.00	0.90～1.65	≤1.50
P	0.07～0.12	0.07～0.15	≤0.025	≤0.025
S	≤0.020	≤0.020	≤0.020	≤0.008
Nb	—	—	0.005～0.05	—
V	—	—	0.01～0.12	—
Ti	—	—	0.006～0.05	—
Cu	0.20～0.50	0.25～0.55	≤0.40	0.20～0.55
Cr	0.30～1.25	0.30～1.25	≤0.30	0.30～1.25
Ni	≤0.65	≤0.65	≤0.50	0.12～0.65
Mo	—	—	≤0.10	—
N	—	—	≤0.015	—
Als	—	—	≤0.015	—
其他元素	a，b	a，b	—	—

注：a 指为改善钢的性能，可以添加一种或一种以上的微量合金元素：Nb 为 0.015%～0.060%，V 为 0.02%～0.12%，Ti 为 0.02%～0.10%，Alt 含量≥0.020%。若上述元素组合使用时，应至少保证其中一种元素含量达到上述化学成分的下限规定。

b 指可以添加下列合金元素：Mo 含量≤0.30%，Zr 含量≤0.15%。

表 7.6　轨道车辆常用碳钢材料性能指标

牌号	状态	抗拉强度/MPa	屈服强度/MPa	断后伸长率 A/%	备注
高耐候钢	Q310GNHE	≥310	≥450	≥26%	t≤16mm
	Q355GNHE	≥355	490～630	≥22%	t≤16mm
低合金结构钢	Q355NE	≥345	470～630	≥21%	t≤16mm
	Q345E	≥335	470～630	≥21%	16mm≤t≤40mm
微合金高强钢	Q450NQR1	≥450	≥550	≥20%	6mm≤t≤14mm
	Q450NQR1	≥450	≥550	≥19%	14mm≤t≤20mm

注：t 为板厚。

7.1.2　车体结构静强度分析

车体强度设计是指车体结构应有足够的强度储备，以确保其具有足够的可靠性与使用寿命；刚度设计是指车体结构应有足够的弯曲刚度，确保其运用中不发生超标变形，抑制振动和噪声，提高乘坐舒适性；而稳定性设计是指需要严格校核车体结构的稳定性，避免结构失稳破坏或蒙皮起皱等。最近几年，对于车体结构的被动安全设计受到重视，主要是借鉴了汽车耐撞和吸能设计，最大限度地确保车辆碰撞中乘客的生命财产安全。2021 年，中车长春轨道客车股份有限公司完成了两列 8 节编组高速动车组碰撞试验，以探索轻量化吸能结构的研发和设计。

截至目前，世界各国在车体结构设计中重点以静强度评价为主要手段，辅之以损伤理论进行疲劳寿命评估。根据欧盟标准 EN 12663-1 要求，车体结构模型整体坐标的 X 轴（相当于车身纵轴）正方向是运动方向，Z 轴（相当于车身垂直轴）正方向指向朝上，Y 轴则为车身的水平轴。以国内典型城轨地铁车辆中间车 MP（带受电弓的动车，motor car with pantograph）车为例，开展车体有限元建模，车体采用大型中空铝合金挤压型材组焊成筒形整车承载结构，主要由顶棚、侧墙、底架以及端墙焊接而成。考虑到计算精度和成本，车体模型网格划分时单元边长一般取 20～40mm，单元类型则采用 4 节点的四边形单元或 3 节点的三角形单元，车体中板厚部位采用实体单元来提高结果精度，例如，门角实体块用刚性杆方式连接实体单元和壳单元。车体经网格划分离散后的有限元模型详见图 7.2，模型中包含 190.8 万个单元和 173.1 万个节点。

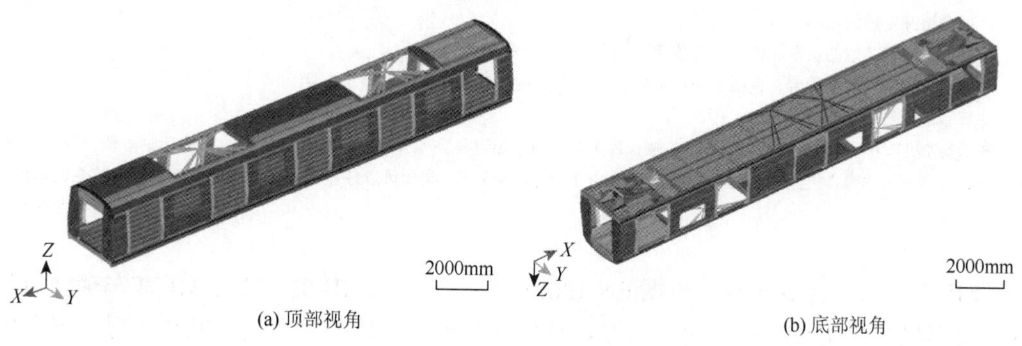

(a) 顶部视角　　(b) 底部视角

图 7.2　车体有限元模型

为开展车辆结构强度设计，根据欧洲标准 EN 12663-1，定义车辆计算过程的质量要素，车体静强度计算质量定义详见表 7.7。

表 7.7　欧洲标准 EN 12663-1 中车体静强度质量定义

序号	EN 12663-1 标准定义		MP 车计算过程中对应质量定义	
	定义	符号	参数	数值/kg
1	正常运行情况下车身的设计质量	m_1	MP 车车体质量	23009
2	一个转向架或运行装置的设计质量	m_2	MP 车转向架质量	一位端 m_{21}：7760 二位端 m_{22}：7720
3	设计有效载荷	m_3	定员载客质量（定员人数 295 人，60kg/人）	17700
4	特殊有效载荷	m_4	超员载客质量（定员人数 420 人，60kg/人）	25200
5	—	m_{e1}	客室空调质量	900×2
6	—	m_{e2}	牵引逆变器质量	1010
7	—	m_{e3}	高压电器箱质量	515

不同类型的车辆在典型工况条件下的载荷如表 7.8 所示。必须指出的是，应用这些标准载荷时应考虑具体线路和列车动力学品质。

表 7.8　欧洲 EN12663-1 标准中车辆典型工况下载荷　　（单位：kN）

工况	机车	客运车辆					货运车辆	
	L 类	P-I类	P-II类	P-III类	P-IV类	P-V类	F-I类	F-II类
最大垂直载荷	$1.3g\times m_1$	$1.3g\times(m_1+m_4)$					$1.3g\times(m_1+m_3)$	
耦合器附属装置上的压缩力	2000	2000	1500	800	400	200	2000[b]	1200
枕内整车抬车	$1.1g\times(m_1+2m_2)$						$1.0g\times(m_1+2m_2+m_3)$	
枕外整车抬车								

注：①如果最大运行载荷产生更高的验证载荷（如由于动效应或载荷条件引起的载荷），则应使用更大的数值，并在规格中进行说明。

②如果使用牵引装置拉扭“c”（参见 EN 12663-2），则指施加在该牵引装置拉扭上的压缩力。当压缩力施加在侧缓冲器上时，每个缓冲器轴的压缩力为原数值的一半。

③机车指所有类型的机车和仅负责提供牵引力的动力头，不负责运输乘客。

④客运车辆负责运输乘客，包括主干线车辆、市郊和市内运输车辆和电车轨道车辆。

⑤货运车辆负责运输货物。

⑥L 类如机车和动力头；P-I 类如卧车车辆；P-II 类如固定装置和卧车车辆；P-III 类如地铁、高速运输车辆和轻轨车辆；P-IV 类如轻型地铁和重型电车轨道车辆；P-V 类如电车轨道车辆；F-I 类如可以任意调用的车辆；F-II 类如除驼峰调车和自由调车之外的车辆。

MP 车为城轨地铁车辆，根据 EN 12663 要求，属于 P-III 类。结合 MP 车车辆使用条件，对车辆最大垂直载荷、超员压缩、枕内整车抬车及枕外整车抬车四种工况开展车体强度计算。载荷施加详见表 7.9，其中 $g=9.81\text{m/s}^2$。

表 7.9　车体典型工况载荷施加方式

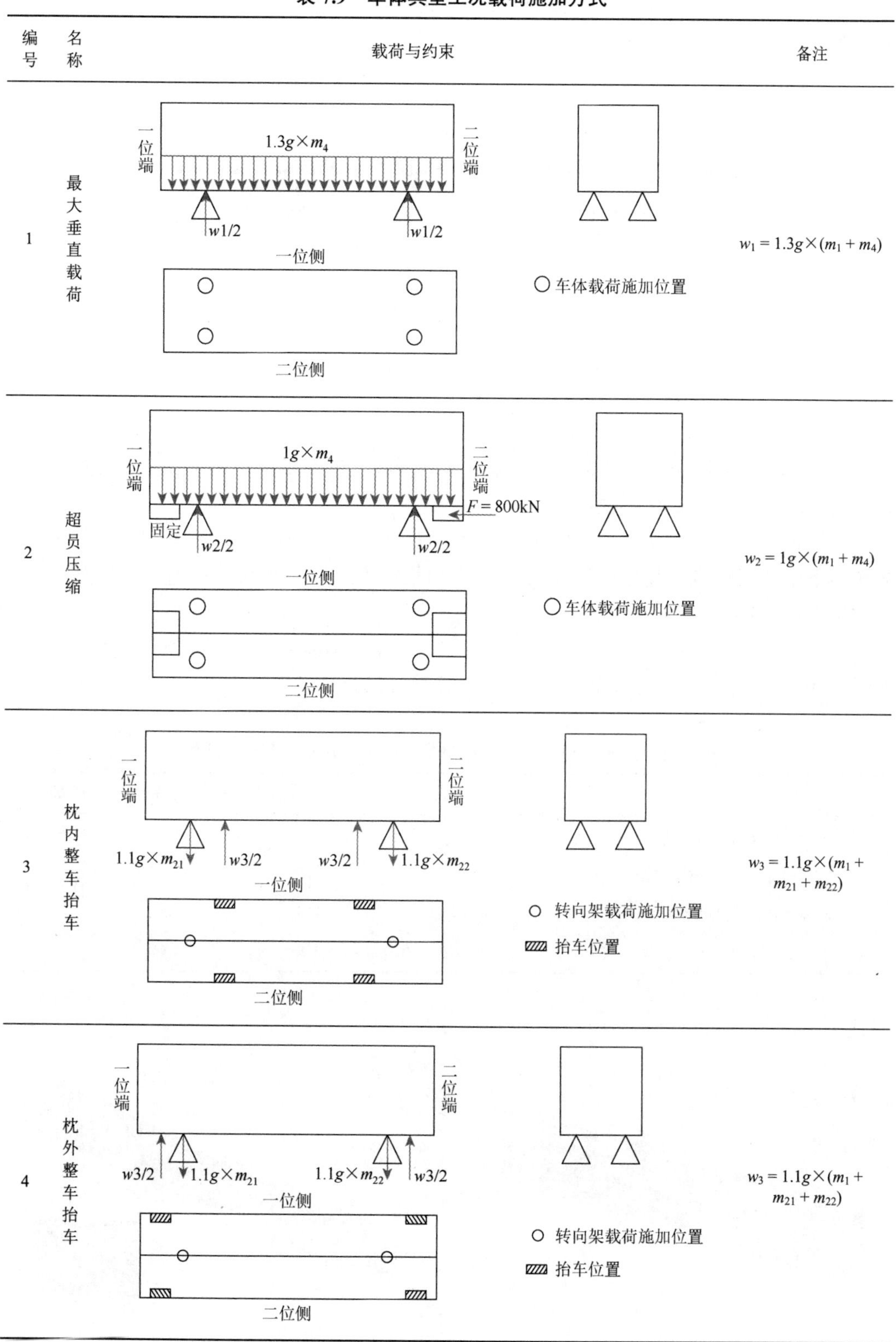

编号	名称	载荷与约束	备注
1	最大垂直载荷		$w_1=1.3g\times(m_1+m_4)$
2	超员压缩		$w_2=1g\times(m_1+m_4)$
3	枕内整车抬车		$w_3=1.1g\times(m_1+m_{21}+m_{22})$
4	枕外整车抬车		$w_3=1.1g\times(m_1+m_{21}+m_{22})$

考虑到空调、吊挂箱体对车体强度的影响，在车辆强度计算时，还需要明确各设备的安装位置及重心位置，如图 7.3 所示。

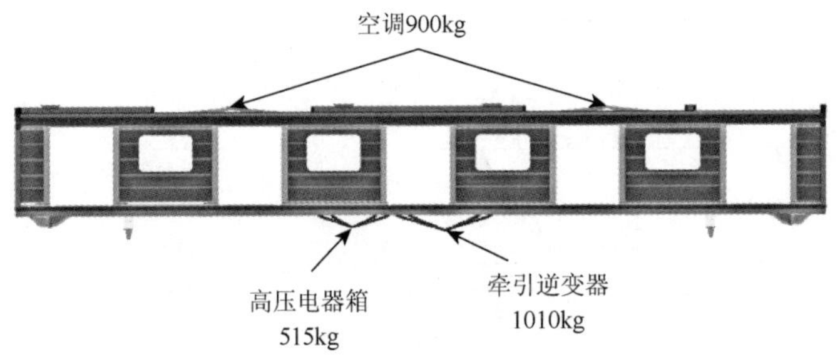

图 7.3　设备安装位置及重心位置示意图

MP 车车体结构强度评价要求如下：

（1）根据 EN 12663 标准要求，车体在各静强度工况下的最大 von Mises 应力应小于材料的屈服强度，且安全系数≥1.15。

（2）根据《地铁车辆通用技术条件》（GB/T 7928—2003）标准要求，在最大垂直载荷作用下车体静挠度不超过两转向架支承点之间距离的 1‰，即在垂直超员载荷作用下车体的挠跨比≤1‰。

对车辆模型加载最大垂直载荷工况，车体最大 von Mises 应力计算结果及其发生部位如表 7.10 所示，应力云图如图 7.4 所示，位移计算结果如表 7.11 所示。

表 7.10　最大垂直载荷工况车体最大 von Mises 应力计算结果

部位	应力值/MPa	屈服强度/MPa	安全系数	评价结果
侧墙门下角下边梁	130.8	215	1.64	符合要求
空调平台与车顶型材焊缝	85.5	115	1.35	
侧墙门上角补强板焊缝	87.6	115	1.31	
侧墙窗角	147.4	215	1.46	

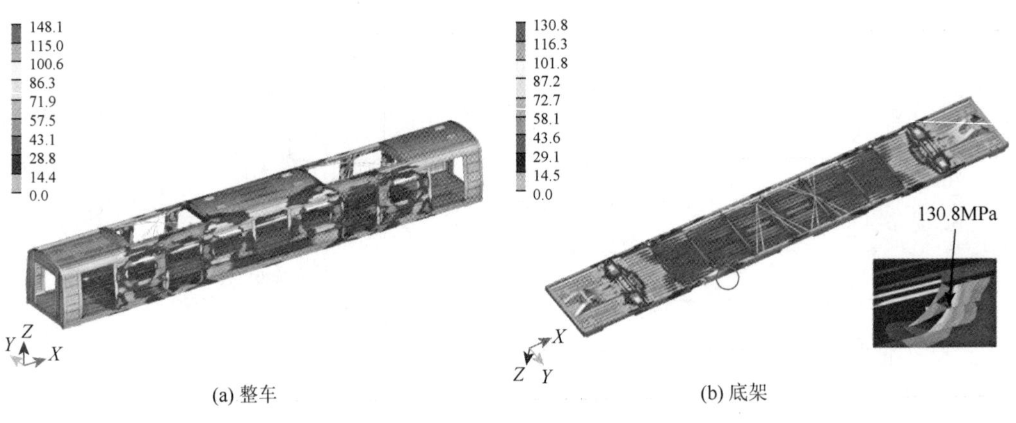

(a) 整车　(b) 底架

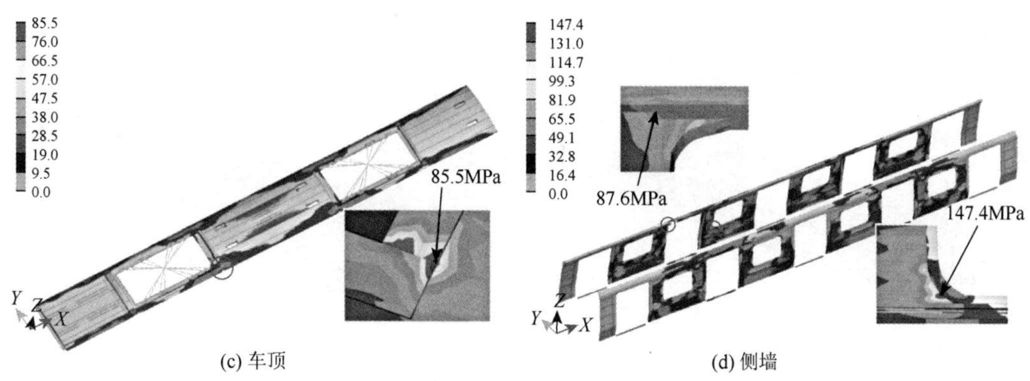

(c) 车顶　(d) 侧墙

图 7.4　最大垂直载荷工况应力云图

表 7.11　最大垂直载荷工况车体位移计算结果

部位	位移/mm	评价结果
底架边梁中部	−17.6	符合要求
枕梁中部（一位端）	−2	
枕梁中部（二位端）	−2	

根据表 7.11，车体挠跨比计算过程如下。

车体边梁下挠量：

$$17.6-(2.0+2.0)/2=15.6(\text{mm})$$

车体挠跨比：

$$15.6/15700=0.994(‰)$$

最大垂直载荷工况条件下，车体挠跨比≤1‰，满足《地铁车辆通用技术条件》(GB/T 7928—2003）标准要求。

对车辆模型加载超员压缩工况，车体最大 von Mises 应力计算结果及其发生部位如表 7.12 所示，应力云图如图 7.5 所示。

表 7.12　超员压缩工况车体最大 von Mises 应力计算结果

部位	应力/MPa	屈服强度/MPa	安全系数	结果
一位端牵引梁处	117.9	200	1.70	符合要求
枕内补强板附近地板	137.6	215	1.56	
空调平台拐角处车顶型材	92.3	215	2.33	
侧墙门上角焊缝	52.9	115	2.17	
侧墙窗角	124.8	215	1.72	
端墙门下角焊缝	91.8	115	1.25	

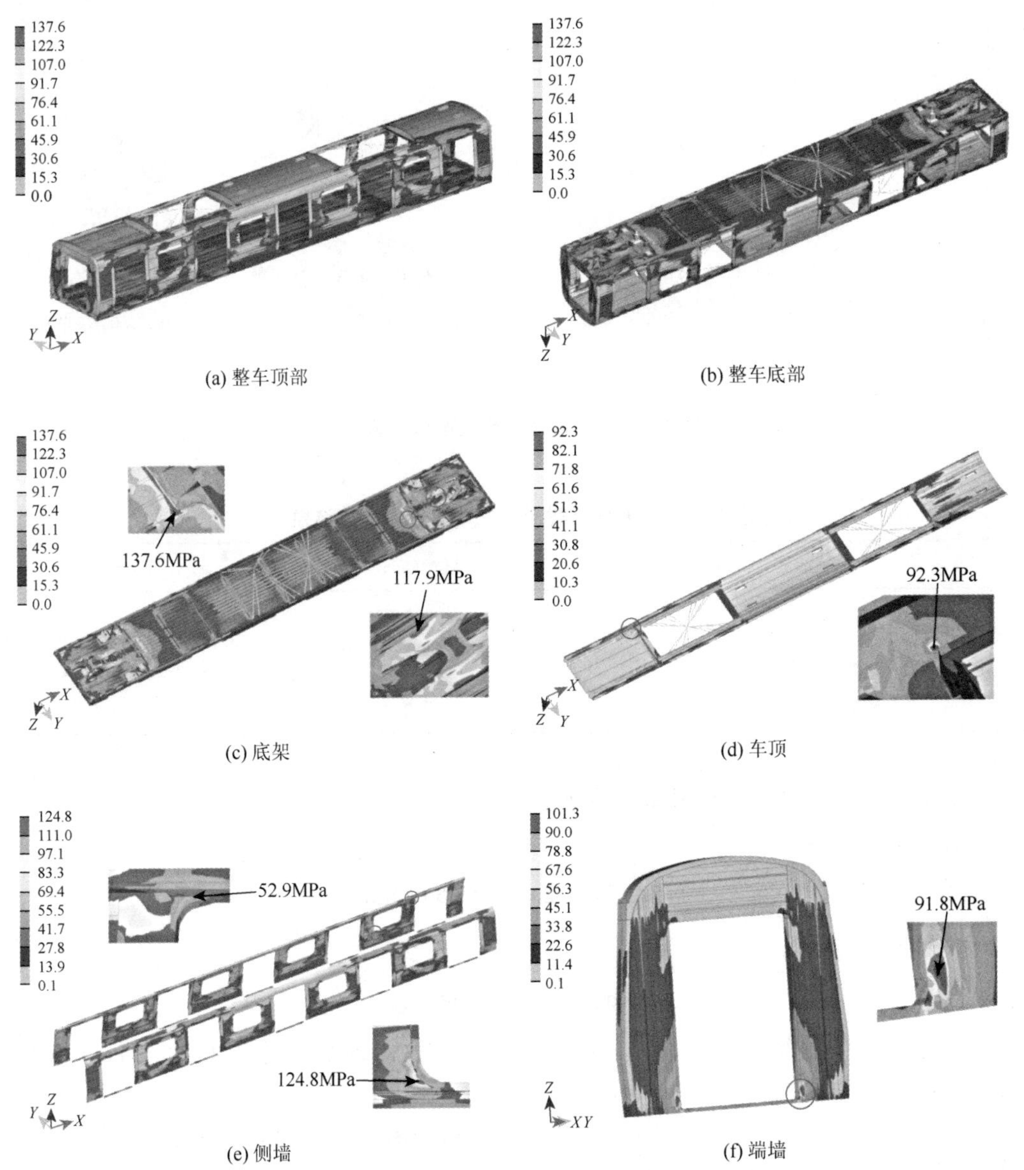

(a) 整车顶部　(b) 整车底部

(c) 底架　(d) 车顶

(e) 侧墙　(f) 端墙

图 7.5　超员压缩工况应力云图

对车辆模型加载枕内整车抬车工况，车体最大 von Mises 应力计算结果及其发生部位如表 7.13 所示，应力云图如图 7.6 所示。

表 7.13　枕内整车抬车工况车体最大 von Mises 应力计算结果

部位	应力/MPa	屈服强度/MPa	安全系数	结果
枕内抬车座附近下边梁	87.1	200	2.30	符合要求
枕内抬车座焊缝	68.3	115	1.68	
侧墙下边梁连接焊缝	62.7	115	1.83	

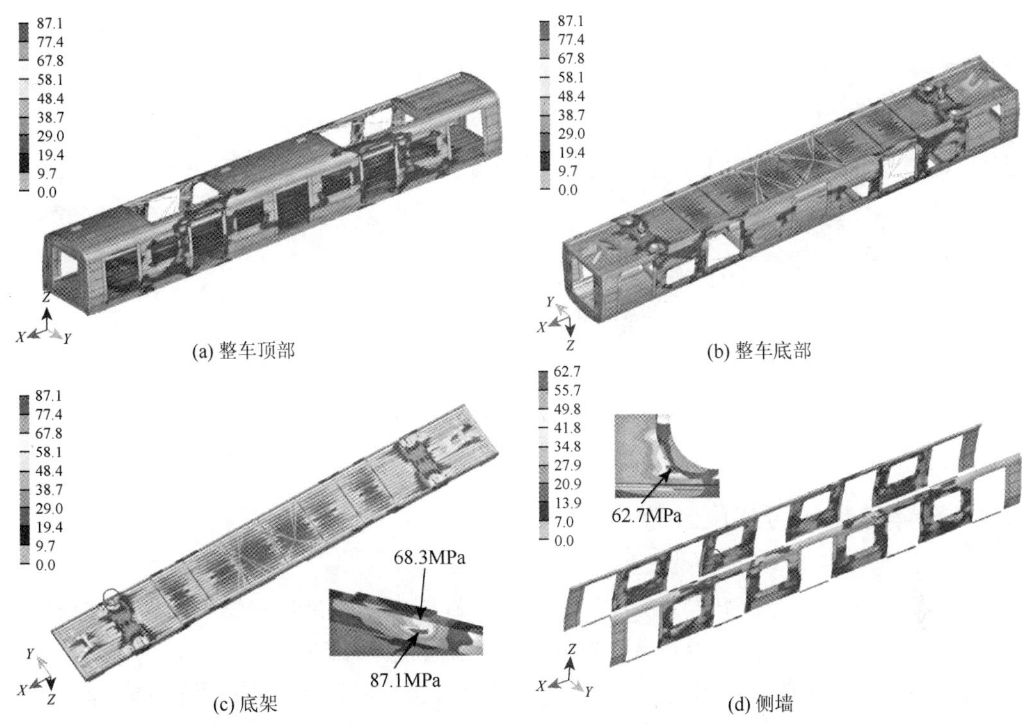

图 7.6　枕内整车抬车工况应力云图

对车辆模型加载枕外整车抬车工况，车体最大 von Mises 应力计算结果及其发生部位如表 7.14 所示，应力云图如图 7.7 所示。

表 7.14　枕外整车抬车工况车体最大 von Mises 应力计算结果

部位	应力/MPa	屈服强度/MPa	安全系数	结果
枕外抬车座焊缝	54.9	115	2.09	
侧墙门下角下边梁	108.4	215	1.98	
侧墙门上角焊缝	52.8	115	2.08	符合要求
侧墙窗角	105.1	215	2.05	
空调平台与车顶型材焊缝	80.1	115	1.44	

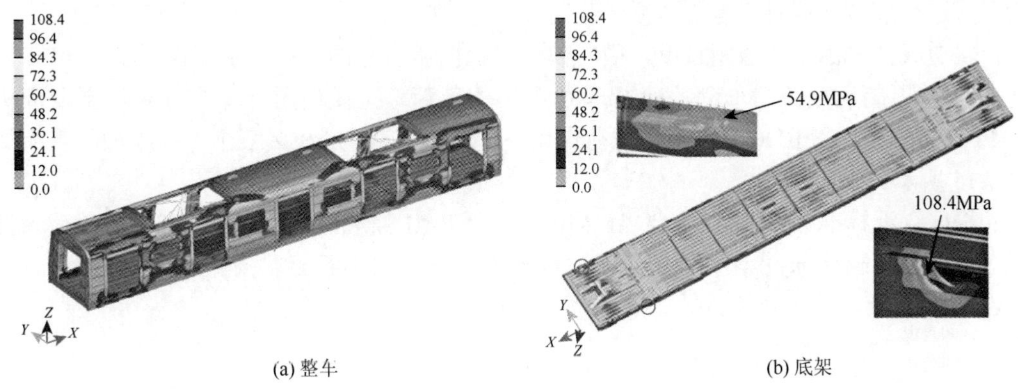

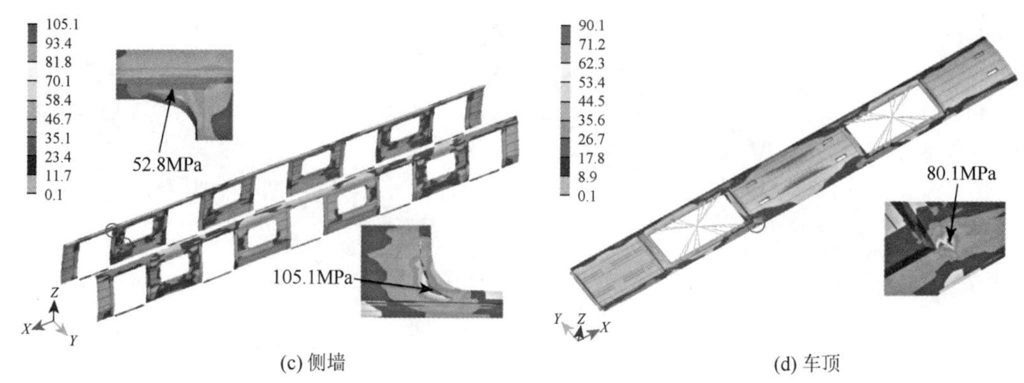

(c) 侧墙　　(d) 车顶

图 7.7　枕外整车抬车工况应力云图

7.1.3　车体结构疲劳强度分析

疲劳强度计算时需确定有效载荷，并根据车辆实际工况确认能够导致疲劳损伤的循环载荷。根据欧洲标准 EN 12663-1，有效载荷的确定原则如下：

（1）如果有效载荷不发生明显变化，那么在 P-I 类、P-V 类和 F-II 类车辆的整个使用年限期间应使用标称设计有效载荷 m_3。

（2）如果有效载荷发生明显变化，那么应在规格说明中说明在各个水平面处的有效载荷和花费时间比例，使其成为计算可用的有效数据。

（3）在高速运输车辆/地铁和某些货运车辆运行过程中，有效载荷会发生明显变化。在这些情况下，需要规定多个在单独运行期限内的设计有效载荷（以 m_3 或 m_4 为基础）。如果是其他类型的车辆，通常情况下，应假设在整个使用年限期间有效载荷为常量。有效载荷水平通过 m_3 的分数值来表示。如有需要，还应考虑不同质量状态下的有效载荷分布情况。

根据 EN 12663-1，疲劳载荷可分为负载/卸载循环载荷、气动载荷、轨道载荷和牵引/制动载荷。负载/卸载循环载荷是指若车辆有效载荷达到自重，且有效载荷变化频繁，那么由于负载/卸载循环所导致的疲劳损坏会非常明显，进行疲劳计算时应考虑该循环载荷。气动载荷是指车辆在高速运行、隧道内运行及高速逆风条件下运行时会产生明显的气动载荷，进行疲劳计算时应考虑该循环载荷。

轨道载荷是由于轨道垂直度、横向偏差和扭曲所引起的载荷，主要作用于 Y 和 Z 方向。而牵引/制动载荷为车辆起动/停车所产生的载荷，主要作用于 X 方向。根据欧洲标准 EN 12663-1，在 1000 万次疲劳载荷作用下，车辆在 X、Y 和 Z 三个方向施加的载荷如表 7.15 所示。

根据欧洲标准 EN 12663-1 要求，MP 车按照 P-III 类选择疲劳载荷，在定员载荷条件下（设计有效载荷 m_3）计算疲劳工况，根据 MP 车服役运行工况条件，MP 车疲劳工况如表 7.16 所示。

表 7.15　欧洲标准 EN 12663-1 中轨道车辆疲劳载荷施加要求

工况	机车	客运车辆					货运车辆	
	L 类	P-I类	P-II类	P-III类	P-IV类	P-V类	F-I类	F-II类
Y 方向	$\pm 0.2g$	$\pm 0.15g$					$\pm 0.2g$ $\pm 0.4g^{a}$	
Z 方向	$1 \pm 0.25g$	$1 \pm 0.15g$			$(1 \pm 0.15)\ g^{b}$		$(1 \pm 0.3)\ g^{c}$	
X 方向	$\pm 0.15g$	$\pm 0.15g$			$\pm 0.15g^{d}$	$\pm 0.2g$	$\pm 0.3g^{e}$	

a：适用于设备附属装置。但如果是转向架车辆和装有改良悬挂装置的两轴货车，该数值有可能会降低。

b：槽型钢轨使用 $1 \pm 0.18g$。

c：双极悬挂装置的货运车辆使用 $1 \pm 0.25g$，若该加速度能够产生更高的动载荷系数（如由动效应或载荷条件引起的载荷），则应使用更大的数值，并在规格中进行说明。

d：如果车辆与道路交通交互作用，该数值应定为 $\pm 0.2g$。

e：仅适用于设备附属装置。

f：L 类、P-I类、P-II类、P-III类、P-IV类、P-V类、F-I类及 F-II类的说明详见表 7.8。

表 7.16　欧洲标准 EN 12663-1 中 MP 车车体疲劳工况载荷

工况编号	工况名称	载荷	备注
1	垂向疲劳	$1 \pm 0.15g$	*Z* 方向
2	横向疲劳	$\pm 0.15g$	*Y* 方向
3	纵向疲劳	$\pm 0.15g$	*X* 方向
4	垂 + 横 + 纵向疲劳	工况 1、2、3 叠加	*X*、*Y*、*Z* 三方向

车体疲劳评价要求：依据 EN 1999-1-3 标准，焊缝疲劳应力范围的绝对值应小于标准规定的疲劳极限。对模型施加疲劳工况，选取车体典型的危险点（门上角焊缝、枕梁与牵引梁焊缝及车顶空调型材与车顶弯梁焊缝）进行疲劳强度评估。经查询设计模型，以上典型焊缝结构形式详见表 7.17。

表 7.17　MP 车评估位置焊缝形式及细节

序号	评估位置	焊缝示意图	接头形式	焊缝细节
1	门上角焊缝	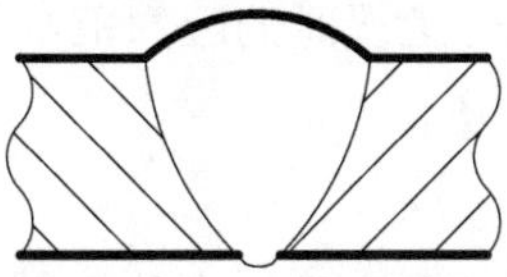	B-BW	
2	枕梁与牵引梁焊缝	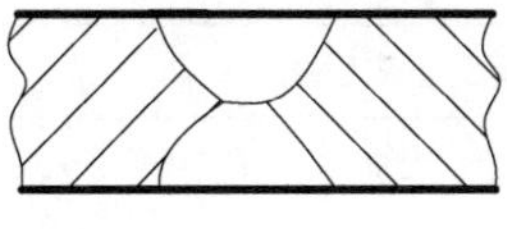	B-BW	两侧磨平
3	车顶空调型材与车顶弯梁焊缝	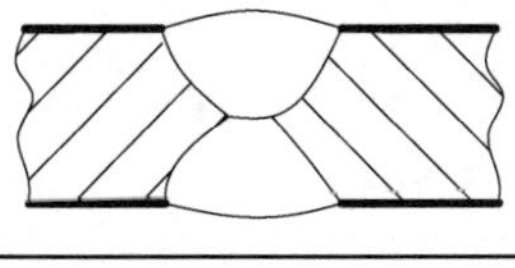	B-BW	

查询 EN 1999-1-3，以上焊缝分类详见表 7.18。

表 7.18　EN 1999-1-3 中对接焊缝细节分类

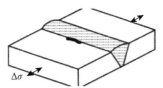

焊缝类别	疲劳 S-N 曲线分类	示意图	焊缝细节	备注
EN 1999-1-3 表 J.7 中第 7.1.1 类	56-7	$\Delta\sigma$	双面焊，全熔透，磨平	枕梁与牵引梁焊缝
EN 1999-1-3 表 J.7 中第 7.2.3	36-3, 4	$\Delta\sigma$	双面焊，全熔透，余高	车顶空调型材与车顶弯梁焊缝
EN 1999-1-3 表 J.7 中第 7.4.3	32-3, 4	$\Delta\sigma$	单面焊，全熔透，余高	门上角焊缝

对接接头是车体焊接制造中的主要连接形式，也是一种偏于保守的结构设计。为此，根据欧洲标准 EN 1999-1-3 中对接焊缝疲劳 *S-N* 曲线，第 7.1.1 类焊缝（对应曲线 56-7）在 1000 万循环周次下的疲劳极限值为 45.5MPa，第 7.2.3 类焊缝（对应曲线 36-3, 4）在 1000 万循环周次下的疲劳极限值为 29.0MPa，第 7.4.3 类焊缝（对应曲线 32-3, 4）在 1000 万循环周次下的疲劳极限值为 21.5MPa。

依次对各疲劳危险点进行分析，具体结果如下：

门上角焊缝在各工况条件下疲劳强度计算结果如表 7.19 所示，应力云图如图 7.8 所示。该评估点在垂 + 横 + 纵向疲劳工况时的应力范围绝对值最大，数值为 15.5MPa，小于疲劳极限 21.5MPa，满足要求。

表 7.19　门上角焊缝各工况条件下疲劳强度计算结果

工况	类型	最大主应力/MPa	最小主应力/MPa	疲劳极限/MPa
垂向疲劳	7.4.3	5.0	−5.5	21.5
横向疲劳	7.4.3	4.0	−2.5	21.5
纵向疲劳	7.4.3	4.0	−3.0	21.5
垂 + 横 + 纵向疲劳	7.4.3	15.5	−13.0	21.5

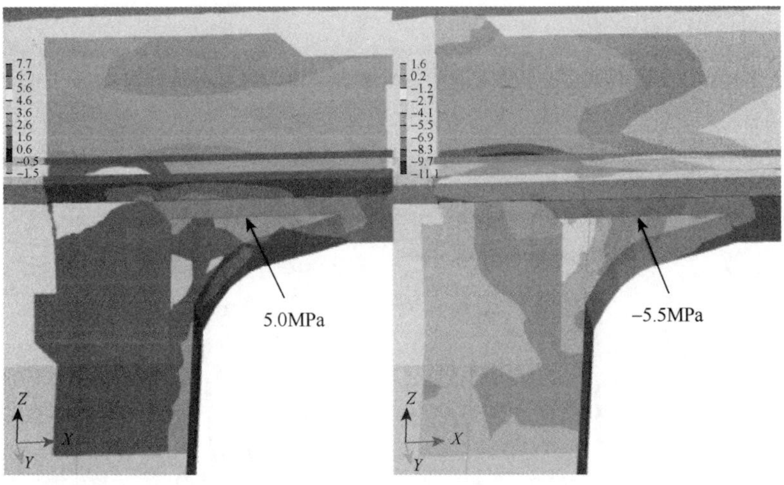

(a) 垂向疲劳

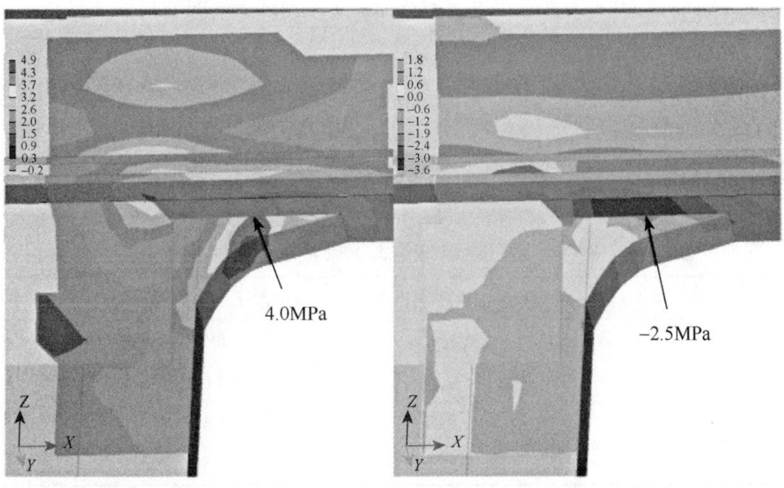

(b) 横向疲劳

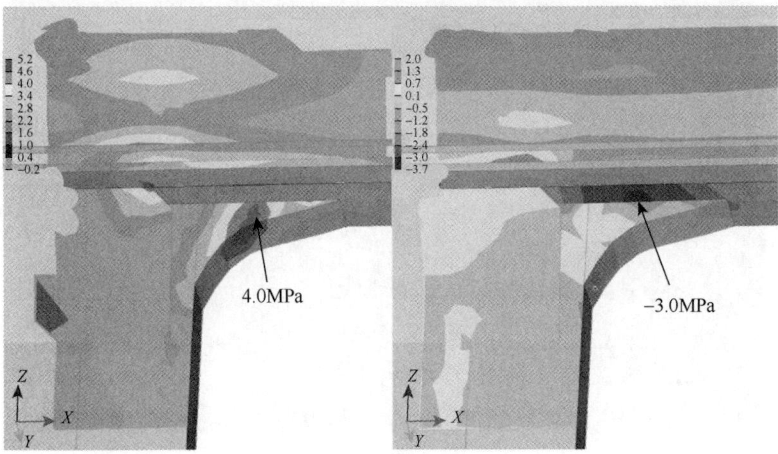

(c) 纵向疲劳

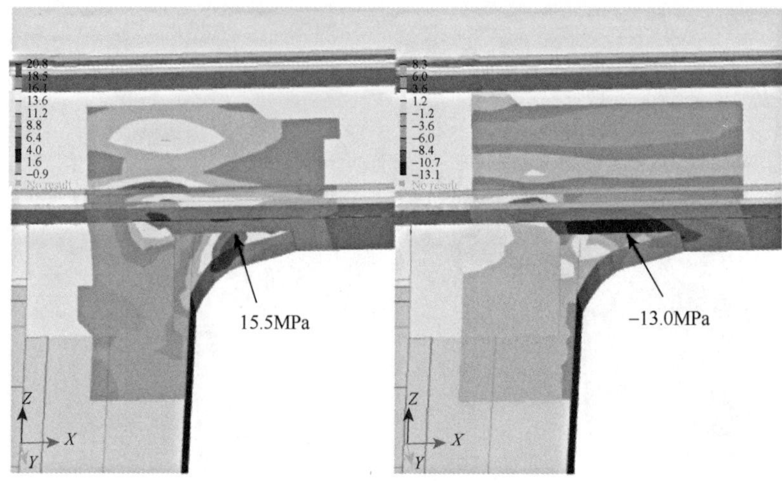

(d) 垂 + 横 + 纵向疲劳

图 7.8　门上角焊缝各疲劳工况应力云图

枕梁与牵引梁焊缝在各工况条件下疲劳强度计算结果如表 7.20 所示，应力云图如图 7.9 所示。该评估点在纵向疲劳（牵引拉杆）工况下的应力范围绝对值最大，数值为 13.0MPa，小于疲劳极限 45.0MPa，满足要求。

表 7.20　枕梁与牵引梁焊缝各工况条件下疲劳强度计算结果

工况	类型	最大主应力/MPa	最小主应力/MPa	疲劳极限/MPa
垂向疲劳	7.4.3	6.5	−0.5	45.0
横向疲劳	7.4.3	5.5	−2.0	45.0
纵向疲劳	7.4.3	0.5	−5.5	45.0
垂 + 横 + 纵向疲劳	7.4.3	13.0	−8.5	45.0

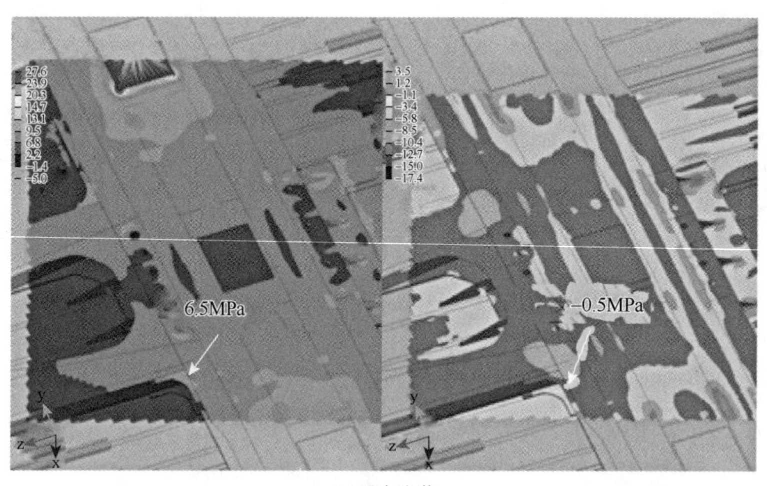

(a) 垂向疲劳

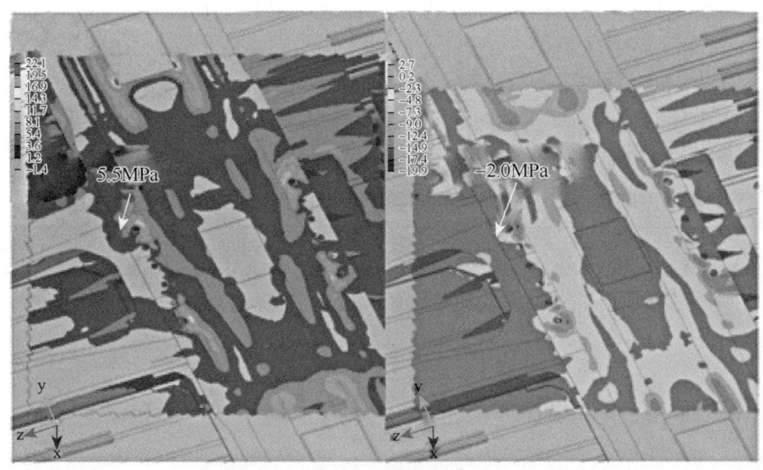

(b) 横向疲劳

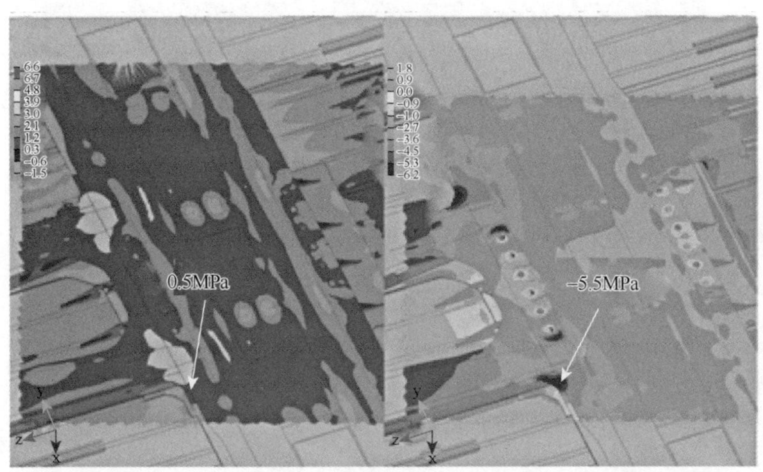

(c) 纵向疲劳

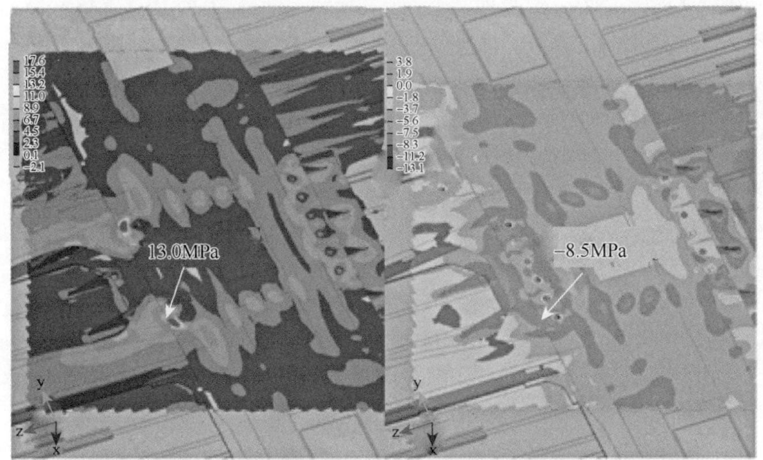

(d) 垂 + 横 + 纵向疲劳

图 7.9　枕梁与牵引梁焊缝各疲劳工况应力云图

车顶空调型材与车顶弯梁焊缝在各工况条件下疲劳强度计算结果如表 7.21 所示，应力云图如图 7.10 所示。该评估点在垂 + 横 + 纵向疲劳工况时的应力范围绝对值最大，数值为 18.5MPa，小于疲劳极限 29MPa，满足要求。

表 7.21　车顶空调型材与车顶弯梁焊缝各工况条件下疲劳强度计算结果

工况	类型	最大主应力/MPa	最小主应力/MPa	疲劳极限/MPa
垂向疲劳	7.4.3	1.5	−0.5	29.0
横向疲劳	7.4.3	4.0	−1.5	29.0
纵向疲劳	7.4.3	1.5	−1.0	29.0
垂 + 横 + 纵向疲劳	7.4.3	18.5	−9.0	29.0

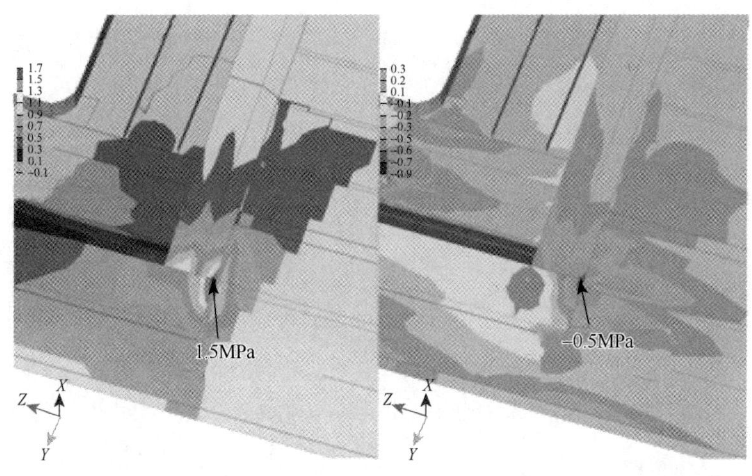

(a) 垂向疲劳

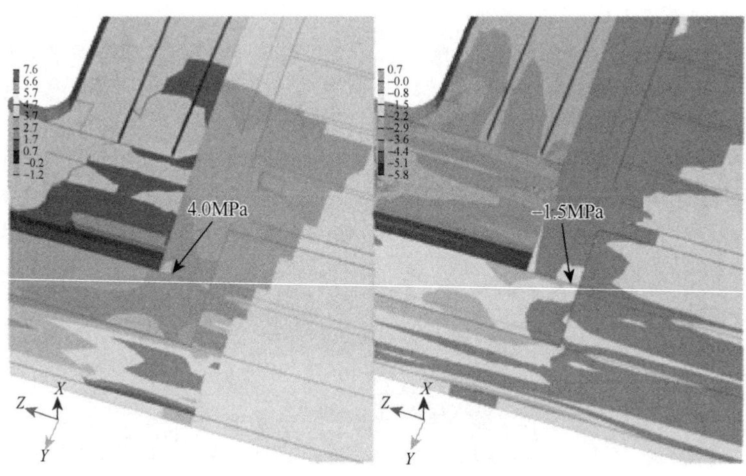

(b) 横向疲劳

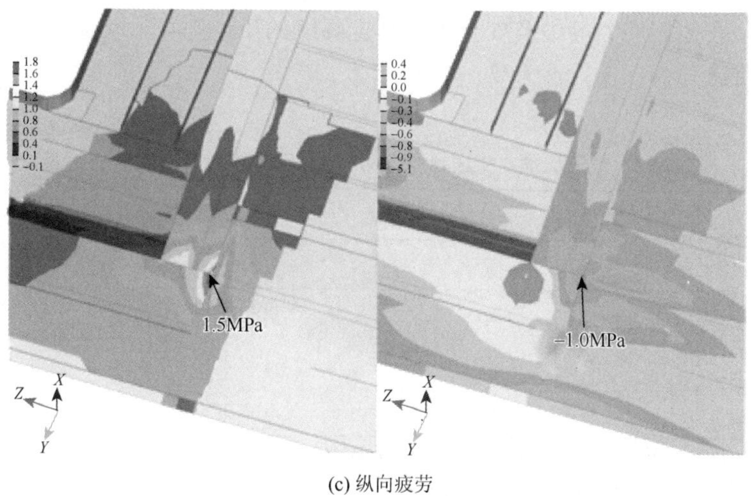

(c) 纵向疲劳

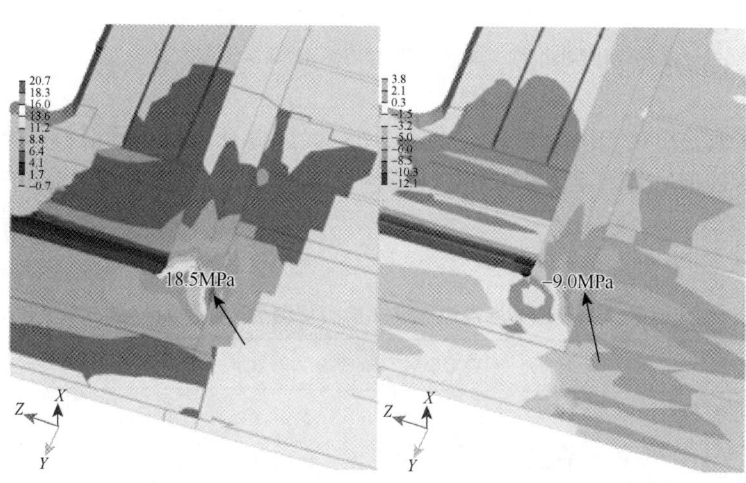

(d) 垂 + 横 + 纵向疲劳

图 7.10　车顶空调型材与车顶弯梁焊缝各疲劳工况应力云图

根据欧洲标准 EN 15085-3 要求，参照车辆疲劳强度计算的结果，得出焊缝的应力系数（应力系数是根据焊接接头类型计算的疲劳应力与容许疲劳应力之比），焊缝的应力等级与应力系数之间的关系详见表 7.22。

表 7.22　欧洲标准 EN 15085-3 中应力等级与应力系数的对应关系

应力等级	应力系数 S
高	⩾0.9
中	$0.75 \leqslant S < 0.9$
低	＜0.75

注：疲劳强度值由计算标准确定或代表性接头试样的疲劳试验值。

在设计阶段根据应力等级及安全等级制定焊缝的质量等级，轨道车辆的焊接接头分为 7 个焊缝质量等级，详见表 7.23。

表 7.23　欧洲标准 EN 15085-3 中焊缝等级与应力等级的对应关系

应力等级	安全等级		
	高	中	低
高	CPA	CPB2	CPC2
中	CPB1	CPC2	CPC3
低	CPC1	CPC3	CPD

注：①在新设计中禁止形成高安全等级和高应力等级的 CPA 级焊缝。

②CPB1 只适用于生产检查和维护时具有完全熔透性和完全可达性的焊缝。

③CPB2 也适用于不能进行内部探伤的焊缝，在这种情况下，应在图纸或相关技术文件上注明“安全等级为中/需增加表面检测”。

④CPC1 对不能进行内部探伤的焊缝也有效，如部分熔透焊缝或角焊缝。

根据 MP 地铁车辆门上角焊缝、枕梁与牵引梁焊缝及车顶空调型材与弯梁焊缝的应力计算结果，依据欧洲标准 EN 15085-3 要求，各焊缝应力等级和焊缝质量等级明确如表 7.24 所示。

表 7.24　欧洲标准中 MP 车典型焊缝应力及质量等级

评估焊缝	最大应力	疲劳极限/MPa	应力系数	应力等级	安全等级	焊缝质量等级
门上角焊缝	15.5	21.5	0.72	中	中	CPC2
枕梁与牵引梁焊缝	13.0	45.0	0.29	低	高	CPC1
车顶空调型材与弯梁焊缝	18.5	29.0	0.63	低	中	CPC3

7.1.4　车辆运行平稳性指标

车辆在保证结构强度及可靠性的同时，运行平稳性也是非常重要的指标。根据《机车车辆动力学性能评定及试验鉴定规范》(GB/T 5599—2019)，车辆的运行平稳性一般采用平稳性指标 W 或乘坐舒适度指标 N_{MV} 进行评价。平稳性指标 W 以车辆振动加速度测量为基础，在最高运营速度范围内进行评定。平稳性指标按照客车、货车和机车分别进行评价，详见表 7.25。

乘坐舒适度指标 N_{MV} 的评定以车辆上测到的振动加速度和由相当数量的乘客在 5min 期间给出的舒适度评分平均值之间的关系为基础数据，在最高运营速度范围内进行评定。客车和动车组舒适度等级及评定详见表 7.26。

表 7.25　GB/T 5599—2019 标准中各车型平稳性等级及评定

序号	轨道车辆类型	平稳性等级	平稳性指标 W	评定
1	客车和动车组	1 级	$W \leqslant 2.50$	优
		2 级	$2.50 < W \leqslant 2.75$	良好
		3 级	$2.75 < W \leqslant 3.00$	合格
2	货车	1 级	$W \leqslant 3.50$	优
		2 级	$3.50 < W \leqslant 4.00$	良好
		3 级	$4.00 < W \leqslant 4.25$	合格
3	机车	1 级	$W \leqslant 2.75$	优
		2 级	$2.75 < W \leqslant 3.10$	良好
		3 级	$3.10 < W \leqslant 3.45$	合格

表 7.26　现代铁路客车和动车组乘坐舒适度等级及评定

舒适度等级	乘坐舒适度指标	评定
1 级	$N_{MV} < 1.5$	非常舒适
2 级	$1.5 \leqslant N_{MV} < 2.5$	舒适
3 级	$2.5 \leqslant N_{MV} < 3.5$	一般
4 级	$3.5 \leqslant N_{MV} < 4.5$	不舒适
5 级	$N_{MV} \geqslant 4.5$	非常不舒适

注：动力集中动车组的动力车除外。

7.2　转向架构架强度及寿命评估

高速转向架主要由构架与轴箱相连的弹簧及减振器、轮对、驱动和制动装置等部分组成，担负着承载、传力和导向的作用，其结构设计是否合理和强度是否达标直接关系到列车的运行平稳性、安全性及乘坐舒适性。构架占到转向架总重 15%以上，构架不发生失效破坏是结构设计及服役评估的首要技术环节。疲劳破坏的一个显著特征就是从缺陷处开裂，对于焊接结构，多发生在接头位置。焊接过程不仅破坏了母材的均匀组织结构与性能，而且造成了材料内部和表面的各种缺陷，是影响构架结构强度及可靠性的关键控制要素。现代铁路车辆在运行中转向架构架承受着次强随机动载作用，疲劳是其最可能发生失效的模式。鉴于受载状态和结构形状的复杂性，保证转向架焊接构架的疲劳断裂可靠性成为高速列车必须解决的关键问题。然而，传统设计思想的一个基本假设是把材料视为无任何缺陷的均匀连续体，没有考虑缺陷诱导的应力放大效应，往往给出不合理的设计结论。

目前有关转向架构架评估的文献中，研究对象多是锻造钢板焊接而成的结构，有关铸造零部件的焊接构架的研究较少。与焊接相比，铸造板焊接更容易形成各类缺陷，包括气孔、夹杂、裂纹、未焊透等，这些缺陷的存在将可能降低构架的服役寿命。为此，本节对某型地铁客车 G20Mn5 铸钢焊接构架开展抗疲劳评价。首先，根据 UIC 515-4 标准，施加 15 项运营工况和 7 项超常工况开展铸造板焊接构架的静强度分析，利用耐久极限法绘制 Goodman 图进行疲劳强度校核；在名义应力评估的基础上，进一步引入断裂力学方法或损伤容限思想，在考虑焊缝未熔合缺陷以及铸造缺陷的前提下，对构架关键部位进行强度评估及剩余寿命预测。

7.2.1　构架材料试验及结果分析

从材质上看，我国动车组转向架用钢材主要有欧系 S355J2W 和日系 SMA490BW 两种，均为耐候钢材料。随着 CR450 科技创新工程的加速推进，转向架构架的轻量化水平亟待提高，一些轻质高强度材料如复合材料和钛合金等受到青睐。总体上看，在传统的转向架构架制造中，常见的焊接接头形式有对接、角接（T 型和斜交）、搭接和塞焊等。其中，对接接头从力学的角度（IIW 认为更加保守）来看是一种比较理想和广泛采用的结构形式，强度及寿命评价标准齐全，试验数据积累比较丰富，所得力学和疲劳性能也较为保守。故采用 8mm 厚度 G20Mn5 铸钢的手工电弧对接接头，焊丝直径 1.2mm，焊接电流和电压分别为 220A 和 22～25V，两道焊接完成。在大气环境下开展接头及母材的金相试验（GB/T 13298—2015 标准）、硬度试验（GB/T 230.1—2009 标准）、X 射线探伤试验（GB/T 5677—2007 标准）、静载拉伸试验（GB/T 2651—2008 标准和 GB/T 228.1—2010 标准）、高周疲劳试验（GB/T 3075—2008 标准）、裂纹扩展速率及门槛值试验（GB/T 6398—2000 标准）等系列试验。

一般认为，疲劳寿命的分散性主要是由材料内在缺陷（如铸造过程中引入的夹杂、缩孔，焊接过程中引入的气孔、未熔合等）引起的。为了表征 G20Mn5 铸钢中缺陷的尺寸和分布，依据 GB/T 5677—2007 标准对所有试验样品（包括金相试样、硬度试样、拉伸试样、高周疲劳试样、断裂力学试样）进行 X 射线检测。分析表明，55 个试样的 X 射线照片中总共发现了 14 处缺陷，并且这 14 处缺陷均分布在母材区域，焊缝中没有发现明显的超标缺陷，这主要归因于铸造材料的再熔化，弧焊过程在一定程度上起到把疏松和气孔等缺陷消除的作用。14 处铸造缺陷中，气孔类缺陷的最大等效直径 d_{eq} 约为 1.5mm，夹杂类缺陷的最大等效直径约为 1.0mm。注意，这里的等效直径 d_{eq} 是指与缺陷投影面积相同的圆形的直径。

1. 组织与硬度

图 7.11 给出了焊缝区和热影响区过渡位置金相组织变化，以及焊缝区和熔合区交界位置处的金相组织变化，可以看出从热影响区到熔合区再到焊缝区过渡比较明显，金相组织发生了比较大的改变。母材区白色块状为铁素体，黑色块状为片状珠光体组织，晶粒均匀；焊缝区片状与少量块状先共析铁素体沿柱状晶界分布，晶内有大量粒状贝氏体与少量的块状铁素体；熔合区基体为低碳马氏体，其上部有羽毛状分布的上贝氏体以及粒状贝氏体，晶粒严重长大。

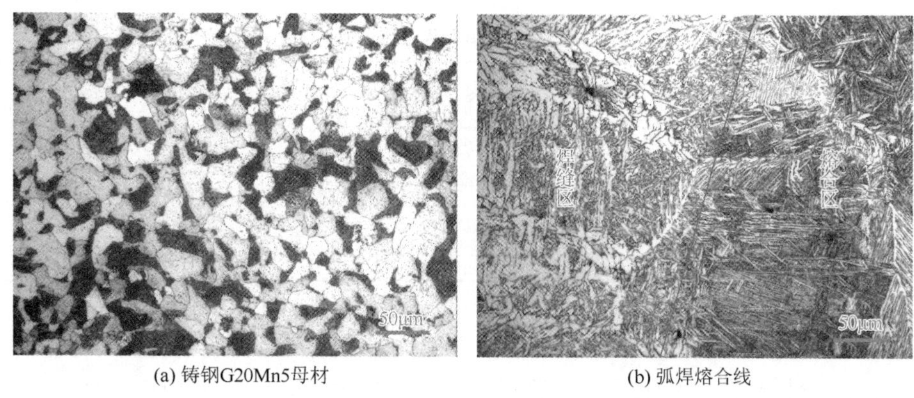

(a) 铸钢G20Mn5母材　(b) 弧焊熔合线

图 7.11　铸钢 G20Mn5 母材及弧焊熔合线附近组织

为了量化接头不同区域的力学性能。图 7.12 给出了三个试样的硬度测试结果，经过对这三个试样的硬度测试后可得到焊接接头硬度变化规律。从母材区到焊缝中心，硬度先增加后降低，但焊缝区硬度仍比母材高得多，硬度在熔合线处达到最大 70HRB 左右，过热组织的存在是该位置硬度提升的根本原因。焊缝区硬度大小为 55～60HRB；母材区硬度最低，为 50～55HRB。这表明，铸钢 G20Mn5 在焊接后组织得以重熔，在一定程度上消除了缺陷，接头性能得到了改善。

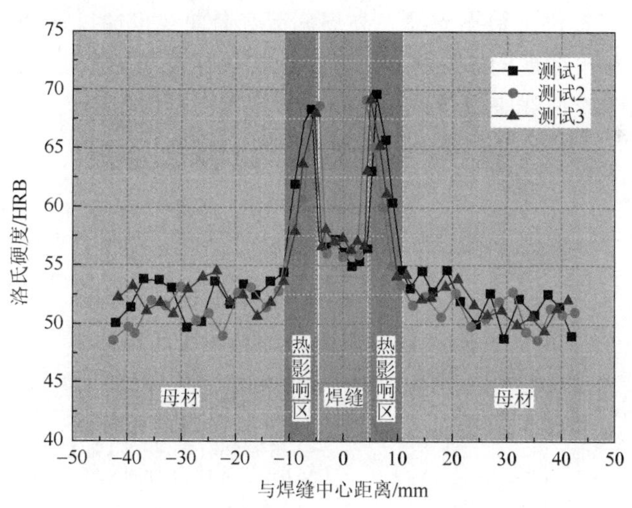

图 7.12　铸钢 G20Mn5 焊接接头的洛氏硬度曲线

2. 静载拉伸性能

对接接头的单调拉伸力学性能见表 7.27。考虑到两个拉伸试验结果的吻合度较高，因此母材和接头分别使用两个试样。结合图 7.12 发现，高匹配的焊接接头抗拉强度和硬度比母材高，但是韧性要比母材差。需要说明的是，焊接接头试样均在热影响区附近断裂。请注意，焊接接头的力学性能不应与焊缝的力学性能相混淆，因为它是由母材、热影响区和焊缝共同作用的结果。

表 7.27　铸钢 G20Mn5 母材及接头的静载拉伸结果

试样种类	规格	断后伸长率/%	最大试验力/kN	抗拉强度/MPa	下屈服强度/MPa	规定非比例延伸强度/MPa
母材 1	8.04mm×24.65mm	30.9	103	519	274	—
母材 2	8.16mm×25.67mm	29.0	109	522	310	—
焊缝 1	7.83mm×24.90mm	23.4	111	568	—	$R_{p0.2}$：308.27
焊缝 2	7.88mm×24.90mm	22.8	111	563	—	$R_{p0.2}$：316.13

需要注意的是，静载拉伸试验获得的拉伸数据仅仅是其名义或工程应力与应变关系，然而在有限元分析软件中有限元模型的塑性响应需要输入材料的真实应力-真实应变关系来确定。真实应力 σ 和真实应变 ε 的计算公式为

$$\begin{cases}\sigma = \sigma_{\text{nom}}(1+\varepsilon_{\text{nom}}) \\ \varepsilon = \ln(1+\varepsilon_{\text{nom}})\end{cases} \tag{7.1}$$

式中，σ_{nom} 为名义应力；ε_{nom} 为名义应变。

3. 疲劳与断裂力学性能

本节关注承受弹性载荷的高周疲劳响应，以及 G20Mn5 母材及接头的疲劳裂纹扩展速率和扩展门槛值。研究结果可为结构设计规范中的无限寿命评估提供基本信息，也为疲劳寿命的仿真计算提供了数据支撑。高周疲劳寿命曲线可通过使用基于国际焊接学会的统计方法并结合标准的逆向统计推断方法来制定。名义应力范围 $\Delta\sigma$ 与循环周次 N_f 之间的关系可用疲劳 S-N 曲线来表示：

$$\lg N_f = -m\lg(\Delta\sigma) + \lg C \tag{7.2}$$

式中，C 和 m 为用最小二乘法拟合的材料常数。

众所周知，分散性是疲劳的内在特征。因此，概率疲劳 S-N 曲线已成为评估和预测工程结构材料疲劳强度的重要工具。图 7.13 为 G20Mn5 铸钢母材和焊接接头制成的标准试样的寿命趋势。

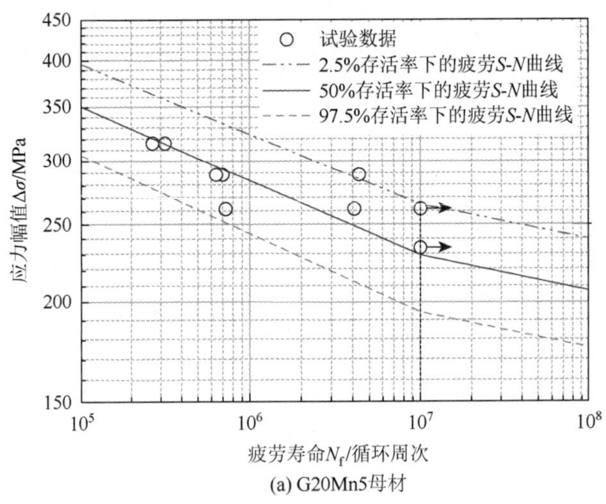

(a) G20Mn5母材

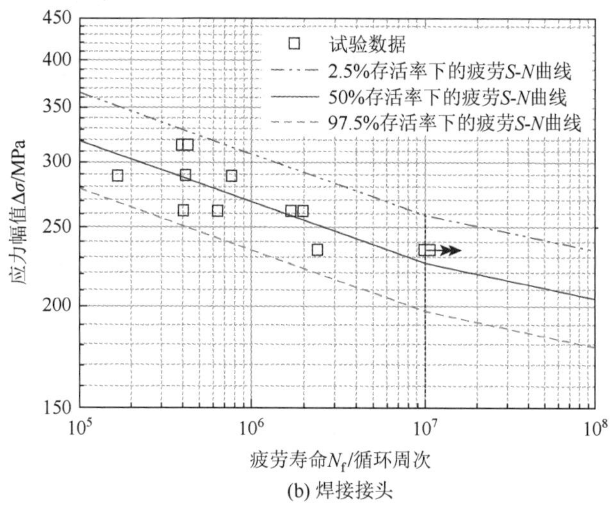

(b) 焊接接头

图 7.13　铸钢 G20Mn5 母材及焊接接头的概率疲劳 *S-N* 曲线

由试验数据可知，50%存活率下母材的疲劳强度约为 230MPa，比焊接接头（225MPa）略高。因此可以理解为，G20Mn5 铸钢母材与焊接接头的疲劳强度相近。需要注意的是，几乎所有接头试样的疲劳裂纹都从热影响区附近的铸造缺陷处开始萌生，并最终导致断裂。

铸钢材料与焊接接头典型失效试样断口的扫描电子显微镜图像如图 7.14 所示。结果发现，所有焊接试样在高周载荷作用下均在焊接区域外的热影响区处断裂。铸造引入的表面或近表面的缩孔成为主要的失效源。因此，疲劳失效倾向于由铸造过程引入的缺陷而不是由焊接缺陷引发。此外，在每个失效试样断口上均可明显观察到源自关键缺陷的单一主裂纹。

一般认为，就局部应力增加而言，不规则的缺陷是萌生疲劳裂纹的优先位置。而铸造部件不可避免地形成缺陷，代表性的缩孔具有尺寸大和形状不规则的特点，由于负荷面积减小和严重的应力集中，必然对铸造材料和焊接接头的高周疲劳性能产生不利影响。图 7.14 结果表明，铸造缺陷是优先的开裂部位，部分原因是熔化极活性气体保护电弧焊（metal active gas arc welding，MAG）焊接工艺消除了铸造缺陷。因此，应严格控制铸造缺陷，以提高 G20Mn5 铸钢焊接构件的疲劳强度。

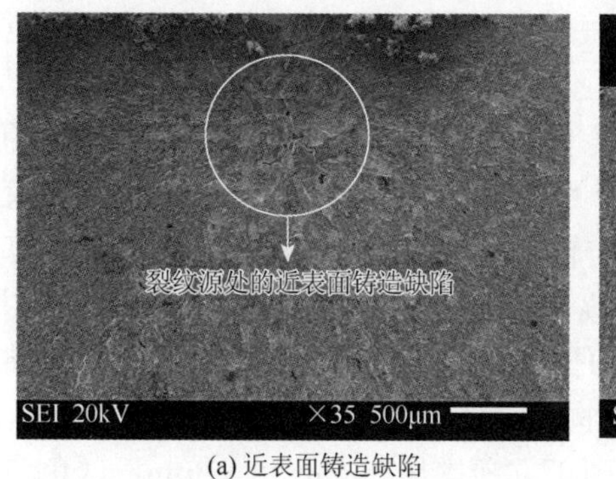

(a) 近表面铸造缺陷

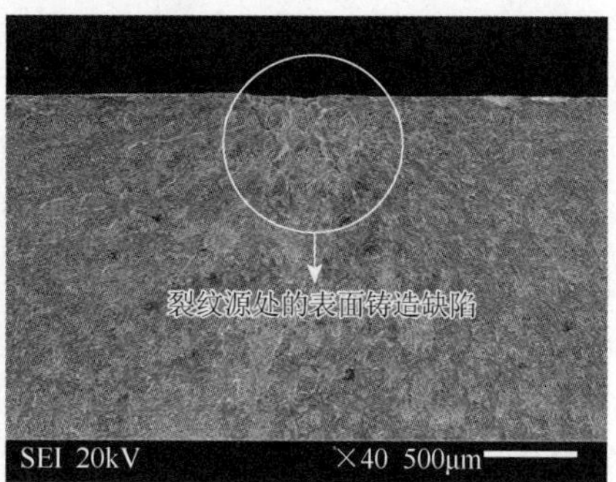

(b) 表面铸造缺陷

图 7.14　高周疲劳断口扫描电子显微镜图像

裂纹扩展速率是铁路车轴、转向架构架和制动盘等结构设计和运维评估的重要抗疲劳指标。由试验数据可知，G20Mn5 铸钢母材和接头的试验数据分散性不大，这是焊接接头质量可靠、性能稳定的一种体现。我们知道，Paris 公式可以描述疲劳裂纹扩展速率 da/dN 与应力强度因子范围 ΔK 之间的关系，对中心裂纹板得到的数据进行拟合可获得 Paris 公式参数（表 7.28）。

表 7.28 铸钢 G20Mn5 焊接接头和母材的 Paris 公式常数（应力比 $R=0.1$）

材料	C	m
母材	6.04824×10^{-14}	6.783
焊缝	4.8877×10^{-9}	2.912

对比发现，母材的疲劳裂纹扩展速率增加速度要快于焊缝，但是母材的长裂纹扩展门槛值要比焊缝的高，也就是说母材一旦存在缺陷，会比焊缝更易发生疲劳断裂，因此对于 G20Mn5 铸钢，无损检测显得尤为重要。

7.2.2 基于 Goodman 图的静强度校核

转向架构架结构复杂，并承受多种工作载荷。在实际运行条件下的测试中发现，几乎所有重要区域都会出现超过疲劳极限的高幅值应力。本节基于国际铁路联盟 UIC 515-4 标准和欧洲 EN 13749 标准，开展转向架焊接构架的静强度及疲劳强度评估，以保证构架投入使用后的全寿命周期运行安全性。

构架板材为焊接性能优良的 S355J2W（H）耐候钢，横梁为 Q345D 钢管，制动闸瓦吊座和纵向止挡座使用铸钢 G20Mn5。使用 Hypermesh 软件对焊接构架三维模型进行有限单元离散，单元类型为八节点六面体实体单元（C3D8）。综合考虑计算精度和计算效率，单元尺寸选取 4mm；横向止挡座、纵向止挡座、制动闸瓦吊座等部件与横梁、侧梁的焊接部位采用四面体、五面体单元进行圆滑过渡。整个构架有限元模型单元总数为 3886224 个，节点总数为 4217706 个。

另外，边界条件作为有限元仿真分析过程中的重要一环，直接影响着计算结果的准确性、合理性和收敛性。所以边界约束条件应尽量在与实际情况一致的前提下进行适当的简化。如图 7.15 所示构架边界条件，这里需要对四个轴箱位置处全部施加定位约束，其中两个约束要释放纵向位移，也就是 x 方向的位移，如图中的红色三角和蓝色三角。在超常载荷的 1、2、5、7 工况和运营载荷的 1、2、3、4、5、6、7 工况，约束蓝色三角端的横向、纵向、垂向位移，纵向、垂向转动，释放其横向转动；约束红色三角端横向、垂向位移，纵向、垂向转动，释放其纵向位移及转动。在超常载荷的 3、4 工况和运营载荷的 8、9、10、11、12、13、14、15 工况（扭曲载荷）中，蓝色三角端的其中一个约束横向、纵向、垂向位移，纵向、垂向转动，释放其横向转动，另一个约束横向、纵向位移，纵向、垂向转动，垂向位移分别正方向增加 24mm 和 12mm；红色三角端的其中一个约束横向、纵向、垂向位移，纵向、垂向转动，释放其横向转动，另一个约束横向、纵向位移，纵向、垂向转动，垂向位移分别正方向增加 24mm 和 12mm，并且保证两偏移垂向位移的约束点呈对角线位置。

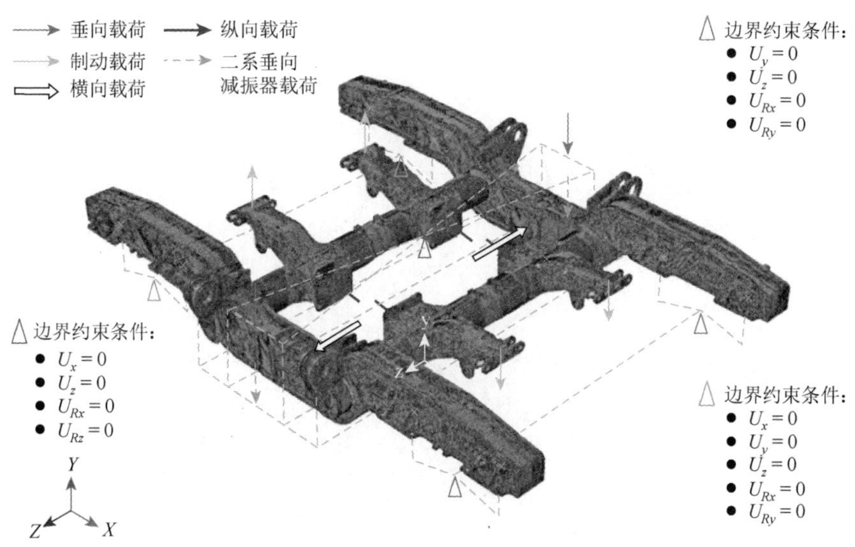

图 7.15　焊接构架有限元网格模型及载荷和边界条件

焊接构架承受或传递上方车辆的垂向静载荷、车体或轮轨间的垂向动载荷、弯道时的横向离心力、车体侧滚等带来的横向冲击力、纵向的牵引力和制动力以及车辆间的纵向冲击力等。一般认为，转向架载荷有两类：超常载荷——出现频次较少但数值较大，是构架设计过程中静强度评估的载荷输入；运营载荷——频次很多的交变载荷，对构架疲劳寿命的影响最大，也是实际运营中的主要载荷。本节中，构架的其他参数有：轴重 $M_{\mathrm{L}}=18\mathrm{t}$，整备质量 $M_{\mathrm{v}}=49\mathrm{t}$，转向架质量 $m^{+}=7\mathrm{t}$，轴距 $e=2400\mathrm{mm}$，转向架数量 $n_{\mathrm{b}}=2$，转向架轴数 $n_{\mathrm{e}}=2$，紧急制动和常规制动时的最大夹紧力分别为 $F_{\max}=26.12\mathrm{kN}$ 和 $F_{\mathrm{normal}}=21.42\mathrm{kN}$，制动盘摩擦系数 $\mu=0.35$，最大制动减速度 $a=0.92\mathrm{m/s^2}$，二系垂向减振器卸荷力为 10kN，制动单元质量 $m_{\mathrm{brake}}=75\mathrm{kg}$。

为此，根据 UIC 515-4 标准，可分别计算出作用在转向架上的正常运营载荷（侧滚系数 $\alpha=0.1$，浮沉系数 $\beta=0.2$）和超常载荷，如表 7.29 和表 7.30 所示。

表 7.29　基于 UIC 515-4 标准的转向架主要运营载荷

载荷工况	左旁承载荷/kN	中心垂向载荷/kN	右旁承载荷/kN	横向力/kN	扭曲载荷/mm	纵向力/kN	制动力/kN	二系垂向减振器载荷/kN
1	—	$F_z=284.49$	—	—	—	—	—	—
2	—	$(1+\beta)F_z=341.388$	—	—	—	—	—	—
3	—	$(1-\beta)F_z=227.592$	—	—	—	—	—	—
4	$\alpha(1+\beta)F_z=34.139$	$(1-\alpha)(1+\beta)F_z=307.249$	—	−88.29	—	—	—	—

续表

载荷工况	左旁承载荷/kN	中心垂向载荷/kN	右旁承载荷/kN	横向力/kN	扭曲载荷/mm	纵向力/kN	制动力/kN	二系垂向减振器载荷/kN
5	—	$(1-\alpha)(1+\beta)F_z$ = 307.249	$\alpha(1+\beta)F_z$ = 34.139	88.29	—	—	—	—
6	$\alpha(1-\beta)F_z$ = 22.759	$(1-\alpha)(1-\beta)F_z$ = 204.833	—	−88.29	—	—	—	—
7	—	$(1-\alpha)(1-\beta)F_z$ = 204.833	$\alpha(1-\beta)F_z$ = 22.759	88.29	—	—	—	—
8	34.139	307.249	—	−88.29	+ 12	29.348	−11.18	15
9	—	307.249	34.139	88.29	+ 12	29.348	−11.18	15
10	22.759	204.833	—	−88.29	+ 12	29.348	−11.18	−15
11	—	204.833	22.759	88.29	+ 12	29.348	−11.18	−15
12	34.139	307.249	—	−88.29	−12	−29.348	11.18	15
13	—	307.249	34.139	88.29	−12	−29.348	11.18	15
14	22.759	204.833	—	−88.29	−12	−29.348	11.18	−15
15	—	204.833	22.759	88.29	−12	−29.348	11.18	−15

表 7.30　基于 UIC 515-4 标准的转向架超常运营载荷

载荷工况	中心垂向载荷/kN	右旁承/kN	横向力/kN	扭曲载荷/mm	纵向力/kN	制动力/kN	二系垂向减振器/kN	备注
1	398.286	—	—	—	—	—	—	直线运行
2	318.629	79.657	137.72	—	—	—	—	曲线运行
3	318.629	79.657	137.72	24	—	—	20	曲线运行
4	318.629	79.657	137.72	−24	—	—	−20	曲线运行
5	398.286	—	—	—	343.35	—	—	调车工况
6	171.68	—	—	—	—	—	—	三点支撑空车脱轨
7	398.286	—	—	—	—	20.18	—	制动工况

对该型转向架焊接构架开展基于 UIC 515-4 和 EN 13749 标准的静强度评估，标准推荐采用 von Mises 应力屈服准则来评估，即在载荷移除后原有结构不发生塑性变形的前提下等效应力（即 von Mises 应力）要小于材料的许用应力。可由第四强度理论公式计算出 von Mises 应力：

$$\sigma=\sqrt{\frac{1}{2}\left[(\sigma_1-\sigma_2)^2+(\sigma_2-\sigma_3)^2+(\sigma_3-\sigma_1)^2\right]} \tag{7.3}$$

式中，σ_1、σ_2、σ_3 分别为第一、第二和第三主应力。

根据超常载荷计算结果，对七项超常工况的 von Mises 应力值进行统计，构架各工况下各区域的 von Mises 应力峰值都没有超过相应材料的许用应力，故可得出结论：构架静强度满足标准设计要求。具体结果如表 7.31 所示。

基于 UIC 515-4 标准的无限寿命评价方法的基本步骤为：①计算构架在疲劳载荷工况下的应力分布；②将多轴应力换算成单轴应力；③在应力计算结果中提取出构架每个关键节点的最大应力、最小应力、应力幅值或平均应力等信息；④把关键节点应力信息绘入对应制造材料的修正 Goodman 疲劳极限图中，最后就可以根据数据点分布信息来对构架的疲劳强度进行判定，这一过程实质上是静态强度评价。

表 7.31　超常载荷工况下构架 von Mises 应力计算结果

计算工况	应力峰值/MPa	许用应力值/MPa	应力峰值出现位置	安全系数
1	148.9	322	侧梁上盖板圆弧过渡处	2.16
2	232.1	313	横向止挡座与侧梁焊缝处	1.35
3	239.9	313	横向止挡座与侧梁焊缝处	1.30
4	229.7	313	横向止挡座与侧梁焊缝处	1.36
5	259.2	272	纵向止挡与横梁焊缝处	1.05
6	229.9	272	纵向止挡与横梁焊缝处	1.18
7	165.6	272	制动吊座与横梁焊缝处	1.64

在 Goodman 提出的线性经验公式的理论基础上，修正的 Goodman 疲劳极限图其实是简化版疲劳极限图，它用屈服强度作为边界，再把实际疲劳极限替换成直线。需要注意的是，“简化”是指把实际的疲劳极限应力线替换成直线来表示；“修正”则是实际疲劳极限图的塑性修正，此时的应力限界为屈服强度，意思就是材料的屈服应力要在其最大应力之上。Smith（史密斯）图形式的修正 Goodman 图绘制方便、形式简单且信息量大，在学术界和工程界均得到广泛应用。Smith 图形式的修正 Goodman 图的最大特点就是能直观反映出平均应力对应力幅值和疲劳极限上下界限的影响。

绘制 Smith 图形式的 Goodman 疲劳极限图的关键就在于要准确测定出材料对称循环下的疲劳极限 σ_N、屈服极限 σ_{yp} 以及强度极限 σ_u。基于这些数据信息再简单地几何作图，便可获得 Smith 图形式的修正 Goodman 疲劳极限图。

从计算结果中读取关键部位节点应力，对 64 个焊缝区域关键节点进行数据采集，取这些节点在 15 项运营载荷工况中的最大应力 σ_{max} 及最小应力 σ_{min}，计算平均应力 σ_m，根据这些应力信息绘制 Smith 图形式的修正 Goodman 疲劳极限图，如图 7.16 所示。根据图片信息可得，所有焊缝区域关键节点的应力数据点均落在疲劳极限范围内，故焊接构架的焊缝区域满足疲劳强度设计要求。

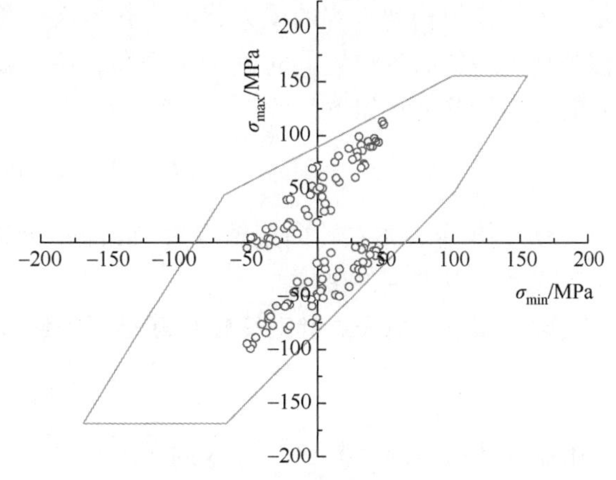

图 7.16　焊接构架焊缝区域关键节点的 Goodman 疲劳极限图

7.2.3　基于 Miner 线性损伤累积理论的疲劳寿命估算

采用基于线路载荷谱的有限元分析来代替线路动应力测试，然后从仿真结果中提取关键节点的应力状态，再结合构架材料的疲劳 *S-N* 曲线和 Miner 线性损伤累积准则计算出构架关键部位的疲劳寿命，这一过程就是安全寿命评价。为此，采用实测的浮沉、横向、纵向和制动载荷谱施加在构架模型上，获取各级载荷谱下构架关键部位的应力数据（表 7.32），采用 Miner 线性损伤累积准则对疲劳寿命进行评估。

表 7.32　基于 K7351 次列车的转向架实测载荷谱

序号	浮沉载荷		横向载荷		纵向载荷		制动载荷	
	幅值/kN	频数	幅值/kN	频数	幅值/kN	频数	幅值/kN	频数
1	0.8	3599170	2.4	5898442	1.0	769189	0.7	1969049
2	2.1	198106	6.7	35281	2.7	83590	1.7	674
3	3.3	36288	11.0	1150	4.3	17211	2.7	85
4	4.6	3917	15.4	215	6.0	2815	3.7	10
5	5.8	410	19.7	42	7.6	585	4.7	3
6	7.1	61	24.0	11	9.3	85	5.7	1
7	8.3	8	28.3	3	10.9	6	6.7	0
8	9.6	3	32.7	2	12.6	2	7.7	1

构架载荷工况中，浮沉载荷、横向载荷、纵向载荷和制动载荷是最主要的四种载荷，将载荷谱中的幅值按照不同工况，再分别施加到构架模型相应部位，即可得到各载荷谱幅值对应的应力分布结果，结合载荷谱中的频数参数，就可获得垂向载荷、横向载荷、纵向载荷和制动载荷模拟载荷应力谱，从而可以进一步对构架寿命进行评估。需要注意的是，为了模拟构架真实的受力状况，在本次计算横向载荷、纵向载荷和制动载荷时，对假摇枕模型的心盘位置同时施加了垂向载荷，载荷大小为两倍轴重减去转向架重量所对应的力，计算公式如下：

$$F_z = 2M_{\mathrm{L}}g - m^{+}g \tag{7.4}$$

式中，M_{L} 为轴重，本书转向架轴重为 18t；m^{+} 为转向架质量，本书转向架质量为 7t。将各参数代入可得 $F_z = 290\mathrm{kN}$。

美国国家航空航天局针对变幅加载推荐的疲劳 *S-N* 曲线为

$$C = N_i \sigma_{\mathrm{a}i}^{m} \tag{7.5}$$

根据描述材料的疲劳 *S-N* 曲线的幂函数，求得应力幅值 σ_i 对应的最高寿命及循环周次 $N_i = C/\sigma_i^{m}$，其中 m 与 C 为疲劳 *S-N* 曲线对应常数；由于构架的材质为钢材，根据国际焊接学会标准推荐，m 一般取 3.5，疲劳级别取 FAT 100。

考虑到实际运营过程中构架所受高应力水平循环频次很小，而低应力水平循环频次却极大，低应力循环对疲劳损伤的影响也必须考虑进来。根据 Miner 线性损伤累积理论和美国国家航空航天局推荐的疲劳 S-N 曲线，得到 8 级载荷谱下的损伤：

$$D=\sum_{i=1}^{8}\frac{n_i}{N_i}=\sum_{i=1}^{8}\frac{n_i\sigma_{\mathrm{a}i}^m}{C} \tag{7.6}$$

然而，转向架构架在服役过程中承受的载荷类型为变幅载荷。与恒幅载荷不同的是，变幅载荷中低于疲劳强度的应力水平也会对结构的损伤产生贡献，所以不管是高应力水平还是低应力水平，在计算变幅载荷的疲劳损伤时都要考虑在内。方便起见，一般采用等效应力幅值 σ_{aeq}，即与变幅应力幅值损伤相等的恒幅应力幅值的等效值。构架的动应力状态在一定的运营里程和服役条件下，可以由等效应力幅值 σ_{aeq} 来反映。等效应力幅值 σ_{aeq} 的计算过程如下。

令寿命里程为 L_1，公里数 L 下的损伤为 D，总损伤为 D_1，则有

$$\frac{D}{L}=\frac{D_1}{L_1} \tag{7.7}$$

设等效应力幅值 σ_{aeq} 作用 N 次时的结构损伤为 D：

$$D=\frac{N\sigma_{\mathrm{aeq}}^m}{C} \tag{7.8}$$

由式（7.7）和式（7.8）可得

$$L_1=\frac{NC\sigma_{\mathrm{aeq}}^m}{LC\sum n_i\sigma_{\mathrm{a}i}^m} \tag{7.9}$$

将实测应力谱中的等效应力幅值 σ_{aeq} 和线路里程 L 代入式（7.9）中，即可得到运营寿命里程为 L_1。

根据式（7.6），将材料参数 C 和 m、模拟运营里程 L、损伤应力幅值 σ_i 及对应频数 n_i 代入公式，可以计算得到运营测试里程距离后，浮沉载荷谱、横向载荷谱、纵向载荷谱和制动载荷谱下各关键部位的损伤数值。再结合式（7.7），将总损伤值 D_1（根据国际焊接学会标准推荐，对于变幅载荷，D_1 可取 0.5）代入公式中，可以估算出该部位直到发生破坏时的运营总里程。若以现役铁路客车年运行 20 万 km 估计，可折算出其运营总年数。表 7.33 显示的便是分别在浮沉、横向、纵向和制动载荷谱下各关键部位损伤情况及寿命评估情况。

总之，基于 Miner 线性损伤累积理论、有限元仿真和线路实测载荷谱分别对焊接构架浮沉载荷、横向载荷、纵向载荷和制动载荷工况下关键部位的疲劳寿命进行了评估。评估结论为，该构架在实测浮沉载荷谱、横向载荷谱、纵向载荷谱和制动载荷谱作用下，各关键部位均满足服役寿命 30 年的设计要求。

表 7.33　实测载荷谱下各关键部位的疲劳损伤值及折算寿命

载荷类型	关键部位	一个里程的损伤值	预计运营里程/万 km	使用年限/年
浮沉载荷	纵向止挡座与横梁焊缝	1.27×10^{-4}	2295.9	114.8
	制动吊座与横梁焊缝	1.66×10^{-5}	17512.2	875.6
	横梁与侧梁焊缝	2.71×10^{-5}	10749.3	537.5
	侧梁下盖板中间外侧	4.46×10^{-8}	6530535.0	326526.8
	侧梁下盖板拐角内侧	5.52×10^{-7}	527942.2	26397.1
	摇枕吊座	3.84×10^{-7}	758886.7	37944.3
横向载荷	纵向止挡座与横梁焊缝	1.97×10^{-4}	1481.5	74.1
	横梁与侧梁焊缝	2.49×10^{-5}	11693.3	584.7
	制动吊座与横梁焊缝	4.93×10^{-5}	5911.7	295.6
	侧梁下盖板拐角内侧	3.77×10^{-7}	773295.2	38664.8
	制动吊座	1.25×10^{-5}	23353.4	1167.7
	摇枕吊座	4.93×10^{-7}	590421.7	29521.1
纵向载荷	横梁与侧梁焊缝	7.53×10^{-5}	3868.2	193.4
	纵向止挡座与横梁焊缝	4.49×10^{-4}	649.4	32.5
	制动吊座与横梁焊缝	7.14×10^{-5}	4081.6	204.1
	侧梁下盖板中间外侧	2.35×10^{-7}	1239323.5	61966.2
	侧梁下盖板拐角内侧	2.65×10^{-7}	1099777.6	54988.9
	摇枕吊座	1.55×10^{-6}	187888.4	9394.4
制动载荷	制动吊座与横梁焊缝	1.09×10^{-5}	26633.2	1331.7
	纵向止挡座与横梁焊缝	2.89×10^{-4}	1007.5	50.4
	横梁与侧梁焊缝	6.32×10^{-5}	4606.4	230.3
	侧梁下盖板中间外侧	2.20×10^{-7}	1323181.0	66159.1
	侧梁下盖板与立板焊缝	1.69×10^{-6}	172417.7	8620.9
	制动吊座	2.25×10^{-6}	129200.6	6460.0

7.2.4　基于损伤容限的剩余寿命预测

传统的疲劳设计理念把结构假设成一个均匀无缺陷的连续体，然而焊接区域以及铸造部件，缺陷的产生会造成实际强度低于计算值。为保证结构的安全，需要用发展结构中存在缺陷的损伤容限设计方法，在疲劳裂纹扩展试验数据的基础上制定合理的检查周期，从而使疲劳损伤的程度得到预测。对该转向架构架进行仿真计算时发现，制动吊座与横梁的焊缝处在施加制动载荷时其最大主应力峰值达到了 165.6MPa，产生了非常大的应力集中效应，如图 7.17 所示。

另外，通过对 G20Mn5 铸钢基体试样进行 X 射线无损检测可知，铸钢母材本身存在着很多铸造缺陷，如气孔和夹杂，这会对构架的疲劳性能造成恶劣的影响。而且通过焊接接头试样的金相试验、硬度试验以及高周疲劳试验结果可知，G20Mn5 铸钢的焊接热影响区是整个接头的薄弱部位。在实际运行过程中列车会频繁地加速和减速，每一次制动行为都会在制动闸瓦吊座上产生数值较大的应力分布。同时制动装置严重影响着列车的乘坐舒适性和运行安全性。由此可见，铸造制动闸瓦吊座的疲劳强度及剩余疲劳寿命的研究显得尤为重要。根据 BS 7910 标准中的缺陷规则化方法，可在该应力集中处植入不同深度的半椭圆形裂纹，以模拟母材近缝处铸造缺陷的影响，然后基于实测制动载荷谱及本次高周疲劳试验和裂纹扩展速率及门槛值试验结果，使用损伤容限方法对制动闸瓦吊座的剩余寿命进行预测和分析。

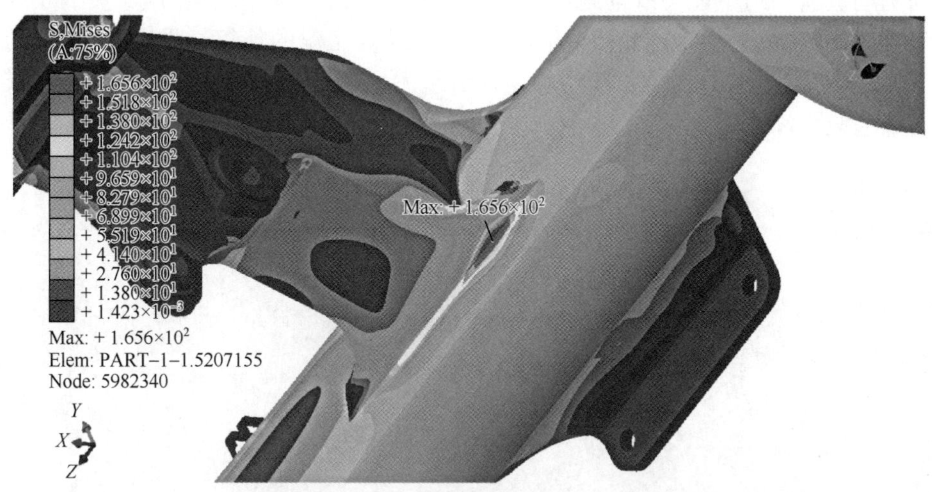

图 7.17　制动载荷工况下制动闸瓦吊座与横梁焊缝处应力云图

在制动闸瓦吊座与横梁焊趾处分别植入 0.5mm、1mm、1.5mm、2mm、3mm、4mm、6mm、8mm、11mm 和 14mm 的半椭圆裂纹，裂纹深度 a 与裂纹半长 c 的比值为 0.7 左右，裂纹植入位置如图 7.18 所示。采用 K7351 次列车在“大连—赤峰”三个往返线路的实测制动载荷谱数据，测试里程为 5826km，载荷级数为 8 级。由前面章节仿真计算可知，构架所受到的浮沉载荷、横向载荷、纵向载荷等对制动闸瓦吊座与横梁焊缝处应力造成的影响较小，本节计算只对构架施加了实测制动载荷谱。

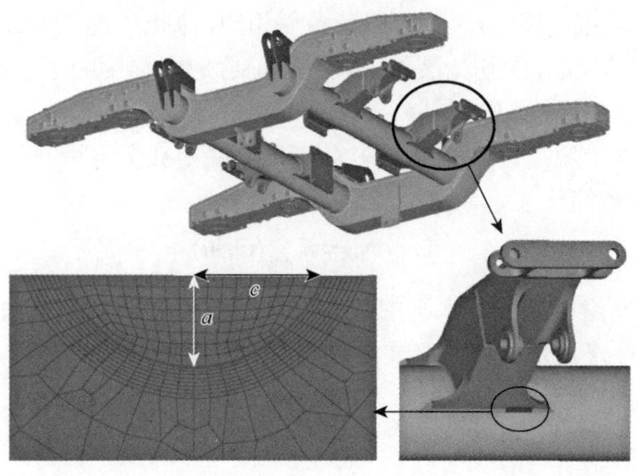

图 7.18　在制动闸瓦吊座与横梁焊趾处植入缺陷及形貌

传统名义应力法的不足之处在于无法准确评估含缺陷结构的疲劳寿命，尤其是结构受损后的剩余寿命。在 1 级正向制动载荷作用下，0.5mm 深度的裂纹前缘存在明显的应力集中，最大主应力达到了 31.46MPa。考虑到这种明显的应力恶化现象，制动载荷谱中的所有 8 级载荷都有可能促使疲劳裂纹发生扩展。图 7.19 给出了典型深度（3mm）的裂纹在典型制动载荷（第 1 级）正方向作用下裂纹前缘的最大主应力分布情况。由图可知，在正向制动载荷作用下，裂纹前缘产生了较大的拉应力。从 10 种不同深度的裂纹分别在 8 级制动载荷谱正反两方向施加的所有 160 个计算工况的计算结果来看：在相同载荷作用下，裂纹深度越深，裂纹前缘的应力峰值越大；同一深度的裂纹，施加的载荷越大，裂纹前缘的应力峰值也越大。

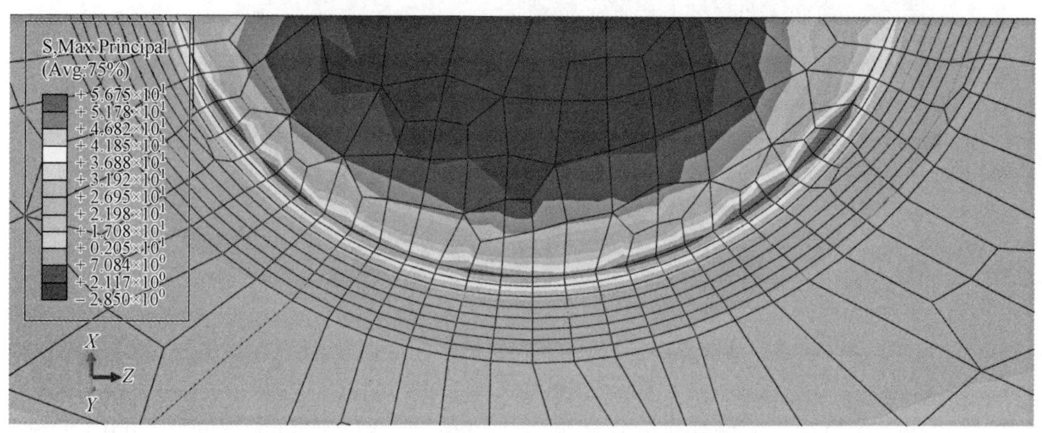

图 7.19　正向 1 级载荷下 3mm 深裂纹前缘的最大主应力分布

应用有限元软件分别计算制动闸瓦吊座与横梁焊接热影响区中假设存在的 10 种不同深度裂纹前缘的应力强度因子范围ΔK，并将不同载荷下各深度裂纹的应力强度因子范围随裂纹深度变化曲线绘入图 7.20 中。其中虚线代表 G20Mn5 铸钢焊接接头试样在应力比 $R = 0.1$ 时的应力强度因子门槛值$\Delta K_{th} = 3.17\text{MPa}\cdot\text{m}^{1/2}$。由图 7.20 可得，若裂纹深度相同，则$\Delta K$ 随着载荷的提高而明显增大；若载荷条件相同，则ΔK 随着裂纹深度的增加而明显增大。对于深度 $a = 0.5$mm 的初始裂纹，其裂纹前缘应力强度因子范围ΔK 在所有 8 级制动载荷作用下均小于门槛值ΔK_{th}。

将仿真结果、试验数据与构架服役寿命等量关联是疲劳寿命预测中最关键的技术要点。将 Paris 公式模型简化表示为 $F_{\text{Paris}}(C,m)$得

$$\mathrm{d}a / \mathrm{d}N_j = F_{\text{Paris}}(C, m) \tag{7.10}$$

疲劳损伤累积理论认为不同水平的载荷促进裂纹扩展的能力不同，故根据各级应力频次对上述公式进行修正是非常有必要的，即有

$$\mathrm{d}a / \mathrm{d}N_j = \sum_{i=1}^{8} \frac{n_i}{N} F_{\text{Paris}}(C, m) \tag{7.11}$$

式中，$\mathrm{d}a/\mathrm{d}N_j$ 为 j(mm)深的裂纹扩展速率；n_i 为第 i 级应力的频次；N 为总频次数。

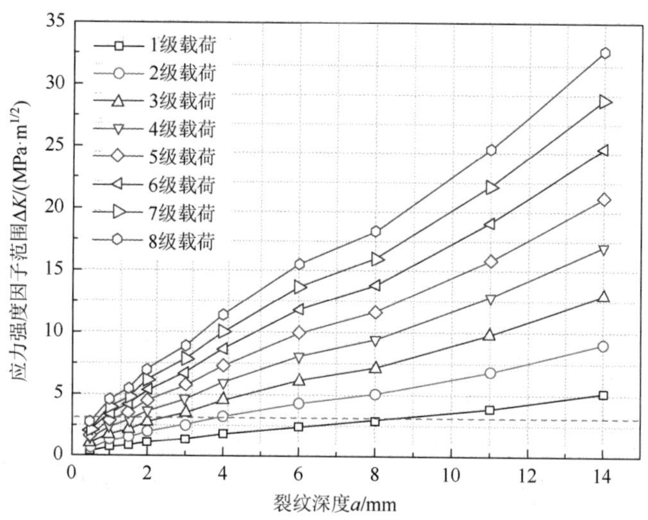

图 7.20　裂纹前缘应力强度因子范围ΔK 随裂纹深度变化曲线

每阶段用 $j-1$(mm)扩展到 j(mm)时的扩展速率来计算，目的是获得较为保守的计算结果。然后根据式（7.12）计算出构架寿命：

$$L = \sum_j \frac{\Delta j L_t}{N\,\mathrm{d}a/\mathrm{d}N_j} \tag{7.12}$$

式中，L 为构架寿命总里程；L_t 为载荷谱测试里程。

图 7.21 给出了制动闸瓦吊座与横梁焊趾处存在 1mm 深焊缝未熔合缺陷或近焊缝的铸造缺陷时，制动闸瓦吊座的剩余寿命曲线。分析发现：裂纹从 1mm 扩展到 14mm 需要运行 7098 万 km，若以客车年运行 20 万 km 估算，可折算出裂纹从 1mm 扩展到 14mm 列车需要运行 354.9 年，这远远超过构架 30 年的寿命设计要求。需要说明的是，当焊接热影响区的铸造缺陷深度为 0.5mm 时，在各级实测载荷谱作用下裂纹前缘的应力强度因子范围均小于门槛值，裂纹不会扩展，故可将初始裂纹深度定为 1mm。

由前述可知，传统方法评估的制动闸瓦吊座的疲劳寿命远远大于构架的设计使用年限，而损伤容限设计预测构架寿命是所有深度裂纹的累积寿命，且初始裂纹深度严重影响结构剩余疲劳寿命的长短，据此处计算出的 1mm 初始裂纹的剩余寿命是 7098.0 万 km，而 2mm 初始裂纹剩余寿命计算值是 978.5 万 km，相差了 7 倍还多。由此可知，准确检测缺陷尺寸对于获得合理可信的剩余疲劳寿命具有决定性作用。根据折算关系，图 7.22 给出了当制动闸瓦吊座与横梁焊趾处存在 2mm 深焊缝未熔合缺陷或者是母材近焊缝处的铸造缺陷时，制动闸瓦吊座的剩余寿命曲线。

最后，为考察初始裂纹深度对制动闸瓦吊座剩余寿命的影响，特绘制出图 7.23，该图清楚地给出了制动闸瓦吊座剩余寿命与初始裂纹深度之间的关系。由图可得出，只要焊接热影响区的铸造缺陷尺寸小于 2.6mm，制动闸瓦吊座寿命就可满足构架 30 年的寿命设计要求，亦可视为焊接构架的设计要求。

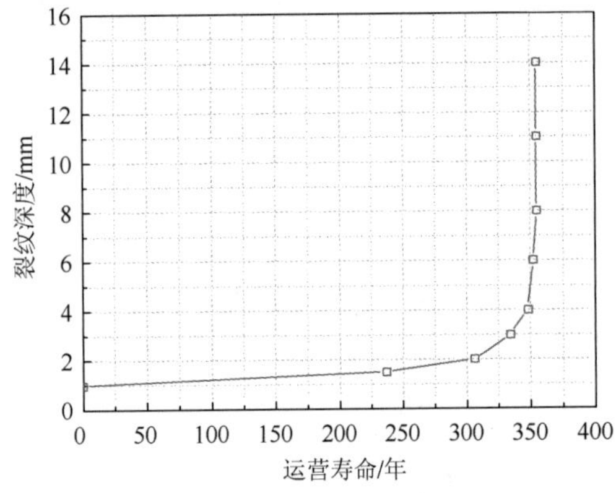

图 7.21 当存在 1mm 深初始裂纹时制动闸瓦吊座运营年限预测曲线

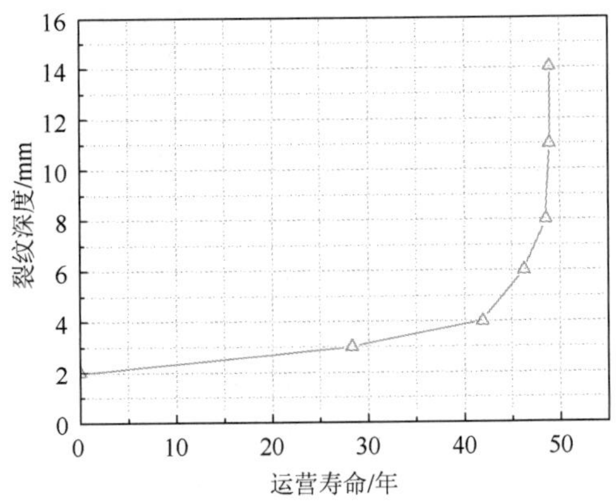

图 7.22 当存在 2mm 深初始裂纹时制动闸瓦吊座运营年限预测曲线

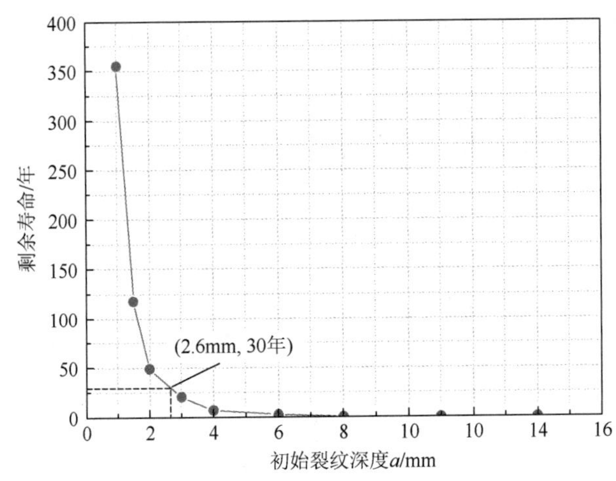

图 7.23 制动闸瓦吊座剩余寿命与初始裂纹深度之间的关系

综上所述，基于损伤容限思想，对制动闸瓦吊座的疲劳寿命进行了预测。结果表明，制动闸瓦吊座与横梁焊缝中尺寸小于 0.5mm 的铸造缺陷是不会发生扩展的；裂纹从 1mm 扩展到 14mm 需要运行 7098.0 万 km，而从 2mm 扩展到 14mm 需要运行 978.5 万 km，寿命缩短了 86.2%。可见，初始缺陷对疲劳寿命的影响显著，故在构架生产制造过程中要严格监测各类缺陷，避免超标缺陷的发生。

7.3 车轴强度及剩余寿命评估

现代铁路车轴（欧系、日系、复兴号等）是严格按照安全寿命设计的，但在运行中不可避免地产生各种缺陷，导致车轴强度和剩余寿命不足，需要更换或报废。2008 年 7 月 9 日，以速度 300km/h 运行的德国高铁 ICE-3 在科隆站附近因为头车车轴的疲劳断裂发生脱轨事故，这是继 1998 年埃舍德事故（导致 101 人死亡）后，德国高铁发生的又一起严重事故。被誉为轮轴之神的德国工程强度研究所的 Grubisic（格鲁比西奇）认为欧洲车轴设计标准中关于车轴疲劳强度的设计指标实际上高估了实际车轴强度，这被认为是导致此次车轴发生微裂纹的致命错误和根本原因。为了确保在役车轴的运行安全性，德铁把车轴探伤周期调整为 30 万 km，实际执行 6 万 km。对此，Grubisic 虽然赞成缩短检测周期，但认为这还是不能检测出更小的危险裂纹。

7.3.1　车轴安全评定的基本内涵

铁路车轴的安全评定应包括对车轴运用状况（历史、工况、环境等）调研、缺陷检测、缺陷成因检测、失效模式甄别、材料检验（性能、损伤、退化等）、应力分析以及必要的试验与校核，并根据相关标准中的规定对车轴的强度及安全性进行综合分析和评价。车轴安全评定的基本职责与目的是，根据对车轴的缺陷性质、缺陷成因、运用情况及对缺陷扩展的预测等，对其给出明确的评定结论和继续使用的条件；同时应对缺陷检验结果和评定结论的正确性负责。

需要指出的是，判定失效模式应依据同类车轴的失效分析和安全评定案例与经验，对车轴的具体制造和检验资料、运用工况以及对缺陷的理化检验和物理诊断，且对可能存在的腐蚀、飞石冲击等对失效模式和安全评定的影响也应予以充分考虑。一种评定方法只能评价相应的失效模式，只有对各种可能的失效模式进行判断或评价后，才能做出该含有缺陷的车轴是否安全的总体结论。一般地，安全评定所需的基础数据有：缺陷的类型、尺寸和位置；结构的几何形状和尺寸；材料的化学成分、力学或断裂力学数据；由载荷引起的应力；残余应力等。

欧洲标准按照车轴材料性能数据的 50%失效概率来确定其使用疲劳极限和安全系数。德国 ICE-3 高铁车轴采用合金钢 EA4T 材料，旋转弯曲加载下实物车轴圆角部的拉伸强度、屈服强度和疲劳极限分别为 691MPa、561MPa 和 301MPa；配合部直径 D 为 190mm，轴径比为 $D/d = 1.19$。由于车轴承受典型的旋转弯曲疲劳加载，一般通过拉伸疲劳极限折算出弯曲疲劳极限，所用公式为

$$\begin{cases}\sigma_{\mathrm{bw}} = \alpha \cdot \sigma_{\mathrm{tw}} = \alpha \cdot (0.44\sigma_{\mathrm{Y0.2}} + 100) \\ \alpha = 1 + \sqrt{\chi^{*}} \cdot 10^{-[0.33 + (\sigma_{\mathrm{T}}/2200)]} = 1 + \sqrt{K \cdot \chi^{*}}\end{cases} \tag{7.13}$$

式中，σ_{tw}为拉伸疲劳极限；$\sigma_{\mathrm{Y0.2}}$为材料的屈服强度；α 为转换系数；K 为应力集中系数或缺口系数；σ_{T}为材料的抗拉强度；χ^{*}为车轴表面的应力斜率。应力斜率 χ^{*}与轴径 D 和过渡圆角半径 r 有关，其取值遵循如下关系：

（1）当固定轴径车轴部位（如轴身，无阶梯尺寸存在）时，$\chi^{*} = 2/D$。

（2）当 D 为压装部直径，d 和 r 分别为卸荷槽直径和缺口半径时，$\chi^{*} = 2/D + 2/r$。

（3）当 D 为压装部直径，d 和 r 分别为轴身直径和过渡角半径时，$\chi^{*} = 2/r + 4/(D + d)$。

实际上，尺寸效应、残余应力、粗糙度和晶粒度等皆会影响车轴的弯曲疲劳极限。一般地，失效概率 50%下的弯曲疲劳极限由式（7.14）计算：

$$\sigma_{\mathrm{bw},50\%} = \alpha \cdot F_{\mathrm{sta}} \cdot F_{\mathrm{ei}} \cdot F_{\mathrm{o}} \cdot F_{\mathrm{t}} \cdot \sigma_{\mathrm{tw}} \tag{7.14}$$

式中，F_{sta} 为尺寸效应系数；F_{ei} 为残余应力影响系数；F_o 为粗糙度效应系数；F_t 为晶粒度或者微观组织的影响系数。据此规则，碳钢 EA1N 和合金钢 EA4T 材料 50%失效概率的疲劳极限及标准规定值如表 7.34 和表 7.35 所示。

表 7.34　失效概率为 50%的车轴弯曲疲劳极限计算因子取值

材料	σ_{tw}/MPa	n	F_{sta}	F_{ei}	F_o	F_t	σ_{tw}/MPa
EA1N	276	1.03	0.863	1	0.911	1.13	253
EA4T	347	1.03	0.863	1	0.900	1.08	300

表 7.35　不同材质车轴失效概率为 50%的车轴弯曲疲劳极限

材料	轴形状	σ_{tw}/MPa	圆角部位安全系数	圆角部位疲劳极限/MPa	轮座部位疲劳极限/MPa	轮座部位安全系数
EA1N	实心轴	200	1.5	133	80	2.5
	空心轴	200	1.5	133	73	2.7
EA4T	实心轴	240	1.66	145	87	2.9
	空心轴	240	1.66	145	80	3.1

由表 7.34 和表 7.35 可知，碳钢 EA1N 车轴圆角部位的疲劳极限为 133MPa，安全系数为 1.5；合金钢 EA4T 车轴圆角部位的疲劳极限为 145MPa，安全系数为 1.66；EA1N 和 EA4T 空心轴受磨损作用的轮座部位的疲劳极限分别为 73MPa 和 80MPa。若比较标准中实心车轴与实际实心车轴的疲劳极限容许值的比值，则圆角部位为 2/3～3/5，轮座部位为 2/5～1/3。

实际上，基于安全系数的车轴疲劳强度评定本质上是基于名义应力法的静强度和无限寿命设计。为了确保车辆运行安全性，往往需要引入无损探伤技术进行周期性探伤，这就是所说的铁路车轴安全运用“双保险”制度，实际上就是安全寿命设计方法。当前用于合金钢 EA4T 车轴的无损探伤技术包括对微裂纹敏感的磁粉探伤、对内部损伤敏感的涡流探伤以及对长裂纹敏感的超声波探伤三种。对于深度超过 2mm 的裂纹，上述三种无损探伤方法的检出概率均比较高；但除磁粉检测，其他检测方法均不能保证全部检出，仍然无法避免漏检的出现。实际运用中，可重点针对合金钢 EA4T 车轴轮座、齿轮座和制动盘座等微动磨损和应力集中等部位开展探伤。一旦检测出缺陷，意味着车轴结构“不再完整”，需要根据标准或规范进行处理，而确定带伤服役车轴的探伤周期里程成为重要而迫切的课题。损伤容限法是以断裂力学为基础的一种估算疲劳裂纹扩展寿命的方法，它假定零部件内存在初始裂纹来估算其剩余寿命，并通过试验来校验，确保在使用期（或检修期）内裂纹不致扩展到发生破坏失效的程度，从而保证含裂纹零部件在其使用期内能安全使用。

7.3.2　车轴缺陷辨识及规则化

众所周知，合金钢 EA4T 空心车轴的临界安全部位主要包括车轮座、齿轮座、卸荷槽或几何过渡区（图 3.3）。2008 年 7 月 8 日德国科隆高铁车轴断裂事故就源于卸荷槽处出现疲劳裂纹。为了清晰认识各类缺陷，对在役、维修及退役车轴的缺陷进行分类如下：轴身上周向划伤、纵向划痕；异物导致沟槽型缺陷；异物导致的撞击坑；防尘板座发生的微动磨损；锈蚀、腐蚀等，如图 7.24 所示。不同程度的表面擦伤、道砟撞击、腐蚀微坑等严重破坏了车轴表面完整性，形成重大安全隐患；旋转弯曲载荷下，缺口萌生疲劳裂纹，裂纹持续扩展对车轴服役造成巨大的安全隐患。此处，随机统计了发生于我国高速动车组合金钢 EA4T 车轴上共约 63 处缺陷，发现擦划伤和磕碰撞伤（即异物致损（FOD））两类缺陷占比超过 87%。其中，FOD 诱导塑性变形，造成缺陷附近应力分布复杂，危害较大，应重点关注。

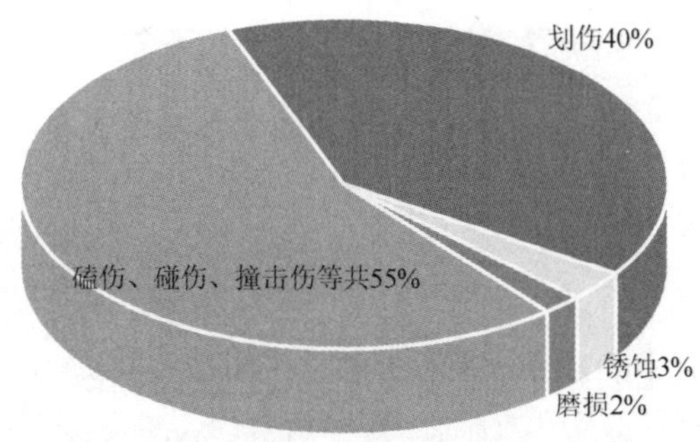

图 7.24　合金钢 EA4T 车轴表面缺陷类型及其比例

然而，FOD 的相关报道及研究多见于发动机叶片等航空航天领域中。近年来，列车运行速度不断提高，在新建和既有线上运行的车轴表面频繁出现 FOD 分布。FOD 破坏了车轴结构的完整性，降低了车轴疲劳强度并将车轴表面直接暴露于雨水、盐雾、潮湿空气等复杂环境中，诱导车轴在许用载荷条件下萌生裂纹并逐渐扩展至临界尺寸，导致车轴失效断裂，对车辆运行安全造成了严重威胁。针对划伤和 FOD 发生比例较高的特点，对其分布区间进一步统计，划伤和 FOD 主要分布于距非齿侧轴端 710～1191mm，且 80%以上分布于距非齿侧轴端 830～1150mm。而 FOD 的分布范围较广，但发现约 86%的 FOD 发生于距轴端 900～1150mm，可见轴身中部区域为 FOD 高发区。

危害性较大的 FOD 属于典型的表面体积型缺陷，更易于萌生疲劳裂纹。根据 GB/T 19624—2019 标准，含缺陷压力容器常规评定的安全系数如表 7.36 所示。必须指出，在具体应用中需要考虑车轴结构与承压部件在材料类型、强度及安全后果等方面的显著不同。对于裂纹失稳破坏，安全系数通常取 1.5～2.2，具体数值可以根据评定要求、失效后果和评定经验综合确定。另外，对于结构塑性失稳破坏，安全系数按照下述原则选取：失效后果一般的取 1.3，失效后果严重的取 1.5。

表 7.36　基于 GB/T 19624—2019 的常规评定安全系数取值

失效后果	缺陷表征尺寸分安全系数	材料断裂韧度分安全系数	应力分安全系数	
			一次应力	二次应力
一般	1.0	1.1	1.2	1.0
严重	1.1	1.2	1.5	1.0

列车在长期高速运行中，车轴有可能发生各种内部或者表面损伤（图 7.25），因此有必要针对这些可能出现的缺陷开展结构完整性评价，以选择合适的检查方法获得其最大损伤尺度，并据此制定合适的维护方案和检修周期。目前，在欧洲标准、日本标准和我国铁路标准中有关车轴缺陷或裂纹极大值的规定，主要关注其深度，对实际缺陷宽度和长度的影响及其处理还缺乏足够的重视。另外，在车轴的实际运用中，并非所有检测出的缺陷对车轴安全运行存在影响，因此也未必一定对可继续运行的车轴进行退役处理，比较科学的处理方法是重视在检测中不可避免的漏检裂纹或者检测后新出现的裂纹，正是这些无法监控的裂纹会对行车产生安全隐患。从这一角度来看，周期性的无损探伤就显得极为重要。

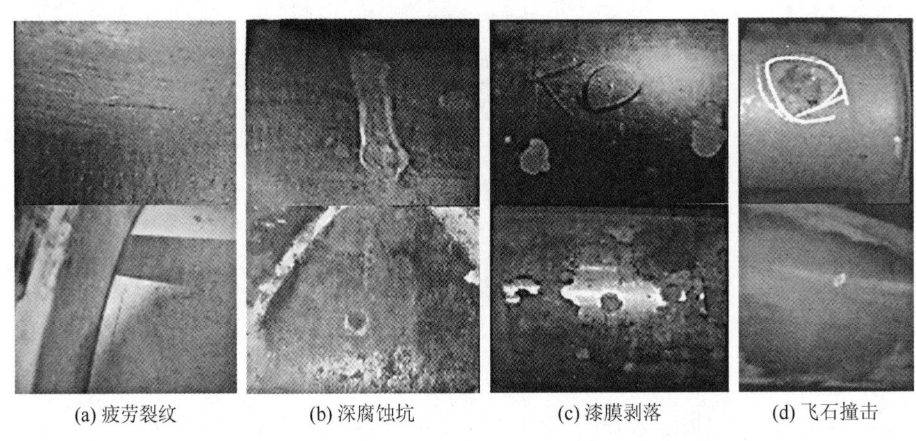

(a) 疲劳裂纹　(b) 深腐蚀坑　(c) 漆膜剥落　(d) 飞石撞击

图 7.25　现役合金钢 EA4T 车轴典型表面损伤形式

之所以对初始裂纹形貌进行重点研究，是考虑到实际运用中可能发生多个裂纹同时萌生和扩展现象，甚至多个小裂纹合并为一个较大尺寸且更加扁平状的主裂纹。研究表明，无论初始裂纹是半圆形还是半椭圆形，最终都会稳定扩展为半椭圆形，这也是在车轴的损伤容限设计中，优先假设为半椭圆裂纹的重要原因。因此，在车轴的损伤容限分析中，一般采用半圆形（$a_0/c_0=1$）和半椭圆形（$a_0/c_0<1$）裂纹形貌，但更常见的是采用半椭圆形。以空心车轴 T 型过渡区裂纹扩展（a_0/c_0 为 1 和 0.2，两种情况下 a_0 相同或者半圆和半椭圆裂纹有 $a_0/T=0.02$）为例进行有限元分析，结果表明半圆形初始裂纹计算的残余寿命高出半椭圆 20%左右（图 7.26），尤其是在裂纹的早期扩展阶段。从车轴服役过于保守的需要来看，缺陷似乎应该表征为半椭圆。图 7.26 给出了空心车轴损伤容限分析中初始裂纹对寿命的影响。

这里以半圆形为裂纹初始形貌，考察平面弯曲和旋转弯曲加载条件下车轴服役寿命及裂纹形貌特征的演变规律。分析发现，两种加载模式对服役寿命和裂纹形貌的影响不大，具体来说旋转弯曲加载下裂纹扩展快于平面弯曲，但在压装区这种区别并不明显。而平面弯曲和旋转弯曲对最终裂纹形貌的影响也可以忽略不计。但在旋转弯曲条件下，裂纹表面点的扩展速度要略微快于最深点 A，而裂纹整体形貌也偏窄些。但必须指出，仿真模型中未能准确考虑车轴表面压缩残余应力和径向梯度变化的材料性能，而采用解析方法或者实测得到裂纹扩展速率模型（如 NASGRO 方程）时也很难把压装配合致残余应力效应考虑进来，必然导致相同条件下剩余寿命仿真结果远低于试验结果。综合来看，似乎是采用半椭圆形裂纹更加接近试验结果。另外，实际车轴安全评估以表面裂纹长度为基本依据，为确保高速动车组车轴运行的绝对安全性，采用半椭圆形裂纹也具有可行性与实用性。

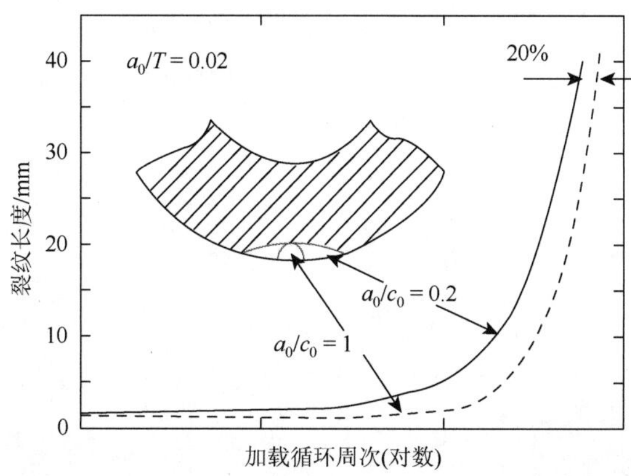

图 7.26　车轴轮座区不同形貌裂纹对疲劳寿命影响的仿真分析结果

举例来说，为了考察不同形状初始裂纹与车轴剩余寿命之间的关系，选择半径为 1mm 的半圆形、深度为 0.44mm 且形貌比为 0.2、深度为 1mm 且形貌比为 0.2 的三种裂纹形貌，其中后面两类可认为是一种半椭圆形裂纹。采用基于 NASGRO 方程的 AFGROW 软件进行仿真计算，结果发现随着裂纹的扩展，不同形状和尺寸的初始裂纹均趋于同一形状，同时表明在相同深度和缺陷面积情况下，基于半圆形疲劳裂纹的扩展寿命预测更加保守（图 7.27）。此外，反射面积相同的两种初始裂纹形貌在裂纹深度约为 2mm 时的形貌比为 0.8。

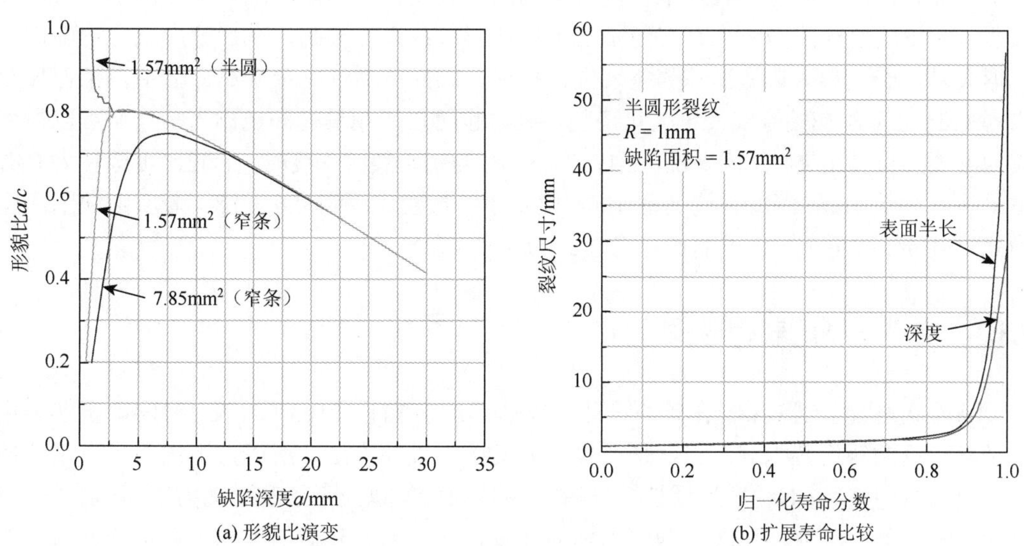

图 7.27　初始裂纹形貌对车轴剩余寿命的影响

在车轴实际运用中，往往采用各种无损探伤方法（磁粉探伤、超声波探伤、X 射线探伤等）对空心车轴进行安全评价。结果发现，具有同一反射面积缺陷的失效概率基本相同，半圆形裂纹只是稍微高一些；具有同样深度的缺陷，也应充分考虑其表面宽度。这就说明，在进行损伤容限评价中，应不仅仅关注裂纹的深度，还应该考虑裂纹在车轴表面上的长度。图 7.28 给出了不同初始裂纹缺陷下的最终断口形貌。由图可知，虽然初始裂纹缺陷类型和尺寸完全不同，但在缺陷演化为断裂力学范畴内的疲劳裂纹后及其后续的扩展形貌基本呈现为典型的半椭圆形状。

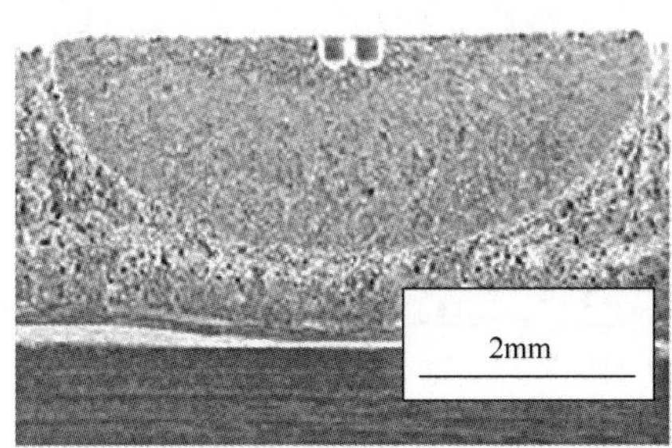

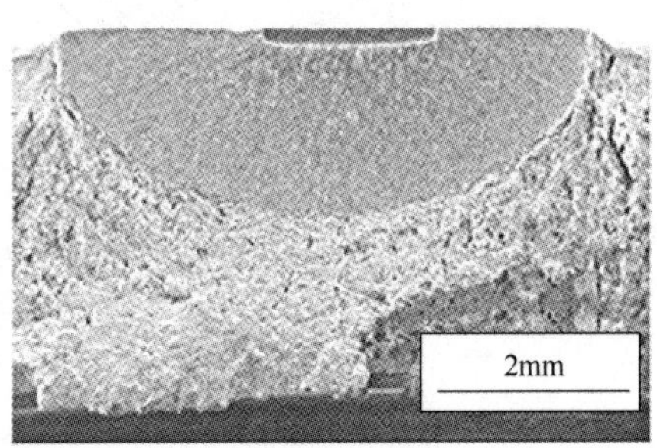

图 7.28　不同初始裂纹缺陷下最终相似的断口形貌

再给出一个全尺寸车轴上窄条形初始裂纹（深度 $a = 0.5$mm 和长度 $c = 10$mm）扩展实例，在工程维护中也可认为是划痕，考察给定载荷下的疲劳断口形貌。研究发现，在车轴表面上类似划痕一样的长条形裂纹（$a/c = 0.1$）最终也演变为半椭圆形裂纹，且形貌比即 a/c 约为 0.85，而在 $a = 2$mm 时 $a/c = 0.6$。以上结果说明，实际初始缺陷形貌和尺寸的影响不大，因此可采用普遍认可的半椭圆形裂纹。

相关研究表明，虽然基于半圆形裂纹的损伤容限仿真结果可能比半椭圆形裂纹更接近于真实解，但国内外学者均推荐使用半椭圆形裂纹作为初始缺陷。这是由于多数研究表明，无论这些缺陷是单个存在还是多个自然形成或人工预制，在疲劳加载过程中，均会形成以半椭圆形为典型形貌的裂纹进行扩展。因此，后续剩余寿命评估中，推荐形貌比为 0.2～0.8 的初始裂纹（电火花切割预制，也可以采用钻孔和电抛光制作）可以得到较为可靠的仿真结果。具体来说，当以 2～3mm 为初始裂纹深度时，形貌比可选择为 0.8；由于国内对于 1mm 深度裂纹具备 100%检测率，形貌比可为 0.6～0.8；若实际缺陷深度为 0.5～1mm 或更小，则形貌比可为 0.2～0.6。

7.3.3　空心车轴的载荷形式

当前铁路合金钢 EA4T 车轴的设计及评估标准为 EN 13103 和 EN 13104，仍然采用基于梁理论的解析应力解，也就是经典的名义应力设计方法。所用力矩主要来自车体质量（全局弯曲）、过曲线质量惯性矩（弯曲 + 轴向力）以及牵引和制动力（扭转力）。简化计算时以静力计算的形式来确定车轴的强度，而对动态载荷的考虑一般是选择适当的动载荷系数，按静力叠加的方式进行计算；并假定所有载荷同时作用在车轴上，而动载荷系数实际上反映了车轴运行中的极端工况。

载荷谱是进行疲劳强度评定、可靠性寿命计算和可靠性设计的基本数据。服役车轴中单独或同时存在如下几种形式的载荷：静态和动态载荷、过曲线和道岔的弯曲及轴向拉伸载荷、牵引和制动时扭转载荷、蠕滑行为高频载荷、压装载荷以及制造中残留应力等，下面详解这几种载荷。

1. 静态和动态载荷

铁路车轴是典型的纯旋转弯曲受载部件，即弯曲应力在车轮间均匀分布。但由于车体质量（货车、客车）、轨道平顺性、车轮型面（如扁疤）以及曲线轨道走向的变化，实际运行中弯曲应力会有增大现象，幅度可达 20%。另外，车轮扁疤在正常服役期内发生的概率不超过 0.3%，加之很容易被检测出来，因此认为其对名义疲劳应力的影响可以忽略不计。但在损伤容限设计框架下，类似扁疤等缺陷导致的应力集中对车轮疲劳断裂可靠性的影响不应简要忽略。

2. 弯曲及轴向拉伸载荷

过弯道和受侧撞时车轴中将产生不均匀弯曲力（以车轮半径作为杠杆臂长进行力矩计算），惯性力传递至外轮，并在外轮处达到峰值，如图 7.29 所示。因此，在高速过曲线时，侧倾车体的轴重会有一定增加。

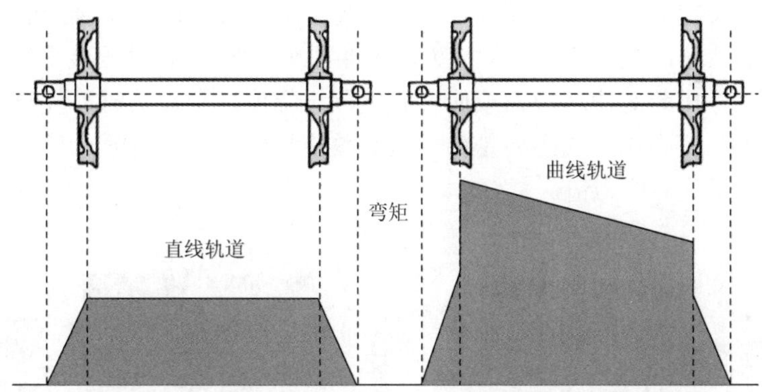

图 7.29　过直线和弯道时车轴中的弯矩分布示意图

必须说明，并非高速度一定会带来大轴重，而值得关注的是过小半径弯道时所导致的轴中弯曲应力的增加效应，尤其是在头车的轮轴系中。式（7.15）为轮轨接触点处（Y_1, Y_2, Q_1, Q_2）作用力与车轴上（F_{v1}, F_{v2}, F_H）力的转换关系，l 为轴距，l'为轴两端上力作用点和轮轨作用点之间的距离，r 为轴中心线与轮轨接触点的距离。

$$\begin{bmatrix} F_{v1} \\ F_{v2} \\ F_H \end{bmatrix} = \frac{\xi}{l+2l'} \begin{bmatrix} Q_1 \\ Q_2 \\ Y_1 \\ Y_2 \end{bmatrix}, \quad \xi = \begin{bmatrix} l+l' & l' & -r & -r \\ l' & l+l' & +r & +r \\ 0 & 0 & l+2l' & l+2l' \end{bmatrix} \tag{7.15}$$

最后，车轴在列车编组中的位置对轴重也有影响。一般来说，先导轴（leading axle，头车转向架上的车轴）所受动载荷也比较大。

3. 扭转载荷

扭转载荷仅仅发生于驱动车轴和制动车轴中。与其他载荷相比，扭转载荷较小，因此一般认为与车轴材料的疲劳损伤累积无关。但高频次条件下的扭转载荷不可忽略，其大小与轨道的干湿程度有关。一旦电机（通过轴箱与轴连接）的扭转惯量与刚度一致发生共振，则驱动轴上的剪应力、应变会显著增大。

4. 蠕滑和双轮反向扰动导致的高频载荷

研究表明，车轮带动车轴高速旋转条件下其受载频率很难超过 30Hz 或者更低。由于轮轨接触导致的高频次蠕滑扰动载荷，可能会叠加在车轴的基本载荷上，例如，在小曲线通过时，车轴弯曲载荷将会有一个约 20%幅度的放大现象。当列车异常加速或者减速行驶时，这种高频载荷还会增大驱动轴和制动轴中的扭矩。实验室研究发现，极端蠕滑情况下车轴中的剪应力从 7MPa 迅速增加至 200MPa，这已经达到了疲劳裂纹萌生的应力级别。

5. 压装载荷或过盈配合力

车轮、齿轮及制动盘与车轴间存在的过盈配合或压装效应是车轴压装区存在压缩残余应力及相邻的几何过渡区存在拉伸应力的主要原因。图 7.30 是压装后车轴变形及应力分布。一般认为，压装对循环应力或应力强度因子幅值（有裂纹时）没有影响，仅仅是改变了平均应力和应力比，这主要是由于压装效应导致的是一种残余应力，从而在计算应力幅值时减去了这一应力值。

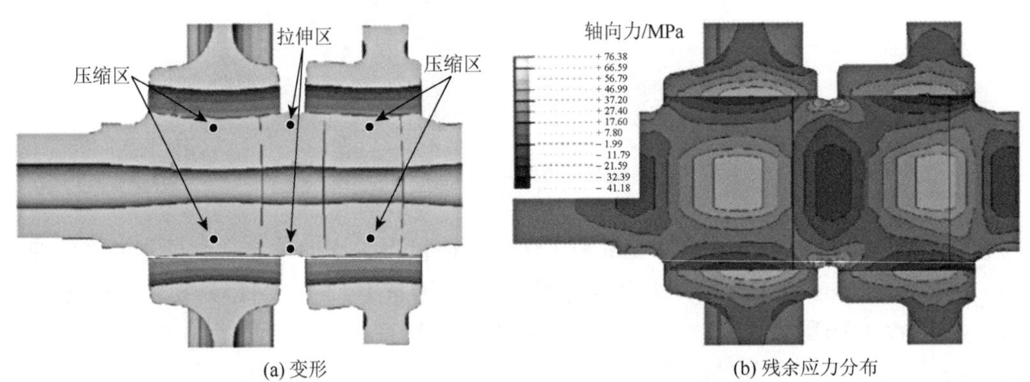

(a) 变形　　(b) 残余应力分布

图 7.30　空心车轴考虑压装效应后的变形及残余应力分布

此外，压装效应也会诱导微动腐蚀磨损，它是一种小振幅循环与环境腐蚀复合作用形成的一种极其复杂的表面损伤，其直接结果是形成微裂纹。微动磨损的存在导致材料疲劳极限的降低以及材料疲劳 *S-N* 曲线离散性的增加。研究表明，微动磨损可能会导致疲劳极限降低至 95～110MPa，而与材料种类无关。

6. 制造中的残余应力

日本新干线采用表面强化方法成功降低了微动磨损的影响，这主要是由于热处理在车轴表面形成了深 8～10mm 的压缩弹条应力区。此外，冷轧和抛光也会引入残余应力。表面残余应力层的存在一定程度上能够降低裂纹萌生的可能性。因此，有必要在安全性设计与评估中考虑残余应力的影响。

7.3.4　车轴疲劳评估的基本流程

安全寿命理论指出，车轴最大许用应力ΔS_{des}应根据材料光滑试样的疲劳极限ΔS_{lim}与安全系数η来确定，不过ΔS_{lim}必须区分车轴种类（实心或空心）以及车轴截面位置（如两个部件的压装区或者过盈配合区、变截面区等），据此便有$\Delta S_{des} = \Delta S_{lim}/\eta$，则实际运用中车轴中最大应力应小于该设计应力值。另外，当车轴有可能在腐蚀性环境中服役时，要适当降低许用应力值。例如，标准 EN 13261 规定腐蚀环境下车轴的设计载荷约为标准 EN 13103 和 EN 13104 中最大许用应力的 60%以下。对于相关规范中未明确指明的情况，一般仍采用无缺陷状态的许用应力值，而对于可能出现的缺陷，认为其在服役中出现即被清除，或者已采取了相关保护措施。

由此可见，实心轴或空心轴不同截面的疲劳极限并不同，这是由其应力、应变状态所决定的，因此在求解含缺陷车轴的抗疲劳断裂性能时，也要考虑各自实际的应力状态。欧洲车轴设计标准 EN 13103 和 EN 13104 中推荐使用的材料分别为碳钢 EA1N（正火态的 C35）与合金钢 EA4T（淬火＋回火态的 25CrMo4）。有学者建议应该采用损伤累积思想来代替当前的车轴名义应力设计和评估方法，疲劳极限（通常指 10^7 次循环后）下的未知区间或其他特性暂由安全系数来表示。然而，超高周疲劳研究发现，材料在常规的疲劳极限下或拐点之外仍有可能发生疲劳断裂。

损伤容限分析是指在规定的未经维修的使用期间，确定列车编组中每一根车轴的安全等级。前述研究指出，腐蚀坑、飞石撞击及非金属夹杂等都有可能引起局部应力集中，进而产生微裂纹，但传统的设计理论却没有考虑这些缺陷的影响。与此同时，当前科学技术水平下无法完全避免或消除这些安全性部件中缺陷的广泛存在。而一旦这些裂纹达到其临界值，车轴将发生断裂，从而引发灾难性事故。损伤容限分析的目的就是确保车轴中漏检的微裂纹在规定的检修周期内不发生破坏性扩展。

根据无损检测可确定车轴中的裂纹数量、尺寸和形貌，尤其不能漏检车轴中最大尺寸的裂纹。此外，飞石撞击（深度达 2mm，分析中一般假设 2～5mm）属于意外产生的缺陷，也必须在损伤容限设计及评定中予以考虑。图 7.31 为基于断裂力学理论的车轴损伤容限设计和分析的基本流程及相关信息输入。

由图 7.31 可知，损伤容限分析的参数主要有四类：初始裂纹深度、裂纹形状（半圆形、深宽比不同的半椭圆形及压装区多裂纹等）、含压装（过盈配合）应力的外加载荷、材料属性（如裂纹扩展速率、长裂纹扩展门槛值、断裂韧性），以及基于无损检测方法的裂纹检出概率（propability of detection，PoD）等。

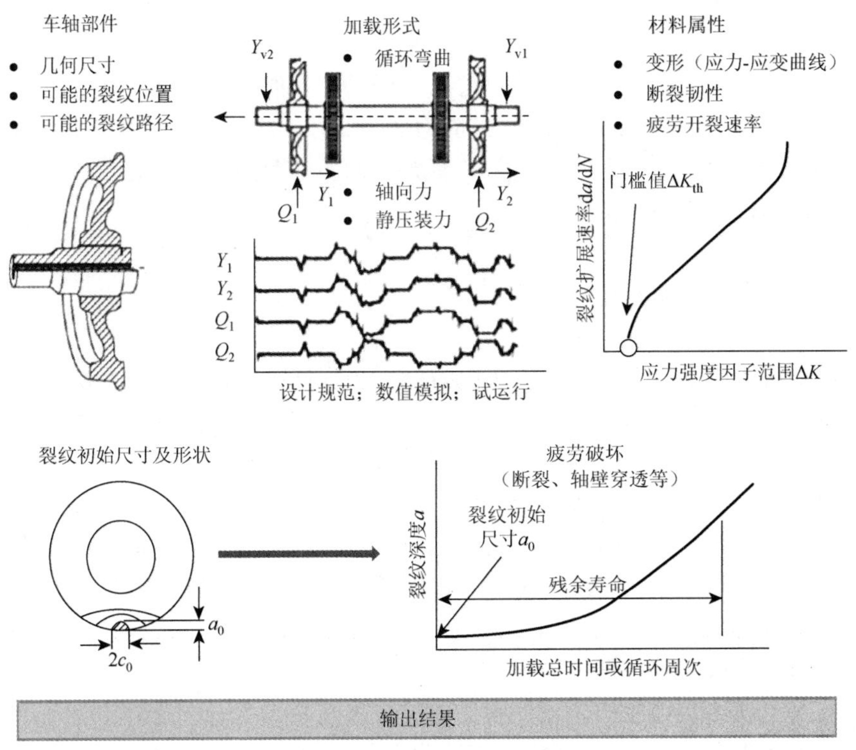

图 7.31　基于断裂力学理论的车轴损伤容限设计流程

在材料属性方面，考虑到车轴是典型的旋转弯曲疲劳加载，需要测定 $R=-1$ 时的断裂力学参数；另外，考虑到几何过渡区和压装区导致的平均应力效应，还要测定 $R=0.1$ 下的断裂力学参数 C、m 及 ΔK_{th} 等，如表 7.37 所示。

表 7.37　合金钢 EA4T 车轴的疲劳断裂参数

车轴材料	应力比 R	C	m	$\Delta K_{th}/(\text{MPa}\cdot\text{m}^{1/2})$
25CrMo4（EA4T）	−1	2.74×10^{-10}	3.2	13
34CrNiMo6 + QT	−1	4.32×10^{-9}	2.5	13
25CrMo4（EA4T）	0.1	2.65×10^{-9}	3.2	7.5
34CrNiMo6 + QT	0.1	2.42×10^{-8}	2.5	6.5

近年来，一些学者研究了试样形状、尺寸、载荷与裂纹扩展速率之间的关系。Varfolomeev 等发现 MT 和 CT 试样得到的车轴钢 EA4T 的开裂曲线不同，尤其在裂纹萌生区内差别明显，其中 CT 试样得到的扩展速率低或者ΔK 高出 2 倍，本书认为这是塑性致裂纹闭合所致，也就是说使用 MT 试样可获得比较保守的估计。图 7.32（b）也指出全尺寸车轴测得的裂纹扩展速率要低于小比例 SEB 试样。

此外，如何把标准试样得到的裂纹扩展曲线用于全尺寸实物部件也是一个值得探讨的课题。通过对 MT 和 CT 试样（轨道钢、铸钢、不锈钢等）疲劳特性的统计，发现应力强度因子范围ΔK 和初始裂纹长度 a_0 对裂纹扩展速率均有重要影响，这一趋势在裂纹萌生区尤其明显。为此，一些学者提出了“相似性”的概念，即若含裂纹的不同试样或部件的外部加载条件（ΔK 和 R）相同，则应该给出相同的裂纹扩展速率。然而事实并非如此，有些学者认为这是由于裂纹尖端塑性不同所致，或者说同一ΔK 并不对应于唯一的裂纹尖端应力-应变场，这与裂纹尖端约束效应有关。

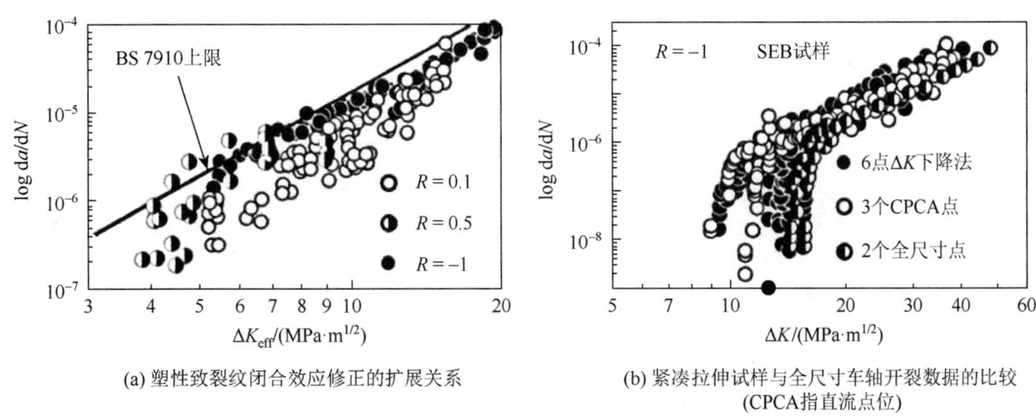

(a) 塑性致裂纹闭合效应修正的扩展关系

(b) 紧凑拉伸试样与全尺寸车轴开裂数据的比较(CPCA指直流点位)

图 7.32　合金钢 EA4T 车轴的疲劳裂纹扩展数据

对于车轴这样的安全部件的结构设计，必须采用比较保守的裂纹扩展速率曲线，因此必须采用统计方法掌握相关数据的分散性。对图 7.32（b）中数据（相同的材料批次和制造技术水平，若材料批次和制造技术不同，则必然增大数据的离散型）进行统计分析，得到更加有意义的裂纹长度与扩展寿命关系。在实际运用中，为确保寿命预测的可靠性，一是要保持材料批次和制造技术的相对稳定性，保证与车轴的一致性；二是要得到尽可能多的测试数据，以降低统计分散性的影响。此外还应指出，对于铁路车轴，大部分疲劳寿命都消耗在近门槛区。这也就意味着，实际运用中追求精确的最终裂纹断口形貌及尺寸是没有任何意义的。

疲劳裂纹扩展门槛值ΔK_{th}是另一个预测车轴剩余寿命极其重要的材料参数之一，即若计算的裂纹扩展驱动力ΔK 小于长裂纹扩展门槛值ΔK_{th}，则判定裂纹不会扩展。然而，实际上ΔK_{th} 并不是一个固定值，Beretta 和 Carboni 发现车轴钢 EA1N 在 $R = 0$ 时的门槛值为 $7.39\pm0.86\text{MPa}\cdot\text{m}^{1/2}$，但若为变幅加载，则很难得到一个相对稳定的门槛值区间。例如，大量级载荷后裂纹可能会停止扩展，以及什么级别的载荷会引发裂纹的扩展仍需要深入研究。有必要采用考虑塑性致裂纹闭合效应后的ΔK_{eff} 作为扩展力参数，而考虑了塑性致裂纹闭合效应后的门槛值$\Delta K_{th,\,eff}$一般明显小于经典的扩展阻力参数ΔK_{th}。这就导致可能需要更大量级的载荷才能激发裂纹扩展。而在 BS 7910 标准中，对于车轴钢，一般推荐$\Delta K_{th,\,eff} = 2\text{MPa}\cdot\text{m}^{1/2}$ 为裂纹扩展阻力参数或门槛值。但是，裂纹扩展门槛值本身也具有很大的分散性，对于像车轴这样服役寿命多消耗在萌生和稳定扩展区的金属结构，得到的剩余寿命自然会有明显的差别。

损伤容限分析的主要结果有裂纹深度-时间历程和加载周次及其寿命（临界裂纹时的服役时间），据此存在如图 7.33 两种处理选项。

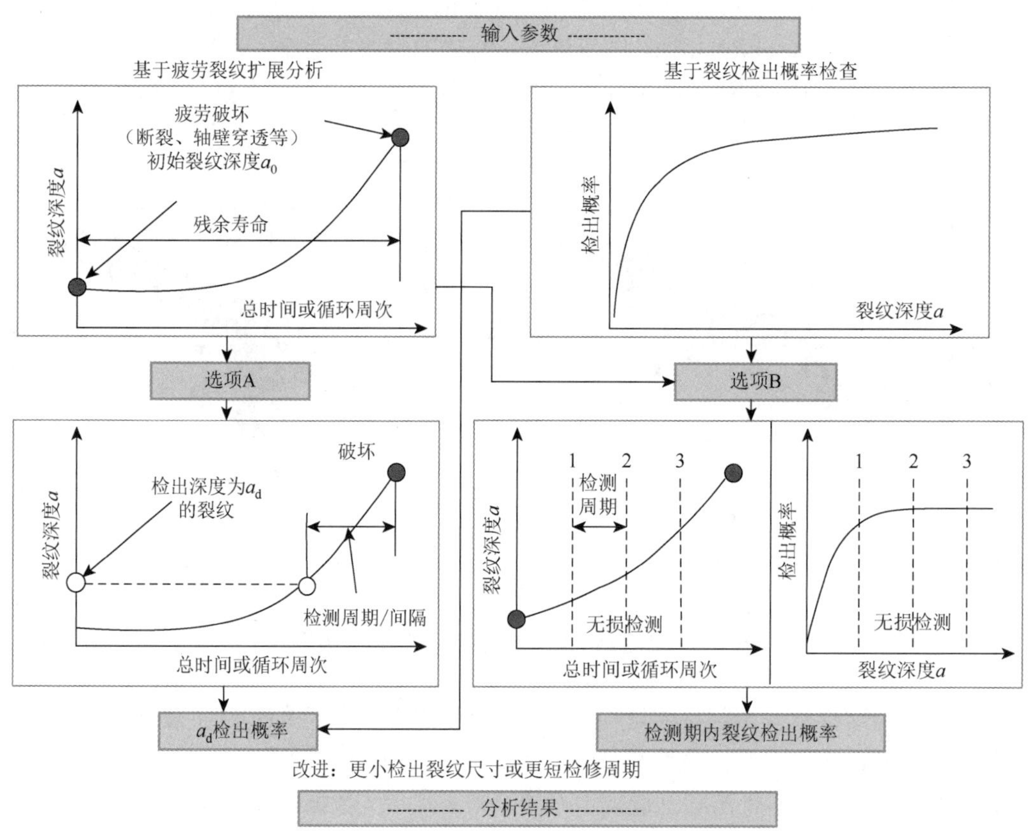

图 7.33　车轴损伤容限分析的两种处理方案

选项 A：目的是获得较高被检出概率下的裂纹尺寸 a_d（大于初始裂纹尺寸），并据此确定下一个检修周期。若未按时开展无损检查，则部件可能会在下一个检修周期前或后发生疲劳破坏。由于较大尺寸裂纹有可能漏检，检修周期可以认为是具有一定概率的分析参数。此外，结构中的裂纹尺寸越大，被检出的概率也越大，换句话说，缩小检修周期在一定程度上可以减小车轴的破坏风险。

选项 B：目的是获得对应检修周期下的总体检出概率值。在给定的结构剩余寿命期内，设定的检修次数 i 越多，裂纹（不断扩展）被检出的概率就越大。因此，车轴中裂纹的总检出概率可用各漏检概率乘积的补集来表示，即

$$\mathrm{PoD}_{\mathrm{over}} = 1 - \left[\prod_i \mathrm{PoD}_i\right] \tag{7.16}$$

由此可见，初始裂纹尺寸（决定剩余寿命）会影响裂纹总检出概率的计算结果。此外，此处的失效或破坏概率不等同于列车编组中每一根车轴（初始裂纹尺寸并不一致）在给定检修周期内的破坏风险。

7.3.5　含撞击伤的车轴安全性评估

前面章节指出，FOD 是对车轴危害性较大的一类表面凹坑缺陷，它严重破坏了车轴结构和表面防护涂层的完整性，降低车轴疲劳强度并将车轴的新鲜金属暴露于雨水、盐雾、潮湿空气等复杂腐蚀环境中。同时，FOD 附近材料由于塑性变形引入较大的残余拉应力；诱导车轴在许用载荷条件下萌生裂纹并逐渐扩展导致车轴断裂。因此，有必要对含 FOD 车轴的服役性能进行深入研究。

目前普遍借鉴 Kitagawa-Takahashi（K-T）图对含 FOD 的铁路车轴叶片进行疲劳评估，并引入 El-Haddad 材料常数 a_0 用于修正应力强度因子，公式如下：

$$\Delta K = Y\Delta\sigma\sqrt{\pi(a + a_0)} \tag{7.17}$$

$$a_0 = \frac{1}{\pi}\left(\frac{\Delta K_{\text{th, lc}}}{Y\Delta\sigma_{\text{th}}}\right)^2$$

式中，$\Delta K_{\text{th, lc}}$ 和 $\Delta\sigma_{\text{th}}$ 分别为合金钢 EA4T 车轴材料的长裂纹应力强度因子范围门槛值以及相应光滑试样的疲劳极限值（应力范围）。

标准 K-T 图中使用光滑试样的疲劳极限作为构件安全界限的上界，控制构件应力水平，使其低于疲劳极限则材料内可萌生裂纹但不会突破晶界继续扩展成为长裂纹。同时，以应力强度因子范围门槛值作为构件安全界限的右侧边界，控制裂纹应力强度因子范围水平，则现存长裂纹不会继续扩展。因此 K-T 图限界内为疲劳加载安全区，可用于评估含 FOD 构件的使用安全。但为获得合理、可靠的 FOD 致损车轴疲劳评估结果，需对 K-T 图从疲劳极限、应力强度因子范围门槛值两方面进行修正。

疲劳极限受温度、几何尺寸、表面质量、加载方式、加载频率、腐蚀环境等诸多因素的影响，因此全尺寸车轴疲劳极限与标准光滑试样疲劳极限存在一定差异。通过考虑载荷模式、表面质量、尺寸效应，按照式（7.18）计算全尺寸车轴的疲劳极限。然而，对于受到 FOD 影响的车轴，其疲劳极限还应考虑缺口效应，因此需要进一步修正，引入疲劳缺口系数 K_{f} 后，得到如下公式：

$$\begin{cases} \sigma_{\text{a, fs}} = \sigma_{\text{a, lf}}\alpha\beta\varepsilon \\ \sigma_{\text{a, Of}} = \dfrac{\sigma_{\text{a, lf}}}{K_{\text{f}}}\alpha\beta\varepsilon = \sigma_{\text{a, Os}}\alpha\beta\varepsilon \end{cases} \tag{7.18}$$

式中，α、β、ε 分别为载荷系数（取 1.0）、表面质量系数（取 0.90）和尺寸效应系数（取 0.863）；$\sigma_{\text{a, fs}}$、$\sigma_{\text{a, lf}}$、$\sigma_{\text{a, Of}}$、$\sigma_{\text{a, Os}}$ 分别为具有 C95R95 的全尺寸光滑车轴疲劳极限、光滑试样疲劳极限、全尺寸 FOD 车轴的疲劳极限和 FOD 试样疲劳极限。

通过疲劳试验方法获得不同应力比 R 条件下合金车轴钢的 ΔK_{th} 数据。然而，由于 FOD 发生于车轴表面，一般取车轴表面的材料性能来测试断裂力学参数：在 FOD 多发的轴身中部表面制备中心裂纹板试样，应力比 R 为−1、0、0.1、0.5。将疲劳试验数据和公开发表数据共同绘制于图 7.34 中，再来用包含近门槛区、稳定扩展区和瞬断区寿命的 NASGRO 公式对试验数据进行拟合。

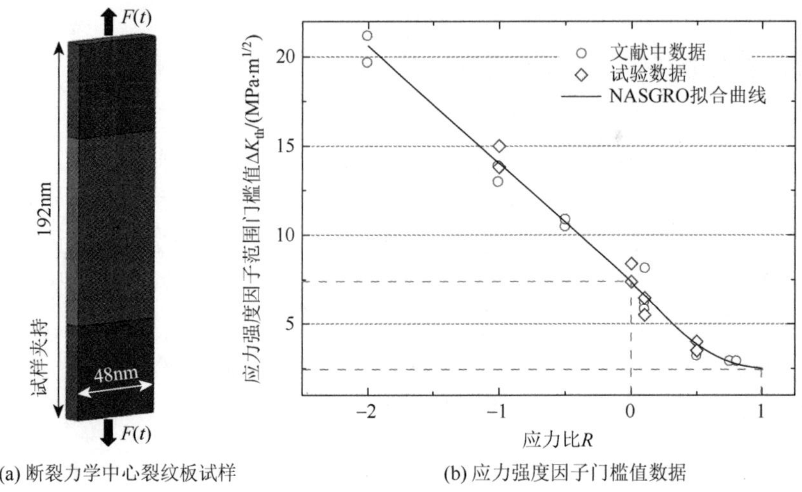

(a) 断裂力学中心裂纹板试样　　(b) 应力强度因子门槛值数据

图 7.34　应力比与门槛值关系

车轴轮对使用 C3D8R 单元进行网格离散，单元数和节点数分别为 32345 和 37749。考虑到车轮、齿轮与车轴间压装配合作用对应力分布的影响，有限元模型中设置压装配合接触，过盈量为–0.2mm、容差 $v = 0.1$mm、摩擦系数 $\mu = 0.6$。通过在车轮、齿轮、车轴上设置刚度为 1N/m 的弹簧单元，促进接触计算收敛。在车轮底部设置 y、z 方向位移约束，以模拟钢轨对轮对的支撑以及横向阻挡作用，在车轴轴肩部施加集中力 F_v 模拟车轴所受外载，如图 7.35 所示。

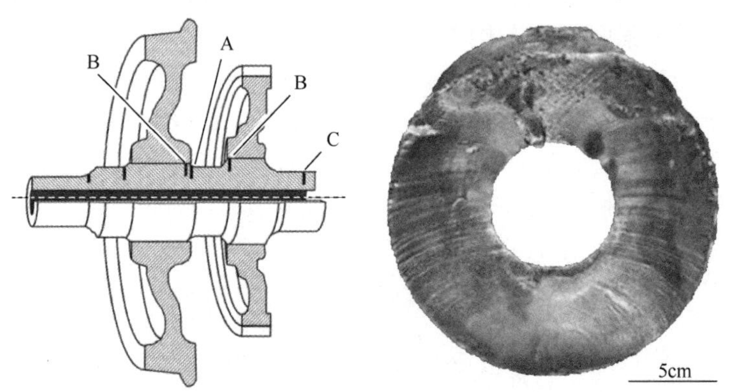

图 7.35　合金钢 EA4T 车轴的边界条件、载荷条件及截面应力场分布

外载以及压装配合的共同作用使得轮座过渡区（卸荷槽，A 点）、齿轮座过渡区（B 点）、轴身中部（C 点）三个位置应力值最大（S_{11} 方向应力），如图 7.35 所示。其中 C 点位于 FOD 集中分布区域，较高的应力幅值为 FOD 处裂纹萌生、扩展提供了有利条件；此外 A、B 点虽未实际观测到 FOD 现象，但由于车辆暴露于大气及维护中异物跌落事件，尚不能完全排除发生 FOD 的可能。

将标准 K-T 图应用于含 FOD 合金钢 EA4T 车轴时应考虑到 FOD 导致的缺口效应以及

几何尺寸、表面质量、加载方式等对构件疲劳极限的影响。因此，继续使用光滑试样 50%可靠性的疲劳极限（中值疲劳极限）评估 FOD 车轴，无法获得安全、可靠的评定结果。本书提出使用具有 C95R95 的全尺寸 FOD 车轴疲劳极限代替传统 K-T 图中的光滑试样疲劳极限。同时考虑到疲劳裂纹长度较短情况下，裂纹尖端闭合效应尚未完全建立，改进后 K-T 图中使用最极端条件下（$R\to1$，无裂纹闭合效应）应力强度因子范围门槛值，以获得偏于保守的评定结果。

采用图 7.34 中试验数据，取应力比 $R\to1$ 时的应力强度因子范围门槛值（2.5MPa·m$^{1/2}$），以及 C95R95 的 FOD 车轴疲劳极限，代入式（7.17），从而建立了适用于合金钢 FOD 车轴的 K-T 图，如图 7.36 所示，最终可获得偏于保守的疲劳评定结果。使用有限元法对车轴进行静力学分析，计算获得 5 级实测载荷谱、过盈配合作用下车轴上的应力最大值（A 点，291.6MPa），通过试验方法获得车轴表面微裂纹长度代入图 7.36，用以检验 FOD 车轴的运行安全。

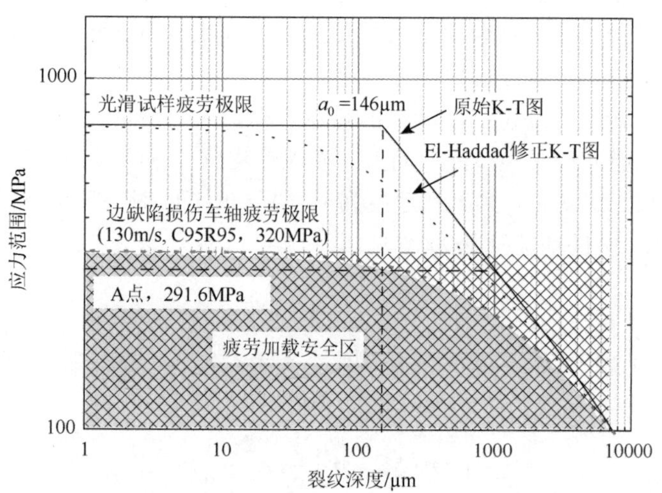

图 7.36　合金钢 EA4T 车轴表面受到 FOD 影响后的 K-T 图

与使用光滑试样疲劳极限的原始 K-T 图相比，改进后的 K-T 图以 C95R95 的含 FOD 车轴的疲劳极限、$R\to1$ 时应力强度因子范围门槛值作为疲劳限界，同时充分考虑到试样与车轴在几何尺寸、表面质量、加载方式等方面的差异以及 FOD 对材料疲劳性能的不利影响，可以获得更加合理、可靠的疲劳加载安全区，为高速动车组含 FOD 车轴的安全评估与运营维护提供了理论支持。

7.4　制动盘热疲劳寿命评估

当前，高速动车组普遍采用摩擦盘形制动装置。随着运行速度的不断提高，尤其是运营速度普遍达到 250km/h 及以上。巨大的制动热负荷在制动盘上产生了超常热点或热斑，反复制动后导致热疲劳、蠕变、氧化、磨损等，盘面中心区出现网状的径向热疲劳裂纹。微裂纹缓慢扩展并逐级汇聚为一条主裂纹，扩展至一定尺度后，导致整个制动盘断裂失效。Dufrénoy（杜弗雷诺伊）通过试验观测，可将列车制动形成的热斑分为五类。其中，带状梯度热斑的尺寸在5～10mm范围内，温度为650～1000℃，持续时间0.5～10s，是摩擦副材料热弹性不稳定的表现；而宏观热斑尺寸为40～110mm，高温可达1100℃，持续时间超过了10s，是制动盘失效的主要原因。对在役制动盘进行无损探伤，探索热疲劳开裂行为及其演变机制，有利于厘清制动盘不同服役工况下的运用情况，为制定合适的检修周期和判废限界提供重要的理论参考。

7.4.1　制动能量的转换方法

通常获得制动盘体中的瞬时温度场有两种方法：制动摩擦试验和数值计算仿真。其中试验手段包括实车制动试验和动态模拟试验，但这两种方法都很难准确得到制动盘表面及内部的瞬态温度和热应力分布及变化过程。当前比较可行有效的是采用数值仿真方法对制动盘制动过程的热力耦合演变进行预测，结合断裂力学和含缺陷结构损伤评定，最终获得比较清晰的损伤演变特性。

首先，从能量转换角度建立制动盘的热输入模型。由能量守恒定律可知，制动过程中的能量损耗（动能）转变为锻钢制动盘的输入热载荷（热能），并均匀施加在制动盘面上的接触摩擦区域。制动时，列车初速度为 v_0，某一时刻 t 时，车速变为 v_t。则列车轴重为 m（轴重为17t）时的动能变化为

$$\Delta E = \frac{1}{2}mv_0^2 - \frac{1}{2}mv_t^2 \tag{7.19}$$

由于高速制动过程中的热量大部分转化为摩擦热能，一般取比较保守的能量转化率为 η（制动热量85%～90%由制动盘吸收），则有

$$Q(t) = \eta \cdot \Delta E = \eta \cdot \left(\frac{1}{2}mv_0^2 - \frac{1}{2}mv_t^2\right) \tag{7.20}$$

考虑到高速列车动车拖车的每根轴上装有 2 组制动盘，每组制动盘两侧各有一个闸片。也就是说每根轴有 4 片制动盘和 4 个闸片，每片制动盘对应一个闸片。所以实际上制动盘每侧摩擦面区域产生的热能为

$$Q'(t) = \frac{\eta \cdot \Delta E}{n} = \frac{\eta}{n} \cdot \left(\frac{1}{2}mv_0^2 - \frac{1}{2}mv_t^2\right) \tag{7.21}$$

式中，n 为轴闸片数，取4，即轴摩擦面数（对于轮装制动盘，仅两组制动盘；每轴两个轮，一轮一组制动盘，通过轮两侧闸片摩擦制动）。

假设热量在摩擦环上均匀分布。根据热流密度的定义，可以得到加载在每片制动盘摩擦面区域的热流密度与时间关系为

$$q(t) = \frac{\mathrm{d}Q'}{A_1\mathrm{d}t} = \eta \frac{\mathrm{d}\left(\frac{1}{2}mv_0^2 - \frac{1}{2}mv_t^2\right)}{nA_1\mathrm{d}t} = \frac{m\eta\mathrm{d}\left(v_0^2 - v_t^2\right)}{2nA_1\mathrm{d}t} \tag{7.22}$$

式中，A_1 为制动盘旋转一周闸片在制动盘摩擦面扫过的圆环面积，即参与摩擦制动的摩

擦圆环面积。

考虑制动过程为匀减速，设列车运行方向为正，加速度为$-a$（负号表示与列车行进方向相反），则制动过程任意时刻 t 的速度为 $v_t = v_0-at$。将速度代入热流密度公式(7.22)，可得热流密度随时间变化关系为

$$q(t)=\frac{m\eta\mathrm{d}\left[v_0^2-(v_0-at)^2\right]}{2nA_1\mathrm{d}t}=\frac{m\eta a(v_0-at)}{nA_1} \tag{7.23}$$

列车大多数情况下属于非均匀减速，考虑通过对初始速度为 385km/h 的紧急制动工况仿真分析，发现当采用二次多项式拟合时，R^2 为 0.9999，效果最好。为此，假设制动过程任意时刻 t 时，列车速度为 $v_t = v_0 + c_1t + c_2t^2$。将该速度代入热流密度公式（7.22），可得热流密度随时间变化的关系为

$$q(t)=\frac{m\eta a\left[v_0c_1+\left(2v_0c_2+c_1^2\right)t+3c_1c_2t^3+2c_2^3t^3\right]}{nA_1} \tag{7.24}$$

式中，v_0、c_1 和 c_2 为与速度有关的常数。

研究表明，列车制动过程中约 85%的机械动能转化为热能并经制动闸片传递给制动盘，而剩余的 5%通过噪声、光、气体等形式耗散掉。开展制动盘温度场和疲劳裂纹扩展寿命分析的前提是把机械能转化为热流密度。为此，需要从摩擦区域和车辆制动速度两个方面进行建模。假设 A_1 为闸片在制动盘表面扫过的总面积。摩擦半径为 $r_\mathrm{f} = 305\mathrm{mm}$，可测得径向宽度为 $w = 124\mathrm{mm}$，则有

$$A_1=\pi(r_\mathrm{f}+0.5w)^2-\pi(r_\mathrm{f}-0.5w)^2=237630\mathrm{mm}^2 \tag{7.25}$$

以试验速度 385km/h 进行制动仿真分析。轮半径 r 为 0.46m，由线速度 $v = w\cdot r$ 可得列车速度。采用线性拟合，列车速度为 $v_t = v_0-a_1t$，其中 $a = 0.7309$，拟合度 R^2 为 0.9453；二次多项式拟合，列车速度为 $v_t = v_0 + c_1t + c_2t^2$。其中 $c_1 = -0.2087$，$c_2 = -0.0035$，拟合度 R^2 为 0.9999。这里采用二次曲线表达列车制动过程中的速度变化以及热流密度变化。得到整个过程中的速度变化，如表 7.38 所示。

表 7.38　初始速度 385km/h 时紧急制动时的速度变化

时间/s	角速度/(rad/s)	线速度/(km/h)	线速度/(m/s)
0.000	232.488	385.000	106.944
59.028	181.159	300.000	83.333
77.540	150.966	250.000	69.444
148.410	0.000	0.000	0.000

通过速度的线性和二次曲线拟合得到随时间变化的热流密度 $q(t)$，如图 7.37 所示。由图可知，采用线性拟合速度得到的热流密度随时间是线性递减过程；而采用二次多项式拟合得到的热流密度则是随时间先增大后减小。这主要是因为制动时热能快速累积至一定程度，制动盘温度急剧上升达到峰值，随后在热对流和辐射作用下热流密度将逐渐降低，与实际情况基本相符。

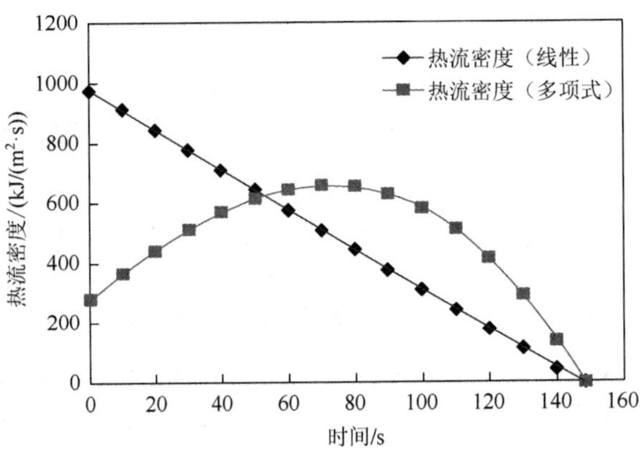

图 7.37　运行速度 385km/h 紧急制动热流密度变化

7.4.2　制动过程的热力学方程

考虑弱热力耦合（先温度后热应力）的三维瞬态热系统，各向同性材料中某点 $\boldsymbol{x}$ 在笛卡儿坐标系中的温度由能量方程和边界条件得到：

$$\rho c \frac{\partial T(\boldsymbol{x},t)}{\partial t} = \operatorname{div}\left[k \cdot \operatorname{grad} T(\boldsymbol{x},t)\right] + Q \tag{7.26}$$

$$\begin{gathered} T(\boldsymbol{x},t) = T_0 \\ -\left[k \cdot \operatorname{grad} T(\boldsymbol{x},t)\right] \cdot \boldsymbol{n} = q_n \\ -\left[k \cdot \operatorname{grad} T(\boldsymbol{x},t)\right] \cdot \boldsymbol{n} = h_{\mathrm{e}}(T - T_{\mathrm{a}}) \\ -\left[k \cdot \operatorname{grad} T(\boldsymbol{x},t)\right] \cdot \boldsymbol{n} = 0 \end{gathered} \tag{7.27}$$

式中，k 为热传导系数；Q 为生成热；$\boldsymbol{n}$ 为单位向量，令初始温度 $T_{\mathrm{i}} = 25℃$，T_0 和 T_{a} 分别为边界温度和远场环境温度，热流密度 q_n 由制动能量换算得到，作为 Q 的热输入，总换热系数 h_{e} 包括对流换热系数 h_{c} 和热辐射系数 h_{r}，即

$$\begin{cases} h_{\mathrm{c}} = 0.036 \mathrm{Pr}^{1/3} \lambda \left[\left(\dfrac{u_{\infty} \cdot L}{\gamma} \right)^{0.8} - 23500 \right] \Big/ L \\ h_{\mathrm{r}} = \varepsilon \sigma (T^2 + T_{\mathrm{r}}^2)(T + T_{\mathrm{r}}) \end{cases} \tag{7.28}$$

式中，Pr 为常数（取 0.70）；L 为特征长度；ε 为发射系数（取 0.75）；λ 为空气传导率（取 2.59×10^{-2}W/(m·℃)）；γ 为动力黏度（取 14.8×10^{-6}m²/s）；σ 为常数（取 5.67×10^{-8}W/(m²·℃⁴)）；u_{∞} 为盘面空气流速。由制动初始速度外插得到盘面空气流速，进而得到对流换热系数，然后与热辐射系数相加得到总换热系数。制动盘总换热系数与温度关系如图 7.38 所示。

把瞬态温度场作为载荷条件代入以下公式得到制动盘的热应力场，设应变张量 $\boldsymbol{\varepsilon}$ 和柯西应力张量 $\boldsymbol{\sigma}$ 与温度变化呈比例关系，则有

$$\begin{cases} \nabla \cdot \boldsymbol{\sigma} + \boldsymbol{b} = 0 \\ \boldsymbol{u} = \boldsymbol{u}_0 = \boldsymbol{I} \cdot 0 \\ \boldsymbol{\sigma} \cdot \boldsymbol{n} = \boldsymbol{p} \end{cases} \tag{7.29}$$

式中，$\boldsymbol{b}$、$\boldsymbol{u}_0$ 和 $\boldsymbol{p}$ 分别为体积力、对称边界位移和制动闸片压力。

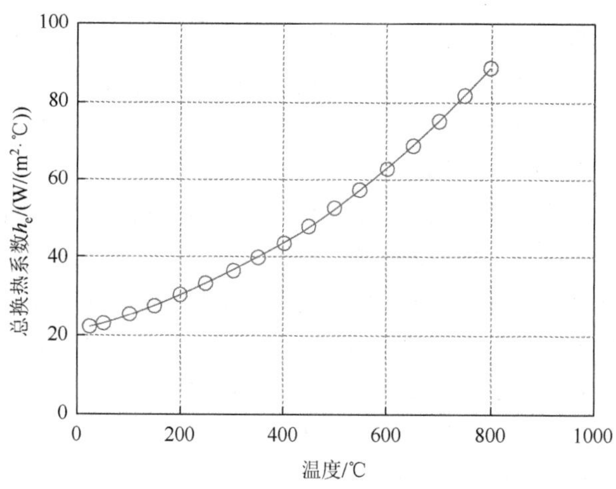

图 7.38　制动盘的总换热系数与温度关系曲线

7.4.3　制动盘的温度场仿真

将制动盘置于箱型流体场中，如图 7.39（a）所示，流场尺寸为 2m×2m×1m。空气通风速度是列车行驶速度 v 的一半。忽略闸片的影响，取车轮、制动盘和车轴的表面作为流场壁面。通风状态下强迫对流是制动盘散热的主要方式，则壁面温度对换热系数影响甚微，设壁面温度保持恒定值，如 600℃。为降低计算成本，提高计算效率，选取其中 3 个散热筋作为研究对象，如图 7.39（b）所示，圆周上角度为 26.34°。此外，选取的计算区域不宜过小，避免计算精度受到周期性边界影响。

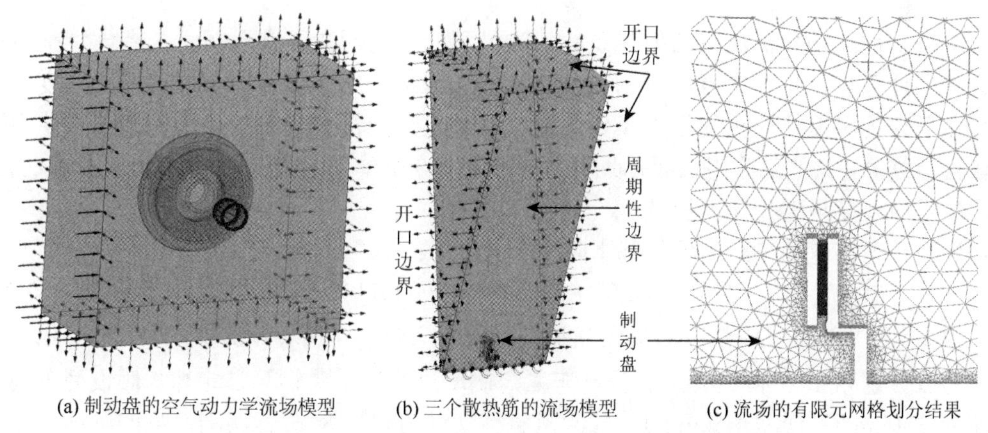

(a) 制动盘的空气动力学流场模型　(b) 三个散热筋的流场模型　(c) 流场的有限元网格划分结果

图 7.39　基于 ANSYS CFX 软件的制动盘流场分析模型

流场轴向和径向设为开口边界，即在边界上有空气进出，环向面上设为周期性边界。制动盘底部与一个绝热轴相连，轴的长度与流场轴向尺寸相同。制动盘和轴的表面设为无滑移流体壁面，粗糙度为 0.1mm。采用 ICEM CFD 进行网格划分，因为四面体模型对复杂几何形状有优良的适应性，选择四面体单元进行自由划分。其中，壁面附近的热边界层网格细密，网格最大尺寸不超过 2.5mm，散热筋表面网格尺寸不超过 2mm；自由流体部分网格最大尺寸小于 30mm，并设置网格的旋转周期性。模型共有 605278 个单元和 104518 个节点，如图 7.39（c）所示。

图 7.40（a）是散热筋中间面上空气流动场，与 McPhee 试验结果基本吻合。由图可知，在每个散热筋左侧位置，空气相对散热筋由内向外离心运动，空气相对速度值表明了制动盘高速旋转时空气做受迫运动的强弱。在制动盘外表面的空气相对速度呈条形斑纹，且数值与对应制动盘位置的线速度近似，如图 7.40（b）所示。与速度场相对应，外表面的对流换热系数呈现相似的条形斑纹。基于 k-ε 模型进行流体场热分析发现，散热筋表面最大对流换热系数约为 158W/(m^2·K)，且换热系数分布规律一致，最大值区域都分布在每个散热筋右侧的中部，如图 7.40（c）所示。

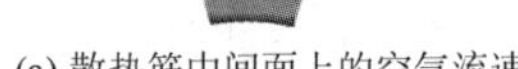
(a) 散热筋中间面上的空气流速

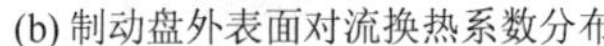
(b) 制动盘外表面对流换热系数分布

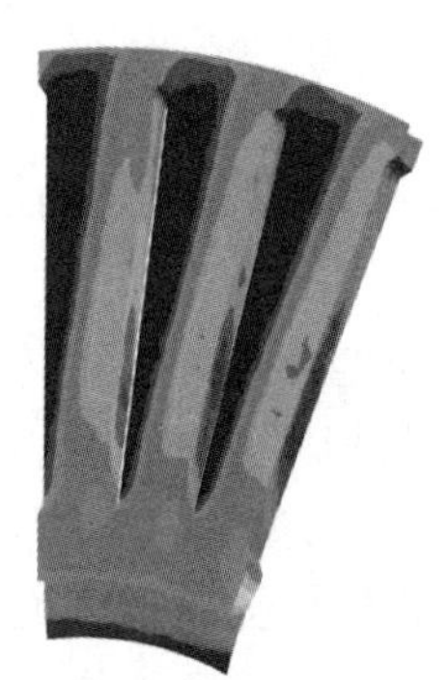
(c) 散热筋表面对流换热系数分布

图 7.40　制动盘表面及散热筋表面的流场仿真

根据上述流场分析获得的换热系数可进行下一步的瞬态温度场仿真。考虑到整体模型庞大的计算量，首先考察单一制动盘的温度场分析。用多项式拟合加速度、速度及位移变化后作为温度场分析的已知条件。对制动盘进行网格划分，散热筋复杂部分使用四面体自由划分，其他部分用六面体划分，共计 97980 个单元。设置最大时间步长为 0.01s，单位步长内温度最大变化不超过 5℃。

假设某型高速动车组的单位基本阻力公式如下：

$$w_0 = 0.88 + 0.00744v + 0.0001143v^2 \tag{7.30}$$

根据式（7.30）可估算出列车运行基本阻力为 9.8 w_0 ×最大动载荷（此处列车最大静载和动载分别为 482t 和 502.6t），且列车紧急制动过程满足牛顿第二定律。假设列车制动初速为 380km/h（误差±5km/h），二次紧急制动时间总长为 622s，制动盘的制动半径约为 280mm。工程运用和仿真分析表明，基于扇环形闸片的温度场仿真精度高于六边形闸块。本节对二次紧急制动工况下的瞬态温度场进行仿真分析，摩擦面和散热筋处温度分布如图 7.41 所示。由图可知，在紧急制动阶段制动盘摩擦面上的最高温度分布在距离旋转中心约 314mm 处，最高温度超过 700℃；冷却阶段该组节点温度趋于一致，温度都在 125℃左右。

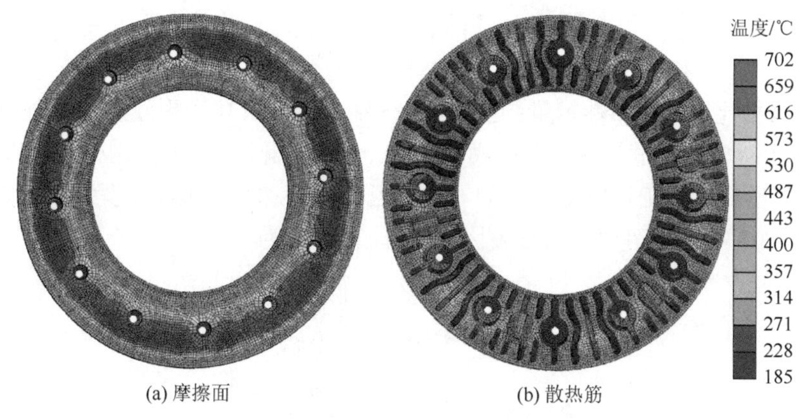

图 7.41　基于扇环形闸片的制动盘紧急制动后温度分布

7.4.4　制动盘热疲劳寿命预测

传统有限元法基于小变形假设，无法高效求解动态裂纹扩展问题，其根本原因为裂纹面与结构模型不能保持独立。基于单位分解原理，通过富集经典有限元的位移模式，Belytschko 发展了著名的扩展有限元法（XFEM），已成为当前求解不连续问题最有效的数值方法之一。但 XFEM 没有提高求解精度和效率。为此，作者提出了一种基于 XFEM 的多边形扩展有限元法（viltual polygon XFEM，VP-XFEM），从而实现了对动态裂纹尖端的分层加密和网格松弛（图 7.42），并据此开发出一款三维裂纹扩展分析商业软件 SinCrack，实现了商业化运作。目前，该软件已在高速动车组碳素钢 S38C 车轴和合金钢 EA4T 车轴的剩余寿命评估中得到应用。

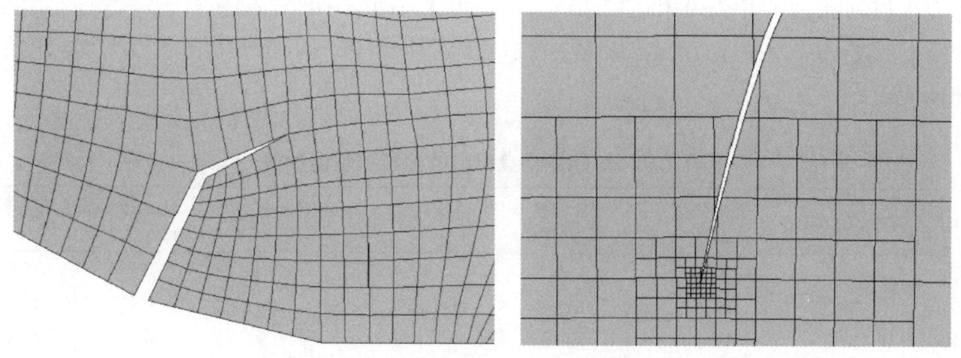

图 7.42　基于 XFEM 的裂纹尖端分层加密示意图

由图 7.42 可知，传统有限元法在仿真疲劳裂纹扩展时必须沿单元边界进行人工“断裂”，因此在处理动态裂纹扩展分析中需要频繁地划分网格，从而使得大规模工程问题的计算效率和精度难以得到保证；而 XFEM 则可以从单元内部断开，无须对网格进行划分，即可自动实现裂纹的动态分析。考虑裂纹混合张开模式，采用交互作用积分获得热疲劳裂纹尖端的路径无关 J 积分为

$$J = \frac{1-\nu^2}{E}\left(K_{\mathrm{I}}^2 + K_{\mathrm{II}}^2\right) \tag{7.31}$$

式中，ν 为泊松比；E 为弹性模量；K_{I} 和 K_{II} 分别为 I 型和 II 型裂纹应力场强度因子。

在线弹性断裂力学框架内，根据式（7.31）可反推出裂纹尖端的应力强度因子。一般地，I 型和 II 型裂纹是工程中最危险的一类问题，而制动盘为典型 I 型裂纹张开模式。则裂纹扩展方向 θ_{c} 和裂尖等效应力强度因子 K^{e} 计算公式为

$$\theta_{\mathrm{c}} = 2\arctan\left[\frac{1}{4}\left(\frac{K_{\mathrm{I}}}{K_{\mathrm{II}}} \pm \sqrt{\left(\frac{K_{\mathrm{I}}}{K_{\mathrm{II}}}\right)^2 + 8}\right)\right] \tag{7.32}$$

$$K^{\mathrm{e}} = K_{\mathrm{I}}\cos^3\frac{\theta_{\mathrm{c}}}{2} - \frac{3}{2}\cos\frac{\theta_{\mathrm{c}}}{2}\sin\frac{\theta_{\mathrm{c}}}{2}$$

为了得到服役寿命与裂纹长度之间的关系，需要高温下制动盘材料的 Paris 曲线中常数 C 和 m 及门槛值。试验测定模拟了不同温度下的裂纹扩展门槛值如表 7.39 所示。此处 300℃和 350℃条件下裂纹门槛值各做了 2 个试样。

表 7.39　锻钢材料的裂纹扩展门槛值

温度/℃	25	300	300	350	350	400
ΔK_{th}/(N/mm$^{3/2}$)	218	121	108	189	169	204

考虑到制动盘的实际受载情况，制动闸片运动垂直于盘面径向（或裂纹扩展方向），则裂纹将呈现典型的循环拉压作用，据此采用中心裂纹试样在应力比 $R = -1$ 下进行试验。制动盘在经历奥氏体化、淬火、回火和空冷处理后，其室温强度达到 1000MPa。由图 7.41 可知，制动峰值温度达到 700℃及以上，需要测定相应温度条件下的热物理性能参数和抗疲劳裂纹材料属性（表 7.39 和表 7.40）。尽管如此，由于不能准确获得制动盘上温度梯度最大点的材料常数如弹性模量和膨胀系数，仿真计算中一般通过所有节点平均温度的非线性插值得到。

表 7.40　锻钢制动盘材料的热机械性能参数

温度/℃	弹性模量/GPa	抗拉强度 R_{m}/MPa	屈服强度 $R_{\mathrm{p0.2}}$/MPa	线膨胀系数/10^{-6}	热扩散率/(10^{-3}m^2/s)	比热容/(J/(kg·℃))	热导率/(W/(m·℃))
25	222	1050	935	1.0100	10.4	453	35.5
100	206	1030	895	4.2658	10.1	520	39.6
200	202	1000	835	8.4280	9.5	583	41.8
300	198	1060	880	11.2903	9.0	635	43.1
400	189	910	745	12.5022	8.9	654	43.9
500	174	825	725	13.1622	7.9	683	40.7
600	136	575	480	13.5162	7.4	758	42.3
630	108	430	340	—	—	—	—
660	60	173	105	—	—	—	—
700	98	159	101	13.6400	6.8	855	43.8
800	74	92	62	9.3250	6.3	867	41.2

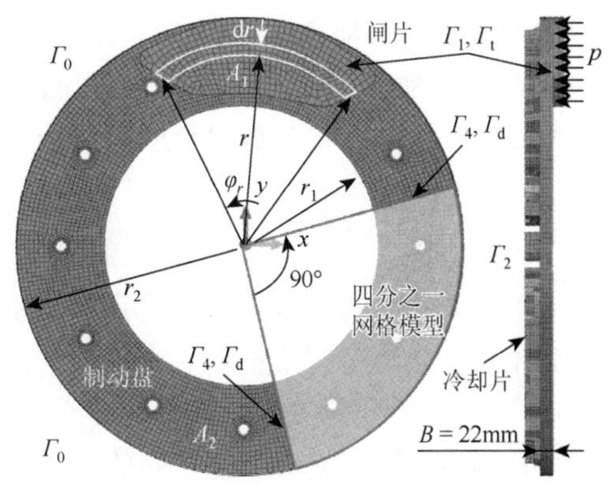

图 7.43　制动盘热疲劳裂纹扩展分析的有限元模型及边界条件

图 7.43 为温度场、热应力场和三维热疲劳裂纹的仿真网格模型、边界条件和几何参数。Γ_0、Γ_1、Γ_2 和 Γ_3 分别表示已知温度边界、热流输入边界、对流边界和热辐射边界。考虑到制动盘体结构的对称性，取图 7.43 中四分之一为计算模型。为了提高疲劳裂纹仿真的精度，计算模型采用高精度六面体单元。一般地，先在 Hypermesh 中划分好三维实体网格（六面体单元 C3D8，总节点数为 27025，单元数为 22260），依据前述程序在有限元软件中进行空气动力学和温度场分析，然后导入自主知识产权软件 SinCrack 进行热疲劳裂纹扩展分析。必须指出的是，考虑到裂纹计算方法的局限性，当前研究主要考虑了单个疲劳裂纹扩展过程。这主要是由于多裂纹问题和短裂纹问题仍是理论评估的挑战性课题，不在本书研究范围。摩擦面或加工面的过保守失效判据如下：裂纹最深点和表面两点有 $K_{max} > K_{IC}$；裂纹深度 a 大于制动盘厚度 B；裂纹表面总长度大于 100mm；任意长度距离边缘小于 10mm。此外，非摩擦面或者孔边的裂纹容限尺寸，与此并不相同，需要根据制动工况以及具体的制动盘的结构形状进行综合分析。

仿真和试验研究均表明，在制动盘的热点处最易于形成热损伤和热疲劳裂纹。据此在图 7.43 中的热点处插入半椭圆表面裂纹，基于 VP-XFEM 进行热疲劳裂纹扩展仿真分析。初始裂纹深度为 $a_0 = 0.5$mm，半椭圆形裂纹半长 $c_0 = 1.0$mm，裂纹扩展形貌根据某型制动盘试验结果确定，并主要控制裂纹深度。图 7.44 给出了两种典型工况，即裂纹初始扩展和失效阶段的裂纹尖端应力场。

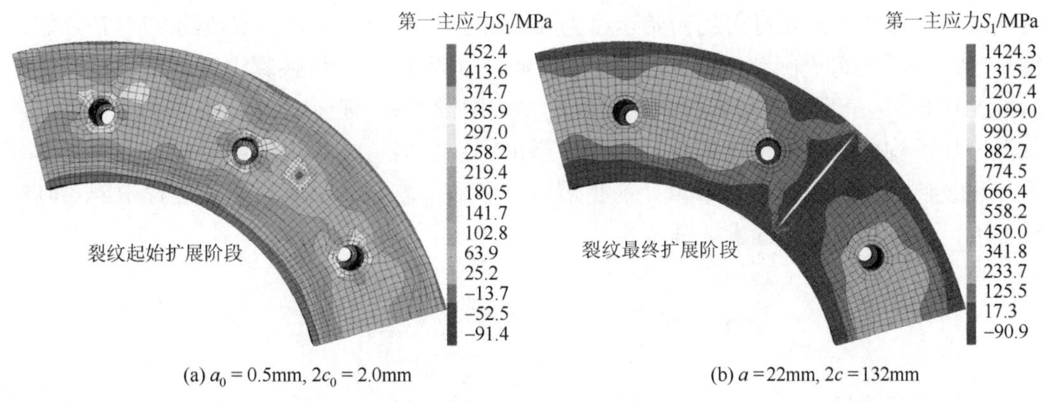

(a) $a_0 = 0.5$mm, $2c_0 = 2.0$mm　　(b) $a = 22$mm, $2c = 132$mm

图 7.44　不同热裂纹扩展过程中的裂纹尖端应力场分布

由图 7.44 可见，应力最大区域始终位于裂纹尖端。考虑到制动盘热裂纹主要沿着径向扩展，而摩擦片运动方向和摩擦力作用方向均垂直于裂纹扩展方向，因此为典型的 I 型裂纹扩展模式。为了表征裂纹尖端的热应力场强弱，采用第一主应力和式（7.32）得到等效应力强度因子幅值 ΔK^{e}，根据不同温度下 Paris 公式中的 C 和 m，基于式（7.33）获得一个循环后表面和内部最深点的裂纹长度。

$$\begin{cases} c_i = c_{i-1} + C(\Delta K_{i-1})^m \\ a_j = a_{j-1} + C(\Delta K_{j-1})^m \end{cases} \tag{7.33}$$

以上两个方程可用于裂纹扩展长度的基本判据。例如，若有任一计算中的裂纹长度达到制动盘热疲劳裂纹长度的失效判据，即可停止计算。设裂纹扩展增量为 0.5mm 为计算步，对于裂纹长度 2c 在 2～132mm 积分得到循环周次。图 7.45 给出了总的制动次数或者循环周次和表面裂纹长度之间的关系曲线。

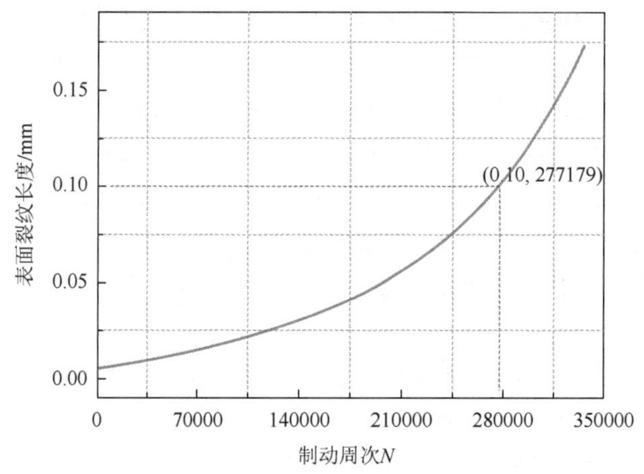

图 7.45　列车制动盘的制动周次与主裂纹长度的关系

根据前述制动盘热疲劳裂纹的失效判据，可知表面裂纹长度为 100mm 时制动盘应已失效或应予报废，据此可得到初始速度为 400km/h 高速列车制动总次数约 277179。假设每年 365 天平均每天制动次数为 50 次，安全系数取 3.0，则可换算出该制动盘可以正常运行 5.1 年。这一预测值基本符合制动盘的平均服役寿命。必须指出，由于制动过程中盘体温度场不均匀分布特性，即使同一温度下的裂纹扩展特性参数也可能会有不同。本节采用裂纹前缘最高温度所在节点处的扩展特性参数，就相当于采用制动过程中的实时材料性能，预测结果与工程实际基本相符。

7.5　车轮辐板强度及寿命评估

车轮是车辆运行、导向及承载的关键基础部件，它不仅负责把车体和转向架的全部质量传递到轨道上，而且承受线路上的振动激扰，其结构强度及安全可靠性直接决定了车辆的运行品质与安全性。在高速、重载运用条件下，车轮材料呈现出如下典型的服役特点，即接触斑点的高接触力、表层材料的大变形行为、接触斑材料的高应变率及长期低温运行环境（如我国哈大高铁最低–45℃）。目前，在车轮踏面和非踏面区域均发现了疲劳损伤现象，如踏面剥离、辐板腐蚀裂纹和轮箍裂纹等。当踏面出现损伤时，车轮辐板和轮辋等部件将承受典型的多轴疲劳载荷作用，一旦这些危险部位萌生裂纹并出现扩展，将导致车轮断裂及列车脱轨事故。与此同时，车辆高速运行下也容易受到外部硬物击打形成缺陷，在盐雾、高温、雨水等作用下形成腐蚀坑，威胁行车安全。1998 年，德国 ICE 车轮就因轮箍发生疲劳断裂问题导致列车脱轨，造成 200 余人伤亡的世界特大高铁事故，其原因就是弹性车轮的轮箍处出现了疲劳裂纹。2004 年，神华铁路货车和京沪线上相继发生了车轮辐板孔开裂导致的崩轮事件，引起了重大安全事故。为此，对于在役车轮开展强度校核及疲劳寿命评估，不仅有利于探伤维护决策，也有利于降低运行成本和提高运行安全，更是当前高速动车组修程修制改革的重要环节。

7.5.1　车轮材料及评价方法

研究表明，车轮出现疲劳损伤的部位集中于踏面、轮辋和辐板等三处。为了提高车轮运用安全可靠性，20 世纪 70 年代起，欧洲、日本等铁路发达国家和地区就开始关注车轮材料的疲劳断裂问题，欧洲主要关注耐磨损和高韧性问题，日本更强调高强度。目前，随着列车速度的不断提高和运用工况的日趋严苛，各国对于高速车轮材料的指标要求逐渐趋于一致，即强度高、硬度大、韧性好，如表 7.41 所示。随后，在车轮强度校核与线路试验的基础上，建立了车轮的制造工艺和评估标准，例如，国际铁路联盟 UIC 510-5 及欧洲标准 EN 13262、EN 13979-1 和 EN 13260；日本铁路制定的 JIS E 标准用于评估整体车轮品质是否符合要求；北美 AAR 制定了 S-660 和 S-660-83 标准不仅规定了四种等级车轮钢成分、热处理工艺和镟修限度等技术要求，而且通过大量的试验给出了美标车轮材料的设计疲劳 *S-N* 曲线。在国内，主要借鉴 UIC 和 EN 等标准开展车轮材料的静强度和疲劳考核。然而，这些标准主要覆盖了轮辐疲劳的设计，尚未涉及踏面、轮辋与轮毂的强度校核。

表 7.41　典型车轮材料的主要成分质量分数、基本力学和断裂性能参数

材料牌号	C 元素/%	Mn 元素/%	R_{eL}/MPa	R_m/MPa	A_5/%	ΔK_{th}/(MPa·m$^{1/2}$)	K_{IC}/(Pa·m$^{1/2}$)
马钢 R7	0.51	0.70	550	885	20	5.54	80.94
马钢 R8	0.55	0.73	605	915	19	6.36	72.83
马钢 CL60	0.62	0.69	590	955	16	6.16	70.52
巴西	0.60	0.85	610	985	17	5.06	77.26
Abex	0.68	0.75	645	1080	15	6.18	52.09
Griffin	0.66	0.78	705	1090	9	5.52	54.00
铁科 D1	0.53	0.96	554	896	21	7.29	84.74
ER8	0.55	0.70	542	869	20	8.88	77.35
ER8C	0.53	0.91	595	913	19	7.55	82.10

当前，德国莱茵克公司、法国莱迪纳公司和日本住友制钢是国外生产高速车轮的三

大代表性厂商。为了取得高的耐磨性和强韧性，高速车轮材料主要是采用铁素体和珠光体的高碳钢。R7 钢属于中碳系铁素体-珠光体钢，是早期欧美国家普遍采用的高速车轮用钢，用 Si 和 Mn 作为强化元素实现强化效果。然而，这种材质车轮服役时踏面易发生剥离，加之 1998 年德国高铁车轮疲劳导致脱轨事故，开始关注车轮材料的韧性指标。例如，通过降低 R7 钢的碳含量并提高 Cr 含量，同时引入了微量的 Al 和 Cu 元素，韧性较之前有一定程度的提高。

由于日本和欧洲国家的线路差异，日本选用材料标号为 SSW 的高碳钢，通过引入 V 元素达到强化目的。与欧系车轮相比，日系车轮以较高的强度和硬度来保证车轮服役期间的安全可靠性。后来又考虑到改善抗疲劳断裂性能，日本发展了 V2 钢车轮。与 SSW 钢相比，由于适当下调了碳含量，同时调高 V 元素含量，获得了较高的韧性指标。由此可见，通过降低碳含量，在略微牺牲材料拉伸强度和硬度的情况下，韧性有所提高，从而提高了车轮的抗疲劳断裂力学性能。

美国标准 AARM-107 中按照碳含量将车轮钢分为 A、B、C 和 L 四个等级，适用于速度 200km/h 的客货车轮。其中 L 级钢适用于轻载、制动工况最恶劣和速度较高的车辆，A 级钢适用于中等载荷、制动工况恶劣和速度高的线路车辆，B 级和 C 级钢适用于高速、重载和制动工况恶劣的车轮。由于美国车辆运行速度通常在 120km/h 以下，只有在东北走廊运行的货运列车速度达到了 240km/h，所以美标对强度要求较高。应该指出，加入微量元素 Cr、Ni、Mo 和 Cu 等后，铸钢车轮的强度和硬度有所提高，但塑性和韧性较低，值得进一步研究。

国内的车轮生产厂商主要有马鞍山钢铁股份有限公司、大同中车爱碧玺铸造有限公司和太原重型机械集团有限公司，但是生产的车轮大都用于速度 200km/h 及以下的列车。根据铁道部数据，我国高速车轮年需求量将达到 3 万多个。到 2025 年，年需求量将超过 20 万个，而车轮服役年限一般为 2～3 年（约合 240 万 km），损耗严重。高速车轮是我国高铁未完全实现国产化的关键基础部件之一，研发和生产适用于更高速度级的中国“复兴号”车轮已成为当前一个重要而迫切的卡脖子技术课题。目前，国内动车组用车轮材质有 ER8、ER9、ER8C 和 D2，其中前两者是 EN 13262 标准中的材料牌号，ER8C 材质是意大利鲁西尼公司 20 世纪 80 年底研制的一种高强韧性耐磨耗新材料，自 2007 年起在 CRH5 型动车组上运用。而 D2 材质则是由中国铁道科学研究院牵头联合国内各车轮生产商研制的国产化替代产品，于 2016 年开始在标准动车组上运营考核。

对于速度超过 300km/h 的高速列车车轮用钢的研究开发，国际上普遍的趋势是降低钢中碳含量并进行合理的微合金化，在略微降低强度和硬度的情况下，尽可能提高材料的韧性，从而达到改善车轮的抗裂损性能（特别是抗剥离性能）的目的。随着抗疲劳设计方法和有限元仿真技术的不断发展，国内外学者对车轮结构强度和疲劳寿命进行了比较系统的研究，研究重点主要包括：对于辐板部位大都考虑其在热处理后和制动条件下残余应力及其重新分布对辐板强度和疲劳寿命的影响；踏面主要考虑制动残余应力、机械载荷和热载荷等对接触部位疲劳性能的影响；轮辋部位主要考察制造缺陷、接触压力及残余应力等对轮辋疲劳性能的影响。总体来说，当前的货车车轮和客车车辆安全性评价的理论依据均是名义应力法，分别按照静强度和疲劳强度开展考核。

例如，UIC510-5 标准和 AAR 标准规定，车轮静强度设计准则为车轮所有节点最大 von Mises 应力不大于其屈服强度；疲劳强度校核的主要依据或方法是修正 Goodman 图或者疲劳 *S-N* 曲线。

7.5.2　辐板材料性能试验

本节以 CRH5 型动车组用辗钢车轮 ER8C 材料为研究对象，从损伤容限角度开展高周疲劳和断裂力学试验，为后续辐板出现缺陷或裂纹并评估其剩余寿命的仿真分析提供材料属性参数。ER8C 车轮制造过程为，首先对钢坯进行轧制处理，之后对车轮不同部位包括轮辋和辐板进行以下热处理：将轮辋加热至 850℃，回火 1min，在水中淬火，以获得高硬度和耐磨性；之后，将车轮整体加热至 500℃，回火 4h，然后在炉内冷却至环境温度，使车轮释放残余应力。热处理后其组织基本以铁素体和珠光体为主，基本力学性能优于国产车轮。在图 7.46 模型中分别切取拉伸力学、低周疲劳、高周疲劳及断裂力学试样，参照国家标准 GB/T 228.1—2021、GB/T 15248—2008、GB/T 3075—2021 和 GB/T 6398—2017 开展试验。

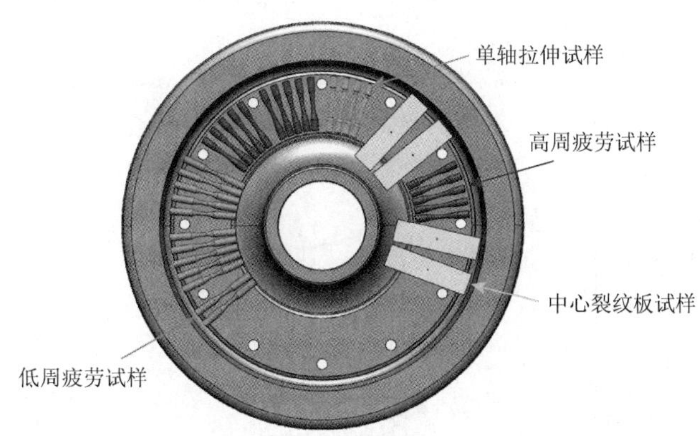

图 7.46　车轮 ER8C 辐板部分取样示意图（假设为单轴疲劳模式）

试验结果表明，辐板材料弹性模量 E 约为 211GPa，屈服强度 R_{eL} 约为 430MPa，抗拉强度 R_m 约为 768MPa，断后延伸率 δ 约为 18.5%，断面收缩率 Φ 约为 39.3%。文献调研表明，车轮抗疲劳设计以静强度为主，台架试验中施加载荷 240MPa，进行循环加载 10^7 后轮辐未见微裂纹。为了对 ER8C 车轮进行疲劳寿命评估，需要给出疲劳极限和断裂力学参数。可由 Maxwell 等提出的逐步加载法获得疲劳极限，具体过程为：首先在指定应力比 R 下，假定循环周次到达 10^7 作为试样的疲劳极限 σ_0，开始试验时选取 $\sigma_1(\sigma_0>\sigma_1)$的应力为初始疲劳载荷；若此时载荷在循环周次至第一个 10^7 时，试样发生断裂失效，则此次试验失败；降低初始载荷重新开始试验，若试样在循环到 10^7 时断裂失效未发生，则增加疲劳载荷 $\Delta\sigma$（通常为 σ_1 的 5%～10%），对试样继续试验，若在 10^7 循环内发生失效则试验成功并记下此时的循环周次 N_i，试验结束；若试样在第二个 10^7 仍未失效则继续增加载荷，直至在 10^7 内失效。疲劳极限的计算公式为

$$\sigma = \sigma_{i-1} + \frac{N_i}{10^7}(\sigma_i - \sigma_{i-1}) \tag{7.34}$$

式中，N_i为第 i 级应力水平 σ_i 下的循环周次；σ_{i-1} 为前一个 10^7 循环未断应力。

将高周疲劳数据绘制于对数坐标系中，采用幂函数的形式可获得辐板材料的中值疲劳 *S-N* 曲线。根据式（7.34）估算得到疲劳极限约为 443MPa，相应的拐点寿命为 $N = 3.37\times10^6$。然而，实际服役中，车轮受多种因素影响，导致疲劳寿命出现较大的分散性，需要引入可靠性概念求得其疲劳强度。

采用吴圣川等提出的改进样本信息聚集原理绘制存活率为 95%的车轮辐板材料的概率疲劳 *P-S-N* 曲线，如图 7.47 所示。样本信息聚集原理认为高周疲劳寿命服从非标准对数正态分布，寿命标准差 σ 是影响疲劳极限的关键因素，应力水平越低，数据离散性就越大，而且不同应力水平之间遵循分位点一致性原理。对于轴向拉压的疲劳试验数据，其中试样加载模式系数 $C_L = 0.9$，试样表面粗糙度系数 $C_S = 0.9$，试样尺寸效应系数 $C_D = 1$。对高周疲劳小试样试验数据进行修正可得全尺寸车轮辐板部位的中值疲劳极限为 359MPa，显著低于由式（7.34）估算结果，具有更高的可靠性。必须指出，高速运动的车轮本质上表现为复杂的多轴应力状态，且多轴疲劳强度要显著低于单轴疲劳强度。为方便研究，可直接应用 Susmel 等提出的多轴/单轴疲劳强度的 0.5～0.8 比值。

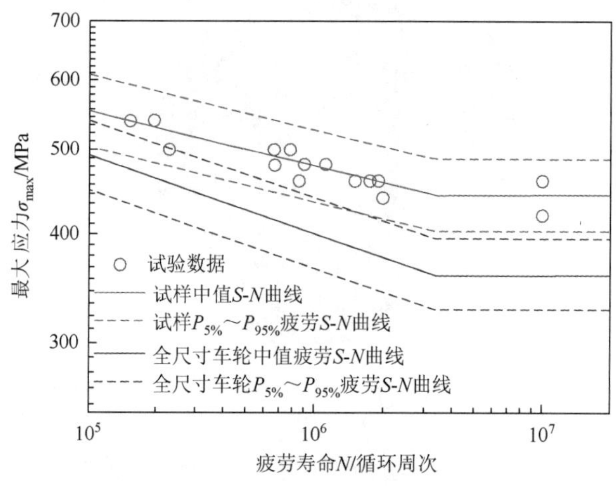

图 7.47　辗钢车轮 ER8C 辐板的概率疲劳 *P-S-N* 曲线

前面章节指出，疲劳裂纹扩展速率是结构完整性评估的核心参数，基于断裂力学的损伤容限设计已在铁路车轴中得到广泛应用，在车轮结构强度及寿命评估中还不多见。目前，工程中广泛使用的裂纹扩展模型是由 Paris 和 Erdogan 于 19 世纪 60 年代基于试验数据提出的反映裂纹扩展特性的经验公式，形式简单，方便实用，但它只能反映材料稳定扩展区的寿命。为此，美国国家航空航天局通过引入应力比 R（–2～0.7）对疲劳裂纹扩展速率的影响建立了 NASGRO 模型，该模型考虑了裂纹扩展的全过程，因此具有较为准确的预测能力。然而，NASGRO 方程需要昂贵费时的断裂力学试验，并且有诸多材料参数需要拟合数据获得，可靠性较差。

对于裂纹扩展模型的建立，很多学者基于裂尖奇异场 HRR 和 RKE 等理论提出用低周疲劳参数预测 I 型裂纹扩展速率。Glinka 考虑裂纹闭合效应将裂尖划分为 4 个区域，结合 HRR 场理论和经典 Paris 公式建立了一种新的裂纹扩展模型：

$$\frac{\mathrm{d}a}{\mathrm{d}N}=C_6\cdot[\Delta K]^{-2N'/[c(1+N')]} \tag{7.35}$$

式中，$N'=1/n'$，n'为循环应变硬化指数；c 为疲劳延性指数；C_6 为低周疲劳相关参数，这表明低周疲劳参数可以用来预测疲劳裂纹扩展速率。

进一步，吴圣川等将 Newman 和 Condrington 提出的裂纹闭合参数利用取中值进行二次拟合的方式进行统一，便于工程中应用，并由此建立了低周循环参数和单调拉伸参数之间的联系，利用单调拉伸参数来推导出低周循环参数，继而求解出裂纹扩展速率，最终提出了一种新型裂纹扩展模型 iLAPS，具体形式见式（7.36）。与试验数据对比，发现 iLAPS 具有较好的预测能力。

$$\frac{\mathrm{d}a}{\mathrm{d}N}=\frac{U^2c(E\varepsilon_\mathrm{f}')^{1/c}(\Delta K)^2}{2\pi\sigma_\mathrm{yc}^{2+1/c}(c+cn'+1)}\left[1-\left(\frac{\Delta K_\mathrm{th}}{\Delta K}\right)^{2+\frac{2}{c+cn'}}\right] \tag{7.36}$$

式中，U 为影响裂纹闭合效应相关的参数（参见修正的 NASGRO 方程）；ε_f' 为疲劳延性系数；σ_yc 为循环屈服强度；c 为疲劳延性指数。

对中心裂纹板试样采用三种应力比 $R=0.1$、0.3 和 0.7 得到车轮辐板材料的疲劳裂纹扩展速率。在拟合裂纹扩展速率曲线时，分别采用工程中常用的经典 Paris 公式、NASGRO 模型和 iLAPS 模型，结果如图 7.48 所示。从图中可以看出，Paris 公式形式较为简单，但此模型只能较好地表示材料稳定扩展区，而 NASGRO 模型和 iLAPS 模型均能体现出裂纹扩展的整个过程，其中 NASGRO 模型需要开展的试验较为复杂且耗时耗力。比较发现，基于单调拉伸试验数据的 iLAPS 模型具有明显优势，可以在不开展试验的条件下预测出材料的裂纹扩展速率曲线。

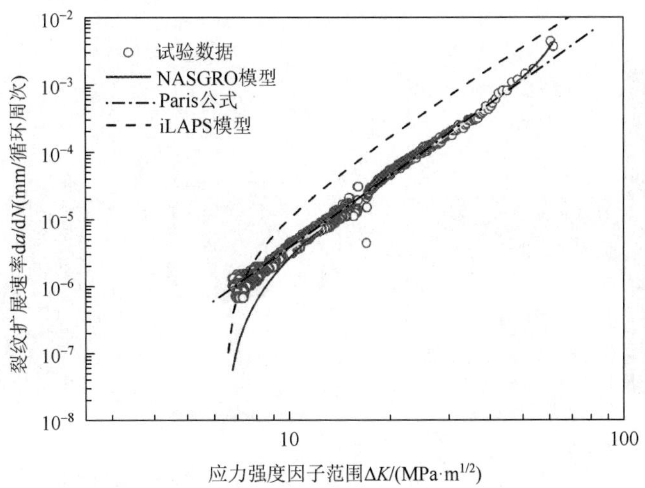

图 7.48　车轮 ER8C 材料在应力比 $R=0.1$ 下的裂纹扩展速率比较

7.5.3　辐板强度及寿命评估

高速车轮的疲劳可靠性是保证动车组车辆运行安全的关键因素，一旦发生疲劳失效，极有可能导致列车脱轨等不可挽回的灾难性事故。相关标准规定，可采用单车轮或半轮对模型，通过计算直道、弯道和道岔等三个工况，获得轮辐的主应力或径向应力进行许用应力的强度评价。遗憾的是，当前研究中并未给出寿命评价程序。为此，以轮对和轨道整体为研究对象，首先在有限元软件中建立轮对和轨道有限元模型，考虑了车轮和轨道之间复杂的接触以及车轮与车轴之间的过盈配合，结合传统的结构可靠性评估方法，即运用名义应力框架下的安全寿命法，进行车轮在给定载荷谱作用下的疲劳寿命评估。安全寿命法主要基于材料的疲劳 *S-N* 曲线、修正的 Miner 线性损伤累积理论和线路实测载荷谱。

考虑到计算的效率和精度，选择性省略车轮、车轴结构中不影响仿真结果的部分，同时忽略轴上装配的其他零件，这样可以大幅降低网格划分规模。在软件中建好几何模型后，首先要按标准规定的装配关系进行配合，其间要避免出现不必要的错误或不符合标准的情况。首先划分车轴纵截面网格单元，网格离散时，在不影响计算精度的条件下，过渡区及附近采用网格尺寸小的单元，其他部位单元尺寸可以适度放大以减少网格数量从而节省计算时间。车轮网格划分时要考虑到过盈配合和轮轨之间的接触，在划分剖面网格时，车轴轮座节点和车轮轮毂节点一一对应，保证计算应力和应变的传递，减少过盈计算时间。在轮轨接触部位进行网格细化，其余部位进行适度放大。最后，利用 HyperMesh 软件中 Spin 功能将平面网格旋转生成三维网格，模型总的单元数量为 3886224，节点总数为 4217706。

边界和载荷设置如下，具体如图 7.49 所示。一般认为过盈配合与轮轨接触均与接触面的摩擦力相关，干涉系数 v 和摩擦系数 μ 是影响过盈配合的主要因素，这两个系数分别控制着径向和切向行为，取 $v=-0.1$，$\mu=0.6$，轮轨间接触摩擦系数设置为 $\mu=0.23$。

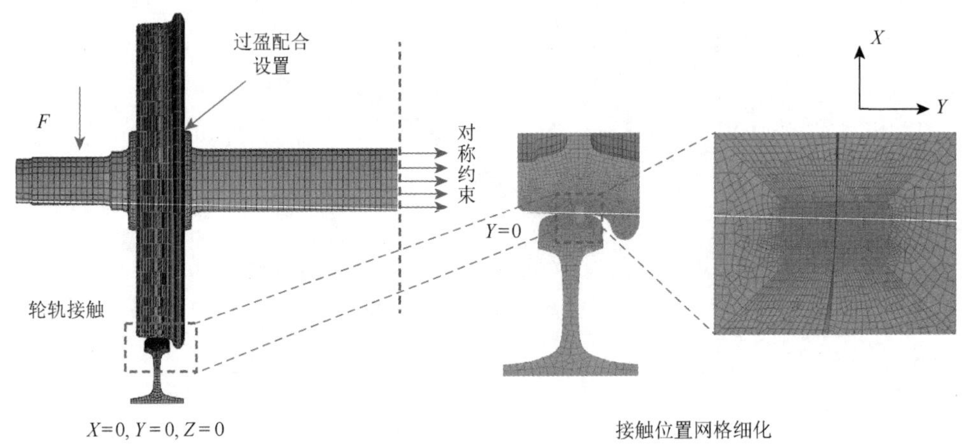

图 7.49　车轮 ER8C、车轴及轨道和载荷约束设置

接触（interaction）设置是在 ABAQUS 有限元分析软件中施加的，分别设置相应的过盈量和摩擦系数，过盈配合和轮轨接触的接触面需要紧密贴合且不可以相互侵入，这样可以提高非线性接触计算的精度和效率，否则可能会导致接触计算的不收敛。尤其需要注意的是，设置接触时主面和从面的选择是由部件材料的刚度决定的，大刚度或网格尺寸大的表面为主面，刚度小或网格尺寸小的为从面。这里选取车轮轮毂表面和车轮轮辋表面为从面，车轴轮座和钢轨表面为主面。

将轮对和轨道作为整体模型进行有限元分析，将轮轨之间复杂的接触产生的载荷转化为更符合实际工况的轮轨接触。而且，无论是静态分析还是动态分析，车体的重量是车轮主要承受的载荷，而且轴径部位是直接受力点，因此在轴径部位加载载荷 F，载荷 F 由不同应力水平的随机载荷组合而成，是典型的变幅加载。采用 Luke 等实测轴径部位载荷谱，进一步简化为 5 级载荷谱。在轨道底部施加固定约束，车轴断面施加对称约束，仿真计算得到如图 7.50 所示的应力分布。

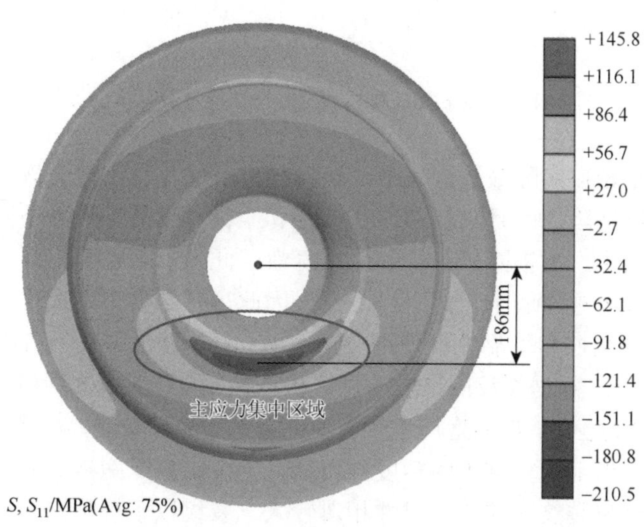

图 7.50　车轮 ER8C 在峰值应力工况下的第一主应力场

结果表明，在载荷谱应力作用下车轮轮毂和辐板过渡部位产生了明显的应力集中，并且随着载荷的增加，车轮临界安全部位的应力不断增大，可以看到危险部位应力最大处位于距车轮中心约 186mm 处。若在外部因素和制造过程中产生缺陷，则有可能在车轮辐板处形成裂纹，降低车轮的安全服役寿命。根据 EN 13979 标准，车轮在实际服役过程中经历三种工况：直线工况、曲线工况和过道岔工况。本节将轮轴和钢轨作为整体进行研究，将轮轨间的复杂载荷条件转化为轮轨之间的接触作用，更符合实际情况。通过轴径部位处的 5 级应力载荷谱，反推车轮辐板危险部位的应力谱，然后进行安全寿命评估，计算结果如图 7.51 所示。结果表明，车轮辐板危险部位的应力值低于材料的疲劳极限，在名义应力法框架下认为车轮不会产生疲劳失效。FKM 标准认为钢制部件 $D_{cri} = 0.3$，此处采用修正的 Miner 公式来估算车轮的寿命，辐板处于设计无限寿命范围，满足车轮安全寿命设计要求。但是车轮辐板因疲劳发生断裂的事故仍时有发生，这是由于未考虑服役致损和制造缺陷的影响。在极端复杂的服役环境下，车轮辐板会引入不可避免的表面损伤，如腐蚀坑和异物冲击等，导致车轮的疲劳强度大幅下降。

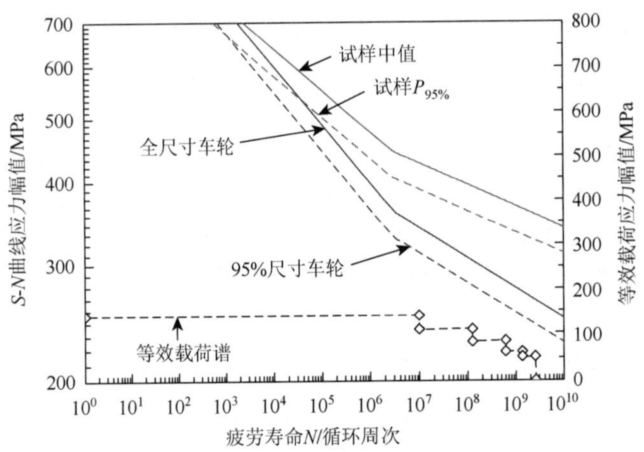

图 7.51　车轮 ER8C 高周疲劳寿命曲线与载荷谱的比较

众所周知，车轮在实际服役过程中，辐板部位不仅容易出现道砟、冰雪、飞石等撞击产生的不同深度缺陷，而且辐板部位在储存和服役时也易于形成不同程度的腐蚀坑。缺陷会加速裂纹萌生，大幅降低车轮的服役寿命。此外，若缺陷出现在车轮辐板临界安全部位，将进一步严重降低车轮的服役寿命。因此，有必要采用损伤容限法进行评估，确保车轮服役的安全性和可靠性。使用 HyperMesh 划分了裂纹的有限元模型，全部为 C3D8 的六面体单元。根据裂纹网格敏感性分析结果，裂纹前缘的网格尺寸对断裂力学参数的影响较大。仿真表明，当网格尺寸为裂纹深度的 1%～10%时，计算误差均小于 10%，满足工程需求。为保证计算结果的精度与可靠性，裂纹前缘网格尺寸较为细密，考虑到计算时间成本，远离裂纹面的单元尺寸相对较大。裂纹以子模型的方式引入，其与车轮其他部分是彼此独立的。

此处，使用 ABAQUS 软件中 Tie 绑定功能进行刚性连接，使其应力-应变能够传递。根据之前临界安全部位的应力分析，载荷谱作用下车轮辐板与轮毂的过渡部位应力最大，这就要求在车轮设计过程中对这一区域更加重视，尤其要加强对这一部位的缺陷或裂纹的探伤检测。初始裂纹深度 a 依次为 0.6mm、2.0mm、3.0mm、5.0mm、8.0mm、12.0mm、16.0mm 和 20.0mm 等 8 种，参照轮辐起裂的实际车轮断口特征，选择形貌比 $a/c = 0.2$～0.4 均符合工程检测数据。因此，将不同裂纹深度的裂纹模型装配到车轮临界安全部位并导入 ABAQUS 有限元计算软件中，施加前述载荷谱和边界条件进行分析计算。由图 7.52 可以发现，当车轮辐板的危险部位存在缺陷或裂纹时，从应力分布云图趋势来看，较大的应力集中将发生在裂纹前缘部位，这极有可能导致此处裂纹 ΔK 参数大于门槛值，进入快速扩展区并发生疲劳断裂。

本算例选择经典 Paris 公式、NASGRO 方程和 iLAPS 模型分别计算了裂纹深度从 0.6mm 稳定扩展至 20mm 时车轮辐板的剩余寿命，结果如图 7.53 所示。比较发现，当在轮辐处萌生裂纹时，运用 Paris、iLAPS 和 NASGRO 方程计算的车轮剩余寿命分别约为 111.2 万 km、221.5 万 km 和 410.1 万 km。有意思的是，经典 Paris 模型、新型 iLAPS 模型和先进 NASGRO 方程在裂纹深度超过 8mm 时裂纹将发生快速扩展，而且裂纹深度从 8mm 扩展至 20mm 寿命分别占上述总寿命的 22.5%、8.2%和 6.5%，这表明车轮将快速断裂失效。因此，考虑预测结果的安全性和可靠性，将裂纹扩展至 8mm 时定为车轮的安全寿命，寿命分别为 86.8 万 km、203.2 万 km 和 383.2 万 km。根据这一剩余寿命，可以制定合理、经济、安全的无损探伤周期里程，以确保车辆运行安全。众所周知，当前我国高铁车轮的换修周期一般为 2～3 年（约为 240 万 km），可见三类模型的预测寿命均具有一定的合理性。但 Paris 方程太过保守，NASGRO 方程偏于危险。可见，新型 iLAPS 裂纹扩展模型形式简单又不乏精度，且仅需单调拉伸试验便可获得全部参数，在工程领域中可以考虑其作为前期的结果预测，再加以试验验证。

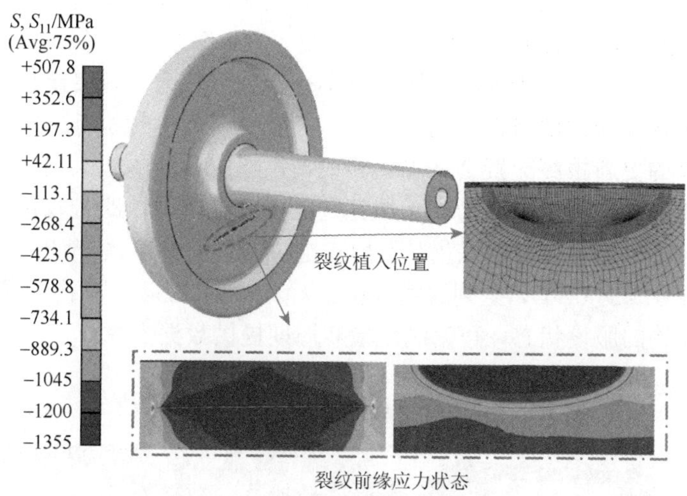

图 7.52　初始裂纹深度为 3mm 时在第 5 级载荷下的应力状态

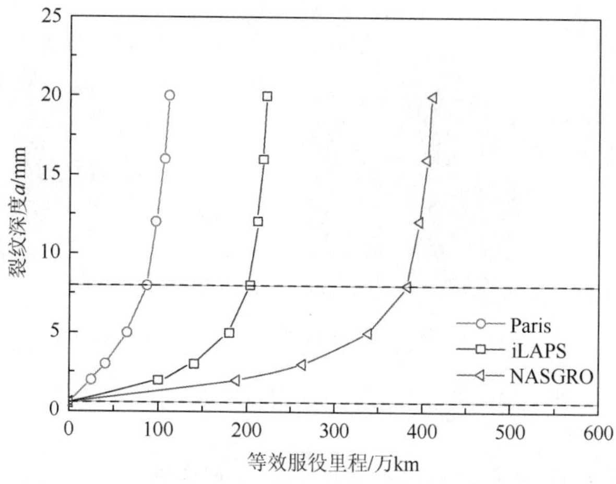

图 7.53　含初始裂纹的 ER8C 车轮辐板剩余寿命曲线

综上分析，高速动车组零部件的设计大都基于安全寿命设计方法，假设构件内部无缺陷或裂纹，使其在远低于材料疲劳极限的条件下工作，认为这种工况下不会发生疲劳裂纹导致构件失效的事故。然而，这种直接忽视构件内部固有缺陷以及服役过程中产生的表面缺陷的设计方式，即便给出了过于保守的设计，也不能一定保证服役期间的绝对安全，因此有必要开展断裂力学设计方法，给出构件产生缺陷的临界尺寸，确保在许用载荷条件下不会发生危害铁路安全的重大事故。

7.6　货车车钩剩余寿命分析

我国经济的快速发展，对铁路运输能力和效率提出了更高的要求。高速、重载的运输模式导致货运列车的轴重和编组数量增加，车辆的服役工况和环境日益严苛。车钩是起连挂作用的关键部件，主要承担着列车的纵向载荷，一般采用铸造加工生产，表面质量较差。另外，由于较大的服役载荷与恶劣环境（雨水腐蚀等），极易萌生疲劳裂纹，在段修和厂修时以报废处理。当前，我国货车实行计划修制度。随着新材料、新工艺的大量使用，货运车辆及配件质量有了明显提高，检修制度却仍然执行之前的标准。过多的运维检修和轻率的更新报废无疑会增加运输成本，造成资源的极大浪费，若检修不及时和不更换又会引发严重的生产事故。运用稳定与安全是保证铁路货物运输效益的基础，而检修技术及维修保养制度是确保货车运用稳定与安全的关键。本节以 16/17 号车钩为对象（服役于大秦专线的 C80），全列编组载重 2 万 t，对图 7.54 中车钩开展剩余寿命预测，进而准确评估车钩的服役状态，可为制定检修周期提供数据支撑。

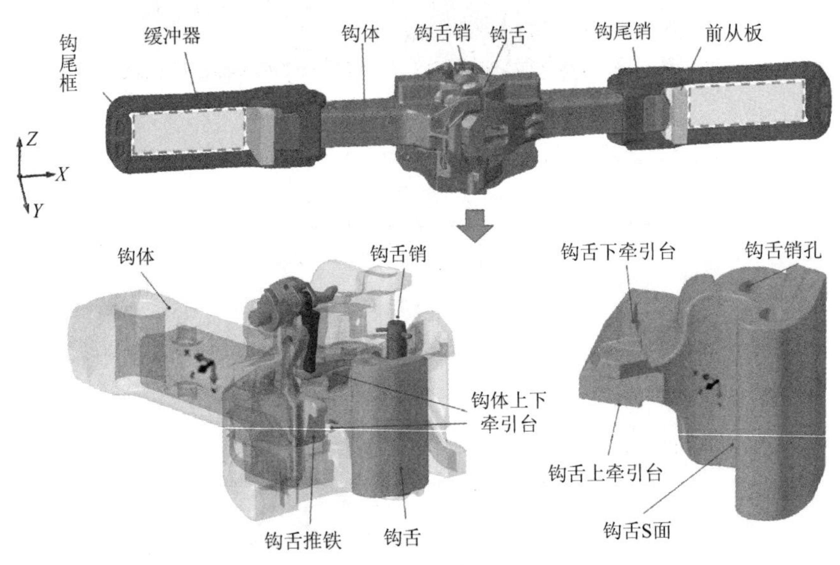

图 7.54　货车 17 型钩缓装置及各零部件作用关系

与此同时，随着货运列车的轴重不断增加，受到变转速、动载荷、强冲击等的影响，车钩在磨损、腐蚀、变形和裂损等影响下服役性能不断恶化，导致出现疲劳裂纹，并最终诱发车钩的断裂事故。为了实践重载货车车钩的状态修制度，本节探讨货车关键部件的裂纹-缺陷无损探伤规律，建立裂纹长度与车钩剩余寿命之间的定量关系，基于线弹性断裂力学理论，开展车钩探伤周期里程研究。为此，断裂力学研究的主要目的是：探明车钩出现裂纹的原因和规律，为结构和制造工艺改进提供参考；评估裂纹在某一载荷谱作用下的裂纹萌生寿命，为合理制定车钩的检修修程提供参考；探索建立特定车钩特定部位裂纹扩展与服役里程的对应关系，计算裂纹临界允许尺寸，为放宽车钩检修限值、延长车钩使用寿命提供技术参考。

7.6.1　车钩材料及性能参数

1992 年，为了满足大秦运煤列车的自动卸煤要求，我国相继研制了 16 型转动车钩和 17 型固定车钩及其他配件，这两类车钩具有连挂间隙小、结构强度高、联锁表现优和垂向防脱佳等特点，广泛应用于 C70 和 C80 车辆上。16 和 17 号车钩的钩体和钩舌均采用国产 E 级钢铸造而成，钩体和钩舌的保质期分别约为 7 年和 25 年。多年运用检修数据和文献报道显示，车钩故障中，裂纹占到 95%以上，包含钩体牵引台根部裂纹、推铁孔裂纹、下锁腔弯角裂纹、尾销孔裂纹、钩耳裂纹、冲击台裂纹、钩身裂纹、钩舌牵引台根部裂纹及 S 面裂纹等。为了确保车钩强度及可靠性，我国曾经制定了相关标准，包括《车钩、钩尾框强度试验方法》（TB/T 2399—1993）、《货车车钩、钩尾框采购和验收技术条件》（GB/T 17425—1998）、《机车车辆用车钩、钩尾框》（TB/T 456—2008）等。然而迄今为止，相关标准仍未更新关于车钩裂纹或缺陷的探伤及处理方法，也未涉及含缺陷车钩的剩余强度及寿命估算技术。

本节基于断裂力学方法，开展钩尾框剩余强度和寿命预测的仿真预测研究。首先开展铸造 E 级钢材料的轴向拉伸与裂纹扩展试验，分别获得车钩部件的基本力学性能与断裂力学参数。为了分析裂纹扩展模型对剩余寿命预测的不同，再分别引入经典的 Paris 方程（裂纹稳定扩展区）和先进的 NASGRO 方程（裂纹萌生区、稳定扩展区和瞬断区）对裂纹扩展试验数据进行拟合。

$$\begin{cases} \dfrac{\mathrm{d}a}{\mathrm{d}N}=C_1\cdot(\Delta K)^{m_1} \\ \dfrac{\mathrm{d}a}{\mathrm{d}N}=\left(1-\dfrac{\Delta K_{\mathrm{th}}}{\Delta K}\right)^{p}\cdot C_2\cdot\left[\Delta K_{\mathrm{eff}}\right]^{m_2}\cdot\left(1-\dfrac{K_{\max}}{K_{\mathrm{IC}}}\right)^{-q} \end{cases} \tag{7.37}$$

式中，$K_{\max}$为最大应力强度因子；K_{IC}为平面应变断裂韧性；C_1、C_2、m_1、m_2、p 和 q 为材料常数；ΔK_{eff}为有效应力强度因子范围。

对于铸造车钩，由于粗糙表面和内部缺陷均可能成为疲劳裂纹萌生源，同时考虑到车钩受载极端复杂，一般认为并不存在严格意义上的微观组织短裂纹扩展过程，因此本节内容以单轴力学和疲劳断裂性能为主。另外，裂纹一旦开始扩展，在较大的外力作用下，将很快进入稳定扩展阶段，且认为不存在裂纹闭合效应，这就是研究中选取较大应力比的原因之一。基于上述考虑，可获得材料基本力学性能与断裂参数，如图 7.55、图 7.56、表 7.42 和表 7.43 所示。

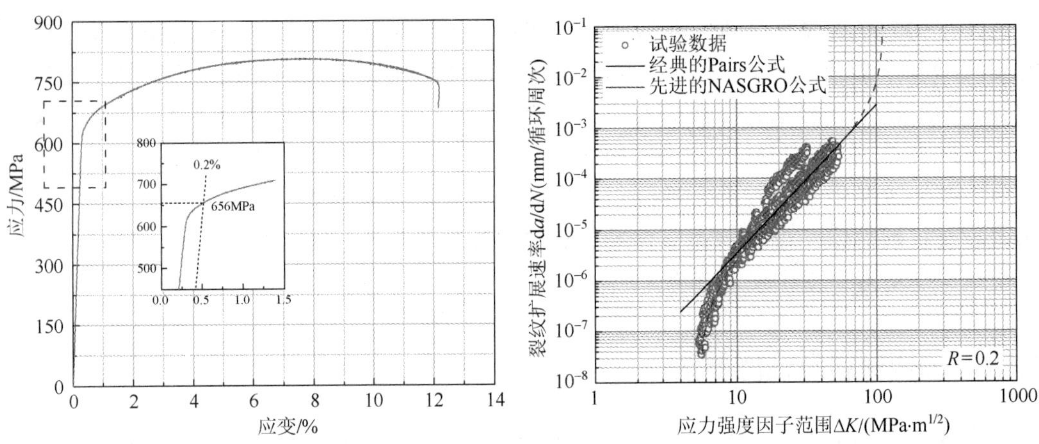

图 7.55　铸造 E 级钢材料的单调拉伸应力-应变曲线　　图 7.56　铸造 E 级钢材料的疲劳裂纹扩展预测曲线

由图 7.55 和图 7.56 可知，用于车钩的铸造 E 级钢不仅具有较高的屈强比，而且塑性较好，具有比较优秀的裂纹扩展抗力。

表 7.42　铸造 E 级钢材料的力学性能参数

拉伸强度 R_e/MPa	屈服强度 R_{eL}/MPa	弹性模量 E/GPa	断面收缩率 δ/%	泊松比 ν
806	656	207	12.2	0.28

表 7.43　铸造 E 级钢材料的断裂力学参数

ΔK_{th}/(MPa·m$^{1/2}$)	断裂韧性 K_{IC}/(MPa·m$^{1/2}$)	应力比 R
5.7	124.9	0.2

必须指出的是，目前对车钩结构强度及可靠性评估也是 21 世纪初才逐渐被重视起来，整体上来看基本是按照静强度思想来进行的。近年来，随着货运列车开行频率和速度及载重的不断增加，车钩更换数量巨大，维修工作加大，国内外学者开始重视基于名义应力法的安全寿命设计及基于断裂力学的损伤容限设计。而在车钩的静强度评定中，我国《机车车辆用车钩、钩尾框》（TB/T 456—2008）曾经规定了 16 型和 17 型车钩结构的静强度验收标准。例如，对于钩体，在外载荷 1780kN 时的最大永久变形小于 0.8mm，最小破坏载荷不小于 4005kN；对于钩尾框，在外载荷 3430kN 时的最大永久变形不超过 0.8mm，极限载荷不小于 4005kN。具体实践中，可以将图 7.55 中的应力-应变关系输入车钩结构的有限元模型中，施加模拟或实测载荷谱进行有限元分析，然后从载荷和变形两个方面进行判定即可。

7.6.2　车钩的断裂力学模型

钩缓装置由多个部件组成，依靠接触实现载荷传递。接触条件不仅导致有限元计算的高度非线性，而且对网格划分有较高的要求。对于钩缓系统中关键部件的断裂力学评价，网格划分和接触建模直接关系到剩余强度及寿命预测的成败。因此，厘清钩缓装置中各零部件在纵向力传递中的顺序和作用，有利于在钩缓几何建模和网格划分中忽略那些对计算精度、效率和收敛性影响较小的接触过程和几何特征。根据图 7.54 钩缓装置各零部件的作用关系，在货车车辆的实际运行中，列车之间的牵引力为对称传递：1 位侧车体牵引梁→从板→缓冲器→钩尾框承载面→钩尾销→钩体→钩舌→钩体→钩尾销→钩尾框承载面→缓冲器→从板→2 位侧车体牵引梁。由受力分析可知，车钩系统中主要是钩舌、钩体起承载作用，而其内部的钩舌销、钩舌衔铁等小部件不承担纵向载荷。

为此，在建立有限元模型时，可将图 7.54 中车钩内部未起到承载作用的钩舌销、钩舌推铁等省略或等效化处理，仅保留钩舌和钩体两个部件。约束一端钩体尾部的纵向、垂向、横向自由度，约束另一端钩体尾部垂向、横向自由度，并释放纵向自由度用于施加载荷。另外，约束两钩舌衔铁面的横向和纵向自由度，用于模拟钩舌推铁的作用。总体上，纵向力主要通过钩舌与钩体上下牵引台、钩舌与钩舌的 S 面接触传递，接触性质属于赫兹接触。可在 ABAQUS 中统一设置法向“硬”接触，切向接触设置摩擦系数 0.3，具体设置如图 7.57 所示。

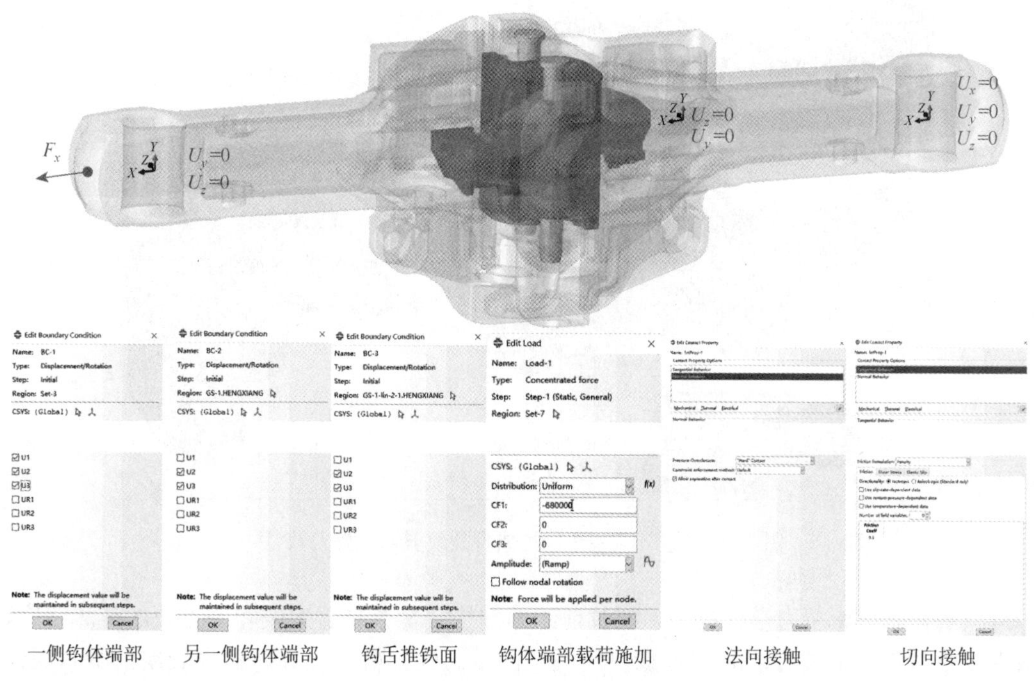

图 7.57　货车 17 型车钩边界、载荷和约束条件设置

为了降低计算规模和提高计算精度，网格划分前往往需对车钩中的一些小几何特征进行删除。综合考虑到钩体形状较为复杂，网格类型为 C3D4 和 C3D6 四面体单元，单元尺寸 8mm，上下牵引台的接触位置进一步细化至 2mm。而钩舌为重要研究对象，设置全局网格尺寸 4mm，网格类型为 C3D4、C3D6 和 C3D8 混合单元。最后，有限元计算模型共包含 1419970 个单元，507775 个节点。

运维检修和数据分析发现，钩舌比钩体更加薄弱，通常表现为在日常检修中，经常在钩舌下牵引台的过渡弯角处观察到裂纹，如图 7.58 所示。与此同时，有限元计算结果表明该位置处存在着较大的应力集中现象，在后续循环加载作用下，疲劳裂纹可能优先从此处萌生和扩展。因此，为保证结构强度及可靠性，综合考虑将初始裂纹植入该部位。根据受力分析，该钩舌裂纹为 I 型张开裂纹，而工程中往往将裂纹等效为半椭圆形进行研究，通过 a/c 来描述裂纹的形貌特征，其中 a 和 c 分别表示裂纹的深度和半轴长度。这里将危险部位作为一个单独模块通过“tie”与主模型相连。选择初始裂纹形态比 $a/c = 0.25$，为了确保裂纹尖端应力强度因子的精确解，将裂纹视为一个单独的模块。采用线性六面体单元 C3D8 进行网格划分，单元在裂纹尖端加密，裂纹长度设定为 4mm、8mm、12mm、20mm、40mm、64mm 和 92mm。

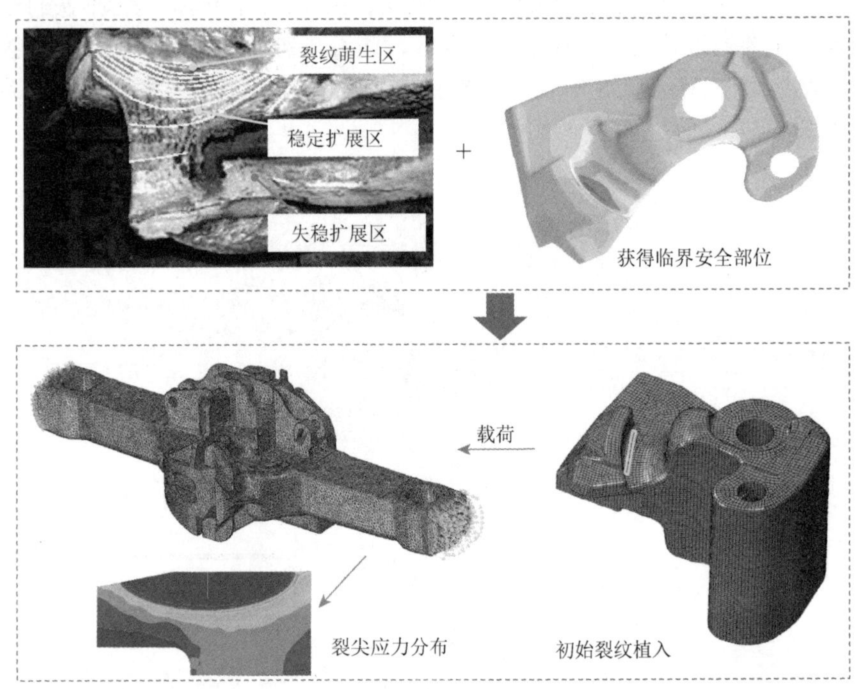

图 7.58　货车 17 型车钩上典型裂纹置入位置及尺寸

众所周知，断裂力学分析中，裂纹前缘的网格质量会显著影响相关参数的计算精度、效率及收敛性，需要开展裂纹前缘单元网格的敏感性分析。为此，假设裂纹前缘六面体单元的边长 b 与裂纹深度 a 的比值分别为 $b/a = 0.025$、0.05、0.1、0.15 和 0.2，主要考察其对应力强度因子的影响，计算结果如图 7.59 所示。可以发现，当裂纹前缘的单元尺寸为裂纹深度的 1%～10%时，相对误差小于 5%，可基本满足计算要求。综合考虑计算精度和时间，决定采用 $b/a = 0.1$ 的网格尺寸。

载荷选择直接影响计算精度，而使用实测载荷更能反映运行条件、线路等因素对货车的影响。北京交通大学李强等针对大秦线 2 万 t 运煤货车开展了车钩力的测量及载荷谱的编制。测量线路区间为大秦线的湖东至秦皇岛段，列车由 210 辆 C80B 型敞车（轴重

25t）组成，采用“1 + 1”牵引模式，共布置有 10 个测试车钩。然而，由于实测的载荷多为随机的交变载荷，较为复杂，难以直接将其应用于车钩的断裂力学仿真中。因此，通常需要采用一定的方法将其等效为包含典型受载特征的载荷谱。首先，通过雨流计数法将随机交变载荷转化为包含原始载荷特征信息的完整循环并进行统计计数，获得车钩载荷的均值-幅值二维谱；其次，使用 Goodman 公式进行修正，获得考虑平均载荷影响的交变载荷；最后，依据损伤等效原则进行载荷谱的分级，最终获得如图 7.60 所示的大秦线实测 5 级载荷谱，对应测试距离 15000km，作用频次 1614 次。在断裂力学计算中，分别应用每一级载荷进行裂纹扩展仿真分析，然后直接累加可获得全部载荷作用下的剩余强度及寿命。另外，计算中没有考虑各级载荷之间的相互作用。

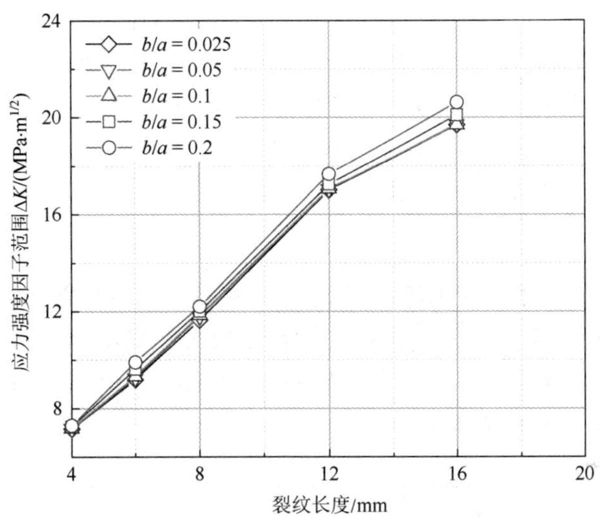

图 7.59 货车 17 型车钩断裂力学模型的网格敏感性测试

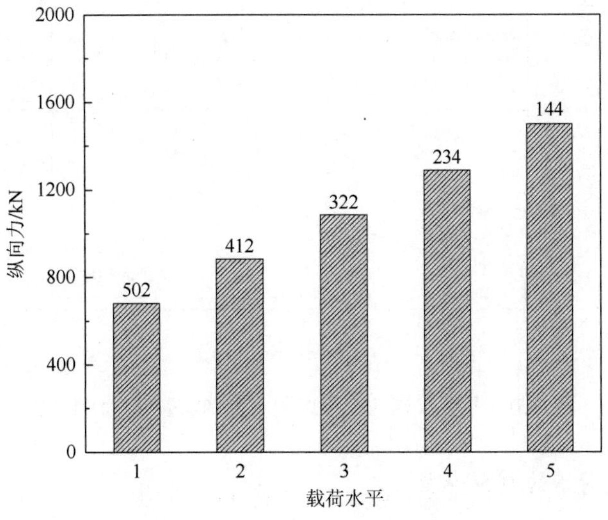

图 7.60 大秦线湖东至秦皇岛段的货车车钩实测 5 级载荷谱

7.6.3　剩余强度及寿命预测

断裂力学计算能够估算结构的剩余强度及寿命，可据此开展车钩的探伤决策制定，给出临界缺陷或裂纹尺寸。需要指出的是，作为一个复杂的结构系统，车钩关键受力部件（钩舌和钩体）通常由于塑性变形较大而产生裂纹，为了获得偏于保守的预测结果，本书仍视其为典型的线弹性断裂力学范畴。

1. 应力强度因子计算

考虑到裂尖应力的奇异性，应用应力外推法来计算ΔK。分析裂纹尖端的应力场可以得到裂纹前缘节点的应力和距离，使用式（7.38）计算得到与裂纹尖端不同距离处的应力强度因子范围ΔK，采用最小二乘法拟合数据点可得到数据对之间的线性关系，最后将拟合直线延伸至纵坐标得到的截距即ΔK的估计值。将计算得到的裂纹尖端应力强度因子范围随裂纹尺寸的变化趋势绘制于图中。

$$K_{\mathrm{I}} = \sigma\sqrt{2\pi r} \tag{7.38}$$

式中，σ为裂纹前缘节点的拉应力值；r为节点与裂纹尖端的距离。

由图 7.61 可知，裂纹长度为 4mm 时的ΔK已经大于ΔK_{th}，表明裂纹开始扩展。而在 1500kN 最大载荷下，ΔK接近铸造 E 级钢的断裂韧性K_{IC}，表明疲劳裂纹进入快速扩展阶段，大概率会导致钩舌的失效断裂。

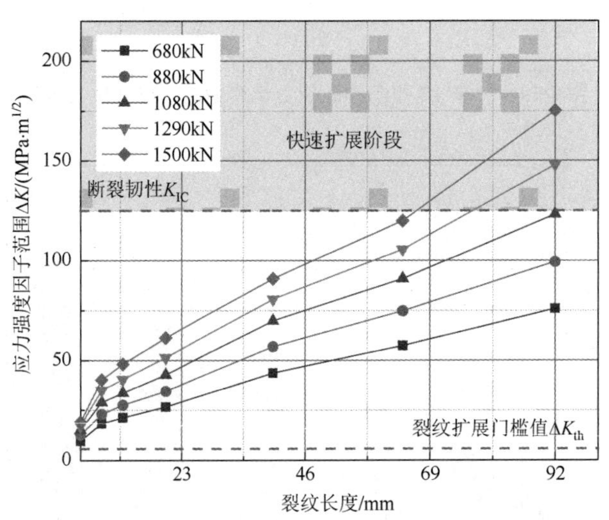

图 7.61　裂纹尖端应力强度因子范围随裂纹尺寸变化

2. 基于实测载荷谱的剩余寿命

我们知道，随着裂纹深度和载荷水平的变化，很难得到连续的裂纹扩展速率，因此通常假设裂纹在很小的扩展增量Δa 范围内 da/dN 保持不变。基于以上假设进行裂纹扩展寿命计算时，为尽可能得到精确的数值解，各阶段的裂纹增量设置还必须足够小。但受限于工作量和计算能力，只能采用更加保守的方法进行裂纹扩展寿命计算，即采用裂纹扩展各阶段中裂纹深度上限所对应的 da/dN 值进行计算。如图 7.62 所示。以裂纹从 4mm 扩展到 8mm 为例（$\Delta a = 4$mm）：可以在 5 级载荷下计算尺寸为 8mm 的裂纹尖端的应力强度因子范围 ΔK，并根据 NASGRO 方程的裂纹扩展模型计算裂纹扩展速率。假定一个周期为基数 N_0（100 循环周次），根据载荷谱，计算出每级载荷作用的循环周次 N_1、N_2、N_3、N_4、N_5，据此获得裂纹扩展增量 Δa_1、Δa_2、Δa_3、Δa_4 和 Δa_5。Δa_0 是 Δa_1 到 Δa_5 的总 0 和，是载荷谱下循环 N_0 的总扩展增量。最后，当从 4mm 增长到 8mm 时，使用 $\Delta a/\Delta a_0 \times N_0$ 计算总循环数 ΔN。结合一个载荷谱块的总循环周次，可以计算车钩使用里程。

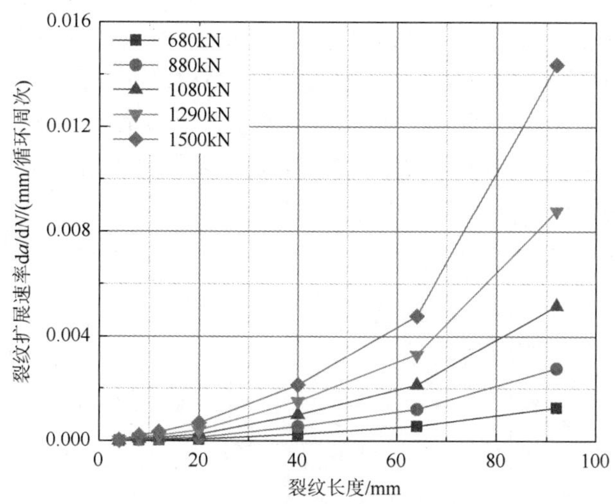

图 7.62　基于 NASGRO 方程的裂纹扩展速率

分别使用 Paris 与 NASGRO 公式计算裂纹扩展速率，然后估算裂纹从 4mm 扩展至 92mm 的剩余寿命，结果如表 7.44 和表 7.45 所示。

表 7.44　经典 Paris 公式的剩余寿命预测

扩展增量/mm	加载次数	计算寿命/10^4km
4～8	29298	27.23
8～12	18357	17.06
12～20	14709	13.67
20～40	7289	6.77
40～64	4425	4.11
64～92	1710	1.59
总计	75788	70.43

表 7.45　先进 NASGRO 公式的剩余寿命预测

扩展增量	加载次数	计算寿命/10^4km
4～8	29298	31.54
8～12	18357	19.64
12～20	14709	15.23
20～40	7289	5.58
40～64	4013	3.80
64～92	412	0.39
总计	74078	76.18

图 7.63 展示了损伤钩舌的服役里程随裂纹长度的变化趋势。由图可知，采用经典的 Paris 方程和更先进的 NASGRO 方程预测的初始裂纹为 4mm 时钩舌的剩余寿命分别约为 704300km 和 761800km。另外，当裂纹扩展至约 20mm 时，钩舌的剩余寿命迅速降低，表明即将进入失稳扩展区。相比之下，采用先进的 NASGRO 方程计算的 20～92mm 时裂纹的剩余寿命约为 97700km，仅为 Paris 方程计算的扩展寿命的 13.8%，符合理论预期。从这一结果可以认为，在货车车钩的断裂力学计算中，可以采用经典 Paris 方程开展剩余寿命估算及探伤决策。

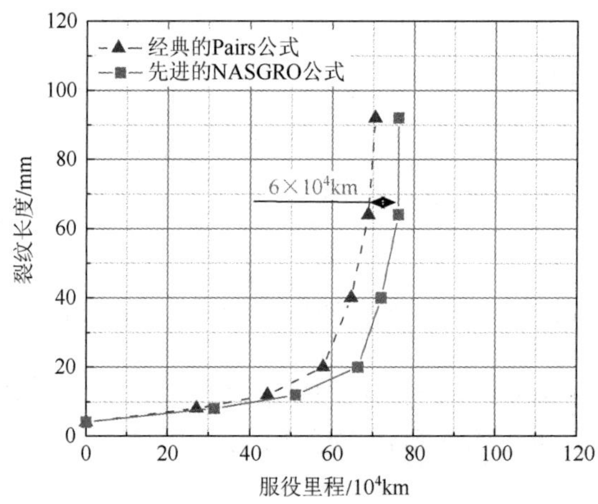

图 7.63　初始裂纹尺寸为 4mm 时钩舌的剩余寿命曲线

3. 极限承载能力

列车实际运用中，车钩可能会承受较大的异常冲击，而极限承载力的估算也是当前标准中对车钩和钩尾框的主要控制指标。因此，对含不同尺寸裂纹的钩舌施加循环载荷，可以估算出钩舌的极限承载力或剩余强度，结果如图 7.64 所示。由图可知，随着裂纹的稳定扩展，钩舌的极限承载力和剩余寿命均呈现指数级下降的趋势。当裂纹分别扩展至 20mm 和 40mm 时，极限承载力分别约为 2700kN 和 1880kN。必须指出的是，大秦线 20000t

重载货车的最大载荷将会超过 1500kN，这大概率会超过车钩材料的极限承载力，而相关文献结果也证实了这一点，即最大车钩力可能达到 2200kN 而诱发裂纹扩展，必须对车钩进行更换处理。

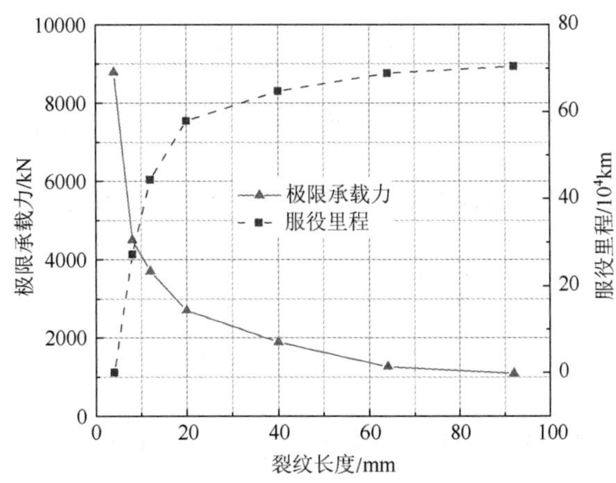

图 7.64　货车 17 型车钩中不同尺寸裂纹时的极限承载力及服役里程

在正常服役条件下，钩舌疲劳裂纹在 64mm 时将进入快速扩展阶段，即$\Delta K > K_{IC}$。然而，车钩服役中可能会遭受较大的异场冲击载荷。因此，根据前述极限承载力计算结果，建议将 20mm 定为临界裂纹尺寸，相应的服役里程约为 664100km。在实际运营中，车钩的段修周期一般为两年，一年的服役里程约为 20 万 km。计算发现，从 4mm 初始裂纹稳定扩展至 20mm，车钩剩余寿命远大于一个段修期。根据这一结果，可以确定一个合适的探伤周期。例如，为确保车钩强度及可靠性，可以把 20mm 裂纹作为临界长度，取一个合适的安全系数（>1.0）折算出安全裂纹长度，也可以把 664100km 作为一个基数，取一个安全系数（>1.0）折算出无损探伤里程。可见，根据断裂力学的仿真结果，可以充分发挥在役车钩的最大功能，提高货车运用效率，大幅降低维修成本。

众所周知，疲劳断裂是当前重载货车钩缓系统的主要失效模式之一，直接关系到货车的运营成本与安全。本节引入基于断裂力学的损伤容限思想开展货车车钩和钩尾框的剩余强度及寿命评价，有利于把握货车钩缓系统及零部件的失效规律，建立钩缓系统寿命可靠性-维修性模型，制定出合适、经济的无损探伤周期，也是我国重载货车关键零部件状态修研究中的关键技术和重要内容。

7.7　本 章 小 结

车辆结构强度及可靠性是现代轨道交通车辆设计及服役安全考核的重要内容。本书在传统名义应力法的基础上，对含缺陷车辆结构引入断裂力学思想开展剩余强度和寿命估算，探讨关键部件的无损探伤周期里程，对当前正在开展的修程修制改革具有重要参考意义。为了让读者对这一方法体会更加深刻，对车体、构架、车轴、制动盘、车轮及车钩等六种典型结构的疲劳强度及寿命进行了评估。相关举例中对于模型建立、载荷和边界施加数据处理等进行了较为详细的介绍，还可作为课后习题，也可供技术人员参考。

思 考 题

1. 我国现役铁路列车车体、转向架、车轴、制动盘、车轮和车钩等部件的主要材质有哪些？具体指标（基本力学、疲劳及断裂）有哪些？

2. 什么是Goodman图？Goodman图主要用在哪一级评估中？如何根据材料性能参数绘制Goodman图？其基本流程是什么？

3. 转向架的主要功能是什么？调研现役高速转向架设计标准、制造工艺、质量控制及运维检测的国内外标准或方法。

4. 什么K-T图？如何绘制含缺陷车辆部件服役评定的K-T图？修正K-T图与Goodman图的主要区别是什么？

5. 我国货车运检的基本技术状态是什么？什么是状态修？状态修与当前铁路修程修制改革中的智能运维有什么区别？

6. 调研现役高速列车制动盘的检修标准，其服役寿命如何定义？

7. 试分析和调研高速车轮各个部位的设计和评估思想，主要包括踏面、轮辋、轮辐、轮毂等，各个部位的常见损伤形式是什么？

8. 试分析结构完整性概念在铁路车辆结构服役评估中的合理性及发展方向。

参 考 文 献

陈德玲, 张建武, 周平. 2006. 高速轮轨列车制动盘热应力有限元研究[J]. 铁道学报, 28(2): 39-43.

高飞, 孙野, 杨俊英, 等. 2015. 摩擦副结构与制动温度关系的试验与模拟研究[J]. 机械工程学院, 51(19): 182-188.

李存海, 吴圣川, 刘宇轩. 2019. 样本信息聚集原理改进及其在铁路车辆结构疲劳评定中的应用[J]. 机械工程学报, 55(4): 42-53.

李继山, 李和平, 林祜亭. 2005. 高速列车制动盘裂纹现状调查分析[J]. 铁道机车车辆, 25(6): 3-5.

李继山, 顾磊磊, 焦标强, 等. 2013. 350km/h 高速列车轮装制动盘仿真分析[J]. 铁道机车车辆, 33(2): 7-8.

李梁京, 王继荣, 李军. 2017. 新型轻材料在转向架部件中的应用[J]. 青岛大学学报(自然科学版), 30(4): 42-46.

李秋泽, 韩俊臣, 谌亮, 等. 2021. ER8C 和 ER8 材质高速动车组车轮的服役性能[J]. 西南交通大学学报, 56(6): 1311-1318.

刘焕伟. 2017. ER8C 车轮轮辋和轮辐材料循环应力-应变关系温度效应的试验研究[D]. 成都: 西南交通大学.

芦琳. 2020. 基于 ER8 材料的 ER8C 改进型高寒动车车轮性能研究[D]. 太原: 太原理工大学.

农万华, 高飞, 符蓉, 等. 2012. 摩擦块形状对制动盘摩擦温度及热应力分布的影响[J]. 润滑与密封, 37(8): 52-56.

秦庆斌. 2020. 铁路客车铸造材料焊接构架疲劳性能及剩余寿命评估[D]. 成都: 西南交通大学.

秦天宇, 任鑫焱, 胡飞飞, 等. 2022. 基于实测载荷谱的重载铁路货车车钩钩尾框剩余寿命预测[J]. 力学学报, 54(7): 1830-1838.

王连庆, 吴圣川, 胡雅楠, 等. 2021. 高铁锻钢制动盘热疲劳裂纹扩展仿真及寿命评价[J]. 计算力学学报, 38(1): 90-95.

王强. 2014. D1 车轮钢疲劳断裂性能试验研究[D]. 成都: 西南交通大学.

王玉光, 周茜, 乔青峰, 等. 2016. 基于空气流体动力学的高速列车制动盘散热性能模拟[J]. 计算机辅助工程, 25(1): 25-28.

吴圣川, 任鑫焱, 康国政, 等. 2021. 铁路车辆部件抗疲劳评估的进展与挑战[J]. 交通运输工程学报, 21(1): 81-114.

习文顺, 任鑫焱, 张金元, 等. 2022. 高速列车 TC4 钛合金焊接构架强度及寿命评估[J]. 焊接学报, 43(5): 29-35.

徐忠伟. 2018. 高速铁路外物损伤车轴疲劳评估方法[D]. 成都: 西南交通大学.

薛海. 2017. 基于实测载荷谱的重载货车车钩疲劳可靠性研究[D]. 北京: 北京交通大学.

杨海宾. 2019. 铁路重载货车车钩剩余寿命研究[D]. 成都: 西南交通大学.

余天堂. 2014. 扩展有限单元法——理论、应用及程序[M]. 北京：科学出版社.

张金元. 2021. 高速列车转向架钛合金焊接构架疲劳强度及寿命评估[D]. 成都：西南交通大学.

张乐乐，杨强，谭南林，等. 2010. 基于摩擦功率法的列车制动盘瞬态温度场分析[J]. 中国铁道科学, 31(1): 99-104.

张涛，王梦昕，丁亚琦，等. 动车制动盘温度场和热应力场的耦合分析[J]. 兰州交通大学学报, 30(6): 119-122.

赵鑫. 2021. 动车组车轮辐板疲劳性能及剩余寿命评价[M]. 成都：西南交通大学.

中车青岛四方机车车辆股份有限公司. 2015. CRH2 及 CRH380A 型动车组服役车轴故障信息及维修规则研究报告[R]. 青岛：中车青岛四方机车车辆股份有限公司.

周素霞，肖楠，谢基龙. 2010. 多轴载荷下车轮辐板裂纹扩展特性研究[J]. 工程力学, 27(1): 41-46.

周素霞，杨月，谢基龙. 2011. 高速列车制动盘瞬态温度和热应力分布仿真分析[J]. 机械工程学报, 47(22): 126-131.

Beretta S, Carboni M. 2011. Variable amplitude fatigue crack growth in a mild steel for railway axles: Experiments and predictive models[J]. Engineering Fracture Mechanics, 78(5): 848-862.

Dufrénoy P, Weichert D. 2003. A thermomechanical model for the analysis of disc brake fracture mechanisms[J]. Journal of Thermal Stress, 26(8): 815-828.

El Khoukhi D, Morel F, Saintier N, et al. 2019. Experimental investigation of the size effect in high cycle fatigue: Role of the defect population in cast aluminium alloys[J]. International Journal of Fatigue, 129: 105222.

Ge X, Ling L, Chen S Q, et al. 2022. Countermeasures for preventing coupler jack-knifing of slave control locomotives in 20, 000-tonne heavy-haul trains during cycle braking[J]. Vehicle System Dynamics, 60(9): 3269-3290.

Hirakawa K, Toyama K, Kubota M. 1998. The analysis and prevention of failure in railway axles[J]. International Journal of Fatigue, 20(2): 135-144.

Hua G R, Wang Y C, Li W H. 2017. Contact analysis of Type17 coupler based on finite element method[J]. Engineering Failure Analysis, 77: 23-30.

Jones R, Chen B, Pitt S. 2007. Similitude: Fatigue cracking in steels[J]. Theoretical and Applied Fracture Mechanics, 48(2): 161-168.

Jones R, Molent L, Pitt S. 2008. Similitude and the Paris crack growth law[J]. International Journal of Fatigue, 30(10-11): 1873-1880.

Lima E A, Baruffaldi L B, Manetti J L B, et al. 2020. Effect of truck shear pads on the dynamic behaviour of heavy haul railway cars[J]. Vehicle System Dynamics, 60(4): 1188-1208.

Linhart V, Černý I. 2011. An effect of strength of railway axle steels on fatigue resistance under press fit[J]. Engineering Fracture Mechanics, 78(5): 731-741.

Luke M, Varfolomeev I, Lutkepohl K, et al. 2010. Fracture mechanics assessment of railway axles: Experimental characterization and computation[J]. Engineering. Failure Analysis, 17(3): 617-623.

Luke M, Varfolomeev I, Lutkepohl K, et al. 2011. Fatigue crack growth in railway axles: Assessment concept and validation tests[J]. Engineering Fracture Mechanics, 78(5): 714-730.

Madia M, Beretta S, Zerbst U. 2008. An investigation on the influence of rotary bending and press fitting on stress intensity factors and fatigue crack growth in railway axles[J]. Engineering Fracture Mechanics, 75(8): 1906-1920.

Maierhofer J, Pippan R, Gänser H P. 2014. Modified NASGRO equation for physically short cracks[J]. International Journal of Fatigue, 59: 200-207.

McPhee A D, Johnson D A. 2008. Experimtal heat transfer and flow analysis of a vented brake rotor[J]. International Journal of Thermal Sciences, 47(4): 458-467.

Moës N, Dolbow J, Belytschko T. 1999. A finite element method for crack growth without remeshing[J]. International Journal for Numerical Methods in Engineering, 46(1): 131-150.

Ren X Y, Wu S C, Xing H N, et al. 2022. Fracture mechanics based residual life prediction of railway heavy coupler with measured load spectrum[J]. International Journal of Fracture, 234(1-2): 313-327.

Shao C D, Cui H C, Lu F G, et al. 2019. Quantitative relationship between weld defect characteristic and fatigue crack initiation life for high-cycle fatigue property[J]. International Journal of Fatigue, 123: 238-247.

Teng Z H, Sun F, Wu S C, et al. 2018. An adaptively refined XFEM with virtual node polygonal elements for dynamic crack problems[J]. Computational Mechanics, 62(5): 1087-1106.

Varfolomeev I, Luke M, Burdack M. 2011. Effect of specimen geometry on fatigue crack growth rates for the railway axle material EA4T[J]. Engineering Fracture Mechanics, 78(5): 742-753.

Wu S C, Zhang S Q, Xu Z W, et al. 2016a. Cyclic plastic strain based damage tolerance for railway axles in China[J]. International Journal of Fatigue, 93: 64-70.

Wu S C, Zhang S Q, Xu Z W. 2016b. Thermal crack growth-based fatigue life prediction due to braking for a high-speed railway brake disc[J]. International Journal of Fatigue, 87: 359-369.

Wu S C, Song Z, Kang G Z, et al. 2019. The Kitagawa-Takahashi fatigue diagram to hybrid welded AA7050 joints via synchrotron X-ray tomography[J]. International Journal of Fatigue, 125: 210-221.

Wu S C, Li C H, Luo Y, et al. 2020. A uniaxial tensile behavior based fatigue crack growth model[J]. International Journal of Fatigue, 131: 105324.

Yang B, Duan H, Wu S C, et al. 2019. Damage tolerance assessment of a brake unit bracket for high-speed railway welded bogie frames[J]. Chinese Journal of Mechanical Engineering, 32: 58.

Zerbst U, Vormwald M, Andersch C, et al. 2005. The development of a damage tolerance concept for railway components and its demonstration for a railway axle[J]. Engineering Fracture Mechanics, 72(2): 209-239.

Zerbst U, Schödel M, Beier H T H. 2011. Parameters affecting the damage tolerance behaviour of railway axles[J]. Engineering Fracture Mechanics, 78(5): 793-809.

Zerbst U, Beretta S, Köhler G, et al. 2013a. Safe life and damage tolerance aspects of railway axles—A review[J]. Engineering Fracture Mechanics, 98: 214-271.

Zerbst U, Klinger C, Klingbeil D. 2013b. Structural assessment of railway axles—A critical review[J]. Engineering Failure Analysis, 35: 54-65.

Zhu M L, Xuan F Z, Chen J. 2012. Influence of microstructure and microdefects on long-term fatigue behavior of a Cr-Mo-V steel[J]. Materials Science & Engineering A, 546: 90-96.